JN438813

이론과 실무로 배우는

금융시장과 금융투자

Financial Markets and Investments

박강우 · 김종오 · 이우백 지음

생능

이론과 실무로 배우는 금융시장과 금융투자

초판인쇄 2023년 12월 20일
초판발행 2024년 1월 4일

지은이 박강우 · 김종오 · 이우백
펴낸이 김승기, 김민정
펴낸곳 (주)생능 / **주소** 경기도 파주시 광인사길 143
출판사 등록일 2014년 1월 8일 / **신고번호** 제2014-000003호
대표전화 (031)955-0761 / **팩스** (031)955-0768
홈페이지 www.booksr.co.kr

책임편집 이종무 / **편집** 신성민, 최동진 / **디자인** 유준범, 노유안
마케팅 최복락, 김민수, 심수경, 차종필, 백수정, 송성환, 최태웅, 명하나
인쇄 성광인쇄(주) / **제본** 일진제책사

ISBN 979-11-86689-52-3 93320
정가 31,000원

머·리·말

이 책의 목적은 금융시장과 금융투자의 기초 개념 및 관련 이론을 정리하여 소개함으로써 이를 바탕으로 이론 및 실무적 측면에서 독자들의 금융시장과 금융투자에 관한 이해를 넓히는 것이다. 따라서 금융시장과 금융투자에 관련된 교과목을 수강하는 대학생은 물론, 금융시장과 금융재테크에 관심이 많은 일반인과 개인 증권투자자, 그리고 각종 금융 · 증권 관련 자격증을 취득하려는 금융업계 종사자 역시 이 책에서 유용한 이론적 · 실무적 지식을 얻을 수 있을 것이다.

물론 일차적으로 이 책은 경영 · 경제 계열 학부과정에 개설된, 금융시장 및 금융투자에 관련된 과목의 한 학기용 교재로서 집필되었다. 책 제목에서 알 수 있듯이, 이 책은 화폐시장을 포함한 일반적인 '금융시장'에 관련된 내용과 '금융투자' 또는 개인투자자 입장에서의 금융재테크에 관련된 내용을 이론 및 실무적 측면에서 통합적으로 다루고 있다. 이는 통상 금융시장과 금융투자를 별도의 과목으로 따로 소개하는 기존 교재들과 이 책이 뚜렷하게 차별화되는 특징이라고 할 수 있다.

이러한 통합적 특징에 따라, 금융시장과 금융투자 전반을 한 학기에 모두 다루는 금융경제학 과목은 물론이고 각각을 별도로 다루는 과목(예컨대 금융시장론, 화폐금융론 등 금융시장 관련 과목과 증권투자론, 재무경제학 등 금융투자 또는 금융재테크 관련 과목)의 경우에도 이 책은 한 학기 강의 교재로서 유용하게 활용될 수 있다.

예를 들어, 금융시장을 다루는 과목의 경우 이 책의 1편과 3편을 중심으로 강의를 진행하되, 2편의 일부 장을 포함하여 전반적인 금융투자상품의 종류 및 특징과 대표적 상품인 주식, 채권, 파생금융상품의 특징 및 가격결정원리를 소개할 수 있다. 한편, 금융투자 또는 금융재테크에 관련된 과목의 경우 1편과 2편을 차례대로 강의하되, 필요한 경우 우리나라 금융시장의 기능, 구조, 현황을 정리한 3편의 일부 장을 추가할 수 있다. 한편 강의 진도에 따라 연관된 장들을 합쳐서 강의하거나, 반대로 내용이 많은 장은 나누어 강의할 수 있다.

이 책은 크게 세 부분으로 구성되어 있다. 1장에서 5장까지의 제1편에서는 금융시장의 이론과 관련 정책을 소개한다. 먼저 금융시장과 이를 포함한 금융제도의 의의, 기능, 구조 및 특징을 전반적으로 개관한다(1장). 다음으로 금융시장의 거래 대상인 화폐에 대한 수요와 공급이 어떻게 결정되는지 살펴본 후(2~3장), 이를 바탕으로 화폐의 시간가치, 즉 화폐의 가격을 나타내는 변수인 이자율의 결정원리와 다양한 이자율 간의 관계에 관한 이론들을 소개한다(4장). 아울러 금융시장과 관련된 대표적 정책인 중앙은행의 통화정책에 관해 정책수단, 운용목표, 운영체제, 전달경로를 중심으로 개관한 후, 통화정책이 무위험수익률의 변화를 통해 금융투자의 주된 대상인 위험자산의 수익률 및 가격수준에 미치는 영향에 관해서도 알아본다(5장).

다음으로 6장에서 12장까지의 제2편에서는 본격적으로 금융투자의 주요 이론 및 실무를 살펴본다. 6장부터 9장까지는 금융투자의 이론을 다루는데, 먼저 자본시장법에 따른 금융투자상품의 분류와 각각의 특성을 개관하고(6장) 현대 금융투자 이론의 초석을 이루는 포트폴리오 이론과 자산 가격결정모형에 대해 살펴본다(7~8장). 아울러 현대 자본시장의 주류 패러다임인 효율적 시장 가설의 분류체계와 금융투자 실무에 제시하는 시사점을 확인한다(9장). 다음 10장부터 12장까지는 금융투자 실무에 관한 내용으로서, 대표적인 금융투자상품인 주식과 채권의 분석체계와 투자전략을 살펴본 후(10~11장), 파생금융상품인 옵션 · 선물 · 스왑과 고위험 구조화금융상품인 파생결합증권의 특징과 이를 활용한 투자전략을 소개한다(12장).

마지막으로 13장에서 15장까지의 제3편에서는 실제 우리나라의 금융기관과 금융시장의 기능, 구조 및 현황을 개관한다. 먼저 우리나라의 금융기관을 설립 근거를 기준으로 은행, 비은행예금취급기관, 금융투자업자, 보험회사, 기타 금융기관으로 분류하여 각 기관별 기능과 특징 및 현황을 소개한다(13장). 이어서 금융시장을 금융상품의 만기를 기준으로 자금시장과 자본시장으로 분류하여 이 중 단기금융상품이 발행 및 유통되는 자금시장의 기능 및 특징을 살펴본 다음, 자본시장을 주식시장과 채권시장으로 나누어 각각 발행 및 유통시장의 구조와 현황에 대해 살펴본다(14장). 다음으로 주식,

금리, 통화, 신용 등 기초자산별로 파생금융상품시장을 분류하여 각 상품의 기본 구조와 시장 현황 등을 살펴본 후, 마지막으로 국가 간에 통화가 서로 교환되는 외환시장의 구조와 현황을 알아본다(15장).

한편 독자의 이해를 보다 넓히기 위해, 본문 이외에도 다음과 같은 내용을 추가하여 구성하였다. 첫째, 〈알아두기〉를 통해 금융시장 및 금융투자 이론에 등장하는 주요 개념 및 원리와 금융 관련 주요 제도에 관한 자세한 해설을 수록하였다. 둘째, 〈이론과 현실〉을 통해 본문에서 소개한 이론과 관련된 언론 기사 또는 칼럼, 관련 문헌 또는 보고서의 요약 그리고 현실의 통계자료 등을 수록함으로써 소개된 이론이 현실에 어떻게 적용되는지를 보다 실감나게 전달하고자 하였다. 셋째, 독자의 이해도를 점검 및 제고하기 위해 참/거짓 판별형, 용어 정의형, 약술형, 서술형, 계산형 등 다양한 유형의 〈연습문제〉를 풍부하게 수록하였다.

저자들이 이 책을 출간하기까지 수많은 분들의 도움을 받았다. 서울대학교에서 저자들에게 크나큰 가르침을 주신 정운찬 교수님, 최혁 교수님, 장용성 교수님께 머리 숙여 깊이 감사드린다. 아울러 집필 과정에서 수고와 지원을 아끼지 않으신 생능출판사의 김승기 사장님과 직원 여러분께 심심한 사의를 전한다.

2023년 12월
저자 일동

강·의·계·획·안

금융시장 관련 과목(금융시장론, 화폐금융론, 금융경제학 등)과 금융투자 또는 금융재테크 관련 과목(투자론, 증권투자론, 재무경제학 등) 모두에 대해, 본 교재는 1학기 분량의 강의 교재로 사용할 수 있다. 1학기를 15주로 가정하고 구성한 강의 계획안은 다음과 같다.

강의 주차	금융시장 관련 과목		금융투자 관련 과목	
	해당 chapter	학습 주제	해당 chapter	학습 주제
1	1	금융시장과 금융제도	1	금융시장과 금융제도
2	2	화폐의 수요	2	화폐의 수요
3	3	화폐의 공급	3	화폐의 공급
4	4	이자율의 결정과 구조	4	이자율의 결정과 구조
5	5	통화정책과 금융시장	5	통화정책과 금융시장
6	6	금융투자와 금융투자상품	6	금융투자와 금융투자상품
7	중간고사			
8	10	주식분석	7	포트폴리오 이론
9	11	채권분석	8	자산가격결정모형
10	12	파생금융상품과 파생결합증권 전반부	9	자본시장의 효율성
11	12	파생금융상품과 파생결합증권 후반부	10	주식분석
12	13	은행 및 비은행금융기관	11	채권분석
13	14	자금시장과 자본시장	12	파생금융상품과 파생결합증권 전반부
14	15	파생금융상품시장과 외환시장	12	파생금융상품과 파생결합증권 후반부
15	기말고사			

차·례

PART II 금융투자의 이해

CHAPTER 9 자본시장의 효율성

CHAPTER 10 주식분석

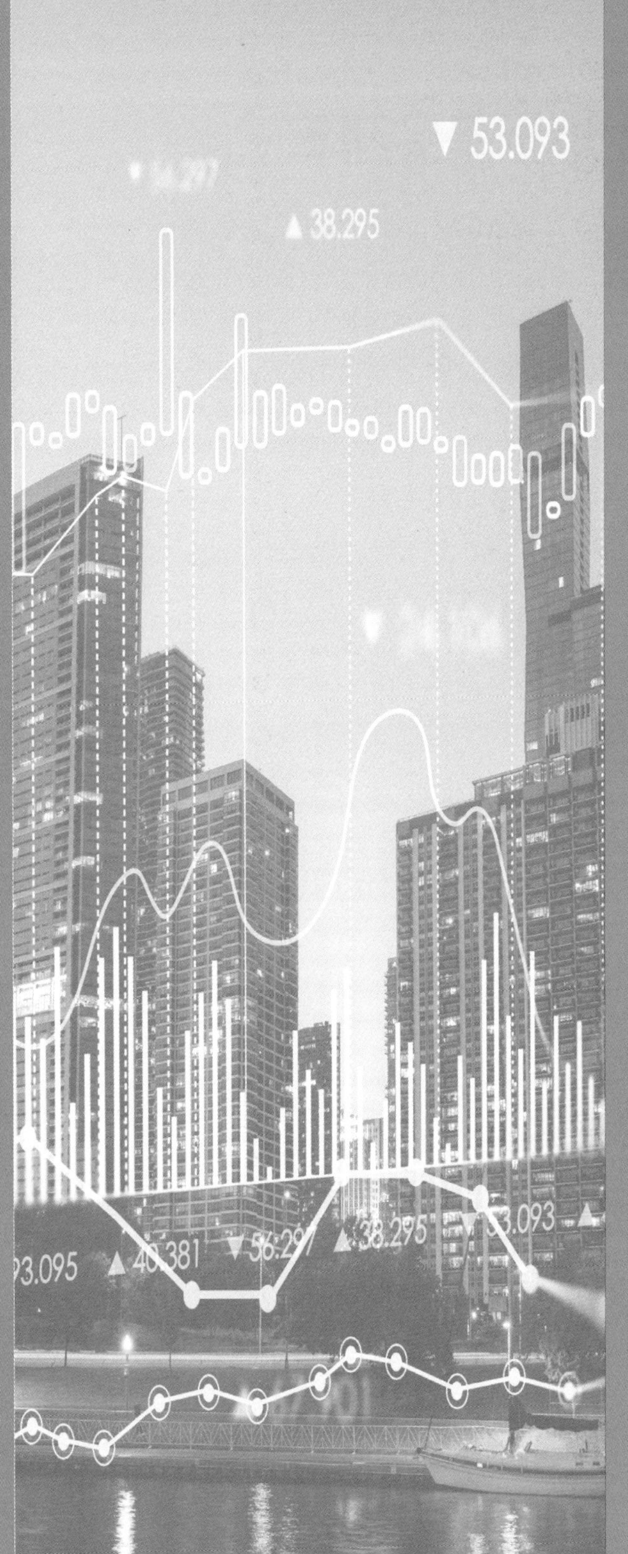

금융시장과 금융투자의 이해

PART I

금융시장의 이론과 정책

1. 금융시장과 금융제도
2. 화폐의 수요
3. 화폐의 공급
4. 이자율의 결정과 구조
5. 통화정책과 금융시장

1

CHAPTER

금융시장과 금융제도

금융제도(financial system)는 이 책의 주된 주제인 금융시장과 함께 금융기관 및 금융하부구조까지 포함하는, 금융에 관련된 총체적인 조직과 규범체계를 의미한다. 이 장에서는 먼저 금융시장을 포함한 금융제도의 의의를 개관하고 경제의 실물부문과 금융시장의 관계를 이론적으로 살펴본다. 다음으로 금융시장과 금융기관의 경제적 기능 및 분류에 관해 각각 살펴본 후, 2008년 글로벌 금융위기의 배경 및 원인과 위기 이후 코로나 19 사태가 발생한 최근까지 글로벌 금융제도 및 금융환경의 변화 방향을 소개한다.

1.1 금융과 금융제도

1.1.1 금융 및 금융제도의 의의

금융(金融)

금융시장(financial market)

금융수단(financial instrument) 또는 금융상품

금융제도(financial system) 또는 금융시스템

금융(金融)이란 자금이 남는 경제주체로부터 자금이 모자란 경제주체로 자금을 융통하는 행위를 의미한다. 여기서 자금이 남는 경제주체를 흑자경제주체라고 하며, 이는 소득이 지출보다 큰 경제주체를 의미한다. 반대로 자금이 모자란 경제주체를 적자경제주체라고 하는데 이는 지출이 소득보다 많은 주체를 의미한다. 일반적으로 소득에서 소비를 뺀 나머지인 저축이 신규 주택 구입 등의 투자지출을 초과하는 가계는 흑자경제주체인 반면, 자신의 저축을 초과하여 투자지출을 수행하는 기업은 적자경제주체라고 할 수 있다. 한편, 정부의 경우 재정흑자기에는 흑자경제주체가 되고 반대로 재정적자기에는 적자경제주체가 된다.

금융시장(financial market)은 자금의 공급자인 흑자경제주체로부터 자금의 수요자인 적자경제주체로 자금이 이전되는 시장을 의미한다. 구체적으로 금융시장은 흑자경제주체의 화폐 형태로 보유된 현재 소득 또는 부(wealth)와 적자경제주체의 미래 소득 또는 부에 대한 청구권이 서로 교환되는 시장이라고 할 수 있다. 이와 같이 금융시장에서 거래되는, 타인의 미래 소득 또는 부에 대한 청구권 혹은 청구권을 나타내는 증서를 금융수단(financial instrument) 또는 금융상품이라고 한다. 예금통장, 주식, 채권, 보험증서 등이 모두 금융수단의 예이다.

[그림 1-1]은 금융제도의 구조를 나타낸다. 그림의 화살표는 금융시장을 통해 융통되는 자금의 흐름을 의미하며, 이러한 자금의 흐름과 반대 방향으로 상기한 금융수단 또는 금융상품이 거래되는 것이다. 여기서 금융제도(financial system) 또는 금융시스템이란 좁은 의미로는 한 나라 경제의 금융기관과 금융시장을 통제하는 총체적인 '규범체계'를 의미한다. 그러나 넓은 의미로 금융제도는 이러한 금융관련 규범체

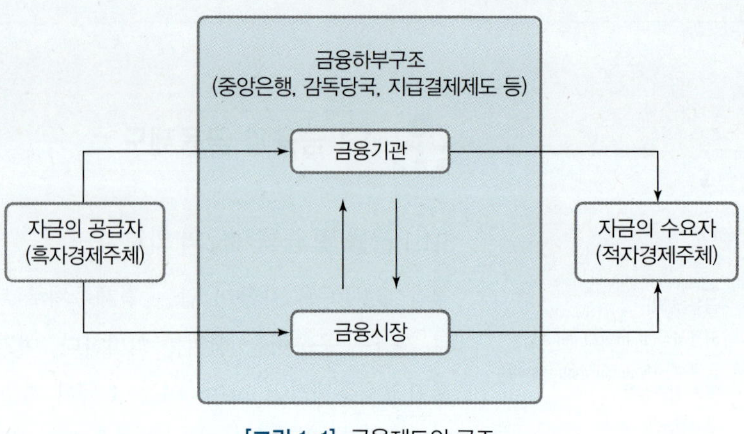

[그림 1-1] 금융제도의 구조

계를 포함하여 금융시장, 금융기관, 금융하부구조와 같은 금융에 관련된 제반 사항을 포괄하는 개념이다[1].

금융하부구조

이와 같이 금융제도의 주된 구성요소는 금융시장, 금융기관, 금융하부구조인데, 이 중 금융기관 또는 금융중개기관은 은행, 증권, 보험사와 같이 자금수요자와 자금공급자 사이에서 자금을 중개하는 회사 또는 기관을 지칭한다. 한편, **금융하부구조**란 직접적으로 자금을 중개하지는 않지만, 금융거래가 원활하게 이루어지도록 금융시장 및 금융기관을 지원 · 감시하는 기관이나 규범체계를 의미한다. 금융하부구조는 금융거래의 대상인 화폐를 발행할 뿐 아니라 금융거래에 필수적인 화폐가치의 안정을 책임지는 중앙은행과 금융제도의 안정성 확보를 위해 금융시장 및 금융기관을 규제하는 감독규제당국을 포함하며, 그밖에도 지급결제, 예금보험, 공시제도 등 직 · 간접적으로 금융거래에 영향을 미치는 다양한 요소들로 구성된다.

1.1.2 금융제도와 실물경제의 관계

한 나라의 실물경제를 사람의 신체에, 화폐와 신용(credit)을 혈액으로 비유하면 금융제도는 경제에 화폐와 신용을 공급한다는 점에서 인간의 신체에서 심장 및 혈관과 같은 역할을 하고 있는 셈이다. 심장이 제 기능을 하지 못하고 혈관이 막히면 건강한 신체를 유지할 수 없듯이, 금융제도가 그 기능을 제대로 수행하지 못하면 실물경제는 그 활동이 지체 또는 마비될 수밖에 없다. 즉, 신체 각 기관에 산소를 전

1) 이후 이 책에서 지칭하는 금융제도는 주로 광의의 개념에 해당한다.

달하고 노폐물을 배출하기 위해 혈액이 혈관을 따라 원활히 순환해야 하듯이, 실물경제의 각 부문에서 남아도는 자금을 모자라는 부문으로 융통하여 자원배분의 효율성을 제고하기 위해서는 금융제도가 반드시 제 역할을 해야 한다. 이제 금융제도와 실물경제의 상호의존관계를 간단한 수식을 통해 직관적으로 살펴보자.

가계, 기업, 정부, 해외부문 등 경제 내 개별 부문의 자금조달의 원천은 실물경제활동에서 수취한 소득(Y)과 금융부문에서 발행한 부채(ΔL)로 구성된다. 한편 경제 내 각 부문은 이렇게 조달한 자금을 재화와 서비스를 구매하기 위해 지출(E)하거나 금융자산을 취득(ΔA)하는 형태로 운용한다. 그런데 일정 기간 동안의 자금조달액과 자금운용액은 결국 일치하게 되므로, 경제의 개별 부문에 대해 다음과 같은 관계식이 성립한다.

$$E+\Delta A=Y+\Delta L \qquad (1-1)$$

논의의 단순화를 위해 정부 및 해외부문이 존재하지 않는, 가계와 기업으로만 구성된 2부문 경제를 가정하면, 경제의 각 부문에 대해 다음과 같은 정의식이 성립한다.

$$\begin{aligned} E(\text{지출}) &\equiv C(\text{소비})+I(\text{투자}) \\ Y(\text{소득}) &\equiv C(\text{소비})+S(\text{저축}) \end{aligned} \qquad (1-2)$$

이 중 첫 번째 식은 경제 각 부문의 지출이 소비와 투자로 구성됨을 의미하며, 두 번째 식은 부문별 저축이 소득에서 소비하고 난 나머지로 정의됨을 의미한다. 식 (1–1)에 (1–2)를 대입하고 양변을 정리하면 다음과 같은 관계식을 도출할 수 있다.

$$I-S=\Delta L-\Delta A \qquad (1-3)$$

위 식 (1–3)은 실물부문에서 발생한 저축과 투자의 차이(좌변)만큼이 금융부문에서 추가로 차입 또는 대출되어야 함(우변)을 의미한다. 예컨대 경제의 한 부문에서 투자가 저축을 초과하는 경우($I>S$), 위 식에 따르면 이 부문의 금융자산은 순감소($\Delta A<\Delta L$)하며, 이는 어떤 형태로든 외부로부터 추가적으로 차입을 증가시켜야 함을 의미한다. 반대로 어떤 부문에서 저축이 투자를 초과하는 경우($S>I$), 이 부문의 금융자산은 순증가($\Delta A>\Delta L$)하며, 이는 어떤 형태로든 외부에 대한 대출이 추가적으로 증가함을 의미한다.

통상적으로 가계는 흑자경제주체로서 저축이 투자를 초과하는 반면, 기업은 적자경제주체로서 투자가 저축을 초과하는 등 개별 부문 수준에서는 저축과 투자가 서로 일치하기 어렵다. 이와 같이 실물경제의 개별 부문에서 발생하는 저축-투자 불일치로 인해, 자금을 차입 또는 대출함으로써 이러한 불일치를 해소할 수 있는 금융부문의 역할이 필요해지는 것이다. [그림 1-2]는 가계의 저축이 금융시장 또는 금융기관을 통해 기업의 투자로 연결되는, 금융제도와 실물경제의 상호관계를 그림으로 나타낸 것이다.

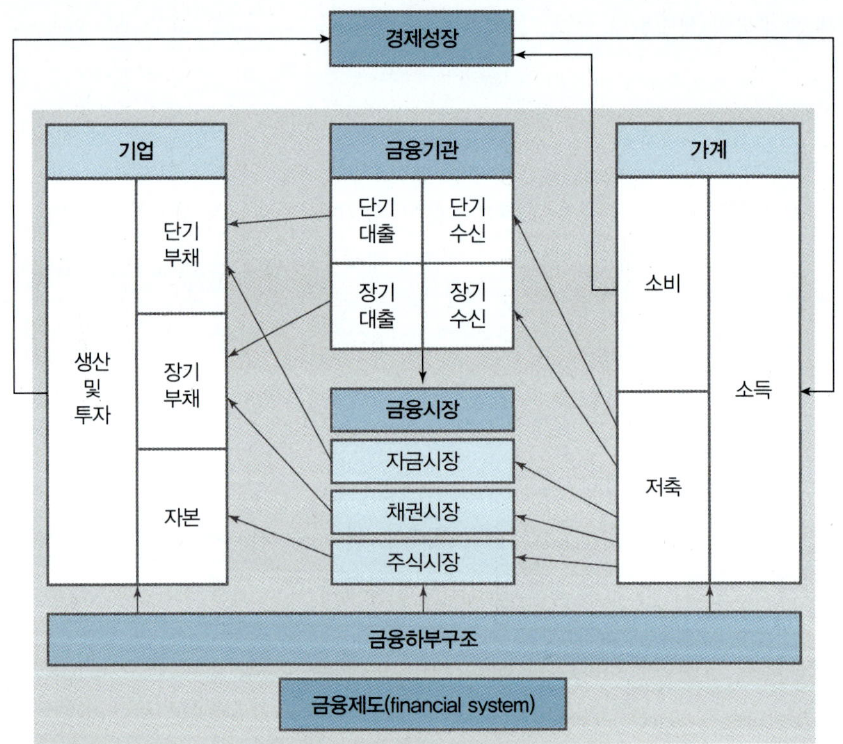

[그림 1-2] 금융제도와 실물경제의 관계

자료: 한국은행(2018), 『한국의 금융제도』, 한국은행

1.2 금융시장의 기능과 분류

1.2.1 금융시장의 기능

앞서 언급한 대로 금융시장은 흑자경제주체의 화폐 형태의 '현재' 소득 또는 부와 적자경제주체의 '미래' 소득 또는 부에 대한 청구권이 서로 교환되는 시장이다. 이러한 기간 간 교환거래를 통해 소비자는 최적 수준의 현재소비를 할 수 있고 생산자는 최적의 투자기회를 살릴 수 있다. 구체적으로 금융시장은 소비 측면에서 소득의 시간적 배분을 가능케 함으로써 소비자의 시간선호(time-preference)를 만족시키고 생산 측면에서는 투자자금 조달을 통해 최적의 투자기회를 제공함으로써 경제 전체 자원배분의 효율성을 증진시키는 기능을 한다.

(1) 소비 측면에서 금융시장의 기능

시간선호율(rate of time preference)

금융시장은 현재와 미래 사이의 소득 교환을 가능케 함으로써, 사람들마다 다른 시간선호를 충족시켜 사회 후생을 증진할 수 있다. 먼저 시간선호율(rate of time preference)의 개념을 알아둘 필요가 있다. 만일 어떤 사람에게 현재의 짜장면 10그릇이 1년 후의 짜장면 12그릇과 동일한 수준의 효용을 준다고 하면, 이 사람의 연간 시간선호율은 20%(=(12−10)/10)가 된다. 즉, 시간선호율은 미래소비에 비해 현재소비를 얼마나 더 선호하는지를 나타내는 척도가 된다. 어떤 사람의 시간선호율이 높다는 것은 이 사람이 미래소비에 비해 현재소비를 더 많이 선호함을 의미한다.

예를 들어, 동물원에 A와 B 두 원숭이가 있는데 이들에게는 아침과 저녁에 각각 2개씩의 바나나가 간식으로 제공된다고 한다. 만일 A와 B 사이에 바나나의 어떠한 교환도 허락되지 않고 저장도 불가능하다면 A와 B는 둘 다 아침에 바나나 두 개, 저녁에 바나나 두 개를 먹을 수밖에 없다(A와 B 모두 (아침 바나나 소비량, 저녁 바나나 소비량)=(2, 2)). 그런데 만일 A 원숭이는 현재소비보다 미래소비를 좀 더 선호하여 가능하면 (1, 3), 즉 아침에 바나나 한 개와 저녁에 바나나 세 개를 먹는 편을 더 선호한다고 하자. 반면, B는 참을성 없는 원숭이로서 (3, 1), 즉 아침에 바나나를 세 개 먹고 저녁에 하나 먹는 것을 더 선호한다고 하자.

이 경우 정확한 수준을 관찰할 수는 없으나 A의 시간선호율은 음(−)이고 B의 시간선호율은 양(+)으로서, 두 원숭이는 서로 다른 시간선호를 가짐을 알 수 있다. 이와 같이 시간선호율이 다른 두 원숭이가 서로 거래를 할 수 있다면, 두 원숭이의 효용이 모두 증가할 수 있는 기회가 생긴다. 예컨대 아침에 A가 B에게 바나나를 하나 주는 대신 저녁에는 B가 A에게 바나나를 하나 되갚는 것이다. 즉, A의 현재소비와 B의 미래소비를 서로 교환함으로써 두 원숭이는 교환기회가 없을 때에 비해 둘 다 효용이 증가하게 된다.

이와 정확히 동일한 원리가 금융시장에 적용된다. 즉, 금융시장에서 시간선호율이 낮은 사람이 시간선호율이 높은 사람에게 현재 자금을 빌려주는 대신 미래에 원금과 이자를 수취한다면, 두 사람 모두 효용이 증가할 수 있다[2]. 이것이 소비 측면에서 금융시장의 순기능이다.

(2) 생산 측면에서 금융시장의 기능

금융시장은 소비 측면뿐만 아니라 생산 측면에서도 중요한 기능을 담당한다. 예컨대 어떤 벤처기업이 시장이자율보다 훨씬 높은 수익을 거둘 수 있는 사업 아이템을 가졌으나, 이를 실행하기 위해 필요한 투자자금이 없다고 가정하자. 반면 다른 한편에는 충분한 자금을 가지고 있으나, 현재의 낮은 시장이자율 수준에 만족하지 못한 개인투자자들이 존재한다고 한다.

이 경우 만일 금융시장을 통해 개인투자자들이 상기한 벤처기업에 대출 또는 투자할 수 있게 된다면, 벤처기업은 이를 통해 높은 수익성을 가지는 투자기회를 살릴 수 있고 개인투자자들 역시 시장이자율을 초과하는 수익을 거둘 수 있으므로 모두의 경제적 후생(welfare)이 증가할 수 있다. 이와 같이 금융시장은 경제의 유휴자금을 비효율적이고 비생산적인 부문에서 효율적이고 생산적인 부문으로 이동시켜 이전에는 이루어질 수 없었던 투자를 가능케 함으로써, 경제의 후생수준을 증진하는 동시에 생산성 향상을 통해 경제성장을 촉진할 수 있다.

1.2.2 금융시장의 분류

금융시장은 자금조달의 형태, 거래되는 금융상품의 만기 및 유통단계에 따라 각각

---

2) 이 때 적용되는 이자율은 두 사람의 시간선호율 사이의 값이어야 한다. 예컨대 시간선호율이 낮은 사람의 시간선호율이 0%이고 높은 사람의 시간선호율이 20%라면 0보다 높고 20보다 낮은 수준의 이자율로 거래해야만 두 사람의 효용이 모두 증가한다는 것이다. 왜 그런지 독자 스스로 생각해 보기 바란다.

직접금융시장과 간접금융시장, 자금시장과 자본시장 그리고 발행시장과 유통시장으로 구분할 수 있다.

직접금융
간접금융
간접증권
본원적 증권 또는 직접증권

먼저 금융시장은 자금조달의 형태에 따라 직접금융시장과 간접금융시장으로 구분된다. 여기서 **직접금융**이란 적자경제주체인 자금수요자가 주식, 채권 등 자신이 직접 발행한 증권을 흑자경제주체인 자금공급자에게 판매함으로써 자금을 조달하는 방식이다. 반면, **간접금융**은 금융중개기관이 자신이 발행한 증권(예컨대 은행의 예금통장 등)을 자금공급자에 판매하여 자금을 조달한 후, 이를 이용하여 자기 위험부담 하에 자금수요자가 발행한 증권을 매입함으로써 자금을 제공하는 방식을 의미한다. 이때 금융중개기관이 발행하는 증권을 **간접증권**이라고 하며, 반면 자금수요자가 자금조달을 위해 직접 발행하는 증권을 **본원적 증권 또는 직접증권**이라고 한다.

그런데 현실의 금융시장에서는 간접금융은 물론이고 직접금융의 경우에도 자금수요자와 공급자 사이에 금융중개기관이 개입한다. 예컨대 직접금융시장에서 어떤 회사가 자금조달을 위해 회사채 혹은 주식을 발행하는 경우, 대부분의 경우 증권회사 등의 금융중개기관이 중간에 개입하여 발행사무 처리 및 발행증권의 매각을 전담하는 것이 일반적이다. 이 경우 금융중개기관은 회사채 혹은 주식의 매수자와 매도자를 단순중개하는 브로커(broker)나 자기계정으로 매수 및 매도를 수행하는 딜러(dealer)의 역할을 하게 된다. 이와 같이 자금조달의 형태와 무관하게 금융중개기관이 개입한다는 점을 감안하면, 직접금융과 간접금융의 차이는 금융중개기관의 개입 여부가 아니라 자금수요자가 발행한 본원적 증권이 그 형태를 바꾸지 않고 자금공급자에게 직접 판매되는지의 여부에 달려 있음을 알 수 있다. [그림 1-3]은 직

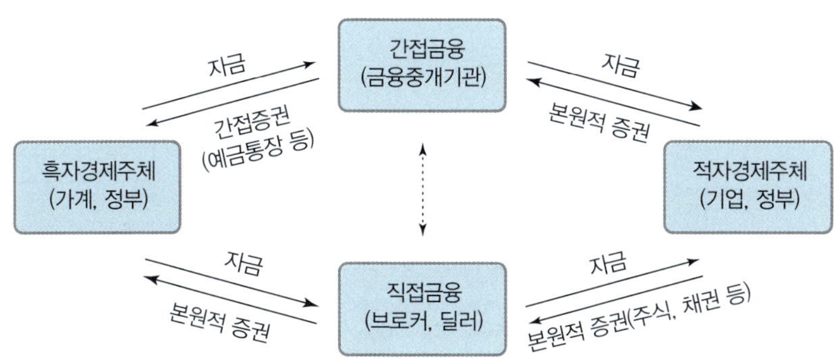

[그림 1-3] 직접금융시장과 간접금융시장

자료: 김종선 · 김종오(2014), 『금융시장의 이해』, 학현사

접금융시장과 간접금융시장의 차이를 보여준다.

자금시장(money market)
자본시장(capital market)

다음으로 금융시장은 거래되는 금융상품의 만기에 따라 **자금시장**(money market)과 **자본시장**(capital market)으로 구분된다. 먼저 자금시장은 만기가 1년 미만인 증권이 거래되는 시장으로서 단기금융시장이라고도 불린다. 자금시장은 거래되는 상품의 유동성이 대체로 높고 신용위험이 작은 편이므로 경제주체들에게 유동성 조절 및 효율적 자원배분 수단을 제공하는 기능을 한다. 콜(call), 환매조건부매매(RP: repurchase agreement), 기업어음(CP: Commercial Paper), 양도성예금증서(CD: Certificate of Deposit), 전자단기사채 시장 등이 자금시장의 대표적 예이다.

한편, 자본시장은 만기 1년 이상의 장기증권이 발행 및 유통되는 시장으로서, 경제주체들은 주로 장기 시설자금 또는 운전자금 조달을 목적으로 이 시장에 참가하게 된다. 개인투자자들에게도 친숙한 주식시장과 채권시장이 바로 자본시장의 대표적인 예이다.

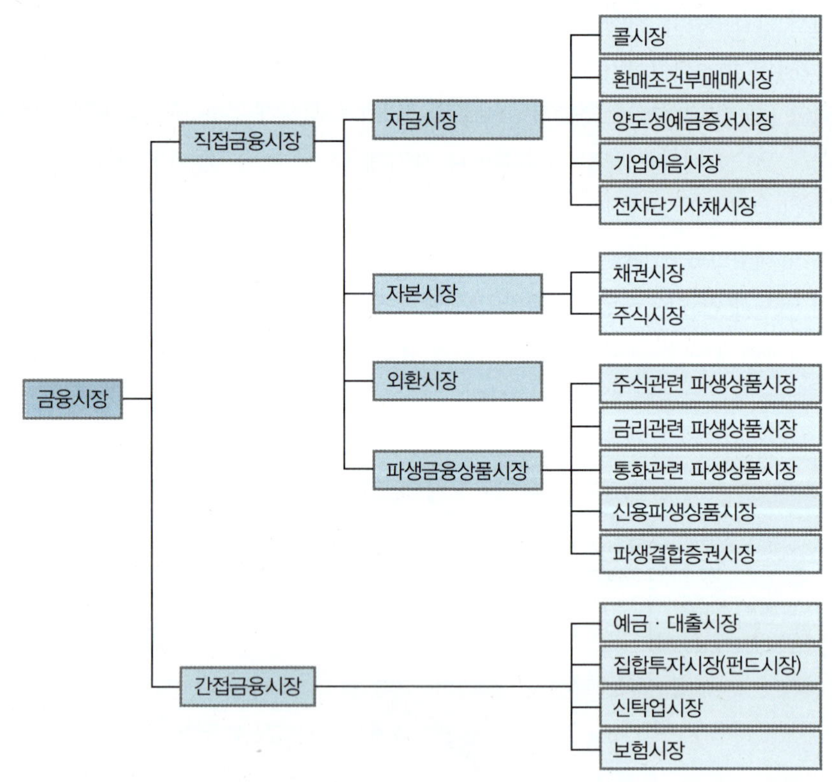

[그림 1-4] 우리나라 금융시장의 분류

자료: 한국은행(2021), 『한국의 금융시장』, 한국은행, 일부 수정.

마지막으로 금융시장은 거래되는 증권의 유통단계에 따라 발행시장(primary market)과 유통시장(secondary market)으로 구분할 수 있다. 발행시장은 새로운 증권이 처음 발행되어 투자자들이 발행자로부터 이를 구매하는 시장이며, 유통시장은 이미 발행된 증권이 투자자들 사이에서 매매 거래되는 시장이다. 예컨대 어떤 기업이 유상증자를 통해 신주를 발행하여 투자자들에게 파는 것은 발행시장에서의 거래이고 이렇게 일단 발행된 주식을 개인투자자들이 시장에서 사고 파는 것은 유통시장에서의 거래라고 할 수 있다.

발행시장(primary market)
유통시장(secondary market)

[그림 1-4]는 상기한 구분기준을 바탕으로 우리나라의 금융시장을 분류한 것이다. 먼저 금융시장은 금융중개기관을 통해 예금, 대출, 펀드 등이 거래되는 간접금융시장과 자금수요자와 자금공급자 사이에 유가증권이 거래되는 직접금융시장으로 크게 나뉜다. 이 중 직접금융시장은 다시 거래되는 금융상품의 만기에 따라 자금시장과 자본시장으로 구분되는데, 거래되는 금융상품의 특수성을 고려하여 외환시장과 파생금융상품시장은 별도로 구분된다. 각 금융시장의 기능 및 특징에 대해서는 이후 14장과 15장에서 우리나라의 경우를 중심으로 자세히 살펴볼 것이다.

1.2.3 금융수단의 의의 및 특성

이미 언급한 대로 금융시장은 흑자경제주체의 현재 화폐와 적자경제주체의 미래 소득 또는 부에 대한 청구권이 서로 교환되는 시장이며, 이러한 청구권 혹은 청구권을 나타내는 증서를 금융수단 또는 금융상품이라고 한다. 아울러 이러한 금융수단 또는 금융상품을 매수하는 경제행위를 금융투자라고 하는데, 금융투자에 관한 주요 이론 및 실무에 관해서는 6~12장의 제2편에서 자세히 다룰 것이다.

한편 금융수단의 유형은 채권과 같이 확정된 금액을 지급하기로 약정하는 부채증서와 주식과 같이, 확정된 금액을 지급하는 것은 아니지만 자산가치 상승 또는 배당 등을 통해 양(+)의 미확정 수익을 기대할 수 있는 지분증서로 구분된다. 예컨대 지분증서인 주식의 경우, 기업의 영업실적이 양호하면 배당금을 받고 주가가 매입가격보다 올라갈 수 있지만, 실적이 부진한 경우에는 배당금을 못 받기도 하고 주가도 떨어질 수 있다. 주식은 지분증서로서 기업에 대한 '소유권'을 나타내므로 기업의 성과에 따라 주주는 이익과 손실을 분담하기 때문이다. 반면 채권은 부채증서의 일종으로서 정해진 만기까지 사전적으로 정해진 원금과 이자를 수령할 권리를 나타내는 고정소득증권(fixed income securities)이다. 한편, 금융수단은 거래당

고정소득증권(fixed income securities)

사자 간에 1:1로 거래조건을 결정하는 계약형 금융수단(예금, 대출, 보험 등)과 양도성 및 표준성을 갖추고 시장에서 불특정 다수의 경쟁을 통해 거래되는 증권형 금융수단(주식, 채권 등)으로도 구분할 수 있다.

수익성(profitability)
위험성(risk)
유동성(liquidity)

다음으로 금융투자 시 고려해야 할 금융수단의 주요 특성으로는 수익성, 위험성, 유동성을 들 수 있다. 먼저 **수익성(profitability)**은 일정 기간 금융수단을 보유함으로써 이자 또는 배당소득이나 자본이득의 형태로 수취할 수 있는 수익의 정도를 의미한다. 여기서 자본이득이란 금융수단의 매도가격이 매수가격을 초과하여 생기는 매매차익을 의미한다. 다음으로 **위험성(risk)**은 어떤 금융수단을 보유함으로써 손실이 발생할 가능성을 의미하며, 금융수단의 보유에 따르는 위험은 그 원천에 따라 채무불이행위험(default risk) 또는 신용위험(credit risk), 시장위험(market risk), 구매력위험(purchasing power risk) 등으로 구분할 수 있다. 여기서 채무불이행위험은 채무자로부터 원금과 이자를 돌려받지 못할 위험을 뜻하며, 시장위험은 금융수단의 시장가치 하락으로 인해 자본손실이 발생할 위험을 의미한다. 또한, 구매력위험은 물가상승에 따라 금융수단의 실질가치가 감소할 위험을 나타낸다. 마지막으로 **유동성(liquidity)**은 원금손실이나 기타 거래비용을 수반하지 않고 금융수단을 신속히 현금 또는 화폐로 전환할 수 있는 정도, 즉 환금성을 의미한다. 일반적으로 금융수단의 수익성과 위험성 간에는 정(+)의 관계가, 수익성과 유동성 간에는 부(−)의 관계가 성립하는 등 상호 상충관계(trade-off)가 존재하므로 금융수단의 선택 시 이에 유의해야 한다.

1.3 금융기관의 기능과 분류

1.3.1 금융중개의 의의와 금융기관의 필요성

금융중개(financial intermediation)

금융중개(financial intermediation)란 금융계약을 통해 자금공급자(흑자경제주체)로부터 자금수요자(적자경제주체)로의 자금 이전을 수행하는 것을 의미한다. 이러한 금융중개과정은 앞 절에서 분류한 대로 금융중개기관(이후 금융기관으로 약칭)의 개입 방식에 따라 직접금융과 간접금융의 두 가지 형태로 나뉜다.

상기한 대로 금융중개과정에서 자금수요자가 직접 발행한 본원적 증권이 자금공급자에게 판매되는 직접금융시장의 경우, 금융기관은 본원적 증권의 발행을 주선하고 매각을 용이하게 하는 **시장조성자(market maker)**의 역할을 한다. 증권회사가 이러한 역할을 담당하는 금융기관의 대표적 예이다. 반면, 금융기관이 간접증권을 발행하여 조달한 자금으로 본원적 증권을 매입하는 간접금융시장에서의 대표적인 금융기관은 은행이라고 할 수 있다. 은행은 자금공급자로부터 수취한 예금의 상환을 보장하고 스스로 위험을 부담하면서 자금수요자에게 대출하는 등 직접금융시장의 경우보다 적극적인 역할을 담당한다. 그러나 직접금융과 간접금융, 두 경우 모두 원활한 자금중개를 위해서는 금융기관이 반드시 필요하다는 점에서 공통적이다.

시장조성자(market maker)

그렇다면 금융기관이 필요한 본질적인 이유는 무엇인가? 결론부터 말하자면 금융시장이 불완전하기 때문이다. 구체적으로 금융시장에는 효율성을 저해하는 각종 거래비용과 정보비용이 존재하는데, 금융기관은 바로 이러한 거래비용과 정보비용을 최소화함으로써 금융중개를 원활히 하는 데 기여한다는 점에서 반드시 필요하다는 것이다. 금융기관이 개인에 비해 거래비용과 정보비용을 최소화하는 데 유리한 것은 다음과 같은 이유 때문이다.

첫째, 금융기관은 규모의 경제 및 전문지식의 개발 · 활용을 통해 금융거래에 수반되는 높은 거래비용을 낮출 수 있다. 금융거래에서는 거래 규모가 증가할수록 투자금액 당 거래비용이 감소하는 규모의 경제 현상이 나타난다. 예컨대 채권시장에서 100억 원의 채권을 매입하든, 1억 원의 채권을 매입하든 한번 거래에 드는 거래비용이 10만 원으로 동일하다고 가정하자. 이때 100명의 투자자들이 각각 채권을 1억 원씩 매입하는 경우, 총 거래비용은 1천만 원(=10만 원×100명)이 들고 1인당 거래비용은 10만 원이다. 그러나 만일 이들이 1억 원씩 돈을 모아 펀드를 조성한 후 이를 통해 채권을 100억 원 매입하는 경우, 총 거래비용은 10만 원이고 따라서 1인당 거래비용은 10만 원의 1/100인 1천 원까지 줄어든다. 또한, 금융기관은 개인보다 금융거래와 관련된 법적 · 기술적 전문지식을 훨씬 더 잘 개발 및 활용할 수 있다. 예컨대 금융기관은 축적된 관련 경험과 전문성을 통해 대출 담보물의 권리분석이나 감정평가 등을 개인보다 훨씬 낮은 비용으로 수행할 수 있다.

둘째, 금융기관은 개인보다 정보생산에 있어 비교우위를 가지며, 이를 이용하여 금융거래에 수반되는 정보비용을 줄일 수 있다. 이러한 비교우위의 원인으로 ① 금융기관은 정보생산의 전문화를 통해 규모의 경제를 달성할 수 있다는 점, ② 금융기관은 개인정보보호에 대한 신뢰성을 바탕으로 일반 개인들보다 신용정보를 훨씬 수월하게 취득할 수 있다는 점, ③ 금융기관은 개인들이 각자 거래 상대방을 찾는 데 드는 탐색비용을 대폭 줄일 수 있다는 점을 들 수 있다.

1.3.2 금융기관의 기능

(1) 정보비대칭 문제의 완화 및 해소

사실 금융거래에 수반되는 거래비용과 정보비용은 대부분 금융시장의 불완전성, 특히 그 중에서도 정보비대칭의 문제에 기인하는 경우가 많다. 여기서는 금융시장에서 정보비대칭 문제가 어떤 형태로 발생하는지 살펴보고 이를 완화 및 해소하기 위한 금융기관의 역할에 대해 알아본다.

정보비대칭(information asymmetry)
역선택(adverse selection)
도덕적 해이(moral hazard)

금융시장에서의 **정보비대칭**(information asymmetry)은 금융거래 당사자 중 어느 일방이 정보를 더 많이 혹은 더 적게 가지고 있는 경우를 의미한다. 정보비대칭이 문제가 되는 것은 이로 인해 금융시장의 효율적 운영을 저해하는 대표적인 두 가지 부작용이 나타나기 때문인데, **역선택**(adverse selection)과 **도덕적 해이**(moral hazard)가 바로 그것이다.

신호(signalling)
선별(screening)
감시(monitoring)

이 중 역선택은 정보우월자의 숨겨진 특성(hidden characteristics)이 상대방(정보열등자)에게 알려지지 않음으로 인해 금융거래가 이루어지기 이전에, 즉 사전적으로 발생하는 문제이다. 반면, 도덕적 해이는 정보우월자의 숨겨진 행동(hidden action)이 상대방(정보열등자)에게 알려지지 않음으로 인해 금융거래가 이루어진 이후, 즉 사후적으로 발생하는 문제이다. 이러한 두 가지 문제로 인해 발생할 수 있는 피해를 막기 위해, 정보열등자는 정보우월자와의 금융거래를 꺼리게 되며, 그 결과 거래가 멈추면서 금융시장 자체가 붕괴할 수도 있다. 정보비대칭에 따라 역선택과 도덕적 해이가 어떻게 발생하고 이러한 부작용을 금융기관이 **신호**(signalling), **선별**(screening), **감시**(monitoring) 기능을 통해 어떻게 완화 또는 제거할 수 있는지 예를 통해 알아보자.

먼저 역선택의 예를 살펴보자. 우수한 기술력을 보유하여 성장성이 높은 A 유형의 기업과 상대적으로 낮은 기술력을 가진 B 유형의 기업이 채권시장에서 회사채를 발행하려 한다고 가정하자. 한편 정보비대칭의 존재로 인해, 각 기업은 자사의 기술 수준이 어느 정도인지 잘 알고 있지만, 채권시장의 개인투자자들은 전체 기업 중 각 유형 기업들의 비중만을 알뿐 개별 기업의 기술 수준은 알 수 없다고 한다.

이러한 상황에서 투자자들은 최소한, 각 유형 기업의 회사채에 대한 요구수익률의 기댓값만큼은 수익률이 보장되어야만 비로소 채권에 투자할 유인을 가진다[3].

예를 들어, 각 유형 기업의 비중이 절반(1/2)씩이며, 만일 정보비대칭이 존재하지 않는 상황이라면 투자자들은 A 유형의 기업에 3%, B 유형의 기업에 5%의 수익률을 요구한다고 가정하자. 이러한 상황에서 상기한 대로 정보비대칭이 존재한다면 투자자들은 채권의 수익률이 적어도 요구수익률의 기댓값, 즉 4%(=3%×(1/2)+5%×(1/2)) 이상이 되어야만 채권을 매입한다는 것이다. 그러나 이 경우 A 유형 기업의 입장에서는 정보비대칭이 없을 때 3%의 낮은 수준으로 회사채를 발행할 수 있음에도 불구하고, 정보비대칭의 존재로 인해 4%나 되는 높은 금리로 발행할 수밖에 없으므로 채권발행을 포기할 유인이 커지게 된다. 이에 따라 A 유형 기업이 채권시장에서 퇴장하면 시장에는 B 유형 기업들이 발행한 채권만이 유통되며, 투자자들 역시 A 유형 기업의 채권발행 유인이 사라졌으며, 이로 인해 시장에는 B 유형 기업의 채권만이 유통됨을 인지하게 된다. 이처럼 채권을 발행하는 모든 기업이 B 유형임을 투자자들이 알게 되면서 채권시장에서는 정보비대칭 문제가 사실상 사라지며, 그 결과 시장에서 거래되는 채권의 수익률은 B 유형 기업에 대한 요구수익률인 5%로 결정된다. 이는 정보비대칭에 따른 역선택의 전형적인 예이며, 역선택의 결과 유망한 기업이 자금조달에 실패하고 투자자 역시 유망 기업에 투자할 기회를 놓치는 등 경제 전체적으로 상당한 비용이 발생함을 알 수 있다.

이러한 정보비대칭 상황에서도 만일 은행, 증권회사와 같은 금융기관이 정보생산에서의 전문성 및 규모의 경제를 통해 상기 예에서 A 유형 기업과 같이 유망한 기업을 미리 선별(screening)할 수 있다면, 정보비대칭 문제를 완화함으로써 역선택을 어느 정도 사전에 예방할 수 있다. 즉, 상기 예에서 A 유형 기업과 B 유형 기업을 구분할 수 있는 정보를 은행, 증권회사 등의 금융기관이 생산할 수 있다는 것이다. 뿐만 아니라 이러한 선별과정을 통해, 예컨대 은행이 대출심사를 통해 특정 기업에 대출을 시행하는 경우, 대출이 성사되었다는 사실 자체가 해당 기업의 성장성과 기술수준에 대한 일종의 신호(signalling)로 기능함으로써 상대적으로 정보비대칭에 취약한 채권 또는 주식시장의 개인투자자들에게 유용한 정보를 제공할 수 있다. 이처럼 은행과 같은 금융기관은 역선택을 예방하는 데 기여할 뿐 아니라, 대

3) 이는 투자자들이 위험중립적(risk-neutral)임을 전제한 것임에 유의하기 바란다.

출금리 및 담보비율 조정 등을 통해 역선택에 따른 손실을 최소화할 수 있는 다양한 수단을 보유하고 있다.

다음으로 도덕적 해이의 예를 살펴보자. 예컨대 어떤 기업이 은행으로부터 현금 10억 원을 연 이자율 10%의 조건으로 대출받아 신규 사업에 투자한다고 하자. 은행의 입장에서 기업이 대출받은 자금을 어떻게 투자하는지 파악하기 어려운 '정보비대칭' 상황에서, 기업은 저위험 · 저수익 투자안에 투자한 후 투자수익으로 채무를 상환하기보다는 고위험 · 고수익 투자안에 자금을 사용하는 것을 보다 선호하게 된다. 기업 입장에서는 저위험 · 저수익 투자를 통해 11억 원 이하의 수익을 벌어서 간신히 채무를 상환하거나 부도를 내느니, 차라리 고위험 · 고수익 투자를 통해 11억 원을 초과하는 수익을 벌어서 초과분을 고스란히 이윤으로 남기는 편이 훨씬 유리하기 때문이다[4].

위임받은 감시자(delegated monitor)
대출약정(restrictive covenants)

이러한 상황에서 은행과 같은 금융기관이 많은 예금자들을 대신하여 **위임받은 감시자**(delegated monitor)로서 기업의 투자현황을 지속적으로 감시(monitoring)한다면, 예금자 또는 개인투자자들이 직접 감시하는 것보다 훨씬 적은 비용으로도 효과적으로 도덕적 해이를 방지할 수 있다. 구체적으로 은행은 대출 시 기업으로 하여금 대출자금의 용도를 제한하는 **대출약정**(restrictive covenants)을 체결하도록 함으로써, 기업이 해당 용도 외로 위험한 투자안에 자금을 사용하는 것을 어느 정도 미연에 방지할 수 있다. 즉, 대출약정 체결 후 은행은 대출받은 기업이 실제로 이 약정을 잘 따르고 있는지 지속적으로 감시함으로써, 도덕적 해이에 따른 손실을 최소화할 수 있다.

(2) 거래 및 정보비용의 감소

금융기관의 주된 역할 중 두 번째는 금융거래에 따르는 거래 및 정보비용을 감소시킴으로써 금융시장의 불완전성을 보완하는 것이다. 앞서 언급한 대로 금융거래에 수반되는 거래 및 정보비용이 상당 부분 정보비대칭 문제에 기인하기도 하지만, 반대로 과도한 거래 및 정보비용이 정보비대칭 문제를 유발하는 원인이 되기도 한다. 다시 말해 금융거래에 따르는 과도한 거래 및 정보비용은 정보비대칭의 결과이면서 동시에 원인이기도 하다는 것이다.

4) 도덕적 해이가 발생하는 원인과 관련하여, 이 장의 연습문제에는 상기한 본문 내용과 유사한 예제가 실려 있다. 독자들은 본문 내용을 바탕으로 스스로 해당 문제를 풀어봄으로써 도덕적 해이에 관한 이해를 넓히기 바란다.

예컨대 개인투자자가 어떤 기업에 자금을 투자하고자 할 때, 기업의 기술수준 및 성장성, 재무상태를 파악하는 데는 상당한 시간과 비용이 소요된다. 이러한 정보비용이 과도하여 기업에 대한 정보를 수집하지 못하는 경우, 투자자는 상기한 정보비대칭에 따른 역선택 및 도덕적 해이 문제에 직면하게 된다. 반대로 정보비대칭이 심각한 상황에서 투자자는 역선택 및 도덕적 해이에 따른 투자손실을 최소화하기 위해 담보를 설정하는데, 이로 인해 담보물의 권리분석 및 감정평가를 위한 거래 및 정보비용이 추가로 발생하게 된다.

이 경우 금융기관은 상기한 대로 규모의 경제 및 전문화와 정보 수집의 수월성 등에 따른 비교우위를 활용하여, 개인이 직접 투자하는 경우에 비해 거래 및 정보비용을 크게 감소시킬 수 있다. 이러한 비용 감소를 통해 금융기관은 과도한 정보비용에 따른 정보 부족으로 정보비대칭 문제가 발생하는 것을 미연에 방지하는 동시에, 정보비대칭에 기인한 투자손실을 최소화하는 데 기여할 수 있다.

(3) 보험서비스의 제공: 위험의 집중 및 분산

금융기관의 주요 역할 중 세 번째는 보험서비스의 제공이다. 여기서 말하는 보험서비스란 비단 보험회사가 보험가입자들에게 제공하는 좁은 의미의 서비스만을 가리키는 것이 아니라, 위험의 집중 및 분산을 통해 개인의 위험수준을 낮추는 모든 금융거래를 포괄하는 것이다.

보험회사는 가입자들로부터 보험료를 받는 대신 이들의 개별적인 위험을 집중하여 부담하고 이렇게 집중된 위험을 다시 다수의 가입자들에게 분산시킴으로써 개별 가입자의 위험수준을 크게 낮춘다. 한편, 은행과 같은 예금취급기관들도 이와 유사한 기능을 한다. 예컨대 개인투자자가 자금을 직접 기업에 융자 또는 투자하는 경우 상당한 수준의 채무불이행 위험을 무릅써야 하는 반면, 자금을 예금함으로써 은행을 통해 간접적으로 투자하는 경우에는 이러한 위험이 거의 사라지게 된다. 보험회사와 마찬가지로 은행은 개별 예금자가 직면한 투자위험을 집중하여 자신이 부담하면서, 동시에 집중된 위험을 다시 모든 예금자 및 차입자에게 분산시키기 때문이다.

은행은 이렇게 위험을 집중 · 분산시켜 개별 예금자의 위험을 제거하는 보험서비스를 제공하는 대신, 대출이자율과 예금이자율의 차이인 예대금리차를 통해 서비스 제공에 대한 수익을 얻게 된다. 즉, 위험회피적인 예금자에게는 다소 낮은 예금이자를 주고 위험에 보다 적극적인 차입자에게는 보다 높은 대출이자를 받아 그 차이를 수익으로 얻는다는 것이다. 따라서 이러한 예대금리차는 은행 입장에서는 제공하는 보험서비스에 대한 대가라고 할 수 있으며, 예금자 입장에서는 일종의 보험료에 해당한다.

(4) 자산변환기능

자산변환기능(asset transformation) 또는 테일러링(tailoring)

은행과 같은 예금취급기관은 예금자가 선호하는 규모, 만기, 유동성을 가진 부채를 발행하여 조달한 자금으로 차입자가 선호하는 규모, 만기, 유동성 조건에 맞춰 자금을 제공하는 기능을 담당한다. 이와 같이 예금자와 차입자 사이의 서로 다른 선호를 이용하여, 상대적으로 낮은 수익률로 예금자에게 매력적인 종류의 부채를 발행하고 이렇게 조달한 자금을 상대적으로 높은 수익률로 차입자가 원하는 형태로 제공하는 금융기관의 기능을 **자산변환기능(asset transformation) 또는 테일러링(tailoring)**이라고 한다.

예컨대 은행에 예금하는 개인들은 통상적으로 '소액'의 자금을 '단기간' 동안 '고유동성' 자산의 형태로 빌려주기 원한다. 반면 은행으로부터 차입하는 기업들은 대체로 '거액'의 자금을 '장기간' 동안 '저유동성' 부채의 형태로 차입하기 원한다. 은행은 이와 같이 서로 상충되는 예금자와 차입자의 선호를 동시에 충족하기 위해, 개인 예금자로부터 소액의 고유동성 단기예금의 형태로 자금을 조달하여 이를 거액의 저유동성 장기대출의 형태로 차입 기업에 제공하는 역할을 한다. 이를 통해 은행은 자금공급자인 예금자의 자산과 자금수요자인 차입자의 부채 간에 존재하는 만기 및 유동성 불일치를 해소하는 데 기여할 수 있다.

(5) 지급결제, 자산관리 등 기타 전문서비스

금융기관은 상기한 기능 이외에도 거래비용 절감 및 금융중개 기능 활성화를 위한 다양한 전문서비스를 제공한다. 예컨대 은행과 같은 예금취급기관과 증권회사 및 신용카드회사 등은 상기한 대로 금융하부구조의 주요 요소 중 하나인 지급결제제도를 구성하고 참여 및 운영하는 핵심주체가 된다.

뿐만 아니라 증권회사, 자산운용사 등의 금융기관은 고객의 자산관리(wealth management)와 같은 금융과 관련된 전문적인 업무를 대행한다. 이들 금융기관은 투자성과에 영향을 미치는 경제 및 금융 상황에 관한 정보를 분석할 수 있는 우수한 전문가를 많이 확보하고 있으므로, 자산관리 등 전문적 분야에서 개인투자자에 비해 비교우위를 가지기 때문이다.

1.3.3 금융기관의 분류

금융기관을 분류하는 기준으로서 신용창조 기능[5]의 유무 또는 취급하는 금융서비스의 성격 등 다양한 기준이 활용되어 왔다. 그러나 최근에는 금융기관을 1차적으로 제도적 실체(근거 법률)를 기준으로 나누되, 이 중 주된 업무의 성격이 유사한 금융기관끼리 묶어서 분류하는 방법이 널리 쓰인다. 이러한 분류에 따라 우리나라 금융기관을 분류한 것이 〈표 1-1〉이다. 이 분류에 따르면 우리나라의 금융기관은 크게 ① 은행, ② 비은행예금취급기관, ③ 금융투자업자, ④ 보험회사, ⑤ 기타 금융기관, ⑥ 공적금융기관의 여섯 개 유형으로 분류할 수 있다.

〈표 1-1〉 우리나라 금융기관의 분류

<table>
<tr><th colspan="3">구분</th></tr>
<tr><td rowspan="8">은행</td><td rowspan="3">일반은행</td><td>시중은행</td></tr>
<tr><td>지방은행</td></tr>
<tr><td>외은지점</td></tr>
<tr><td rowspan="5">특수은행</td><td>한국산업은행</td></tr>
<tr><td>한국수출입은행</td></tr>
<tr><td>중소기업은행</td></tr>
<tr><td>농협은행</td></tr>
<tr><td>수협은행</td></tr>
<tr><td rowspan="6">비은행
예금취급기관</td><td>상호저축은행</td><td></td></tr>
<tr><td rowspan="3">신용협동기구</td><td>신용협동조합</td></tr>
<tr><td>새마을금고</td></tr>
<tr><td>농협 · 수협 · 산림조합의 상호금융(신용사업부문)</td></tr>
<tr><td>우체국예금</td><td></td></tr>
<tr><td>종합금융회사</td><td></td></tr>
</table>

5) 금융기관의 신용창조 기능에 관해서는 3장을 참조하기 바란다.

금융투자업자	투자매매중개업자	증권회사
		선물회사
	집합투자업자	
	투자자문일임업자	
	신탁업자	은행/증권/보험/부동산신탁
보험회사	생명보험회사	
	손해보험회사	손해보험회사
		재보험회사
		보증보험회사
	우체국보험	
	공제기관	
기타 금융기관	금융지주회사	은행지주
		비은행지주
	여신전문금융회사	리스/카드/할부금융/신기술사업금융
	벤처캐피탈회사	중소기업창업투자회사
	증권금융회사	
	대부업자	
공적 금융기관	한국무역보험공사	
	한국주택금융공사	
	한국자산관리공사	
	한국투자공사	
	서민금융진흥원	

자료: 한국은행(2018), 『한국의 금융제도』, 한국은행, 일부 수정.

각각의 분류를 세부적으로 살펴보면, ① 은행은 일반은행과 특수은행으로 구분되며, 일반은행은 다시 시중은행, 지방은행 그리고 외국은행 국내지점(외은지점)으로 구성된다. 이 중 특수은행은 「은행법」이 아닌 개별 특별법에 의해 설립되어 은행업을 핵심 업무로 취급하는 금융기관을 의미한다. ② 비은행예금취급기관은 은행과 유사하게 여 · 수신 업무를 주요 업무로 취급하고 있지만, 보다 제한적인 목적으로 설립되어 자금조달 및 운용 등에서 은행과는 상이한 규제를 받는 금융기관이다. 이들은 지급결제기능이 일부 제한되는 등 취급 업무의 범위가 은행에 비해 좁으며, 영업대상이 사전적으로 제한되기도 한다. 상호저축은행과 신용협동조합 · 새마을금고 · 상호금융 등의 신용협동기구 그리고 종합금융회사가 여기에 포함된다. ③ 금융투자업자는 직접금융시장에서 유가증권의 매매 및 중개를 중심으로 관련된 업무를 주된 업무로 하는 금융기관을 포괄한다. 세부적으로는 투자매매중개업자, 집합투자업자, 투자자문일임업자, 신탁업자로 구성되어 있다. ④ 보험회사는 사망, 질병, 노후, 화재나 각종 사고를 대비하는 보험을 인수 · 운영하는 기관이다. 보험회사는 주된 업무 및 기관 특성에 따라 생명보험회사, 손해보험회사, 우체국보험, 공제기관 등으로 구분된다. ⑤ 기타 금융기관은 앞에서 열거한 그룹들에 속하는 금융기관의 업무로 분류하기 어려운 금융 업무를 주된 업무로서 취급하는 기관을 의미한다. 금융지주회사와 리스회사 · 신용카드회사 등의 여신전문금융회사, 벤처캐피탈과 증권금융회사 그리고 대부업자 등이 여기에 포함된다. 마지막으로 ⑥ 공적 금융기관은 직접 금융중개 및 관련 거래에 참여하기보다는, 개별 법률로 정한 기관의 정책 목적에 따라 원활한 금융거래를 위한 여건 조성을 주된 업무로 하는 기관들이다.

1.4 글로벌 금융환경의 변화[6]

1.4.1 글로벌 금융위기 이전까지의 금융환경

2차 세계대전 이후 특히 1980년대부터 2008년 글로벌 금융위기 이전까지, 글로벌 금융환경의 변화 추세는 크게 금융자유화, 금융통합화, 금융대형화 및 겸업화, 금융증권화, 금융디지털화의 다섯 가지 키워드로 요약할 수 있다.

금융자유화
금융통합화
금융대형화 및 겸업화
금융증권화
금융디지털화

2차 대전 종전 이후 GATT 체제 하에서 세계교역이 비약적으로 증대되는 동시에 국가 간 자본이동을 규제하던 브레튼우즈(Bretton Woods) 체제가 1970년대 초에 붕괴함에 따라, 각국의 금융시장이 본격적으로 개방되면서 유로금융시장[7]과 같은 국제금융시장이 빠르게 발전하기 시작하였다. 이러한 개방화와 시장 확대에 따

6) 이 절의 내용은 정운찬 · 김홍범(2018), 한국은행(2018), 박강우(2021)에 주로 의존하였다.

7) 유럽의 금융기관 사이에서 미 달러화로 거래가 이루어지는 시장을 의미한다. 오늘날에는 비단 유럽뿐 아니라 미국 이외의 국가에서 달러화가 거래되는 시장을 통칭하는 용어로 사용된다.

른 역외 경쟁압력에 대응하기 위해 각국은 경쟁적으로 금융자유화를 추진하였고 그 결과 각국의 금융규제가 추세적으로 완화되면서 새로운 금융상품 및 금융기법 개발 등의 금융혁신(financial innovation)이 활성화되었다. 또한, 이러한 개방화 · 자유화 추세에 따라 국가 간 자본이동이 비약적으로 증가하였고 이것이 정보처리 및 통신기술의 발전과 맞물리면서 국가별 금융시장이 하나의 글로벌 시장으로 점차 통합되는 '금융통합화'가 가속화되었다.

규모의 경제(economies of scale)
범위의 경제(economies of scope)

이와 같이 개방된 시장 환경에서 금융업의 국제경쟁이 치열해지면서 금융기관들은 규모의 경제를 통해 경쟁에 대응하기 위해 점차 '대형화'되는 동시에, 각국이 범위의 경제를 통한 자국 금융 산업의 경쟁력 강화를 위해 업무영역에 대한 규제를 완화하면서 '겸업화'도 함께 진행되었다[8]. 한편 당시 무역 강국으로 부상하던 일본 · 독일 등 경상수지 흑자국들이 잉여자금을 은행예금이 아닌 수익률 높은 채권의 형태로 운용하고 특히 80년대 개발도상국 외채위기 이후 국제금융시장의 차입자들이 대출에 비해 상대적으로 조달비용이 저렴한 채권발행을 통한 자금조달을 선호하게 되면서 금융중개의 직접금융화, 즉 '금융증권화'가 촉진되었다. 아울러 PC와 인터넷 보급 등 90년대부터 가속화된 IT 혁신에 따라 인터넷 · 모바일 뱅킹 등 원격지 간 금융거래가 확산되고, 전자화폐 및 모바일 결제 등 지급결제 분야에서도 디지털 혁신이 나타나면서 '금융디지털화'가 빠르게 진행되었다.

1.4.2 글로벌 금융위기와 금융환경의 변화

(1) 글로벌 금융위기의 배경 및 원인

2008년 글로벌 금융위기의 원인에 관해 수많은 학자들에 의해 다양한 요인들이 제시되었다. 그런데 이러한 논의들의 한 가지 공통점은 위기의 근본 배경으로서 은행 등 금융기관은 물론이고 신용평가사, 정부, 중앙은행 및 금융감독당국 그리고 일반 가계에 이르기까지 거의 모든 경제주체에 걸친 유인(incentive) 왜곡의 문제를 꼽고 있다는 것이다.

대마불사(too big to fail)
이득의 사유화와 손실의 사회화(privatization of profit and socialization of loss)

우선 금융기관의 경우, 이른바 **대마불사(too big to fail)**로 인한 **이득의 사유화와 손실의 사회화(privatization of profit and socialization of loss)**, 단기성과에 치중

8) **규모의 경제(economies of scale)**는 한 가지 상품 또는 서비스의 생산이 증가할수록 단위당 생산비용이 감소하는 것을 의미하는 반면, **범위의 경제(economies of scope)**는 여러 가지 상품 또는 서비스를 동시에 생산할수록 단위당 비용이 감소하는 현상을 가리킨다.

한 보상체계, 대출채권 유동화[9]에 따른 사전심사 및 사후감시 유인 축소 등의 요인이 금융기관으로 하여금 과도한 위험추구를 하도록 유도하는 등 도덕적 해이를 야기하였다. 한편 신용평가사의 경우, 주택저당증권 등 자산유동화증권의 신용평가 수수료를 증권의 투자자가 아닌 발행자가 지급하는 관행은 신용평가사로 하여금 평가대상 증권의 등급을 과대평가하도록 하는 유인으로 작용하였다. 다음으로 일반 가계는 위기 이전의 저금리 기조 속에서 자신의 상환능력과 상관없이 무모한 차입을 통해 주택을 매입함으로써 거품을 키웠고, 미국 정부 역시 차입을 통한 자가소유정책을 적극 추진하면서 이를 더욱 부추겼다. 특히, 거품을 미리 감지하고 이에 선제적으로 대응해야 할 중앙은행 및 금융감독당국조차 위기 이전까지 지속된 물가안정 및 경제성장 기조에 도취되어 통화금융정책의 또 다른 주요 목표인 금융안정을 등한시하는 등 정책적으로도 유인 왜곡 문제가 만연해 있었다.

이와 같이 경제 전반의 유인이 왜곡된 배경 하에서, 다음과 같은 요인들이 금융위기를 직접적으로 초래한 원인으로 지목되었는데, ① 미국 중앙은행인 연방준비제도이사회(연준)의 저금리 정책 기조, ② 세계경제 불균형, ③ 금융기관의 만기 및 유동성 불일치 심화와 레버리지의 경기순응성, ④ 금융감독규제의 취약성 등이 그것이다.

첫째, 금융위기 이전 장기간 지속되었던 미 연준의 확장적 통화정책 기조가 위기의 대표적 원인으로 지목되었다. 2001년 이른바 IT 버블이 붕괴하면서 경기침체와 디플레이션을 우려한 미 연준은 2002년에서 2004년 중반까지 정책금리인 연방자금금리(federal funds rate)를 1%대 이하 수준에서 낮게 유지하였다. 이후 2004년 후반부터 인플레이션을 막기 위해 긴축기조로 돌아섰지만, 이미 주택가격에는 상당한 거품이 형성된 상태였고, 뒤늦은 긴축정책에 따라 상승한 금리는 오히려 주택담보대출의 이자부담을 증가시킴으로써 위기의 직접적 도화선이 된 서브프라임 모기지(subprime mortgage) 부실 사태를 초래하였다.

9) 대출채권의 유동화란 은행이 대출을 시행한 후 만기까지 채권을 보유하는 것이 아니라, 동 대출채권을 기초로 새로운 채권을 발행하여 만기 전에 미리 자금을 회수(자산유동화)하는 것을 의미한다. 예컨대 주택담보대출을 시행한 은행은 동 대출채권을 기초로 자산유동화증권의 일종인 주택저당증권(MBS: Mortgage Backed Securities)을 발행하여 투자자들에게 매각함으로써 채권을 만기 전에 미리 회수할 수 있다. 글로벌 금융위기 직전의 미국에서와 같이 이러한 대출채권의 유동화가 널리 성행할 경우, 은행의 입장에서는 신용위험 관리를 위해 대출에 대한 사전심사 및 사후감시를 철저히 할 유인이 사라진다. 대출채권을 만기까지 보유하지 않아도, 부실화되기 이전이라면 언제든 자산유동화를 통해 채권을 회수할 수 있기 때문이다.

세계경제 불균형(global imbalance)

둘째, 글로벌 금융위기 이전까지 심화되고 있던 세계경제 불균형은 미국으로의 자본유입 촉진을 통해 시장금리를 낮추고 유동성을 확대시킴으로써 과도한 신용팽창을 야기한 또 다른 원인이었다. 여기서 **세계경제 불균형**(global imbalance)이란 미국이 막대한 경상수지 적자를 보이는 한편, 중국 등 신흥국들의 경상수지 흑자가 빠르게 누적되면서 이들 경상수지 흑자국에서 미국으로 자본이 지속적으로 유입된 현상을 가리킨다. 실제로 금융위기 이전까지 중국은 경상수지 흑자를 통해 벌어들인 막대한 양의 달러로 미국 국채나 정부보증채 등을 매입하는 방식으로 외환보유액을 축적해 왔다. 그 결과 미국의 시장금리를 대표하는 국채수익률은 연준의 정책금리 인상에도 불구하고 상당 기간 낮은 수준을 유지하였으며, 이는 금융기관의 과도한 위험추구행위를 지속시키는 요인으로 작용하였다.

레버리지의 경기순응성

셋째, 금융위기 이전까지 금융기관들의 만기 및 유동성 불일치가 크게 심화되었을 뿐만 아니라, 금융기관 **레버리지의 경기순응성**이 거품 형성과 위기의 증폭에 크게 기여하였다. 우선 금융위기 이전까지 대형 투자은행을 중심으로 CP, RP 등을 통해 단기 고유동성 자금을 조달하여 주택저당증권(MBS) 등 자산유동화증권과 같은 장기 저유동성 자산에 투자하는 행태가 널리 성행하였다.

뿐만 아니라 애드리안과 신현송[10]에 따르면, 미국의 투자은행과 같은 증권 중개 및 매매업자의 레버리지는 경기변동에 따라 자산가격 변동과 같은 방향으로 움직이는 경기순응성(pro-cyclicality)을 보여 왔다[11]. 예컨대 경기호황기에 자산가격이 상승하면 기존 부채 대비 자기자본이 상대적으로 증가하면서 레버리지가 하락하는데, 이 경우 투자은행들은 부채를 더 늘려서 수익률이 높은 자산을 매입함으로써 레버리지를 다시 상향조정하고 자본수익률을 높일 유인을 가진다. 이러한 은행의 적극적인 자산매입은 경기호황에 따른 자산가격 상승을 가속화시킴으로써 거품을 증폭시키는 피드백(feedback) 메커니즘으로 작용한다.

반대로 경기불황기에 자산가격이 하락하면 기존 부채 대비 자기자본이 상대적으로 감소하면서 레버리지가 상승하는데, 이 경우 은행은 수익률이 낮아진 자산을 매각하여 조달한 자금으로 부채를 상환함으로써 레버리지를 다시 낮추려 한다. 이러

10) T. Adrian and H.S. Shin(2010), "Liquidity and Leverage," *Journal of Financial Intermediation*, Vol. 19, No. 3, pp. 418-437.

11) 여기서 금융기관의 레버리지(leverage)란 총자산을 총자본(=총자산－총부채)으로 나눈 값으로 금융기관이 자기자본에 비해 부채를 얼마나 보유하고 있는지를 나타내며, 금융기관의 위험부담 정도를 측정하는 지표로 사용된다.

한 은행의 적극적인 자산매각은 경기불황에 따른 자산가격 하락을 가속화시킴으로써 거품의 붕괴를 더욱 악화시키는 메커니즘으로 작용한다. 이와 같이 금융기관의 경기순응적인 레버리지 조정이 자산가격의 변동을 증폭시키면서 금융위기 전후 거품의 형성 및 붕괴에 기여했다는 것이다.

구성의 오류(fallacy of composition)

마지막으로, 당시 금융감독규제가 변화한 환경에 효율적으로 대응하지 못한 점도 금융위기를 야기 및 악화시킨 주요 원인 중 하나였다. 글로벌 금융위기 이전까지 위기는 주로 개별 금융기관의 문제가 전염경로를 따라 금융시스템으로 확산되면서 발생하는 것으로 이해되었고 그러다 보니 감독당국은 개별 금융기관의 위험을 대상으로 하는 '미시건전성' 감독에만 치중해 왔다. 그런데 글로벌 금융위기를 계기로, 개별 금융기관의 위험과는 별개로 금융시스템 전체의 위험을 고려해야 할 필요성이 대두하였다. 예컨대 금융위기 당시 자산가격이 하락하면서 금융기관들은 자산을 헐값으로 매각(fire sales)하는 등 적극적으로 레버리지를 조정하였는데, 이는 개별 금융기관 입장에서는 최적의 반응이었으나 시장 전체적으로는 자산가격의 추가적 하락과 함께 전체 금융시스템의 위험을 확대함으로써 이른바 '구성의 오류(fallacy of composition)'를 야기했던 것이다. 이렇게 위기를 통해 드러난 금융감독규제의 취약성은 각국 감독당국이 기존 미시건전성 감독에 더하여 금융시스템 전체의 시각에서 금융안정을 도모하는 거시건전성 감독[12]을 도입하는 계기를 제공하였다.

그림자은행시스템(shadow banking system)
비은행 금융중개(non-bank financial intermediation)

뿐만 아니라 위기의 진원지였던 그림자은행시스템[13]에 대한 감독 · 규제가 매우 미흡했다는 점도 위기의 발생 및 확산에 크게 기여했다. 예컨대 금융위기 이전에는 그림자은행 가운데 모기지 회사 및 유동화기구에 대해 건전성 규제기준은 물론 감독당국조차 없었으며, 가장 중요한 그림자은행이었던 투자은행에 대한 규제 역시 대부분 자율규제 수준에 그쳤다.

12) 거시건전성 감독의 의미 및 특징에 관한 자세한 내용은 이후 본문과 이 장의 〈알아두기 1-1〉 참조

13) 그림자은행시스템(shadow banking system)이란 실제 금융중개기능을 담당함에도 불구하고 감독당국의 공식규제를 받지 않거나 가벼운 규제를 받는 금융기관들과 이들의 활동 및 인프라를 의미한다. 예컨대 미국의 경우 그림자은행은 상업은행 · 저축기관 · 신용조합 등 대표적으로 규제가 적용되는 예금기관 등을 제외한 나머지 금융기관을 포괄하는 개념으로서, 여기에는 MMF(Money Market Fund), 투자은행(investment banks), 모기지 회사, 유동화기구 등이 포함된다. 최근에는 '그림자은행' 대신 보다 중립적인 의미가 담긴 '비은행 금융중개(non-bank financial intermediation)'라는 용어를 더 널리 사용하는 추세이다.

(2) 글로벌 금융위기 이후 금융제도의 변화

상기한 대로 금융자유화 등의 다섯 가지 키워드로 요약되는, 1980년대 이래의 금융규제 완화 추세는 2008년 글로벌 금융위기를 계기로 구조적 전환을 경험하게 된다. 위기를 계기로 금융안정의 중요성을 새롭게 인식한 주요 선진국 정책당국이 금융위기 대응 및 재발 방지를 위해 금융감독규제를 강화하는 방향으로 선회하였기 때문이다. 글로벌 금융위기 이후 금융감독규제 개혁의 방향은 크게 ① 거시건전성 감독 도입 및 금융감독체계 개편, ② 건전성규제 강화 및 규제대상 확대, ③ 금융기관의 업무영역규제 및 금융소비자 보호 강화로 요약할 수 있다.

① 거시건전성 감독 도입 및 금융감독체계 개편

글로벌 금융위기가 개별 금융기관의 부실보다는 과도한 신용팽창, 자산가격 거품 등 거시경제의 불균형과 그 조정과정에서 발생했다는 점에서, 종래의 미시건전성 감독만으로는 금융안정을 도모하기 어렵다는 인식이 위기 이후 확산되었다. 이에 따라 개별 금융기관에 대한 미시건전성 감독과는 별도로 전체 금융시스템 차원에서 시스템위험을 관리하는 거시건전성 감독 또는 정책이 필요하다는 공감대가 형성되었다.

거시건전성 감독 또는 정책(macro-prudential supervision or policy)

거시건전성 감독 또는 정책(macro-prudential supervision or policy)이란 금융안정 차원에서 전체 금융시스템의 위험(systemic risk)를 억제하기 위하여 건전성 정책수단(prudential tools)을 설계 및 도입하여 실시하는 정책을 의미한다. 기존의 미시건전성 감독이 개별 금융기관의 건전성을 유지하는 데 주력하는 것인 반면, 거시건전성 감독은 금융시스템 전반에 걸친 공통의 충격을 견뎌내는, 금융시스템의 기초체력인 '거시건전성'에 초점을 맞춘 감독방식이다.

거시건전성 감독의 수단은 시계열 차원의 시스템위험에 대응하는 수단과 횡단면 차원의 시스템위험에 대응하는 수단으로 구분할 수 있다. 먼저 시계열 차원의 시스템위험이란 시간에 따른 금융시스템과 실물경제 간 상호 증폭과정, 즉 금융시스템의 경기순응성에 기인하는 위험을 의미한다. 예컨대 경기호황기에 금융기관의 과도한 위험추구행위로 인해 신용이 지나치게 확대되거나, 반대로 경기침체기에 금융기관이 과거 확대되었던 신용을 급속히 회수하면서 경기침체가 증폭되는 리스크 등이 여기에 해당한다. 이에 대응하는 주요 거시건전성 정책수단으로는 경기대응 완충자본, 자본보전 완충자본, 레버리지비율, 그리고 LTV · DTI 규제 등이 있다.

반면 횡단면 차원의 시스템위험이란 금융시장에서 특정 부문의 충격이 금융시스템 전체로 확산 · 전파되는 위험을 의미한다. 이에 대응하는 주요 정책수단으로는 이후 언급할 이른바 '시스템적으로 중요한 금융기관'에 대한 추가자본 규제 및 정리체계 확립, 대형금융기관의 업무범위 제한, 거액 익스포저(exposure) 규제 등이 있다.

한편, 거시건전성 감독을 통한 시스템위험 대응체계를 도입 및 구축하기 위해, 금융위기 이후 주요 선진국들은 금융감독체계의 개편을 단행하였다. 이러한 각국의 감독체계 개편과정에서 나타난 한 가지 공통적 특징은 거시건전성 감독기관으로서 중앙은행의 역할이 종전보다 크게 확대되었다는 것이다. 금융위기 이전까지, 금융안정과 관련된 중앙은행의 역할은 주로 위기의 사후 수습에만 국한된 경우가 대부분이었다. 특히, 중앙은행의 통화정책은 금리 변동을 통해 모든 경제주체에 무차별적인 영향을 미치므로 경제 내 특정부문, 즉 금융부문의 안정보다는 전체 거시경제의 안정을 위해 수행되어야 하며, 따라서 금융안정은 중앙은행이 아닌 별도의 금융감독기구가 건전성 감독규제를 통해 추구하는 것이 바람직하다는 인식이 지배적이었다. 그러나 글로벌 금융위기를 계기로 금융안정을 위한 중앙은행의 적극적인 역할이 요구되면서, 이를 강화하는 방향으로 금융감독체계의 개편이 이루어진 것이다.

예컨대 미국은 금융위기를 계기로 중앙은행인 연준과 재무부, 그리고 여타 감독기구 등이 참여하는 금융안정감시협의회(FSOC: Financial Stability Oversight Council)를 신설하여 시스템위험 포착 및 대응전략 마련, 시스템적으로 중요한 금융기관 및 거래행위 지정 등 거시건전성 감독 기능을 수행하도록 하고 있다. 이와 같은 감독체계 개편과정에서 특히 연준의 역할이 크게 확대되었는데, 예컨대 시스템적으로 중요한 금융기관에 대한 건전성 규제기준을 제 · 개정하고 그에 따른 검사 · 감독 업무를 연준이 관장하도록 하였다.

중앙은행의 역할이 크게 확대된 또 다른 예로 영국을 들 수 있다. 영국은 금융위기 이후 관련 법령을 제 · 개정하여 중앙은행인 영란은행(The Bank of England)에 금융안정 책무를 부여하고 금융감독 기능을 중앙은행으로 일원화하였다. 구체적으로 중앙은행 내에 거시건전성 감독을 총괄하는 기구인 금융정책위원회(FPC: Financial Policy Committee)를 신설하고 기존의 통합금융감독기구(FSA: Financial Services Authority)를 해체하여 미시건전성 감독을 담당하는 건전성감독원(PRA: Prudential Regulation Authority)으로서 중앙은행의 내부조직으로 편입하였다.

알아두기 1.1 거시건전성 감독의 의의 및 특징과 미시건전성 감독과의 비교

상기한 대로 거시건전성 감독 또는 정책이란 금융안정 차원에서 시스템위험을 억제하기 위하여 건전성 정책수단들을 설계, 도입하여 실시하는 정책을 말한다. 여기서 시스템위험(systemic risk)이란 금융시스템의 전부 또는 일부의 장애로 금융기능이 정상적으로 수행되지 못함에 따라 실물경제에 심각한 부정적 파급효과를 미칠 수 있는 위험을 의미한다.

따라서 거시건전성 감독은 시스템위험에 대한 판단과 이에 근거한 정책대응으로 구성된다. 시스템위험에 대한 판단과정에는 잠재적 위험요인에 금융시스템이 얼마나 노출되어 있는지를 확인하고 공통의 충격을 가정하여 금융시스템의 충격 흡수 능력을 점검하는 과정이 포함된다. 이에 비해 정책대응에는 시스템위험을 일정 수준 이내로 제한하기 위해 위험의 확산경로에 있어 중요한 금융기관들을 선별적으로 규제하거나 혹은 모든 금융기관들을 경기 및 금융상황에 따라 한시적으로 규제하는 활동이 포함된다.

거시건전성 감독은 전통적인 건전성 감독정책인 미시건전성 감독과 다음과 같은 점에서 차이를 가진다. 우선 미시건전성 감독은 금융시스템이 직면하는 시스템위험을 정해진 외생변수로 간주하지만, 거시건전성 감독은 이를 개별 금융기관의 대응과 금융시장 상황에 따라 결정되는 내생변수로 간주한다. 다음으로 위험측정에 있어서 개별 금융기관의 위험을 집계하는 상향식 접근을 취하는 미시건전성 감독과 달리, 거시건전성 감독에서는 전체 금융시스템의 위험을 기준으로 개별 금융기관의 위험을 판단하는 하향식 접근을 취한다. 또한, 정책운영 과정에서 거시건전성 감독당국은 준칙(rule)의 적용과 함께 재량(discretion)적 판단을 동원하는 반면, 미시건전성 감독에서는 주로 표준적인 준칙을 개별 금융기관에 적용한다.

〈표 1-2〉에서 보듯이 미시건전성 감독과 거시건전성 감독은 중간목표, 위험에 대한 관점 및 측정방식, 감독기준 및 운영방식에서 차이가 있지만, 정책수단에 있어서는 양자가 대체로 유사한 수단을 공유한다. 왜냐하면 다양한 차이에도 불구하고 실제 정책적용의 대상, 즉 감독대상이 전체 시스템이 아닌 개별 금융기관이라는 점은 거시건전성 감독이나 미시건전성 감독이나 마찬가지이기 때문이다. 공통적인 정책수단의 예로서 LTV(Loan To Value ratio)와 DTI(Debt To Income ratio) 규제의 경우, 도입 당시에는 부동산 관련 채권의 부실화를 예방하기 위한 미시건전성 감독수단으로 인식되었으나 최근으로 오면서 이들 규제가 가지는, 부동산 시장 안정을 위한 거시건전성 감독수단으로서의 성격이 보다 주목받게 되었다.

이처럼 미시건전성 감독과 거시건전성 감독이 대부분의 정책수단을 공유한다는 점과 양자 모두 금융안정이라는 최종적으로 동일한 목표를 지향한다는 점은 두 감독체계가 서로 대체관계보다는 보완관계를 가짐을 시사한다.

〈표 1-2〉 거시건전성 감독과 미시건전성 감독의 비교

	미시건전성 감독	거시건전성 감독
감독목표	- 최종목표: 금융안정 - 중간목표: 개별 금융기관 건전성 유지	- 최종목표: 금융안정 - 중간목표: 전체 금융시스템의 건전성 유지
시스템위험에 대한 관점	- 시스템위험을 외생변수로 간주	- 시스템위험을 내생적인 것으로 간주
위험측정	- 개별 금융기관의 위험(상향식)	- 전체 금융시스템의 위험 (하향식)
감독 기준	- 표준화된 감독기준 적용	- 경기대응적 감독기준 적용 - 시스템적 중요도에 따라 차별화된 감독기준 적용
정책운영 방식	- 준칙 중심(rule-based)	- 준칙과 재량이 혼합 (rule-based & discretionary)

자료: 김인규 외(2011)의 〈표 5〉를 일부 수정, 박강우(2021)에서 재인용

자료: 김인규 외(2011), 한국은행(2015), 박강우(2021)를 인용 및 참조하여 작성

② 건전성규제 강화 및 규제대상 확대

글로벌 금융위기 이후, G20 등 주요 선진국을 중심으로 위기의 재발을 막기 위해서는 개별 국가를 넘어 글로벌 차원에서의 금융규제 강화가 필요하다는 공감대가 형성되었다. 이에 따라 2009년 G20 정상들은 기존의 금융안정포럼(FSF: Financial Stability Forum)을 확대 · 개편한 금융안정위원회(FSB: Financial Stability Board)를 설립하여 글로벌 금융규제개혁을 주도적으로 추진하도록 하였다. 또한 관련 규제개혁 가운데 은행과 관련된 부분은 바젤 은행감독위원회(BCBS: Basel Committee on Banking Supervision)가 맡아서 추진하도록 하였다.

이러한 글로벌 금융규제개혁의 대표적인 결과물이 바로 바젤Ⅲ이다. 우선 바젤Ⅲ는 기존 미시건전성 감독에서의 자기자본규제를 보다 강화하는 동시에, 경기순응성에 따른 시계열 차원의 시스템위험을 완화하는 거시건전성 감독을 새롭게 도입했다는 점에서 이전의 바젤Ⅰ, Ⅱ와 구별된다[14]. 바젤Ⅲ에서는 요구되는 자본의 양과 질을 보다 강화하는 동시에 금융의 경기순응성 완화를 위한 새로운 규제

14) 바젤Ⅰ, Ⅱ, Ⅲ의 의의와 구체적 내용 및 특징에 관해서는 정운찬 · 김홍범(2018), 박강우(2021) 참조

를 도입하였다. 예컨대 요구되는 자기자본규제 비율 수준이 전반적으로 높아졌을 뿐 아니라, 손실흡수력이 높은 보통주자본 위주로 요구자본을 구성하고 자본 인정 요건을 강화함으로써 요구자본의 질 역시 제고하였다. 또한, 레버리지규제를 새롭게 도입하여 은행의 과도한 위험추구행위를 억제하는 동시에, 유동성커버리지비율(LCR: Liquidity Coverage Ratio)과 순안정자금조달비율(NSFR: Net Stable Funding Ratio) 등의 유동성규제를 새로 도입함으로써 잠재적인 유동성위기에 대비하도록 하였다.

한편 바젤Ⅲ에서는 금융기관의 상호연계성 완화를 통해 횡단면 차원의 시스템위험에 대응하는 규제 역시 강화되었다. 글로벌 금융위기의 경험에서 보듯이 대형금융기관이 부실화 또는 파산할 경우 금융시스템뿐만 아니라 경제 전반에 미치는 영향이 매우 크다. 따라서 금융위기를 계기로 시스템적으로 중요한 금융기관(SIFI: Systemically Important Financial Institutions)[15]에 대한 규제 논의가 본격적으로 대두하였다.

바젤Ⅲ에서 SIFI 규제의 핵심은 대형금융기관에 대하여 일반금융기관보다 강화된 규제를 적용하는 것이다. 구체적으로는 미리 선정된 SIFI에 대해 일반금융기관보다 엄격한 수준의 자기자본비율 및 레버리지비율 등의 규제를 적용하고, 동 금융기관의 파산 시 금융시장 붕괴를 예방하고 납세자의 부담을 줄이기 위한 정리(resolution) 방안을 사전적으로 마련하며, 조건부 자본 또는 손실분담채권 등을 활용하여 이들이 파산할 경우 공적자금을 투입하지 않고 주주 및 채권자에게 먼저 손실을 분담시키는 방안 등으로 구성된다.

한편 금융위기 당시 신용파산스왑(CDS: Credit Default Swap)과 같은 장외파생금융상품과 투자은행 등의 그림자은행은 규제의 사각지대에 있으면서, 전체 금융시스템의 리스크를 증폭 및 확산시키는 데 중요한 역할을 하였다. 특히, 투자은행 · 헤지펀드 등은 기관투자자로부터 RP, CP 등 고유동성 단기부채로 자금을 조달하여 만기가 긴 MBS 등 저유동성 장기자산으로 자금을 운용하는 동시에, 과도한 레버리지를 일으켜 투자함으로써 위기 시 시스템위험의 전이 및 확산에 중요한 매개체로 작용하였다. 이에 금융위기 이후 각국에서는 장외파생금융상품의 거래

15) 규모가 크거나 여타 금융기관과의 상호연계성이 높아, 파산하거나 부실화될 경우 시스템위험을 초래할 수 있는 대형금융기관을 의미한다.

및 결제절차를 표준화하고 중앙청산소를 통해 청산하도록 하는 한편, 투자은행·헤지펀드 등 그림자은행에 대한 레버리지 규제를 대폭 강화하는 등 규제의 범위를 장외파생상품과 그림자은행시스템으로 확대하였다.

③ 금융기관의 업무영역규제 및 금융소비자 보호 강화

글로벌 금융위기를 계기로 과도한 금융겸업화의 부작용에 대한 우려가 부각되면서, 이에 대응하는 규제를 마련하려는 논의가 미국, 영국 등을 중심으로 진행되었다. 예컨대 미국에서는 상업은행 및 투자은행 업무를 겸업하는 은행들이 예금보호제도 및 중앙은행의 구제금융에 대한 기대를 바탕으로 과도한 리스크를 추구한 결과, 투자은행 부문의 위험이 상업은행 부문으로 전이되면서 시스템위험의 확산을 야기했다는 비판이 제기되었다. 이에 따라 예컨대 금융위기 직후 제정된 미국의 「월스트리트 개혁법(Wall Street Reform and Consumer Protection Act)」에서는 은행과 은행지주회사 및 계열 자회사가 고객서비스와 관련 없는 자기자본거래(proprietary trading), 헤지펀드 및 PEF(Private Equity Fund) 투자 등 투자은행의 업무를 겸업하는 것을 원칙적으로 금지하는 이른바 '볼커룰(Volcker Rule)'을 도입하였다.[16)]

한편, 영국에서는 은행개혁위원회(Independent Commission of Banking)가 겸업은행에서 소매금융부문을 은행그룹 내의 자회사로 존치하되, 독립된 이사회와 별도의 자본금을 보유하도록 하여 여타 부문과 엄격히 격리하는 계획을 발표하였다. 또한 동 계획을 바탕으로 이후 법 제정을 통해 예금수취 등 핵심 업무를 별도 자회사를 통해 수행하도록 하고 해당 자회사에는 자기명의투자 등의 배제업무(excluded activity) 수행을 금지하도록 규정하였다. 유럽의 경우, EU 집행위원회가 은행부문 구조개혁안을 통해 대형 예금수취기관들의 자기계정거래를 금지하고 고위험 트레이딩 사업부를 별도로 분리하는 방안을 제시하였다.

한편, 글로벌 금융위기에 따라 금융소비자의 피해가 커지면서 정보비대칭에 취약한 개인 금융소비자의 보호 문제가 중요한 과제로 대두하였다. 금융소비자 보호는 그 자체가 사회후생에 있어 중요한 정책목표일 뿐 아니라, 소비자 신뢰 제고 및

16) 다만 국공채 매매, 유가증권 인수, 시장조성 및 리스크 관리 관련 자기매매 등 일부 거래에 대해서는 규제 적용의 예외를 허용하였다. 한편 '볼커룰(Volcker Rule)'이라는 명칭은 이러한 규제개혁을 주도한, 전 연준 의장이었던 폴 볼커(Paul Volcker)의 이름을 딴 것이다.

가계 재무리스크 완화를 통해 금융시장 효율성 및 금융안정에 크게 기여할 수 있다는 인식이 확산되었다. 이에 금융위기 이후 각국에서는 소비자 보호 규제를 강화하는 한편, 관련 규제개혁을 위해 금융소비자 보호 기관을 대폭 개편하였다.

예컨대 미국은 과거 여러 기관에 산재되어 있던 소비자 보호 관련 업무를 통합·이관하여, 연준 내에 금융소비자보호국(CFPB: Consumer Financial Protection Bureau)을 신설하였다. CFPB는 연준 이사회의 산하 기관이지만, 운영상 독립성을 보장받고 금융소비자 보호와 관련된 제반 규제를 독자적으로 부과할 수 있으며, 소비자에게 불리한 관행에 대해서 금융기관에 신속한 조치를 요구할 수 있는 권한을 보유하고 있다. 영국의 경우, 독립기구인 금융행위감독원(FCA: Financial Conduct Authority)을 신설하여 금융소비자 권익을 보호하기 위한, 금융기관에 대한 영업행위규제를 전담하도록 하였다. 구체적으로 FCA는 정보공시, 설계 및 판매과정에서 금융상품에 문제가 발견되는 경우 판매를 금지하거나 규제를 부과할 수 있고 특정 금융기관에 경고 등 제재조치를 취한 경우 동 조치의 내용을 공시할 수 있는 권한을 가진다. 한편 우리나라의 경우, 2012년 금융감독원 내에 원장 직속의 독립부서로서 소비자보호 업무를 전담하는 금융소비자보호처를 신설하였으며, 이후에도 소비자보호 전담기관의 위상 및 독립성을 강화해야 한다는 논의가 지속적으로 제기되었다.

1.4.3 코로나19 사태와 금융환경의 변화

(1) 고물가 · 고금리 기조로의 전환

코로나19 팬데믹(pandemic)

2020년 초 발생한 코로나19 팬데믹(pandemic)으로 인해 전 세계 경제는 전대미문의 위기에 직면하였다. 이에 따라 글로벌 금융위기에 버금가는 유동성 및 신용 경색이 나타나면서, 각국 중앙은행과 금융당국은 양적완화 등 비전통적 통화정책을 포함한 강력한 확장적 통화정책과 금융감독규제의 일시적 완화 등을 통해 대응하였다. 그 결과 [그림 1-5]에서 보듯이, 우리나라와 미국을 비롯한 대부분의 선진국 경제에서 중앙은행의 정책금리가 제로 수준에 가깝게 급격히 인하되었다.

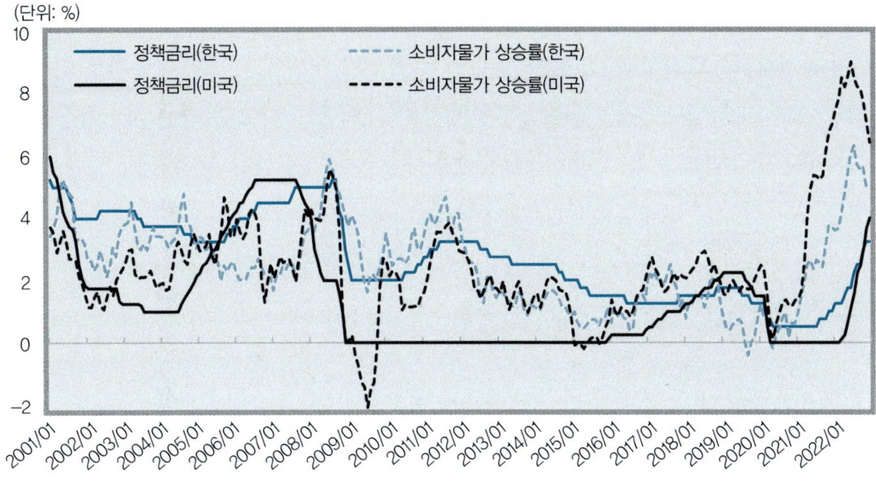

[그림 1–5] 미국과 우리나라의 소비자물가 상승률 및 정책금리 추이

자료: 한국은행 경제통계시스템(http://ecos.bok.or.kr), Federal Reserve Economic Data(https://fred.stlouisfed.org)

그러나 글로벌 금융위기 이후와 달리, 팬데믹 이후의 저금리 기조는 매우 일시적 현상으로 그치게 된다. 팬데믹에 따른 봉쇄조치 등으로 인해 공급망 차질이 심화되는 가운데 급기야 2022년 초에는 우크라이나 전쟁이 발발하면서 국제 유가를 비롯한 원자재 가격과 식량 가격이 폭등하였고, 이로 인한 고인플레이션을 억제하기 위해 각국 중앙은행들은 기존의 완화적 통화정책에서 긴축적 기조로 급격히 전환할 수밖에 없었기 때문이다. 그 결과 예컨대 미국의 중앙은행인 연준은 2022년 3월부터 1년 뒤인 2023년 3월까지 정책금리인 연방자금금리 목표치를 무려 4.5%p 인상하였으며, 우리나라 역시 2021년 8월부터 1년 반 뒤인 2023년 1월까지 정책금리인 한국은행 기준금리를 3%p 인상하였다([그림 1–5] 참조).

이와 같이 코로나 19 사태 이후의 고인플레이션으로 인해, 과거 글로벌 금융위기 이후 선진국을 중심으로 지속되었던 제로금리 또는 저금리 정책기조가 마감되고 고금리 기조가 들어서면서 우리나라를 포함한 글로벌 금융환경에 중대한 변화가 나타나기 시작하였다. 이 중 특히 주목할 것은 고물가 · 고금리 환경으로의 전환이 주식 · 부동산 등의 자산시장과 관련 금융시장 및 금융기관의 안정성에 미치는 영향이다. 예컨대 상기한 대로 한국은행이 빠르게 정책금리를 인상하자, 코로나 19 사태 직후 크게 불어난 유동성에 힘입어 주택부문을 중심으로 과열되었던 부동산

시장이 급격히 위축되면서 주택 거래량이 급감하고 가격이 하락하기 시작하였다. 그 결과 2022년 후반부터, 부동산 사업의 주된 자금조달창구였던 프로젝트 파이낸싱(PF: Project Financing) 대출[17]의 연체율이 크게 상승하고 관련된 자산유동화증권의 가격이 폭락하는 등 부동산 관련 금융시장의 불안정성이 확대된 바 있다.

뱅크런(bank run)

고물가 · 고금리 기조로의 급격한 전환은 자산시장뿐만 아니라 금융기관의 건전성 및 안정성에도 상당한 부정적 영향을 미칠 수 있다. 대표적인 예로 2023년 초 발생한, 실리콘밸리(Silicon Valley) 은행, 퍼스트리퍼블릭(First Republic) 은행 등 미국 지방 중소은행의 위기를 들 수 있다. 은행은 본질적으로 자금을 단기부채로 조달하여 장기자산으로 운용함(자산변환기능)으로써 수익을 창출하는 기관이다. 그런데 2022년부터 시작된 연준의 급격한 금리인상으로 인해 예금 등 단기부채의 자금조달비용은 빠르게 상승한 반면, 은행들이 보유한 국채 등 장기 고정금리 자산의 가치는 하락하면서 이들 은행의 수익성 및 재무구조가 크게 악화되었다. 이러한 상황이 예금자들의 불안 심리를 자극하면서 대량 예금인출사태, 즉 **뱅크런(bank run)**[18]이 발생하였고, 그 결과 이들 은행이 결국 파산하기에 이른 것이다. 정리하면, 코로나19 사태 이후 고물가 · 고금리 기조로의 전환은 자산시장뿐만 아니라 금융기관의 건전성 및 안정성에 상당한 부정적 영향을 미칠 수 있는 잠재요인이라고 할 수 있다.

(2) 금융의 디지털전환 가속화

앞에서 글로벌 금융위기 이전까지 금융환경 변화의 키워드 가운데 하나로 '금융디지털화'를 언급한 바 있다. 이러한 금융의 디지털화 추세는, 2010년대부터 진행된 4차 산업혁명에 따른 신기술들이 금융 분야에 점차 적용되면서 더욱 심화되었다. 금융 분야에 적용된 4차 산업혁명의 대표적인 신기술로는 빅데이터, 클라우드 컴퓨팅(cloud computing), 인공지능, 분산원장기술 또는 블록체인(blockchain), 바이

---

17) 프로젝트 파이낸싱(PF: Project Financing)이란 대규모 건설사업의 소요자금 조달수단 또는 조달기법을 통칭하는 것으로, 통상적인 금융기관의 신용공여가 차입자의 신용도나 보유자산을 담보로 하여 이루어지는데 비해 PF는 해당 프로젝트 자체의 사업성, 즉 그 경제성이나 향후 수익창출 가능성을 바탕으로 이루어진다는 점에서 차이가 있다(한국은행(2020) 참조).

18) 특히 당시의 뱅크런은 과거의 사례보다 훨씬 빠른 속도로 진행되었는데, 여기에는 코로나19 사태 이후 보다 가속화된 금융의 디지털화 또는 디지털전환이 중요한 요인으로 작용하였다. 즉, SNS의 활용 및 다양한 채널을 통한 비대면 금융거래가 활성화하면서 특정 금융기관의 건전성에 관한 불안심리가 예전보다 훨씬 더 신속하게 확산되었고 예금의 인출속도 역시 과거 사례와 비교할 수 없을 만큼 빨라졌다는 것이다.

오인증 기술 등을 들 수 있다.

이와 같이 4차 산업혁명 기술의 적용을 통해 금융디지털화가 점차 심화되는 와중에, 코로나19 사태는 전통적 대면 거래 대신 비대면 금융거래의 필요성 및 빈도를 확대함으로써 금융의 디지털화를 넘어 기술을 이용한 새로운 사업모델 창출을 의미하는 **디지털전환**(digital transformation)을 촉발하는 계기가 되었다. 이러한 디지털전환 추세에 따라 최근 새롭게 등장한 디지털금융의 주요 특징으로는, ① 기존 금융기관이 포괄적으로 제공하던 서비스를 핀테크(fintech) 및 빅테크(bigtech) 기업이 경쟁력 있는 개별 서비스 중심으로 대체하면서 금융서비스의 '기능별 분화(unbundling)' 및 '플랫폼화'가 활발히 진행되었다는 점과 ② 분산원장기술 또는 블록체인 기술의 발전에 따라 금융서비스 제공이 중앙화된 시스템을 운영하는 금융기관으로부터 분리되는 '탈중앙 · 탈중개화' 움직임이 나타나기 시작했다는 점을 들 수 있다[19].

디지털전환(digital transformation)

정리하면 코로나19 사태 이후 비대면 금융거래의 확대는 4차 산업혁명의 신기술이 금융에 적용되는 추세와 서로 상승작용을 일으키면서, 이전까지 완만한 속도로 진행되었던 금융의 디지털화 또는 디지털전환을 한층 가속화하는 계기를 제공하였다.

19) 디지털금융 또는 금융과 기술의 결합을 의미하는 핀테크의 의의, 특징, 최근 현황에 대한 자세한 내용은 박병걸 외(2021), 김종선 · 김종오(2022), 정운찬 · 김홍범(2022) 등을 참조하기 바란다.

연·습·문·제

1. 다음 명제의 참과 거짓 여부를 판별하시오.

(1) 금융시장에서 거래되는, 타인의 현재 소득 또는 부에 대한 청구권 혹은 청구권을 나타내는 증서를 금융수단 또는 금융상품이라고 한다.

(2) 직접금융과 간접금융은 금융거래에 금융중개기관이 개입하는지 여부에 따라 구분된다.

(3) 일반적으로 금융수단의 수익성과 위험성 간에는 부(−)의 관계가, 수익성과 유동성 간에는 정(+)의 관계가 성립한다.

(4) 역선택은 정보우월자의 숨겨진 특성이 정보열등자에게 알려지지 않음으로 인해 사전적으로 발생하는 문제인 반면, 도덕적 해이는 정보우월자의 숨겨진 행동이 정보열등자에게 알려지지 않음으로 인해 사후적으로 발생하는 문제이다.

2. 다음 용어를 간단히 설명하시오.

(1) 시간선호율

(2) 간접증권과 본원적 증권

(3) 역선택과 도덕적 해이

(4) 레버리지의 경기순응성

3 동물원에 원숭이 두 마리 A와 B가 있다. 사육사는 각각의 원숭이에게 아침에 바나나를 3개씩, 저녁에 바나나를 3개씩 식사로 주고 있다. 다음 물음에 답하시오(정운찬 · 김홍범(2018) 일부 변형).

(1) A와 B 사이에 바나나의 교환이 허락되지 않고 저장도 불가능하다(아침에 먹지 않은 바나나는 바로 상하기 때문에 저녁에 먹을 수 없음을 의미)고 하자. 아침 바나나 소비량을 가로축으로, 저녁 바나나 소비량을 세로축으로 하여 원숭이 A와 B의 소비균형점 C_A와 C_B를 각각의 그림 위에 표시하시오.

(2) (1)의 상황에서, 냉동기술이 좋아져 같은 날 동안에는 저장이 가능해졌다(즉, 아침에 저장한 바나나를 저녁에 먹을 수 있게 됨)고 가정하자. 그러자 원숭이 A는 아침에 2개, 저녁에 4개를 먹게 되었고 원숭이 B는 기존과 동일하게 아침에 3개, 저녁에 3개를 먹게 되었다고 한다. 이때 원숭이 A와 B의 소비균형점 C_A'와 C_B'를 위 (1)에 따른 각각의 그림 위에 추가로 표시하고 원숭이 A와 B의 시간선호율의 범위를

추론하시오. 또한 원숭이 A(원숭이 B)의 그림에서 소비균형점 $C_A(C_B)$와 $C_A'(C_B')$를 지나는 무차별곡선을 각각 그려보시오.

(3) 다시 (1)의 상황에서, 같은 날 동안 바나나의 저장이 가능해졌을 뿐만 아니라 A와 B 사이의 교환 역시 가능해졌다고 가정하자. 그러자 아침에는 원숭이 A가 B에게 바나나 1개를 주는 대신, 저녁에는 원숭이 B가 A에게 1.5개를 되갚기로 하였다. 이 때 원숭이 A와 B의 소비균형점 C_A''와 C_B''를 위 (1)에 따른 각각의 그림 위에 추가로 표시하고 원숭이 A와 B의 시간선호율의 범위를 추론하시오. 또한 원숭이 A(원숭이 B)의 그림에서 소비균형점 $C_A(C_B)$와 $C_A''(C_B'')$를 지나는 무차별곡선을 각각 그려보시오.

4 다음 지문은 본문의 내용을 일부 변형한 것이다. 지문을 읽고 다음 물음에 답하시오.

> 경제 전체의 기업은, 우수한 기술력을 보유하여 성장성이 높은 A 유형의 기업과 상대적으로 낮은 기술력을 가진 B 유형의 기업으로 구성되며, 각 유형의 비중은 절반씩이다. 모든 기업들은 채권시장에서 회사채를 발행하려 하는데, 이 중 A 유형의 기업은 최대 3.5%의 수익률까지 회사채를 발행할 용의가 있는 반면, B 유형의 기업은 최대 5.5%의 수익률까지 회사채를 발행할 용의가 있다. 한편 채권투자자들은 A 유형 기업에 대해서는 최소 3%, B 유형의 기업에 대해서는 최소 5%의 수익률을 요구한다고 알려져 있다.

(1) 정보비대칭이 존재하지 않는 경우, 즉 각 기업이 자신의 유형을 알고 있을 뿐만 아니라 채권투자자들도 개별 기업의 유형을 알고 있는 경우에 채권시장에서 거래 가능한 회사채 수익률의 범위를 기업 유형별로 각각 구하시오.

(2) 정보비대칭이 존재하는 경우, 즉 각 기업은 자신의 유형을 알고 있으나 채권투자자들은 전체 기업 중 각 유형의 비중만을 알뿐 개별 기업의 유형은 알지 못하는 경우에 채권시장에서 거래 가능한 회사채 수익률의 범위를 기업 유형별로 각각 구하시오.

5 어떤 회사 A가 은행으로부터 이자율 연 10%, 1년 만기의 조건으로 현금 10억 원을 무담보 대출받아 신규 사업에 투자하고자 한다. 따라서 은행은 A가 상환불능상태에 빠지지 않는 한 만기 도래와 함께 11억 원을 회수하게 된다. A는 현재 자기자본이 0원이고 다른 은행으로부터 차입할 수도 없으므로 신규투자가 실패하여 상환불능상태(수익이 11억 원에 못 미치는 경우)가 되는 경우, 은행은 A가 투자로부터 거둔 수익 이외에는 A에 대해 어떠한 추가적인 청구권도 행사할 수 없다고 가정하자.

(1) A의 투자로부터의 수익을 X라고 하면 X에 따라 은행과 A의 이윤이 어떻게 달라지는지를 식으로 나타내시오.

(2) A가 선택 가능한 다음과 같은 두 가지 투자안이 존재할 때, 은행과 A는 각각 어떤 투자안을 선호하는지 설명하시오(단, 은행과 A는 둘 다 기대이윤을 극대화하고자 한다고 가정함).

① 1의 확률로 11억 원의 수익을 거두는 투자안

② 1/2의 확률로 9억 원을, 1/2의 확률로 13억 원의 수익을 거두는 투자안

만일 은행이 A의 투자 행동을 감시할 수 없다면 A는 두 가지 투자안 중 어디에 투자하겠는가? 이러한 상황을 무엇이라고 하는가?

6 거시건전성 감독과 미시건전성 감독의 차이를 비교하고 거시건전성 감독의 수단을 두 가지 유형으로 나누어 각각의 의미 및 특징을 예를 통해 설명하시오.

2

CHAPTER

화폐의 수요

앞 장에서 언급한 대로 금융시장은 현재의 화폐와, 다른 사람의 미래 소득이나 부를 화폐 형태로 청구할 수 있는 권리인 금융수단이 서로 교환되는 시장이다. 이자율은 이렇게 금융시장에서 현재 화폐와 미래 화폐(정확히 말하면 미래 화폐에 대한 청구권)가 거래될 때에 적용되는 교환비율이며, 따라서 말하자면 화폐의 가격에 해당한다. 이처럼 이자율은 기본적으로 '화폐의 가격'이므로 화폐시장에서 화폐의 수요와 공급이 일치하는 수준에서 결정되며, 따라서 이자율이 결정되는 원리를 파악하기 위해서는 먼저 화폐에 대한 수요와 공급이 어떻게 결정되는지를 살펴볼 필요가 있다. 이번 장과 다음 장에서는 각각 화폐수요와 화폐공급을 결정하는 요인들과 결정원리를 이론적으로 고찰한다.

2.1 화폐의 기능과 화폐수요의 의의

본격적으로 화폐수요의 결정요인과 원리를 학습하기에 앞서, 이 절에서는 먼저 화폐와 화폐수요의 의미에 관해 살펴보고자 한다.

교환의 매개수단(medium of exchange)
중앙은행 디지털화폐(CBDC: Central Bank Digital Currency)

사람들에게 화폐가 무엇인지 물어보면 대부분 사람들은 눈에 보이는 현금, 즉 한국은행에서 발행한 지폐나 주화를 떠올린다. 그러나 다음 장에서 좀 더 자세히 살펴보겠지만, 지폐나 주화 말고도 흔히 화폐 고유의 기능으로 간주되는 여러 기능들을 수행하는, 유·무형의 다양한 수단들이 존재한다. 이 때문에 경제학에서는 현금 이외에도 예·적금 등의 금융상품, 그리고 단기 어음 및 채권과 때로는 디지털화폐까지도 화폐의 범주에 포함시켜 분석하는 것이다[1].

이에 따라 경제학에서는 화폐 자체를 정의하는 대신, 화폐가 담당해야 할 고유의 기능을 먼저 정의한 후, 그 기능을 수행하는 것이라면 모두 화폐로 분류하는 '기능적' 접근방식을 취하고 있다. 그렇다면 과연 화폐가 담당해야 할 기능은 무엇인지 살펴보자.

2.1.1 화폐의 기능

화폐의 기능으로서 교환의 매개수단, 가치의 저장수단, 계산의 단위 기능을 들 수 있다. 첫째, 화폐는 경제 내 모든 거래에서 **교환의 매개수단(medium of exchange)**으로 사용된다. 즉, 화폐를 통해 사람들은 언제든지 시장에서 모든 종류의 상품과 서비스를 살 수 있고 또 모든 사람이 이러한 화폐를 받고 상품과 서비스를 팔 용의가 있다는 것이다. 이렇게 화폐가 교환의 매개수단으로 기능할 수 있는 이유는 모

1) 화폐의 기능을 수행하는 다양한 수단들이 공존할 뿐만 아니라, 최근으로 오면서 이들 간의 구분도 점차 모호해지는 추세이다. 대표적 사례로, 최근 여러 선진국 중앙은행들은 지폐·주화와 같은 현금과 동일한 가치를 가지는 디지털 법정화폐, 즉 **중앙은행 디지털화폐(CBDC: Central Bank Digital Currency)**의 발행을 검토 또는 추진하고 있다. 중앙은행 디지털화폐의 의의, 등장 배경, 특징에 관해서는 이 장의 〈이론과 현실〉을 참조하기 바란다.

보편적 수용성(universal acceptability)

든 사람들이 이를 보편적으로 수용하기 때문이다. 이와 같이 화폐는 **보편적 수용성(universal acceptability)**을 가지는 교환의 매개수단으로서, 경제의 거래비용을 줄여 거래와 교역을 확대하고 경제의 효율성을 증진하는 데 기여한다.

가치의 저장수단(store of value)

둘째, 화폐는 **가치의 저장수단(store of value)**으로서의 기능을 수행한다. 경제주체가 소득을 번 시점과 이를 지출하는 시점 사이에는 상당한 시차가 존재할 수 있다. 따라서 번 소득을 지출하기까지 소득의 구매력 가치를 유지 및 저장할 수 있는 수단이 필요하다. 물론 가치의 저장수단으로는 화폐 이외에도 채권, 주식, 펀드, 부동산, 귀금속 등 다양한 금융 및 실물자산이 존재하며, 게다가 이들은 이자, 배당, 시세차익 등의 형태로 추가 수익을 제공한다는 장점까지 가진다. 그럼에도 불구하고 사람들이 화폐를 가치의 저장수단으로서 상당량 보유하는 이유는 화폐가 최고의 유동성을 지닌 자산이라는 점에 있다. 여기서 유동성이란 앞 장에서도 언급한 대로 환금성, 즉 어떤 자산이 손실 없이, 얼마나 신속하게 현금으로 전환될 수 있는가를 의미한다. 다음 장에서 살펴보겠지만, 화폐는 현금 또는 거의 아무런 손실 없이 현금으로 바로 전환될 수 있는 예금 등의 금융자산으로 구성되므로, 화폐야말로 다른 어떤 자산보다도 유동성이 높을 수밖에 없다[2].

계산의 단위(unit of account) 또는 가치의 척도(measure of value)

셋째, 화폐는 경제에 필수적인 **계산의 단위(unit of account) 또는 가치의 척도(measure of value)**가 된다. 화폐의 존재로 인해 우리는 다양한 종류의 상품과 서비스의 가치를 단일한 화폐단위로 나타낼 수 있고 그들의 상대적 가치를 서로 비교할 수 있다. 만일 계산의 단위 또는 가치의 척도로서 화폐가 존재하지 않는다면, 예컨대 동일한 집 한 채의 가격을 어떤 사람은 소 10마리로, 다른 사람은 배추 1,000포기로 제각기 다른 단위를 통해 표시할 것이다. 만일 이 집을 팔려는 사람과 사려는 사람이 이와 같이 서로 다른 단위로 매도 및 매수가격을 표시하여 제시한다면, 가격 결정에 큰 혼란이 빚어지면서 도저히 집을 사고팔기 힘들 것이다. 화폐는 다양한 상품과 서비스의 가치를 단일한 단위로 표시할 수 있게 해줌으로써 가격 비교 및 합리적 의사결정을 가능하게 하고 거래를 촉진하며, 그 결과 경제의 효율성을 증진하는 데 기여한다.

2) 이 때문에 유동성이라는 용어가 화폐 자체를 가리키는 데 사용되기도 한다. 예컨대 이 장에서 이후 살펴볼 케인즈의 '유동성선호설'에서 '유동성'에 대한 선호는 곧 '화폐'에 대한 수요를 의미한다.

2.1.2 화폐수요의 의의

사람들에게 화폐를 얼마만큼 가지고 싶은지 물어보면 대부분은 가능한 한 많이 가지고 싶다고 대답할 것이다. 그러나 여기서 사람들이 말하는 '화폐'는 방금 정의한 화폐, 즉 '교환의 매개수단, 가치의 저장수단, 계산의 단위로서 기능하는 무언가'와는 다른 의미를 가진다. 즉, 여기서 화폐는 '자산' 또는 '부(富)'를 의미하는 것이다. 대부분의 사람들은 부자가 되길 원하므로 이러한 의미의 화폐는 당연히 많으면 많을수록 좋은 것이다.

그러나 이 장에서 살펴보고자 하는 '화폐수요'는 부에 대한 수요가 아니라, 상기한 여러 기능을 수행하는 것으로 정의되는 화폐에 대한 수요를 말한다. 사람들은 자신의 자산 또는 부를 현금, 요구불예금 같은 화폐의 형태뿐만 아니라 정기예금, 주식, 채권, 펀드, 부동산, 귀금속 등 다양한 자산의 형태로 보유한다. 여기서 말하는 화폐수요는 이러한 여러 형태의 자산 가운데 화폐의 형태로 보유하려는 금액이 얼마만큼인지를 의미한다.

그렇다면 사람들은 왜 자산의 일부를 화폐의 형태로 보유하는가? 당연한 답이지만, 이는 상기한 대로 화폐가 상품과 서비스를 구매하기 위한 교환의 매개수단이나 최고의 유동성을 가지는 가치의 저장수단으로서 다른 자산에 비해 유용한 기능을 가지기 때문이다. 따라서 이들 기능 가운데 어떤 것을 화폐수요의 주된 동기로 보느냐에 따라, 이후 살펴볼 다양한 화폐수요이론이 존재할 수 있다.

중앙은행 디지털화폐(CBDC)

◆ **CBDC가 뭐길래?... 비트코인과 달라**

중앙은행 디지털화폐, 즉 CBDC(Central Bank Digital Currency)는 중앙은행이 전자적 형태로 발행하는 법정 디지털화폐이다. 민간 암호화폐와 마찬가지로 블록체인(분산저장) 기술을 활용하지만, 기존 법정화폐와 1대1로 교환할 수 있고 암호화폐(비트코인, 이더리움 등)와 달리 가격변동성이 거의 없어 현금과 동일한 가치를 갖는다. 또 발행량이 제각각 정해져 있는 민간 암호화폐와 달리 법정통화인 CBDC는 발행량이 정해져 있지 않다. 말하자면 정부가 발행하는 스테이블 코인(stable coin)으로도 볼 수 있겠다.

사실 CBDC는 디지털 형태로만 만들면 되기 때문에 중앙화된 전산망의 '단일원장방식'도 가능하다. 그러나 데이터 관리의 용이성과 보안성이 높은 '분산원장' 기반의 블록체인이 대세로 자리 잡았다. 블록체인으로 화폐 유통 과정 자체를 암호화하거나 디지털 지갑 속 숫자에 암호화된 인식 기술을 넣는 방법 등이 개발 중이다.

CBDC 도입 논의는 2009년 비트코인이 등장한 이후, 2019년 페이스북의 '리브라(현 디엠)' 개발 선언으로 급물살을 탔다. 페이스북은 스테이블 코인 형태의 암호화폐인 리브라를 출시하려다 중앙은행들의 반발로 현재까지 서비스를 내놓지 못했다. 월간 활성 사용자 28억 명(지난해 4분기 기준)을 보유한 페이스북에게 중앙은행의 화폐주권을 빼앗길 수 있다는 위기감 때문이다. 당시 마크 주커버그 페이스북 CEO는 리브라 출시 건으로 미국 의회 청문회까지 가야 했다. 결국 페이스북은 지난해 12월 리브라에서 '디엠'으로 명칭을 바꾸고 발행 주체 등을 수정해 연내 출시를 도모하고 있다. 여기에 코로나19 팬데믹이 비대면 금융거래를 촉진시키면서 디지털화폐의 필요성을 더욱 부각시켰다.

◆ **중앙은행 통제↑... '빅브라더' 우려도**

CBDC가 도입되면 우선 실물화폐를 발행, 저장, 운반할 때 발생하는 비용을 대폭 절감할 수 있다. 또한, 중앙은행이 구축해 놓은 전자화폐 유통망을 따라 돈이 흐르다보니 불법거래 추적이 용이해지면서 돈세탁과 화폐위조를 방지하고 지하경제를 위축시키는 효과도 거둘 수 있다.

한편 통화정책 효과도 제고할 수 있다. CBDC에 대한 이자 지급, 보유한도 설정, 이용시간 조절 등을 통해 통화정책 수단으로 활용이 용이하다. 코로나19 팬데믹에 대응한 '재난지원금'처럼 민간에게 직접 유동성을 공급해야 할 때, 개인에게 곧바로 CBDC를 지급할 수 있어 빠른 효과를 기대할 수 있는 것이다. 특히, 실물인 현금과 달리 디지털 형태인 CBDC에는 마이너스 금리를 직접 적용할 수 있으므로, 경기침체 상황에서 마이너스 금리 정책을 통해 실물경제의 소비를 촉진하는 것이 용이해진다. 또한 따로 은행계좌를 보유할 필요가 없어, 금융 취약계층의 금융 접근성이 확대되는 것도 또 다른 장점이다.

반면 우려되는 단점도 존재한다. 중앙은행이 모든 거래정보를 수집할 수 있으므로 개인정보 보호 문제가 대두할 수 있다. 또 상기한 금융접근성 확대가 시중은행의 입장에서는 도리어 입지를 약화시키는 요인으로 작용할 수 있다. 시중은행의 예금이 CBDC로 대체되면, 예금이 줄어들면서 은행의 유동성 및 수익성 악화로 이어질 수 있기 때문이다... (이하 생략)

자료: 데일리안, "[CBDC 시대 본격화] 현금 없는 사회...암호화폐 대체될까", 이호연 기자, 2021.8.2., 일부 수정. https://www.dailian.co.kr/news/view/1017502/?sc=Naver

2.2 고전적 화폐수량설

고전학파[3]의 화폐수요이론인 **고전적 화폐수량설(quantity theory of money)**에서는 상기한 화폐의 기능 가운데 교환의 매개수단 기능에만 주목한다. 즉, 고전적 화폐수량설에 따르면 화폐는 단지 상품과 서비스를 사기 위한 수단에 불과하며, 따라서 사람들이 화폐를 보유하는 거의 유일한 이유는 오직 상품과 서비스를 사는 데 필요하기 때문이라는 것이다.

고전적 화폐수량설(quantity theory of money)

고전적 화폐수량설에는 두 가지 유형이 존재한다. 하나는 이른바 교환방정식에 바탕을 둔 피셔(I. Fisher)의 거래화폐수량설이고 다른 하나는 케임브리지 학파(Cambridge School)의 현금잔고수량설이다. 화폐수요함수의 구체적 형태는 다르지만, 두 유형 모두 화폐수요가 경제 전체의 규모, 즉 총거래액 또는 명목국민소득에 비례하여 결정된다는 점에서 공통점을 가진다.

2.2.1 거래화폐수량설

(1) 교환방정식의 의의

고전학파의 거래화폐수량설은 미국의 경제학자 피셔가 정식화하여 제시한 **교환방정식(equation of exchange)**을 통해 설명할 수 있다. 일정 기간(예컨대 1년) 동안 모든 상품과 서비스의 총거래량을 T, 거래량 한 단위당 평균가격을 나타내는 물가수준을 P, 경제에 유통되는 화폐의 총량을 나타내는 통화량을 M, 일정 기간 동안 '화폐 1단위가 상품과 서비스의 거래를 위해 평균적으로 몇 번 주인을 바꾸는가'를 나타내는 **화폐의 거래유통속도(transaction velocity of money)**를 V라고 표시하자. 이 경우 교환방정식은 식 (2-1)로 표현된다.

거래화폐수량설

교환방정식(equation of exchange)

화폐의 거래유통속도(transaction velocity of money)

$$MV = PT \qquad (2-1)$$

이 식은 일정 기간 동안 경제의 MV(총지출액)는 PT(총거래액)와 항상 동일함을 의미한다. 유의할 것은 이 식이 언제나 성립하는 '항등식(恒等式)'이라는 점이다. 예를 들어, 1년 동안 어떤 경제의 총거래액이 800조 원이고 유통되는 화폐의 총량,

3) 경제학에서 통상 고전학파(Classical school)라고 하면, 이후 언급할 영국의 경제학자 케인즈(J.M. Keynes) 이전의 주류경제학자들의 이론을 통틀어 가리킨다고 보면 된다.

즉 통화량이 80조 원이라면 정해진 화폐 총량으로 거래가 모두 성사되기 위해서는 화폐 1단위가 평균적으로 10번(=800조 원/80조 원) 회전해야(주인을 바꾸어야) 한다. 즉, 이 경우 화폐의 (거래)유통속도는 10이 된다. 이와 같이 화폐의 (거래)유통속도는 교환방정식 (2-1)의 양변이 항상 일치하여 항등식이 되도록 만들어 주는 일종의 조정 항목에 해당한다.

(2) 거래화폐수량설과 화폐수요

고전학파는 상기한 교환방정식 (2-1)에서 유통속도 V가 단기적으로 일정하다고 가정한다. 이러한 가정이 도입되면, 비로소 식 (2-1)은 '교환방정식'이라는 이름에 걸맞게 경제적 의미를 가지는 '방정식'이 된다. 피셔를 비롯한 고전학파 경제학자들은 화폐의 유통속도가 장기적으로 개인의 소비패턴, 사회의 지급결제관행, 지급결제기술 등 제도적이고 기술적인 요인에 따라 결정된다고 보았다. 그런데 이러한 요인들은 단기적으로 쉽게 변화하지 않으므로, 이들은 화폐의 유통속도 역시 단기에서는 불변이라고 본 것이다.

이러한 가정에 따라 교환방정식 (2-1)에 $V=\overline{V}$ (변수 상단의 가로줄은 변수값이 시간에 따라 일정함을 의미)를 대입하고 화폐시장의 균형에서 화폐수요와 화폐공급(통화량 M)이 일치함을 이용하면 식 (2-1)을 다음과 같이 화폐수요 M^D에 관한 식으로 표현할 수 있다.

$$M^D = \frac{1}{\overline{V}} PT \tag{2-2}$$

여기서 $(1/\overline{V})$를 상수 k로 표시하면($\overline{V}$가 시간에 따라 일정하므로 $(1/\overline{V})$는 일정한 상수임에 유의), 다음과 같이 변형된다.

$$M^D = kPT \tag{2-3}$$

이 식에 따르면, 경제의 화폐수요 M^D은 경제 내 상품과 서비스에 대한 총거래액 PT에 비례하여 결정된다. 이는 고전학파가 화폐를 단지 상품과 서비스를 거래하기 위한, 교환의 매개수단으로만 보았기 때문에 나타난 결과라고 할 수 있다. 즉, 화폐가 오직 상품과 서비스를 사기 위해서만 필요한 것이라면, 화폐수요는 전적으로 상품과 서비스의 거래액에 의해서만 결정될 것이기 때문이다.

2.2.2 현금잔고수량설

케임브리지 대학의 마셜(A. Marshall)과 피구(A.C. Pigou) 등은 화폐수요에 대한 미시경제학적 접근을 통해 개별 경제주체들의 화폐보유 동기를 분석하고자 했다. 이에 따라 이들은 거래화폐수량설과 달리 화폐를 단순히 교환의 매개수단만이 아닌 가치의 저장수단, 즉 '자산'의 일종으로도 파악하였다. 즉, 이들은 사람들이 단순히 거래에 필요한 만큼 화폐를 보유하는 것이 아니라, 화폐 보유로부터 얻을 수 있는 거래 편의 및 안정성 등의 효용과 다른 형태의 자산으로부터 얻을 수 있는 이자소득 또는 자본이득을 서로 비교함으로써 화폐보유량을 결정한다고 보았다.

현금잔고수량설

그러나 케임브리지 학파는 '자산으로서의 화폐'에 관한 논의를 더 이상 발전시키지 못하고 개인의 화폐수요가 그가 보유한 부(富) 또는 이에 비례하는 명목소득에 의해서만 결정된다고 논의를 단순화하였다. 이에 따르면, 경제주체들이 보유하고자 하는 현금잔고, 즉 화폐수요 M^D은 다음과 같이 결정된다.

$$M^D = kPY \qquad (2-4)$$

여기서 P는 물가수준, Y는 실질국민소득이며, 따라서 두 변수의 곱인 PY는 명목국민소득을 의미한다.

위 식을 **현금잔고방정식(cash balance equation)**이라 하며, 여기서 명목국민소득(PY) 대비 화폐보유량(M^D)의 비율에 해당하는 k를 **마샬의 k(Marshallian k)**라고 부른다. 이 식이 의미하는 바는 경제 전체의 화폐수요가 명목국민소득의 일정 비율로 결정된다는 것이다. 앞에서 거래화폐수량설의 화폐수요함수 식 (2-3)과 비교하면 총거래량 T가 실질국민소득 Y로 바뀐 것을 제외하고는, 양자가 거의 유사한 형태임을 알 수 있다.

현금잔고방정식(cash balance equation)

마샬의 k(Marshallian k)

한편, 거래화폐수량설과 현금잔고수량설의 유사성을 보다 구체적으로 살펴보기 위해, $k \equiv (1/V_y)$로 재정의하고 화폐시장의 균형에서 화폐수요(M^D)와 화폐공급(통화량 M)이 일치함을 이용하면 식 (2-4)를 다음과 같이 변형할 수 있다.

$$MV_y = PY \quad (2-5)$$

화폐의 소득유통속도 (income velocity of money)

식 (2-5)를 거래화폐수량설의 교환방정식 (2-1)과 비교하면 총거래량 T가 실질국민소득 Y로 대체되고 이에 따라 유통속도의 개념이 조금 달라진 것($V \rightarrow V_y$) 이외에는 거의 차이가 없음을 알 수 있다. 현금잔고방정식으로부터 도출된 식 (2-5)의 유통속도 V_y를 교환방정식의 거래유통속도 V와 구분하기 위해, **화폐의 소득유통속도**(income velocity of money)라고 부른다.

2.2.3 거래화폐수량설과 현금잔고수량설의 비교

식 (2-3)과 식 (2-4)에서 알 수 있듯이, 거래화폐수량설과 현금잔고수량설은 둘 다 화폐수요가 경제 전체의 규모, 즉 총거래액 또는 명목국민소득에 비례하여 결정된다는 점에서 공통점을 가진다. 그러나 이러한 결론의 유사성에도 불구하고 두 이론은 화폐에 대한 관점 및 접근 방법에 있어서 다소 차이가 있다. 가장 중요한 차이는 거래화폐수량설이 화폐를 단순히 상품과 서비스의 거래를 수행하기 위한 교환의 매개수단으로만 간주한 반면, 현금잔고수량설은 화폐를 자산의 일종으로 보아 가치저장수단으로서의 기능에도 주목했다는 점이다.

이러한 화폐관의 차이에 따라, 외견상 유사한 두 이론의 결과에 대한 해석이 달라질 수 있다. 우선 거래화폐수량설에서는 식 (2-2)에서 보듯이 화폐의 거래유통속도 V가 외생적으로 고정된 값으로 간주되지만, 현금잔고수량설에서는 식 (2-4)에서 마샬의 k가 상황에 따라 내생적으로 변할 수 있다는 차이가 있다. 만일 케임브리지 학파의 견해대로 화폐가 교환의 매개수단뿐만 아니라 자산의 일종으로서 보유된다면, 사람들은 화폐보유 대비 다른 자산을 보유했을 때의 상대적 수익률을 고려하여 자산으로서의 화폐보유량을 결정할 것이다. 예컨대 시장이자율이 상승하면서 정기예금, 채권 등 이자수입이 발생하는 금융자산의 수익률이 상대적으로 상승하는 경우, 사람들은 보유한 화폐를 이렇게 수익률이 높아진 자산으로 전환할 것이다. 그 결과 마샬의 k가 감소하면서 명목소득 대비 화폐수요량이 줄어들게 된다.

두 이론의 또 다른 차이는 화폐수요에 대한 접근 방법에 있다. 거래화폐수량설이 거시적 관점에서 경제 전체의 거래 규모와 이를 실현하기 위해 필요한 통화량 간의 관계로부터 화폐수요를 도출하는 반면, 현금잔고수량설은 미시적 관점에서 개인의 자산선택에 관한 의사결정으로부터 화폐수요를 도출한다. 아울러 거래화폐수량설은 거래가 성사되는 데 필요한 만큼 화폐가 수요된다는 전제 하에 간접적 · 암묵적인 접근 방법을 통해 화폐수요를 도출하는 반면, 현금잔고수량설은 개인의 화폐수요에 관한 의사결정을 직접적 · 명시적으로 설명하고 있다는 점에서도 차이가 있다.

2.3 케인즈 화폐수요이론의 구조 및 발전

2.3.1 케인즈의 유동성선호설

유동성선호설(liquidity preference theory)

앞에서 언급한 대로 '유동성'이란 어떤 자산이 손실 없이, 얼마나 신속하게 현금 또는 화폐로 전환될 수 있는가, 즉 환금성을 의미한다. 이러한 정의에 따르면 화폐는 당연히 가장 유동성이 높은 자산이므로, 때로는 유동성이라는 용어가 화폐 자체를 가리키는 데 사용되기도 한다. 실제로 이 절에서 살펴볼 케인즈(J.M. Keynes)의 유동성선호설(liquidity preference theory)에서 '유동성'에 대한 '선호'는 곧 '화폐'에 대한 '수요'를 의미한다. 다시 말해 유동성선호설은 사람들이 왜 그리고 얼마만큼 '유동성', 즉 화폐의 보유를 '선호'하는지에 관한 이론, 즉 화폐수요이론의 일종이라고 할 수 있다.

케인즈의 유동성선호설이 고전학파의 화폐수량설과 구별되는 가장 특징적인 차이는 이자율이 화폐수요에 미치는 영향을 명시적으로 고려했다는 점이다. 고전학파가 화폐를 주로 교환의 매개수단으로만 인식한 것과 달리, 케인즈는 가치의 저장수단, 즉 금융자산의 일종으로도 인식한다. 즉, 사람들은 상품 또는 서비스를 사기 위해서만 화폐를 보유하는 것이 아니라 '자산'의 일종으로서도 보유하며, 그러다 보니 화폐 이외에 다른 금융자산의 수익률을 반영하는 지표인 이자율을 고려하여 자산으로서 화폐의 보유량을 결정하게 된다. 이와 같이 케인즈의 유동성선호설에서는 이자율의 변화가 경제주체의 자산보유 선택을 통해 화폐수요에 영향을 미치게 된다.

앞에서 언급한 대로 현금잔고수량설을 주장한 케임브리지 학파도 자산, 즉 가치의 저장수단으로서의 화폐의 기능에 주목하였으나, 이에 기초하여 이자율과 화폐수요 간의 명시적인 관계를 이론화하는 것은 케인즈에 의해 비로소 이루어졌다.

(1) 화폐보유의 동기

케인즈는 화폐보유의 동기를 크게 거래적 동기(transaction motive), 예비적 동기(precautionary motive), 투자적 동기(speculative motive)로 구분하였다.

거래적 화폐수요
예비적 화폐수요

먼저 거래적 동기에 의한 화폐수요, 줄여서 **거래적 화폐수요**는 소득의 발생시점과 계획된 지출시점이 다르기 때문에 발생하는 화폐수요이다. 다시 말해, 상품과 서비스에 대한 계획된 거래를 이행하기 위해 지출시점까지 보유하는 화폐는 거래적 화폐수요이다. 반면 미래의 계획되지 않은 지출을 대비하기 위해 보유하는 화폐는 예비적 동기에 의한 화폐수요, 줄여서 **예비적 화폐수요**이다. 계획된 거래(거래적 화폐수요)이든 아니든(예비적 화폐수요) 간에, 거래를 이행하기 위한 화폐수요는 결국 상품과 서비스의 거래 규모에 의해 결정될 수밖에 없다. 그런데 경제주체의 거래 규모를 결정하는 가장 중요한 변수를 하나만 꼽으라면 바로 경제주체의 명목소득이므로 이 두 가지 화폐수요 모두 명목소득과 정(+)의 관계를 가진다고 할 수 있다. 경제 전체적으로 보면 이는 거래적 또는 예비적 화폐수요가 명목국민소득과 정(+)의 관계를 가짐을 의미하며, 이러한 관계는 식 (2-4)에서 보듯이 고전학파의 현금잔고수량설과도 일맥상통하는 결과이다.

투자적 화폐수요

다음으로 투자적 동기에 의한 화폐수요, 줄여서 **투자적 화폐수요**는 상품 또는 서비스의 거래 목적이 아닌, 향후 채권이나 주식 등 수익성 금융자산에 투자하기 위해 일시적으로 보유하는 유휴화폐잔고를 의미한다. 예컨대 투자자가 향후 수익률 높은 채권 또는 유망한 기업의 주식 종목에 대한 정보를 입수할 경우 바로 투자를 실행할 수 있도록, 본인 명의의 증권위탁계좌에 예치해 놓은 자금이 바로 이러한 투자적 화폐수요에 해당한다고 할 수 있다.

이러한 투자적 화폐수요는 이자율이 비로소 화폐수요에 영향을 미치는 통로이자, 케인즈의 유동성선호설이 고전적 화폐수량설과 뚜렷이 구별되는 지점이 된다. 현금잔고수량설을 주장한 케임브리지 학파와 같이, 케인즈는 화폐의 가치저장수단, 즉 자산으로서의 기능에 주목한다. 화폐를 정기예금 · 채권 · 주식 등의 금융자산과 서로 대체성을 가지는 자산의 일종으로 파악한다면, 다른 자산을 선택할 때와 마찬가지로 사람들은 화폐 또는 화폐 이외 자산의 보유 시 얻을 수 있는 수익률을 서로 비교하여 화폐보유량을 결정할 것이다. 예컨대 어떤 사람이 향후 투자 목적으로 현금을 보유한 상황에서, 정기예금 금리가 크게 오르면 보유한 현금을 정기예금으로 예치하면서 이 사람의 투자적 화폐수요는 감소하게 된다. 반면 또 다른 화폐

이외의 금융자산, 예컨대 채권 또는 주식의 평균적인 수익률이 크게 떨어지는 경우, 사람들은 현재보다 유망한 미래 투자기회를 포착하기 위해 보유한 채권 또는 주식을 처분하여 현금으로 전환할 것이다. 이 경우 투자적 화폐수요는 증가하게 된다.

이와 같이 투자적 화폐수요는 화폐를 제외한 다른 자산의 수익률과 역(−)의 관계를 가진다. 따라서 화폐를 제외한 다른 자산의 수익률(화폐보유의 기회비용에 해당함)을 대표하는 지표로서 시장이자율을 꼽는다면, 시장이자율과 투자적 화폐수요는 서로 역의 관계를 가지게 된다. 정리하면 화폐보유의 기회비용인 이자율이 상승할수록 투자적 화폐수요는 감소하고 이자율이 하락할수록 투자적 화폐수요는 증가한다.

한편 케인즈는 이자율이 화폐수요에 영향을 미치는 경로로서 채권의 고정된 이자수입뿐만 아니라 채권의 자본이득(또는 손실)을 추가함으로써 이자율과 투자적 화폐수요의 관계를 보다 일반적으로 설명하였다. 논의의 단순화를 위해 경제에 화폐와 채권(bond), 두 종류의 자산만이 존재하며, 투자자들은 두 자산 중 하나만을 선택하여 보유한다고 가정하자. 또한 채권은 원금상환 없이 매기마다 영구적으로 고정이자(R)만을 지급하는 영구채권이라고 가정하자. 이러한 영구채권의 시장가격(P)은 시장이자율(i)과 다음과 같은 역(−)의 관계를 가진다.

$$P = \frac{R}{i} \tag{2-6}$$

즉, 시장이자율이 상승하면 영구채권의 가격은 하락하고 이자율이 하락하면 영구채권의 가격은 상승한다[4].

이러한 채권가격과 이자율의 관계를 감안할 때, 투자자들이 채권 또는 화폐 중

---

4) 액면금액(원금)이 100만 원이고 액면이자율(원금 대비 이자 비율)이 연 10%인 영구채권의 예를 통해 식 (2−6)의 의미를 직관적으로 살펴보자. 조건에 따라 이 채권을 보유하면 매년 10만 원(=100만 원×10%)을 고정이자로 받을 수 있다.

이러한 상황에서 현재 시장이자율이 연 20%라면 이 채권의 가격은 식 (2−6)을 통해 계산할 수 있듯이 50만 원이 된다. 왜냐하면 채권의 가격이 50만 원일 때 비로소 시장이자율 수준과 일치하는 20%(=10만 원/50만 원)의 수익률을 채권으로부터 얻을 수 있기 때문이다. 한편 시장이자율이 연 5%로 낮아지면 이 채권의 가격은 식 (2−6)을 통해 계산할 수 있듯이 200만 원으로 상승하게 된다. 왜냐하면 채권의 가격이 200만 원일 때 비로소 시장이자율 수준과 일치하는 5%(=10만 원/200만 원)의 수익률을 채권으로부터 얻을 수 있기 때문이다. 영구채권 이외에 일반적인 채권의 가격과 이자율 간의 관계에 대해서는 4장을 참조하기 바란다.

어떤 자산을 보유할지 여부는 주로 미래의 예상이자율에 달려있음을 추론할 수 있다. 예컨대 향후 시장이자율이 상승할 것으로 예상되는 경우, 지금 채권을 매입하면 미래에 이자율 상승에 따라 채권가격이 하락하면서 자본손실(capital loss)을 보게 된다. 만약 예상되는 자본손실의 크기가 채권보유로부터 얻을 수 있는 고정이자수입(액면이자)보다 클 것으로 예상되는 경우에는 채권 매입을 포기하거나 이미 보유한 채권이 있다면 이를 팔아서 화폐를 보유하는 편이 더 유리하다. 반면 향후 이자율이 하락할 것으로 예상되는 경우, 지금 채권을 매입하면 고정이자수입뿐 아니라 미래에 이자율 하락에 따라 채권가격이 상승하면서 자본이득(capital gain)도 기대할 수 있으므로 화폐를 보유하기보다 채권을 매입하는 편이 훨씬 유리하다. 요컨대 미래에 이자율이 상승할 것으로 예상되면 투자적 화폐수요가 증가하는 반면, 이자율이 하락할 것으로 예상되면 투자적 화폐수요가 감소한다.

정상이자율(normal rate of interest)

그렇다면 투자자들은 어떤 방식으로 미래 이자율을 예상하는가? 케인즈는 투자자들이 각기 정상적인 수준이라고 생각하는 이자율 수준이 존재한다고 보았는데, 이를 **정상이자율**(normal rate of interest)이라고 불렀다. 이에 따라 현재 이자율이 정상이자율 수준보다 높으면 투자자들은 향후 이자율이 정상이자율 수준으로 하락할 것을 예상하는 반면, 현재 이자율이 정상이자율 수준보다 낮으면 향후 이자율이 정상이자율 수준으로 상승할 것을 예상한다는 것이다.

이러한 상황에서 만일 현재 시장이자율이 상승하면, 정상이자율이 시장이자율보다 낮다고 생각하는 투자자들의 수가 늘어나게 된다. 이는 보다 많은 사람들이 향후 이자율 하락(채권가격 상승)을 예상하게 됨을 의미한다. 그 결과 가격이 오를 것으로 예상되는 채권에 대한 수요가 증가하면서 투자자들이 보유한 화폐로 채권을 매입하므로 투자적 화폐수요가 감소하게 된다. 반대로 만일 현재 시장이자율이 하락하면, 정상이자율이 시장이자율보다 높다고 생각하는 투자자들의 수가 늘어나게 된다. 이는 보다 많은 사람들이 향후 이자율 상승(채권가격 하락)을 예상하게 됨을 의미한다. 그 결과 가격이 떨어질 것으로 예상되는 채권에 대한 수요가 감소하면서 투자자들이 보유한 채권을 팔아 화폐로 전환하므로 투자적 화폐수요가 증가하게 된다.

정리하면, 현재 이자율 수준이 높아질수록 투자자들이 향후 이자율 하락(채권가격 상승)을 예상하면서 채권을 매입하므로 투자적 화폐수요가 감소한다. 반대로, 현재 이자율 수준이 낮아질수록 투자자들이 향후 이자율 상승(채권가격 하락)을 예상하면서 채권을 매각하므로 투자적 화폐수요는 증가한다. 따라서 투자적 화폐수요는 이자율과 역(−)의 관계를 가지는, 즉 이자율의 감소함수가 된다.

(2) 총화폐수요함수

거래적 · 예비적 화폐수요에 투자적 화폐수요를 더하면 총화폐수요가 된다. 앞에서 살펴본 대로 명목국민소득 Y^N의 증가함수인 거래적 · 예비적 화폐수요를 $M_T = L_T(Y^N)$으로 표시하고 이자율 i의 감소함수인 투자적 화폐수요를 $M_S = L_S(i)$로 표시하면 총화폐수요 M^D은 식 (2−7)과 같이 표현된다.

$$M^D = M_T + M_S = L_T(Y^N) + L_S(i) \qquad (2-7)$$

[그림 2−1]은 식 (2−7)의 총화폐수요와 이자율의 관계를 세로축 변수는 이자율, 가로축 변수는 화폐수요량인 좌표평면에 그림으로 나타낸 것이다. 그림에 따르면, 명목국민소득이 Y_0^N인 상황에서 시장이자율이 i_0일 때, 경제의 화폐수요는 M_0^D로 결정됨을 알 수 있다. 이때 만일 이자율이 i_1으로 상승하면 화폐보유의 기회비용이 증가하면서 투자적 화폐수요가 감소하고 그 결과 총화폐수요도 M_1^D로 감소한다. 반면 이자율이 i_2로 하락하면 화폐보유의 기회비용이 감소하면서 투자적 화폐수요가 증가하고 그 결과 총화폐수요도 M_2^D로 증가한다[5].

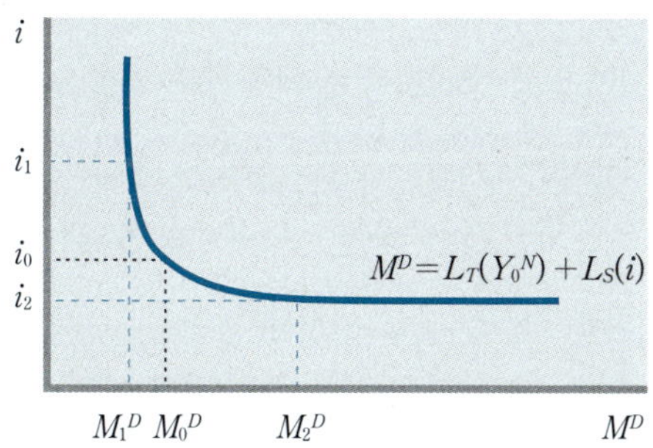

[그림 2−1] 총화폐수요곡선

5) 이를 정상이자율 개념에 기초한 상기 논의에 따라 설명하면 다음과 같다. 현재 시장이자율이 i_1으로 상승하면 시장이자율이 정상이자율보다 높아지면서 향후 이자율 하락(채권가격 상승)을 예상하는 투자자들이 이전보다 늘어나며, 이에 따라 투자자들은 보유한 화폐로 채권을 매입한다. 그 결과 투자적 화폐수요가 감소하면서 총화폐수요도 M_1^D로 감소하게 된다. 반대로 현재 시장이자율이 i_2로 하락하면 시장이자율이 정상이자율보다 낮아지면서 향후 이자율 상승(채권가격 하락)을 예상하는 투자자들이 이전보다 늘어나며, 이에 따라 투자자들은 보유한 채권을 매각하여 화폐로 전환한다. 그 결과 투자적 화폐수요가 증가하면서 총화폐수요도 M_2^D로 증가하게 된다.

유동성함정(liquidity trap)

특히 그림에서 이자율이 i_2 보다 더 낮은 수준으로 떨어지면 화폐수요곡선이 수평이 되면서 투자적 화폐수요가 무한대로 늘어남을 알 수 있는데, 이와 같이 매우 낮은 이자율 수준에서 투자적 화폐수요가 무한대로 증가하는 현상을 케인즈는 **유동성함정(liquidity trap)**이라고 불렀다. 이는 이자율이 제로 또는 매우 낮은 수준에서 향후 이자율 상승을 예상한 투자자들이 채권 등의 금융자산에 대한 투자를 미루거나 줄이고 자산을 모두 화폐의 형태로만 보유하고자 하는 경우에 발생한다. 유동성함정은 1930년대 대공황이나 2008년 글로벌 금융위기와 같이 불확실성이 큰 경기침체기에 투자자들의 위험회피성향이 심화되는 상황에서 주로 나타난다.

한편 이자율 이외의 요인에 의해 화폐수요가 증가 또는 감소하는 경우에는 [그림 2-1]의 화폐수요곡선이 오른쪽 또는 왼쪽으로 이동하게 된다. 예컨대 그림에서 경제의 명목국민소득이 현재의 Y_0^N 보다 증가(감소)하는 경우, 명목국민소득의 증가함수인 거래적 화폐수요가 증가(감소)하면서 화폐수요곡선은 오른쪽(왼쪽)으로 이동하게 된다.

2.3.2 거래적 화폐수요이론의 발전: 보몰의 재고이론적 접근방법

보몰의 재고이론적 접근방법

경제학자 보몰(W.J. Baumol)은 재고이론적 접근방법(inventory theoretic approach)을 통해 케인즈의 화폐수요이론 중 거래적 화폐수요에 관한 부분을 계승 및 발전시켰다. 특히, 거래적 화폐수요가 유동성선호설에서와 같이 명목소득에 의해서만 결정되는 것이 아니라, 이자율과 거래비용에 의해서도 영향을 받을 수 있음을 보였다는 점이 특징적이다.

경제주체가 화폐를 보유하고 있으면 그 돈을 저축성 예금 등의 수익성 금융자산에 투자할 때 얻을 수 있는 이자수입을 포기해야 하므로 그만큼 기회비용이 발생한다. 반면 이런 기회비용을 고려하여 화폐를 지나치게 적게 보유하는 경우, 정작 화폐가 필요할 때 수익성 자산을 현금으로 인출하는 과정에서 거래비용이 발생한다. 따라서 경제주체들은 이러한 상충관계(trade-off)를 고려하여 적정 화폐보유량을 결정한다. 이는 마치 기업이 재고 보유량 결정 시, 재고의 보유비용과 재고 소진 시 발생하는 비용을 비교하여 총비용을 최소화하는 수준에서 적정 재고량을 결정하는 것과 유사하다. 보몰의 재고이론적 접근방법은 화폐를 일종의 재고로 간주하고, 기업의 재고량 결정에서와 같이 경제주체들이 화폐보유에 따르는 총비용, 즉 포기하는 이자수입의 기회비용과 현금인출 시 발생하는 거래비용의 합계를 최소화하는 수준에서 거래적 화폐수요를 결정한다는 이론이다.

예컨대 봉급생활자인 철수는 매월 1일 본인 명의의 급여계좌에 월급을 이체 받아 한 달 동안 이를 모두 지출하며, 매일 같은 금액을 지출한다고 가정하자. 또한, 이 급여계좌는 일명 파킹통장으로 정기예금보다는 낮지만, 요구불예금보다는 높은 이율로 예금이자를 지급한다고 가정하자. 이 경우 철수는 평소 얼마만큼 현금을 보유할지에 관해 다양한 선택을 할 수 있다. 매월 1일에 월급을 한꺼번에 인출하여 현금으로 보유하면서 한 달 동안 지출할 수도 있고 일단 1일에는 월급의 절반을 인출하여 보름동안 지출한 후 16일에 남은 절반을 인출하여 지출할 수도 있다. 각 방법은 상대적인 장단점을 가진다. 즉, 후자의 방법은 전자에 비해 현금인출에 따른 거래비용(ATM 사용에 따른 수수료, 은행 영업점 방문에 드는 시간적, 금전적 비용 등)이 추가로 들지만, 월급의 절반에 대해 보름치 예금이자를 얻을 수 있다는 장점이 있다. 따라서 철수가 전자를 택할지, 후자를 택할지는 상대적인 비용의 크기, 구체적으로 현금인출에 따른 거래비용과 현금보유의 기회비용인 예금이자수입의 상대적 크기에 의해 결정될 것이다. 경제주체들이 이러한 상충관계에 대한 고려를 통해 총비용을 최소화하는 현금 또는 화폐의 보유량을 결정한다는 것이 재고이론적 접근방법의 핵심이다.

이러한 재고이론적 접근방법에 의해 도출된 최적 평균화폐보유액, 즉 보몰의 거래적 화폐수요 M_T^D는 다음 식 (2-8)과 같이 표현된다[6].

$$M_T^D = \frac{1}{2}\sqrt{\frac{2bY}{i}} = \sqrt{\frac{b}{2}}\,Y^{0.5}\,i^{-0.5} \qquad (2\text{-}8)$$

여기서 Y는 명목소득, b는 예금 등 수익성 금융자산을 화폐로 인출하는 데 드는 거래비용, i는 이자율로서 예금 등 수익성 금융자산의 수익률을 대표하는 변수이다.

위 식으로부터 보몰의 거래적 화폐수요가 다음과 같은 특징을 가짐을 알 수 있다. 첫째, 앞에서 소개한 여러 화폐수요이론과 마찬가지로 보몰의 거래적 화폐수요 역시 소득의 증가함수이나, 소득 증가 시 그 증가율의 절반만큼만 화폐수요가 증가한다는 특징을 가진다. 즉, 위 식에서 보듯이 거래적 화폐수요의 소득탄력성이 0.5

6) 자세한 도출과정은 정운찬 · 김홍범(2018)을 참조

로서 1보다 작은데, 이는 화폐보유에 규모의 경제가 작용함을 의미한다[7]. 둘째, 보몰의 거래적 화폐수요는 이자율의 감소함수이다. 상기한 대로 이자율은 화폐보유에 따른 기회비용에 해당하므로 이자율이 상승하면 화폐보유의 동기와 관계없이 화폐수요가 감소한다는 것이다. 이와 같이 거래적 화폐수요가 이자율의 감소함수라는 결과는 이자율이 투자적 화폐수요에만 영향을 미치는 케인즈의 유동성선호설과 뚜렷이 구별되는 특징이다. 셋째, 예금 등 수익성 금융자산을 화폐로 인출하는데 드는 거래비용이 클수록 거래적 화폐수요는 증가한다.

2.3.3 투자적 화폐수요이론의 발전: 토빈의 자산선택이론

토빈의 자산선택이론

보몰의 재고이론적 접근방법이 케인즈의 화폐수요이론 중 거래적 화폐수요에 관한 부분을 계승 및 발전시켰다면, 토빈(J. Tobin)의 이론은 투자적 화폐수요에 관한 부분을 보다 일반화 및 개선하였다고 할 수 있다.

상기한 케인즈의 이론에서는 가정에 따라 투자자들이 화폐 또는 채권 두 자산 중 하나만을 선택하여 보유하며, 따라서 정상이자율 수준 대비 현재 이자율의 변화에 따라 어떤 때는 화폐만을 보유하기도 하고 다른 때는 채권만을 보유하기도 한다. 그러나 현실의 투자자들은 이와 같이 양자택일 방식으로 자산을 보유하는 것이 아니라, 여러 가지 자산에 분산투자를 함으로써 포트폴리오[8]를 구성하는 것이 일반적이다. 현실에서 이러한 투자행태가 나타나는 이유는 위험회피적(risk averse)인 투자자들이 채권 등 자산에의 투자 결정 시 케인즈 이론에서처럼 단순히 예상수익(채권의 경우 고정이자수입과 예상자본손익의 합계에 해당함)만을 고려하는 것이 아니라 해당 자산이 가진 위험도를 함께 고려하기 때문이다. 즉, 투자자들은 예상자본손익을 포함한 채권의 예상수익률이 0보다 큰 경우에도, 예상치 못한 이자율 변동에 따라 보유한 채권으로부터 손실이 발생할 위험을 고려하여 비록 수익률은 0이지만 무위험자산인 화폐를 채권과 함께 보유한다는 것이다[9].

---

7) 화폐보유에 규모의 경제가 작용한다는 것은 다음과 같은 의미를 가진다. 예컨대 소득금액이 4배 증가해서 상품과 서비스 거래를 위한 지출액 역시 4배만큼 증가하는 경우, 보몰의 거래적 화폐수요함수에 따르면 이러한 지출을 위해 평균적으로 보유해야 하는 화폐량(거래적 화폐수요)은 2배만 증가해도 된다. 이 경우 평균 화폐보유량이 증가할수록 화폐 1단위당 거래를 성사시킬 수 있는 지출액이 점차 증가하게 되며, 이를 규모의 경제가 작용하는 것으로 간주한 것이다.

8) 포트폴리오(portfolio)란 두 가지 이상의 자산으로 구성된 자산조합을 의미한다.

9) 이후의 장에서 살펴볼 마코위츠(H. Markowitz)의 포트폴리오 이론에 따르면, 다양한 자산에 대한 분산투자를 통해 전체 포트폴리오의 위험을 낮출 수 있다. 이는 현실에서 나타나는 투자 행태와 같이, 여러 자산에 분산투자

토빈은 이와 같이 위험회피적인 투자자가 채권의 위험도를 감안하여 채권 및 화폐에 분산투자를 하는 상황에서, 이자율의 변화에 따라 무위험자산인 화폐에 대한 수요가 어떻게 결정되는지를 분석하였다. 이에 따르면 예컨대 이자율이 상승하는 경우, 화폐수요의 변화는 이자율 상승에 따른 소득효과와 대체효과의 크기에 따라 결정된다. 여기서 소득효과란 이자율 상승으로 이자소득이 증가함에 따라 투자자가 채권보유에 따른 위험을 더욱 기피하게 되면서[10] 화폐수요가 증가하는 효과를 의미한다. 반면, 대체효과는 이자율 상승으로 인해 화폐보유의 기회비용이 증가함에 따라 투자자가 화폐수요를 줄이는 효과를 의미한다. 이와 같이 두 효과가 서로 반대 방향으로 작용하므로 이론적으로는 이자율의 화폐수요에 대한 효과의 방향을 결정하기 어려우나, 경험적으로는 대체효과가 소득효과보다 대체로 더 우세한 것으로 알려져 있다. 이 경우 이자율이 상승하면 우세한 대체효과에 따라 결국 화폐수요가 감소하므로 투자적 화폐수요는 이자율의 감소함수가 된다.

요컨대 토빈은 투자자들이 양자택일이 아니라 위험을 고려하여 다양한 자산에 분산투자를 하는, 보다 일반적인 경우에도 투자적 화폐수요와 이자율 사이에 역(−)의 관계가 성립할 수 있음을 보였다. 즉, 케인즈의 투자적 화폐수요이론이 보다 일반적인 상황에서도 유효함을 보여 준 것이다. 이와 같이 토빈의 이론은 정상이자율 및 양자택일의 자산보유 방식 등 케인즈 이론의 비현실적인 개념과 가정에 의존하지 않고 보다 현실에 가까운 일반적인 상황에서 미시경제학적 기초에 의거하여 투자적 화폐수요와 이자율의 관계를 규명하였다는 점에서 상당한 의의를 가진다.

하는 것이 이론적으로도 보다 합리적인 선택임을 의미한다. 마코위츠의 포트폴리오 이론에 관한 자세한 내용은 7장을 참조하기 바란다.

10) 소득이 증가할 때 소비자가 어떤 상품 또는 자산에 대한 수요를 줄이면(늘리면) 이 상품 또는 자산을 열등재(정상재)라고 한다. 따라서 만일 채권보유에 따른 위험을 열등재로 가정할 경우, 이자율 상승으로 이자소득이 증가하면 소비자는 채권 보유를 줄이고 화폐수요를 늘리게 된다.

2.4 프리드먼의 신화폐수량설

2.4.1 신화폐수량설의 구조

프리드먼의 신화폐수량설

케인즈의 유동성선호설이 등장하면서 화폐는 이제 교환의 매개수단뿐만 아니라 가치의 저장수단, 즉 자산의 일종으로서도 보유되며, 이에 따라 이자율이 화폐수요에 영향을 미칠 수 있음이 공인된 사실로 널리 받아들여졌다. 게다가 현실에서 화폐의 유통속도가 그다지 안정적이지 못하다는 사실이 실증적으로 밝혀지면서, 화폐수요에 대한 이자율의 영향을 무시하고 주로 유통속도의 안정성에 근거하여 논의를 전개했던 고전학파의 화폐수량설은 점차 설득력을 잃어갔다.

그러나 이른바 통화주의(Monetarism) 경제학을 주창한 경제학자 프리드먼(M. Friedman)은 대공황기를 포함한 과거 미국의 역사적 데이터를 통해 명목국민소득과 통화량 간에 실증적으로 밀접한 관계가 있음을 보임으로써 화폐수량설의 현실설명력이 여전히 높다고 주장하였다. 아울러 프리드먼은 고전학파의 화폐수량설에 케인즈가 강조한 투자적 화폐수요함수의 특징을 가미한 화폐수요이론을 제시하였는데, 이것이 바로 이른바 신화폐수량설이다.

프리드먼은 케인즈와 마찬가지로 화폐를 다른 자산과 밀접한 대체관계에 있는 자산의 하나로 보았으며, 따라서 개인의 자산선택 관점에서 화폐수요의 결정요인을 분석하였다. 미시경제학의 자산선택이론에 따르면 자산에 대한 총수요는 투자가능금액, 즉 개인이 보유한 총 부(total wealth)의 크기에 의해 그 규모가 결정되며, 이 중 개별 자산의 수요량은 그 자산의 보유로부터 발생하는 한계편익이 다른 대체자산으로부터의 한계편익과 같아지는 수준에서 결정된다. 따라서 자산의 일종으로서 화폐에 대한 수요는 개인의 총 부와 화폐 및 각종 화폐 대체자산의 수익률에 의해 결정된다. 이러한 논의를 바탕으로 프리드먼은 다음과 같은 화폐수요함수를 도출하였다.

$$\frac{M^D}{P} = f(i_B, i_E, \pi, h, Y_P, \mu) \qquad (2\text{-}9)$$

여기서 M^D는 명목금액으로 측정한 화폐수요량, P는 물가, i_B는 채권의 수익률, i_E는 주식의 수익률, π는 물가상승률(인플레이션율), h는 전체 부 가운데 인적자본의 비중, Y_P는 개인의 실질 장기평균소득에 해당하는 항상소득, 그리고 μ는 경제의 불확실성 등 화폐보유의 상대적 편익에 영향을 미치는 기타 요인들을 포괄하는 변수이다.

우선 프리드먼은 개인이 화폐의 명목가치가 아닌 실질가치를 기준으로 화폐수요를 결정한다고 보았다. 예컨대 다른 조건이 일정한 상황에서 물가가 두 배 상승할 경우, 보유하고 있는 화폐로 살 수 있는 상품과 서비스의 양이 이전의 절반으로 줄어든다. 이 경우 프리드먼에 따르면, 이전과 같은 구매력을 유지하기 위해 개인들은 이전보다 두 배의 화폐를 필요로 한다는 것이다. 이런 이유 때문에 식 (2-9)의 좌변에 명목화폐수요량 M^D가 아닌 이를 물가수준으로 나눈 실질화폐수요량 (M^D/P)가 나온 것이다.

한편 식에서 보듯이, 프리드먼은 자산에 대한 총수요 규모를 결정하는 변수로서 개인의 총 부를 직접 대입하는 대신, 이를 장기평균 예상소득에 해당하는 항상소득[11] Y_P로 대체하였다. 구체적으로 프리드먼은 개인의 총 부가 항상소득과 비례관계를 가진다고 가정하였다. 따라서 항상소득이 많아질수록 개인의 총 부가 커지고, 그 결과 자산에 대한 총수요 규모가 증가하면서 여러 자산 가운데 하나인 화폐에 대한 수요 역시 증가한다.

또한 식 (2-9) 우변의 함수에 포함된 첫 세 변수, 즉 채권수익률과 주식수익률, 그리고 실물자산의 수익률을 반영하는 물가상승률은 화폐 대체자산들의 수익률을 대표하는 변수들로서, 자산 간의 대체관계를 반영한다. 예컨대 다른 조건이 일정한 상황에서 경제 내 채권 또는 주식의 평균수익률이 상승했다고 가정하자. 이 경우 개인은 화폐 보유량을 줄이고 이를 통해 채권 또는 주식과 같이 수익률이 상승한 자산을 매입할 것이다. 그래야만 화폐와 채권 또는 주식 등 화폐 대체자산의 한계편익을 서로 일치시킴으로써 효용을 극대화할 수 있기 때문이다. 정리하면 화폐 대체자산의 수익률, 즉 채권 또는 주식의 수익률과 실물자산의 수익률을 나타내는 물가상승률이 높아질수록 화폐수요는 감소한다.

항상소득(permanent income)

한편 금융 또는 실물자산 이외에도 교육 또는 직무경험 등으로 축적된 인적자본 역시 개인의 총 부에 포함된다. 프리드먼은 금융 또는 실물자산과 같은 비(非)인적자본에 비해 화폐로 전환되기 어려운 인적자본의 특징으로 인해, 총 부 중에서 인

11) 프리드먼이 고안한 소득 개념인 항상소득(permanent income)은 한 개인의 생애주기(life-cycle)에 걸쳐 발생할 것으로 예상되는 단위 기간 소득의 평균값으로 정의할 수 있다.

적자본이 차지하는 비중 h가 클수록 화폐수요가 증가한다고 보았다. 마지막으로 μ는 상기 요인들 이외에 화폐보유에 따른 상대적 편익에 영향을 미치는 기타 요인들을 포괄하는 것으로, 대표적 예로는 경제의 불안정성 정도를 들 수 있다. 예컨대 경제가 매우 불안정해지면 사람들은 현금 등 유동성이 높은 자산을 더욱 선호하므로 화폐수요가 증가할 것이다.

2.4.2 신화폐수량설의 특징과 시사점

이제 신화폐수량설을 기존의 화폐수요이론과 비교하기 위해 식 (2–9)를 변형해 보자. 화폐 대체자산인 채권과 주식의 수익률을 나타내는 i_B와 i_E를 이들 수익률을 결정하는 핵심요인인 이자율 i로 대체하고 항상소득 이외의 나머지 변수들 π, h, μ의 영향이 미미하거나 시간에 따라 일정하다고 가정하면, 식 (2–9)의 화폐수요함수를 다음과 같이 항상소득과 이자율의 함수로 표현할 수 있다.

$$\frac{M^D}{P}=f(Y_P, i) \tag{2–10}$$

여기에 실질화폐수요가 항상소득에 정비례한다는 가정을 추가하고 항상소득에 대한 화폐의 유통속도를 이자율의 함수로 정의하면 $(f(Y_P, i)\equiv(1/V(i))Y_P)$, 다음과 같은 최종적인 화폐수요함수를 도출할 수 있다.

$$\frac{M^D}{P}=f(Y_P, i)\equiv \frac{1}{V(i)}Y_P \rightarrow M^D=\frac{PY_P}{V(i)} \tag{2–11}$$

위 식을 식 (2–2) 또는 식 (2–5)와 비교하면 알 수 있듯이, 신화폐수량설의 화폐수요함수는 고전적 화폐수량설과 매우 흡사하나 다음과 같은 차이가 있다. 먼저 현금잔고수량설에 따른 식 (2–5)에서와 달리 프리드먼의 화폐수요함수에는 실제 소득 대신 항상소득 Y_P가 등장한다는 점이다. 그러나 이보다 더 중요한 차이는, 고전적 화폐수량설에서 화폐의 유통속도가 원칙적으로 시간에 따라 일정한 '상수'인 반면, 프리드먼의 신화폐수량설에서는 위 식에서 보듯이 유통속도가 이자율 등의 영향을 받는 '변수'라는 점이다. 이러한 차이는 프리드먼의 신화폐수량설이 상기한 대로 화폐 대체자산의 수익률을 대표하는 변수인 이자율을 화폐수요의 결정요인으로서 명시적으로 고려한 점에 기인한다. 이러한 의미에서, 프리드먼의 신화폐수량설은 고전학파의 화폐수량설에다가 케인즈의 유동성선호설에 따른 투자적 화폐수요함수의 특징을 가미한 것으로 볼 수 있다.

그러나 프리드먼은 경험적으로 볼 때, 화폐의 유통속도 또는 화폐수요에 대한 이자율의 영향은 미미한 수준이며, 따라서 화폐의 유통속도 및 화폐수요함수는 시간에 따라 매우 안정적이라고 주장하였다[12]. 즉, 이자율이 화폐의 유통속도를 통해 화폐수요에 영향을 미칠 이론적 가능성이 존재함에도 불구하고 실증적으로 보면 이러한 효과는 미미하며, 그 결과 식 (2−11)에서 화폐수요(M^D)는 명목국민소득(PY_P)과의 안정적인 비례관계를 통해 결정된다는 것이다.

이와 같은 프리드먼의 논의를 반영하여 식 (2−11)에서 화폐유통속도를 상수로 놓고($(1/V(i))=(1/\overline{V})=k$, k는 상수) 화폐시장의 균형에서 화폐수요(M^D)와 화폐공급(M^S)이 일치함을 이용하면 화폐시장의 균형조건은 다음과 같이 표현된다.

$$M^S = M^D = \frac{1}{V} PY_P \rightarrow M^S = kPY_P \tag{2-12}$$

통화주의 경제학

이 식에서 알 수 있듯이 프리드먼이 주장하는 것처럼 유통속도에 대한 이자율의 영향이 미미한 수준이어서 유통속도가 상수나 다름없다면, 균형에서 화폐공급(M^S)의 변화는 이자율을 통하지 않고도 물가와 실질소득의 곱으로 표현되는 명목소득수준(PY_P)에 직접적으로 영향을 미치게 된다. 즉, 화폐공급을 변화시키는 통화정책이 물가 또는 소득에 직접적으로 큰 영향을 줄 수 있다는 것이다. 이와 같이 화폐공급의 변화가 실물경제에 직접적으로 중요한 영향을 줄 수 있다는 신화폐수량설의 정책적 함의는 '화폐는 중요하다(money matters)'는 **통화주의 경제학**의 경제관 및 화폐관과 밀접하게 관련된다.

12) 그러나 이러한 프리드먼의 주장과 달리, 현실의 화폐유통속도는 시간에 따른 추세가 존재할 뿐 아니라 경기상황에 따라 불안정하게 변동하는 것이 일반적이다. 우리나라 화폐유통속도의 추이와 특징에 대해서는 이 장의 〈이론과 현실〉을 참조하기 바란다.

우리나라의 화폐유통속도

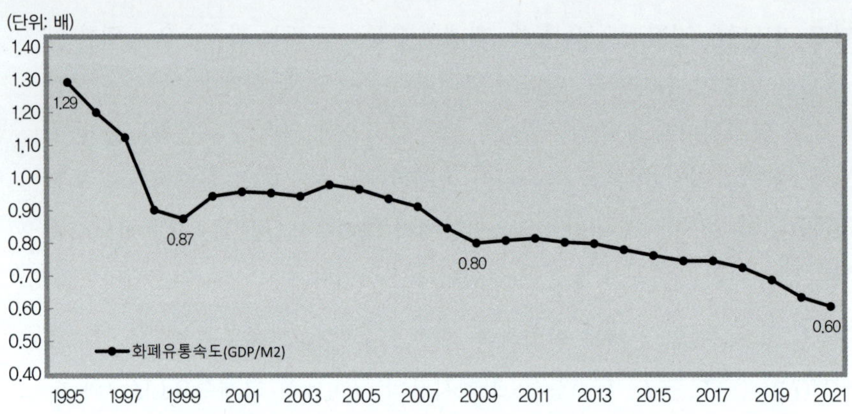

[그림 2-2] 우리나라의 화폐유통속도(명목 GDP/광의통화 M2)

자료: 한국은행 경제통계시스템(http://ecos.bok.or.kr)

[그림 2-2]는 우리나라의 연도별 명목 GDP를 광의통화 M2로 나누어 구한 화폐의 유통속도를 그림으로 나타낸 것이다. 즉, 본문의 식 (2-5) 또는 식 (2-11)에서 PY 또는 PY_P에 명목 GDP를, M 또는 M^D에 광의통화 M2를 대입하여 유통속도 V_y 또는 $V(i)$를 구한 것이다.

그림을 보면 화폐의 유통속도가 시간에 따라 추세적으로 하락해 왔을 뿐 아니라, 경기변동에 따른 변화폭도 작지 않음을 알 수 있다. 구체적으로 1995년 1.3배에 달했던 유통속도는 추세적으로 하락하여, 2021년에는 0.6배로서 절반 이하로 떨어졌다. 뿐만 아니라 IMF 외환위기, 글로벌 금융위기, 코로나19 사태와 같이 불확실성이 큰 경기침체기에는 예외 없이 유통속도가 급락하였음을 알 수 있다.

결론적으로 현실에서 화폐의 유통속도는 시간에 따라 안정적인 변수라고 보기 어렵다. 따라서 유통속도의 안정성에 기초하여 도출된 신화폐수량설의 함의, 예컨대 화폐수요는 이자율보다는 항상소득으로 표현되는 국민소득 수준에 의해 주로 결정되며, 화폐공급의 변화는 이자율을 통하지 않고도 물가 또는 소득에 직접적으로 영향을 미칠 수 있다는 주장들은 그 현실적 근거가 다소 취약하다고 평가할 수 있다.

연·습·문·제

1. 다음 명제의 참과 거짓 여부를 판별하시오.
   (1) 교환방정식은 일정 기간 동안 경제의 총지출액과 총거래액이 항상 동일함을 나타내는 항등식이다.
   (2) 케인즈의 유동성선호설에서 총화폐수요가 이자율의 감소함수인 것은 거래적 화폐수요의 존재 때문이다.
   (3) 보몰의 재고이론적 접근방법에 따르면, 거래적 화폐수요는 이자율의 감소함수이다.
   (4) 프리드먼의 신화폐수량설에 따르면, 항상소득이 증가하거나 인플레이션율이 상승하면 실질화폐수요량이 증가한다.

2. 다음 용어를 간단히 설명하시오.
   (1) 화폐의 거래유통속도와 소득유통속도
   (2) 현금잔고방정식
   (3) 거래적 화폐수요와 투자적 화폐수요
   (4) 유동성함정

3. 고전학파의 화폐수량설과 케인즈 유동성선호설의 주된 차이를 화폐의 기능에 관한 두 이론의 견해 차이를 중심으로 서술하시오.

4. 어떤 해에 두 나라 경제의 통계가 다음과 같이 조사되었다고 할 때, 다음 물음에 답하시오. 단, 두 나라는 모두 원화를 사용하고, 물가수준의 기준연도 및 기준연도 당시의 물가수준이 서로 동일하다고 한다.

	A 나라	B 나라
실질국민소득	600조 원	500조 원
물가수준 (기준연도 대비 배수)	2	1
통화량	50조 원	25조 원

   (1) 현금잔고수량설에 따른 화폐의 소득유통속도와 마샬의 k를 두 나라 각각에 대해 구하시오.
   (2) 어떤 사람이 "A 나라의 화폐유통속도가 B 나라보다 빠른 것은 실질국민소득 규모

에 비해 통화량이 상대적으로 적기 때문이다"라고 주장하였다. 이 주장이 옳지 않은 이유와 A 나라의 화폐유통속도가 B 나라보다 빠른 주된 이유를 서술하시오.

(3) 어떤 사람이 "B 나라의 화폐유통속도를 높이기 위해서는 이자율을 높여야 한다"고 주장하였다. 프리드먼의 신화폐수량설의 관점에서 이러한 주장이 타당한지 평가하시오.

5. 보몰의 거래적 화폐수요함수인 식 (2−8)을 이용하여 다음 물음에 답하시오.

(1) A라는 사람의 월급이 200만 원이고 A는 이를 한 달 동안 모두 지출하며, 지출은 전체 기간에 걸쳐 균등하게 이루어진다고 한다. 월 예금이자율이 1%이고 예금을 현금으로 인출할 때 드는 수수료가 400원일 때 월중 최적 평균화폐보유액, 즉 A의 거래적 화폐수요는 얼마인가?

(2) 갑자기 A의 월급이 800만 원으로 4배 증가했다고 가정하자. 이 경우 월중 최적 평균화폐보유액은 얼마로 증가하는가?

(3) 식 (2−8)을 통해 온라인 · 모바일 뱅킹의 확대가 거래적 화폐수요에 미칠 영향을 추론하시오.

6. ㈜보몰은 매월 초에 Y만큼의 소득을 얻은 후 이를 일정한 속도로 월말까지 모두 지출한다. 구체적으로 ㈜보몰은 월초에 Y의 소득을 받은 즉시 M만큼을 현금으로 보유하고 나머지 $Y-M$만큼을 단기 증권에 투자한다. 이후 매번 M만큼씩 균등한 금액의 증권을 매각하여 현금화한 돈으로 지출을 한다. 이때 증권으로부터 발생하는 월 수익률은 이자율 i와 같고, 증권거래(증권을 팔아서 현금화하는 거래)에 따르는 매회의 거래비용은 bi(b는 양의 상수)라고 한다. 다음 물음에 답하시오(정운찬 · 김홍범(2018) 변형).

(1) ㈜보몰이 현금을 보유함으로써 치르는 기회비용은 한 달 동안 총 얼마인가?

(2) 한 달 동안 발생하는 증권거래에 따른 거래비용은 총 얼마인가?

(3) (1)과 (2)의 결과를 더한 총비용을 최소화하는 최적 평균현금보유액, 즉 최적 화폐수요를 구하시오. 보몰의 거래적 화폐수요함수 식 (2−8)을 통해서도 동일한 결과를 얻을 수 있음을 보이시오.

3

CHAPTER

화폐의 공급

이전 장에서 화폐수요의 결정요인과 결정원리를 이론적으로 고찰한 데 이어, 이 장에서는 화폐공급의 결정요인과 결정원리를 살펴본다. 먼저 경제에 유통되는 화폐의 양을 측정하는 척도인 통화지표의 종류와 각각의 의미를 알아보고, 은행의 신용창조를 가능케 하는 조건인 부분지급준비제도의 의의 및 관련 개념에 관해 학습한다. 다음으로 중앙은행이 발행하여 공급하는 본원통화의 의미와 구성 및 변화요인을 알아본 후, 본원통화를 기초로 일반은행이 파생통화를 만들어내는 신용창조과정에 관해 구체적인 예를 통해 살펴본다. 이러한 논의에 기초하여, 통화승수로 표현되는 화폐공급함수를 이론적으로 도출하고 그 시사점에 관해 살펴본다.

3.1 화폐공급의 기본개념

"누가 화폐를 공급하는가?"라고 물어보면 많은 사람들은 중앙은행, 우리나라로 치면 한국은행을 가장 먼저 떠올릴 것이다. 실제로 중앙은행은 경제 전체의 '화폐공급'과 이자율을 조절함으로써 물가안정, 완전고용, 금융안정 등의 최종목표를 달성하도록 정책을 운영하는데, 이러한 정책을 통화정책(monetary policy)이라고 한다.[1] 그러나 이후 설명하겠지만 한국은행이 직접 발행하는 돈, 즉 본원통화는 경제 전체 돈의 양 중 극히 일부에 불과하며, 나머지는 일반은행의 신용창조에 의해 만들어진다.

이와 같은 화폐공급의 원리를 본격적으로 살펴보기에 앞서, 이 절에서는 먼저 화폐공급에 관련된 기본개념들을 소개하고 그 의미를 살펴보고자 한다. 구체적으로 경제에 유통되는 화폐량을 측정하는 척도인 통화지표의 종류와 각각의 의미를 알아본 후, 은행의 신용창조를 가능케 하는 제도적 기반인 부분지급준비제도의 의의 및 관련 개념에 관해 살펴본다.

3.1.1 화폐의 정의와 통화지표

앞 장에서 살펴본 대로 화폐는 다양한 기능을 수행하며, 그 기능에 따라 정의된다. 따라서 다양한 화폐의 기능 가운데 어떤 것을 화폐 본연의 기능으로 보느냐에 따라, 화폐를 정의하는 방법과 화폐의 정의에 포함되는 금융자산 또는 금융상품의 범위가 달라질 수 있다.

상기한 화폐의 세 가지 기능 가운데, 통상적으로 화폐 본연의 기능으로서 가장 중시되는 것은 바로 교환의 매개수단 기능이다. 이는 어떤 금융자산이 화폐로 인정받기 위해서는, 이를 손쉽게 현금화하여 상품과 서비스를 거래하는 데 사용할 수 있어야 함을 의미한다. 다시 말

1) 통화정책의 의의, 특징, 금융시장 및 금융투자와의 관계에 관한 자세한 내용은 5장을 참조

통화지표(measure of money)

해 '유동성'이 높은 자산일수록 화폐에 가까운 것으로 간주한다는 것이다. 이에 따라 현실에서 경제에 유통되는 화폐량, 즉 통화량을 측정할 때는 다양한 금융자산을 유동성 순서에 따라 분류하고 유동성이 높은 것부터 화폐로 정의하는 방식이 널리 활용된다. 이러한 방식에 따라 경제 전체의 금융자산 또는 금융상품을 분류하고 분류된 유형별로 그 양을 측정한 척도를 **통화지표(measure of money)**라고 한다.

협의통화(M1: narrow money)

〈표 3-1〉은 다양한 통화지표의 종류와 각각의 통화지표에 포함되는 금융상품의 범위를 정리한 것이다. 이 중 제일 좁은 범위의 지표인 **협의통화(M1: narrow money)**는 화폐의 교환매개수단 기능에 가장 충실하게 정의된 지표라고 할 수 있다. 구체적으로 M1은 현금통화(지폐와 주화)와 예금취급기관의 요구불예금(당좌예금, 보통예금 등), 그리고 수시입출식 저축성예금(은행의 MMDA 등)으로 구성된다. 즉, 협의통화는 현금 또는 추가 비용을 들이지 않고 언제든 현금으로 교환할 수 있는 고유동성 금융상품으로 구성되며, 따라서 이는 주로 상품과 서비스를 거래하기 위한 교환의 매개수단으로서 보유된다고 볼 수 있다.

광의통화(M2: broad money)
준화폐(near-money)

한편 **광의통화(M2: broad money)**는 화폐의 교환매개수단뿐 아니라 가치저장수단의 기능도 함께 고려하여 정의된 지표라고 할 수 있다. 즉, 상기한 M1에 비해 유동성이 낮아 교환매개수단으로서의 기능은 다소 떨어지지만, 또 다른 화폐의 기능인 가치저장수단 기능을 충실히 수행하는 금융상품들이 M2에 포함된다. 구체적으로 M2는 상기한 M1에 준화폐를 더한 것인데, 여기서 **준화폐(near-money)**란 주로 가치저장수단, 즉 저축의 목적으로 보유하기는 하지만, 일부 이자소득을 포기하면 언제라도 현금화가 가능한 금융상품을 가리킨다. 이러한 준화폐에는 정기 예 ·

〈표 3-1〉 통화지표의 종류 및 범위

협의통화(M1)	= 현금통화+요구불예금+수시입출식 저축성예금
광의통화(M2)	= M1+정기 예 · 적금*+시장형 금융상품(양도성예금증서, RP, 표지어음 등)+실적배당형 금융상품*(수익증권, 금전신탁 등)+금융채* 등 * 만기 2년 이상 제외
금융기관유동성(Lf)	= M2+M2 포함 금융상품 중 만기 2년 이상 정기 예 · 적금 및 금융채 등+한국증권금융의 예수금+생명보험회사의 보험계약준비금 등
광의유동성(L)	= Lf+정부 및 기업 등이 발행한 유동성 시장금융상품(국채, 지방채, 기업어음, 회사채, 자산유동화증권 등)

자료: 한국은행(2008), 『우리나라의 통화지표 해설』, 한국은행. 박강우(2022)에서 재인용

적금과 CD · RP · 표지어음 등 시장형 금융상품, 수익증권 · 금전신탁 등 실적배당형 금융상품과 금융기관이 발행하는 채권인 금융채 등이 포함된다. 단, 이 중 만기 2년 이상의 저유동성 상품은 제외된다.

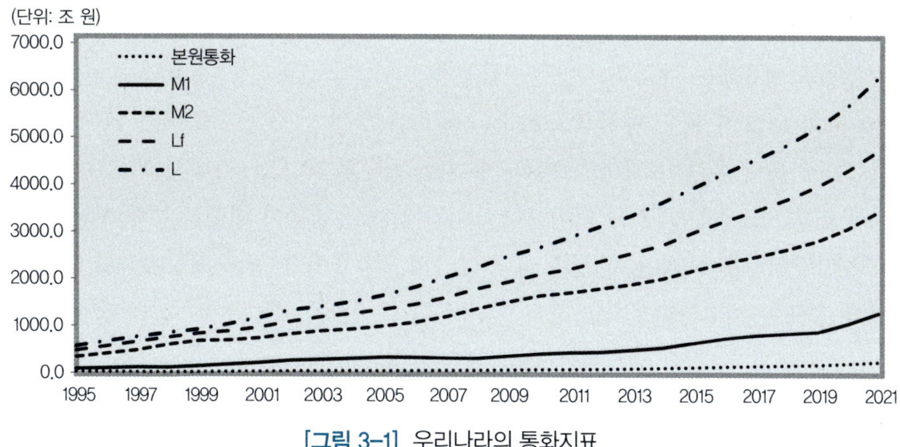

[그림 3-1] 우리나라의 통화지표

주: L(광의유동성)은 연말(말잔) 기준이고 나머지는 모두 연평균(평잔) 기준임
자료: 한국은행 경제통계시스템(http://ecos.bok.or.kr)

M2보다 유동성이 상대적으로 낮은 금융상품까지 포함하는, 더 넓은 범위의 지표들을 유동성지표라고 부르는데, 이러한 유동성지표로는 금융기관유동성(Lf)과 광의유동성(L)이 있다. 먼저 **금융기관유동성(Lf)**은 이름 그대로 금융기관이 발행하는 유동성을 포괄하는 지표로서, 상기한 M2에다 만기 2년 이상인 정기 예 · 적금 및 금융채 등과 생명보험회사의 보험계약준비금, 그리고 증권금융회사(우리나라의 경우 ㈜한국증권금융)의 예수금 등을 추가로 포함한 것이다.

금융기관유동성(Lf)

마지막으로 가장 넓은 범위의 지표인 **광의유동성(L)**은 발행주체와 관계없이 우리나라 경제에 풀려있는 전체 유동성의 규모를 측정하는 지표이다. 이러한 L에는 상기한 Lf에 추가하여 비금융 기업과 정부 등이 발행하는 기업어음, 회사채, 국채, 지방채 등이 포함된다. [그림 3-1]은 상기한 통화지표에 대한 우리나라 자료를 그림으로 나타낸 것이다.

광의유동성(L)

이후 논의에서는 상기한 여러 통화지표 가운데, M1을 경제의 화폐공급 또는 통화량의 척도로 사용할 것이다. 이 장을 포함하여 5장까지 논의의 주된 목적 가운데 하나는 중앙은행의 통화정책에 따른 화폐공급의 변화가 경제의 이자율과 금융시장 전반에 미치는 영향을 살펴보는 것이다. 따라서 중앙은행의 통화정책과 상대적으로 밀접하게 연관되어 결정되는 M1을 화폐공급 또는 통화량의 척도로 사용하는 것이 논의의 목적에 부합하기 때문이다.

3.1.2 신용창조와 부분지급준비제도

신용창조(credit creation) 또는 예금창조(deposit creation)

부분지급준비제도(fractional reserve banking system)

지급준비금(reserve)

은행으로 대표되는 예금취급기관은 금융중개과정에서 화폐를 창조하는 **신용창조**(credit creation) **또는 예금창조**(deposit creation)의 기능을 수행하게 된다. 여기서 신용창조란 은행이 고객으로부터 수취한 예금을 기업 등에 대출함으로써 새로운 화폐를 창조하는 과정을 의미한다.[2] 이와 같이 은행들이 대출을 통해 화폐를 창조하는 것이 가능하려면, 은행은 고객 예금의 일부만을 현금으로 보유하고 나머지는 대출 또는 기타자산을 구입하는 데 사용할 수 있어야 한다. 이러한 특징을 가지는 은행제도를 일컬어 **부분지급준비제도**(fractional reserve banking system)라고 하며, 이 제도 하에서 은행이 예금주들의 인출 요구를 충당하기 위한 목적으로 보유하는 일정 수준의 현금[3]을 **지급준비금**(reserve)이라고 한다.

부분지급준비제도는 현대 은행업의 출현에 있어 가장 핵심적인 요소라고 할 수 있다. 현대적 형태의 은행의 기원은 중세 유럽의 금 보관 및 세공업자(goldsmith)들로 거슬러 올라간다. 초기에 이들은 고객으로부터 수수료를 받고 금 또는 금화를 보관해 주었으며, 보관 사실을 증명하는 영수증으로서 지금으로 치면 예금증서(통장)에 해당하는 보관증을 발행하였다. 그러나 얼마 지나지 않아 이들은 예치된 금보다 더 많은 양의 보관증 혹은 예금증서를 발행 및 대출함으로써 더 많이 돈을 버는 방법을 터득하게 된다.

이는 금을 맡긴 예금주들이 동시에 자신의 금을 모두 인출할 가능성이 거의 없음을 세공업자들이 깨달았기 때문이다. 예를 들어, 고객들이 세공업자에게 총 100t의 금을 보관하였고 통상적인 상황에서는 한 달 동안 이 중 대략 10%인 10t의 금만을 인출한다는 것이 경험적으로 알려져 있다고 가정하자. 만일 세공업자의 고객들이 서로 잘 알지 못하는 사이여서 독립적(independent)으로 행동한다면 고객의 수가

---

2) 신용창조과정에 관한 자세한 내용은 이후의 절(3.3 예금은행의 신용창조)을 참조

3) 보다 정확히 말하면, 지급준비금에는 은행이 보유하는 현금(시재금)뿐 아니라 중앙은행에 예치한 금액(중앙은행 지준예치금)이 포함된다. 자세한 내용은 다음 절을 참조

증가할수록 한 달 동안 실제로 인출되는 금의 비율은 거의 10%에 근접할 것이며,[4] 따라서 세공업자에게 금을 맡긴 모든 고객들이 동시에 금을 인출하는 일은 좀처럼 일어나지 않을 것이다. 이를 간파한 세공업자들은 이제 발행한 예금증서만큼의 금을 반드시 보유할 필요가 없으며, 바꾸어 말하면 실제 예치된 금의 양보다 훨씬 많은 금액의 예금증서를 발행하여 대출하는 것이 가능함을 깨닫게 되었다. 이에 따라 예금의 '일부'만을 금, 즉 지급준비금으로 보유하는 부분지급준비제도가 자생적으로 탄생한 것이다.

뱅크런(bank run)

그러나 상기한 부분지급준비제도의 정의에서 쉽게 추론할 수 있듯이, 부분지급준비제도는 본질적으로 항상 불안정성에 노출되어 있다. 은행이 예금의 일부만을 지급준비금으로 보유하는 부분지급준비제도에서는, 이른바 **뱅크런(bank run)**과 같이 많은 예금자들이 한꺼번에 예금을 인출하는 사태가 발생할 경우[5] 은행은 필연적으로 일부의 인출 요구에는 응할 수 없기 때문이다. 특히 심각한 문제는, 일단 뱅크런이 발생하고 나면 아무리 건전한 은행이라도 필연적으로 인출 요구에 응하지 못해 파산할 수밖에 없다는 점과 이러한 개별 은행의 파산이 여타 은행의 건전성에 대한 우려를 촉발하는 계기가 된다는 점이다. 그 결과 개별 은행의 뱅크런이 다른 은행으로 전염되면서 전체 은행시스템의 위기로 확산될 수도 있다.

법정지급준비율 또는 필요지급준비율(required reserve ratio)

초과지급준비금(excess reserve)

총지급준비금(total reserve)

총지급준비율 또는 지급준비율

이러한 사태를 방지하기 위해 은행들이 예금인출요구에 대비하여 예금의 일정 비율을 지급준비금으로 반드시 보유하도록 법령을 통해 의무화하였는데, 이 비율을 **법정지급준비율 또는 필요지급준비율(required reserve ratio)**이라고 한다.[6] 한편 은행들은 이와 같이 설정된 법정지급준비금 외에도 영업자금의 확보를 위해 추가적으로 지급준비금을 보유하는데, 이를 **초과지급준비금(excess reserve)**이라고 한다. 이러한 초과지급준비금과 법정지급준비금을 합하여 **총지급준비금(total reserve)**이라고 하며, 통상 이를 줄여서 지급준비금(또는 지준금)이라고 한다. 따라서 **총지급준비율 또는 지급준비율**, 줄여서 지준율이라고 하면 이러한 총지급준비금을 예금총액으로 나눈 비율을 의미한다.

4) 통계학에서는 이러한 원리를 대수의 법칙(law of large numbers)이라고 한다.

5) 이는 앞에서 언급한 대수의 법칙이 성립하기 위한 조건, 즉 세공업자의 고객들 또는 예금자들이 서로 독립적으로 행동한다는 조건이 위배되는 경우에 해당한다.

6) 예컨대 우리나라의 경우, 2022년 말 현재 정기예금 등 저축성예금의 법정지급준비율은 2.0%이고 요구불예금의 법정지급준비율은 7.0%이다.

정리하면, 부분지급준비제도는 은행이 신용창조를 통해 새로운 화폐를 창조하기 위한 필수 조건인 동시에, 은행이 뱅크런에 취약할 수밖에 없는 본질적 이유이기도 하다.

3.2 중앙은행의 화폐공급

3.2.1 본원통화와 파생통화

본원통화(monetary base)
시재금(vault cash)
화폐발행액

중앙은행이 발행하여 직접 공급한 화폐를 **본원통화(monetary base)**라고 한다. 이와 같이 본원통화가 중앙은행에 의해 발행 및 공급되고 나면, 이는 민간(민간보유 현금)이나 은행(지급준비금)에 의해 보유된다. 한편 은행은 자신이 보유하는 지급준비금을 자신의 금고에 넣어두거나 중앙은행에 예치할 수도 있다. 전자를 **시재금(vault cash)**, 후자를 중앙은행 지준예치금이라고 한다. 또한 민간이 보유하는 현금과 은행이 자신의 금고에 보유하는 시재금의 합계를 **화폐발행액**이라고 한다. 이처럼 중앙은행 지준예치금은 화폐발행액에서 제외되어 있는데, 그 이유는 비록 이 돈이 은행이 보유한 지급준비금에 속하긴 하나 중앙은행 외부가 아닌 내부에 예치되어 있기 때문이다. 정리하면, 본원통화의 구성은 다음과 같이 다양한 관계식으로 표현될 수 있다.

본원통화 = 민간보유 현금 + 은행의 총지급준비금
= 민간보유 현금 + 시재금 + 중앙은행 지준예치금
= 화폐발행액 + 중앙은행 지준예치금

파생통화(derivative money)

한편 중앙은행이 발행한 본원통화는 은행이 신용창조를 통해 파생통화를 창조하는 기초가 된다. **파생통화(derivative money)**란 본원통화를 기초로 하여 은행시스템이 추가적으로 창조하는 화폐를 의미하는데, 이러한 파생통화(DM)는 경제 전체의 통화량(M)에서 본원통화(MB)를 뺀 것과 같다($DM=M-MB$). 여기서 통화량[7]은 민간보유 현금(C)과 요구불예금(D)을 합한 것으로 다음과 같이 정의된다.

7) 앞 절에서 언급한 대로 이후에는 경제의 통화량을 협의통화 M1 기준으로 정의하여 논의를 전개할 것이다.

$$M = C + D \tag{3-1}$$

한편 본원통화는 상기 관계식에서와 같이 민간보유 현금과 은행의 총지급준비금(R)의 합으로 정의된다.

$$MB = C + R \tag{3-2}$$

식 (3–1)에서 식 (3–2)를 빼서 민간보유 현금을 소거하면, 파생통화 DM은 다음과 같이 표현된다.

$$DM = M - MB = D - R \tag{3-3}$$

위 식을 통해, 파생통화의 양은 은행들이 본원통화의 일부인 총지급준비금(R)을 기초로 얼마나 많은 요구불예금(D)을 신용창조과정을 통해 창조하느냐에 의해 결정됨을 알 수 있다. 은행의 신용창조과정에 대한 자세한 내용은 다음 절에서 다룰 것이다.

3.2.2 본원통화의 변화요인

그렇다면 본원통화의 공급량은 어떻게 결정되는가? 본원통화는 중앙은행이 발행하는 것이므로 당연히 중앙은행이 본원통화를 원하는 만큼 공급할 수 있을 것 같지만, 실상은 그렇지 않다. 왜 그런지 구체적으로 살펴보자.

〈표 3–2〉 중앙은행 대차대조표(재무상태표)의 구조

자산(차변)	부채 및 자본(대변)
대정부 대출	정부예금
대금융기관 대출	비은행 금융기관 예금
	본원통화
	민간보유 현금
	시재금
	중앙은행 지준예치금
기타 자산	기타 부채
해외 자산	해외 부채

⇨

자산(차변)	부채 및 자본(대변)
대정부 순대출	본원통화
대금융기관 순대출	민간보유 현금
기타 순자산	시재금
해외 순자산	중앙은행 지준예치금

본원통화의 공급량을 결정하는 요인들은 공급주체인 중앙은행의 대차대조표(재무상태표)를 통해 파악할 수 있다(〈표 3-2〉 참조). 일반 기업에 대한 대차대조표와 마찬가지로, 중앙은행의 자산은 대차대조표의 왼편(차변), 중앙은행의 부채는 대차대조표의 오른편(대변)에 기록된다. 이 중 우선 대차대조표 왼편에 기록되는 중앙은행의 자산은 정부에 대한 대정부 대출, 은행을 비롯한 금융기관에 대한 대금융기관 대출, 이후 살펴볼 공개시장운영 등으로 인해 중앙은행이 보유하게 된 유가증권 등 기타 자산, 그리고 외환정책 수행 및 대외지급결제를 위해 보유하는 해외 국채 등의 해외 자산으로 구성된다. 반면, 대차대조표의 오른편에 기록되는 중앙은행의 부채는 가장 중요한 항목인 본원통화[8]를 비롯하여 정부가 예치한 예금과 비은행 금융기관(예금취급기관 제외)의 예금, 중앙은행이 발행한 유가증권 등의 기타 부채 그리고 해외 부채로 구성된다.

〈표 3-2〉에서 보듯이 상기한 대차대조표 대변의 부채 항목 가운데 본원통화를 제외한 나머지 항목을 차변과 대변에서 동시에 빼주면, 대변에는 본원통화만 남고 차변에는 대정부 순대출, 대금융기관 순대출, 기타 순자산, 해외 순자산과 같은 순자산 항목이 나타난다.[9]

대차대조표의 대차균형의 원리에 따라 차변과 대변은 항상 합계가 일치하므로, 차변의 순자산 항목의 크기가 증가(감소)하면 자연히 대변의 본원통화량도 증가(감소)하게 된다. 이에 따라 본원통화의 변동 요인은 다음과 같은 네 가지 경우로 구분할 수 있다.

첫째, 대정부 순대출이 변동하는 경우이다. 예컨대 정부가 재정적자를 충당하기 위해 중앙은행으로부터 대출을 늘리면 중앙은행의 대정부 순대출이 증가하면서 본원통화는 증가한다. 반대로 세금수입 증대에 따라 정부가 중앙은행에 예치한 정부예금이 증가하면 중앙은행으로 화폐가 환수되면서 중앙은행의 대정부 순대출이 감소하고 본원통화 역시 감소하게 된다.

둘째, 대금융기관 순대출이 변동하는 경우이다. 예컨대 유동성이 부족한 시중은

---

8) 예를 들어, 본원통화의 큰 부분을 차지하는 중앙은행 지준예치금의 경우, 이를 보유한 은행이 인출을 요구하면 중앙은행은 언제든 이러한 요구에 응해야 한다. 이런 의미에서 본원통화는 중앙은행의 부채라고 할 수 있다.

9) 구체적으로 자산 중 대정부 대출에서 부채 중 정부예금을 차감하면 대정부 순대출, 자산 중 대금융기관 대출에서 부채 중 비은행 금융기관 예금을 차감하면 대금융기관 순대출이 되며, 기타 자산 및 해외 자산에서 각각 기타 부채 및 해외 부채를 차감하면 기타 순자산과 해외 순자산이 된다.

행이 중앙은행으로부터 대출을 받으면 중앙은행의 대금융기관 순대출이 증가하면서 본원통화가 증가한다. 반대로 시중은행이 중앙은행으로부터 받았던 대출을 상환하면 대금융기관 순대출이 감소하면서 본원통화는 감소한다.

셋째, 기타 순자산이 변동하는 경우이다. 예컨대 만일 한국은행이 산업은행에 신규로 출자를 하면 중앙은행의 기타 순자산이 증가하면서 본원통화가 증가하는 반면, 한국은행이 유동성 조절을 위해 통화안정증권을 발행하여 민간에 매각하면 중앙은행의 기타 부채가 증가함에 따라 기타 순자산이 감소하면서 본원통화가 감소하게 된다.

넷째, 해외 순자산이 변동하는 경우이다. 예컨대 수출 증가 또는 외자 도입을 통해 기업이 획득한 달러를 원화로 바꾸는 과정에서 중앙은행의 외환보유액이 증가하고, 이에 따라 중앙은행의 달러 표시 해외 자산이 증가하면 해외 순자산이 증가하면서 본원통화가 증가한다. 반대로 수입 증가 또는 해외채무 상환을 조달하기 위해 기업이 원화를 달러로 바꾸는 과정에서 중앙은행의 외환보유액이 감소하고 이에 따라 중앙은행의 달러 표시 해외 자산이 감소하면, 해외 순자산이 감소하면서 본원통화가 감소한다.

여기서 주목할 것은 상기한 여러 예에서 보듯이, 본원통화량 변동을 초래하는 중앙은행 순자산의 변동은 대부분 중앙은행의 의도와 관계없이 경제 상황 및 제반 여건에 따라 '내생적'으로 결정된다는 점이다. 예컨대 정부가 확장적 재정정책 수행을 위해 법적 한도 내에서 한국은행으로부터 차입을 늘리는 경우, 한국은행은 스스로의 정책 기조와는 무관하게 이러한 정부의 차입수요에 응해야 한다. 또한 상기한 대로 중앙은행의 외환보유액을 통한 해외 순자산 증감에 영향을 줄 수 있는 수출기업(수입기업)의 달러 공급(달러 수요) 역시 중앙은행의 정책 의도와는 무관하게 수출입 여건과 외환의 수급 상황 등에 따라 결정된다. 요컨대 본원통화의 양은 중앙은행의 순자산 증감에 의해 변동하며, 따라서 경제 상황 및 제반 여건에 따라 내생적으로 결정된다.

3.3 예금은행의 신용창조

3.3.1 예금은행의 신용창조 과정

은행을 비롯하여 예금을 취급하는 금융기관은 중앙은행이 발행한 본원통화를 바탕으로 반복되는 대출을 통해 새로운 화폐를 창조하는데, 앞서 언급한 대로 이러한 과정을 신용창조 또는 예금창조라고 한다. 여기서는 은행의 신용창조과정을 보다 단순화하여 설명하기 위해 다음과 같은 세 가지 가정을 한다.

① 은행의 부채는 요구불예금뿐이며, 자금운용은 대출의 형태로만 이루어진다.
② 비은행 민간은 현금을 보유하지 않는다. 즉, 민간보유 현금은 0이다.
③ 은행은 법정지급준비금만을 보유하며, 따라서 초과지급준비금은 0이다.

물론 이러한 가정은 지극히 비현실적이다. 현실에서는 많은 사람들이 지갑 속에 현금을 보유하고 있으며, 은행도 일정 수준 이상의 초과지급준비금을 보유하는 경우가 대부분이다. 이와 같이 비현실적인 가정을 완화한, 보다 현실적인 상황에서 신용창조를 통해 얼마만큼 화폐를 창조할 수 있는지는 다음 절에서 통화승수에 관한 논의를 통해 살펴볼 것이다.

어떤 경제의 법정지급준비율이 20%라고 가정하자. 이 경제의 정부가 공공토목사업을 시공사인 갑 주식회사에게 발주하고 이후 공사비로 1,000억 원을 지급했다고 한다. 또한 공사비 1,000억 원은 전액 중앙은행으로부터의 차입을 통해 조달하였다고 한다.

이 경우 중앙은행의 대정부 대출이 1,000억 원만큼 증가하므로, 앞 절에서 살펴본 대로 본원통화도 같은 금액만큼 증가한다. 한편, 갑 주식회사는 상기 가정 ②에 따라 받은 공사대금 전액을 주거래은행인 A 은행의 요구불예금, 즉 자사 명의의 당좌예금으로 입금한다. 이와 같이 예금을 수취한 A 은행은 상기 가정 ③에 따라 예금액 1,000억 원 중 법정지급준비율 20%에 해당하는 200억 원만 지급준비금으로 보유하고 나머지 800억 원을 현금으로 을 주식회사에게 대출했다고 한다. 이러한 거래 결과 A 은행의 대차대조표는 다음과 같이 변화한다.

A 은행 대차대조표의 변화

자산	부채 및 자본
+지급준비금　200억 원 +대출금　800억 원	+당좌예금(갑 주식회사)　1,000억 원

위 표를 통해 다음과 같은 두 가지 사실을 알 수 있다. 첫째, 은행이 대출을 통해 새로운 화폐를 '창조'한다는 사실이다. A 은행이 대출을 하기 이전, 이 경제에 존재했던 화폐의 양은 정부가 중앙은행으로부터의 차입을 통해 갑 주식회사에 지급한 현금 1,000억 원이다. 갑 주식회사가 이를 A 은행에 예금하면서 요구불예금(당좌예금)이 1,000억 원 증가했지만, 이는 현금이 요구불예금으로 형태만 바뀐 것이므로 협의통화 M1 기준으로 경제의 통화량에는 변함이 없다. 그런데 A 은행이 800억 원을 현금으로 대출하는 순간, 이제 경제에 존재하는 화폐의 양은 1,800억 원으로 불어난다. 왜냐하면 대출된 현금 800억 원 외에도 A 은행의 갑 주식회사 계좌에 요구불예금 1,000억 원이 그대로 남아있기 때문이다. 비록 요구불예금 1,000억 원 가운데 실제로 은행이 지급준비금으로 보유하고 있는 것은 200억 원뿐이지만, 요구불예금은 말 그대로 언제든 인출하여 상품과 서비스의 구매에 사용할 수 있으므로 당연히 화폐의 범주, 구체적으로 M1 기준의 통화량에 포함되는 것이다.

둘째, 개별 은행이 대출을 통해 최대로 창조할 수 있는 화폐의 양은 보유한 초과지급준비금 수준과 동일하다는 점이다. 상기 예에서 새롭게 창조된 화폐의 양 800억 원은 A 은행의 신규 대출액과 정확히 동일함을 알 수 있다. 그런데 이 금액은 바로 대출 직전 A 은행이 보유하고 있던 초과지급준비금의 양과 일치하는 것이다. A 은행이 수취한 요구불예금 1,000억 원 가운데 법정지급준비금에 해당하는 부분이 200억 원(=1,000억 원×20%)이므로, 이를 차감한 800억 원이 초과지급준비금에 해당하기 때문이다. 만일 A 은행이 초과지급준비금 800억 원을 초과하여 대출하는 경우 법정지급준비금이 최소 요구수준인 200억 원보다 줄어들기 때문에, 이러한 대출은 실행이 불가능하다. 즉, A 은행이 최대로 대출 가능한 금액은 초과지급준비금 800억 원이며, 따라서 이것이 바로 A 은행이 창조할 수 있는 화폐량의 최대한도가 된다.

그러나 곧 살펴보겠지만 초과지급준비금 한도 내에서만 대출 가능한 개별 은행과 달리, 경제 전체의 은행시스템은 당초 초과지급준비금의 몇 배에 달하는 금액을 대출함으로써 개별 은행에 비해 훨씬 많은 화폐를 창조할 수 있다. 왜냐하면 개별 은행의 입장에서는 대출을 하고 나면 초과지급준비금이 사라지지만, 대출받은 사람이 이를 다른 은행에 예금하는 경우 은행시스템 전체적으로는 지급준비금이 사라지지 않으므로 지속적인 대출이 가능하기 때문이다.

위의 예로 돌아가서 좀 더 구체적으로 살펴보자. A 은행에서 대출받았던 을 주식회사가 상기 가정 ②에 따라 받은 대출금 전액을 주거래은행인 B 은행에 예금했다고 가정하자. 그러고 나면 B 은행은 가정 ③에 따라 수취한 예금 가운데 법정지급준비금 160억 원(=800억 원×20%)을 남겨둔 나머지를 병 주식회사에 대출한다. 그 결과 B 은행의 대차대조표는 다음과 같이 변화한다.

B 은행 대차대조표의 변화

자산	부채 및 자본
+지급준비금 160억 원 +대출금 640억 원	+당좌예금(을 주식회사) 800억 원

이 경우에도 B 은행이 640억 원을 대출하는 순간, 경제의 화폐량이 같은 금액만큼 불어남을 알 수 있다. 이러한 과정은 계속 반복된다. 즉, B 은행에서 대출받은 병 주식회사는 역시 대출금 전액을 주거래은행인 C 은행에 예금한다. 그러고 나면 C 은행 역시 수취한 예금 가운데 법정지급준비금 128억 원(=640억 원×20%)을 남겨두고 나머지를 모두 대출한다. 그 결과 C 은행의 대차대조표는 다음과 같이 변화한다.

C 은행 대차대조표의 변화

자산	부채 및 자본
+지급준비금 128억 원 +대출금 512억 원	+당좌예금(병 주식회사) 640억 원

이상과 같이 예금 → 대출 → 예금 → 대출의 반복을 통한 신용창조과정이 D, E, F, … 은행들을 통해 연쇄적 · 지속적으로 진행되는 경우, 그 결과 발생하는 예금 및 대출액, 그리고 은행의 지급준비금을 정리하면 〈표 3-3〉과 같다.

표에서 보듯이 초기 1,000억 원의 본원통화 증가가 상기한 것과 같은 신용창조 과정을 거치면서, 최종적으로는 그 5배인 5,000억 원의 통화량 증가로 이어졌음을 알 수 있다. 이것이 가능한 것은 앞에서 언급한 대로 개별 은행의 경우 초과지급준비금 한도 내에서만 대출이 가능하나, 은행시스템 전체적으로는 당초 초과지급준비금보다 훨씬 많은 금액을 대출하는 것이 가능하기 때문이다. 상기 예에서 A 은행이 초과지급준비금 800억 원을 모두 대출하고 나면 A 은행 입장에서는 추가로 대출 가능한 지급준비금이 사라지지만, 대출받은 을 주식회사가 이를 B 은행에 예금하는 순간 B 은행의 초과지급준비금이 새롭게 발생함을 알 수 있다. 마찬가지 원리가 은행 C, D, E, F, ...에 대해서도 적용된다. 이와 같이 개별 은행의 입장에서는 한번 대출하고 나면 초과지급준비금이 사라지지만, 은행시스템 전체적으로 볼 때는 그 양이 줄어들 뿐 결코 사라지지 않는다. 이 때문에 은행시스템 전체적으로는 여러 은행을 통해 대출이 연쇄적 · 지속적으로 증가하면서 개별 은행에 비해 훨씬 많은 화폐를 창조할 수 있는 것이다.

〈표 3-3〉 신용창조과정의 예 (단위: 억 원)

은행	(1) 요구불예금	(2) 대출금	(3) 지급준비금
A	1,000	800	200
B	800	640	160
C	640	512	128
D	⋮	⋮	⋮
E	⋮	⋮	⋮
⋮	⋮	⋮	⋮
합계	5,000 (총예금창조액)	4,000 (순예금창조액)	1,000 (본원적 예금)

한편 〈표 3-3〉을 보면 신용창조과정에서 새로운 화폐, 즉 요구불예금이 늘어나는 데는 일정한 패턴이 있음을 알 수 있다. 즉, A 은행이 수취한 초기의 예금 1,000억 원에 (1−법정지급준비율)인 80%를 곱한 800억 원만큼 B 은행의 예금이 늘어난다. 다시 여기에 80%를 곱한 640억 원만큼 C 은행의 예금이 증가한다. 이러한 패턴에 따른 예금 증가액을 모두 더하면, 다음과 같이 총예금창조액, 즉 총화폐창조액을 구할 수 있다.

$$총예금창조액 = 1,000+800+640+\cdots \quad (3\text{-}4)$$
$$= 1,000+1,000\times(1-0.2)+1,000\times(1-0.2)^2+\cdots$$
$$= (1+(1-0.2)+(1-0.2)^2+\cdots)\times 1,000$$
$$= \frac{1}{0.2}\times 1,000 = 5,000억\ 원$$

위 식의 네 번째 등식은 무한등비수열의 합(무한등비급수)의 공식을 적용하여 도출한 것이다. 위 식을 통해, 〈표 3-3〉에서 1,000억 원만큼의 초기 본원통화 증가가 신용창조과정을 거치면서 그 5배에 해당하는 총 5,000억 원의 통화량 증가로 이어지는 이유를 알 수 있다.

3.3.2 신용승수

본원적 예금(primary deposit)

식 (3-4)에서 보듯이, 신용창조를 통한 총예금창조액은 초항을 초기 예금액 1,000억 원으로 하고 공비를 (1-법정지급준비율)인 0.8로 하는 무한등비수열의 합(무한등비급수)으로 결정된다. 여기서 초기 예금액 1,000억 원은 은행시스템의 외부로부터 최초로 내부에 주입된 예금이라는 의미에서 **본원적 예금**(primary deposit)이라고도 부른다. 식 (3-4)로부터, 초기의 본원적 예금 S와 이로부터 창조되는 총예금창조액(TD) 사이의 일반적인 관계식을 다음과 같이 도출할 수 있다.

$$TD = \frac{S}{l} \quad (3\text{-}5)$$

신용승수(credit multiplier)

여기서 l은 법정지급준비율을 나타내며, 따라서 이 식은 초기의 본원적 예금에 법정지급준비율의 역수($1/l$)에 해당하는 배수를 곱한만큼 통화량이 증가함을 의미한다. 이 때의 배수, 즉 법정지급준비율의 역수를 **신용승수**(credit multiplier)라고 한다. 〈표 3-3〉의 예에서는 법정지급준비율이 20%이므로 신용승수는 5(=1/0.2)이며, 이 때문에 초기에 증가한 본원적 예금 1,000억 원이 신용창조과정을 통해 그것의 신용승수 배인 5,000억 원(=1,000억 원×5)만큼의 통화량 증가로 이어진 것이다. 정리하면, 신용승수는 앞서 세 가지 단순화된 가정 하에서 일정량의 본원적 예금으로부터 최대 몇 배까지 화폐를 창조할 수 있는지를 나타내는 배수이다.

한편 식 (3-5)를 통해 구한 총예금창조액에서 초기의 본원적 예금을 차감하면 추가로 창조된 화폐의 양을 나타내는 순예금창조액을 구할 수 있는데, 이와 같이 본원적 예금으로부터 추가로 창조된 화폐, 즉 요구불예금을 **파생적 예금(derivative deposit)**이라고 한다. 즉, 파생적 예금(DD)은 총예금창조액(TD)에서 초기의 본원적 예금(S)을 뺀 것이다.

파생적 예금(derivative deposit)

$$DD = TD - S = \frac{S}{l} - S = \left(\frac{1-l}{l}\right)S \qquad (3\text{-}6)$$

이 식에 따르면, 〈표 3-3〉의 예에서 추가로 창조된 화폐의 양을 나타내는 파생적 예금은 4,000억 원$\left[=\left(\frac{1-0.2}{0.2}\right)\times 1{,}000\text{억 원}\right]$이 되며, 이는 표에 제시된 은행시스템 전체의 대출금 합계((2)열의 합계), 다시 말해 대출을 통해 새롭게 창조된 총화폐량을 나타내는 순예금창조액과 일치함을 확인할 수 있다.

지금까지의 논의를 통해, 신용창조과정에서 새로운 화폐를 창조하는 것은 개별 은행이 아닌 은행시스템 전체에서 비로소 가능한 것임을 알 수 있다. 상기한 대로 개별 은행만 놓고 볼 때는 초과지급준비금이 창조할 수 있는 화폐의 최대한도이나, 이 은행이 대출한 금액이 다른 은행에 예금되면 이것을 기초로 또다시 대출을 실시할 수 있으므로 지속적인 신용창조가 가능해진다는 것이다. 이러한 신용창조과정은 〈표 3-3〉에서 보듯이 당초의 본원적 예금 1,000억 원이 전부 지급준비금으로 변할 때까지 지속될 수 있다. 실제로 표에서 전체 은행시스템의 지급준비금 합계((3)열의 합계)는 초기의 본원적 예금인 1,000억 원과 동일함을 확인할 수 있다.

한편 지금까지 논의의 기초가 되는, 앞에서의 세 가지 단순화 가정 ①, ②, ③은 상기한 대로 지극히 비현실적인 가정이다. 이 중 특히 ②, ③의 가정을 현실에 맞게 완화한다면, 다시 말해 민간이 현금을 보유하고 은행도 초과지급준비금을 보유하는 경우에는 그렇지 않은 경우에 비해 은행들이 실제로 대출할 수 있는 금액이 줄어들게 된다. 그 결과 신용창조를 통해 은행이 창조할 수 있는 화폐의 양도 줄어들 것이다. 따라서 신용승수는 ①, ②, ③의 단순화된 가정 하에서 신용창조를 통해 '이론적으로 창조 가능한 화폐의 최대한도'를 나타내는 지표라고 할 수 있다.

3.4 화폐공급함수

지금까지 중앙은행에 의한 본원통화의 공급원리와 은행의 신용창조에 의한 파생통화의 공급원리에 관하여 각각 살펴보았다. 이를 바탕으로 이 절에서는 본원통화와 경제 전체의 화폐량, 즉 통화량 간의 관계를 나타내는 통화승수와 이에 기초한 화폐공급함수(money supply function)를 도출한다. 아울러 화폐공급의 내생성을 중심으로 이렇게 도출된 통화승수 및 화폐공급함수의 한계에 관하여 살펴보고자 한다.

3.4.1 통화승수의 도출

이 절에서 도출하는 통화승수는 말하자면 앞에서의 단순화된 가정을 완화한, 보다 현실적이고 일반적인 상황에서의 신용승수에 해당한다고 할 수 있다. 구체적으로 여기서는 상기 가정 ②와 ③을 현실에 가깝게 완화하여, 민간이 현금을 보유하고 은행도 초과지급준비금을 보유하는 경우를 고려한다.

통화승수(money multiplier)

이와 같이 보다 현실적인 상황에서, 중앙은행이 본원통화를 공급하는 경우 경제의 통화량이 본원통화 증가분의 몇 배만큼 증가하는지를 나타내는 배수를 **통화승수(money multiplier)**라고 한다. 즉, 통화승수 m은 다음과 같이 정의된다.

$$m = \frac{\Delta M}{\Delta MB} \qquad (3\text{–}7)$$

여기서 M과 MB는 각각 경제의 통화량과 본원통화이며, 변수명 앞의 Δ는 해당 변수의 증감분을 나타낸다. 위 식에 따르면, 예컨대 〈표 3–3〉과 같이 본원통화가 1,000억 원 증가했을 때 통화량이 총 5,000억 원 증가했다면 이때의 통화승수는 5가 된다.

한편 식 (3–7)은 어디까지나 통화승수의 '정의식'이다. 이를 바탕으로 이제 통화승수를 구하는 공식을 도출해 보자. 앞의 식 (3–1)에서 정의한 대로, 통화량 M(협의통화 M1 기준)은 민간보유 현금 C와 요구불예금 D의 합으로 구성된다.

$$M = C + D \qquad (3\text{–}8)$$

한편 식 (3-2)에서 정의한 대로, 중앙은행이 공급하는 본원통화 MB는 민간보유 현금 C와 총지급준비금 R의 합으로 구성된다.

$$MB = C + R \tag{3-9}$$

이제 경제의 요구불예금 대비 민간보유 현금의 비율인 C/D를 현금통화비율(c), 요구불예금 대비 총지급준비금(=법정지급준비금+초과지급준비금)의 비율 R/D를 앞에서 언급한 대로 총지급준비율(z)이라고 정의하자. 또한 현금통화비율과 총지급준비율은 시간에 따라 일정한 상수라고 가정한다.

이러한 상황에서 중앙은행이 ΔMB만큼 본원통화를 공급하면, 증가한 본원통화는 식 (3-9)를 통해 알 수 있듯이 민간이 보유하는 현금의 증가(ΔC) 또는 은행이 보유하는 지급준비금의 증가(ΔR)로 이어진다.

$$\Delta MB = \Delta C + \Delta R \tag{3-10}$$

한편 현금통화비율 $c(=C/D)$와 총지급준비율 $z(=R/D)$가 상수임을 가정했으므로, ΔC와 ΔR은 둘 다 ΔD와 일정한 비례관계를 유지하게 된다. 즉, $\Delta C = c\Delta D$, $\Delta R = z\Delta D$의 관계가 성립하며, 이를 식 (3-10)에 대입하여 정리하면, 요구불예금 증감분 ΔD와 본원통화 증감분 ΔMB의 관계를 다음과 같이 표현할 수 있다.

$$\Delta MB = c\Delta D + z\Delta D \Rightarrow \Delta D = \left[\frac{1}{c+z}\right]\Delta MB \tag{3-11}$$

한편 식 (3-8)로부터 경제의 통화량 증감분은 민간보유 현금의 증감분과 요구불예금 증감분의 합계($\Delta M = \Delta C + \Delta D$)임을 알 수 있다. 여기에 $\Delta C = c\Delta D$와 식 (3-11)을 대입하면, 다음과 같은 관계식을 도출할 수 있다.

$$\Delta M = \Delta C + \Delta D = (c+1)\Delta D = \left[\frac{c+1}{c+z}\right]\Delta MB \tag{3-12}$$

이는 본원통화의 증감(ΔMB)에 따른 경제의 통화량, 즉 화폐공급의 증감(ΔM)

을 나타내는 관계식이라는 점에서, 일종의 '화폐공급함수'에 해당한다. 또한 위 식을 통화승수의 정의식 (3-7)에 대입하면, 다음과 같이 통화승수 m을 구하는 공식을 도출할 수 있다.

$$m = \frac{\Delta M}{\Delta MB} = \frac{c+1}{c+z} \tag{3-13}$$

앞에서 언급한 대로 통화승수는 신용승수에 비해 보다 현실적인 상황에서 신용창조를 통해 얼마만큼 화폐를 창조할 수 있는지를 나타내는 지표이다. 식 (3-12),

우리나라의 통화승수

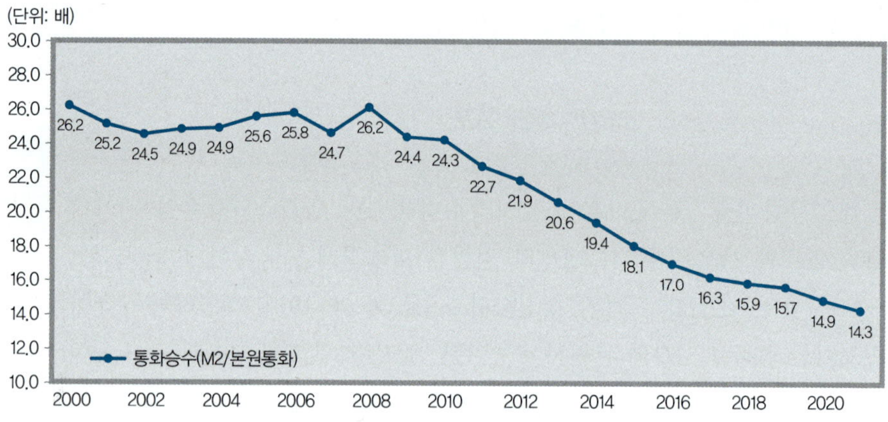

[그림 3-2] 우리나라 통화승수의 추이

주: 통화승수 계산에 사용된 본원통화와 M2 자료는 모두 연평균(평잔) 기준임
자료: 한국은행 경제통계시스템(http://ecos.bok.or.kr)

[그림 3-2]는 우리나라 자료에 대해 통화량(광의통화 M2 기준)을 본원통화로 나누어 구한 통화승수의 추이를 그림으로 나타낸 것이다.

그림에서 보듯이 우리나라의 통화승수는 2000년대 후반 최대 26배 수준에서 정점을 찍은 후 추세적으로 하락하여 2021년 현재 14.3배까지 하락하였다. 이는 글로벌 금융위기 이후 확장적 통화정책기조로 인해 가팔라진 본원통화의 증가세에 비해, 금융기관의 신용창조를 통해 창조되는 파생통화의 증가세가 부진했음을 의미한다.

식 (3−13)에서 알 수 있듯이, 예컨대 통화승수가 4인 상황에서 중앙은행이 1조 원만큼 본원통화를 새롭게 공급하면, 신용창조과정을 거치면서 경제의 통화량은 여기에 4를 곱한 총 4조 원만큼 증가하게 된다. 만일 통화승수의 구성요소인 현금통화비율 c와 총지급준비율 z가 앞에서 가정한 대로 시간에 따라 일정한 상수라면, 화폐공급함수 식 (3−12)에 따라 경제의 통화량 변화(ΔM)는 전적으로 본원통화의 변화(ΔMB)에 의해서만 결정될 것이다.

그러나 이후 곧 살펴보겠지만 현실에서 현금통화비율과 총지급준비율은 둘 다 시간에 따라 일정한 '상수'가 아니라 경제 및 금융상황에 따라 내생적으로 변화하는 '변수'이며, 따라서 이 두 비율에 의해 결정되는 통화승수 역시 시간에 따라 변동하면서 경제의 통화량에 영향을 미치는 '변수'가 된다. 우리나라 통화승수의 추이와 그 의미에 대해서는 이 장의 〈이론과 현실〉을 참조하기 바란다.

3.4.2 화폐공급의 내생성

앞에서 도출한 화폐공급함수 식 (3−12)에서 보듯이 경제의 통화량, 즉 화폐공급의 변화는 본원통화의 변화와 함께 통화승수를 구성하는 총지급준비율(z) 및 현금통화비율(c)에 의해 결정된다. 따라서 만일 앞에서 가정한대로 현금통화비율과 총지급준비율이 시간에 따라 변하지 않는 상수이고, 중앙은행이 본원통화를 완벽히 통제할 수 있다면 화폐공급의 변화는 전적으로 중앙은행에 의해 외생적으로 결정된다.

그러나 결론부터 말하면, 현실의 화폐공급은 중앙은행에 의해 외생적으로 결정되지 않는다. 그 이유는 다음과 같다. 우선 통화승수의 구성요소인 현금통화비율과 총지급준비율이 상수라는 통화승수모형의 가정이 현실에서는 성립하지 않으며, 따라서 통화승수 역시 상수로 보기 어렵다. 뿐만 아니라 중앙은행이 스스로 발행하는 본원통화조차 중앙은행이 완벽히 통제하는 것은 현실적으로 불가능하다.

첫째, 통화승수를 구성하는 현금통화비율과 총지급준비율, 둘 다 현실에서는 상수로 보기 어렵다. 먼저 현금통화비율은 비은행 민간의 현금보유성향을 반영하는 지표로서, 신용카드 및 각종 비대면 결제 비중이나 예금이자율의 변화, 경제상황의 불확실성 정도, 새로운 고액권 발행 등 여러 금융경제적 요인들에 의해 영향을 받아 변동한다. 예컨대 예금이자율이 상승하면 현금 보유의 기회비용이 커지면서 경제주체들은 가급적 현금 보유를 줄이며, 따라서 현금통화비율은 감소한다.

한편 법정지급준비율과 초과지급준비율의 합으로 정의되는 총지급준비율 역시 다양한 금융경제적 요인에 의해 변동한다. 이 중 법정지급준비율은 법령에 따라 외생적으로 결정된다고 하더라도, 은행의 자금운용성향을 반영하는 초과지급준비율은 대출 및 조달 이자율의 변화, 금융시장의 경색 정도 등에 의해 얼마든지 신축적으로 변하기 때문이다. 예컨대 시장이자율 상승에 따라 은행의 대출이자율이 함께 상승하면 은행들은 수익성 향상을 위해 초과지급준비금 가운데 더 많은 부분을 대출하려 할 것이며, 따라서 총지급준비율은 감소한다.

둘째, 중앙은행이 발행하는 본원통화 역시 외생적으로 결정되지 않는다. 앞 절의 〈표 3-2〉를 통해 알 수 있듯이 중앙은행의 순자산 증가(감소)는 본원통화를 증가(감소)시키는 원인이 되며, 이와 같이 본원통화량에 영향을 미치는 중앙은행 순자산 증감 중 많은 부분은 중앙은행의 의도와 관계없이 경제상황에 따라 '내생적'으로 결정되기 때문이다. 예컨대 경기불황기에 정부가 경기부양을 위해 중앙은행으로부터의 차입 또는 중앙은행에 예치해 둔 정부예금 인출을 통해 정부지출을 늘리면, 중앙은행의 순자산이 증가하면서 본원통화가 증가하게 된다. 반면 경기호황기에 늘어난 조세수입으로 정부가 중앙은행 차입을 상환하거나 정부예금을 늘리면 중앙은행의 순자산이 감소하면서 본원통화는 감소하게 된다. 또한 앞 절에서 예시한 대로 수출 증가 또는 외자도입으로 인해 중앙은행의 외환보유액과 해외 순자산이 증가하면, 중앙은행의 의도와 관계없이 본원통화는 증가하게 된다. 반면 수입 증가 또는 해외채무 상환으로 인해 중앙은행의 해외 순자산이 감소하는 경우, 중앙은행의 의도와 관계없이 본원통화는 감소하게 된다.

이와 같이 본원통화는 중앙은행에 의해 외생적으로 통제될 수 없을 뿐 아니라, 때로는 중앙은행 스스로 본원통화의 공급을 '내생화'하기도 한다. 예컨대 간혹 중앙은행은 경제상황의 변화에 대해 특정 방식으로 대응하겠다는 화폐공급원칙(monetary rule)을 사전에 정해 놓고 이에 따라 정책을 시행하기도 하는데[10], 이 경우 중앙은행의 화폐공급 행태가 경제상황에 따라 체계적으로 반응하게 되므로 본

10) 대표적 사례로서, 일본 중앙은행(Bank of Japan)은 2012년 당시 아베 총리의 2차 내각 출범 이래 인플레이션 목표치를 안정적으로 달성할 때까지 본원통화를 계속 늘리는 양적완화정책을 시행해 왔다. 더 나아가 일본 중앙은행은 2016년부터 아예 시장이자율 자체를 통제하는 수익률곡선 통제(yield curve control) 정책을 시행하였는데, 이 역시 본원통화가 전적으로 내생화된 사례라고 할 수 있다. 시장이자율을 목표 수준으로 통제하기 위해서는 경제·금융상황 변화에 따라 양적완화정책의 규모, 즉 본원통화 증가량을 내생적으로 조절해야 하기 때문이다.

원통화의 공급이 완전히 내생적으로 결정되는 셈이다.

화폐공급의 내생성(內生性)

지금까지 살펴본 대로, 상기한 통화승수모형에서 화폐공급을 결정하는 세 가지 요인인 현금통화비율, 총지급준비율, 본원통화량은 모두 다양한 금융경제적 요인의 영향을 받아 내생적으로 결정되는 변수들이다. 따라서 경제의 통화량, 즉 화폐공급은 통화승수모형이 암묵적으로 전제하는 것과 같이 중앙은행에 의해 외생적으로 결정되는 것이 아니라 중앙은행, 일반은행, 비은행 민간 등 여러 경제주체의 상호작용 속에서 다양한 금융경제적 요인의 영향을 받아 내생적으로 결정됨을 알 수 있다. 이를 일컬어 **화폐공급의 내생성(內生性)**이라고 한다. 이러한 화폐공급의 내생성으로 인해, 상기한 통화승수모형을 현실에 그대로 적용하여 실제 화폐공급량의 변화를 설명하는 데는 많은 한계가 따른다.

연·습·문·제

1. 다음 명제의 참과 거짓 여부를 판별하시오.

(1) 광의통화(M2)에는 만기 2년 이상의 정기 예 · 적금이 포함된다.

(2) 본원통화는 중앙은행이 발행하여 직접 공급한 화폐로서, 민간보유 현금과 은행의 총지급준비금으로 구성된다.

(3) 경제 전체의 통화량은 중앙은행이 발행한 본원통화와 은행의 요구불예금의 합으로 결정된다.

(4) 한국은행이 통화안정증권을 발행하여 민간에 매각하면 본원통화가 증가한다.

2. 다음 용어를 간단히 설명하시오.

(1) 부분지급준비제도

(2) 본원통화와 파생통화

(3) 신용승수와 통화승수

(4) 화폐공급의 내생성

3. 통화승수모형에서 경제의 통화량을 결정하는 세 가지 변수인 현금통화비율, 총지급준비율, 본원통화량에 대해, 이들을 증가 또는 감소시키는 요인의 예를 각 변수당 두 가지씩 들어보시오.

4. 다음은 법정지급준비율이 10%이고 초기의 본원적 예금이 100조 원인 상황에서, 은행의 신용창조과정을 <표 3−3>과 유사한 형태로 나타낸 것이다. 다음 물음에 답하시오(단, 민간보유 현금 및 은행의 초과지급준비금은 0이고 은행의 부채는 요구불예금뿐이며, 자금운용은 대출의 형태로만 이루어진다고 가정한다).

〈표〉 신용창조과정의 예(법정지급준비율: 10%) (단위: 조 원)

은행	요구불예금	대출금	지급준비금
A	100	______	______
B	90	81	9
C	81	72.9	8.1
D	⋮	⋮	⋮
E	⋮	⋮	⋮
⋮	⋮	⋮	⋮
합계	______ (총예금창조액)	______ (순예금창조액)	100 (본원적 예금)

(1) 빈 칸을 채우시오.

(2) 신용승수는 얼마인가?

5. 다음은 어떤 경제의 중앙은행과 전체 일반은행의 보유 자산 및 부채에 대한 주요 정보이다. 이를 바탕으로 다음 물음에 답하시오.

– 전체 일반은행의 정보
 요구불예금(수시입출식 저축성예금 포함): 300조 원
 시재금: 10조 원
 중앙은행 지준예치금: 20조 원
 대출: 250조 원

– 중앙은행의 정보
 민간보유 현금: 60조 원
 중앙은행에 예치된 정부예금: 40조 원

(1) 이 경제의 본원통화 및 협의통화 M1의 규모를 계산하시오.

(2) 법정지급준비율이 5%인 경우, 전체 일반은행의 총지급준비금과 초과지급준비금을 구하시오.

(3) 요구불예금 대비 민간보유 현금의 비율, 즉 현금통화비율과 총지급준비율을 계산하고 이를 이용하여 통화승수를 구하시오.

(4) 현재 상황에서 중앙은행이 양적완화정책을 통해 채권시장에서 10조 원만큼 국채를 매입하는 경우, M1 기준 통화량은 얼마나 증가 또는 감소할 것으로 예상되는가?

(5) 그러나 현실의 경제에서는 (4)에서 예측한 대로의 결과가 나올지는 매우 불확실하다. 그 이유를 설명하시오.

6. 다음은 어떤 경제의 상황에 관한 정보이다. 이를 바탕으로 다음 물음에 답하시오(정운찬 · 김영식(2018) 변형).

명목국민소득	400조 원
물가상승률	2%
통화량(M1 기준)	200조 원
현금통화비율 (요구불예금 대비 민간보유 현금 비율)	20%
법정지급준비율 (요구불예금 대비 법정지급준비금 비율)	9%
초과지급준비율 (요구불예금 대비 초과지급준비금 비율)	1%

(1) 이 경제의 현금통화비율, 법정지급준비율, 초과지급준비율은 과거부터 현재까지 위 표와 동일한 값으로 일정하게 유지되어 왔다고 한다. 현재 이 경제의 본원통화 규모를 구하시오.

(2) 현재 상황에서 중앙은행이 500억 원의 통화안정증권을 민간에 매각하는 경우, M1 기준 통화량은 얼마나 증가 또는 감소할 것으로 예상되는가?

(3) 다시 (1)의 상황에서, 중앙은행이 법정지급준비율을 9%에서 2%로 낮춤에 따라 이에 반응하여 경제 내의 모든 은행들이 초과지급준비율을 기존의 1%에서 2%로 높였다고 가정하자. 다른 조건이 일정한 상황에서 본원통화가 100억 원 증가하면, M1 기준 통화량은 얼마나 증가할 것으로 예상되는가? 이때의 통화량 증가분은 법정지급준비율이 낮아지기 이전과 비교해서 더 큰가 아니면 더 작은가?

4

CHAPTER

이자율의 결정과 구조

1장에서 살펴본 대로 금융시장은 현재 화폐와 미래 화폐(정확히 말하면 미래 화폐에 대한 청구권인 금융수단)가 서로 거래되는 시장이며, 따라서 이러한 거래에 적용되는 교환비율인 이자율은 결국 화폐의 가격에 해당한다. 이와 같이 이자율은 화폐의 가격이므로 화폐시장에서 화폐의 수요와 공급이 일치하는 수준에서 결정된다.

이 장에서는 먼저 2장과 3장에서 소개한 화폐수요 및 화폐공급 이론을 바탕으로 화폐의 가격인 이자율의 결정원리를 살펴보고자 한다. 다음으로 다양한 시장이자율 간의 구조적 관계에 관한 이론을 학습한다. 구체적으로 다른 조건이 동일한 상황에서 만기만 다른 경우의, 채권 등 금융상품의 이자율 차이를 설명하는 기간구조 이론과 만기가 같은 상황에서 채무불이행 위험, 유동성, 세금과 같은 여타 조건이 다른 경우의 이자율 차이를 설명하는 위험구조 이론에 관해 살펴본다.

4.1 이자율 결정이론

이자율(interest rate)
자연이자율(natural rate of interest)

이자(interest)는 금융시장에서 자금을 대여 또는 차입하는 대차거래 시, 자금의 대여자가 현재의 화폐를 포기한 것에 대한 대가로서 자금의 차입자가 지불하는 비용이다. 이때 거래되는 것은 대여자의 현재 화폐와 차입자의 미래 화폐(정확히 말하면 미래 화폐에 대한 청구권인 금융수단 또는 금융상품)이므로, 이러한 거래에 적용되는 **이자율(interest rate)**은 현재 화폐와 미래 화폐의 교환비율, 말하자면 화폐의 기간 간 가격이라고 할 수 있다.[1)]

이 절에서는 화폐의 가격으로서 이자율이 시장에서 결정되는 원리를 살펴본다. 이를 위해 전체 금융시장을 대표하는 단일한 이자율이 존재함을 가정하고 이러한 시장이자율이 결정되는 메커니즘에 관한 이론들을 소개한다. 고전학파의 자연이자율이론, 케인즈의 유동성선호설 그리고 고전학파의 대부자금설을 계승하면서도 케인즈의 유동성선호설과 같이 화폐시장의 변화를 반영하는, 보다 일반화된 대부자금시장을 대상으로 이론을 확장한 현대적 대부자금설이 그것이다.

4.1.1 고전학파의 자연이자율이론

고전학파의 자연이자율이론은 경제의 저축과 투자가 일치하는 균형에서 시장이자율이 결정된다는 이론이다. 고전학파는 이렇게 결정되는 균형이자율을 **자연이자율(natural rate of interest)**이라고 불렀다.

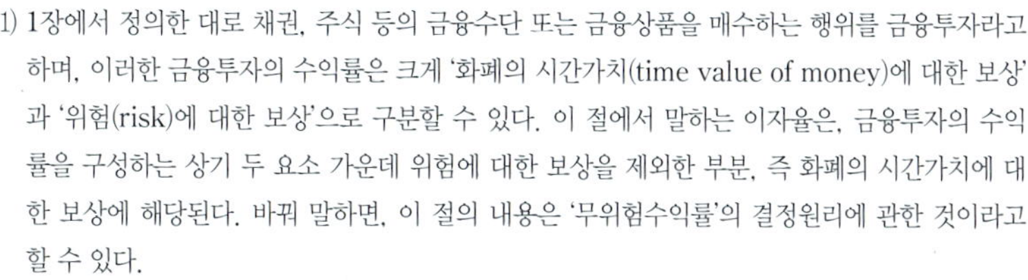

1) 1장에서 정의한 대로 채권, 주식 등의 금융수단 또는 금융상품을 매수하는 행위를 금융투자라고 하며, 이러한 금융투자의 수익률은 크게 '화폐의 시간가치(time value of money)에 대한 보상'과 '위험(risk)에 대한 보상'으로 구분할 수 있다. 이 절에서 말하는 이자율은, 금융투자의 수익률을 구성하는 상기 두 요소 가운데 위험에 대한 보상을 제외한 부분, 즉 화폐의 시간가치에 대한 보상에 해당된다. 바꿔 말하면, 이 절의 내용은 '무위험수익률'의 결정원리에 관한 것이라고 할 수 있다.
한편 채무불이행위험 또는 시장위험의 정도에 따라 회사채 또는 주식과 같은 위험자산의 수익률이 어떻게 결정되는지는 각각 이 장의 이후 절(4.3 이자율의 위험구조) 또는 일반적인 위험자산의 가격결정 이론을 소개하는 8장을 참조하기 바란다.

고전학파에 따르면 저축은 현재의 소비를 미래로 연기하는 행위로서, 이자는 이러한 '저축에 대한 대가'에 해당한다.[2] 그러므로 저축은 이자율과 양(+)의 관계를 가진다. 예컨대 만일 이자율이 상승하면, 현재소비를 미래로 연기하는 저축에 대한 보상이 증가하는 것이므로 저축은 증가한다. 그런데 이와 같이 저축이 증가한다는 것은 번 소득을 현재에 소비하지 않고 빌려주려는 경제주체들이 늘어남을 의미한다. 따라서 저축의 증가는 대부자금(loanable funds)의 공급이 증가함을 의미한다.

한편 자본재를 구입 또는 건설하는 활동을 의미하는 투자는 투자한 자본재로부터 미래에 거둘 것으로 기대되는 수익률과 투자 자본의 조달비용에 해당하는 이자율의 상대적 크기에 따라 그 규모가 결정된다. 만일 투자로부터의 기대수익률이 일정한 상황에서 이자율이 낮아져서 자본의 조달비용이 감소하면, 경제주체들은 투자를 증가시킨다. 그러므로 투자는 이자율과 역(−)의 관계를 가진다. 한편 이와 같이 투자가 증가한다는 것은 투자 재원의 조달을 위해 자금을 빌리려는 경제주체들이 늘어남을 의미한다. 따라서 투자의 증가는 대부자금의 수요가 증가함을 의미한다.

고전적 대부자금설

고전학파의 자연이자율이론에 따르면, 상기한 대로 대부자금의 공급을 나타내는 저축과 대부자금의 수요를 나타내는 투자가 서로 일치하는 대부자금시장의 균형에서 경제의 균형이자율이 결정되며, 이러한 균형이자율이 이른바 자연이자율이 된다.[3] [그림 4−1]은 세로축의 이자율 수준에 따른 저축의 양을 나타내는 저축곡선 S와 투자의 양을 나타내는 투자곡선 I가 서로 만나는 점에서 대부자금시장의 균형이자율, 즉 자연이자율이 r_0로 결정되는 것을 보여준다. 이때 저축−이자율 간 양(+)의 관계에 따라 저축곡선 S는 우상향하는 반면, 투자−이자율 간 역(−)의 관계에 따라 투자곡선 I는 우하향함을 알 수 있다.

---

2) 2장에서 살펴본 대로 고전학파는 화폐를 주로 교환의 매개수단으로만 인식한다. 즉, 이들에 따르면 화폐는 오직 상품과 서비스를 사기 위해서만 필요한 것이며, 하나의 '자산'으로서 보유할 가치를 가지지 않는다. 이러한 고전학파의 관점에서 볼 때, '이자'라는 기회비용을 부담하면서까지 저축된 자금을 이자가 붙지 않는 현금 등 화폐의 형태로 보유하는 것은 매우 비합리적인 행동이 된다. 그러므로 고전학파에 따르면 저축된 자금은 모두 채권과 같이 이자가 붙는 자산의 형태로만 보유되며, 이때 붙는 이자가 바로 저축의 대가가 되는 것이다.

3) 이와 같이 저축에 의해 결정되는 대부자금의 공급과 투자에 의해 결정되는 대부자금의 수요가 일치하는 수준에서 균형이자율이 결정된다는 점에서 고전학파의 자연이자율이론을 대부자금설(loanable funds theory)이라고도 하는데, 특히 뒤에 나올 현대적 대부자금설과 구별하여 이를 고전적 대부자금설이라고 부른다.

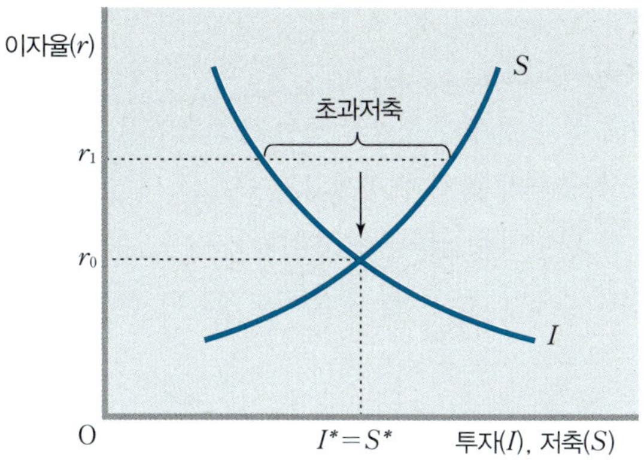

[그림 4-1] 고전학파의 자연이자율이론에 의한 이자율 결정

이렇게 결정된 자연이자율 r_0는 안정적인가? 다시 말해 시장이자율이 일시적으로 자연이자율로부터 이탈하면, 이후 자연이자율로 복귀하려는 힘이 작용하는가? 고전학파에 따르면 정답은 '그렇다'이다. 예컨대 [그림 4-1]에서 현재의 시장이자율이 자연이자율보다 높은 r_1인 경우 대부자금의 공급인 저축이 대부자금의 수요인 투자를 초과하게 되는데, 이는 빌려주려는 자금의 양이 빌리려는 자금의 양보다 많아짐을 의미하므로 이자율은 점차 하락하게 된다. 이러한 이자율의 조정과정은 시장이자율이 자연이자율 수준인 r_0에 도달하여 저축(대부자금의 공급)과 투자(대부자금의 수요)가 다시 일치할 때까지 계속될 것이다. 이와 같이 자연이자율에서 이탈한 시장이자율이 조정과정을 거쳐 다시 자연이자율로 복귀하려는 경향이 존재하므로, r_0와 같이 대부자금시장의 균형에서 결정되는 자연이자율은 안정적이라고 할 수 있다.

한편 이 절의 서두에 언급한 대로 이자율은 화폐의 가격이므로 화폐수요 또는 화폐공급과 같은 화폐부문의 요인이 어떤 형태로든 이자율에 영향을 미칠 것으로 추론할 수 있다. 그런데 결론부터 말하면, 자연이자율이론에서는 이러한 추론이 성립하지 않는다. 구체적으로 말하면, 자연이자율이론에서 자연이자율은 화폐수요 또는 화폐공급의 변화와 같은 화폐부문의 요인과는 무관하게, 경제의 실물부문에서 완전히 결정된다. 왜 그런지 살펴보자.

논의의 단순화를 위해, 정부와 해외부문을 제외하고 경제주체로서 가계와 기업만 존재한다고 가정하자. 이 경우 경제의 총공급과 총수요가 일치하는 생산물시장의 균형조건은 식 (4-1)과 같다.

$$Y = C + I \tag{4-1}$$

이 식에서 좌변의 Y는 경제의 총공급 또는 총소득이고 우변의 C와 I는 각각 총소비 및 총투자로서 양자의 합계가 경제의 총수요를 나타낸다. 한편 저축 S는 소득에서 소비하고 난 나머지로 정의되므로($S \equiv Y - C$), 식 (4-1)의 양변에서 소비(C)를 뺀 후 여기에 저축의 정의식을 대입하면 다음의 관계식이 도출된다.

$$Y = C + I \Rightarrow Y - C = I \Rightarrow S = I \tag{4-2}$$

이 식은 자연이자율이론에서 대부자금시장의 균형조건, 즉 저축과 투자가 일치하는 점($S = I$)에서 자연이자율이 결정된다는 조건과 정확히 동일한 것임을 알 수 있다. 이는 상기 도출과정에서 알 수 있듯이 대부자금시장의 균형조건인 식 (4-2)가 생산물시장의 균형조건인 식 (4-1)과 완전히 동일한 조건임을 의미하며, 따라서 이 경우 대부자금시장의 균형이자율인 자연이자율은 경제의 실물부문을 나타내는 생산물시장의 균형으로부터 완전히 결정된다. 고전학파에 따르면, 이와 같이 자연이자율이 경제의 실물부문에서 완전히 결정되므로 화폐부문의 요인들, 예컨대 화폐수요 또는 화폐공급의 변화와 같은 요인들은 이자율에 아무런 영향을 미치지 못한다는 것이다.

정리하면 고전학파의 자연이자율이론에서 이자율은 저축과 투자가 일치하는 대부자금시장의 균형에서 결정되며, 이때의 균형이자율을 자연이자율이라고 한다. 이러한 자연이자율이론은 이후 소개할 유동성선호설 등 여타 이자율 결정이론과 대조되는 다음과 같은 특징을 가진다.

유량(flow) 변수
저량(stock) 변수

첫째, 상기한 대로 자연이자율은 생산물시장, 즉 경제의 실물부문에서 완전히 결정되며, 따라서 화폐수요 또는 화폐공급의 변화와 같은 화폐부문의 요인은 이자율에 영향을 미치지 않는다. 이는 이후 살펴볼 케인즈의 유동성선호설에서 화폐수요와 화폐공급이 일치하는 화폐시장의 균형에서 이자율이 결정되는 것과 완전히 상반되는 특징이다. 둘째, 자연이자율의 결정요인인 저축과 투자는 모두 일정 기간 동안의 변화량을 나타내는 **유량(flow) 변수**이므로 자연이자율 또한 경제의 **저량(stock) 변수**가 아닌 유량 변수들에 의해 결정된다.[4)]

4) 유량 변수는 '일정 기간 동안의 변화량'을 나타내는 변수인 반면, 저량 변수는 '특정 시점의 양'을 나타내는 변수를

이러한 특징으로부터 추론할 수 있듯이, 자연이자율이론은 이후 살펴볼 유동성 선호설이나 현대적 대부자금설에 비해 이론적 타당성이 상대적으로 낮은 것으로 평가된다. 예컨대 자연이자율이론은 대부자금의 공급 및 수요가 각각 실물부문의 저축과 투자에 의해서만 결정된다는, 현실과 다소 동떨어진 가정에 기초하고 있다. 그러다 보니 화폐의 가격에 해당하는 이자율이 정작 화폐시장과는 무관하게 경제의 실물부문에서 완전히 결정된다는, 논리적으로 설득력이 떨어지는 결론이 도출되는 것이다.

그러나 이러한 이론적 취약성에도 불구하고, 자연이자율의 개념은 '실물부문의 장기적 균형을 유지시키는 이자율 수준'에 관한 하나의 잣대로서 유용하게 활용되고 있다(이 장의 〈이론과 현실〉 참조). 이는 ① 자연이자율의 결정 요인인 실물부문의 저축과 투자가 장기적으로 대부자금의 공급 및 수요를 결정하는 핵심 요인이라는 점과 ② 상기한 대로 자연이자율의 수준이 경제의 실물부문, 즉 생산물시장의 균형에 관한 정보를 제공한다는 점에 기인한다.

자연이자율

자연이자율(natural rate of interest)이라는 개념이 새삼 주목받고 있다. 초저금리 상황에서 불평등이 심화되는 경로를 이해하는 데 유용한 것으로 알려지면서다. 실질금리가 하락하는 배경도 자연이자율의 잣대로 보면 좀 더 명확하게 알 수 있다는 게 전문가들의 진단이다. 자연이자율은 스웨덴의 경제학자인 크누트 빅셀(Knut Wicksell)이 화폐이론을 기초로 물가변동의 분석도구로까지 정밀하게 체계화한 개념이다.

빅셀에 따르면 자연이자율은 ▲ 만일 화폐가 사용되지 않고 모든 대부가 실물자본재의 형태로 이루어진다면 그 수급에 의해서 결정될 이자율, ▲ 저축과 투자가 균형을 이루는 이자율, ▲ 물가를 변동시키지 않을 이자율, 즉 물가에 대해 중립적인 이자율, ▲ 새로 형성된 자본의 예상수익률에 대응하는 이자율 등으로 정의된다. 요컨대 자연이자율이란 새로운 실물자본의 예상수익률에 의해 결정되는 자본에 대한 새로운 수요(투자)와 동일 기간 내에 이루어진 저축을 정확히 일치시킴으로써 물가변동을 유발하지 않는 이자율을 의미한다.

말한다. 예컨대 1분 동안 물통에 채운 물의 양이 유량 변수라면, 1분 후 시점에 측정한 물통에 담긴 물의 깊이는 저량 변수라고 할 수 있다.

한편 빅셀은 화폐이자율(monetary rate of interest)이라는 개념을 통해 현재 여러 중앙은행들이 채택하고 있는 물가안정목표제에 대한 이론적 기틀을 제공하기도 했다. 화폐이자율은 화폐자본에 대한 수급에 의해서 결정되는 시장이자율이다... (중략) ... 시장에서 결정되는 화폐이자율이 자연이자율보다 낮으면 저축이 억제되고 투자 수요는 증가한다. 이렇게 발생한 초과수요는 물가상승을 촉발하게 된다. 한편 반대의 경우는 물가상승세가 억제된다. 중앙은행이 기준금리 조정을 통해 물가 목표를 달성하고자 하는 물가안정목표제의 기본 아이디어는 이처럼 빅셀의 자연이자율과 화폐이자율에 어느 정도 신세를 지고 있는 셈이다.

하지만 글로벌 금융위기와 2020년 코로나19 팬데믹을 거치면서 빅셀의 이론이 무력화되고 있다. 투자를 활성화하기 위해 중앙은행이 공격적으로 낮췄던 화폐이자율이 투자를 이끌어내지 못하고 자산가격 상승만 촉발하고 있어서다. 투자수요가 줄어든 가운데 가계의 저축은 되레 늘었다. 저축과 투자가 균형을 이루는 자연이자율 자체가 곤두박질쳤다는 의미다. 특히 최근에는 팬데믹 기간에 억제된 소비 등으로 미국 가계의 가처분소득 대비 저축률이 지난해 말 기준으로 13.7%에 달해 2010~2019년의 장기평균인 7.3%의 두 배에 육박했다... (이하 생략)

자료: 연합인포맥스, "자연이자율을 주목해야 하는 까닭", 배수연 기자, 2021.10.14. 일부 수정. https://news.einfomax.co.kr/news/articleView.html?idxno=4171490

4.1.2 케인즈의 유동성선호설

경제학자 케인즈는 이 절의 서두에서 언급한 대로 이자율이 본질적으로 '화폐의 가격'이며, 따라서 이자율은 화폐시장에서 화폐의 수요와 공급이 일치하는 점에서 결정된다고 보았다. 앞에서 언급한 대로 고전학파는 이자를 현재소비의 포기, 즉 저축에 대한 대가로 본 반면, 케인즈는 이자를 화폐, 즉 유동성을 포기한 것에 대한 대가로 본다는 점에서 이자에 대한 관점에 본질적 차이가 있다.[5] 이러한 케인즈의

5) 이러한 '이자'에 대한 관점 차이는 고전학파와 케인즈의 '화폐'에 대한 관점 차이와도 깊은 관련이 있다. 2장에서 살펴본 대로, 고전학파는 화폐를 주로 교환의 매개수단, 즉 상품과 서비스를 사기 위해서만 필요한 것으로 본다. 그러다 보니 고전학파에 따르면 현재 소비하지 않고 저축된 자금은 기본적으로 모두 이자가 붙는 자산의 형태로 보유되며, 따라서 이 경우 이자는 '저축'의 대가가 된다.
고전학파와 달리 케인즈는 화폐를 교환의 매개수단뿐만 아니라 가치의 저장수단, 즉 자산의 일종으로도 본다. 그러다 보니 케인즈에 따르면 현재 소비하지 않고 저축된 자금 중 일부는 향후 투자 목적으로 이자가 붙지 않는 화폐의 형태로 보유되며(투자적 화폐수요), 이 경우 이자는 더 이상 저축의 대가에 해당하지 않는다. 저축된 자금에 모두

유동성선호설

관점에 따르면 이자율은 화폐에 대한 대가, 즉 화폐의 가격이 되며, 따라서 다른 모든 상품 및 서비스의 가격과 마찬가지로 화폐의 가격인 이자율 역시 화폐의 수요와 공급이 일치하는 수준에서 결정된다는 것이 **유동성선호설**의 핵심이다.

특히 케인즈는 경제주체의 유동성에 대한 선호를 반영하는 화폐수요가 화폐공급에 비해 이자율 결정에 보다 중요한 역할을 한다고 보았다.[6] 우리는 이미 2장에서 화폐수요이론으로서 케인즈의 유동성선호설을 소개한 바 있다. 이에 따르면 화폐수요(M^D)는 거래적, 예비적, 투자적 화폐수요로 구성되며, 이 중 거래적 및 예비적 화폐수요는 국민소득의 증가함수인 반면, 투자적 화폐수요는 이자율의 감소함수임을 알 수 있었다. 한편 논의의 단순화를 위해, 화폐공급(M^S)은 중앙은행에 의해 시장이자율 수준에 관계없이 외생적으로 결정된 수준(M_0)으로 유지된다고 가정하자.[7] 이 경우 화폐수요와 화폐공급이 일치하는 화폐시장의 균형조건은 식 (4-3)과 같다.

$$M^D = L(Y^N, i) = M_0 = M^S \tag{4-3}$$

여기서 i는 이자율, Y^N은 명목국민소득이며, 화폐수요함수 $L(Y^N, i)$는 2장의 식 (2-7)에서와 같이 명목국민소득 Y^N의 증가함수이자 이자율 i의 감소함수이다.

[그림 4-2]는 명목국민소득이 Y_0^N로 정해져 있는 상황에서, 식 (4-3)을 (통화량, 이자율)의 좌표평면에 화폐수요곡선과 화폐공급곡선으로 표시한 것이다. 그림을 보면 초기 화폐공급곡선이 M_0^S인 경우 두 곡선이 만나면서 화폐수요와 화폐공급이 일치하는 점 E_0에서 화폐시장의 균형이 성립하며, 이러한 균형에서의 시장이자율은 i_0로 결정됨을 알 수 있다.

이렇게 결정된 균형이자율 i_0은 안정적인가? 이는 예컨대 시장이자율이 균형보다 높은 수준인 i_0'일 때 어떤 변화가 나타나는지 생각해 보면 알 수 있다. 그림에

이자가 붙는 것이 아니라, 이 중 화폐로 보유하는 것을 포기하고 이자가 붙는 자산의 형태로 빌려준 부분에 대해서만 이자가 붙기 때문이다. 케인즈가 이자를 화폐, 즉 유동성을 포기한 것에 대한 대가로 보는 것은 바로 이런 이유 때문이다.

6) 이 절에서 소개하는 케인즈의 이자율 결정이론이 '화폐수요이론'을 의미하는 '유동성선호설'로 불리는 것은 바로 이런 이유 때문이다.

7) 물론 이러한 가정은 비현실적인 것이며, 오직 분석의 편의를 위한 것이다. 우리는 3장에서 현실의 화폐공급이 이자율을 비롯한 다양한 금융경제적 요인에 의해 내생적으로 결정됨(화폐공급의 내생성)을 살펴본 바 있다.

서 보듯이 이자율이 i_0' 인 경우, 경제주체들이 보유하려는 화폐량, 즉 화폐수요가 실제 보유하는 화폐량, 즉 화폐공급에 비해 적어진다(화폐의 초과공급). 이 경우 경제주체들은 초과 보유한 화폐를 채권이나 주식 등 화폐 이외의 금융자산에 투자하려 할 것이다. 이에 따라 예컨대 채권에 대한 수요가 증가하면 채권가격이 상승하면서 채권의 수익률, 즉 시장이자율이 하락하게 된다.[8] 앞에서 살펴본 대로 채권의 가격과 시장이자율은 역(−)의 관계를 가지기 때문이다. 이러한 시장이자율의 하락은 화폐수요와 화폐공급을 다시 일치시키는 균형 수준인 i_0 에 도달할 때까지 계속될 것이다. 이와 같이 균형 수준에서 이탈한 시장이자율이 조정과정을 거쳐 다시 균형으로 복귀하려는 경향이 존재하므로, 유동성선호설에 따른 화폐시장의 균형이자율은 안정적이라고 할 수 있다.

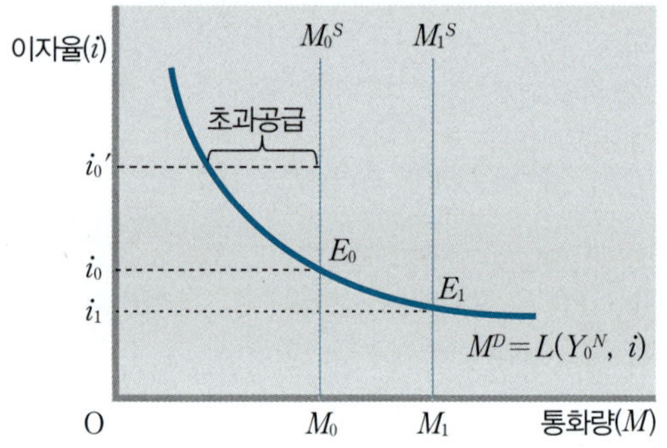

[그림 4–2] 케인즈의 유동성선호설에 의한 이자율 결정

[그림 4–2]에서 세로축 변수인 이자율 이외의 요인에 의해 화폐수요나 화폐공급이 변화하는 경우, 화폐수요곡선 또는 화폐공급곡선이 좌우로 이동하게 된다. 이러한 요인의 대표적 예로 중앙은행의 통화정책을 들 수 있다. 예컨대 중앙은행이 확장적 통화정책을 통해 화폐공급을 M_0 에서 M_1 으로 증가시키면, 그림에서 화폐공급곡선이 오른쪽으로 이동$(M_0^S \rightarrow M_1^S)$하게 된다. 그 결과 균형이자율은 i_0 에서 i_1 으로 하락한다. 한편 그림에는 나타나 있지 않지만, 경제의 명목국민소득 Y^N 이 증가하는 경우, 국민소득의 증가함수인 거래적 화폐수요가 증가하면서 화폐수요곡

---

8) 좀 더 일반적, 직관적으로 설명하면 다음과 같다. 화폐의 초과공급으로 인해 경제주체들이 초과 보유한 화폐를 화폐 이외의 금융자산에 투자한다는 것은 결국 보유한 화폐를 빌려주려는 사람과 빌려주려는 금액이 증가함을 의미한다. 이와 같이 화폐를 빌려주려는 사람과 빌려주려는 금액이 증가할수록 화폐를 빌려 쓰기 위한 대가, 즉 화폐의 가격인 이자율이 하락하는 것은 당연한 결과이다.

선 M^D가 오른쪽으로 이동한다. 그 결과 균형이자율은 상승하게 된다.[9)]

상기한 케인즈의 유동성선호설이 고전학파의 자연이자율이론과 차별화되는 핵심적 차이는 이자율이 고전학파의 주장대로 경제의 실물부문에서 결정되는 것이 아니라, 화폐수요와 화폐공급이 일치하는 화폐시장의 균형에 의해 결정됨을 보여주었다는 점이다. 따라서 유동성선호설에 의하면, 중앙은행의 통화정책과 같이 화폐공급 또는 화폐수요를 변화시키는 모든 요인들은 이자율에 영향을 미치게 된다. 아울러 고전학파의 자연이자율이론에서 이자율이 저축 · 투자와 같은 유량 변수에 의해 결정되는 반면, 케인즈의 유동성선호설에서는 이자율이 화폐수요 및 화폐공급의 '잔고(balance)'와 같은 저량 변수에 의해 결정된다는 점 역시 중요한 차이다.[10)]

4.1.3 현대적 대부자금설

현대적 대부자금설

현대적 대부자금설은 한마디로 말하면 남에게 빌려줄 수 있는 돈, 즉 대부자금의 수요와 공급에 의해 이자율이 결정된다는 이론이다. 현대적 대부자금설은 다양한 형태의 대부자금시장 중에서도 '채권시장'을 대상으로 하여, 대부자금의 공급을 의미하는 채권의 수요와 대부자금의 수요를 의미하는 채권의 공급이 일치하는 점에서 채권가격과 시장이자율이 결정된다는 이론이다.

따라서 케인즈의 유동성선호설에서는 화폐의 가격인 이자율이 화폐의 수요와 공급에 의해 결정되는 반면, 현대적 대부자금설에서는 이자율이 채권과 같은 금융수단의 가격으로서 이러한 금융수단에 대한 수요와 공급에 의해 결정된다는 점이 다르다. 그러나 1장에서 살펴본 대로 금융시장에서의 거래가 결국 현재의 '화폐'와 미래의 화폐에 대한 청구권을 의미하는 '금융수단' 사이의 교환이라는 점에서, 상기 두 이론은 이자율이라는 동일한 대상을 서로 다른 관점에서 설명한 것일 뿐, 사실상 동일한 이론이라고 할 수 있다.[11)]

---

9) 왜 그런지는 [그림 4-2]를 이용하여 독자 스스로 생각해 보기 바란다.

10) 이러한 차이로 인해 오직 현재 기간의 저축 및 투자에 의해서만 이자율이 영향을 받는 자연이자율이론과 달리, 유동성선호설에서는 현재 기간에 새롭게 발생한 화폐수요 및 화폐공급뿐만 아니라 과거의 화폐수요 및 화폐공급의 변화 역시 현재의 이자율에 영향을 미칠 수 있다.

11) 두 이론이 왜 사실상 동일한 이론인지는 이후의 논의에서 자세히 다룰 것이다.

(1) 현대적 대부자금설의 구조

현대적 대부자금설에 따르면, 대표적인 대부자금시장인 채권시장에서 채권의 수요는 대부자금의 공급을 의미한다. 채권을 산다는 것은 자금을 빌려준다는 것을 의미하기 때문이다. 다른 상품 및 서비스와 마찬가지로 채권의 수요는 채권의 가격이 싸질수록 증가한다. 이는 미래에 수취할 원금과 이자의 현금흐름이 사전에 정해져 있는 채권의 특징에 따라, 현재 채권가격이 싸질수록 투자자가 채권으로부터 기대할 수 있는 수익률은 높아지기 때문이다. 따라서 채권의 수요곡선은 다른 상품 및 서비스의 수요곡선과 같이 채권가격에 대해 우하향하는 형태를 가진다.

반면, 채권시장에서 채권의 공급은 대부자금의 수요를 의미한다. 채권을 판다는 것은 자금을 빌린다는 것을 의미하기 때문이다. 다른 상품 및 서비스와 마찬가지로 채권의 공급은 채권의 가격이 비싸질수록 증가한다. 이는 미래에 지급할 원금과 이자의 현금흐름이 사전에 정해져 있는 채권의 특징에 따라, 현재 채권가격이 비싸질수록 동일한 조달비용으로 더 많은 자금을 조달할 수 있기 때문이다. 따라서 채권의 공급곡선은 다른 상품 및 서비스의 공급곡선과 같이 채권가격에 대해 우상향하는 형태를 가진다.

이와 같이 우하향하는 채권수요곡선과 우상향하는 채권공급곡선이 만나는 점, 즉 채권의 수요량과 공급량이 일치하는 점에서 균형 채권가격과 균형 채권량이 결정된다. [그림 4-3]의 (a)는 이러한 채권시장의 균형을 보여준다. 즉, 우하향하는 채권수요곡선 D_0와 우상향하는 채권공급곡선 S_0가 만나는 점 E_0에서 초기의 균형 채권가격과 균형 채권량이 결정되고 있음을 알 수 있다. 이러한 상황에서, 만일

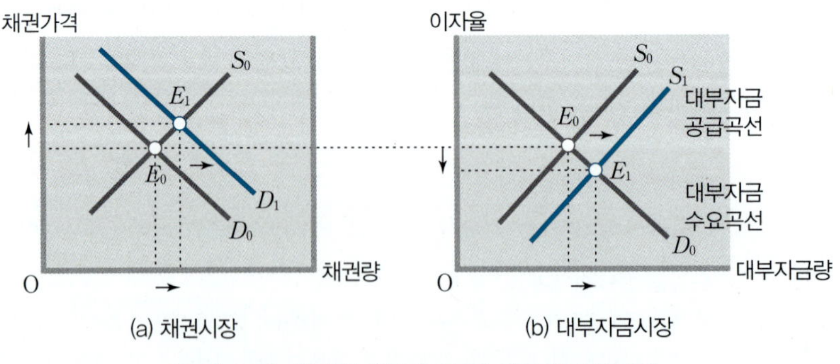

[그림 4-3] 현대적 대부자금설에 의한 이자율 결정

자료: 정운찬 · 김홍범(2018), 『화폐와 금융시장』, 제5개정판, 율곡출판사

채권의 채무불이행 위험이 낮아지거나 유동성이 높아지는 등 채권가격 이외의 요인에 의해 채권 보유에 따른 이점이 커지면서 채권에 대한 수요가 증가하게 되면, 채권의 수요곡선은 우측으로 이동하게 된다($D_0 \rightarrow D_1$). 그 결과 그림에서 보듯이 균형점이 초기의 E_0에서 E_1으로 이동하면서 균형 채권가격이 상승하고 균형 채권량은 증가한다.

한편 상기한 대로 채권의 수요는 대부자금의 공급을, 채권의 공급은 대부자금의 수요를 의미하므로, [그림 4-3]의 (a)에서 도출한 채권수요곡선과 채권공급곡선을 각각 대부자금 공급곡선과 대부자금 수요곡선으로 전환할 수 있다. [그림 4-3]의 (b)는 (a)의 채권수요곡선을 대부자금 공급곡선으로, (a)의 채권공급곡선을 대부자금 수요곡선으로 각각 전환하여 (대부자금량, 이자율) 평면에 그린 것이다. 이때 (b)의 세로축 변수인 시장이자율이 (a)의 세로축 변수인 채권가격과 서로 역(−)의 관계를 가지므로, (a)의 채권수요곡선(채권공급곡선)과 이에 대응하는 (b)의 대부자금 공급곡선(대부자금 수요곡선)은 곡선의 형태가 서로 정반대임을 알 수 있다.

구체적으로 보면, (b)에서 세로축 변수인 이자율에 대해 대부자금의 공급곡선이 우상향하는 것은 (a)에서 세로축 변수인 채권가격에 대해 채권수요곡선이 우하향하는 것과 같은 원리에 따른 것이다. 이자율이 상승할수록(채권가격이 하락할수록) 대부자금의 공급자(채권의 수요자)는 대부자금 공급을 늘리는(채권수요를 늘리는) 것이 더 유리하기 때문이다. 마찬가지로 (b)에서 세로축 변수인 이자율에 대해 대부자금의 수요곡선이 우하향하는 것은 (a)에서 세로축 변수인 채권가격에 대해 채권공급곡선이 우상향하는 것과 같은 원리에 따른 것이다. 이자율이 상승할수록(채권가격이 하락할수록) 대부자금의 수요자(채권의 공급자)는 대부자금 수요를 줄이는(채권공급을 줄이는) 것이 더 유리하기 때문이다. [그림 4-3]의 (b)는 이와 같은 원리로 도출된 대부자금 수요곡선(D_0)과 대부자금 공급곡선(S_0)이 만나는 점 E_0에서 초기의 균형 이자율과 균형 대부자금량이 결정됨을 보여준다.

이와 같이 대부자금 공급곡선은 채권수요곡선과, 대부자금 수요곡선은 채권공급곡선과 일대일로 대응되므로 각각의 곡선이 이동하는 원리도 서로 동일하다. 예컨대 상기한 예와 같이 채무불이행 위험 감소, 유동성 증가 등의 요인에 의해 채권 보유에 따른 이점이 커지면 채권수요가 증가하면서 채권수요곡선이 우측으로 이동하는데, 이에 따라 채권수요곡선과 일대일로 대응되는 대부자금 공급곡선 역시 [그림 4-3]의 (b)에서와 같이 우측으로 이동한다($S_0 \rightarrow S_1$). 그 결과 균형점이 초기의 E_0

에서 E_1으로 이동하면서 이자율이 하락하고(채권가격이 상승하고) 거래되는 대부자금량(채권량)이 증가함을 알 수 있다.[12] 정리하면, 현대적 대부자금설에서 시장이자율은 대표적 대부자금시장인 채권시장에서 채권의 수요와 공급이 일치하는 점에서 채권가격과 동시에 결정되며, 따라서 채권의 수요 또는 공급을 변화시키는 요인이 발생하면 이자율도 이에 영향을 받아 변화하게 된다.

(2) 타 이론과의 비교

현대적 대부자금설은 채권시장으로 대표되는 대부자금시장에서 대부자금의 수요와 공급이 일치하도록 균형이자율이 결정된다는 점에서, 앞에서 살펴본 고전적 대부자금설, 즉 자연이자율이론과 공통점이 있으나 다음과 같은 점에서 뚜렷한 차이를 보인다.

첫째, 가장 중요한 차이로서 고전적 대부자금설에서는 이자율이 전적으로 경제의 실물부문에서 결정되어 화폐부문의 요인이 이자율에 영향을 주지 못하는 반면, 현대적 대부자금설에서는 화폐수요 또는 화폐공급의 변화가 대부자금의 수요 또는 공급을 변화시킴으로써 이자율에 영향을 미칠 수 있다. 예컨대 중앙은행이 확장적 통화정책을 통해 화폐공급을 증가시키면서 유동성이 채권시장으로 유입되면, 채권의 수요 또는 대부자금의 공급이 증가하면서 이자율이 하락할 수 있다. 이런 의미에서 현대적 대부자금설은 경제의 실물부문에서 이자율이 완전히 결정되는 고전적 대부자금설과, 화폐시장의 균형에서 이자율이 결정되는 유동성선호설을 서로 절충한 이론이라고 할 수 있다.

둘째, 현대적 대부자금설에서는 대부자금량을 어떤 특정 시점에서의 잔액, 즉 저량 변수로 파악하는 반면, 고전적 대부자금설에서는 대부자금량을 일정 기간 동안의 거래량, 즉 유량 변수로 파악한다. 고전적 대부자금설에 따르면 저축은 대부자금의 공급, 투자는 대부자금의 수요에 해당하며, 이 경우 저축과 투자가 모두 유량 변수이므로 대부자금의 공급과 수요 역시 둘 다 유량 변수가 된다. 이를 대표적 대부자금시장인 채권시장에 적용할 경우, 고전적 대부자금설에서 대부자금의 공급(저축)은 기존 채권을 제외한 특정 기간 동안 발행된 신규 채권에 대한 수요만을,

---

12) 마찬가지 원리로 정부의 국채발행 증가 등의 요인에 따라 채권의 공급이 증가하면, 결과적으로 이자율이 상승하고(채권가격이 하락하고) 거래되는 대부자금량(채권량)이 증가하게 된다. 왜 그런지는 [그림 4-3]을 통해 독자 스스로 생각해 보기 바란다.

대부자금의 수요(투자) 역시 신규 채권의 공급만을 의미하게 된다. 반면, 현대적 대부자금설에서 대부자금의 공급은 기존 및 신규 채권을 포괄하는 전체 채권 '잔고'에 대한 수요를, 대부자금의 수요 역시 전체 채권 '잔고'의 공급을 의미한다.

한편, 현대적 대부자금설은 케인즈의 유동성선호설과는 이론적으로 매우 긴밀한 관계를 가진다. 다시 말해, 현대적 대부자금설과 유동성선호설은 동전의 양면과 같이 사실상 동일한(equivalent) 이론이라는 것이다.[13] 채권시장을 대표적인 대부자금시장으로 설정하고 경제에 두 종류의 자산, 즉 화폐와 채권만이 존재한다고 가정하면, 유동성선호설과 현대적 대부자금설이 사실상 동일한 이론임을 다음과 같이 보일 수 있다.[14]

상기 가정에 따라 경제 전체의 자산이 화폐(M)와 채권(B) 두 가지만으로 구성된 경우, 전체 자산시장의 균형조건은 다음과 같이 표현된다.

$$M^D + B^D = M^S + B^S \Rightarrow M^D - M^S = B^S - B^D \quad (4\text{-}4)$$

여기서 화살표 왼쪽의 식은, 화폐수요와 채권수요의 합계로 구성된 경제 전체의 자산에 대한 수요($M^D + B^D$)가 화폐공급과 채권공급의 합계로 구성된 전체 자산에 대한 공급($M^S + B^S$)과 일치하는 점에서 자산시장의 균형이 성립함을 나타낸다. 한편 화살표 오른쪽의 식은 왼쪽 식의 일부 항들을 양변에서 차감하는 방식으로 변형한 것이다.

식 (4-4)로부터 다음과 같은 사실을 알 수 있다. 즉, 만일 화폐시장이 균형을 이루면($M^D = M^S$) 채권시장도 자동으로 균형을 이루며($B^D = B^S$), 그 역도 성립한다($B^D = B^S \Rightarrow M^D = M^S$)는 것이다. 이는 채권시장의 균형을 이루는 이자율, 즉 현대적 대부자금설에 따라 결정되는 이자율과 화폐시장의 균형을 이루는 이자율, 즉 케인즈의 유동성선호설에 따라 결정되는 이자율이 결국 서로 동일함을 의미한다. 이와 같이 결과적으로 동일한 균형이자율이 도출된다는 점에서, 현대적 대부자금설과 유동성선호설은 사실상 동일한 이론이라고 할 수 있다.

---

13) Hicks, J. R.(1975), *Value and Capital: An Inquiry into Some Fundamental Principles*, 2nd ed., Oxford University Press.

14) 이하 논의는 정운찬 · 김홍범(2018)에 주로 의존하였다.

4.2 이자율의 기간구조

앞 절에서는 경제 전체를 대표하는 단일한 이자율이 존재함을 암묵적으로 가정하고, 이와 같은 대표이자율이 결정되는 원리를 살펴보았다. 그러나 현실에서는 채권수익률, 예금이자율, 대출이자율 등 금융상품의 유형에 따라 다양한 종류의 이자율이 존재할 뿐 아니라, 같은 상품에 대해서도 만기, 채무불이행 위험, 유동성 정도, 세금조건 등의 상품 특성에 따라 적용되는 이자율 수준이 크게 다르다.

이자율의 기간구조(term structure of interest rates)
기간스프레드(term spread)
이자율의 위험구조(risk structure of interest rates)
이자율스프레드

이 절과 다음 절에서는 이와 같이 다양한 종류의 이자율 간의 관계에 관해 살펴본다. 먼저 이 절의 논의대상인 **이자율의 기간구조**(term structure of interest rates)는 다른 모든 조건이 동일한 상황에서 만기가 다른 금융상품들의 이자율 간의 관계를 의미한다. 이와 같이 만기가 다른 금융상품들의 이자율 간 차이를 **기간스프레드**(term spread)라고 하며, 이 절에서 살펴볼 이자율의 기간구조 이론은 이러한 기간스프레드의 결정원리를 설명하는 이론이다. 한편 다음 절의 논의대상인 **이자율의 위험구조**(risk structure of interest rates)는 만기는 동일하나 채무불이행 위험, 유동성 정도, 세금 등 그 밖의 조건이 서로 다른 금융상품들의 이자율 간 관계를 의미한다. 이와 같이 만기가 동일한 금융상품들의 이자율 간 차이를 **이자율스프레드**라고 하며, 다음 절에서 살펴볼 이자율의 위험구조 이론은 이러한 이자율스프레드의 결정원리를 설명하는 이론이다.

4.2.1 채권의 수익률과 수익률곡선

상기한 대로 현실에서는 금융상품의 유형에 따라 다양한 종류의 이자율이 존재하므로, 이자율의 기간구조 또는 위험구조 이론의 설명 대상이 되는 이자율도 여러 가지가 있을 수 있다. 이 절과 다음 절에서는 가장 대표적인 시장이자율인 채권의 수익률을 대상으로 논의를 전개할 것이다.

만기수익률(yield to maturity)

채권의 수익률 역시 그 의미 및 계산방법에 따라 여러 가지 종류가 존재하나, 이 중 가장 널리 사용되는 것은 만기수익률이다. 즉, 통상적으로 말하는 채권의 수익률은 대부분 만기수익률을 가리키는 것이다. 여기서 **만기수익률**(yield to maturity)이란 채권으로부터 얻을 수 있는 현금흐름의 현재가치와 채권의 시장가격을 일치시키는 이자율(할인율)로 정의되는데, 직관적으로는 현재 시점에서 채권을 시장가격으로 매입한 후 만기일까지 계속 보유하는 경우에 기대할 수 있는 수익률을 의미한다. 만기에 원리금을 상환할 뿐 아니라 만기 이전에도 일정 비율의 이자를 지급하는 이표채의 경우를 예로 들면, 만기수익률 y는 다음 식을 만족하는 값으로 계산된다.

$$V = \frac{C}{1+y} + \frac{C}{(1+y)^2} + \cdots + \frac{C}{(1+y)^{T-1}} + \frac{C+F}{(1+y)^T} \qquad (4-5)$$

여기서 V는 채권의 현재 시장가격이고 F는 채권의 원금에 해당하는 액면금액, C는 매 기간 지급되는 액면이자(또는 표면이자)로서 액면금액에 액면이자율을 곱한 값이며, T는 채권의 만기까지의 기간, 즉 잔존 만기이다.

위 식에서 보듯이 채권의 가격(V)은 만기수익률(y)과 역(−)의 관계를 가진다. 채권이 제공하는 미래 현금흐름은 사전적으로 확정되어 있으므로 현금흐름에 대한 할인율인 만기수익률이 상승할수록 채권가격은 하락하는 것이다. 바꿔 말하면, 채권의 미래 현금흐름은 미리 확정되어 있으므로 현재 채권을 싸게 살수록 만기까지 채권을 보유할 때 투자자가 기대할 수 있는 수익률, 즉 만기수익률이 높아진다고 할 수 있다. 채권의 만기수익률이 시장의 자금 수급상황을 잘 반영하는 대표적인 시장이자율임을 고려하면, 식 (4−5)는 채권의 만기수익률로 대표되는 시장이자율이 채권의 가격과 역(−)의 관계를 가짐을 의미한다.[15)]

한편 채권의 **수익률곡선(yield curve)**이란 만기를 제외한 다른 모든 조건이 동일한 채권들의 만기와 만기수익률 간의 관계를 그림으로 나타낸 것이다. 즉, 이자율의 기간구조를 그림으로 나타낸 것이 수익률곡선이라고 할 수 있다. [그림 4−4]는 다양한 유형의 수익률곡선을 보여준다.

수익률곡선(yield curve)

금융시장에서 나타나는 현실의 수익률곡선은 다음의 두 가지 전형적인 특징을 보인다. 첫째, 일반적으로 단기 채권과 같이 만기가 짧은 금융상품보다 장기 채권과 같이 만기가 긴 금융상품의 이자율이 상대적으로 높다. 즉, 평상시 채권시장에서 일반적으로 관찰되는 수익률곡선은 [그림 4−4]의 '(a) 장고단저형'과 같이 우상향하는 형태로 나타난다는 것이다. 둘째, 장기 및 단기 이자율은 같은 방향으로 함

15) 2장의 유동성선호설에 따른 투자적 화폐수요를 설명하는 부분에서, 영구채권에 대해 채권의 가격과 시장이자율 사이에 역(−)의 관계가 성립함을 확인한 바 있다.

께 움직이는 경향이 있다. 즉, 단기 이자율이 상승(하락)하면 장기 이자율도 상승(하락)하는 경우가 많다는 것이다. 이는 이자율 변동 시 수익률곡선이 대체로 평행에 가깝게 이동하는 것이 일반적이며, 곡선이 갑자기 특정 만기에서 꺾이거나 하는 일은 드물다는 것을 의미한다.

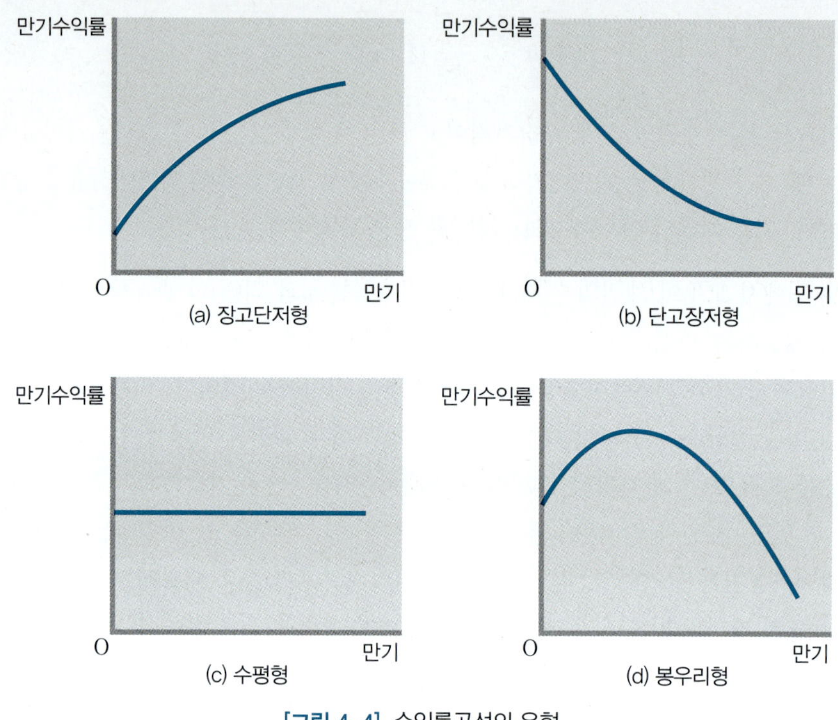

[그림 4-4] 수익률곡선의 유형

자료: 김종선 · 김종오(2014), 『금융시장의 이해』, 학현사, 일부 수정

[그림 4-5]는 우리나라의 장단기 국채수익률 추이와 최근의 시점별 수익률곡선을 나타낸 것이다. 그림에서 보듯이 장기 이자율(장기 국채수익률)이 단기 이자율(단기 국채수익률)보다 높은 수준인 장고단저형이 대체로 우세하게 나타난다. 아울러 변동 폭의 차이는 있으나 장단기 금리가 시간에 따라 같은 방향으로 변동하면서 수익률곡선이 평행에 가깝게 위아래로 이동함을 알 수 있다. 이와 같이 현실에서 나타나는 수익률곡선의 전형적인 특징을 얼마나 잘 설명하는지에 따라, 이후 소개할 다양한 이자율 기간구조 이론들의 현실적합성을 평가할 수 있다.

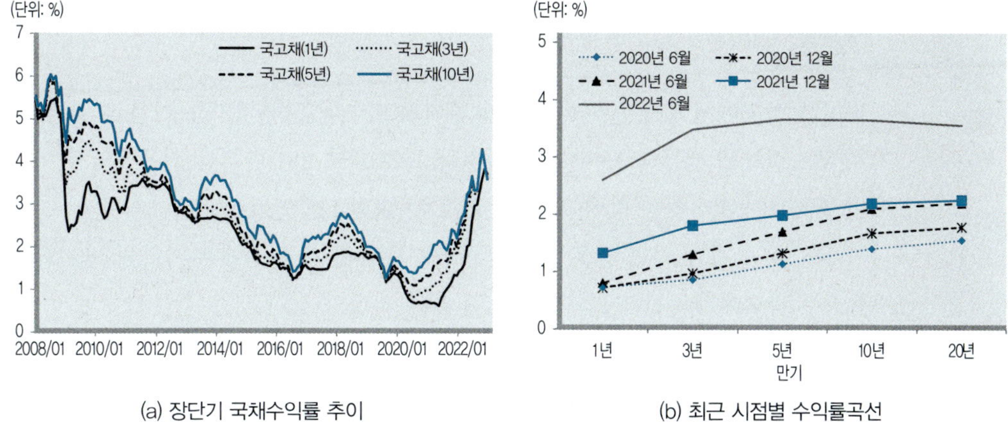

(a) 장단기 국채수익률 추이

(b) 최근 시점별 수익률곡선

[그림 4-5] 우리나라의 장단기 국채수익률과 수익률곡선

자료: 한국은행 경제통계시스템(http://ecos.bok.or.kr)

4.2.2 기대이론

지금부터 다양한 이자율의 기간구조 이론들을 소개할 것이다. 첫 번째로 기간구조 이론 가운데 가장 근간이 되는 기대이론을 살펴보자.

(1) 기대이론의 구조

이자율의 기간구조에 관한 **기대이론**에 따르면, 현재의 장기이자율은 현재의 단기이자율과 미래 예상단기이자율의 평균으로 결정된다. 예컨대 현재 잔존 만기가 1년인 단기 채권의 수익률이 5%인 상황에서 대부분의 사람들이 1년 후 시점의 단기 이자율(1년 후에 잔존 만기 1년인 단기 채권의 수익률)이 현재보다 낮아진 3%가 될 것으로 예상한다면, 당장 현재의 잔존 만기 2년인 장기 채권의 수익률은 4%(=(5%+3%)/2)가 된다는 것이다.

기대이론

기대이론에 따른 장기이자율 결정방식을 예를 통해 구체적으로 살펴보자. 현재 시점(0기)으로부터 1년 후 만기가 돌아오는 단기 채권의 수익률을 $i_{0,1}$ 이라 하고 1년 후의 미래 시점(1기)에서 그 다음 1년 후 만기가 돌아오는 단기 채권의 예상수익률을 $i^e_{1,1}$ 이라고 하자. 여기서 상첨자 e는 미래의 수익률에 대한 기댓값 또는 예상치를 의미한다. 한편 지금으로부터 2년 후 만기가 돌아오는 장기 채권의 수익률을 $i_{0,2}$ 라고 하자. 또한 상기한 모든 채권들은 만기 이전에 이자를 지급하지 않는 무이표채이고 채권의 원금, 즉 액면금액은 모두 1원으로 동일하며, 만기를 제외한 다른 모든 특징들(예컨대 채권의 채무불이행 위험, 유동성 정도, 세금조건 등) 역시 동일하다고 가정하자.

이러한 상황에서 1억 원을 2년 동안 투자하고자 하는 투자자는 다음과 같은 두 가지 투자전략을 생각해 볼 수 있다. [전략 1]은 현재 2년 만기 채권을 1억 원어치 사서 만기까지 보유하는 방식이다. [전략 2]는 현재 1년 만기 채권을 1억 원어치 샀다가 1년 후 만기가 되면 받은 원리금을 다시 1년 만기 채권에 투자하여 만기까지 보유하는 방식이다. [전략 1]의 경우 2년 후 투자자가 얻게 되는 수익(단위는 억 원)은 다음과 같다.

$$(1+i_{0,2})^2=1+2\times i_{0,2}+i_{0,2}^2 \tag{4-6}$$

한편 [전략 2]의 경우 2년 후 투자자가 얻을 것으로 기대되는 수익(단위는 억 원)은 다음과 같다.[16)]

$$(1+i_{0,1})\times(1+i_{1,1}^e)=1+i_{0,1}+i_{1,1}^e+i_{0,1}\times i_{1,1}^e \tag{4-7}$$

기대이론에서는 채권의 만기 이외의 다른 조건들, 즉 채무불이행 위험, 유동성 정도, 세금 조건 등이 동일한 경우, 모든 채권은 서로 '완전대체관계'에 있다고 본다. 이는 상기 예에서 두 전략 중 어느 것이 더 높은 기대수익을 가져오는가만이 중요할 뿐, 채권 만기의 장단기 여부는 투자자에게 전혀 고려 대상이 아님을 의미한다. 이 경우 만일 두 전략 중 어느 하나의 기대수익률이 다른 전략보다 높다면 투자자들은 모두 앞다투어 수익률이 높은 전략만을 취할 것이다. 이에 따라 수익률이 높은 전략에서 거래되는 채권의 가격(수익률)이 상승(하락)하게 되고 그 결과 두 전략의 수익률은 마침내 같아지게 된다.[17)] 즉, 기대수익률의 차이를 이용한, 이른바 재정거래(arbitrage)에 의해 시간이 지나 새로운 균형에서는 두 전략의 수익률 차이가 사라진다는 것이다. 이와 같이 균형에서는 [전략 1]의 수익과 [전략 2]의 수익이 일치하게 되므로 식 (4-6)과 식 (4-7)의 우변을 서로 동일하게 놓은, 다음과 같은 관계식이 성립하게 된다.

---

16) 각 전략에 따른 투자수익의 자세한 도출과정은 정운찬 · 김홍범(2018) 참조

17) 예컨대 [전략 1]의 기대수익이 [전략 2]의 기대수익보다 크다면, 모든 투자자들이 [전략 1]을 선택하면서 2년 만기 채권의 수요가 급증할 것이다. 그 결과 시간이 지나면 2년 만기 채권의 가격이 상승하고 수익률($i_{0,2}$)은 하락하면서 결국 [전략 1]의 기대수익이 [전략 2]의 기대수익과 같아지게 된다.

$$1+2\times i_{0,2}+i_{0,2}^2=1+i_{0,1}+i_{1,1}^e+i_{0,1}\times i_{1,1}^e \qquad (4-8)$$

여기서 채권수익률 $i_{0,1}$, $i_{1,1}^e$, $i_{0,2}$ 등은 % 단위의 값으로서 일반적으로 1(=100%)보다 훨씬 작은 수치이므로, $i_{0,2}^2$나 $i_{0,1}\times i_{1,1}^e$과 같은 수익률의 곱은 0에 근사할 만큼 그 크기가 매우 작다. 이에 따라 $i_{0,2}^2$와 $i_{0,1}\times i_{1,1}^e$을 0으로 두고 식 (4-8)을 변형하면, 다음과 같이 장 · 단기 수익률 간 관계를 나타내는 근사식을 도출할 수 있다.

$$i_{0,2}\fallingdotseq\frac{i_{0,1}+i_{1,1}^e}{2} \qquad (4-9)$$

이 식에 따르면, 현재 2년 만기 채권의 수익률($i_{0,2}$)은 현재 시점에서 1년 만기 채권의 수익률($i_{0,1}$)과 미래 시점에서 1년 만기 채권의 예상수익률($i_{1,1}^e$) 간의 산술평균으로 결정된다. 지금까지의 논의를 장기 채권의 만기가 n년인 경우에 적용하면, 다음과 같은 보다 일반적인 관계를 도출할 수 있다.

$$i_{0,n}\fallingdotseq\frac{i_{0,1}+i_{1,1}^e+i_{2,1}^e+\cdots+i_{n-1,1}^e}{n} \qquad (4-10)$$

여기서 $i_{0,n}$은 현재 시점(0기)에서 만기가 n년인 장기 채권의 수익률이며, $i_{2,1}^e$과 $i_{n-1,1}^e$은 각각 지금으로부터 2년 또는 $(n-1)$년 후 시점에서 1년 만기인 단기 채권의 예상수익률을 의미한다. 위 식은 만기가 얼마이든 관계없이, 장기 채권의 수익률은 그 만기 내 기간을 구성하는 현재의 단기 채권수익률과 미래의 단기 채권수익률 예상치들의 산술평균으로 결정됨을 의미한다.

한편 위 식들을 통해 추론할 수 있듯이, 기대이론에 따르면 수익률 곡선의 형태는 미래의 단기 채권수익률, 즉 단기 시장이자율에 대한 예상에 달려 있다. 예컨대 현재의 단기 이자율 $i_{0,1}$(현재 1년 만기 채권의 수익률)이 3%인 상황에서, 1년 후 시점에서의 단기 이자율 $i_{1,1}^e$(1년 후 시점에서 1년 만기 채권의 수익률)이 이보다 상승할 것으로 예상되는 경우($i_{1,1}^e > i_{0,1}$), 식 (4-9)에 따라 $i_{0,1}$과 $i_{1,1}^e$의 평균으로 결정되는 현재의 장기 이자율 $i_{0,2}$(현재 2년 만기 채권의 수익률)는 3%보다 높은 수준이 된다. 이 경우 현재 장기(2년) 채권의 수익률이 단기(1년) 채권의 수익률보다 높아지므로 수익률 곡선은 우상향하게 된다. 다시 말해, 미래의 단기 이자율이 현재보다 상승할 것으로 예상되는 경우, 현재의 장기 이자율이 단기 이자율에 비해 높아지면서 수익률곡선이 우상향한다는 것이다. 같은 원리를 적용하면, 미래의 단기 이자율이 현재보다 하락할 것으로 예상되는 경우 현재의 장기 이자율이 단기 이자율에 비해 낮아지면서 수익률 곡선이 우하향함을 추론할 수 있다.

(2) 기대이론의 평가 및 한계

기대이론은 앞에서 살펴본, 현실에서 나타나는 수익률곡선의 전형적인 두 가지 특징을 얼마나 잘 설명하는가? 우선 기대이론은 두 가지 특징 중 '장 · 단기 이자율이 같은 방향으로 변동하는 경향'을 잘 설명할 수 있다. 예컨대 현재의 단기 이자율이 상승하는 경우, 투자자 등 대부분의 시장참가자들은 적어도 가까운 미래에는 단기 이자율이 지속적으로 상승할 것으로 기대한다. 기대이론에 따르면, 이와 같이 현재의 단기 이자율뿐 아니라 미래의 단기 이자율이 상승할 것으로 예상되는 경우 현재 및 미래 단기 이자율의 평균으로 결정되는 장기 이자율 역시 함께 상승하게 된다.

그러나 기대이론은 두 가지 특징 중 다른 하나인 '수익률곡선이 일반적으로 우상향하는 현상'은 잘 설명하지 못한다. 기대이론에서 우상향하는 수익률곡선이 일반적으로 나타나려면 미래의 단기 이자율이 거의 항상 현재보다 상승할 것으로 예상되어야 하는데, 이는 현실과 전혀 부합하지 않는다. 현실에서는 단기 이자율이 상승하는 경우만큼이나 하락하는 경우도 많기 때문이다.

그밖에도 기대이론은 미래 이자율에 대한 기대의 동질성, 장 · 단기 채권 간 완전 대체관계 등 가정의 비현실성과 거래비용의 존재에 따른 재정거래의 제약 가능성 등으로 인해 현실을 설명하는 데 다소 한계를 가진다.

4.2.3 시장분할이론

시장분할이론(market segmentation theory)

시장분할이론(market segmentation theory) 또는 시장분리이론에 따르면, 만기가 다른 장단기 채권의 시장은 서로 분리되어 있으므로 만기별 채권의 수익률은 각 시장 고유의 수요와 공급에 의해 각각 별개로 결정된다. 예컨대 채권시장 참가자 가운데 생명보험회사는 장기 채권만으로, 은행은 단기 채권만으로 자금을 조달 · 운용하는 것을 선호한다고 가정하면, 이들 기관은 각기 선호하는 장기 및 단기 채권 시장에만 참여하여 채권을 사고팔 것이다. 따라서 이 경우 장기 채권의 수익률은 장기 채권시장에서, 단기 채권의 수익률은 단기 채권시장에서 서로 다른 거래주체들의 수요와 공급에 의해 각각 별개로 결정될 것이다.

이와 같이 시장분할이론에서 채권시장이 만기별로 완전히 분리되는 것은, 만기가 다른 채권 간에 대체관계가 전혀 존재하지 않는다는 이론의 가정에 기인한다. 즉, 시장분할이론에서 단기 채권과 장기 채권은 투자자 입장에서 볼 때 서로 완전히 다른 종류의 금융상품이며, 따라서 어느 한쪽의 수익률이 다른 쪽보다 높거나 낮더라도 투자자들의 각 채권에 대한 수요는 영향을 받지 않는다. 이는 바로 앞에서 살펴본 기대이론에서 만기가 다른 채권 간에 완전대체관계가 존재한다고 가정하는 것과는 완전히 상반되는 것이다.

한편 시장분할이론에 따르면, 상기한 대로 만기별로 채권시장이 서로 분리되어 있으므로 수익률곡선의 형태는 각 만기별 채권시장의 수요와 공급에 의해 결정된다. 예컨대 단기 채권시장에 비해 장기 채권시장에서 채권의 수요가 증가하면, 장기 채권의 가격이 단기 채권보다 큰 폭으로 상승하면서 장기 채권의 수익률이 단기 채권 대비 하락하게 된다. 그 결과 수익률곡선이 우하향하는 형태를 보일 수 있다. 반대로 장기 채권시장에 비해 단기 채권시장에서 채권의 수요가 증가하면, 단기 채권의 수익률이 장기 채권 대비 하락하게 된다. 이를 통해 수익률곡선이 우상향하는 것도 설명할 수 있다.

이와 같이 시장분할이론은 현실에서 관찰되는 다양한 형태의 수익률곡선을 설명할 수 있다는 장점을 가지지만, 앞에서 언급한 수익률곡선의 두 가지 전형적 특징을 설명하기에는 매우 한계가 많다. 시장분할이론에 따라 채권의 수익률이 만기별로 각각의 시장에서 별개로 결정된다면, 장 · 단기 수익률이 동반 상승 또는 하락하거나 수익률곡선이 일반적으로 우상향해야 할 어떤 필연적인 이유도 없기 때문이다.

4.2.4 특정만기선호이론

특정만기선호이론(preferred habitat theory)에 따르면, 장기 채권의 수익률은 상기한 기대이론에 따른 수익률 수준, 즉 현재의 단기 채권수익률과 미래 단기 채권수익률 예상치의 평균에다가 각 만기에 대한 기간프리미엄을 더한 수준에서 결정된다. 이와 같이 특정만기선호이론은 만기가 다른 채권 사이의 '불완전한 대체관계'를 가정함으로써 기대이론과 시장분할이론의 중간적 입장을 취하고 있다.

특정만기선호이론(preferred habitat theory)

상기한 시장분할이론과 마찬가지로, 특정만기선호이론에서는 투자자 또는 차입자의 만기에 대한 선호가 만기별 채권수익률의 결정에 중요한 요인으로 작용한다. 예컨대 5년 후 정년퇴직을 앞둔 투자자는 5년 후의 목돈 마련을 위해 5년 만기의 채권을 다른 만기보다 우선적으로 선호한다는 것이다. 이와 같이 채권시장 참여자들은 자신이 선호하는, 이른바 서식지(habitat)라 불리는 특정 만기의 채권을 다른 만기보다 우선적인 투자 또는 차입의 대상으로 고려하게 된다.

기간프리미엄(term premium)

그러나 시장분할이론과의 차이라면, 특정만기선호이론에서는 수익률에 **기간프리미엄(term premium)**이라는 일정 수준의 보상이 추가 또는 차감되면 투자자나 차입자가 자신이 선호하는 만기 이외의 채권도 거래할 수 있다는 점이다. 즉, 특정만기선호이론에서는 시장분할이론과 달리 투자자나 차입자가 채권의 만기뿐만 아니라 상대적인 수익률도 함께 고려한다고 가정한다. 예컨대 5년 만기 채권을 가장 선호하는 투자자라 할지라도 3년 또는 10년 만기 채권의 수익률에 충분히 높은 수준의 기간프리미엄이 형성되면, 5년 만기 이외에 3년 또는 10년 만기 채권에도 투자할 수 있다는 것이다.

특정만기선호이론에서는 만기별 기간프리미엄의 크기에 따라 [그림 4-6]의 예와 같이 다양한 형태의 수익률곡선이 가능하다. 그림에서 보듯이 투자자들이 많이 선호하는 만기에 대해서는 채권의 수익률이 낮아지고(채권가격이 높아지고) 그렇지 않은 만기에 대해서는 수익률이 높아진다는(채권가격이 낮아진다는) 점에서는 시장분할이론과 유사하다. 그러나 기간프리미엄이 일정한 상황에서는 향후 단기 이자율에 대한 예상에 따라 수익률곡선의 구조가 결정되고, 이러한 구조에 따라 만기별 채권 간에 대체관계가 성립할 수 있다는 점에서 특정만기선호이론은 기대이론의 특징도 함께 가지고 있다. 예컨대 향후 단기 채권의 수익률이 크게 상승할 것으로

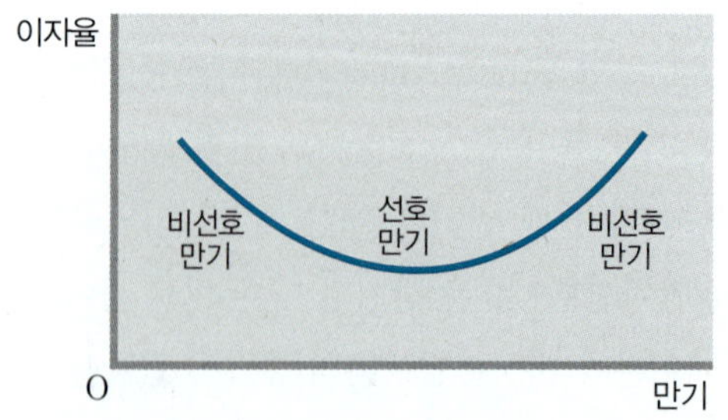

[그림 4-6] 특정만기선호이론과 수익률곡선

자료: 정운찬 · 김홍범(2018), 『화폐와 금융시장』, 제5개정판, 율곡출판사

예상되면서 기대이론에 따라 장기 채권의 수익률 역시 충분히 높게 형성되는 경우, 이전에는 장기 채권을 선호하지 않던 투자자들도 비로소 장기 채권을 매입할 수 있다는 것이다.

이와 같이 기대이론과 유사한 특징을 공유하는 특정만기선호이론은 기대이론과 마찬가지로 수익률곡선의 전형적인 특징 중 '장 · 단기 이자율이 같은 방향으로 변동하는 경향'을 잘 설명할 수 있다. 그러나 역시 기대이론과 마찬가지로 특정만기선호이론은 '수익률곡선이 일반적으로 우상향하는 현상'은 제대로 설명할 수 없다. 특정만기선호이론에서 우상향하는 수익률곡선이 일반적으로 나타나려면 채권의 만기가 길어질수록 더 큰 기간프리미엄이 붙어야 하는데, 특정만기선호이론은 만기와 기간프리미엄 간 관계에 관해 아무런 설명도 제시하고 있지 않기 때문이다.

4.2.5 유동성프리미엄이론

유동성프리미엄이론

힉스(J. R. Hicks)[18]가 제시한 유동성프리미엄이론은 기대이론을 바탕으로 하되, 특정만기선호이론의 기간프리미엄 개념을 유동성위험에 대한 대가인 유동성프리미엄으로 보다 구체화한 이론으로서, 기존 기간구조 이론들의 장점을 결합했다는 점에서 절충적 성격을 가진다.

이 이론에 따르면, 위험회피적인 투자자들은 다른 조건이 동일한 상황에서는 장기 채권보다 단기 채권에 대한 투자를 더 선호한다. 그 이유는 다음과 같다. 우선 장기 채권보다는 단기 채권의 유동성이 더 높을 가능성이 크다. 일반적으로 사람들은 먼 미래보다는 현재 또는 가까운 미래의 현금흐름을 더 선호하므로, 다른 조건이 같다면 채권의 만기가 짧을수록 좀 더 빨리, 제 값을 받고 팔 수 있기 때문이다. 유동성뿐 아니라 위험의 측면에서도 단기 채권이 장기 채권보다 유리한 측면이 있다. 가까운 미래의 이자율보다 먼 미래의 이자율은 훨씬 예측하기 어려우며, 따라서 단기 채권보다는 장기 채권이 만기 이전 매각 시 이자율 예측 오류에 따른 자본손실에 직면할 가능성(시장위험)이 크다고 볼 수 있다.[19]

---

18) Hicks, J. R.(1975), *Value and Capital: An Inquiry into Some Fundamental Principles*, 2nd ed., Oxford University Press.

19) 게다가 채권의 만기가 길수록 동일한 폭의 이자율 변동에 대해 채권가격의 변동폭이 더 커진다. 즉, 만기가 긴 채권일수록 이자율위험(보다 정확히 말하면 이자율위험 중 가격위험을 의미함)이 더 크다는 것이다. 채권의 만기에 따른 이자율위험의 차이에 관한 자세한 내용은 11장을 참조하기 바란다.

유동성프리미엄(liquidity premium)

이처럼 장기 채권보다 단기 채권을 선호하는 투자자들로 하여금 장기 채권에 투자하도록 유인하기 위해서는 일정 수준의 보상, 즉 **유동성프리미엄**(liquidity premium)이 제공되어야 한다는 것이 유동성프리미엄이론의 핵심이다. 예컨대 현재 1년 만기 채권의 수익률이 4%이고 앞으로 1년 후 시점에서의 1년 만기 채권의 예상수익률이 2%라고 가정하자. 한편 현재 2년 만기 채권의 수익률은 식 (4-9)에서와 같이 상기한 두 단기 채권수익률의 평균인 3%라고 하자. 이러한 상황에서, 현재 2년 만기 채권을 사서 만기까지 보유하는 전략([전략 1])과 현재 1년 만기 채권을 구입한 후 1년 뒤 원리금을 다시 1년 만기 채권에 재투자하는 전략([전략 2])은 기대수익률이 서로 거의 같아진다(식 (4-9)의 도출 과정을 참조). 이 경우 기대이론에 따르면, 투자자들은 두 전략 중 어느 하나를 특별히 선호하거나 기피하지 않으며, 따라서 1년 및 2년 만기 채권에 대한 상대적 수요는 변하지 않는다.

반면 유동성프리미엄이론에 따르면, 투자자들은 [전략 2]를 [전략 1]보다 선호하므로, 1년 만기 채권에 대한 수요가 상대적으로 증가하게 된다. 상기한 대로 위험회피적인 투자자들은 다른 조건이 동일하다면 1년 만기 채권이 2년 만기 채권보다 유동성이 높고 위험도가 낮다고 느끼기 때문이다. 그럼에도 불구하고 투자자가 2년 만기 채권을 매입하도록 유도하기 위해서는 채권수익률에 일정 수준의 프리미엄이 추가되어야 한다. 예컨대 상기한 2년 만기 채권의 수익률이 3%가 아니라 4%로 높아지면 투자자들은 비로소 이 채권을 매입할 의향을 가질 수 있다. 이때 추가된 프리미엄 1%p을 장기 채권의 낮은 유동성에 대한 보상으로 보아 유동성프리미엄이라고 부르는 것이다.

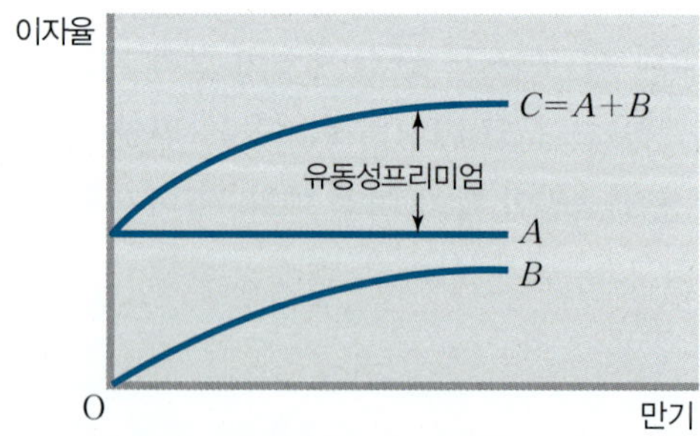

[그림 4-7] 유동성프리미엄이론과 수익률곡선

자료: 김종선 · 김종오(2014), 『금융시장의 이해』, 학현사

이와 같이 유동성프리미엄이론에서 장기 이자율(장기 채권의 수익률)은 기대이론에 따른 수익률 수준, 즉 현재의 단기 이자율(단기 채권의 수익률)과 미래 단기 이자율 예상치의 평균에다가 각 만기에 해당하는 '유동성프리미엄'이 가산되어 결정된다. 또한, 채권의 만기가 길수록 유동성은 낮아지고 위험의 크기는 커지므로 유동성프리미엄은 만기가 길어질수록 커지게 된다.

[그림 4-7]은 유동성프리미엄이론에 따른 수익률 곡선의 예를 보여준다. 여기서 곡선 A는 현재 단기 이자율과 미래 단기 이자율 예상치의 평균, 즉 기대이론에 따른 수익률 곡선을 나타내며, 편의상 수평선으로 가정하였다. A가 수평이라는 것은 미래의 단기 이자율이 현재 수준에서 불변일 것으로 예상됨을 의미한다. 한편 곡선 B는 유동성프리미엄을 나타낸 것으로 만기가 길어질수록 커짐을 알 수 있다. 곡선 C가 바로 유동성프리미엄이론에 따른 수익률곡선으로서, 이는 곡선 A와 곡선 B를 수직으로 더한 것이다.

유동성프리미엄이론은 지금까지 소개한 기간구조 이론 가운데 가장 발전된 형태의 이론이라고 할 수 있다. 소개한 이론 가운데 수익률곡선의 전형적 특징을 전혀 설명하지 못하는 시장분할이론을 논외로 하면, 기대이론은 기간구조 이론의 근간이 되는 이론이고 특정만기선호이론은 이러한 기대이론을 기간프리미엄이라는 새로운 개념으로 보완한 것이다. 그런데 유동성프리미엄이론은 이러한 기간프리미엄 개념을 유동성프리미엄으로 보다 구체화함으로써 특정만기선호이론을 또 한 단계 개선한 것이라는 점에서 가장 발전된 기간구조 이론이라고 할 수 있다.

실제로 유동성프리미엄이론은 현실에서 나타나는 수익률곡선의 전형적인 두 가지 특징을 모두 잘 설명할 수 있다. 첫째, 유동성프리미엄이론은 기대이론을 근간으로 하여 여기에 유동성프리미엄을 가미한 것이므로 기대이론과 마찬가지로 '장·단기 이자율이 같은 방향으로 변동하는 경향'을 잘 설명할 수 있다. 둘째, 유동성프리미엄이론은 만기가 길수록 커지는 유동성프리미엄을 통해 장기 채권의 수익률이 단기 채권에 비해 상대적으로 높은 현상, 즉 '수익률 곡선이 일반적으로 우상향하는 현상'을 논리적으로 쉽게 설명할 수 있다.

4.3 이자율의 위험구조

앞 절의 서두에서 언급한 대로 이자율의 위험구조란 만기는 동일하나 채무 불이행 위험, 유동성 정도, 세금 등 그 밖의 조건이 서로 다른 금융상품들의 이자율 간 관계를 의미한다. 이 절에서는 이와 같이 만기가 동일한 금융상품들의 이자율 간 차이, 즉 이자율스프레드의 결정요인을 하나씩 차례로 검토한다.

4.3.1 채무불이행 위험

채무불이행 위험(default risk) 또는 신용위험(credit risk)

채무불이행 위험프리미엄(default risk premium) 또는 신용스프레드(credit spread)

채무불이행 위험(default risk) **또는 신용위험**(credit risk)이란 차입자(채권발행자)가 이자나 원금의 일부 또는 전부를 약정대로 대여자(채권보유자)에게 상환하지 못할 위험을 의미한다. 이러한 채무불이행 위험이 존재하는 채권에 대해 투자자가 투자를 하도록 유도하려면 무위험채권 대비 일정 수준의 보상이 추가로 제공되어야 한다. 예컨대 회사채와 같이 채무불이행 위험이 존재하는 채권의 수익률과 국채와 같이 채무불이행 위험이 없는 것으로 간주되는 무위험채권의 수익률 간 차이를 **채무불이행 위험프리미엄**(default risk premium) **또는 신용스프레드**(credit spread)라고 한다.[20] 이제 채무불이행 위험프리미엄이 발생하는 원리를 살펴보자.

(1) 채무불이행 위험프리미엄

서로 동일한 만기와 유동성 정도, 세금조건을 가지는 무위험채권인 국채와 위험채권인 회사채가 존재하며, 초기에는 두 채권 모두 채무불이행 위험이 없다고 가정하자. 이와 같이 초기에는 모든 조건이 동일하므로 [그림 4-8]에서 보듯이 두 채권의 가격과 이자율(채권수익률)은 서로 동일하다($i_g = i_c$).

다른 조건이 불변인 상황에서 회사채를 발행한 회사의 재무구조가 취약해져 회사채의 채무불이행 위험이 증가하면, 투자자들은 회사채보다 무위험채권인 국채를

---

20) 다른 모든 조건이 동일한 상황에서 채권의 발행조건이나 발행주체가 가진 '신용위험' 수준의 차이로 인해 채권수익률에 체계적인 차이가 나타나는 것을 채권수익률의 신용위험구조(credit risk structure of interest rates)라고 하고 이때의 수익률 차이를 신용스프레드(credit spread)라고 한다. 따라서 채권수익률의 신용위험구조 및 이에 따른 신용스프레드는 앞에서 정의한 이자율의 위험구조 및 이에 따른 이자율스프레드의 특수한 한 형태라고 할 수 있다. 채권수익률의 신용위험구조와 신용스프레드에 관한 추가적인 논의는 11장을 참조하기 바란다.

더 선호하게 된다. 이에 따라 [그림 4-8]의 (a)에서 보듯이 국채에 대한 수요곡선은 우측으로 이동하는 반면, (b)에서 보듯이 회사채에 대한 수요곡선은 좌측으로 이동한다. 이에 따라 국채시장과 회사채시장의 균형이 이동하면서, 국채의 가격(이자율)이 상승(하락)하고 $(i_g \rightarrow i_g')$ 회사채의 가격(이자율)은 하락(상승)한다 $(i_c \rightarrow i_c')$. 이에 따라 초기에 $0\,(i_g = i_c \Rightarrow i_c - i_g = 0)$이었던 회사채의 채무불이행 위험프리미엄이 $i_c' - i_g'$로 커짐을 알 수 있다(이자율(채권수익률)은 채권가격과 역(−)의 관계를 가지므로, [그림 4-8]에서 세로축 변수인 국채 또는 회사채의 이자율은 아래로 갈수록 수준이 상승함에 유의).

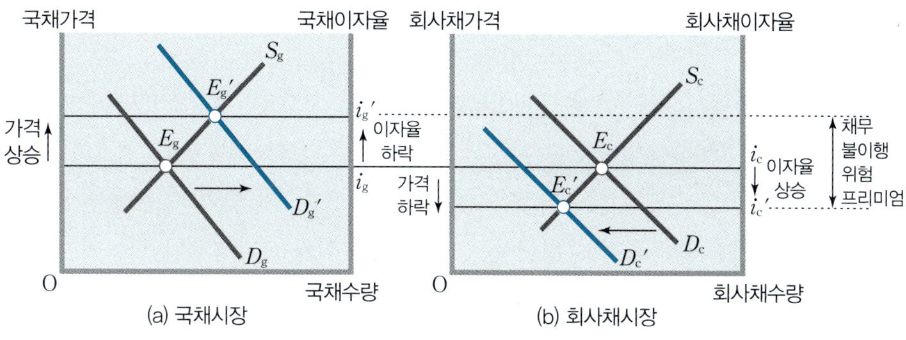

[그림 4-8] 채무불이행 위험프리미엄

자료: 정운찬 · 김홍범(2018), 『화폐와 금융시장』, 제5개정판, 율곡출판사, 일부 수정

(2) 채권등급과 만기수익률

채권등급평가(bond rating)는 무디스(Moody's Investors Service)나 S&P(Standard and Poor's Corporation)와 같은 신용평가기관(credit rating agency)이 채권 발행 주체의 원리금 상환능력을 평가하여, 이를 이해하기 쉬운 기호 등으로 등급을 매겨 투자자에게 제공하는 제도이다. 이는 시장에서 발행 및 유통되는 채권의 채무불이행 위험에 관한 정보를 투자자에게 전달함으로써, 채권시장의 정보비대칭을 해소하고 투자자를 사전적으로 보호하는 역할을 수행한다.

채권등급평가(bond rating)

예컨대 어떤 채권의 등급이 낮게 평가되면, 이는 채무불이행 위험이 높음을 의미한다. 그 결과 높은 위험에 대한 보상으로서 채무불이행 위험프리미엄이 높게 형성된다. 즉, 다른 조건이 동일한 상황에서 채권의 등급이 낮을수록 채권의 수익률은 높아진다. 〈표 4-1〉은 시장에서 거래되는 채권의 등급과 수익률(만기수익률) 간의 관계를 보여준다.

〈표 4-1〉 채권의 등급과 수익률 (단위: %)

신용등급 \ 만기	3개월	6개월	1년	3년	5년
AAA	4.059	4.179	4.152	4.172	4.378
AA	4.175	4.300	4.277	4.346	4.603
A	4.736	4.987	5.023	5.201	5.710
BBB	5.948	6.639	7.373	9.236	9.464

주: 2023년 1월 20일, 무보증 공모회사채(이표채) 기준.

자료: 한국자산평가(http://www.koreabp.com)(검색일: 2023. 1. 23.)

4.3.2 유동성

다른 조건이 동일하다면, 어떤 금융상품을 현금으로 전환하는 데 소요되는 거래비용이 작을수록, 즉 유동성이 높을수록 투자자들은 그 금융상품을 보다 선호하게 된다. 반대로 유동성이 낮은 금융상품은 상대적으로 선호도가 낮기 때문에 투자자들이 이를 매입하도록 유도하기 위해서는 더 높은 수익률을 제공해야 하는데, 이때 발생하는 유동성이 낮은 금융상품과 유동성이 높은 금융상품의 수익률 간 차이가 바로 유동성프리미엄이다.

예컨대 미 재무부의 재정증권이나 우리나라의 국고채와 같이 국가가 발행하는 국채는 매우 널리, 대량으로 거래되므로 상대적으로 거래량이 적고 거래 주체가 제한적인 회사채에 비해 유동성이 높다. 따라서 투자자들은 국채에 비해 회사채에 대해 더 높은 수익률을 요구하며, 그 결과 회사채 수익률에 일정 수준의 유동성프리미엄이 추가된다.

채권의 유동성 차이에 따른 이자율스프레드, 즉 유동성프리미엄이 발생하는 원리는 앞의 [그림 4-8]을 회사채의 채무불이행 위험이 증가하는 상황 대신 회사채의 유동성이 낮아지는 상황에 적용함으로써 쉽게 이해할 수 있다. 그림을 이용하여 독자 스스로 연습해 보기 바란다.

4.3.3 세금 조건

채권 투자자의 입장에서 투자 의사결정 시 고려해야 할 대상은 세전 수익률이 아닌 세후 수익률이다. 따라서 채권의 이자에 대한 과세 여부 및 세율의 차이는 채권 간 수익률 차이, 즉 이자율스프레드를 결정하는 중요한 요인이 된다.

구체적으로 투자자들은 이자가 비과세되는 채권에 대해서는 과세 채권보다 낮은 수익률도 받아들일 용의가 있다. 비록 비과세 채권이 과세 채권보다 세전 이자소득이 적더라도 세후로는 이자소득이 더 많을 수 있기 때문이다. 예컨대 미국에서는 재무부가 발행하는 국채에는 이자소득세가 부과되지만, 지방정부가 발행하는 지방채에는 이자소득세가 면제된다. 따라서 투자자들은 세전 기준으로 수익률이 다소 낮더라도, 국채보다 지방채에 투자하는 것이 세후 기준으로는 보다 유리할 수 있다. 실제로 [그림 4-9]에서 보듯이, 글로벌 금융위기 이전의 거의 대부분 기간에 걸쳐 미국 지방채의 수익률은 국채의 수익률을 하회하는 것으로 나타난다.

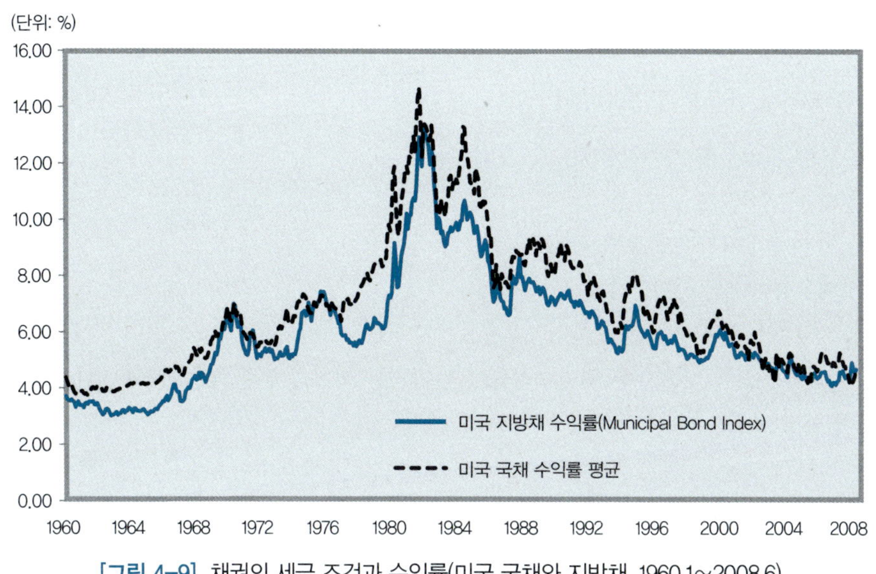

[그림 4-9] 채권의 세금 조건과 수익률(미국 국채와 지방채, 1960.1~2008.6)

자료: Board of Governors of the Federal Reserve System(http://www.federalreserve.gov/releases/h15/data.htm)

연·습·문·제

1. 다음 명제의 참과 거짓 여부를 판별하시오.

(1) 고전학파의 자연이자율이론에 따르면 중앙은행이 화폐공급을 증가시키는 경우 이자율이 하락한다.

(2) 케인즈의 유동성선호설에 따르면 이자는 현재소비를 연기하는 행위인 저축에 대한 대가로 간주된다.

(3) 이자율의 기간구조에 대한 유동성프리미엄이론에 따르면 향후 단기 이자율이 현재 수준에서 불변일 것으로 예상되는 경우 채권의 수익률곡선은 수평이 된다.

(4) 이자율의 위험구조 이론에 따르면 채권의 유동성이 낮아지거나, 채권의 등급이 낮아질수록 채권의 수익률은 상승한다.

2. 다음 용어를 간단히 설명하시오.

(1) 유량(flow) 변수와 저량(stock) 변수

(2) 만기수익률

(3) 이자율의 기간구조와 기간스프레드

(4) 채무불이행 위험프리미엄

3. 채권의 유동성이 낮을수록 채권수익률이 높아지는 이유를 본문의 [그림 4−8]을 변형하여 설명하시오.

4. 어떤 경제의 화폐공급은 중앙은행에 의해 외생적으로 결정되며, 현재 이 경제의 화폐수요 및 화폐공급에 대한 정보는 다음과 같다. 케인즈의 유동성선호설에 기초하여 다음 물음에 답하시오(금액의 단위는 조원임).

> 화폐공급량 $M^S = 200$
> 거래적 또는 예비적 화폐수요량 $M_T^D = 150$
> 투자적 화폐수요량 $M_S^D = 60 - 5i$ (여기서 i는 이자율이며, 단위는 %임)

(1) 케인즈의 유동성선호설에 따른 균형이자율은 얼마인가?

(2) (1)의 균형에서 총화폐수요량과 투자적 화폐수요량은 얼마인가?

(3) (1)의 초기 균형상태에서 중앙은행이 물가상승을 우려하여 균형이자율 수준을 2%p 올리려고 한다. 이를 위해 중앙은행은 화폐공급을 얼마까지 증가 또는 감소시켜야 하는가?

5. 현재 채권시장에서 우상향하는 수익률곡선이 관찰된다고 가정하자. 구체적으로 1년 만기 채권, 2년 만기 채권, 3년 만기 채권, 4년 만기 채권의 만기수익률이 각각 2%, 2.25%, 2.5%, 2.75%라고 하자. 본문의 식 (4−10)을 이용하여 다음 물음에 답하시오(정운찬 · 김홍범(2018) 변형).

(1) 이자율의 기간구조에 대한 기대이론에 따르면, 미래의 단기 채권수익률(1년 만기 채권의 수익률) 예상치는 시간에 따라 어떻게 변하는가?

(2) 이자율의 기간구조에 대한 유동성프리미엄이론에 따르면, 미래의 단기 채권수익률 예상치는 시간에 따라 어떻게 변하는가? 이는 (1)의 결과와 어떻게 다른가? 단, 2년 만기, 3년 만기, 4년 만기 채권에 대한 유동성프리미엄은 각각 0.25%, 0.5%, 0.75%라고 가정한다.

6. 채권시장의 투자자들이 지금부터 1년, 2년, 3년 후의 1년 만기 국채수익률을 각각 4%, 3%, 2%로 예상한다고 가정하자. 한편 현재 시장에서 관찰되는 1년 만기 국채수익률은 5%이다. 다음 물음에 답하시오(정운찬 · 김홍범(2018) 변형).

(1) 이자율의 기간구조에 대한 기대이론에 따라, 현재 채권시장에서 관찰되어야 할 만기별 국채수익률을 구하시오. 이 경우 수익률곡선은 어떤 형태인가?

(2) 이자율의 기간구조에 대한 유동성프리미엄이론에 따라, 현재 채권시장에서 관찰되어야 할 만기별 국채수익률을 구하시오. 이 경우 수익률곡선은 어떤 형태인가? 이는 (1)의 결과와 어떻게 다른가? 단, 2년 만기, 3년 만기, 4년 만기 채권에 대한 유동성프리미엄은 각각 0.5%, 1%, 1.5%라고 가정한다.

5

CHAPTER

통화정책과 금융시장

여러 번 언급한 대로 금융시장은 현재의 화폐와 미래의 화폐에 대한 청구권, 즉 금융수단이 서로 거래되는 시장이며, 이자율은 이렇게 금융시장에서 현재 화폐와 미래 화폐가 서로 거래될 때 적용되는 교환비율, 즉 화폐의 가격에 해당한다. 이와 같이 화폐가 금융시장의 주된 거래대상이면서 화폐의 가격이 바로 이자율이라는 점에서, 통화량 또는 이자율의 조절을 통해 수행되는 중앙은행의 통화정책이야말로 금융시장과 금융투자의 원리를 이해하기 위해 필수적으로 고려해야 할 요소라고 할 수 있다.

이 장에서는 통화정책과 금융시장 및 금융투자의 관계를 살펴보고자 한다. 이를 위해 우선 통화정책의 의의 및 구조를 전반적으로 개관하고 통화정책과 금융시장의 관계를 이해한다. 다음으로 통화정책의 수단, 운용목표, 운영체제, 전달경로를 차례로 개관한 후, 마지막으로 통화정책이 금융투자의 주된 대상인 위험자산의 수익률과 가격수준에 미치는 영향에 관해 살펴본다.

5.1 통화정책의 의의 및 금융시장과의 관계[1]

5.1.1 통화정책의 의의와 통화정책체계

통화정책(monetary policy)
통화정책체계(monetary policy framework)

3장과 4장에서 살펴본 대로 경제의 화폐공급, 즉 통화량과 화폐의 가격인 이자율은 중앙은행에 의해 외생적으로 결정되는 것이 아니라, 화폐 및 금융시장에서 여러 경제주체의 상호작용 속에서 다양한 금융경제적 요인의 영향을 받아 '내생적'으로 결정된다. 이처럼 비록 중앙은행이 통화량과 이자율을 완전히 통제할 수는 없지만, 그럼에도 불구하고 본원통화를 독점적으로 발행하는 기관으로서 통화정책을 통해 통화량 및 이자율에 상당한 영향을 미칠 수 있는 것 역시 사실이다.

통화정책(monetary policy)이란 중앙은행이 물가안정, 금융안정, 완전고용 등의 정책목표를 달성하기 위해 통화량 또는 이자율을 조절함으로써 경제의 실물부문과 금융시장에 영향을 미치는 정책을 의미한다. 이와 같이 중앙은행의 통화정책은 통화량 또는 이자율을 매개로 작용하기 때문에, 통화정책의 변화는 필연적으로 금융시장 및 금융투자 환경에 직접적으로 영향을 미칠 수밖에 없다. 금융시장의 기능과 금융투자의 원리를 이해하는 것이 목적인 이 책에서 중앙은행의 통화정책을 다루는 것은 바로 이러한 이유 때문이다.[2]

통화정책의 수립 및 집행의 방식과 절차에 관한 제도적 틀을 통화정책체계(monetary policy framework)라고 하는데, [그림 5-1]은 이를 그림으로 나타낸 것이다. 그림에서 보듯이 통화정책체계는 통화정책의 최종목표, 명목기준지표, 운용목표, 정책수단 그리고 정책수행과 관련된 제반 제도의 5가지 요소로 구성된다.

먼저 통화정책의 최종목표는 중앙은행이 통화정책을 통해 최종적으

1) 이 장의 1절에서 3절까지의 논의는 박강우(2020; 2021; 2022)와 한국은행(2021)에, 4절의 논의는 McConnell, Brue, and Flynn(2019)에 주로 의존하였다.
2) 통화정책 이외에 중앙은행 및 한국은행의 기능에 관해서는 이 책의 13장을 참조하기 바란다.

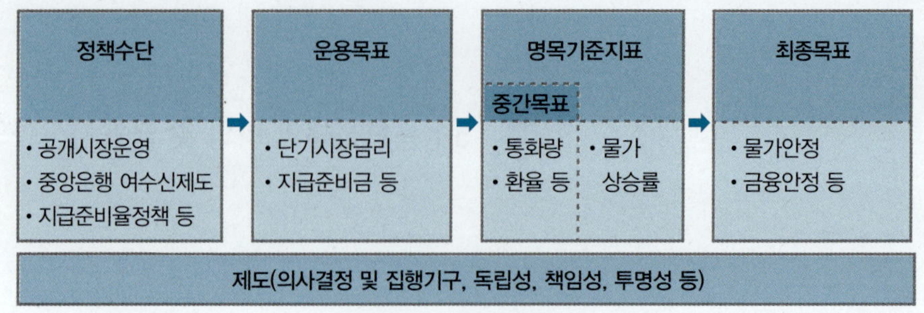

[그림 5-1] 통화정책체계

자료: 한국은행(2017), 『한국의 통화정책』, 한국은행, 일부 수정

로 달성하고자 하는 경제의 바람직한 상태를 의미한다. 일반적으로 물가안정, 금융안정, 완전고용 등을 주된 최종목표로 하는데, 국가별 경제 여건 및 역사적 배경에 따라 이 중 하나 혹은 복수의 목표를 선택하며, 복수의 목표를 선택한 경우 이들 사이에 우선순위를 설정하여 통화정책을 운영하기도 한다.

명목기준지표(nominal anchor)

둘째, 중앙은행은 통화정책의 최종목표와 밀접한 관계를 가지는 지표 중 하나를 선택하여 그 지표의 목표치를 설정한 다음, 이를 달성하는 방향으로 통화정책을 수행한다. 이렇게 선택된 지표를 **명목기준지표(nominal anchor)**라고 하는데, 대표적 예로는 물가상승률, 통화량, 환율[3] 등이 있다.

운용목표(operating target)

중간목표(intermediate target)

셋째, 물가안정과 같은 통화정책의 최종목표는 물론이고 상기한 물가상승률, 통화량, 환율 등의 명목기준지표 역시 중앙은행이 직접 통제할 수 있는 변수는 아니다. 이 때문에 효과적인 정책 수행을 위해서는 이들 명목기준지표와 긴밀히 연관되어 있으면서도 중앙은행이 직접 통제하여 원하는 수준을 유지할 수 있는 지표가 필요한데, 이를 **운용목표(operating target)**라고 한다. 일반적으로 금융기관 간 (초)단기 자금거래에 적용되는 콜금리 등의 (초)단기시장금리나 은행 등 금융기관의 지급준비금 규모가 운용목표로 활용된다.

3) 이 중 물가상승률을 제외한 통화량, 환율 등은 명목기준지표 가운데서도 중간목표(intermediate target)로 따로 분류된다. 예컨대 통화정책의 최종목표를 물가안정에 두는 물가안정목표제에서는 물가상승률을 명목기준지표로 삼는다. 따라서 이 경우 물가상승률은 명목기준지표인 동시에 최종목표변수가 된다. 반면 중앙은행은 최종목표변수인 물가상승률을 명목기준지표로서 타깃팅(targeting)하지 않고 그 대신 물가상승률과 밀접하게 연관되면서도 어느 정도 직접 통제 가능한 다른 변수, 예컨대 통화량, 환율 등을 명목기준지표로 삼아 이를 조절함으로써 간접적으로 물가상승률 목표를 달성하려 할 수도 있다. 이렇게 최종목표변수인 물가상승률 이외에 명목기준지표로 선택된 통화량, 환율 등의 변수를 중간목표라고 하는 것이다.

넷째, 통화정책의 정책수단(policy instrument)이란 설정된 운용목표를 달성 및 유지하기 위하여 중앙은행이 활용하는 정책도구를 의미한다. 예컨대 상기한 콜금리를 통화정책의 운용목표로 한다면, 중앙은행은 공개시장운영이라는 정책수단을 통해 채권을 단기로 사고 파는 과정에서 시장금리에 영향을 줌으로써 목표 콜금리 수준을 달성할 수 있다. 통화정책의 수단으로는 공개시장운영 이외에도 흔히 재할인율정책이라 불리는 중앙은행 여수신제도와 지급준비율정책이 있으며, 그림에는 제외되어 있지만 글로벌 금융위기를 계기로 도입되어 널리 활용되고 있는 지준부리 정책 그리고 양적완화를 비롯한 비전통적 통화정책 역시 포함된다.

한편 통화정책의 수립과 집행이 원활히 이루어지기 위해서는 이를 뒷받침하는 제반 제도가 필수적인데, 통화정책 의사결정 및 집행기구의 제도적 근거, 외부압력으로부터의 독립성 확보 장치, 정책수행의 투명성 및 수행 결과에 대한 책임성 제고를 위한 제도적 장치 등이 대표적 예라고 할 수 있다. 이러한 제도적 장치 역시 상기한 통화정책의 최종목표, 명목기준지표, 운용목표, 정책수단과 함께 통화정책 체계를 구성하는 주요 요소라고 할 수 있다.

5.1.2 통화정책과 금융시장의 관계

상기한 대로 통화정책은 화폐의 양인 통화량과 화폐의 가격인 이자율을 조절하는 방식으로 수행되므로 화폐가 거래되는 금융시장에 직접적으로 영향을 미치게 된다. 특히, 통화정책을 통한 시장이자율의 변화는 무위험자산뿐만 아니라 경제 내 모든 위험자산의 수익률에도 강력한 영향을 미침으로써, 이러한 자산에 대한 투자를 의미하는 금융투자의 환경 및 성과를 결정하는 주요 요인이 된다.[4] 그러나 이와 반대 방향으로, 금융시장과 금융투자 환경 역시 통화정책의 수행 여건 및 효과에 영향을 미친다. 왜냐하면 [그림 5-2]에서 보듯이, 금융시장은 중앙은행의 통화정책이 경제의 실물부문으로 파급되는 과정에서 주된 '전달경로'의 역할을 하기 때문이다.[5]

그림에서 보듯이 중앙은행은 기준금리 결정 및 공개시장운영 등 정책수단을 통해 단기금융시장에서 콜금리 등 운용목표를 직접적으로 통제 · 조정하며, 이는 채권 · 주식시장과 같은 자본시장 및 예금 · 대출시장을 비롯한 금융시장 전반으로 전

4) 통화정책이 위험자산의 기대수익률과 가격수준에 미치는 영향에 관해서는 이 장의 마지막 절을 참조하기 바란다.
5) 통화정책의 전달경로에 관한 자세한 논의는 이 장의 이후 절을 참조하기 바란다.

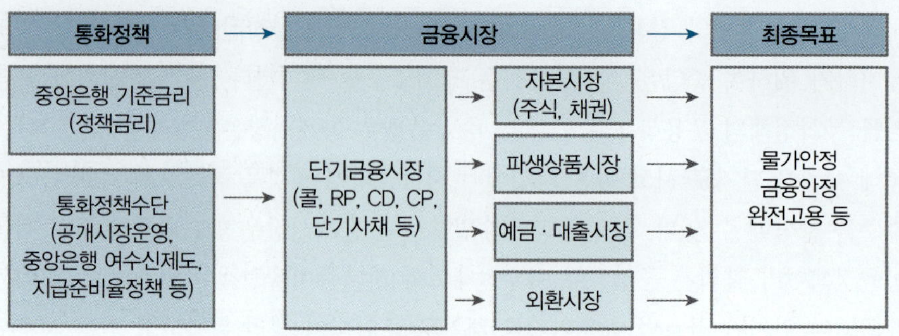

[그림 5-2] 통화정책과 금융시장의 관계

자료: 한국은행(2021), 『한국의 금융시장』, 한국은행, 일부 수정

달 및 파급되면서 궁극적으로 국민소득과 물가 등 경제의 실물부문에 영향을 미치게 된다. 따라서 이러한 통화정책의 전달경로가 원활히 작동하여 물가안정과 같은 정책의 최종목표를 달성하기 위해서는 전달경로의 핵심인 금융시장이 효율적으로 기능해야 한다. 예컨대 중앙은행이 확장적 통화정책을 통해 본원통화인 은행의 지급준비금을 늘리고 기준금리를 인하했음에도 불구하고, 은행이 증가한 지급준비금으로 대출을 늘리지 않거나 시장의 유동성이 부족하여 채권거래가 제대로 이루어지지 않는다고 가정하자. 이 경우 신용창조 부진에 따라 경제의 통화량이 충분히 증가하지 못하고, 기준금리 인하에도 불구하고 채권수익률로 대표되는 시장이자율이 충분히 하락하지 않으면서 확장적 통화정책이 본래 의도한 효과를 발휘하기 어렵게 된다. 이처럼 금융시장 및 금융투자 환경은 통화정책의 수행 여건을 좌우하는 중요한 요인이 된다.

정리하면, 화폐가 거래되는 시장인 금융시장과 금융투자의 환경은 통화량과 이자율의 변화를 통해 통화정책으로부터 직접적으로 영향을 받는 대상인 동시에, 통화정책의 주요 전달경로로서 정책의 수행 여건 및 효과를 결정하는 중요한 요인이 된다.

5.2 통화정책의 수단과 운용목표

이 절에서는 통화정책체계의 주요 구성요소 가운데 먼저 통화정책의 정책수단과 운용목표에 관해 개관한다.

5.2.1 통화정책의 수단

(1) 전통적 통화정책

통화정책의 정책수단이란 콜금리와 같은 운용목표를 목표 수준으로 유지시키기 위해 중앙은행이 직접적으로 통제하는 정책도구를 의미한다. 금융위기와 같은 특수 상황이 아닌, 평상시 활용되는 전통적인 통화정책수단으로 공개시장운영, 재할인율정책 또는 중앙은행 여수신제도, 지급준비율정책, 지준부리를 들 수 있다.

공개시장운영(open market operation)

첫째, 가장 널리 활용되는 수단인 **공개시장운영**(open market operation)은 중앙은행이 단기금융시장 또는 단기채권시장과 같은 공개시장에서 금융기관을 상대로 국공채 등 유가증권을 매매함으로써 본원통화와 시장이자율에 영향을 미치는 것을 의미한다. 예컨대 중앙은행이 단기채권시장에서 일반은행을 상대로 채권을 매입(매각)하면, 은행의 지급준비금이 증가(감소)하면서 본원통화가 증가(감소)하는 동시에 채권가격이 상승(하락)하므로 단기채권수익률, 즉 단기 시장이자율이 하락(상승)하게 된다. 아울러 이러한 본원통화의 증가는 은행의 신용창조과정을 통해 경제 전체의 화폐공급 증가로 이어지며, 그 결과 화폐시장의 균형에서 결정되는 시장이자율을 추가로 하락시키는 요인으로 작용한다. 공개시장운영은 다른 정책수단에 비해 신속하고 유연하게 시행할 수 있을 뿐 아니라 시장친화적이라는 장점을 가지므로, 대부분의 선진국에서는 공개시장운영이 평상시 통화정책의 가장 주된 수단으로 활용되고 있다.

재할인율정책 또는 중앙은행 여수신제도

둘째, **재할인율정책 또는 중앙은행 여수신제도**는 중앙은행이 은행 등 금융기관을 대상으로 대출하거나 예금을 받음으로써 본원통화를 조절하는 정책을 의미한다. 여기서 중앙은행이 일반은행에 대출할 때 적용하는 이자율을 재할인율(rediscount rate)이라 한다.[6] 예컨대 중앙은행이 일반은행에 대한 대출금리인 재할인율을 낮추면 중앙은행으로부터의 자금조달비용이 저렴해지면서 은행들은 중앙은행으로부터 차입을 늘릴 유인이 커진다. 이에 따라 실제로 차입을 늘리면 은행들의 지급준비금이 증가하면서 경제의 본원통화가 증가한다. 반대로 중앙은행의 재할인율 인상은 중앙은행으로부터의 차입 감소를 통해 은행의 지급준비금과 본원통

6) 재할인(rediscount)이란 일반은행이 민간 고객으로부터 할인하여 매입한 어음을 중앙은행이 다시 일반은행으로부터 할인하여 매입하는 방식으로 일반은행에 자금을 대출하는 것을 말한다. 중앙은행 여수신제도가 형성되던 초기에 주로 이러한 재할인 방식으로 대출이 이루어졌기 때문에 중앙은행 여수신제도가 재할인율정책이라는 이름으로 불리게 되었다.

화를 감소시키는 요인으로 작용한다.

지급준비율정책

셋째, **지급준비율정책**은 중앙은행이 법정지급준비율의 변경을 통해 통화승수를 변화시킴으로써 경제의 화폐공급에 영향을 주는 정책이다. 상기한 공개시장운영과 재할인율정책이 기본적으로 본원통화의 변화를 통해 화폐공급과 이자율에 영향을 준다면, 지급준비율정책은 신용창조 규모를 결정하는 통화승수를 통해 화폐공급과 이자율에 영향을 준다는 점에서 차이가 있다. 예컨대 중앙은행이 법정지급준비율을 인하하면 은행은 동일한 예금에 대해 이전보다 더 많은 양의 자금을 대출할 수 있게 된다. 이렇게 대출여력이 확대된 은행이 실제로 대출을 늘리면 신용창조가 촉진되면서 통화승수가 확대되며, 그 결과 경제의 화폐공급이 증가하고 시장이자율이 하락한다. 반대로 중앙은행이 법정지급준비율을 인상하면 은행의 대출여력 및 통화승수가 축소되며, 그 결과 화폐공급이 감소하고 시장이자율이 상승한다.

지준부리(支準附利, interest on reserves)

마지막으로 글로벌 금융위기를 계기로 도입되었으나, 선진국 중앙은행을 중심으로 평상시 통화정책에도 널리 활용되는 정책수단으로서 지준부리를 들 수 있다. **지준부리(支準附利, interest on reserves)**란 일반은행이 중앙은행에 예치한 지급준비금, 즉 중앙은행 지준예치금에 대해 중앙은행이 이자를 지급하는 것을 의미한다.[7)]

지준부리는 다음과 같은 원리를 통해 통화정책수단으로 작용할 수 있다. 예컨대 중앙은행에 예치된 은행의 지급준비금에 대한 이자율(지준부리 금리)이 인상되는 경우, 은행들은 비슷한 금리라면 위험을 무릅쓰고 보유한 지급준비금을 대출하기보다는 중앙은행에 안전하게 예치하는 것을 선호할 것이다. 이에 따라 은행이 대출을 줄이면 신용창조가 위축되면서 경제의 화폐공급이 감소하고 시장이자율이 상승한다. 반면 만일 중앙은행이 지준부리 금리를 인하하면 은행들은 이제 중앙은행에 지급준비금을 예치하기보다는 보다 수익성 높은 대출을 늘리고자 할 것이다. 이에 따라 은행이 대출을 늘리면 신용창조가 촉진되면서 경제의 화폐공급이 증가하고 시장이자율이 하락한다.

한편 또 다른 중요한 기능으로서 지준부리는 중앙은행이 통화정책의 운용목표인, 콜금리와 같은 단기시장금리를 목표 수준으로 조절하는 것을 용이하게 해주는

7) 이후 살펴볼 비전통적 통화정책 수단 가운데 마이너스 금리정책은 이러한 중앙은행 지준예치금에 대해 마이너스 금리가 적용되는 경우를 가리킨다. 따라서 마이너스 금리정책 하에서는 중앙은행이 지준부리를 통해 일반은행에 이자를 '지급하는' 것이 아니라 오히려 '지급받게' 된다.

역할을 한다. 일단 중앙은행이 지준부리 금리 수준을 설정하고 나면 이 수준이 콜금리와 같은 단기시장금리의 실질적인 하한선으로 작용하게 된다. 따라서 만일 중앙은행이 지준부리 금리를 단기시장금리의 목표 수준에 가깝게 설정하면, 이는 단기시장금리가 목표 수준에서 크게 이탈하는 것을 방지하는 역할을 하게 된다.

(2) 비전통적 통화정책

2008년 글로벌 금융위기와 이로 인한 대침체에 대응하는 과정에서 미 연준을 비롯한 선진국 중앙은행들은 공격적으로 정책 기준금리를 인하하였다. 그 결과 많은 선진국 중앙은행들은 기준금리가 제로 수준에 도달하면서 더 이상 기준금리를 인하할 수 없는 상황, 즉 **제로금리하한(zero lower bound)**의 문제[8)]에 직면하였다. 즉, 기준금리를 인하하는 전통적인 방법으로는 더 이상 확장적 통화정책을 시행할 여지가 사라진 것이다.

제로금리하한(zero lower bound)

이에 따라 연준을 비롯한 선진국 중앙은행들은 공개시장운영을 통한 기준금리 조정과 같은 전통적 통화정책수단 이외에, 제로금리하한의 문제를 극복하고 추가적으로 경기를 부양하기 위한 새로운 정책수단을 고안 및 활용하였다. 이렇게 고안된 새로운 정책수단들을 일컬어 **비전통적 통화정책(unconventional monetary policy)**이라고 한다. 글로벌 금융위기 이후 새롭게 도입된 비전통적 통화정책의 대표적 예로는 양적완화, 사전적 정책방향 제시, 마이너스 금리 정책을 들 수 있다.

비전통적 통화정책(unconventional monetary policy)

첫째, **양적완화(QE: Quantitative Easing)**는 기준금리가 제로 하한에 도달하여 중앙은행이 더 이상 금리를 인하하기 어려운 상황에서, 장기국채 등의 특정 자산을 중앙은행이 직접 매입함으로써 시장에 유동성을 제공하는 동시에 '장기' 시장이자율의 하락을 유도하는 정책이다. 양적완화는 다양한 전달경로[9)]를 통해 금융시장은 물론 실물경제에 영향을 미치게 된다. 예컨대 중앙은행이 양적완화를 통해 장기국채를 대규모로 매입하면 장기국채의 가격이 상승하면서(국채의 수익률 하락) 장기국채의 수익률로 대표되는 장기 시장이자율이 전반적으로 하락하며, 이는 투자자

양적완화(QE: Quantitative Easing)

8) 기준금리를 제로 수준 아래로 인하하기 어려운 문제, 즉 제로금리하한의 문제가 발생하는 주된 이유는 대규모 예금인출사태의 우려 때문이다. 만일 중앙은행이 기준금리를 마이너스로 인하하고 그에 따라 은행의 예금금리 역시 마이너스가 된다면, 이론적으로 모든 예금자들이 은행에서 예금을 모두 인출하여 현금으로 보유하려 할 수 있다. 예금자 입장에서 예금금리가 마이너스라는 것은 이자를 받기는커녕 오히려 이자를 지급해야 함을 의미하므로 모든 예금을 인출하여 현금으로 보관하는 것이 더 유리하기 때문이다.

9) 이와 관련된 통화정책의 전달경로에 관한 자세한 논의는 이 장의 이후 절을 참조하기 바란다.

금의 자본조달비용을 낮추면서 민간투자를 촉진할 수 있다. 이처럼 장기국채의 가격이 상승하는 것뿐만 아니라, 장기국채와 대체관계를 가지는 다른 위험자산, 예컨대 장기 회사채, 주택저당증권(MBS), 주식 등 역시 대체수요의 증가에 따라 가격이 상승하며, 그 결과 이들 자산을 보유한 경제주체의 소비와 투자에 긍정적 영향을 미치게 된다.

사전적 정책방향 제시 (forward guidance)

둘째, **사전적 정책방향 제시(forward guidance)**는 중앙은행이 향후 기준금리 경로와 같은 통화정책의 미래 예상경로에 관해 사전적으로 안내하는 것을 의미한다. 글로벌 금융위기 이후의 미 연준과 같이, 향후 '상당 기간 동안' 또는 '특정 시점까지', 아니면 '특정한 조건이 충족될 때까지' 제로금리를 계속 유지하겠다고 공표하는 것이 사전적 정책방향 제시의 대표적 예에 해당한다. 사전적 정책방향 제시 역시 다양한 전달경로를 통해 금융시장과 실물경제에 영향을 미친다. 예컨대 중앙은행이 물가안정을 위해 사전적 정책방향 제시를 통해 현재의 기준금리 인상 기조를 앞으로 상당 기간 유지하겠다고 공표하는 경우, 앞에서 살펴본 이자율의 기간구조에 관한 기대이론[10]에 따라 현재의 장기 시장이자율이 상승하게 된다. 이는 가계의 채무상환부담 가중 및 투자자금의 자본조달비용 상승을 통해 소비 · 투자 유인을 약화시킴으로써 총수요를 감소시키고 물가안정에 기여할 수 있다.

마이너스 금리(negative interest rate) 정책

셋째, **마이너스 금리(negative interest rate) 정책**은 말 그대로 이자율을 영(0) 아래로 인하하는 것을 의미하는데, 여기서 주의할 것은 현실의 마이너스 금리 적용대상이 금융기관을 이용하는 민간이 아니라 중앙은행에 자금을 예치하는 은행 등의 금융기관이라는 점이다. 실제로 글로벌 금융위기 이후 시행된 마이너스 금리 정책은 은행이 중앙은행에 예치하는 지급준비금(중앙은행 지준예치금)에 대한 금리(지준부리 금리를 의미함)에 국한하여 적용되었다.[11] 이는 만일 마이너스 금리가 은행 고객의 예금에까지 적용될 경우, 상기한 제로금리하한의 문제로 인해 고객들이 모든 자금을 인출하여 현금으로 보유하려 할 가능성이 있기 때문이다.

마이너스 금리 정책은 다음과 같은 경로를 통해 금융시장과 실물경제에 영향을 미칠 수 있다. 마이너스 금리 정책이 도입되면서 은행이 중앙은행에 예치한 예금

---

10) 앞 장에서 살펴본 기대이론에 따르면, 현재의 장기이자율은 현재 및 미래의 예상단기이자율의 평균으로 결정된다. 그러므로 중앙은행이 사전적 정책방향 제시를 통해 기준금리 인상 기조를 상당 기간 유지한다고 공표하면, 미래의 예상단기이자율이 상승하면서 현재의 장기이자율이 함께 상승하게 된다.

11) 이는 중앙은행이 지준부리를 통해 일반은행에 이자를 지급하는 것이 아니라, 오히려 일종의 수수료를 부과한다는 것을 의미한다.

(중앙은행 지준예치금)에 이자가 발생하기는커녕 도리어 일정률의 '수수료'가 부과된다고 가정하자. 이 경우 은행은 수수료 부과를 피하기 위해 예치한 금액을 인출하여 민간에 대한 대출을 늘리거나, 수익률이 플러스 혹은 마이너스이긴 하지만 그 폭이 예치금에 대한 수수료율보다 작은 채권 등에 투자할 것이다. 이에 따라 신용창조가 촉진되면서 경제의 화폐공급이 증가하는 동시에, 채권의 가격이 상승하고 수익률은 하락하면서 장 · 단기 시장이자율이 하락하며, 그 결과 경제주체의 소비 · 투자에 긍정적 영향을 줄 수 있다.

상기한 비전통적 통화정책은 글로벌 금융위기를 계기로 미 연준, 유럽 및 일본의 중앙은행과 같은 선진국 중앙은행에 의해 적용되기 시작한 것이다. 그러나 2020년 코로나19 사태로 인해 전 세계가 전대미문의 경제 및 금융위기에 직면하면서, 우리나라를 비롯한 주요 신흥국 중앙은행들도 이러한 비전통적 통화정책을 보다 적극적으로 검토하거나 일부는 실제 정책에 적용하였다.

5.2.2 통화정책의 운용목표

(1) 중앙은행 기준금리의 의의

금융위기와 같은 유사 시를 제외하면, 평상시 중앙은행은 상기한 네 가지 전통적 통화정책수단, 그 중에서도 주로 공개시장운영을 통해 통화량과 이자율을 조절하게 된다. 그러나 중앙은행은 이러한 정책수단을 통해 통화량과 이자율을 원하는 '방향으로' 조절할 수는 있지만, 구체적으로 이를 '얼마나' 조절할지를 사전적으로 예측 또는 결정할 수는 없다. 예컨대 중앙은행이 확장적 통화정책을 시행하기 위해 공개시장운영을 통해 채권을 매입함으로써 본원통화를 늘렸다고 가정하자. 중앙은행은 이러한 확장적 통화정책 시행에 따라 경제의 통화량이 증가하고 시장이자율이 하락할 것이라는 점, 즉 정책효과의 '방향'은 예측 또는 결정할 수 있다. 그러나 일단 본원통화가 증가한 이후에 신용창조과정을 통해 경제의 통화량이 '얼마나' 증가할지, 그 결과 최종적으로 시장이자율이 '얼마나' 하락할지는 중앙은행이 사전적으로 결정하는 것은 물론이고 예측하는 것조차 불가능하다.

이 때문에 대부분의 중앙은행들은 통화정책 수행을 위해 무작정 화폐공급을 늘리거나 줄이는 것이 아니라, 통화정책의 운용목표 또는 이와 밀접하게 연관된 이자율로서 기준금리(base rate)를 설정하고 그 목표치를 제시하여 달성하는 방식으로

기준금리(base rate)

통화정책을 시행한다. 예컨대 중앙은행이 확장적 통화정책을 시행하는 경우, 중앙은행은 무작정 채권을 매입하는 것이 아니라 기준금리가 사전에 설정한 목표 수준으로 하락할 때까지 공개시장운영을 지속적으로 실시하는 것이다. 이와 같이 기준금리는 말하자면 통화정책의 '속도계(speedometer)'와 같은 역할을 한다.

콜금리(call rate)
연방자금금리(federal funds rate)

통상적으로는 중앙은행이 직접적으로 통제 가능한 초단기 또는 단기 시장이자율을 기준금리로 설정한다. 예컨대 미국의 경우 은행 등 금융기관 간에 하루 동안(overnight) 초단기로 자금을 빌리는 데 적용되는 이자율인 **콜금리(call rate)**를 기준금리로 사용하는데, 미국에서는 이를 특별히 **연방자금금리(federal funds rate)**라고 부른다. 한국은행도 과거에는 콜금리를 기준금리로 사용하였으나, 2008년 3월부터 한국은행이 금융기관과 7일 만기 환매조건부매매(RP: repurchase agreement) 거래 시 적용하는 RP 금리를 기준금리로 변경하여 사용하고 있다. 그러나 실제로 한국은행은 시장의 콜금리가 설정된 기준금리 수준에서 크게 벗어나지 않도록 하는 방식으로 정책을 운영하고 있으므로, 우리나라의 경우에도 콜금리는 통화정책의 운용목표인 동시에 여전히 사실상의 기준금리 역할을 하고 있다고 볼 수 있다.

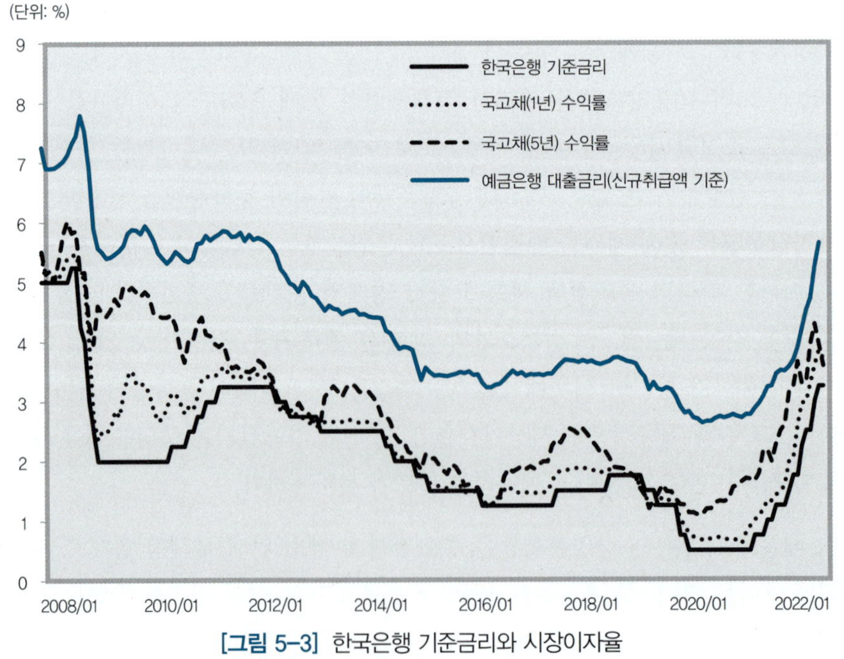

[그림 5-3] 한국은행 기준금리와 시장이자율

자료: 한국은행 경제통계시스템(http://ecos.bok.or.kr)

이와 같이 기준금리는 통화정책의 운용목표로서 중앙은행이 의도한 만큼 화폐 공급을 조절하도록 하는 속도계 역할을 하지만, 다른 한편으로는 기준금리의 변화가 직접적으로 시장이자율에 영향을 미치기도 한다. 이는 상기한 대로 기준금리 자체가 초단기 또는 단기 '시장이자율'에 해당하므로 기준금리의 변화는 거의 즉각적으로 단기 시장이자율에 반영될 뿐 아니라, 미래에 예상되는 단기이자율의 변화와 장 · 단기채권 간 대체투자 등의 경로를 통해 장기 시장이자율에도 영향을 미치기 때문이다. 실제로 [그림 5-3]을 보면, 단기채권(국고채(1년))의 수익률은 물론 장기채권(국고채(5년))의 수익률과 은행의 대출이자율 역시 한국은행 기준금리와 밀접하게 연관되면서 나란히 변동하고 있음을 알 수 있다.

(2) 금리 중심 통화정책 운영방식

이제 중앙은행이 기준금리 조정을 통해 구체적으로 어떻게 통화정책을 수행하는지 살펴보자. 가장 보편적인 예로서 콜금리를 기준금리로 사용하는 경우를 생각해 보자. 이 경우 중앙은행은 공개시장운영을 통해 은행 등 금융기관에 대한 지급준비금의 공급을 조절함으로써 콜금리를 목표 수준으로 맞추는 방식으로 통화정책을 시행한다.

예컨대 확장적 통화정책을 시행하는 경우 중앙은행은 먼저 콜금리 목표치의 인하를 공표하고, 이후 공개시장운영을 통해 은행 등 예금취급기관을 상대로 채권을 매입함으로써 이들 금융기관의 초과지급준비금을 증가시킨다. 이에 따라 콜시장[12]에 자금의 공급이 증가하면서 콜시장에 적용되는 금리인 콜금리는 점차 하락하며, 이렇게 콜금리가 공표된 목표 수준으로 하락할 때까지 중앙은행은 채권을 매입하는 공개시장운영을 지속적으로 실시한다.

반대로 긴축적 통화정책을 시행하는 경우 중앙은행은 먼저 콜금리 목표치의 인상을 공표하고, 이후 공개시장운영을 통해 은행 등 예금취급기관을 상대로 채권을 매각함으로써 이들 금융기관의 초과지급준비금을 감소시킨다. 이에 따라 콜시장에 자금의 공급이 감소하면서 콜금리는 점차 상승하며, 이렇게 콜금리가 공표된 목표 수준으로 상승할 때까지 중앙은행은 채권을 매각하는 공개시장운영을 지속적으로

---

12) 콜시장은 금융기관 간에 초단기(예컨대 1일 만기)로 자금이 거래되는 시장을 말한다. 콜시장에는 비은행 금융기관들도 참여하지만, 은행 등 예금취급기관이 보유한 초과지급준비금을 거래하는 것이 전체 거래의 가장 큰 부분을 차지한다. 이러한 콜시장의 거래에 적용되는 금리가 바로 콜금리이다.

실시한다.

금리 중심 통화정책 운영방식

이처럼 콜금리와 같은 '시장이자율'을 통화정책의 운용목표로 설정하여 그 목표치를 달성하는 방식으로 통화정책을 운영하는 방식을 **금리 중심 통화정책 운영방식**이라고 한다. 한국은행은 초단기 시장이자율인 만기 하루짜리(익일물) 콜금리를 통화정책의 운용목표로 설정하여, 이러한 콜금리가 한국은행 기준금리 수준에서 결정되도록 정책을 운영하고 있으므로 우리나라 역시 금리 중심 통화정책 운영방식을 채택하고 있다고 말할 수 있다.

한 가지 유의할 것은, 상기한 예에서와 같이 기준금리와 통화정책의 운용목표는 서로 일치할 수도 있지만, 현실의 통화정책에서는 양자가 서로 달라질 수도 있다는 것이다. 예컨대 미 연준의 경우 통화정책의 운용목표가 우리나라의 콜금리에 해당하는 연방자금금리이고, 기준금리 역시 이러한 연방자금금리의 목표치이므로 양자는 서로 일치한다고 할 수 있다. 한편, 우리나라 한국은행의 경우 2008년 3월 이전까지 콜금리를 통화정책 운용목표로, 콜금리 목표치를 기준금리로 설정하여 정책을 운영하였으므로 운용목표와 기준금리가 일치하였으나, 2008년 3월부터는 기준금리가 RP 금리로 변경되면서 비로소 통화정책 운용목표인 콜금리와 기준금리가 서로 분리되었다.

구체적으로 현행 한국은행 기준금리는 한국은행이 공개시장운영을 통해 금융기관과 RP 거래를 할 때 적용되는 금리로서, 한국은행은 기준금리를 7일물 RP 매각 시 고정입찰금리로, 7일물 RP 매입 시 최저입찰금리로 사용한다. 따라서 현행 한국은행의 정책금리, 즉 한국은행 기준금리는 RP 금리이지만, 통화정책의 운용목표는 여전히 콜금리로서 이전과 변함이 없다고 할 수 있다. 왜냐하면 한국은행은 콜금리가 통화정책에 따라 결정된 기준금리(RP 금리) 수준에서 크게 벗어나지 않도록 하는 방식으로 통화정책을 운영하고 있기 때문이다. 금리 중심 통화정책 운영방식에 관한 보다 자세한 내용은 이 장의 〈알아두기 5-1〉을 참조하기 바란다.

알아두기 5.1 금리 중심 통화정책 운영방식

금리 중심 통화정책이란 '시장이자율'을 통화정책 운용목표로 하여 정책을 운영하는 것을 말한다. [그림 5-4]는 콜금리가 통화정책의 운용목표인 경우를 예로 들어, 금리 중심 통화정책의 운영방식을 보여준다. 앞에서 언급한 대로 콜금리가 적용되는 콜시장은 주로 은행 등의 예금취급기관(이후 금융기관으로 지칭)이 보유한 초과지급준비금을 초단기로 서로 거래하는 시장이다. 이에 따라 콜금리는 결국 금융기관의 지급준비금에 대한 수요와 공급이 일치하는 점에서 결정된다.

그림에서 보듯이 지급준비금의 수요곡선 D는 일반적인 수요곡선과 마찬가지로 우하향하는 형태를 가진다. 다른 금융기관으로부터 지급준비금을 빌릴 때 적용되는 콜금리가 낮을수록, 더 많은 금융기관이 더 많은 지급준비금을 빌릴 것이기 때문이다. 한편 지급준비금의 공급곡선 S는 일반적인 공급곡선과 달리 수직선의 형태를 가지고 있다. 이는 금리 중심 통화정책 운영방식 하에서 중앙은행이 통화정책 운용목표인 콜금리를 목표 수준으로 유도하기 위해 지급준비금의 공급을 외생적으로 조절하기 때문이다. 즉, 콜시장에서 금융기관의 지급준비금 수요와 공급 사이에 차이가 발생하는 경우에는 이로 인해 콜금리가 목표 수준에서 벗어나지 않도록 중앙은행이 지급준비금의 공급을 인위적으로 조절함으로써 이러한 수급 차이를 해소한다는 것이다.

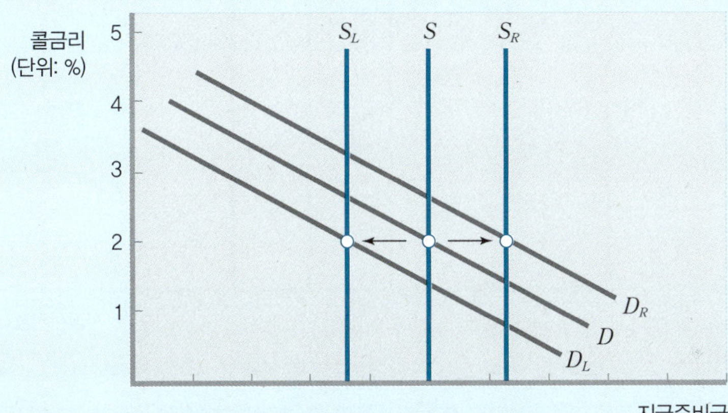

[그림 5-4] 금리 중심 통화정책 운영방식

자료: Acemoglu, Laibson, List(2014), Economics, Pearson, 일부 수정

예를 들어, [그림 5-4]에서 초기 콜시장의 균형이 지급준비금의 수요곡선 D와 공급곡선 S가 만나는 점에서 이루어지고 이때 균형 콜금리가 중앙은행의 현재 목표 수준인 2%와 일치한다고 가정하자. 이러한 상황에서 만일 은행 전체적으로 지급준비금에 대한 수요가 증가하면서 수요곡선 D가 D_R로 우측 이동하는 경우, 중앙은행이 정책적으로 아무런 대응을 하지 않으면 균형 콜금리는 상승하게 된다.

그러나 금리 중심 통화정책 운영방식에서는 이 경우 중앙은행이 콜금리가 사전에 공표한 목표 수준에서 벗어나지 않도록 지급준비금의 공급을 조절하게 된다. 구체적으로 중앙은행은 공개시장운영을 통해 금융기관이 보유한 국채 등의 채권을 매입함으로써 금융기관의 지급준비금을 늘리며, 이에 따라 지급준비금 공급곡선 S가 S_R로 우측 이동한다. 그 결과 그림에서 보듯이 지급준비금 수요의 증가($D \rightarrow D_R$)에도 불구하고 균형 콜금리는 목표 수준인 2%를 유지하게 된다. 반대 방향으로도 마찬가지 원리가 적용된다. 즉, 은행 전체적으로 지급준비금에 대한 수요가 감소하면서 수요곡선 D가 D_L로 좌측 이동하는 경우 중앙은행은 공개시장운영을 통해 금융기관을 상대로 국채 등의 채권을 매각함으로써 금융기관의 지급준비금을 줄이며, 이에 따라 지급준비금 공급곡선 S가 S_L로 좌측 이동하면서 균형 콜금리는 목표 수준인 2%를 유지하게 된다.

금리 중심 통화정책 운영방식에서, 만일 중앙은행이 확장적 또는 긴축적 통화정책을 시행하려면 어떻게 해야 하는가? [그림 5-5]는 [그림 5-4]와 동일한 초기 균형 상태에서, 중앙은행이 확장적 또는 긴축적 통화정책을 시행하는 경우 콜금리의 변화를 보여준다.

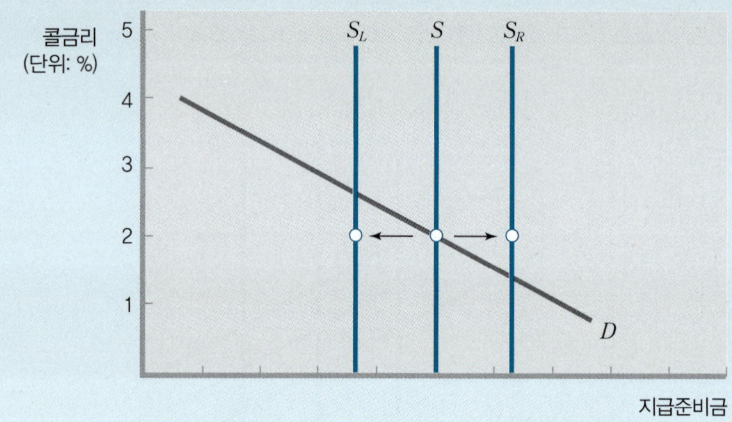

[그림 5-5] 금리 중심 통화정책 운영방식에서 정책의 변화

자료: Acemoglu, Laibson, List(2014), Economics, Pearson, 일부 수정

먼저 확장적 통화정책을 시행하는 경우, 중앙은행은 우선 통화정책 운용목표인 콜금리의 목표치(기준금리를 의미)를 인하하겠다고 공표한다. 그림에서 보듯이 지급준비금에 대한 수요곡선이 불변인 상황에서, 지급준비금의 '가격'에 해당하는 콜금리를 목표한 대로 낮추려면 지급준비금의 공급을 늘려야 한다. 이를 위해 중앙은행은 공개시장운영을 통해 금융기관이 보유한 국채 등의 채권을 매입함으로써 금융기관의 지급준비금을 늘리며, 이에 따라 지급준비금 공급곡선 S가 S_R로 우측이동하면서 균형 콜금리는 기존 목표 수준인 2%보다 낮은 새로운 목표 수준을 향해 하락하게 된다. 이러한 콜금리의 하락은 이후 살펴볼 통화정책의 금리경로[13]를 통해 단기 및 장기 시장이자율과 예금 및 대출 이자율의 하락으로 이어지면서, 결국 실물부문의 소비 · 투자를 촉진할 수 있다.

한편 긴축적 통화정책을 시행하는 경우, 중앙은행은 우선 콜금리의 목표치를 인상하겠다고 공표한다. 그런데 그림에서 보듯이 지급준비금에 대한 수요곡선이 불변인 상황에서 콜금리를 높이려면 지급

13) 금리경로를 비롯한 다양한 통화정책의 전달경로에 관한 자세한 내용은 다음 절을 참조하기 바란다.

준비금의 공급을 줄여야 한다. 이를 위해 중앙은행은 공개시장운영을 통해 금융기관을 상대로 국채 등의 채권을 매각함으로써 금융기관의 지급준비금을 줄이며, 그 결과 지급준비금의 공급곡선 S가 S_L 로 좌측이동하면서 균형 콜금리는 기존 목표 수준인 2%보다 높은 새로운 목표 수준을 향해 상승하게 된다. 이러한 콜금리의 상승은 단기 및 장기 시장이자율과 예금 및 대출 이자율의 상승으로 이어지면서, 결국 실물 부문의 소비 · 투자를 둔화시키고 물가상승을 억제하는 방향으로 작용하게 된다.

자료: Acemoglu, Laibson, List(2014), 박강우(2021)를 인용 및 일부 수정

5.3 통화정책의 운영체제와 전달경로

5.3.1 통화정책 운영체제의 의미와 물가안정목표제

(1) 통화정책 운영체제의 의미

[그림 5-1]의 통화정책체계 구성요소 가운데 통화정책의 최종목표나 정책수단 등은 국가별로 큰 차이가 없으며, 설사 있다 해도 대개 세부항목 간 중요성 정도나 우선순위의 차이에 그친다. 반면, 통화정책의 명목기준지표 또는 중간목표의 선택은 개별 경제여건과 금융시장 발달 정도 등에 따라 국가별로 뚜렷하게 달라질 수 있다.

이에 따라 국가별 통화정책체계를 분류할 때는 각국이 선택한 명목기준지표를 주된 기준으로 하는 것이 일반적이다. 예컨대 통화량, 환율, 물가상승률을 명목기준지표로 선택한 경우 각각을 차례대로 통화량목표제, 환율목표제, 물가안정목표제라고 부르며, 이렇게 명목기준지표에 따라 통화정책을 분류한 것을 **통화정책 운영체제(monetary policy regime)**라고 한다.

통화정책 운영체제
(monetary policy regime)

열거한 통화정책 운영체제 가운데, 통화량목표제는 M1, M2 등 통화지표의 증가율을 명목기준지표이자 중간목표로 하여 이를 달성하는 방식으로 통화정책을 운영하는 체제이다. 이러한 통화량목표제는 1970년대 고인플레이션기를 전후하여 한때 각광받았으나, 1980년대 이후 통화지표와 실물경제 및 인플레이션 간의 관계가 전반적으로 약화되면서 대부분의 선진국 중앙은행들은 이를 포기하였다. 한편 환율목표제는 환율을 명목기준지표 및 중간목표로 하여 이를 일정 수준 또는 범

위에서 유지하는 방식으로 통화정책을 운영하는 체제이다. 따라서 고정환율제도를 채택하고 있는 국가들의 통화정책 운영체제는 모두 환율목표제에 해당한다고 볼 수 있다.

통화량목표제의 경우 지금은 선진국 가운데 이를 채택한 국가를 찾아보기 힘들다는 점과 환율목표제의 경우 이것이 통화정책보다는 사실상 외환정책에 가깝다는 점을 고려하여, 여기서는 현재 가장 보편적으로 채택되고 있는 운영체제인 물가안정목표제를 중심으로 그 의의와 특징 및 한계를 살펴보고자 한다.

(2) 물가안정목표제

물가안정목표제(inflation targeting)

물가안정목표제(inflation targeting)란 물가상승률을 명목기준지표로 설정하는 운영체제로서, 중앙은행이 명시적인 중간목표 없이 일정 기간 동안 달성해야 할 물가상승률 목표치를 미리 공표하고 이를 달성하는 방향으로 통화정책을 운영하는 방식이다. 따라서 중앙은행이 통화정책의 최종목표로서 물가안정을 선택한 경우, 물가안정목표제에서는 물가상승률이 명목기준지표인 동시에 최종목표 변수가 된다. 물가안정목표제는 1990년 뉴질랜드에서 처음 도입된 이후 미국을 제외한 다수의 선진국과 신흥시장국 및 동유럽의 체제 전환국 등으로 확산되었으며, 우리나라도 외환위기 직후인 1998년부터 물가안정목표제를 도입하여 현재까지 시행하고 있다.

물가안정목표제의 일반적인 특징은 다음과 같다. 첫째, 통화정책당국이 물가안정목표를 구체적인 수치로 대외에 공표한다. 둘째, 통화정책의 최종목표로서 물가안정을 단일 목표로 하거나, 복수의 목표가 존재하더라도 이 중 물가안정이 최우선 순위를 가진다. 셋째, 중앙은행의 독립성(independence)과 정책수행의 책임성(accountability) 및 투명성(transparency)을 확보함으로써 통화정책의 신뢰성을 제고하기 위한 다양한 제도적 장치가 마련되어 있다. 요컨대 물가안정목표제에서는 통화정책의 최종 및 최우선 목표인 물가안정을 달성하기 위해 물가상승률 목표치가 사전에 공표되며, 통화정책의 신뢰성을 제고하기 위한 다양한 제도적 장치가 함께 수반된다. 이러한 특징에 따라 물가안정목표제는 통화정책의 목표가 매우 명료하다는 점, 민간의 기대인플레이션 형성이 용이하다는 점, 중앙은행의 목표 달성 여부를 쉽게 확인할 수 있다는 점 등 다른 운영체제에 비해 다양한 장점을 가진다.

물가안정목표제의 실제 성과에 대해서도 대체로 긍정적인 평가가 많았다. 1980년대 중반부터 2008년 글로벌 금융위기 이전까지 약 20년 동안은 흔히 대안정기(Great Moderation)라고 불리는데, 이는 이 시기 대부분의 선진국에서 물가가 안정된 가운데 경제가 완만한 성장세를 유지하였기 때문이다. 많은 학자들은 이 기간 동안 각국이 도입한 물가안정목표제가 이와 같은 전 세계적인 물가안정 기조를 정착시키는 데 상당히 기여했다고 평가한다. 실제로 물가안정목표제를 채택한 국가의 수는 꾸준히 증가해 온 반면, 이를 도입했다 포기한 사례가 아직까지 없었다는 점만 봐도 물가안정목표제의 성과에 대한 평가가 대체로 긍정적임을 알 수 있다.

[그림 5-6] 우리나라의 물가상승률과 물가안정목표

자료: 한국은행 홈페이지(http://www.bok.or.kr/portal/main/contents.do?menuNo=200291)
(검색일: 2023. 1. 12.)

그러나 2008년 글로벌 금융위기를 계기로 물가안정목표제의 한계에 관한 비판이 대두하였다.[14] 비판의 요지는 다음의 두 가지로 요약할 수 있다. 첫째, 물가안정목표제에 따라 정책당국이 오직 물가안정에만 주의를 기울이고 금융안정 등 다른

14) 이러한 한계를 극복하기 위해 최근에는 물가안정목표제의 대안을 모색해야 한다는 주장이 대두하였다. 제시된 대안 가운데 대표적으로 물가수준목표제와 명목GDP목표제를 들 수 있다. 각 대안적 운영체제의 의의 및 특징에 관해서는 한국은행(2017), 박강우(2021)를 참조하기 바란다.

중요한 정책목표를 소홀히 취급한 결과, 금융위기에 취약한 환경이 조성되었다는 비판이다. 글로벌 금융위기가 발생하기 상당 기간 전부터 신용팽창과 자산가격 상승 등으로 금융 불균형이 누적되었음에도 불구하고 물가안정목표제를 고수하는 중앙은행이 비교적 안정된 물가만 보고 이러한 불균형에 제대로 대응하지 못하였으며, 그 결과 금융기관 및 가계의 재무건전성 저하 등 금융위기에 취약한 환경이 조성되었다는 것이다.

둘째, 물가안정목표제로 인해 통화정책의 경기안정화 효과가 제약되었다는 비판이다. 예컨대 글로벌 금융위기 이후의 대침체와 같은 심각한 경기침체를 극복하기 위해서는 중앙은행이 강력한 확장적 통화정책을 통해 민간의 기대인플레이션 수준을 높임으로써 실질이자율을 낮추고[15] 소비와 투자를 촉진해야 한다. 그러나 본래 물가안정목표제가 인플레이션을 '하향' 안정시키는 것을 목적으로 도입된 것임을 고려하면, 물가안정목표제를 통해 높은 기대인플레이션을 유발하는 데는 근본적인 한계가 존재할 수밖에 없다. 이 때문에 물가안정목표제에서는 통화정책이 경기를 부양하는 경기안정화 효과가 크게 제약된다는 것이 두 번째 비판의 핵심이다.

[그림 5-6]은 2000년 이후 한국은행의 물가안정 목표치 또는 목표범위와 실제 물가상승률(소비자물가지수 상승률)을 서로 비교할 수 있도록 함께 그린 것이다. 그림에서 보듯이 2008년 글로벌 금융위기가 발생하기 이전 기간인 2005~2007년에 실제 물가상승률은 물가안정 목표범위를 아래로 벗어났으며, 금융위기 이후에도 상당 기간 동안(2013~2016년) 물가상승률이 물가안정 목표치 또는 목표범위에 못 미쳤음을 알 수 있다. 한편 2020년 코로나19 사태 직후에는 실제 물가상승률이 목표치를 크게 하회했다가, 러시아 · 우크라이나 전쟁이 발발한 2022년 이후의 물가 급등기에는 실제 물가상승률이 목표치 위로 크게 벗어났음을 알 수 있다.

5.3.2 통화정책의 전달경로

통화정책의 전달경로
(transmission mechanism)

상기한 통화정책의 정의로부터 알 수 있듯이, 통화정책은 기본적으로 통화량과 이자율의 변화를 통해 실물경제에 영향을 주는 정책이다. 그런데 현실에서 통화정책에 따른 통화량과 이자율의 변화가 실물경제의 생산 및 고용과 물가에 영향을 미

15) 경제학자 피셔(I. Fisher)의 이름을 딴 피셔 방정식은 명목이자율과 실질이자율 간의 관계를 나타내는 것으로서, 이에 따르면 실질이자율은 명목이자율에서 기대인플레이션율을 차감한 것과 같다. 따라서 확장적 통화정책을 통해 기대인플레이션 수준이 높아지면 실질이자율이 하락하면서 소비와 투자에 긍정적 영향을 줄 수 있다.

치기까지는 다양한 중간경로를 거치게 되는데, 이를 일컬어 **통화정책의 전달경로(transmission mechanism)**라고 한다.

[그림 5-7]은 다양한 통화정책의 전달경로를 그림으로 나타낸 것이다. 이 중 가장 왼쪽의 금리경로는 중앙은행의 기준금리 조정이 시장이자율을 변화시킴으로써 실물경제로 효과가 전달되는 경로로서, 앞에서 살펴본 금리 중심 통화정책 운영방식 하에서 가장 핵심적인 통화정책의 전달경로라고 할 수 있다. 따라서 이후에는 그림에 등장하는 여러 통화정책 전달경로를 크게 금리경로와 그 밖의 경로로 나누어 각각의 의미와 특징을 살펴볼 것이다.

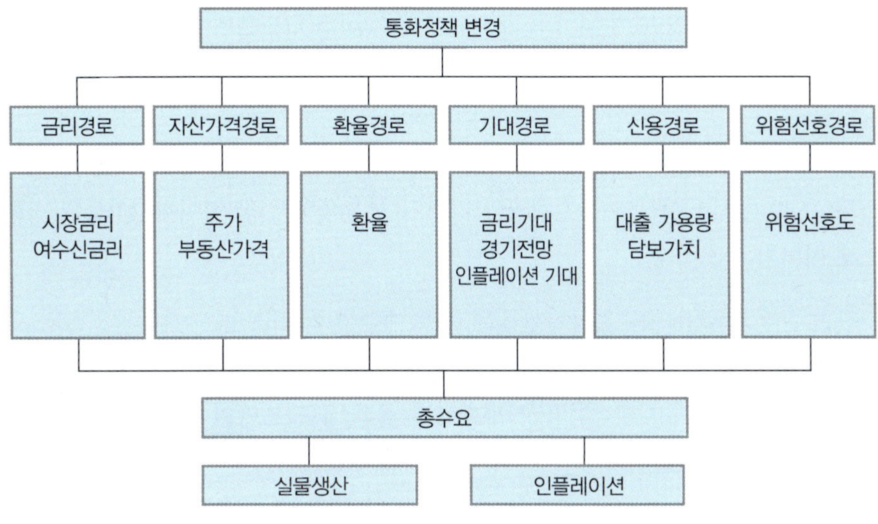

[그림 5-7] 통화정책의 전달경로

자료: 한국은행(2017), 『한국의 통화정책』, 한국은행

(1) 금리경로

금리경로는 중앙은행의 기준금리 조정이 '시장이자율의 변화'를 통해 실물경제와 물가에 영향을 미치는 경로를 의미한다. 앞 절에서 살펴본 대로 기준금리는 통화정책의 운용목표로서 중앙은행이 화폐공급을 조절하는 속도계 역할을 하기도 하지만, 기준금리의 변화 자체가 미래 예상단기이자율의 변화와 장·단기채권 간 대체투자 등의 경로를 통해 직접적으로 시장이자율에 영향을 미치기도 한다. 금리경로는 이렇게 중앙은행의 기준금리 조정이 직접적으로 시장이자율을 변화시킴으로써 실물경제와 물가에 정책효과가 파급되는 경로를 의미한다. 금리경로

금리경로의 작동과정은 크게 2단계로 구분할 수 있는데, 1단계는 기준금리의 조정이 금융시장 내에서 단기이자율, 장기이자율, 은행 예금 및 대출이자율로 순차적으로 파급되는 단계이고 2단계는 이와 같은 시장이자율의 변화가 실물경제의 소비 · 투자와 물가에 영향을 주는 단계이다.

중앙은행이 기준금리를 인하하는 경우를 예로 들어 금리경로의 작동과정을 살펴보자. 상기한 대로 기준금리는 콜금리와 같은 초단기 또는 단기 시장이자율을 대상으로 설정되는 경우가 대부분이다. 따라서 중앙은행이 기준금리를 인하하면 초단기 이자율인 콜금리를 비롯하여 단기채권의 시장이자율, 예컨대 만기가 1년 미만인 양도성예금증서(CD)나 기업어음(CP) 등의 수익률이 거의 즉각적으로 하락하게 된다. 그런데 앞에서 살펴본 대로 채권가격과 시장이자율(채권수익률) 간에 역(−)의 관계가 성립하므로 이러한 단기 시장이자율의 하락은 해당 단기채권의 가격이 상승했음을 의미한다. 따라서 금융시장 참가자들은 이제 비싸진 단기채권 대신 상대적으로 싸고 수익률이 높은 장기채권을 매입하고자 할 것이다. 이로 인해 국채 · 회사채 등 만기 1년 이상인 장기채권의 가격이 상승하면서 장기 시장이자율의 하락으로 이어지는 것이다.

한편 은행과 같은 예금취급기관들은 주로 예금 또는 CD 등 단기채권을 통해 조달한 자금을 대출 또는 장기채권으로 운용한다. 그런데 상기한 대로 기준금리 인하에 따라 단기채권의 시장이자율이 하락하는 경우, 자금조달의 원천으로서 단기채권과 상호 대체관계를 가지는 예금의 이자율 역시 하락하게 된다. 또한 통상적으로 은행의 대출이자율은 예금이자율 또는 CD 등 단기채권을 통한 자금조달비용에 연동하여 결정되는데, 상기한 대로 기준금리 인하에 따라 예금과 단기채권의 이자율이 하락했으므로 은행의 대출이자율 역시 하락한다. 여기까지가 금리경로의 첫 번째 단계에 해당한다.

금리경로의 두 번째 단계는 첫 번째 단계에 따른 시장이자율의 전반적 하락이 실물경제의 소비 · 투자와 물가에 영향을 미치는 단계이다. 상기한 대로 기준금리 인하에 따라 회사채수익률 등을 포함한 장기 시장이자율과 은행의 대출이자율이 하락하면, 기업의 입장에서는 투자를 위한 자금조달비용이 감소하므로 기업은 투자를 늘리게 된다. 또한 가계는 자동차 등 내구소비재 구입 또는 주택 임대 등을 위해 은행 등 금융기관의 대출을 이용하므로 기준금리 인하에 따른 대출이자율 하락은 가계의 소비지출을 촉진하는 요인이 된다.

통화정책의 금리경로가 제대로 기능하려면 이러한 두 가지 단계가 모두 원활히 작동해야 하나, 현실에서는 이를 방해하는 여러 장애요인이 존재한다. 우선 금리경로의 첫 번째 단계에서, 단기 시장이자율이 하락한다고 해서 반드시 장기 시장이자율도 따라서 하락하는 것은 아니다. 4장에서 살펴본 이자율의 기간구조에 관한 유동성프리미엄이론에 따르면, 장기이자율은 현재 단기이자율과 미래의 예상단기이자율의 평균에 만기별 유동성프리미엄이 더해져 결정된다. 따라서 기준금리 인하에 따라 현재 단기이자율이 하락한다 해도, 향후 경기 및 인플레이션과 통화정책 방향에 대한 전망을 반영하는 미래 예상단기이자율과 유동성위험 및 이자율 변동에 따른 시장위험의 정도에 의해 결정되는 유동성프리미엄의 변화에 따라 장기이자율은 단기이자율과 상반된 움직임을 보일 수 있다.

또한 금리경로의 두 번째 단계에서, 시장이자율 또는 대출이자율의 하락이 반드시 소비 · 투자의 증가로 이어지는 것도 아니다. 아무리 이자율이 낮아도 미래 고용 전망 또는 경영환경의 불확실성이 커지면 가계와 기업들은 차입을 통한 소비 또는 투자를 꺼릴 것이기 때문이다. 현실에서는 이러한 단계별 장애요인에 따라 금리경로가 원활히 작동하지 않을 수 있다.

(2) 금리경로 이외의 전달경로

선진국 중앙은행들을 중심으로 상기한 금리 중심 통화정책 운영방식이 널리 보편화된 상황에서, 시장이자율의 변화를 통해 정책효과가 전달되는 금리경로는 가장 핵심적인 통화정책의 전달경로라고 할 수 있다. 그러나 글로벌 금융위기를 계기로 이러한 금리경로는 한계에 부딪히게 된다. 앞 절에서 언급한 대로 선진국 중앙은행들은 위기 이후 기준금리가 제로 수준에 도달하면서 더 이상 기준금리를 인하할 수 없는 상황, 즉 제로금리하한의 문제에 직면했기 때문이다. 이러한 제로금리하한의 문제를 극복하면서 추가적으로 경기를 부양하기 위해 선진국 중앙은행들이 다양한 비전통적 통화정책을 새롭게 고안하여 활용하였음을 앞 절에서 살펴본 바 있다.

이러한 비전통적 통화정책, 즉 양적완화, 사전적 정책방향 제시, 마이너스 금리정책 등은 제로금리로 인해 금리경로가 제대로 작동하지 않는 상황에서, 여기서 살펴볼 그 밖의 전달경로들을 통해 금리경로의 한계를 극복하고 통화정책의 효과를 제고하기 위한 시도였다고 할 수 있다. 이제 금리경로 이외의 통화정책 전달경로들에 관해 간략히 살펴보자.

자산가격경로
재산효과(wealth effect)

첫째, **자산가격경로**는 통화정책이 주식 또는 부동산 가격과 같은 '자산가격'의 변화를 통해 실물경제의 소비 · 투자에 영향을 주는 경로를 의미한다. 예컨대 중앙은행이 확장적 통화정책에 따라 기준금리를 인하하거나 양적완화를 시행하면 시중 유동성 확대 및 차입을 통한 자산매입 증가 등을 통해 주가 또는 부동산 가격이 상승하며, 이에 따라 주식 또는 부동산을 보유한 가계의 부(富)가 늘어나면서 재산효과에 따라 소비지출이 증가할 수 있다. 여기서 **재산효과(wealth effect)**란 가계가 보유한 주식 · 부동산 등 자산의 가격이 상승함에 따라 소비를 증가시키는 것을 의미한다. 한편 이와 같은 확장적 통화정책의 결과 어떤 기업의 주가, 즉 기업가치가 상승한다는 것은 해당 기업이 현재의 동일한 투자에 대해 미래에 더 많은 현금흐름을 창출할 수 있음을 의미한다. 왜냐하면 이론적으로 현재 주식의 내재가치는 해당 기업이 미래에 창출할 수 있는 현금흐름의 현재가치에 해당하기 때문이다. 따라서 확장적 통화정책에 따른 주가의 상승은 기업의 투자 역시 촉진할 수 있다.

환율경로

둘째, **환율경로**는 통화정책이 외환의 가격인 '환율'의 변화를 통해 실물경제와 물가에 영향을 주는 경로이다. 예컨대 한국은행이 기준금리를 인하하면 원화표시 정기예금 또는 채권 등 국내 금융자산의 수익률이 전반적으로 낮아진다. 이 경우 투자자들은 수익률이 낮아진 국내 금융자산을 매각하고 상대적으로 수익률이 높아진 해외 금융자산을 매입하려 할 것이며, 이에 따라 외환시장에서 원화를 매도하고 외환을 매입하면서 원화가치는 하락하게 된다(환율 상승). 이러한 원화가치 하락 또는 환율 상승은 순수출 증가 및 수입품 가격 상승을 통해 생산과 고용을 증가시키는 동시에 물가를 상승시키는 요인으로 작용할 수 있다.[16)]

신용경로

셋째, 지금까지 살펴본 금리경로, 자산가격경로, 환율경로가 각각 이자율, 자산가격, 환율과 같은 금융시장의 '가격변수'를 통한 전달경로인 반면, 이제 살펴볼 통화정책의 **신용경로**는 통화정책이 주로 은행대출량과 같은 '수량변수'를 통해 실물경제에 파급되는 경로라는 점에서 차이가 있다. 신용경로는 신용의 공급을 통한 경

---

16) 2010년대 초 유럽 재정위기 이후 스웨덴, 스위스 등 유로화를 사용하지 않는 일부 유럽 국가들은 비전통적 통화정책으로서 마이너스 금리 정책을 도입하였다. 이는 당시 유럽중앙은행(European Central Bank)의 강력한 확장적 통화정책에 따라 상대적으로 경제가 양호한 상태였던 이들 국가로 자본이 과도하게 유입되는 상황에서, 이러한 과도한 자본유입을 막고 자국 화폐가치의 상승을 방지하려는 목적으로 도입된 것이다. 다시 말해, 이들 국가가 마이너스 금리 정책을 도입한 것은 상당 부분 통화정책의 '환율경로'를 통해 자국 화폐가치를 안정시킴으로써 그렇지 않을 경우 발생할 순수출 감소, 디플레이션 등의 부정적 영향을 방지하기 위한 목적에 따른 것이었다고 할 수 있다.

로인 **은행대출경로**(bank lending channel)와 신용의 수요를 통한 경로인 **대차대조표경로**(balance sheet channel)로 크게 구분할 수 있다.

은행대출경로(bank lending channel)

대차대조표경로(balance sheet channel)

먼저 은행대출경로는 통화정책이 은행의 '대출여력'을 변화시킴으로써 은행 의존도가 높은 가계 및 기업에 대한 대출량 변화를 통해 소비 · 투자에 영향을 미치는 경로이다. 예컨대 중앙은행이 긴축적 통화정책에 따라 기준금리를 인상하고 공개시장운영을 통해 은행을 상대로 국채 등의 채권을 매각함으로써 지급준비금을 감소시켰다고 가정하자. 이에 따라 은행들의 대출여력이 줄어들면 은행들은 대출기준을 강화하며, 그 결과 특히 은행 의존도가 높은 자영업자나 중소기업이 대출을 통한 자금조달에 어려움을 겪게 되면서 이들의 소비 및 투자에 부정적인 영향을 미칠 수 있다. 이와 같이 은행대출경로는 통화정책이 채권수익률 또는 대출이자율과 같은 가격변수의 변화 없이도 수량변수인 은행의 대출량을 통해 실물경제에 직접적으로 영향을 미칠 수 있다는 점에서 금리경로와 차별화된다.

한편 신용경로 가운데 대차대조표경로는 가계와 기업의 외부자금 조달비용이 이들의 재무상태를 나타내는 대차대조표의 순자산(net worth) 규모에 의해 궁극적으로 결정된다는 점을 강조한다. 예컨대 중앙은행이 기준금리를 인하하거나 양적완화정책을 시행하는 경우, 상기한 금리경로 및 자산가격경로를 통한 이자비용 감소 및 보유자산의 가격 상승에 따라 가계와 기업의 순자산 규모가 확대된다. 이러한 순자산 증가는 가계와 기업의 외부차입에 대한 의존도를 낮추고, 차입을 하는 경우에도 제공되는 담보의 가치를 높임으로써 외부자금 차입에 소요되는 비용을 줄이는 요인이 된다. 이에 따라 외부자금의 조달비용과 자기자본비용 간의 격차인 외부자금 프리미엄(external finance premium)이 줄어들게 되고 그 결과 가계와 기업의 외부자금 상환부담이 전반적으로 낮아지면서 이들의 소비 및 투자에 긍정적 영향을 줄 수 있다.

넷째, **기대경로**는 중앙은행이 미래의 통화정책기조 또는 경기 및 인플레이션에 대한 경제주체의 기대를 변화시킴으로써 소비 · 투자와 물가에 영향을 미치는 경로를 의미한다. 예컨대 상기한 비전통적 통화정책 가운데 사전적 정책방향 제시에 따라, 중앙은행이 인플레이션 억제를 위해 앞으로 상당 기간 동안 기준금리의 인상기조를 이어갈 것을 공표했다고 가정하자. 이 경우 경제주체들은 기준금리에 연동되는 단기 시장이자율 역시 현재보다 점차 상승할 것으로 예상하게 되며, 이에 따

기대경로

라 현재 단기이자율과 미래 예상단기이자율의 평균값으로 결정되는[17] 현재의 장기 시장이자율이 바로 상승하게 된다. 이는 가계와 기업의 소비 · 투자 위축을 통해 실제로 인플레이션을 억제하는 방향으로 작용하게 된다. 아울러 이와 같은 사전적 정책방향 제시는 현재의 긴축적 통화정책기조가 미래에도 유지 또는 강화될 것이라는 기대를 형성함으로써 민간의 기대인플레이션 수준을 낮추며, 이를 통해 경제주체의 임금 또는 가격결정행태를 변화시킴으로써 인플레이션 억제에 추가적으로 기여할 수 있다.

위험선호경로

마지막으로 **위험선호경로**는 통화정책이 금융기관의 '위험선호성향'을 변화시킴으로써 실물경제에 영향을 미치는 경로를 의미한다. 상기한 신용경로가 신용의 양(quantity)을 통해 통화정책 효과가 전달되는 경로라면, 위험선호경로는 신용의 양뿐만 아니라 질(quality)을 변화시킴으로써 효과가 전달되는 경로라는 점에서 차이가 있다.

예컨대 중앙은행이 확장적 통화정책을 통해 기준금리를 인하하거나 양적완화정책을 시행한 경우, 차입자가 보유한 주식, 부동산 등 자산의 담보가치가 상승하면서 대출을 제공한 은행의 입장에서는 차입자의 부도 확률과 예상 부도손실률이 낮아지는 효과로 나타나게 된다. 이에 따라 은행들은 이전보다 대출의 신용위험을 낮게 평가하며, 그 결과 이들은 고위험 · 고수익 대출을 추가적으로 늘리거나 주식과 같은 고위험 자산에 대한 투자를 증가시킨다. 이와 같이 금융기관이 고위험 대출 및 투자를 확대하면, 이를 통해 자금을 조달하는 가계 및 기업의 자금조달비용이 전반적으로 낮아지면서 소비와 투자가 촉진될 수 있다.

5.4 통화정책과 금융투자

앞에서 정의한 대로 금융시장은 현재의 화폐와 미래의 다른 사람의 화폐에 대한 청구권, 즉 금융수단이 서로 거래되는 시장이며, 이자율은 이러한 거래에 적용되는

17) 이는 물론 이자율의 기간구조에 관한 기대이론이 성립함을 전제한 것이다. 4장에서 살펴본 기간구조에 관한 기대이론에 따르면 현재의 장기이자율은 현재 및 미래의 예상단기이자율의 평균으로 결정되므로, 사전적 정책방향 제시에 따라 미래의 단기이자율이 현재보다 상승할 것으로 예상되는 경우 당장 현재의 장기이자율이 상승하게 된다.

교환비율이다. 따라서 이자율은 화폐의 가격인 동시에, 채권과 같이 화폐와 교환되는 특정 '금융수단 또는 금융상품의 가격'이기도 하다[18]. 그런데 지금까지 살펴본 대로 중앙은행의 통화정책은 통화량과 함께 이자율의 변화를 통해 작용하기 때문에 통화정책의 변화는 필연적으로 특정 금융수단 또는 금융상품의 가격에 영향을 미치게 된다. 그러므로 금융수단 또는 금융상품을 매수하는 행위인 금융투자의 원리를 이해하기 위해서는 중앙은행의 통화정책이 이자율 변화를 통해 금융수단 또는 금융상품의 가격에 어떻게 영향을 주는지 반드시 살펴보아야 한다.

이 절에서는 위험자산에 대한 금융투자와 관련하여 중앙은행의 통화정책이 가지는 의미 및 영향을 살펴보고자 한다. 이를 위해 먼저 위험자산에 대한 투자수익률의 의미 및 측정 방법, 자산가격과의 관계에 관해 알아본 후, 위험의 의미 및 기대수익률과의 일반적인 관계를 설명한다. 이러한 논의를 바탕으로 마지막으로는 중앙은행의 통화정책이 무위험자산뿐만 아니라 위험자산의 기대수익률 및 가격수준에 미치는 영향에 관해 살펴본다.

5.4.1 투자수익률의 측정과 자산가격과의 관계

1장에서 정의한 대로, 금융수단 또는 금융상품이란 미래 시점에서 타인의 화폐를 청구할 수 있는 권리 또는 이러한 권리를 나타내는 증서를 의미하며, 이러한 금융수단 또는 금융상품을 매수하는 행위를 금융투자라고 한다. 이러한 정의에서 보듯이 금융투자자들은 미래의 화폐, 즉 현금흐름을 얻기 위해 금융수단 또는 금융상품을 매입하며, 이렇게 매입한 금융수단 또는 금융상품은 투자자 입장에서는 금융자산이 된다.

이러한 금융수단, 즉 투자자 입장에서의 금융자산은 그로부터 발생하는 미래 현금흐름의 형태에 따라 다양한 유형이 존재하며, 이들은 1장에서 살펴본 대로 수익

---

18) 이는 4장에서 살펴본 이자율 결정이론 가운데 유동성선호설과 현대적 대부자금설이 사실상 서로 동일한 이론이라는 명제와 일맥상통하는 것이다. 앞에서 살펴본 대로 유동성선호설에서는 이자율이 화폐의 가격으로서 화폐의 수요와 공급이 일치하는 점에서 결정된다. 반면, 현대적 대부자금설에서는 이자율이 채권과 같은 금융수단의 가격으로서 이러한 금융수단에 대한 수요와 공급이 일치하는 점에서 결정된다.
그러나 본문에서 언급한 대로 이자율은 화폐의 가격인 동시에, 채권과 같이 화폐와 교환되는 금융수단의 가격이기도 하다. 즉, 유동성선호설과 현대적 대부자금설에서 설명하고자 하는 대상인 이자율은 사실상 동일한 개념이며, 바로 이 때문에 식 (4-4)를 통해 보인 것과 같이 두 이론에서 도출되는 균형이자율이 서로 동일한 값을 가지는 것이다.

성, 위험성, 유동성의 측면에서 제각기 다른 특성을 가진다.[19] 따라서 다양한 금융자산 가운데 어떤 것을 선택할 것인지 결정하기 위해서는 이러한 자산들을 수익성, 위험성, 유동성의 측면에서 각각 평가할 수 있는 척도가 필요하다. 다만, 여기서 논의 대상인 금융자산은 부동산 등 실물자산과 비교하면 그 종류와 관계없이 전반적으로 유동성이 높으므로, 금융자산 선택을 위한 의사결정 시에는 유동성보다 다른 특성들이 우선적인 고려사항이 되는 경우가 많다. 따라서 이 절에서는 상기한 금융수단의 세 가지 특성 가운데 유동성을 제외한 수익성 및 위험성의 측면에서 자산을 평가하는 척도에 관해 살펴보고자 한다.

먼저 수익성의 측면에서, 다양한 금융자산을 평가하는 척도는 바로 투자의 수익률이다. 일반적으로 투자의 수익률은 미래의 특정 기간(주로 1년) 동안 투자로부터 얻어진 현금흐름이 자산에 대한 초기 투자금액 대비 몇 %인지로 측정한다. 예컨대 어떤 사람이 희귀한 우표를 100만 원에 샀다가 1년 후 125만 원에 팔았다면, 이 우표에 대한 투자의 수익률은 25%(=(125−100)/100)가 된다. 한편, 자산으로부터 발생하는 이익 또는 손실이 일회성이 아니라 지속적인 경우에도, 기준이 되는 측정기간을 정하기만 하면 마찬가지 방법으로 수익률을 측정할 수 있다. 예컨대 어떤 투자자가 3억 원짜리 오피스텔을 사서 임대함으로써 매월 300만 원씩 월세를 받고 있다면, 1년 기준의 투자수익률은 12%가 된다. 매월 받는 월세는 1년 기준으로 3,600만 원이고 이를 오피스텔 매입가격 3억 원으로 나누면 12%가 되기 때문이다.

이와 같이 금융자산을 포함하여 모든 자산에 대한 투자의 수익률은 자산으로부터 발생하는 미래 현금흐름을 자산을 매입하기 위해 투자한 금액, 즉 자산의 가격으로 나누어 구할 수 있다. 이로부터 우리는 다음과 같은 중요한 명제를 추론할 수 있다. 즉, 자산으로부터 발생하는 미래 현금흐름이 일정한 상황에서, 어떤 자산에 대한 투자의 수익률은 해당 자산의 가격과 역(−)의 관계를 가진다는 것이다.

금융자산을 예로 들어 명제의 의미를 살펴보자. 매입하고 나면 매년 영구적으로 500만 원의 이자를 지급하는 채권(영구채권)이 있다고 가정하자. A라는 투자자가 이러한 채권을 1억 원을 주고 매입했다면, 투자자 A의 1년 기준 수익률은 5%(=500만 원/1억 원)가 된다. 한편 이후 채권시장의 상황 변화에 따라 B라는 투자자는 동

---

19) 금융수단의 의의와 유형, 그리고 금융투자자가 고려해야 할 금융수단의 특성으로서 수익성, 위험성, 유동성의 의미에 관해서는 1장의 '1.2.3 금융수단의 의의 및 특성'을 참조하기 바란다.

일한 조건의 채권을 2억 원을 주고 매입했다면, 투자자 B의 1년 기준 수익률은 2.5%(=500만 원/2억 원)가 되어 투자자 A 대비 절반으로 감소한다. 따라서 동일한 미래 현금흐름을 제공하는 채권이라 할지라도 이를 매입한 가격 수준이 높을수록, 투자의 수익률은 낮아짐을 알 수 있다.

이러한 투자의 수익률과 자산가격 간의 역의 관계는 채권과 같은 금융자산뿐만 아니라, 미래에 고정수익(fixed return)을 제공하는 모든 종류의 자산에 적용되는 것이다. 예컨대 어떤 투자자가 오피스텔을 매입하여 월세로 임대하는 경우, 월 임대료가 초기 계약에 따라 고정되어 있다면 오피스텔의 매입가격이 높을수록(낮을수록) 투자의 수익률은 하락(상승)하게 된다. 미래에 발생할 현금흐름, 이 경우 월 임대료가 고정된 상황에서 자산을 비싸게(싸게) 살수록 자산의 투자수익률이 하락(상승)하는 것은 어찌 보면 당연한 원리이다.

5.4.2 위험과 기대수익률

다음으로 상기한 세 가지 특성 가운데 위험성의 측면에서 금융자산을 평가하는 척도에 관해 알아보자. 이를 위해서는 먼저 금융투자에서 '위험'이 가지는 의미부터 살펴보아야 한다.

(1) 위험의 의미와 측정

위험자산(risky asset)
위험(risk)

투자자들은 항상 더 많은 미래의 현금흐름을 기대하면서 자산을 매입한다. 그런데 자산의 종류에 따라서는 미래 현금흐름의 발생 여부와 그 규모가 사전적으로 확정되어 있지 않고 미래 상황에 따라 불확실하게 결정되는 경우가 있다. 이러한 자산을 **위험자산(risky asset)**이라고 하는데, 예컨대 대표적 위험자산인 주식의 경우 현재 이를 사서 미래에 팔았을 때 얼마의 이익 또는 손실을 볼 것인지는 사전에 예측하는 것이 불가능할 정도로 매우 불확실하다. 금융 또는 재무경제학에서 말하는 **위험(risk)**이란 이와 같이 자산으로부터 얻을 수 있는 미래 현금흐름의 발생 여부 및 규모가 불확실한 정도를 의미한다.

그렇다면 이러한 위험을 어떻게 측정할 수 있는가? 상기한 대로 위험을 미래 현금흐름의 불확실성 정도로 정의한다면 투자대상 자산의 위험은 그 자산으로부터 발생하는 미래 현금흐름이 상황에 따라 어느 정도 범위까지 달라질 수 있는지에 의해 측정될 수 있다. 다시 말해, 투자대상 자산의 위험은 해당 자산의 미래 수익률의

'분포가 얼마나 퍼져 있는가'에 의해 결정된다는 것이다.

분산(variance)
표준편차(standard deviation)

이후의 장에서 자세히 살펴보겠지만,[20] 재무경제학에서 어떤 변수의 분포가 퍼져 있는 정도는 **분산**(variance) 또는 **표준편차**(standard deviation)로 측정한다. 구체적으로 어떤 투자대상 자산에 대한 수익률의 분산 또는 표준편차는 투자를 통해 미래에 실현될 수익률이 해당 자산으로부터 평균적으로 얻을 수 있다고 예상되는 수익률인 '기대수익률'과 얼마만큼 괴리되는지를 과거 자료를 통해 측정한 것이다. 따라서 이러한 분산 또는 표준편차가 크다는 것은 미래에 실현될 수익률이 평균적으로 예상되는 기대수익률 주위에 넓게 퍼져서 분포하며, 이에 따라 투자의 위험도가 높음을 의미한다. 이제 여기서 언급한 기대수익률의 의미와 기대수익률과 위험 간의 관계에 관해 좀 더 자세히 살펴보자.

(2) 기대수익률의 의미와 기대수익률-위험 간 관계

기대수익률(expected return)

지금까지의 논의에 따르면 분산 또는 표준편차는 대표적인 위험의 척도이며, 이들을 계산하기 위해서는 먼저 해당 위험자산에 대한 투자를 통해 평균적으로 얻을 수 있다고 예상되는 수익률인 **기대수익률**(expected return)을 측정해야 한다. 간단히 말해서, 투자의 기대수익률은 미래의 상황에 따라 투자대상 자산으로부터 실현될 수 있는 각각의 수익률에다가 각 상황이 발생할 확률을 곱한 값들의 합계로 계산된다. 기대수익률의 구체적인 측정 방법에 대해서는 이후 7장에서 살펴보도록 하고, 여기서는 이렇게 측정되는 기대수익률과 위험 간의 관계에 주로 주목하고자 한다.

그렇다면 투자의 기대수익률과 투자의 위험도 사이에는 어떤 관계가 성립하는가? 결론부터 말하면, 투자대상 자산의 위험도가 높을수록 해당 자산의 기대수익률도 높아진다. 다시 말해, '고위험'에 '고수익'이 따른다는 것이다. 그 이유는 다음과 같다.

투자자들은 본질적으로 위험을 싫어하고, 따라서 가능한 한 위험을 회피하고자 한다. 그러다 보니, 예컨대 다른 조건이 동일하더라도 분산 또는 표준편차가 커서 위험도가 높은 자산은 상대적으로 분산 또는 표준편차가 작아서 위험도가 낮은 자산에 비해 더 싼 가격에 팔릴 수밖에 없다. 그런데 앞에서 살펴본 대로 어떤 자산에 대한 투자의 수익률은 해당 자산의 가격과 역(-)의 관계를 가지므로, 위험도가

20) 투자대상 자산의 기대수익률과 위험 정도를 측정하는 방법에 관한 자세한 내용은 7장을 참조하기 바란다.

높은 자산은 위험도가 낮은 자산에 비해 가격이 더 싼 동시에 자산으로부터 기대할 수 있는 수익률은 반대로 더 높아지게 된다. 즉, 자산의 위험도가 높을수록 기대수익률도 높아지는 '**고위험 고수익의 원리**'가 도출되는 것이다.

고위험 고수익의 원리

한편, 이러한 고위험 고수익의 원리를 위험에 대한 보상의 측면에서 도출할 수도 있다. 즉, 위험을 싫어하는 위험회피적인 투자자가 위험도가 높은 자산에 투자하도록 유도하기 위해서는 위험도가 낮은 자산보다 더 높은 기대수익률을 보장함으로써 추가적인 보상을 제공해야 한다는 것이다. 따라서 다른 조건이 동일하다면, 자산의 위험도가 높을수록 위험에 대한 보상이 추가적으로 요구되므로 기대수익률 수준도 높아지게 된다.[21] 이로 인해 자산의 위험도와 기대수익률은 서로 정(+)의 관계를 가진다.

고위험 고수익의 원리는 주식 · 채권 등 금융자산뿐만 아니라, 자산 유형과 관계없이 모든 위험자산에 보편적으로 적용되는 원리이다. 투자대상 자산의 유형이 무엇이든, 투자자들의 의사결정과정은 본질적으로 동일하기 때문이다. 즉, 투자자들은 자산으로부터 미래에 발생할 것으로 예상되는 현금흐름의 평균적인 규모와 함께, 이러한 현금흐름에 수반되는 위험의 정도(분산 또는 표준편차로 측정)를 감안하여 자산의 매입 여부 및 매입 시 지불할 가격을 결정하게 된다. 따라서 만일 미래에 발생할 것으로 예상되는 현금흐름의 평균적인 규모가 동일하다면, 투자자들은 위험도가 높은 자산에 대해 위험도가 낮은 자산보다 더 낮은 가격을 지불하려 할 것이다. 이 경우 투자의 수익률과 자산가격 간의 역(−)의 관계에 따라, 위험도가 높은 자산의 기대수익률은 위험도가 낮은 자산에 비해 상대적으로 높아지게 된다.

5.4.3 화폐의 시간가치와 무위험수익률

지금까지 위험자산을 논의대상으로 하여 위험의 의미 및 측정방법 그리고 기대수익률의 의미 및 위험과의 관계에 관해 살펴보았다. 그러나 현실의 시장에서 거래되는 금융자산 가운데는 상기한 의미의 위험이 거의 존재하지 않는 무위험자산도

21) 이후의 장에서 언급하겠지만, 이러한 의미에서 위험자산의 기대수익률을 요구수익률(required rate of return)이라고도 한다. 요구수익률은 투자자 입장에서는 투자대상 자산의 위험을 감수하는 대가로 요구되는 최소한의 수익률 수준이며, 반대로 위험자산을 통해 자금을 조달하는 주체의 입장에서는 자금조달에 소요되는 자본비용(cost of capital)이라고 할 수 있다.

무위험자산(risk-free asset)

존재한다. 여기서 **무위험자산**(risk-free asset)이란 상기한 위험자산과 반대로 미래 현금흐름의 발생 여부 및 규모가 미래 상황과 관계없이 사전적으로 확정되는 자산을 의미한다. 통상적으로 실무에서는 정부가 발행한 단기 국채를 대표적인 무위험자산으로 간주하는데, 미국 정부가 발행한 재정증권(Treasury bill)이나 우리나라의 경우 재정증권 및 비교적 만기가 짧은 국고채 등을 무위험자산의 예로 들 수 있다.[22]

한편 앞에서 고위험 고수익의 원리를 설명하면서 고위험 자산의 기대수익률이 저위험 자산에 비해 높은 것은 위험에 대한 보상이 추가되는 데 기인한다고 하였다. 그렇다면 위험이 아예 존재하지 않는 무위험자산의 경우에는 위험에 대한 보상이 필요가 없으므로 수익률도 제로가 되는 것일까? 결론부터 말하면 정답은 '아니오'이다. 왜냐하면 위험 유무와 관계없이 모든 금융자산의 수익률에는 기본적으로 '화폐의 시간가치'에 대한 보상이 포함되어 있기 때문이다.

화폐의 시간가치(time value of money)

여기서 **화폐의 시간가치**(time value of money)란 현재의 화폐가 동일한 금액의 미래 화폐보다 더 높게 평가되는 것을 의미한다. 이 때문에 어떤 투자자가 무위험자산인 단기 국채를 매입하는 방식으로, 돈을 떼일 위험이 전혀 없는 정부에 현재 보유한 화폐를 빌려주는 경우에도 화폐의 시간가치에 대한 보상으로서 이자를 받을 수 있는 것이다. 여러 번 강조한 대로, 금융시장은 본질적으로 현재의 화폐와 미래의 화폐에 대한 청구권인 금융수단 또는 금융자산이 서로 교환되는 시장이므로, 모든 금융자산의 수익률에는 현재의 화폐를 포기한 것에 대한 대가, 즉 화폐의 시간가치에 대한 보상이 필연적으로 포함된다.

시간선호(time-preference)

이러한 화폐의 시간가치가 존재하는 원인, 즉 현재의 화폐가 동일한 금액의 미래 화폐보다 가치가 더 높은 근본적인 원인은 경제주체들의 '시간선호' 때문이다. **시간선호**(time-preference)란 사람들이 미래 소비에 비해 현재 소비를 선호하는 정도를 나타내며, 그 정도를 나타내는 척도가 바로 1장에서 언급한 시간선호율이다. 그런데 동일한 정도의 효용을 주는 상품과 서비스라면, 대부분의 경제주체들은 이를 미래에 소비하는 것보다 현재에 소비하는 것을 선호한다. 이는 통상적인 경우 시간선호율이 양(+)의 값을 가짐을 의미한다. 이 때문에 당장 현재 소비에 사용할 수 있

---

22) 이와 같은 단기 국채를 무위험자산으로 보는 이유는 미국 또는 우리나라 정부가 원금과 이자를 갚지 못할 확률은 거의 제로인데다, 설사 시장금리 변화에 따라 국채의 가격이 변동한다 해도 단기 국채의 특징에 따라 비교적 짧은 만기까지만 이를 보유하면 원금(액면가 또는 액면금액)을 확실하게 돌려받을 수 있기 때문이다.

는 현재의 화폐가 동일한 금액의 미래 화폐보다 가치가 더 높아지는 것이다.[23)]

무위험수익률(risk-free rate of return)

이러한 화폐의 시간가치 또는 시간선호의 존재는 무위험자산의 수익률이 영(0)이 아니라 '이자'의 형태로 양(+)의 값을 가지는 본질적 원인이 된다. 예컨대 상기한 대로 단기 국채는 사실상 위험이 존재하지 않는 무위험자산임에도 불구하고 정부는 국채를 매입한 투자자들에게 이자의 형태로 양(+)의 고정수익을 제공한다. 화폐의 시간가치에 대한 보상, 즉 사람들이 현재 소비하는 것을 포기하고 정부에게 화폐를 빌려준 것에 대한 최소한의 대가를 지불하지 않으면 아무도 국채를 사지 않을 것이기 때문이다. 이렇게 단기 국채와 같은 무위험자산으로부터 발생하는 수익의 원금 대비 비율을 **무위험수익률**(risk-free rate of return)이라고 한다. 무위험자산에는 정의상 위험이 존재하지 않으므로 무위험수익률은 위험에 대한 보상을 제외하고 오직 화폐의 시간가치에 대한 보상만을 반영한다고 할 수 있다.

이후 자세히 살펴보겠지만, 무위험수익률은 중앙은행의 통화정책이 위험자산의 기대수익률과 자산가격에 영향을 미치는 통로가 된다. 앞 절에서 살펴본 대로 중앙은행은 다양한 통화정책수단을 통해 화폐공급을 조절하는 동시에 콜금리와 같은 초단기금리를 변화시키며, 이는 금리경로 등을 통해 단기 시장이자율, 구체적으로 단기 국채와 같은 무위험자산의 수익률에 직접적인 영향을 미친다. 한편 상기한 대로 무위험자산의 수익률, 즉 무위험수익률은 본질적으로 화폐의 시간가치에 대한 보상을 반영하는 것이므로 중앙은행의 통화정책이 무위험자산의 수익률에 영향을 미친다는 것은 통화정책이 화폐의 시간가치에 대한 보상의 크기를 변화시킴을 의미한다. 그런데 앞에서 살펴본 대로 위험자산을 포함한 모든 자산의 수익률에는 화폐의 시간가치에 대한 보상이 반드시 포함되므로 결과적으로 중앙은행의 통화정책은 무위험수익률의 변화를 통해 무위험자산뿐만 아니라 위험자산의 기대수익률과 이에 의해 결정되는 자산가격에까지 광범위하게 영향을 미치게 된다.

23) 이는 현재와 미래 사이에 물가수준이 불변이어서 동일한 금액으로 동일한 양의 상품과 서비스를 구입할 수 있는 경우를 암묵적으로 전제한 것이다. 만일 디플레이션이 발생하여 미래의 물가수준이 현재보다 하락하면, 동일한 금액으로 미래에 더 많은 상품과 서비스를 구입할 수 있으므로 현재의 화폐는 동일 금액의 미래화폐보다 가치가 더 낮아질 수도 있다.

5.4.4 위험자산의 가격결정

지금까지 살펴본 대로 투자자들은 금융투자를 통해 화폐의 시간가치에 대한 보상과 함께, 위험자산의 경우에는 위험에 대한 보상을 기대한다. 따라서 투자자에 대한 보상의 관점에서, 투자의 기대수익률은 다음과 같은 두 요소의 합으로 구성된다. 하나는 화폐의 시간가치에 대한 보상이고 다른 하나는 위험에 대한 보상이다. 이를 식으로 표현하면, 다음과 같다.

투자의 기대수익률 = 화폐의 시간가치에 대한 보상률 + 위험에 대한 보상률

위험프리미엄(risk premium)

앞에서 살펴본 대로 화폐의 시간가치에 대한 보상을 반영하는 무위험수익률을 r_f로 정의하고, 위험에 대한 보상률을 **위험프리미엄(risk premium)**으로 표현하여 r_p로 정의하면 위 식은 다음과 같이 변형된다.

투자의 기대수익률 = 무위험수익률 r_f + 위험프리미엄 r_p

한편 앞에서 살펴본 고위험 고수익의 원리에 따라, 투자대상 자산의 위험수준이 높을수록 위험에 대한 보상이 증가하면서 자산의 기대수익률이 높아지게 된다. 즉, 자산의 위험수준과 기대수익률 간에는 정(+)의 관계가 성립한다. 이는 투자대상 자산의 위험수준이 높아질수록 위 식에서 위험프리미엄이 증가하는 형태로 나타난다.

위 식을 자산의 (위험수준, 기대수익률) 평면에 그림으로 나타낸 것이 [그림 5-8]이다.[24] 우선 단기 국채와 같은 무위험자산의 경우, 위험이 존재하지 않으므로 위험수준은 0이고 해당 자산의 기대수익률은 무위험수익률 r_f와 일치한다. 따라서 무위험자산은 그림에서 가로축 좌표가 0이고 세로축 좌표가 r_f인 점 A에 위치하게 된다. 한편 위 식에서 보듯이, 미래의 현금흐름이 불확실한 주식 등 위험자산의

증권시장선(security market line)
베타(β)

24) [그림 5-8]의 직선은 이후 위험자산의 가격결정원리를 다루는 8장에서 소개할 **증권시장선(security market line)**을 직관적으로 도식화한 것이라고 할 수 있다. 따라서 그림의 가로축 변수인 자산의 위험수준은 증권시장선에서 체계적 위험의 척도인 **베타(β)**에 해당한다. 베타(β)의 의미와 증권시장선의 구조에 관한 자세한 내용은 8장을 참조하기 바란다.

기대수익률에는 무위험수익률에 더하여 위험에 대한 보상을 반영하는 위험프리미엄이 포함된다. 예컨대 어떤 위험자산의 위험수준이 x라고 가정하면, 그림에서 이 자산은 가로축 좌표가 x이고 세로축 좌표가 위 식에 따라 무위험수익률 r_f에 해당 자산의 위험프리미엄 r_p를 더한 값 $y(=r_f+r_p)$인 점 B에 위치하게 된다.

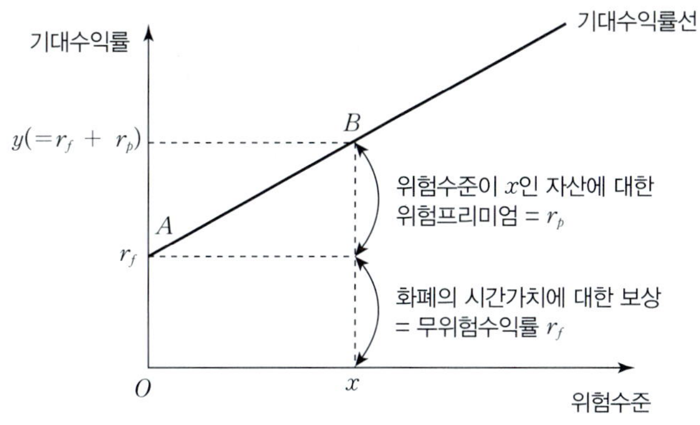

[그림 5-8] 위험과 기대수익률의 관계

[그림 5-8]의 직선은 무위험자산에 해당하는 점 A와 위험자산에 해당하는 점 B를 서로 이은 것이며, 이후 이 직선을 '**기대수익률선**'이라고 부를 것이다. 그림의 기대수익률선이 우상향하는 것에서 알 수 있듯이 자산의 위험수준과 기대수익률 간에는 정(+)의 관계가 성립한다. 이는 위 식에 따라 자산의 기대수익률이 화폐의 시간가치에 대한 보상인 무위험수익률과 위험에 대한 보상인 위험프리미엄의 합으로 구성되며, 이 중 위험프리미엄이 상기한 고위험 고수익의 원리에 따라 자산의 위험수준과 정(+)의 관계를 가지기 때문이다. 기대수익률선

한편 그림을 통해, 무위험수익률은 기대수익률선의 세로축 절편을, 위험프리미엄은 기대수익률선의 기울기를 결정하는 요인임을 알 수 있다. 예컨대 단기 국채와 같은 무위험자산의 수익률이 상승(하락)하는 경우, 기대수익률선의 세로축 절편이 증가(감소)하면서 기대수익률선이 상방(하방)으로 평행 이동한다. 또한, 예컨대 경제 내 투자자들의 위험회피성향이 강화되면 동일한 위험에 대해서도 이를 감수하는 것에 대한 보상, 즉 위험프리미엄이 이전보다 커지게 된다. 이 경우 기대수익률선의 기울기는 위험회피성향이 강화되기 이전보다 가팔라진다.

여기서 통화정책과 관련된 한 가지 중요한 시사점을 얻을 수 있다. 상기한 대로

중앙은행의 통화정책은 경제의 화폐공급과 함께 콜금리와 같은 초단기금리를 변화시키며, 이는 금리경로 등을 통해 단기 국채와 같은 무위험자산의 수익률에 직접적인 영향을 미친다. 이러한 무위험수익률의 변화를 통해 중앙은행의 통화정책은 [그림 5-8]에서 기대수익률선의 세로축 절편을 증가 또는 감소시킴으로써 기대수익률선을 상방 또는 하방으로 이동시키는 요인이 되며, 그 결과 무위험수익률뿐만 아니라 위험자산의 기대수익률과 이에 의해 결정되는 자산가격에까지 영향을 미친다는 것이다.

5.4.5 통화정책이 위험자산의 가격에 미치는 영향

구체적 예를 통해 통화정책이 위험자산의 기대수익률 및 가격에 미치는 영향을 살펴보자. 예컨대 중앙은행이 물가안정을 위해 화폐공급을 줄이고 기준금리를 인상하는 긴축적 통화정책을 시행한다고 가정하자. 이에 따른 화폐공급 감소 및 기준금리 인상은 금리경로 등을 통해 단기 시장이자율, 구체적으로 단기 국채와 같은 무위험자산의 수익률을 상승시키는 요인이 된다.

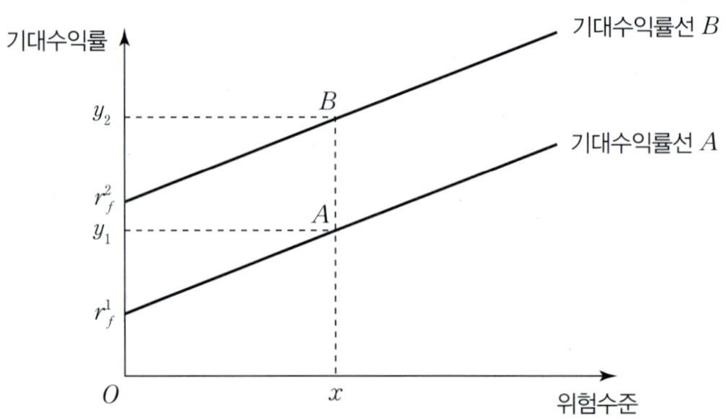

[그림 5-9] 통화정책이 위험자산의 기대수익률에 미치는 영향

[그림 5-9]는 이와 같은 중앙은행의 긴축적 통화정책에 따라 무위험수익률이 상승하는 경우, 자산시장의 변화를 그림으로 나타낸 것이다. 앞에서 살펴본 대로 무위험수익률의 상승$(r_f^1 \rightarrow r_f^2)$은 기대수익률선의 세로축 절편을 증가시키는 요인이므로 이에 따라 기대수익률선이 상방으로 평행 이동한다(기대수익률선 $A \rightarrow$기대수익률선 B). 여기서 기대수익률선이 기울기의 변화 없이 '평행 이동'하는 것은 기대수익률선의 기울기를 결정하는 요인인 위험프리미엄에는 아무런 변화가 없음을 가

정했기 때문이다.[25)]

이와 같이 기대수익률선이 상방 이동하면 그림에서 보듯이 무위험수익률뿐만 아니라 모든 위험자산의 기대수익률이 전반적으로 상승하게 된다. 중앙은행이 긴축적 통화정책을 시행하기 전에는 위험수준이 x인 위험자산의 기대수익률은 y_1이었으나, 정책 시행에 따라 무위험수익률이 상승하고 나면 동일한 위험수준을 가지는 위험자산의 기대수익률이 y_2로 상승했음을 알 수 있다. 그런데 앞에서 살펴본 대로 투자의 수익률과 투자대상 자산의 가격 간에는 역(−)의 관계가 성립하므로, 긴축적 통화정책에 따라 모든 위험자산의 기대수익률이 상승했다는 것은 반대로 이들 자산의 가격은 전반적으로 하락했음을 의미한다.

정리하면, 기준금리 인상과 같은 중앙은행의 긴축적 통화정책은 무위험수익률의 상승을 통해 경제 내 모든 위험자산의 기대수익률을 높임으로써 이들의 가격을 전반적으로 낮추는 효과를 가진다. 동일한 원리로, 기준금리 인하와 같은 중앙은행의 확장적 통화정책은 무위험수익률의 하락을 통해 경제 내 모든 위험자산의 기대수익률을 낮춤으로써 이들의 가격을 전반적으로 높이는 효과를 가진다.

현실에서 통화정책에 따른 무위험수익률의 변화가 위험자산의 기대수익률 및 가격에 영향을 미치는 과정을 좀 더 '직관적'으로 설명하면 다음과 같다. 예컨대 긴축적 통화정책에 따라 단기 국채의 수익률과 같은 무위험수익률이 상승하는 경우, 여타 위험자산의 기대수익률이 불변이라면 투자자들은 상대적으로 수익률이 높아진 무위험자산에 투자를 늘리는 방향으로 포트폴리오를 조정하게 된다. 즉, 투자자들은 기존에 보유한 위험자산의 일부를 팔고 이를 무위험자산의 매입에 사용한다는 것이다. 그 결과 시장에서 위험자산의 공급이 늘어나면서 위험자산의 가격이 하락하게 된다. 한편 무위험수익률 상승에도 불구하고 이전처럼 위험자산에 대한 투자를 유지하려면, 투자자들은 위험자산에 대해서도 무위험수익률이 상승한 것만큼 이전보다 높은 수익률을 요구하게 된다. 이는 위험자산에 대한 요구수익률, 즉 기

---

25) 그러나 현실에서는 중앙은행의 통화정책기조 변화가 투자자의 위험회피성향을 통해 위험프리미엄에 영향을 미칠 수 있다. 예컨대 중앙은행이 기준금리를 빠른 속도로 인상하는 강력한 긴축적 통화정책을 시행하는 경우 시중의 유동성이 줄어들면서 자산시장이 전반적으로 위축되고, 그 결과 투자자들의 위험회피성향이 강화되면서 위험프리미엄이 증가할 수 있다. 이와 같이 중앙은행의 통화정책이 무위험수익률뿐만 아니라 위험프리미엄에 동시에 영향을 주는 경우, 위험자산의 기대수익률 및 가격에 대한 통화정책의 효과가 어떻게 달라지는지는 이 장의 연습문제를 통해 스스로 연습해보기 바란다.

대수익률 수준이 높아짐을 의미한다.[26] 확장적 통화정책의 효과 역시 방향만 정반대일 뿐, 이와 동일한 원리로 설명할 수 있다.

지금까지 살펴본 대로 중앙은행 통화정책의 변화는 무위험수익률뿐만 아니라 경제 내 모든 위험자산의 기대수익률과 가격수준에 중대한 영향을 미친다. 금융시장과 함께 금융투자의 원리를 살펴보는 이 책에서 중앙은행의 통화정책을 별도의 장을 통해 비중 있게 다루는 것은 바로 이러한 이유 때문이다. 아울러 수많은 금융시장의 투자자들이 자국 중앙은행은 물론 미 연준 등 선진국 중앙은행의 통화정책 방향에 관한 뉴스에 귀를 기울이는 것도 역시 이러한 이유 때문이다.

26) 앞에서 살펴본 자산의 수익률과 자산가격 간의 역(−)의 관계에 따라, 무위험수익률 상승으로 인해 위험자산의 가격이 하락하면 위험자산의 기대수익률은 반대로 상승하게 된다고 설명할 수도 있다.

연·습·문·제

1. 다음 명제의 참과 거짓 여부를 판별하시오.

(1) 중앙은행이 법정지급준비율을 인상하면 은행의 대출여력 및 통화승수가 확대되면서 화폐공급이 증가하고 시장이자율이 하락한다.

(2) 물가안정목표제에서 물가상승률은 명목기준지표인 동시에 중간목표가 된다.

(3) 양적완화는 장기국채 등의 특정 자산을 중앙은행이 직접 매입함으로써 시장에 유동성을 제공하는 동시에 장기 시장이자율의 하락을 유도하는 정책이다.

(4) 중앙은행이 확장적 통화정책을 통해 기준금리를 인하하면, 무위험수익률이 하락하면서 상대적으로 위험자산의 기대수익률 및 가격이 상승한다.

2. 다음 용어를 간단히 설명하시오.

(1) 공개시장운영

(2) 지준부리(支準附利, interest on reserves)

(3) 물가안정목표제

(4) 시간선호(time－preference)와 화폐의 시간가치(time value of money)

3. 다음 통화정책의 수단과 이를 이용한 조치 가운데, 확장적 통화정책을 시행하기 위해 취해야 할 조치를 선택하고 그 이유를 서술하시오.

(1) 공개시장운영: ① 공개시장에서 채권 매입 ② 공개시장에서 채권 매각

(2) 재할인율정책: ① 재할인율 인상 ② 재할인율 인하

(3) 지급준비율정책: ① 법정지급준비율 인상 ② 법정지급준비율 인하

(4) 지준부리: ① 지준부리 금리 인상 ② 지준부리 금리 인하

4. 본문(5.4.5 통화정책이 위험자산의 가격에 미치는 영향)의 내용을 참조하여 중앙은행의 '확장적 통화정책'이 위험자산의 기대수익률 및 가격에 영향을 미치는 과정을 '직관적'으로 설명하시오.

5. 어떤 경제에서 위험자산의 기대수익률과 위험수준의 관계를 나타내는 기대수익률선 식이 다음과 같다고 가정하자. 여기서 Y는 위험자산의 기대수익률이고 X는 해당 자산의 위험수준이다. 다음 물음에 답하시오.

$$Y = 0.05 + 0.04X$$

(1) 위 식에 따르면, 이 경제의 무위험수익률은 얼마인가?

(2) 위험수준이 1인 자산으로부터 기대할 수 있는 수익률은 얼마인가? 만일 위험수준이 2로 증가하면 이 자산으로부터 기대할 수 있는 수익률은 얼마가 되는가? 이때 이 자산의 가격은 위험수준이 증가하기 이전에 비해 상승, 불변, 하락 가운데 어떻게 변화하는가?

6. 중앙은행이 경기부양을 위해 화폐공급을 확대하고 기준금리를 인하하는 확장적 통화정책을 시행하였다고 가정하자. 이러한 상황에서 다음 각각의 경우에 정책의 효과가 어떻게 나타나는지를 기대수익률선 그림을 통해 설명하시오.

(1) 통화정책의 변화가 투자자들의 위험프리미엄에 아무런 영향을 주지 않는 경우

(2) 확장적 통화정책의 시행이 투자자들의 위험회피성향을 '약화'시키는 경우

금융시장과 금융투자의 이해

PART II

금융투자의 이해

6

CHAPTER

금융투자와 금융투자상품

이 장에서는 금융투자의 기초개념을 소개한다. 먼저 금융투자의 개념을 설명하고 금융투자의 학문적 영역이 발전해 온 역사를 주요한 학자들의 업적을 중심으로 고찰한다. 아울러 금융투자의 실행 과정을 검토하고 금융투자의 대상이 되는 금융투자상품의 분류와 특성을 다룬다. 투자자들이 금융에 투자할 때 우선적으로 확인할 것은 바로 투자의 대상인 금융투자상품이 가진 속성을 파악하는 일이다. 「자본시장과 금융투자업에 관한 법률」에서는 금융투자상품을 투자성을 가진 금융상품으로 정의하고 있다. 따라서 현행 법률의 내용을 근거로 금융투자상품을 분류하는 체계를 파악하고 세부적인 금융투자상품의 특성을 살펴보는 순서로 설명한다. 마지막으로 최근 자본시장을 둘러싼 금융투자환경이 어떤 방향으로 변화하는지를 학습한다.

6.1 금융투자의 개념

6.1.1 금융투자와 실물투자

금융투자(financial investments)
실물투자(real investments)
자본시장(capital market)

제1편에서 정의한 대로 금융투자는 금융수단 또는 금융상품을 매수하는 행위를 의미한다. 그러나 금융시장을 주된 논의대상으로 했던 제1편과 달리 금융투자를 본격적으로 다루는 제2편에서는 금융투자를 좀 더 구체적으로 정의하고자 한다. 즉, 금융투자(financial investments)는 보유하고 있는 자금을 금융상품으로 운용함으로써 미래에 예상되는 수익을 얻고자 하는 행위로 정의할 수 있다. 이러한 투자행위에는 기본적으로 현재부터 미래까지의 시간과 아울러 불확실성(uncertainty) 또는 위험(risk)이 수반된다. 따라서 투자는 화폐의 시간가치에 대한 보상과 더불어, 위험에 대응하는 적절한 기대수익을 요구하는 행위라 할 수 있다. 이에 비해 저축은 미래의 소비를 위해 단순히 현재 소득의 일부를 미래로 이전하는 행위로 볼 수 있으며, 따라서 주로 화폐의 시간가치에 대한 보상만을 요구하므로 예상되는 수익이 투자보다 낮다.

금융투자상품의 소유자는 미래의 현금흐름에 대한 청구권을 갖는다. 금융투자상품에는 주식이나 채권과 같은 증권과 여러 종류의 파생상품 등이 포함된다. 금융투자가 기업재무의 실물투자(real investments)와 다른 분야인 것처럼 느껴질지도 모르지만, 실제로는 동일한 원리에 의해서 분석된다. 실물자산에 대한 투자안을 평가할 때 그 투자로부터 발생할 미래의 현금흐름을 평가하여 투자의사결정을 해야 하는 것처럼, 금융투자 역시 금융상품에 투자함으로써 얻어지는 미래의 현금흐름이 그 판단의 토대가 된다.

[그림 6-1]에서 기업은 자본시장(capital market)에서 주식이나 채권을 발행하여 조달한 자금을 실물자산에 투자하여 이익을 창출하며, 이러한 이익 중 일부는 배당이나 이자의 형태로 금융자산을 취득한 투

자자에게 환원된다. 또한, 기업의 현금흐름 창출에 관한 정보나 결과에 따라 자본시장에서 거래되는 금융상품의 가격이 변동하게 된다. 따라서 금융투자로부터 발생하는 현금흐름인 배당과 이자, 가격변동에 따른 매매 차익은 기업의 실물투자로부터 발생하는 현금흐름을 반영하여 결정되기 때문에 금융투자와 실물투자와는 밀접한 관련이 있다.

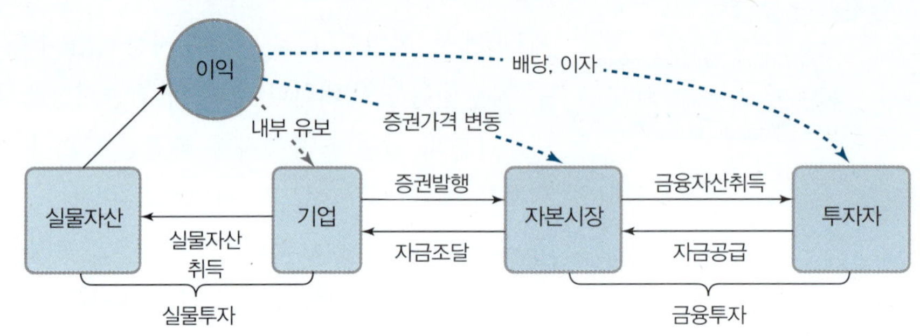

[그림 6-1] 자본시장과 투자의 흐름

6.1.2 금융투자의 과정

금융투자의 과정은 일반적으로 투자목표 설정, 가치분석과 평가, 포트폴리오 구성, 포트폴리오 수정, 성과 측정의 단계로 진행된다.

(1) 투자목표 설정

투자자의 목표 수익률과 감당할 수 있는 위험수준을 정하고 투자할 수 있는 자산금액을 결정한다. 또한, 투자에 수반되는 제약조건인 규제 제도, 유동성, 투자 기간, 과세 등을 고려해야 한다.

(2) 내재가치 분석과 평가

개별 금융자산의 내재가치(intrinsic value)를 추정하고 시장에서 거래되는 자산 가격이 적절히 평가되었는지를 비교한다. 가치 분석과 평가의 접근 방법으로는 10장에서 설명할 기본적 분석과 기술적 분석의 두 가지가 있다.

(3) 포트폴리오 구성

포트폴리오란 자산의 집합이다. 내재가치평가를 바탕으로 포트폴리오에 포함될 개별 자산의 종류와 각 자산에 배분할 금액을 결정한다. 또한, 투자자의 개인적인 특성을 고려해서 투자전략을 수립한다.

(4) 포트폴리오 수정

새로운 정보가 발생하거나 일정 시간이 경과하면 포트폴리오를 재구성해서 새로운 최적 포트폴리오를 결정한다. 포트폴리오 수정은 앞의 세 단계를 거쳐서 이루어진다.

(5) 성과 측정

포트폴리오의 수익률이 적절한 위험수준에서 달성되었는지를 평가한다. 즉, 포트폴리오를 벤치마크 포트폴리오와 비교해서 상대적 우위 여부를 평가해야 한다.

6.1.3 금융투자의 학문체계

금융투자의 학문적 체계에서 가장 중요한 영역은 1952년 현대 투자론의 아버지라 불리우는 마코위츠(Markowitz)에 의해 시작된 포트폴리오이론이다. 또한, 토빈(Tobin)도 포트폴리오이론과 관련된 자산선택이론을 개발했으며, 포트폴리오이론을 기초로 샤프(Sharpe), 린트너(Lintner), 블랙(Black) 등이 개발한 자본자산 가격결정모형(CAPM: Capital Asset Pricing Model)은 실무적으로 매우 유용한 이론으로 자리매김하게 되었다. 포트폴리오이론에 대한 업적으로 마코위츠와 샤프는 1990년에 노벨경제학상을 수상했으며, 토빈은 금융시장 분석에 대한 공로로 1981년에 노벨경제학상을 수상했다. 포트폴리오이론과 자본자산 가격결정모형은 7장과 8장에서 소개한다.

현대 투자이론에서 중요한 위치를 차지하는 또 다른 영역으로 파생상품이 있다. 블랙과 숄즈(Scholes)는 1973년 파생상품의 일종인 옵션의 가격을 결정하는 블랙-숄즈옵션평가모형을 제시하였으며, 이 모형은 학문적으로나 실무적으로 매우 유용하게 사용되고 있다. 숄즈는 비슷한 시기에 옵션가격결정모형을 연구한 머튼(Merton)과 함께 옵션가격결정모형(OPM: Option Pricing Model) 개발에 대한 업적으로 1997년에 노벨경제학상을 수상하였다. 파생상품은 12장에서 살펴보기로 한다.

한편, 자본시장 분야의 이론적 연구가 발전함에 따라 이론들의 현실적 타당성을 검증하는 **실증재무학(empirical finance)**이 파마(Fama)를 중심으로 시작되어 활발하게 진행되고 있다. 이러한 실증재무학은 기존 이론의 개선과 새로운 이론의 개발

실증재무학(empirical finance)

에 큰 영향을 미치고 있으며, 파마는 자산 가격결정과 관련된 광범위한 실증연구에 대한 업적으로 2013년 노벨경제학상을 수상했다.[1] 이에 대해서는 8장에서 살펴보기로 한다.

행동재무학(behavioral finance)

최근에는 전통적인 투자론이 추구하는 기본 가정과 달리 인간의 심리적 요인이 자산의 가격결정이나 투자행동에 영향을 미친다는 **행동재무학(behavioral finance)**도 투자론에서 새로운 영역으로 등장하고 있다. 캐너먼(Kahneman)은 이러한 접근방법을 여러 경제 문제에 적용한 업적으로 2002년에 노벨경제학상을 수상했으며, 쉴러(Schiller)와 탈러(Thaler)도 각각 2013년과 2017년에 노벨 경제학상을 수상했다.

6.2 금융투자상품

6.2.1 금융투자상품의 분류체계

자본시장과 금융투자업에 관한 법률

금융투자상품

투자성

2009년도부터 시행된 「**자본시장과 금융투자업에 관한 법률**(이하 자본시장법)」에서 **금융투자상품**은 포괄적으로 정의된다. 즉, 금융투자상품은 명칭과 형태를 불문하고 원금 손실이 발생할 가능성이 있는 모든 금융상품을 의미한다. 여기에서 원금 손실 가능성을 **투자성**이라고 하는데, 이러한 원금 손실 가능성은 금융투자상품과 다른 금융상품을 구분하는 중요한 기준이다. 즉, [그림 6-2]에서 전체 금융상품 중 원금 손실 가능성이 없는 것으로 간주되는 예금과 보험계약을 제외한 모든 금융상품들은 금융투자상품이다[2]. 다만, 예금 중에서도 주가연계예금(ELD)과 같이 투자성 있는 예금이나 변액보험과 같이 보험료 원금에 손실이 발생할 수 있는 보험 등은 금융투자상품에 해당한다.

1) 파마의 업적은 실증재무학의 창시 외에도 효율적 시장 가설을 정립한 데 있다. 이에 대해서는 9장에서 학습한다.

2) 예금에는 「은행법」의 규제가 적용되며, 보험계약에는 「보험업법」의 규제가 적용된다.

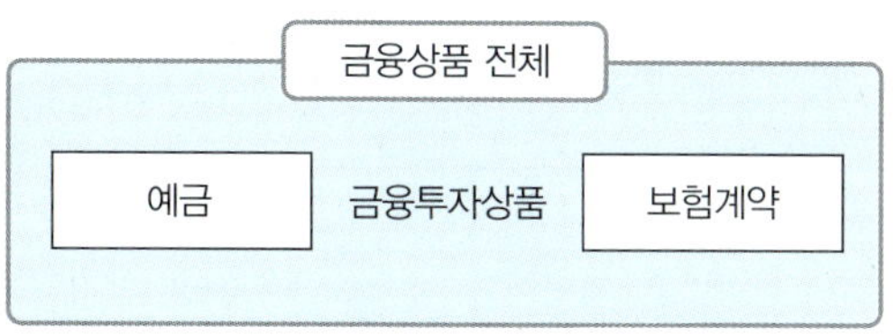

[그림 6-2] 금융상품의 영역

금융투자상품은 증권과 파생상품으로 분류된다. [그림 6-3]에서 자본시장법은 원금의 손실 범위에 따라 증권과 파생상품을 분류한다. 증권은 원금까지 손실이 발생 가능한 금융투자상품이며, 원금을 초과하여 손실이 발생 가능한 상품은 파생상품이다. 즉, 어떠한 금융상품의 투자에 따른 손실의 최대 금액이 원금이라면 이는 증권이지만, 손실 금액이 원금을 초과한다면 파생상품이다.

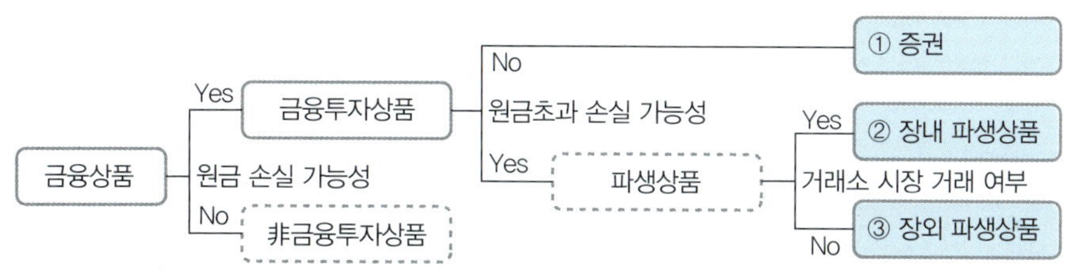

[그림 6-3] 금융투자상품의 분류 기준

〈표 6-1〉의 자본시장법에서 분류된 증권의 종류에는 **지분증권, 채무증권, 수익증권, 투자계약증권, 파생결합증권, 증권예탁증권**이 있다. 이 중에서 지분증권, 채무증권, 수익증권, 증권예탁증권은 전통적인 증권이며, 자본시장법에서는 투자계약증권과 파생결합증권과 같은 새롭게 등장한 금융투자상품도 증권에 포함된다. 투자계약증권은 투자자 자신이 다른 사람들과 공동사업에 투자하고 주로 다른 사람이 수행한 공동사업의 결과에 따라 손익이 발생하는 계약에 대한 증권이다. 파생결합증권은 그 특성이 파생상품과 유사하지만, 투자로 인해 발생 가능한 손실이 원금 이내로 한정되므로 금융투자상품으로 분류된다는 점에 유의해야 한다.

지분증권
채무증권
수익증권
투자계약증권
파생결합증권
증권예탁증권

〈표 6-1〉 증권의 종류

구분	예
지분증권	주식(보통주, 우선주), 신주인수권
채무증권	단기채권(재정증권, 기업어음, 환매조건부채권), 장기채권(회사채, 국고채, 지방채)
수익증권	투자신탁형 펀드의 수익증권, 음악 저작권료 수익증권
투자계약증권	사회기반시설 · 부동산 개발 사업에 대한 출자지분
파생결합증권	주가연계증권(ELS), 주식워런트증권(ELW), 상장지수증권(ETN)
증권예탁증권	주식예탁증서(DR)

파생상품은 특정한 기초자산의 가치에 의존하여 그 손익이 결정되는 금융상품으로 증권에 비해 투자위험이 높다. 거래소 시장에서 거래되는 파생상품은 장내 파생상품이며, 장내 파생상품에 해당하지 않는 파생상품은 장외 파생상품으로 분류된다.

6.2.2 주식

주식(stocks)

주식(stocks)은 금융투자에서 가장 중요하게 다루는 지분증권이다. 한국예탁결제원에 의하면 2022년 말 기준으로 우리나라의 상장주식의 투자 인구는 1,441만 명으로 총 인구의 28%이다.[3] 주식은 보통주와 우선주로 나뉘는데, 일반적으로 주식이라 하면 보통주를 가리킨다. 여기서는 주식의 특성을 채권과의 차이점을 중심으로 설명하고 가치평가와 투자전략에 대해서는 10장에서 설명한다.

(1) 보통주

보통주(common stocks)

보통주(common stocks)는 장기 자금조달의 가장 중요한 원천으로 흔히 주식이라 하면 보통주를 말한다. 보통주는 채권과 달리 만기가 없으며, 기업이 청산되는 경우를 제외하면 기업으로부터 원금을 상환 받을 수 없다. 기업이 보통주를 발행하여 조달한 자금은 재무상태표에 자기자본으로 계상되며 보통주의 주주가 기업으로부터 받는 배당금은 기업의 경영성과에 따라 변동한다. 일반적인 보통주의 소유주인 주주는 주주총회에서 의결권을 갖지만, 보통주라 하더라도 이익배당을 받는 대가

3) 전체 상장주식에서 개인투자자의 지분율은 50.7%이며, 기관투자자와 외국인의 지분율은 각각 36.7%와 12%이다.

로 주주에게 의결권을 부여하지 않는 보통주를 무의결권 보통주라 한다. 무의결권 보통주는 보통주와 우선주의 혼합된 형태로서 이익분배의 순서는 우선주보다 늦지만, 회사의 입장에서는 기존 주주의 경영권이 침해받지 않고 자본을 조달할 수 있다는 장점이 있다.

기업이 청산할 때의 청구권 우선순위는 법으로 정해져 있는데, 주주의 순서는 맨 나중이다. 즉, 여러 청구권자들에게 지불한 후 남는 금액이 주주의 몫이다. 만일 남는 금액이 없다면 주주는 아무것도 가져갈 수 없게 되며, 반대로 큰 금액이 남는다면 남는 금액 모두가 주주의 몫이 된다. 그러므로 주주를 **잔여청구권자(residual claimants)**라고 부르기도 한다. 또한, 기업이 청산될 경우 주주는 유한책임을 지므로 자기가 투자한 금액 이상을 손실로 부담하지 않는다.

잔여청구권자(residual claimants)

보통주는 액면가격의 표시 여부에 따라 액면주식과 **무액면주식**으로 구분된다. 액면주식은 액면가격이 표시되어 있는 주식이며, 액면가격이 표시되어 있지 않은 주식은 무액면주식이다. 상법은 1주의 액면가는 100원 이상의 가격으로 회사가 자율적으로 정하도록 허용하고 있으며, 회사의 정관에서 정한 경우 무액면주식을 발행할 수 있도록 규정하였다. 회사는 액면주식과 무액면주식을 동시에 발행할 수 없으며, 하나만을 선택하여 발행해야 하지만 기존에 발행한 액면주식을 무액면주식으로 전환하거나 그 반대로 전환할 수 있다.

무액면주식

(2) 우선주

우선주(preferred stocks)는 보통주와 채권의 특성을 함께 갖고 있다. 일반적으로 우선주의 주주는 채권자와 마찬가지로 주주총회에서 의결권이 없지만, 이자처럼 매년 고정된 배당금을 지급받으므로 이익배당에서 보통주보다 우선한다. 의결권이 부여되지 않는 우선주의 가격은 주식시장에서는 할인되어 보통주보다 낮게 거래되는 경향이 있는데, 이러한 우선주와 보통주 간 가격의 차이를 **의결권 프리미엄(voting premium)**으로 해석할 수 있다. 그렇지만 이익배당 우선주라 하더라도 보통주와 같이 의결권을 부여한 의결우선주도 있다.

우선주(preferred stocks)

의결권 프리미엄(voting premium)

우선주는 경영성과가 좋지 않아 배당 가능한 이익이 충분하지 못할 때에는 배당을 못할 수도 있다. 우선주는 보통주와 마찬가지로 자기자본으로 분류되며, 기업에 원금반환을 요구할 수 없다. 기업이 청산할 때 재산 배분에 대한 청구권에 대해서는 우선주의 주주가 보통주의 주주보다 우선한다.

누적형 우선주는 우선주에 대한 배당을 지급하지 않은 경우 차후년도에 과거 미지급배당분까지도 포함한 배당금을 지급한다. 반면에 비누적형 우선주의 경우에는 해당 연도에 지급하지 못한 배당금은 그 해로서 끝나게 된다.

상환전환우선주(RCPS: Redeemable Convertible Preferred Stock)

최근에 회사가 발행하는 신종 우선주로는 상환우선주와 전환우선주가 있다. 상환우선주는 회사가 미리 약정된 조건으로 상환할 수 있는 우선주로 만기가 정해져 있으며, 우선주를 재매입하여 소각하는 방식으로 상환한다. 전환우선주는 우선주를 발행한 기업의 보통주로 전환할 수 있는 우선주이다. 전환우선주의 주주가 전환권을 행사하면 추가적인 자금 유입이 없이 기존의 우선주가 보통주 지분으로 바뀐다. **상환전환우선주(RCPS: Redeemable Convertible Preferred Stock)**는 상환우선주와 전환우선주의 특성이 결합된 주식으로 투자자는 우선주의 배당에 따른 투자수익과 보통주 전환에 따른 의결권 확보를 기대할 수 있다.[4)]

6.2.3 채권

채권은 주식과 더불어 대표적인 자본조달수단으로 정부와 기업의 타인자본을 구성하는 채무증권이다. 채권은 만기가 정해져 있으며, 만기가 1년 이상인 장기 채권과 1년 미만인 단기 채권으로 구분된다. 여기에서는 주요한 채권의 종류와 개념만을 소개하며, 가치평가와 투자전략에 대해서는 11장에서 설명한다.

(1) 단기 채권

① 재정증권

재정증권(Treasury bill)

재정증권(Treasury bill)은 일반적으로 정부가 일시적으로 부족한 국고자금을 시장에서 조달하기 위해 발행하는 만기가 1년 미만인 단기국채를 의미하며, 중간에 별도의 이자를 지급하지 않는 순수할인채로 발행된다. 재정증권의 투자자는 액면가로부터 할인된 금액으로 사고 만기 시점에 정부로부터 액면가에 해당하는 금액을 상환받는다.

② 기업어음

기업어음(commercial paper)

기업어음(commercial paper)은 보통 CP라고 불린다. 기업어음은 기업이 발행하는

---

4) 이와 같이 상법 제344조에서 규정한 이익의 배당, 잔여재산의 분배, 주주총회에서의 의결권의 행사, 상환 및 전환 등에 관하여 보통주와 내용이 다른 종류의 주식을 '종류주식'이라 한다.

무담보단기부채로 금융회사가 매입하여 투자자에게 판매한다. 기업어음은 신용 상태가 양호한 기업들이 신용을 바탕으로 쉽게 단기자금을 조달할 수 있는 길을 제공한다. 신용평가기관은 기업어음의 신용도를 평가하여 일정한 등급 이상을 받은 경우에만 거래가 가능하도록 법규로 정해져 있다.

③ 환매조건부채권

환매조건부채권(repurchase agreement)은 보통 리포(Repo) 또는 RP라고 불린다. RP는 원래 금융회사들이 투자자들에게 매도하고 일정한 기간이 경과한 후에 다소 높은 가격으로 다시 매수한다는 조건으로 발행된 채권이다. 따라서 투자자 입장에서 RP는 채권을 담보로 자금을 빌려주는 것과 같다. 매도와 매수 사이의 기간은 하루 동안의 초단기인 경우부터 30일 이상인 경우도 있다. 금융회사의 입장에서는 RP 거래를 통하여 단기자금을 조달할 수 있으며, 투자자들 입장에서도 별다른 위험부담 없이 자금을 운용할 수 있다. 우리나라에서는 국공채를 소화하기 위해 RP 거래를 허용하기 시작했으나, 지금은 국공채뿐만 아니라 회사채나 금융회사의 보증사채 등도 RP 거래의 대상이 된다.

환매조건부채권(repurchase agreement)

④ 통화안정증권

통화안정증권(MSB: Monetary Stabilization Bond)은 시중의 통화량을 조절하기 위한 공개시장운영의 한 수단으로서 한국은행이 발행하는 채권이다. 즉, 시중에 통화량이 과다하여 통화량의 흡수가 필요할 때에는 통화안정증권을 발행하며, 통화량의 증가가 필요할 때에는 증권을 환매하여 유동성을 조절하고 있다.

통화안정증권(MSB: Monetary Stabilization Bond)

(2) 장기 채권

① 국공채 및 지방채

우리나라 정부가 일반 국민을 대상으로 발행한 채권인 국채 중에서 만기가 1년 이상인 장기 채권은 국고채권, 국민주택채권, 외국환평형기금채권이 있다. 지방채(municipal bonds)는 지방자치단체가 발행한 채권으로 국공채와 유사하다. 우리나라의 지방채로는 서울시가 발행하는 서울도시철도채권과 각 시, 도가 발행하는 지역개발채권, 지방공기업이 발행하는 지방공사채권 등이 있다.

지방채(municipal bonds)

채무불이행 위험(default risk)

전환사채(CB: Convertible Bonds)

신주인수권부사채(BW: Bonds with Warrants)

② 회사채

회사채는 구조 면에서는 국공채와 다를 바 없으나 국공채에 비해 **채무불이행 위험(default risk)**이 크다. 회사채에 대한 이자는 액면가의 일정한 비율로서 회사채를 발행할 때 정해진다. 회사채는 담보의 존재 여부에 따라 여러 종류로 구분되며, 기업이 청산할 때 기업의 잔여 자산에 대한 청구권의 순위에 따라 선순위채와 후순위채로 나누어진다. 특수한 회사채로는 채권의 소유자가 원할 경우 주식으로 전환시킬 수 있는 **전환사채(CB: Convertible Bonds)**와 주식을 인수할 수 있는 권리가 부여된 **신주인수권부사채(BW: Bonds with Warrants)**가 있다. 주요한 회사채의 종류는 〈표 6-2〉에 정리되어 있다.

〈표 6-2〉 회사채의 종류

이자지급 관련 회사채	
이표채	- 만기까지 일정한 기간별로 이자가 지급되는 사채
무이표채	- 만기까지 이자를 지급하지 않고 만기에 원금을 상환 - 이자에 해당하는 금액만큼이 차감되어 발행되므로 순수할인채라고도 함
상환 관련 회사채	
상환사채	- 회사가 만기 이전에 언제든지 상환할 수 있는 조건이 부여된 사채 - 상환가격은 사채의 액면금액보다 높고 조기상환 조건일수록 높음 - 금리 하락 시 사채를 상환하고 새로운 사채를 재발행하여 자금 조달의 유연성 제고
감채기금부사채	- 사채 상환에 필요한 금액을 정기적으로 적립하는 사채
영구채	- 만기가 없이 원금을 상환하지 않고 이자만 영구적으로 지급하는 회사채
주식 관련 회사채	
전환사채	- 전환권 행사 시 추가적인 현금 유입 없이 기존의 부채가 자기자본으로 전환 - 전환권 행사로 신주 발행 시 기존 주주의 지분은 희석화되어 지배권 약화 - 투자자는 전환사채 보유 기간 동안 이자를 수취하다 기업의 주가 상승 시 전환권을 행사하여 시세차익 획득
신주인수권부사채	- 신주인수권을 행사해도 사채의 특성은 변화 없음(이자 및 원금 상환 보장) - 성장 기회를 가진 기업이 향후 주가 상승을 예상하는 투자자들을 대상으로 발행 - 주식인수권 행사 시 신주발행분만큼의 납입자금이 유입되며 기존 주주의 지배권에 영향을 미침
교환사채	- 사채 발행 회사가 보유하고 있는 주식에 대한 교환권이 부여된 회사채 - 기존에 보유한 주식으로 교환되므로 자본금의 변동이 없음

③ 특수채

특수채는 특별법에 의해 설립된 법인이 발행하는 채권으로 한국전력공사가 발행하는 한국전력공사채와 한국토지공사가 발행하는 토지개발채권이 있으며, 그 외에도 수자원공사채권, 한국도로공사채권, 한국가스공사채권, 부실채권정리기금채권, 예금보험기금채권이 있다.

특수채

④ 외국채

기업들은 해외에서 채권을 발행하여 자금을 조달하기도 한다. 외국기업이 현지 시장에서 현지 국가 화폐 단위로 발행한 채권을 **외국채**라 한다. 예를 들어, 사무라이본드(Samurai bond)는 외국기업이 일본 채권시장에서 발행한 엔화 표시 채권이며, 양키본드(Yankee bond)는 외국기업이 미국 채권시장에서 발행한 달러 표시 채권이다. 또한, 영국 채권시장에서 외국기업에 의해 발행된 파운드화 표시 채권을 불독본드(Bulldog bond)라 한다. 외국기업이 우리나라 채권시장에서 발행한 원화 표시 채권은 아리랑본드(Arirang bond)이다.

외국채

6.2.4 펀드

(1) 펀드의 특성

투자 방법은 투자의 운용 주체에 따라 직접투자와 간접투자로 나눌 수 있다. 직접투자는 투자 운용을 투자자 본인이 수행하는 것이며, 간접투자는 자산운용회사, 투자자문회사, 증권회사, 은행, 보험회사 등 금융회사가 운용하는 간접투자상품에 가입하여 투자 운용을 위탁하는 것이다. 금융회사가 취급하는 간접투자상품에는 펀드(자산운용회사), 투자일임자문계약(투자자문회사), 랩어카운트(증권회사), 신탁(은행과 증권회사), 변액보험(보험회사) 등이 있으며, 이 중 **펀드(funds)**는 투자자로부터 모은 자금을 전문 운용회사가 주식 · 채권이나 실물자산 등에 대신 투자하여 운용한 후 수수료 및 보수를 제외한 성과를 투자자에게 돌려주는 금융투자상품이다. 자본시장법에서는 펀드를 **집합투자기구**로 규정하고 있으며, 투자자는 집합투자기구가 발행한 증권인 집합투자증권을 매입하여 펀드에 투자하게 된다.

펀드(funds)
집합투자기구

(2) 펀드의 종류

① 기본 유형

펀드는 다양한 기준에 의해 분류하지만, 대표적으로는 〈표 6-3〉과 같이 환매 가능 여부, 추가투자 가능 여부, 투자자의 수 등에 의해 분류할 수 있다.

개방형펀드(open end fund)
폐쇄형펀드(closed end fund)

환매 가능 여부에 따라 환매가 가능한 **개방형펀드(open end fund)**와 환매가 불가능한 **폐쇄형펀드(closed end fund)**로 구분할 수 있다. 개방형펀드는 환매수수료를 부담해야 하는 대신 환매를 통해 투자 자금을 인출할 수 있다는 유연성을 가진다. 반면, 폐쇄형펀드는 펀드의 만기까지 투자 자금을 인출하지 못하므로 펀드를 거래소에 상장하여 매각을 통해 투자 자금을 회수한다. 이러한 특성 때문에 유동성이 높은 주식형펀드나 채권형펀드는 대부분 개방형펀드로 설정되는 반면, 유동성이 낮고 투자금 회수까지 장기간이 소요되는 부동산펀드과 실물펀드는 일반적으로 폐쇄형펀드로 설정된다.

추가 투자 가능 여부에 따라서는 추가 투자가 가능한 추가형펀드와 추가 투자가 불가능한 단위형펀드로 구분된다. 단위형펀드는 펀드매니저 입장에서는 안정적인 운용을 할 수 있는 장점이 있지만, 동일 펀드에 대한 수요가 증가하더라도 이를 흡수할 수 없다는 단점이 있다. 이러한 이유 때문에 실무에서는 단위형펀드라 하더라도 동일한 명칭을 가진 시리즈 펀드를 설정하여 추가 투자수요를 흡수하고 있다. 추가 투자의 장점인 유연성 때문에 대부분의 주식형펀드와 채권형펀드는 추가형으로 설정되며 적립식 펀드도 대표적인 추가형펀드이다.

공모형펀드(public fund)
사모형펀드(private fund)

투자자의 수로 분류해 보면 불특정 다수인을 대상으로 모집하는 **공모형펀드(public fund)**와 소수(100명 이하)의 투자자로부터 자금을 모집하는 **사모형펀드(private fund)**로 분류된다. 공모형펀드는 불특정 다수를 대상으로 하기 때문에 자본시장법의 여러 가지 규제를 받는 반면, 사모형펀드는 그렇지 않다. 공모형펀드는 원칙적으로 상장주식과 투자적격등급의 채권에만 투자할 수 있지만, 사모형펀드는 투자 대상에 대한 제약이 없다. 공모형펀드는 가입 시 투자설명서, 간이투자설명서, 집합투자규약을 교부할 의무가 있지만, 사모형펀드는 집합투자규약(약관) 외의 관련 서류를 교부할 의무가 없다. 투자자산에 대한 보고 의무나 인터넷 홈페이지를 통한 공시 의무 등도 공모형펀드에는 존재하지만 사모형펀드에는 없다. 사모형펀드는 공모형펀드에서는 투자할 수 없는 자산에 투자할 수 있는 장점도 있지만, 전문지식을 가지지 않은 소액투자자가 투자하기에는 적합하지 않다.

사모주식펀드에는 하나의 자산을 매수함과 동시에 다른 자산을 공매도하는 거래 방식에 기반하여 절대수익을 추구하는 **헤지펀드(hedge fund)**, 다른 말로 전문투자형 사모주식펀드와 기업을 인수하여 가치를 증대시킨 후 매각하여 수익을 추구하는 경영참가형 사모주식펀드(PEF: Private Equity Fund) 등이 있다. 투자를 회수하기까지 장기간 소요되는 부동산, 실물자산펀드도 사모 형태로 설정되는 경우가 많다. 한편, 소액투자자도 **재간접펀드(fund of funds)**를 통해 전문투자형 사모주식펀드 또는 부동산사모펀드, 실물사모펀드에 투자할 수 있다.

헤지펀드(hedge fund)
재간접펀드(fund of funds)

〈표 6-3〉 펀드의 기본유형

기준	유형	특징
환매 가능 여부	개방형펀드	환매 가능
	폐쇄형펀드	환매 불가능하며, 만기 상환 또는 거래소에서 매도
추가 투자 가능 여부	단위형펀드	추가 투자 불가능
	추가형펀드	추가 투자 가능
투자자의 수	공모형펀드	불특정 다수로부터 투자 모집
	사모형펀드	100인 이하의 투자자들로부터 투자 모집

② 투자대상에 따른 유형

펀드는 〈표 6-4〉에서 투자대상에 따라 주식 · 채권에 투자하는 증권펀드, 부동산에 투자하는 부동산펀드, 선박, 금, 석유 같은 실물상품에 투자하는 실물펀드, 사회간접시설이나 지적재산권 등 특수자산에 투자하는 특별자산펀드, 여러 다른 펀드에 투자하는 재간접펀드 등이 있다.

펀드는 투자대상인 주식 및 채권에 어떤 비율로 투자하느냐에 따라 주식형, 채권형, 혼합형으로 분류된다. 자산의 60% 이상을 주식에 투자하면 주식형펀드, 채권에 60% 이상 투자하면 채권형펀드로 구분된다. 각 투자 비율이 60% 미만이면 혼합형펀드이다. 주식형펀드는 투자하는 주식의 특성에 따라 다시 가치형펀드, 배당형펀드, 섹터형펀드, 인덱스펀드 등으로 나눌 수도 있다. 채권형펀드 또한 투자등급 채권에 투자하는 일반채권형펀드 이외에도 투기등급 채권에 투자하여 고수익을

하이일드펀드(high yield fund)
MMF(Money Market Fund)

추구하는 **하이일드펀드(high yield fund)**, 단기금융상품에 투자하는 **MMF(Money Market Fund)** 등이 있다.

〈표 6-4〉 투자대상에 따른 펀드의 유형

유형	투자 대상	특징
주식형펀드	주식 60% 이상	고위험, 고수익
혼합형펀드	주식 60% 이하, 채권 60% 이하	주식형펀드와 채권형펀드의 중간
채권형펀드	채권 60% 이상	저위험, 저수익
MMF	단기금융상품	수시 입출금 가능
파생상품펀드	파생상품	구조화된 수익
부동산펀드	부동산	• 환금성에 제약 • 투자를 통한 중위험, 중수익 추구
실물펀드	선박, 석유, 금 등 실물자산	
특별자산펀드	증권이나 부동산이 아닌 자산	
재간접펀드	다른 펀드	다양한 펀드에 분산투자

6.2.5 자산유동화증권

자산유동화증권(ABS: Asset Backed Securities)
증권화(securitization)
주택저당증권(MBS: Mortgage Backed Securities)

자산유동화증권(ABS: Asset Backed Securities)은 자산을 근거로 발행된 증권으로 금융혁신의 일종인 **증권화(securitization)**의 산물이라 할 수 있다. 일반적으로 자산의 집합을 증권의 형태로 변환시켜 그 증권의 소유자에게 이전시키는 것을 증권화 또는 유동화라고 한다. 자산유동화증권은 기업 또는 금융기관이 보유한 자산을 유동화전문회사에 양도하면, 유동화전문회사가 자산의 현금흐름과 신용도를 평가해서 발행하는 증권을 의미한다. 자산유동화증권은 크게 **주택저당증권(MBS: Mortgage Backed Securities)**과 기타 자산유동화증권으로 구분된다.

(1) 주택저당증권

금융회사는 주택 구입자들에게 대출자금을 융자할 때 주택에 대한 근저당을 설정하여 주택을 담보로 대출자금을 회수할 수 있는 권리인 대출채권을 갖게 된다. 주택저당증권은 이러한 대출채권을 기초로 발행한 수익증권이다. 금융회사의 대출자금은 금융회사의 자산이지만, 금융기관이 그 자금을 사용할 수는 없다. 그러나 금융회사는 주택대출채권을 유동화전문회사에 양도하면 유동화전문회사는 이를 기초로 증권을 발행하고 금융회사는 주택대출자금을 사용할 수 있게 된다. 결국 주택저당증권의 투자자들은 주택대출자금의 집합으로부터 발생하는 원금과 이자를 상환받게 되며, 금융회사는 자금을 미리 활용하는 대신 대출자금에 대한 소유권은 잃게 되는 것이다. 투자자들 입장에서는 주택대출금에 대한 투자가 가능하게 되어 투자대상이 늘어나는 장점이 있다. 우리나라에서는 주택저당증권이 한국거래소에 상장되며, 한국주택금융공사가 주택저당증권을 발행하고 있다.

(2) 기타 자산유동화증권

주택저당증권의 발행 이후에 이와 유사한 구조를 갖는 증권화가 다양한 자산을 대상으로 하여 진행되어 오고 있다. 이러한 자산유동화증권에는 소액개인대출, 신용카드대출금, 자동차대출금, 학자금대출금과 같은 소비자금융자산을 증권화 대상자산의 범위로 확대하여 발행하는 소비자자산담보부증권이 있으며, 회사채, 대출채권과 같은 기업의 채무를 기초로 발행되는 유동화증권인 **부채담보부증권(CDO: Collateralized Debt Obligations)** 등이 있다.

부채담보부증권(CDO: Collateralized Debt Obligations)

6.2.6 파생상품

파생상품(derivatives)은 그 상품의 손익과 가치가 기초자산으로부터 파생되어 결정되는 금융상품으로 옵션 · 선물 · 스왑 등을 포함한다. 일반적으로 파생상품은 기업들의 자본조달 목적보다는 거래소나 금융회사들이 투자자들의 수요를 충족시키고자 개발한다. 파생상품으로부터 얻어지는 현금흐름은 파생상품의 기초자산의 가치에 따라 변동하므로 **조건부청구권(contingent claims)**이라고 부르기도 한다. 기초자산의 범위는 전통적인 금융상품인 주식, 채권은 물론 실물상품인 귀금속, 광물, 농축산물, 통화, 신용위험, 날씨, 다른 파생상품 등으로 매우 넓으며, 다양한 기능을 가진 파생상품이 개발되고 있다. 금융상품이나 주가지수를 기초자산으로 하는 파생상품을 금융파생상품이라 하며, 실물상품이 기초자산인 파생상품을 실물파생상품이라 한다. 파생상품의 투자에 대해서는 12장에서 설명한다.

파생상품(derivatives)

조건부청구권(contingent claims)

알아두기 6.1 예금자보호법과 금융투자상품

금융투자상품에는 "금융투자상품은 예금자보호법에 따라 예금보험공사가 보호하지 않으며, 원금 손실이 발생할 수 있습니다. 금융투자상품은 투자 결과 원금의 손실이 발생할 수 있으며, 그 손익은 투자자에게 귀속됩니다."라고 명시되어 있다. 예금자보호제도는 다수의 소액예금자를 우선 보호하고 부실 금융기관을 선택한 예금자도 일정 부분 책임을 분담한다는 차원에서 예금의 전액을 보호하지 않고 원금과 소정이자를 합하여 1인당 5천만 원까지만 보호되며, 초과 금액은 보호되지 않는다. 이는 금융상품의 발행인의 도산으로 인한 신용위험에 따른 원본 손실은 투자성에서 제외됨을 의미한다. 외화예금은 원화로 인출하는 경우 환율 변동으로 인하여 이익 또는 손실이 발생하므로 금융투자상품에 포함되지만, 예금자보호법에 따라 예금보호대상 금융상품이다.

6.2.7 파생결합증권

파생결합증권
파생결합사채(DLB: Derivative Linked Bond)
주가연계증권(ELS: Equity Linked Securities)

파생결합증권은 기초자산의 가격이나 단위 등의 변동과 연계하여 미리 정해진 방법에 따라 만기의 수익이 결정되는 증권이다. 파생결합증권의 수익이 기초자산의 변동에 따라 정해진다는 점은 파생상품의 특성이지만, 투자에 따른 손실은 원금을 초과하지 않으므로 증권으로 분류된다. 원금이 보장되는 파생결합증권은 **파생결합사채**(DLB: Derivative Linked Bond)라 하며, 채무증권으로 분류된다. 파생결합증권은 기초자산의 변동에 따라 사전에 약정된 조건이 충족되는 경우에 수익이 확정되므로 기초자산의 가치가 하락하는 경우에도 수익창출이 가능하다. **주가연계증권**(ELS: Equity Linked Securities)은 개별 주식이나 주가지수에 연계되어 수익이 결정되는 대표적인 파생결합증권이다.

주식워런트증권(ELW: Equity Linked Warrants)
상장지수증권(ETN: Exchange Traded Notes)

주식워런트증권(ELW: Equity Linked Warrants)도 특정 주식의 주가 또는 주가지수와 연계하여 미리 약정된 가격에 따라 해당 주식을 매매하거나 금전을 수수하는 권리가 부여된 증서로, 기초자산이 주식인 옵션과 유사한 성격을 갖고 있다. ELS가 거래소에서 상장되지 않고 거래되는 반면, ELW는 거래소에 상장되어 매매되고 있다. **상장지수증권**(ETN: Exchange Traded Notes)은 지수의 변동과 수익률이 연동하도록 금융회사가 발행하는 파생결합증권으로 거래소에 상장되어 거래되는 증권으로 ETF와 유사하다. 우리나라에서는 장외파생금융상품의 영업을 인가받은 금융회사만이 파생결합증권을 발행할 수 있다. 파생결합증권의 투자에 대해서는 12장에서 설명한다.

6.3 최근 투자환경의 변화

6.3.1 금융의 디지털전환 패러다임

빅데이터와 클라우드, 인공지능, 분산원장기술 등의 새로운 금융혁신(financial innovation)의 등장에 따라 **디지털전환(digital transformation)** 추세가 확산되면서 금융의 기능별 분화 및 디지털 플랫폼화가 가속하고 있다. 즉, 전통적인 금융서비스가 핀테크 및 빅테크 기업이 보유하고 있는 경쟁력 있는 개별 금융서비스 중심으로 대체되는 현상이 나타나고 있다. 또한, 블록체인 기술의 발전으로 기존 금융시스템과 분리되는 **탈중앙화(decentralization)** 및 **탈중개화(disintermediation)** 특성이 나타나고 있다. 이와 같은 디지털 플랫폼화는 금융 플랫폼 이용자수가 많아질수록, 제공되는 서비스 품질과 소비자 효용이 확대하는 네트워크 효과를 창출한다.

디지털전환(digital transformation)
탈중앙화(decentralization)
탈중개화(disintermediation)

금융(finance)과 기술(technology)의 합성어인 **핀테크(fintech)**는 금융과 정보통신기술의 결합을 통해 새롭게 등장한 산업 및 서비스 분야로 부각되고 있다. 핀테크의 주요 영역은 이용이 간편하면서도 수수료가 저렴한 송금 및 지급결제서비스를 제공하는 송금 · 결제 분야, 개인 · 기업 고객과 관련된 다양한 데이터를 수집 · 분석해 새로운 부가가치를 창출하는 금융데이터 분석 분야, 기술을 활용하여 기존 방식보다 혁신적인 금융업무 · 서비스 관련 소프트웨어를 제공하는 금융소프트웨어 분야, 개인 · 기업 고객들이 자유롭게 금융거래를 할 수 있는 다양한 거래 기반 제공하는 플랫폼 분야로 요약된다. 금융위원회가 금융규제 샌드박스(sandbox) 제도를 통해 이른바 '혁신금융서비스'로 지정한 핀테크 사례로는 비상장기업 주주명부 및 거래 활성화 플랫폼, 분산원장 기반 부동산 유동화 플랫폼 서비스, 주식 소수점 거래 서비스, 음악 저작권료 기반 수익증권 거래 플랫폼 등이 있다.[5)]

핀테크(fintech)

핀테크 등 기술의 발달에 힘입어 로봇(robot)과 어드바이저(advisor)가 합성된 **로보어드바이저(RoboAdvisor)**도 최근에 투자실무에서 자산관리 역할을 담당하는 형태로 부상하고 있다. 로보어드바이저는 알고리즘(algorithm) 또는 빅데이터 분석 등의 기술에 기반하여 저비용으로 자동화된 금융자문 서비스를 제공한다. 로보어드바이저의 자산 관리 기능은 투자 성향을 비롯해 각종 데이터를 정형화된 설문을

로보어드바이저(RoboAdvisor)

5) 금융규제 샌드박스 제도의 내용 및 현황에 대해서는 홈페이지(https://sandbox.fintech.or.kr/) 참조

통해 입력하면 로보어드바이저가 적정 투자 포트폴리오를 제시하는 동시에 운용 및 리밸런싱 단계까지 실행하지만, 향후 개인의 모든 재무활동을 지원하는 종합자산관리 서비스로 진화할 것으로 예상된다.

6.3.2 금융소비자 보호제도의 강화

금융소비자보호에 관한 법률

금융상품의 내용이 복잡해지고 다양화하면서 금융회사와 투자자 간 정보 비대칭 문제가 심화되고 있다. 투자자는 금융회사와 교섭력(bargaining power)에서 구조적인 열세에 있으므로, 투자자들이 금융상품에 내재된 위험을 인지하지 못하고 이용할 경우에 사후적으로 발생하는 손실은 투자자들에게 전가된다. 2008년 글로벌 금융위기 이후에도 금융사고가 지속적으로 발생하면서, 금융소비자의 권익을 보호하고 금융회사의 사전 규제를 강화하는 「**금융소비자보호에 관한 법률**」이 2021년부터 시행되었다.

〈표 6-5〉에서 보듯이 「금융소비자보호에 관한 법률」에서 규정한 투자자보호 제도는 사전규제와 사후제재로 구분할 수 있으며, 여기에 일부 소비자권리가 신설되었다. 사전규제에서 모든 금융상품에 적용되는 6대 판매규제는 적합성 원칙, 적정성 원칙, 설명 의무, 불공정영업행위 금지, 부당권유행위 금지, 광고규제이다. 적합성 원칙은 금융소비자가 일반금융소비자인지 전문금융소비자인지를 확인한 후에 일반금융소비자에게는 재산상황 등에 비춰 부적합한 상품 계약 체결 권유를 금지하는 내용이다. 적정성 원칙은 일반금융소비자가 자발적으로 구매하려는 상품이 해당 소비자의 재산상황 등에 비춰 적정하지 않을 경우에 금융회사가 이를 고지하고 확인할 의무에 관한 내용이다. 설명 의무는 일반금융소비자에게 계약 체결을 권유하는 경우와 일반금융소비자가 설명을 요청하는 경우에 금융상품에 관한 중요한 사항을 이해할 수 있도록 설명하여야 한다는 내용이다. 불공정영업행위금지는 금융소비자의 의사에 반하는 다른 상품계약을 강요하거나 부당한 담보나 편익요구를 할 수 없으며, 부당권유행위금지는 금융상품 판매 시 소비자에게 단정적 판단 또는 허위 사실을 제공하는 권유행위를 금지하는 내용이다. 마지막으로 광고규제는 금융상품을 광고할 때 필수적으로 포함해야 하는 사항과 금지행위에 관한 내용을 명시하고 있다.

〈표 6-5〉 금융소비자보호법 관련 투자자보호 제도

영 역	제 도	내 용
사전규제	6대 판매규제	원칙적으로 모든 금융상품에 적용
	금융소비자보호 내부통제기준	의무 부과
사후제재	금전적 제재	징벌적 과징금 도입 및 과태료 최대 1억 원
	형벌	5년 이하 징역, 2억 원 이하 벌금
신설 소비자권리	청약철회권	원칙적으로 모든 금융상품에 적용
	위법계약해지권	
	자료열람요구권	소송, 분쟁 조정 시 자료 열람 요구

알아두기 6.2 고빈도 거래

고빈도거래(HFT: High Frequency Trading)

고빈도거래(HFT: High Frequency Trading)는 인공지능 등을 이용하여 설정한 알고리즘을 기반으로 자동화된 거래 방법의 한 형태로 거래 실행속도가 0.001초(millisecond) 단위의 극도로 빠르게 이루어진다는 점이 가장 큰 특징이다. 고빈도거래는 알고리즘을 활용하여 종목 선택과 매매시점을 포착하고 주문 제출 시각부터 체결 시각까지 소요되는 시간을 최소화하므로 저지연거래(low latency trading)라고도 한다. 고빈도거래가 다양한 거래전략으로 이루어지고 계속 진화하고 있어 엄밀하게 정의하기는 어려우나 미국증권관리위원회(SEC)는 다음과 같은 특성을 기준으로 고빈도거래를 분류하고 있다.

- ○ 초고속 주문시스템을 통해 주문 제출, 취소, 정정, 거래 체결과 거래 확인
- ○ 단기간에 포지션을 취하고 청산하는 거래패턴을 반복
- ○ 주문 전송, 취소를 반복하는 방식으로 대량의 주문 제출
- ○ 거래 종료 이전에 포지션 최소화

고빈도거래가 증가한 환경적 원인으로는 금융 IT 기술의 발전이라 할 수 있다. 즉, 정보통신기술 발달과 자본시장의 효율성 제고로 차익거래가 초단기간에만 발생하게 되면서 순식간에 사라지는 거래 기회를 포착하기 위해 컴퓨터와 네트워크 설비를 이용하여 시장에 대한 반응속도를 최적화한 것이다. SEC는 2014년에 고빈도거래가 미국 상장주식 거래의 50% 이상을 차지하고 있는 것으로 추정하고 있다.

동양증권의 불완전판매 유형과 배상

금융감독원은 동양증권의 동양그룹 계열사 기업어음(CP)과 회사채를 판매한 과정에서 불완전판매가 있었다고 공식 확인했다. 금융감독원은 동양그룹 회사채나 기업어음(CP)의 신용등급을 제대로 안내하지 않았거나 예금인 것처럼 판매한 경우 등 투자자가 동양증권에 불완전판매 관련 배상을 요구할 수 있는 대표적인 사례 8가지를 정리해 26일 안내했다.

금감원이 발표한 동양증권이 불완전판매를 했다고 볼 수 있는 사례들로는 ▲고(高)위험 상품인 회사채와 CP의 투자위험에 대한 설명 누락 ▲원금을 보장하는 상품인 것처럼 안내 ▲안정형 투자상품인 것처럼 설명 ▲동양증권이 해당 회사채 등을 보증하거나 책임지는 것처럼 안내 ▲해당 계열사가 망하더라도 채권은 원금을 되찾을 수 있다고 안내 ▲채권 · 특정금전신탁 등 투자상품을 예금인 것처럼 설명 ▲동양그룹은 망할 일이 없다고 설명 ▲해당 계열사가 투기등급이거나 자본잠식 상태인 사실을 설명하지 않은 경우 등이다.

금감원은 지난 10월 법원의 기업회생절차(법정관리) 개시가 결정된 ㈜동양과 동양레저 · 동양인터내셔널 · 동양시멘트 · 동양네트웍스 등의 회사채와 CP, 특정금전신탁 등의 투자상품을 불완전판매한 혐의 등으로 동양증권을 특별 검사했으며, 금감원에 분쟁조정을 신청한 1만 9,904건의 투자 관련 서류와 녹취록 등도 전수 조사했다. 불완전판매 민원에 대한 분쟁조정은 상품설명서와 동의서 등 투자 관련 서류 약 24만 건과 녹취록 30만 건을 전수 조사하고 동양증권 직원의 소명 절차와 사실 확인 등을 마쳐 신청 건별로 배상 여부와 배상 비율을 정했다.

금융감독원은 31일 '동양사태' 관련 첫 분쟁조정위원회를 열고 지난 2월까지 1만 6,000여 명이 신청한 3만 5,700여 건의 분쟁 가운데 67.2%인 2만 4,000여 건이 불완전판매라고 조정결정을 내렸다. 동양 관련 회사채 및 기업어음(CP) 투자자의 67%가량인 1만 2,000여 명이 불완전판매 피해자로 인정받았다. 이들은 동양증권으로부터 손해액(총투자액-법원이 결정한 계열사별 변제액)의 22.9%인 625억 원을 배상받는다.

최수현 금감원장은 이날 "부적합한 투자상품을 권유하거나 불충분하게 설명하는 등의 불완전판매가 조정신청 대상 투자계약의 약 67%에서 나타났다."며, "이번 조정에 따라 배상이 이뤄지면 투자자들은 원금의 64.3%가량을 회수할 것으로 보인다."고 말했다. 이번 분쟁조정 대상은 (주)동양, 동양레저, 동양인터내셔널, 동양시멘트 등 기업회생절차(법정관리)에 들어간 5개 동양 계열사 투자자 4만 1,000여 명(투자금 1조 7,000억 원) 가운데 올 2월까지 분쟁조정을 신청한 개인투자자다.

불완전판매 배상 비율은 15~50%로 개인별로 다르다. CP와 전자단기사채는 투자정보 확인이 쉽지 않은 점을 고려해 배상 비율을 5%포인트 더했다. 또 65세 이상은 5%, 80세 이상은 10%를 가산해 고령층 투자자를 배려했다. 반면 금융투자에 대한 자기책임원칙을 반영해 투자 경험에 따라 2~10%포인트, 투자금액에 따라 5~10%포인트를 뺐다. 금감원의 분쟁조정에 대해 금융회사가 거부한 사례는 없다. 배상금은 조정성립일로부터 20일 이내 지급되는 것이 보통이지만, 피해자가 많아 다소 늦춰질 것으로 보인다. 투자자들이 조정을 거부하면 재심을 청구하거나 법적 소송으로 해결해야 하지만, 시간이 오래 걸릴 수 있다.

자료: 조선일보, "금감원, '동양사태' 불완전판매 민원 중 30% 조사…대표사례 8가지", 유한빛 기자, 2013.12.26.; 조선일보, "금감원, 동양증권 불완전판매 67% 인정…배상비율 15~50%", 배정원 기자, 2014.07.31. 재정리.

https://biz.chosun.com/site/data/html_dir/2013/12/26/2013122602276.html,

https://biz.chosun.com/site/data/html_dir/2014/07/31/2014073102595.html

연·습·문·제

1. 다음 명제의 참과 거짓 여부를 판별하시오.

(1) 기업 청산 시 자산에 대한 청구권에서는 주주가 채권자보다 우선한다.

(2) 파생결합증권은 모두 거래소에 상장되어 매매된다.

(3) 금융투자상품의 분류기준에서 투자수익률이 −100%보다 낮을 수 있는 금융투자상품은 파생상품으로 분류된다.

(4) 일본 기업이 해외 채권시장에서 발행한 외화 표시 채권을 사무라이 펀드라 한다.

(5) 투자신탁형 펀드의 증권은 자본시장과 금융투자업에 관한 법률에서 투자계약증권으로 분류된다.

(6) 사모형펀드는 가입자에게 투자설명서, 간이투자설명서, 집합투자규약을 교부해야 한다.

(7) 하이일드펀드(high yield fund)는 투기등급 채권에 투자하여 고수익을 추구하는 펀드이다.

2. 다음 용어를 간단히 설명하시오.

(1) 부채담보부증권

(2) 종류주식

(3) 증권예탁증권

(4) 환매조건부채권

(5) 통화안정증권

(6) 상환전환우선주

3. 금융투자의 학문적 영역의 발전과정을 주요 학자의 대표적인 업적별로 설명하시오.

4. 전환사채와 신주인수권부사채의 특성을 비교하여 설명하시오.

5. 외화예금은 예금자보호법에 의한 보호대상 금융상품이지만, 자본시장과 금융투자업에 관한 법률에서 금융투자상품으로 취급되는 이유를 설명하시오.

6. 디지털전환의 패러다임을 설명하고 구체적인 사례를 열거하시오.

7. 금융투자의 과정을 설명하시오.

8. 우선주의 가격이 주식시장에서 보통주 가격보다 할인되어 거래되는 이유를 설명하시오.

9. 「금융소비자보호에 관한 법률」에서 금융상품에 적용되는 6대 판매규제를 설명하시오.

7 CHAPTER

포트폴리오 이론

마코위츠가 1952년에 개발한 포트폴리오 이론은 현대 금융투자의 실무와 학문적 영역에서 초석의 위치를 차지하고 있다. 본 장에서는 먼저 금융투자에 필수적인 기초 개념인 수익률과 위험을 어떻게 측정하는가를 설명하고, 이를 포트폴리오의 기대수익률과 위험 측정으로 확장하여 소개한다. 다음으로 위험자산들을 결합하여 구성한 포트폴리오의 기대수익률과 분산에 대한 정보를 근거로 투자자들은 어떤 포트폴리오를 자신의 최적 포트폴리오로 선택할지에 관한 의사결정을 설명한다. 또한, 위험자산과 무위험자산을 결합하여 구성한 포트폴리오의 기대수익률과 분산은 어떻게 계산되며, 투자자들은 어떤 포트폴리오를 선택할지에 대해 설명한다. 마지막으로 매우 많은 자산에 분산투자할 경우에는 포트폴리오의 위험은 어떻게 되며, 이러한 효과가 금융투자에서 가지는 시사점은 무엇인지를 학습한다.

7.1 수익률

투자의 수익률은 투자로부터 얻어진 총이익(또는 총손실)을 초기의 투자금액으로 나누어 계산한다. 기업에서 시설 확장과 같은 실물투자의 경우는 물론 주식이나 채권 등 증권에 대한 투자의 경우에도 동일한 방식으로 수익률을 계산할 수 있다. 여기서는 주식수익률을 대상으로 살펴보기로 한다.

자본이득(capital gain)
현금배당(cash dividend)

7.1.1 단일기간 수익률

어느 시점에서 주식을 매수하여 일정기간 보유한 후에 이 주식을 처분했다고 하자. 이 기간 동안의 주식수익률은 주식투자로부터 얻은 총이익을 총투자금액으로 나누어 계산한 비율이다. 주식투자로부터 얻은 총이익은 **자본이득(capital gain)**과 **현금배당(cash dividend)**의 합이다. 자본이득은 매도금액으로부터 총투자액, 즉 매입금액을 차감한 것으로 보유 기간 동안의 주식가격의 변동분으로 매매차익이라고도 한다. 보유 기간 중 주가가 하락하여 매도금액이 매입금액에 미달하면 음의 자본이득, 즉 자본손실(capital loss)이 발생할 수도 있다.

어떤 투자자가 주식 100주를 주당 10,000원에 매수하고 1년 후 주당 12,000원에 처분했다고 가정하자. 또한, 이 투자자는 주식 보유 기간 중에 주당 1,000원의 배당금을 받았다. 이 투자자의 주식수익률은 다음과 같이 계산할 수 있다.

회수금액:	매도금액	12,000원×100주 =	1,200,000원
	현금배당	1,000원×100주 =	100,000원
투자금액:		10,000원×100주 =	1,000,000원
이익:			300,000원
수익률:		300,000/1,000,000 =	0.3(30%)

이 투자자가 얻은 이익은 주가변동에 의한 자본이득 20만 원과 100주 보유로부터 받은 현금배당금 10만 원의 합인 30만 원이다. 이 이익 금액 30만 원을 기초의 투자금액 100만 원으로 나누면 주식수익률은 0.3(30%)이 된다.

$$R=\frac{P_1-P_0+D_1}{P_0}=\frac{12,000-10,000+1,000}{10,000}=0.3$$

여기서의 P_0는 투자 시점의 주당 가격을, P_1은 매도 시점의 주당 가격을, D_1은 보유 기간 동안 받은 주당 현금배당금을 의미한다.

주식시장을 분석할 때는 위와 같이 특정한 투자자를 상정하지 않고 1일, 1주일, 1개월 등 일정 기간 간격으로 증권에 대한 수익률을 계산하는 것이 보통이다. 월별 수익률의 예를 들면, t월의 주식수익률 R_t는 $t-1$월의 최종 거래일의 가격 P_{t-1}에 주식을 매수하여 t월의 최종 거래일의 가격 P_t에 주식을 매도한 것으로 간주하여 다음 식 (7-1)과 같이 계산한다.

$$R_t=\frac{P_t-P_{t-1}+D_t}{P_{t-1}}=\frac{P_t-P_{t-1}}{P_{t-1}}+\frac{D_t}{P_{t-1}} \qquad (7\text{-}1)$$

배당수익률(dividends yield)
단일기간 수익률(single period return)
단순수익률(simple return)

식 (7-1)에서 보듯이 주식의 수익률은 주가변동에 따른 매매차익률 또는 자본이득률(capital gains yield)과 배당수익에 따른 **배당수익률**(dividends yield)로 구성된다. 여기서 D_t는 t월 동안 지급된 주당 현금배당금을 의미한다. 이와 같이 단일 기간의 투자이익을 기초가격으로 나누어 계산한 수익률을 **단일기간 수익률**(single period return) 또는 **단순수익률**(simple return)이라고도 부른다.

7.1.2 보유기간 수익률

보유기간 수익률(HPR: Holding Period Return)

실무에서 또는 실증연구에서는 단일기간 수익률들을 이용하여 전체 기간 동안의 **보유기간 수익률**(HPR: Holding Period Return)을 계산해야 하는 경우가 빈번히 생긴다. 이 경우에 여러 기간의 단순수익률을 합한 값을 전체 기간 동안의 보유기간 수익률로 계산하는 것은 오류이다. 예를 들어, 어떤 주식의 10월 말, 11월 말, 12월 말의 주가가 각각 1,000원, 1,250원, 1,000원이라고 가정하고 10월 말부터 12월 말까지 2개월 간의 보유기간 수익률을 구해보기로 하자. 11월의 단순수익률은

25%이며, 12월의 단순수익률은 −20%이므로 이 두 수익률을 합하면 5%이다. 하지만 10월 말과 12월 말의 주가는 동일하기 때문에 2개월 간의 주식수익률은 명백히 0이다. 이 경우 수익률을 구하는 옳은 방법은 다음과 같이 각 수익률에 1을 더하여 곱한 다음 1을 차감하는 것이다.

$$(1+0.25)(1-0.2) - 1 = 0$$

이렇게 계산하는 이유는 10월 말 시점에서 이 주식에 투자한 1원의 가치는 11월 말에 (1+0.25)원이 되며, 이는 11월 말에 (1+0.25)원을 재투자한 것과 같기 때문이다. 따라서 12월 말에는 그 가치가 (1+0.25)(1−0.2)원이 될 것이며, 여기에서 10월말 시점의 투자액 1원을 차감해야 한다.

일반적으로, 단위 기간별로 계산된 단순수익률들을 이용하여 T 기간까지 전체 기간 동안의 보유기간 수익률을 계산하려면 다음 식 (7−2)와 같이 각 단순수익률에 1을 더한 값들을 모두 곱한 다음 1을 차감하면 된다.

$$HPR_T = (1+R_1)(1+R_2)\cdots(1+R_T) - 1 \qquad (7-2)$$

연실효수익률(EAR: Effective Annual Return)

보유기간 수익률은 **연실효수익률(EAR: Effective Annual Return)** 또는 유효연수익률 계산에도 적용할 수 있다. 예를 들어, 이자율이 연리로 표시되어 있지만, 연간 두 번 이자를 지급하는 채권의 이자율의 복리계산 방법을 살펴보자. 이러한 경우 기업은 채권 투자자들에게 반년에 한 번씩 이자를 지급하게 된다. 이 채권의 명목 연이자율이 10%(10% per annum)라면 연실효수익률은 얼마일까? 만일 10,000원을 1년 동안 이 채권에 투자했을 때는 6개월 후와 1년 후 두 번에 걸쳐 5%씩 이자를 지급받게 된다. 그러나 복리계산에 의해 6개월 후에 받는 이자를 재투자할 수 있으므로 6개월 후에는 원금과 이자의 합계인 10,500원을 새로운 원금으로 생각해야 한다. 1년 후 받는 총금액은 $10,000(1+0.05)^2$=11,025원이 되므로 1년 동안의 실제 이자율은 10.25%이다. 결과적으로 연 이자율 10%를 반년 복리로 계산할 때 실효수익률은 10.25%이다. 이자지급 시기를 반년에서 분기별, 월별, 일별로 가정할 경우에 복리계산에 따른 실효수익률의 변화를 살펴보면 이자지급 시기가 짧아질수록 실효수익률이 증가한다. 연간 명목수익률을 r, 연간 이자지급 횟수를 n이라 할 때, 연실효수익률 R은 다음 식 (7−3)과 같이 계산된다.

$$R=\left(1+\frac{r}{n}\right)^{n}-1 \tag{7-3}$$

7.1.3 연속복리수익률

연속복리수익률
(continuously compounded rate of return)
로그수익률(log return)

단일기간 수익률에 1을 더하여 자연로그를 취한 수익률을 **연속복리수익률(continuously compounded rate of return)** 또는 **로그수익률**(log return)이라고 한다. 시점 $(t-1)$과 시점 t 사이에 배당이 지급되지 않은 주식의 단순수익률 $R_t=\frac{P_t-P_{t-1}}{P_{t-1}}$은 다음 식 (7-4)와 같이 연속복리수익률(r_t)로 전환될 수 있다.

$$\begin{aligned} r_t &= \ln(1+R_t)=\ln\left(1+\frac{P_t-P_{t-1}}{P_{t-1}}\right) \\ &= \ln\left(\frac{P_t}{P_{t-1}}\right) \end{aligned} \tag{7-4}$$

따라서 단순수익률과 연속복리수익률은 다음 식 (7-5)와 같은 관계를 가진다. e는 2.718…인 무리수로서 자연로그의 밑수이다. 연속복리수익률은 0인 경우를 제외하면 단순수익률보다 값이 작다.

$$R=e^{r}-1 \tag{7-5}$$

주식수익률을 계산할 때 단순수익률은 주식 보유 기간 동안의 총수익률을 의미하므로 경제적 의미가 분명한 장점이 있지만, 실증분석에서는 단순수익률이 가진 문제점 때문에 연속복리수익률을 사용하는 것이 바람직하다. 주가는 무한히 증가할 수는 있지만, 음의 값을 가질 수는 없다. 따라서 단순수익률은 무한히 커질 수 있지만, $-1(-100\%)$보다는 작을 수 없다. 즉, 단순수익률은 주가가 상승함에 따라 양의 무한대까지 증가할 수 있지만, 0원 이하로 될 수 없기 때문에 확률분포는 비대칭이며, 정규분포를 따르지 않는다. 뒤에서 설명하겠지만 수익률의 정규분포성은 포트폴리오 이론을 전개하는 데 매우 중요하다. 그러나 로그로 계산된 연속복리수익률은 음의 무한대로부터 양의 무한대까지 모든 값을 가질 수 있으므로 확률분포의 비대칭성 문제는 발생하지 않는다.

단순수익률과 달리 연속복리수익률은 단순 합산으로 전체 기간 동안의 보유기간 수익률을 계산할 수 있다. 앞에서 제시한 예를 다시 살펴보자. 10월 말, 11월 말,

12월 말의 주가가 각각 1,000원, 1,250원, 1,000원이므로 11월의 연속복리수익률과 12월의 연속복리수익률은 각각 ln(125/100) = 0.223(22.3%)과 ln(100/125) = −0.223(−22.3%)이다. 따라서 두 기간의 연속복리수익률을 합산하면 0이 된다.

일반적으로, 단위 기간별로 계산된 연속복리수익률들을 이용하여 전체 기간의 보유기간 수익률(hpr_T)을 계산하려면 다음 식 (7−6)과 같이 각 연속복리수익률을 모두 더하면 된다.

$$hpr_T = r_1 + r_2 + \cdots + r_T \tag{7-6}$$

7.1.4 다기간의 현금흐름을 반영한 수익률

내부수익률법(IRR: Internal Rate of Return)
금액가중수익률(dollar-weighted rate of return)

특수한 금융상품이거나 투자기간이 장기일 경우 보유 기간 동안 다기에 걸쳐 현금흐름이 발생하는 경우도 있다. 예를 들어, 투자자가 어떤 주식을 장기간 보유하는 동안 매년 배당금을 수취하고 최종적으로 주식을 처분한다면 보유 기간 동안 수취한 배당금도 투자수익에 반영해야 적절할 것이다. 이러한 경우에는 재무관리에서 학습한 **내부수익률법(IRR: Internal Rate of Return)**을 응용하여 투자로부터 유입되는 미래 수익의 현재 가치와 투자금액을 일치시키는 수익률을 구하면 된다. 이와 같은 수익률을 **금액가중수익률(dollar-weighted rate of return)**이라고 한다. 예를 들어, 어떤 주식에 100만 원을 투자하여 매년 말에 5만 원의 배당금을 수취하고, 3년 후에 이 주식을 120만 원에 매도한 사례의 투자수익률은 다음과 같은 식 (7−7)에서 r을 구하면 된다. 이를 엑셀의 IRR 함수를 이용하면 $r = 10.99\%$이다.

$$1,000,000 = \frac{50,000}{(1+r)} + \frac{50,000}{(1+r)^2} + \frac{50,000}{(1+r)^3} + \frac{1,200,000}{(1+r)^3} \tag{7-7}$$

알아두기 7.1 연속복리수익률과 단순수익률 간의 관계

식 (7−5)는 연속복리수익률에 대해 특정 기간 동안 재투자기간을 무한히 짧게 하여 복리로 계산한 수익률이 단순수익률임을 의미한다. 즉, 아래 식과 같이 연속복리수익률 r에 대해 n회로 분할하여 복리로 계산할 때, n이 무한대로 증가하여 수렴하는 실효수익률이 바로 단순수익률 R이다.

$$\lim_{n \to \infty}\left(1 + \frac{r}{n}\right)^n - 1 = R$$

7.2 기대수익률과 위험

7.2.1 기대수익률

확률분포(probability distribution)

자산에 투자하는 목적은 미래에 높은 수익을 얻는 데 있으므로, 성공적인 투자를 위해서는 미래에 실현될 수익률을 예측하는 것이 중요할 것이다. 그러나 미래의 수익률은 미래 상황의 변화에 따라 달라지기 때문에 불확실하며, 그 예측이 매우 어렵다. 어떤 사업에 투자하여 1년 후에 100억 원의 수익이 예상된다고 말한다면, 이것은 단지 평균적으로 볼 때 그렇다는 것이지 정확히 100억 원의 수익이 발생한다는 것은 아니다. 사후적으로 볼 때, 미래의 경제상황에 따라 100억 원보다 큰 수익이 발생할 수도 있고 또는 더 작은 수익이 발생할 수도 있다. 이와 같이 미래의 불확실한 상황 하에서는 미래에 발생할 수익과 그에 대한 **확률분포(probability distribution)**를 분석하여 투자의사결정을 내려야 한다.

주식수익률과 같이 미래의 상황에 따라 다른 값을 갖는 변수를 확률변수(random variable)라 하며, 확률분포로 나타낸다. 확률변수의 확률분포는 여러 상황들의 발생 확률과 각 상황에 대응하는 변수값으로 구성된다. 이를 이해하기 위해 현재 10,000원의 투자액이 필요한 투자안 A와 B의 미래 상황에 따라 예상되는 수익이 다음과 같다고 생각해 보자.

상황	확률	A	B
호황	0.5	14,000원	16,000원
불황	0.5	8,000원	6,000원

투자안 A로부터는 호황에서 14,000원의 수익이 실현되지만, 불황에서는 8,000원의 수익이 실현되며, 각 상황에서 수익이 실현되는 확률은 모두 0.5로 동일하다. 또한, 투자안 B로부터는 각 상황에서 16,000원과 6,000원의 수익이 동일한 확률로 실현된다. 확률분포는 이와 같이 여러 상황들의 발생 확률과 그 상황에 대응하는 변수로 구성된다.

정규분포(normal distribution)

통계학에서는 여러 종류의 확률분포가 사용되고 있지만, 실무적으로 가장 중요한 확률분포는 **정규분포(normal distribution)**이다. 많은 자연현상이나 사회현상의 확률분포는 정규분포와 유사한 형태를 지니고 있기 때문에 자연과학이나 사회과학의 거의 모든 분야에서 정규분포가 쓰이고 있다. 일반적으로 확률분포는 그 분포의 형태를 결정짓는 통계량을 갖는데, 이를 **모수(parameter)**라고 한다. 모수는 확률분포에 포함되어 있는 모든 정보를 요약한 값으로, 모수의 값을 알면 확률분포의 그래프를 정확히 그릴 수 있다. 정규분포는 평균과 분산 두 개의 모수를 갖고 있다. 주식수익률이 정규분포를 따르게 되면 주식수익률에 포함되어 있는 모든 정보가 평균과 분산 두 값에 요약된다. 그러므로 이 경우에는 평균과 분산 두 값만 분석하면 주식수익률의 확률분포 전체를 분석하는 것과 다를 바 없게 되어 수익률 분석이 매우 단순하게 된다.

모수(parameter)

이제 투자안으로부터 평균적으로 예상되는 수익률인 **기대수익률(expected return)**을 계산해 보자. 이는 각 상황이 발생할 때 실현될 수익률에 그 상황의 발생 확률을 곱한 값들의 합이다. 즉, 호황과 불황에서 실현될 수익률을 각각 r_1과 r_2라 하고 각 상황에서 수익률이 발생할 확률을 p_1과 p_2라 하면 기대수익률은 다음과 같이 계산된다.

기대수익률(expected return)

$$E(r)=p_1r_1+p_2r_2 \tag{7-8}$$

따라서 투자안 A의 기대수익률은

$$0.5\times\left(\frac{14,000-10,000}{10,000}\right)+0.5\times\left(\frac{8,000-10,000}{10,000}\right)=0.1(10\%)$$

로 계산된다. 또한, 투자안 B의 기대수익률 역시

$$0.5\times\left(\frac{16,000-10,000}{10,000}\right)+0.5\times\left(\frac{6,000-10,000}{10,000}\right)=0.1(10\%)$$

이므로 투자안 A와 투자안 B의 기대수익률은 서로 같다. 그렇다면 투자안 A와 B 중에서 하나를 선택해야 한다면 어떤 의사결정을 내려야 할까? 이에 대해서는 투자안의 위험을 측정하는 방법과 위험에 대한 태도에 대한 이해가 필요하다.

7.2.2 위험

위험(risk)

미래에 나올 결과가 하나의 값으로 확정되어 있지 않고 미래 상황에 따라 두 가지 이상의 결과가 가능할 때 위험(risk)이 있다고 말한다. 앞에서 투자안 A와 투자안 B는 모두 위험이 존재하는 위험자산이다. 위험은 미래에 나올 결과가 불확실하기 때문에 발생한다. 위의 예에서 비록 두 투자안의 기대수익률은 동일하지만, 미래에 수익이 일정한 금액으로 확정되어 있지 않아 불확실하므로 위험이 따른다고 볼 수 있다. 그러나 투자안 A와 투자안 B에 내재되어 있는 위험의 정도는 서로 다르다. 투자안 A는 호황 시 수익률이 40%이며, 불황 시 수익률은 −20%이다. 반면, 투자안 B의 호황 시 수익률은 60%이며, 불황 시 수익률은 −40%이다. 즉, 호황일 경우에는 상대적으로 투자안 A보다는 투자안 B로부터 높은 수익을 얻을 수 있지만, 불황일 경우에는 투자안 B로부터 발생하는 손실이 투자안 A보다 크다. 따라서 투자안 A보다 투자안 B의 위험이 크다는 것은 직관적으로 이해할 수 있다. 그 이유는 상황의 변화에 따라 B의 수익률이 A의 수익률보다 극단적으로 변하기 때문이다.

분산(variance)

표준편차(standard deviation)

그렇다면 위험을 어떻게 측정할 것인가? 정의상 어떤 투자안의 위험을 측정하는 것은 그 투자안이 내포하고 있는 불확실성을 측정하는 것과 같다.[1] 불확실성은 확률적 개념으로서 미래에 어떤 상황이 발생하는가에 따라 수익률이 달라지는 정도로 측정될 수 있다. 위의 예에서는 미래 상황에 따른 투자안인 B 수익률의 변화가 투자안 A의 경우보다 더 심하므로 투자안 B가 투자안 A보다 위험하다. 즉, 이는 수익률의 확률분포가 퍼져 있는 정도가 클수록 그 투자안이 더 위험하다고 볼 수 있으며, 이러한 확률분포의 퍼짐성은 분산 또는 표준편차로 측정한다. 수익률의 분산(variance)은 각 상황이 발생했을 때 실현될 수익률과 그 기대수익률 간의 차이를 제곱한 값의 기댓값으로 보통 σ^2 으로 표시한다. 표준편차(standard deviation)는 분산의 제곱근으로 σ 로 표시한다. 호황과 불황에서 실현될 수익률을 각각 r_1 과 r_2 라 하고 각 상황이 발생할 확률을 p_1 과 p_2 라 하면 분산은 다음 식 (7−9)와 같이 계산된다.

$$\sigma^2 = p_1[r_1 - E(r)]^2 + p_2[r_2 - E(r)]^2 \qquad (7-9)$$

1) 단, Knight(1921)에 따르면 위험은 확률분포를 통해 측정 가능한 반면, 불확실성은 측정이 불가능하므로 위험과 분리되어야 하는 개념으로 파악하고 있다.

즉, 분산은 각 상황에서 발생할 수익률이 기대수익률로부터 어느 정도 흩어져 있는지를 측정하는 것이며, 분산이 클수록 기대수익률에 대한 불확실성이 높다고 간주된다. 이제 투자안 A의 분산과 표준편차를 계산하면,

$$\sigma^2 = 0.5[0.4-0.1]^2 + 0.5[-0.2-0.1]^2 = 0.09$$
$$\sigma = \sqrt{0.09} = 0.3$$

마찬가지로 투자안 B의 분산과 표준편차는 다음과 같이 계산된다.

$$\sigma^2 = 0.5[0.6-0.1]^2 + 0.5[-0.4-0.1]^2 = 0.25$$
$$\sigma = \sqrt{0.25} = 0.5$$

따라서 투자안 B의 분산과 표준편차가 투자안 A보다 크므로 더 위험하다고 볼 수 있다.

무위험자산(risk-free asset)

투자안 A와 B와 같이 미래에 나올 결과가 하나의 값으로 확정되어 있지 않고 미래 상황에 따라 두 가지 이상의 결과가 가능한 자산을 위험자산이라 하는 반면, 미래에 실현될 수익률이 확실한 자산을 **무위험자산(risk-free asset)**이라 한다. 즉, 무위험자산은 기대수익률과 미래에 실현된 수익률이 동일하며, 아무런 위험이 없는 자산이므로 수익률의 표준편차는 0이다. 실무적으로는 정부가 발행한 단기채권을 무위험자산으로 간주한다. 예를 들면, 미국 정부가 발행한 단기 재정증권의 수익률이다.[2] 단기 재정증권을 무위험자산으로 보는 이유는 정부가 채무를 이행하지 못할 가능성이 매우 낮고 만기에 받는 금액이 액면가로 고정되어 있어 명목수익률의 불확실성이 없기 때문이다. 우리나라의 경우에는 국채(재정증권) 3월물 또는 양도성예금증서 91일물의 이자율을 무위험자산의 수익률로 간주한다.

7.2.3 투자자의 위험성향

이상에서 투자안 A와 투자안 B의 기대수익률은 동일하지만, 투자안 B는 투자안 A보다 위험이 높다. 그렇다면 투자안 A와 B 중에서 어느 것을 택할 것인가? 대부

2) 미국 정부가 발행하는 장기채권에는 그 만기에 따라 중기 재무부채권(Treasury notes)과 장기 재무부채권(Treasury bonds)이 있다. 만기가 10년 미만인 경우를 중기 재무부채권, 10년 이상인 경우를 장기 재무부채권이라고 부른다. 어느 경우에나 반년마다 미리 정해진 이자를 지급하며, 만기 시에 액면가를 상환한다.

위험회피성(risk aversion)

분의 이성적인 투자자들은 B보다는 A를 선호한다. 왜냐하면 투자자들은 위험을 피하려는 경향이 있으므로 B보다는 A의 위험이 작기 때문에 대부분의 투자자들은 B보다는 A를 선호한다. 일반적으로, 투자자들은 동일한 기대수익률을 가져다주는 두 투자안 중에서 하나만을 선택할 경우, 불확실성이 없거나 불확실성이 상대적으로 작은 투자안을 택하게 된다. 이처럼 위험을 회피하고자 하는 투자자들의 성향을 **위험회피성(risk aversion)**이라고 부르는데 이는 재무관리의 기본적인 가정의 하나이다. 투자자의 위험회피성은 논리적으로 증명할 수 있는 이론이 아니라 대부분의 사람들이 이러한 성향을 갖고 있다는 경험적 관찰에 근거한 행태적인 가정이다.

위험회피적인 투자자는 위험한 자산에 투자할 때 위험을 감수하는 대신 그 보상을 받을 수 없다면 이 투자안을 선택하지 않을 것이다. 다시 말하면, 투자자는 위험한 자산에 투자하는 것은 위험 감수에 대한 보상을 기대하는 행위이다. 따라서 투자자가 투자안 A가 아닌 투자안 B를 선택하게 하려면 그에 대한 보상으로 투자액을 1만 원보다 낮추어야 한다. 그러면 얼마나 작아야 하는가? 그 답은 이 투자자의 위험회피도에 달려 있다. 위험회피도가 높은 투자자일수록 위험에 대해 더 큰 보상을 요구하게 된다. 달리 표현하면, 동일한 투자안이라 하더라도 위험회피도가 높은 투자자들은 투자의 가치를 더 낮게 평가한다.

효용(utility)

따라서 투자안들을 비교할 때 단순히 기대수익률만을 비교하는 것이 아니라 그 기대수익률과 위험으로부터 투자자들이 느끼는 주관적인 만족도인 **효용(utility)**을 비교해야 한다. 일반적으로 위험회피적인 투자자들의 효용은 위험이 같은 경우 기대수익률이 클수록 증가하며, 기대수익률이 같은 경우 위험이 작을수록 증가한다. 이것은 위험회피적 투자자들이 기대수익률 그 자체를 가지고 투자안을 평가하지 않고 그 실질가치를 수익률의 분산이 클수록 낮추어 생각한다는 것을 말해준다. 참고로, 다른 조건이 동일한 경우 위험이 클수록 효용이 증가하는 투자자는 위험선호적(risk loving) 투자자라고 부른다. 또한, 위험을 전혀 고려하지 않고 오직 기대수익률만 보고 투자안을 평가하는 투자자는 위험중립적(risk neutral) 투자자라고 한다. 위의 예에서 위험선호적 투자자라면 투자안 A보다는 투자안 B를 선호할 것이며, 위험중립적 투자자라면 투자안 A와 투자안 B에 대한 효용이 동일하므로 어느 투자안을 선호하지 않고 무차별하게 평가할 것이다.

알아두기 7.2 **지배원리**

평균-분산기준(mean-variance criterion) 또는 **지배원리(dominance principle)**는 위험회피형 투자자가 기대수익률과 위험을 고려하여 자산을 선택하는 기준이다. 다음의 두 조건이 모두 만족되면 자산 A는 자산 B보다 우월하므로 투자자는 자산 A를 선택한다. 달리 표현하면, 자산 A는 자산 B를 평균-분산기준에서 지배한다. 두 조건식의 등호가 동시에 성립하는 경우에는 투자자는 자산 A와 자산 B를 동일하게 평가한다.

① $E(r_A) \geq E(r_B)$, ② $\sigma_A \leq \sigma_B$

평균-분산기준(mean-variance criterion)

지배원리(dominance principle)

7.3 포트폴리오의 기대수익률과 위험

이제까지 하나의 투자안 또는 자산에 투자하는 경우 어떻게 위험을 측정하며, 어떻게 투자안 사이의 우열을 가늠하는지를 배웠다. 현실적으로는 하나의 자산에 투자하지 않고 여러 자산에 투자하는 경우가 빈번히 발생한다. 여러 투자안 전체의 위험을 어떻게 측정해야 하는지를 살펴보기로 한다.

7.3.1 포트폴리오의 개념

포트폴리오(portfolio)는 자산의 집합을 말한다. 투자자들이 한 자산에 투자할 수도 있지만, 보통의 경우에는 둘 이상의 자산에 투자하게 되는데, 이러한 투자 자산 전체를 일컬어 포트폴리오라고 한다. 여기서 말하는 자산에는 주식만이 아니라 채권, 예금, 펀드, 부동산, 귀금속, 예술품, 지식재산권 등 모든 투자 대상들이 포함될 수 있다. 물론 하나의 자산에만 투자할 경우에도 정의상 특수한 포트폴리오라고 부를 수 있다. 이 경우에는 한 자산으로 구성된 포트폴리오를 갖는 것으로 본다.

포트폴리오(portfolio)

포트폴리오는 개별 자산에 대한 투자 비중을 다양하게 구성할 수 있지만, 실무나 학술연구에서 다음 두 가지 특수한 포트폴리오가 빈번히 사용된다. 등가중 또는 **동일가중 포트폴리오(equal-weighted portfolio)**는 포트폴리오에 포함되어 있는 자산들에 대한 투자비중이 동일한 경우를 말한다. 예를 들어, 1,000만 원을 투자할 때 10개의 주식에 100만 원씩 투자한다면 각 주식에 대한 투자비중은 10%로 동일하다. **가치가중 포트폴리오(value-weighted portfolio)**는 각 개별 자산의 총 시장

동일가중 포트폴리오(equal-weighted portfolio)

가치가중 포트폴리오(value-weighted portfolio)

가치에 비례하여 투자액을 배분한 포트폴리오를 말한다. 예컨대 세 주식의 총 시장가치가 각각 100억 원, 200억 원, 700억 원이라고 하자. 1,000만 원을 이 세 주식에 투자할 때 각각 100만 원, 200만 원, 700만 원을 투자한다면 이 포트폴리오는 가치가중 포트폴리오이며, 세 주식에 대한 투자비중은 각각 10%, 20%, 70%이다.

시장포트폴리오(market portfolio)

가치가중 포트폴리오의 특수한 경우로는 **시장포트폴리오(market portfolio)**가 있다. 시장포트폴리오는 각 투자 대상들의 가치에 비례하여 세상에 존재하는 모든 투자 대상들에 투자한 포트폴리오를 의미한다. 그러나 현실 세계에서 모든 투자 대상들의 가치를 평가하기 어려우므로 보통 주식시장에 상장되어 있는 모든 종목 또는 대표적인 일부 종목에 투자하여 구성한 포트폴리오를 시장포트폴리오의 대용으로 사용한다. 우리나라의 경우에는 종합주가지수(KOSPI)를 시장포트폴리오 가치의 대용으로 사용하는 것이 일반적이다. 종합주가지수는 한국거래소의 유가증권시장에서 거래되는 모든 종목들로 구성된 가치가중 포트폴리오의 가치를 지수로 나타낸 것이다.

7.3.2 포트폴리오의 기대수익률

포트폴리오는 여러 자산이나 투자안을 가지고 구성할 수 있지만, 여기서는 두 자산으로 구성된 포트폴리오만을 분석한다. 포트폴리오의 수익률은 그 구성자산의 수익률 및 각 자산에 대한 상대적 투자 비중에 의해 결정되며, 총 투자금액의 크기와는 아무런 관계가 없다. 예를 들어, 어떤 투자자가 총 투자금액 100만 원을 가지고 자산 A에 60만 원을, 자산 B에 40만 원을 투자했다고 하자. 1년 후 이 두 자산의 기대수익률이 각각 10%와 20%이라면 이 포트폴리오의 연말에 예상되는 가치는 600,000(1+0.1)+400,000(1+0.2)=1,140,000원일 것이다. 기초의 총 투자액이 100만 원이므로 이 포트폴리오의 기대수익률은 0.14(14%)가 된다. 개별 자산의 수익률을 계산할 때와 마찬가지로, 투자액의 크기를 고려하지 않고 이 포트폴리오의 수익률을 계산할 수도 있다. 전체 투자액 100만 원에서 자산 A의 투자액 60만 원이 차지하는 비중이 0.6이고 자산 B의 투자액 40만 원이 차지하는 비중은 0.4이므로 이 비중들을 가중치로 하여 각각의 기대수익률을 가중평균하면 0.6×0.1+0.4×0.2=0.14가 되어 동일한 값을 얻을 수 있다.

이를 일반화하기 위하여 자산 A가 포트폴리오에서 차지하는 비중을 w_A, 자산 B의 비중을 w_B라 하고 이 두 자산의 기대수익률을 각각 $E(r_A)$와 $E(r_B)$라고 하

자. 당연히 투자비중의 합은 $w_A + w_B = 1$ 이어야 한다. 이 포트폴리오를 P라 하면 P의 기대수익률 $E(r_p)$는 다음 식 (7-10)과 같이 두 수익률의 가중평균으로 쓸 수 있다.

$$E(r_p) = w_A E(r_A) + w_B E(r_B) \tag{7-10}$$

주식 거래에서 특수한 거래의 하나로 공매도(short-sale)가 있다. 공매도는 주식을 소유하지 않은 투자자가 금융회사로부터 주식을 빌려서 매도하는 거래이다. 만일 주식 A를 공매도하여 얻은 금액을 투자원금에 추가하여 주식 B에 투자했다면 주식 A의 투자비중 w_A는 0보다 작으며, 주식 B의 투자비중은 $w_B = 1 - w_A$ 이므로 $w_B > 1$이 된다. 예를 들어, 투자원금 100만 원을 가진 어떤 투자자가 주식 A를 공매도하여 얻은 60만 원과 투자원금 100만 원을 합친 160만 원을 모두 주식 B에 투자했다고 하면 w_A는 $-0.6\left(= -\frac{60만\ 원}{100만\ 원}\right)$이며, w_B는 $1.6\left(= \frac{160만\ 원}{100만\ 원}\right)$이다.

공매도(short-sale)

7.3.3 포트폴리오의 분산

단일 자산의 위험을 측정하는 방법은 이미 학습했다. 그러면 자산의 집합인 포트폴리오의 위험은 어떻게 측정할까? 포트폴리오의 수익률의 분산인 σ_p^2은 다음과 같다.

$$\sigma_p^2 = w_A^2 \sigma_A^2 + w_B^2 \sigma_B^2 + 2 w_A w_B cov(r_A, r_B) \tag{7-11}$$

식 (7-11)에서 특히 우변의 세 번째 항 가운데 $cov(r_A, r_B)$에 주의해야 한다. $cov(r_A, r_B)$는 공분산(covariance)이라 하며, 두 자산의 수익률이 같은 방향으로 움직이는 정도를 측정하는 통계량으로 $\sigma_{A,B}$로 표시하기도 한다. 만일 공분산이 양의 값이면 두 수익률이 같은 방향으로 변동하는 경향이 있으며, 음의 값이면 반대 방향으로 변동하는 경향이 있다고 해석한다.[3)]

공분산(covariance)

또한, 식 (7-11)의 분산 공식에서 공분산 대신 상관계수(correlation coefficient)를 사용하기도 하는데, 두 수익률 사이의 상관계수는 다음과 같이 정의된다.

상관계수(correlation coefficient)

---

3) 예컨대 미래 상황이 호황(1)과 불황(2)으로 구분되는 경우, 공분산은 다음과 같이 계산된다.

$$\begin{aligned}\sigma_{A,B} &\equiv E[\{r_A - E(r_A)\}\{r_B - E(r_B)\}] \\ &= p_1[r_{A,1} - E(r_A)][r_{B,1} - E(r_B)] + p_2[r_{A,2} - E(r_A)][r_{B,2} - E(r_B)]\end{aligned}$$

$$\rho_{A,B} \equiv \frac{cov(r_A, r_B)}{\sigma_A \sigma_B} \tag{7-12}$$

공분산과 마찬가지로 상관계수는 두 수익률이 같은 방향으로 움직이는 정도를 나타내지만, 공분산에 비해 다음과 같은 장점이 있다. 공분산의 값은 매우 크거나 작을 수 있지만, 상관계수의 범위는 항상 $-1 \le \rho_{A,B} \le 1$이므로 그 크기를 쉽게 해석할 수 있다. 두 주식의 수익률이 동일한 방향으로 움직이는 경향이 강할수록 상관계수는 1에 가까우며, 반대 방향으로 움직이는 경향이 강할수록 상관계수는 -1에 가깝다. 또한, 상관계수의 분모는 항상 양수이므로 상관계수와 공분산의 부호는 동일하다.

만일 상관계수가 1이면 '완전한 양의 상관관계', -1이면 '완전한 음의 상관관계'라고 부르며, 상관계수가 0에 가까울수록 두 수익률이 움직이는 방향은 상호 관련이 없음을 의미한다. 무위험자산은 다른 자산의 수익률의 변동과는 아무런 관련이 없기 때문에 무위험자산 수익률과 다른 자산 수익률 간의 공분산은 항상 0이 되며, 상관계수도 0이다. 공분산 대신 상관계수를 사용한 포트폴리오 수익률의 분산 공식은 다음과 같다.

$$\sigma_p^2 = w_A^2 \sigma_A^2 + w_B^2 \sigma_B^2 + 2 w_A w_B \rho_{A,B} \sigma_A \sigma_B \tag{7-13}$$

식 (7-10)과 (7-13)에 따라 다음 두 주식으로 구성된 포트폴리오의 기대수익률과 표준편차를 구해보기로 하자. 총 투자액은 5억 원이므로 A에 대한 투자비중은 0.4(=2억/5억), B에 대한 투자비중은 0.6(=3억/5억)이다.

주식	투자액	기대수익률	표준편차	상관계수
A	2억 원	20%	30%	0.8
B	3억 원	15%	10%	

기대수익률: $E(r_p) = 0.4 \times 0.2 + 0.6 \times 0.15 = 0.17(17\%)$이다.

분산: $\sigma_p^2 = 0.4^2 \times 0.3^2 + 0.6^2 \times 0.1^2 + 2 \times 0.4 \times 0.6 \times 0.3 \times 0.1 \times 0.8 = 0.03(300\%^2)$[4]

표준편차: $\sigma_p = \sqrt{0.03} = 0.173(17.3\%)$

4) 수익률의 단위를 %로 표시할 경우 분산과 공분산의 단위는 $\%^2$으로 표시하며, 이를 소수로 환산할 경우에는 $\frac{1}{10,000}$을 곱해야 한다.

7.3.4 위험자산 포트폴리오의 기대수익률과 표준편차 간의 관계

지금까지의 분석을 토대로 포트폴리오의 기대수익률과 표준편차의 직접적인 관계를 생각해 볼 수 있다. 포트폴리오 P를 구성하는 두 위험자산의 기대수익률과 표준편차가 다음과 같다고 하자.

구성 주식	$E(r)$ (%)	σ(%)
A	10	10
B	20	15

포트폴리오 P의 기대수익률은 두 주식 기대수익률을 투자비중으로 가중평균한 값이므로 각 주식의 투자비중만 알면 그 값을 쉽게 계산할 수 있다. w_A가 0이라면 투자자금 전액을 주식 B에 투자한 셈이므로 포트폴리오 P와 주식 B는 동일하다. 마찬가지로, w_A가 1일 때는 이 포트폴리오와 주식 A는 동일하다. w_A가 0과 1 사이에 있다면, 투자 비중에 따라 포트폴리오 P는 두 주식의 성질을 부분적으로 갖게 된다. 만일 주식 A에 대한 투자 비중이 높아지면 주식 A의 기대수익률은 주식 B보다 낮으므로 포트폴리오의 기대수익률은 낮아지며, 반대로 기대수익률이 높은 주식 B에 대한 투자 비중이 높아지면 포트폴리오의 기대수익률은 높아진다.

그러나 포트폴리오 P의 표준편차는 두 주식의 표준편차와 각 주식의 투자 비중 외에도 두 주식수익률의 상관계수가 얼마인가에 따라 달라진다. 상관계수에 따른 포트폴리오의 표준편차는 다음과 같이 계산된다.[5)]

① $-1<\rho_{A,B}<1$인 경우 : $\sigma_p=\sqrt{w_A^2\sigma_A^2+w_B^2\sigma_B^2+2w_Aw_B\rho_{A,B}\sigma_A\sigma_B}$

② $\rho_{A,B}=1$(완전한 양의 상관)인 경우 : $\sigma_P=w_A\sigma_A+w_B\sigma_B$

③ $\rho_{A,B}=-1$(완전한 음의 상관)인 경우 : $\sigma_P=|w_A\sigma_A-w_B\sigma_B|$

〈표 7-1〉은 두 주식수익률 간의 상관계수가 3가지라고 가정할 때 각 자산의 투자 비중에 따라 식 (7-10)과 (7-13)으로 계산한 포트폴리오 P의 기대수익률과 표준편차를 보여준다. w_A가 0 또는 1인 경우를 제외하면 어느 투자 비중에서나 주

5) $\rho_{A,B}=1$의 경우 $\sigma_p^2=(w_A^2\sigma_A^2+w_B^2\sigma_B^2+2w_Aw_B\sigma_A\sigma_B)=(w_A\sigma_A+w_B\sigma_B)^2$
$\rho_{A,B}=-1$의 경우 $\sigma_p^2=(w_A^2\sigma_A^2+w_B^2\sigma_B^2-2w_Aw_B\sigma_A\sigma_B)=(w_A\sigma_A-w_B\sigma_B)^2$

위험분산효과(risk diversification effect)

식 A와 B 간의 상관계수 $\rho_{A,B}$가 -1인 포트폴리오의 표준편차가 상관계수가 0.1 또는 1인 포트폴리오의 표준편차보다 낮다. 두 주식 간 수익률의 상관계수가 1일 때 σ_p는 개별주식 표준편차의 가중평균이 되지만, 상관계수가 줄어들수록 σ_p는 작아지며 상관계수가 -1일 때 최소가 된다. 그러므로 상관계수가 1보다 작은 경우, 포트폴리오의 표준편차는 개별주식 표준편차의 가중평균보다 작아진다. 두 주식의 상관계수가 1인 경우는 사실상 없으므로, 포트폴리오를 구성하면 포트폴리오의 표준편차는 개별주식 표준편차의 가중평균보다 작아지는 것이 일반적이다. 이처럼 포트폴리오를 구성하면 위험이 감소하는 현상을 포트폴리오의 **위험분산효과(risk diversification effect)**라고 부른다. 특히, 상관계수 $\rho_{A,B}$가 -1인 포트폴리오의 표준편차는 w_A가 0.6일 때 0이 되어 위험이 완전히 제거된다는 것을 확인할 수 있다.

〈표 7-1〉 포트폴리오의 기대수익률과 표준편차

w_A	w_B	$E(r_p)$	σ_p		
			$\rho_{A,B}=0.1$	$\rho_{A,B}=1$	$\rho_{A,B}=-1$
0.00	1.00	20.0	15.00	15.00	15.00
0.10	0.90	19.0	13.64	14.50	12.50
0.20	0.80	18.0	12.36	14.00	10.00
0.30	0.70	17.0	11.21	13.50	7.50
0.40	0.60	16.0	10.21	13.00	5.00
0.50	0.50	15.0	9.42	12.50	2.50
0.60	0.40	14.0	8.90	12.00	0.00
0.70	0.30	13.0	8.69	11.50	2.50
0.80	0.20	12.0	8.82	11.00	5.00
0.90	0.10	11.0	9.27	10.50	7.50
1.00	0.00	10.0	10.00	10.00	10.00

투자기회집합(investment opportunity set)

이제 〈표 7-1〉을 기대수익률-표준편차 평면에 그린 [그림 7-1]을 보자. 이 그림은 두 주식 A와 B를 가지고 구성할 수 있는 모든 포트폴리오의 집합을 나타낸 것으로 이를 **투자기회집합(investment opportunity set)**이라 한다. 이 그림에서 보듯이 두 개의 주식만 존재하더라도 이 두 주식을 결합하여 무수한 포트폴리오들을 구성할 수 있다. 주식 A와 B를 결합하여 구성한 포트폴리오들은 A와 B를 연결하는 선 위에 존재하는데, 선의 모양은 두 주식 수익률의 상관관계에 따라 달라진다. 두 주식 수익률의 상관관계가 1이면 이 두 주식을 결합하여 구성한 포트폴리오들은 선분 AB 상에 있게 되며, 상관관계가 −1이면 꺾어진 선분 ACB 상에 존재하게 된다. 만일 두 주식 수익률의 상관관계가 −1보다 크고 1보다 작으면 A와 B를 연결하는 곡선 위에 존재한다. 주식 수익률 간의 상관관계가 −1이거나 1인 경우는 현실세계에 존재하지 않으므로, 임의의 두 주식으로 구성된 포트폴리오는 곡선 AB와 유사한 모습의 포물선 상에 존재한다고 볼 수 있다. 상관계수가 −1에 가까운 포트폴리오일수록 주어진 기대수익률에서 표준편차가 감소하면서 위험분산효과가 크게 나타나므로 위험회피형 투자자들은 이러한 투자를 선호할 것이다.

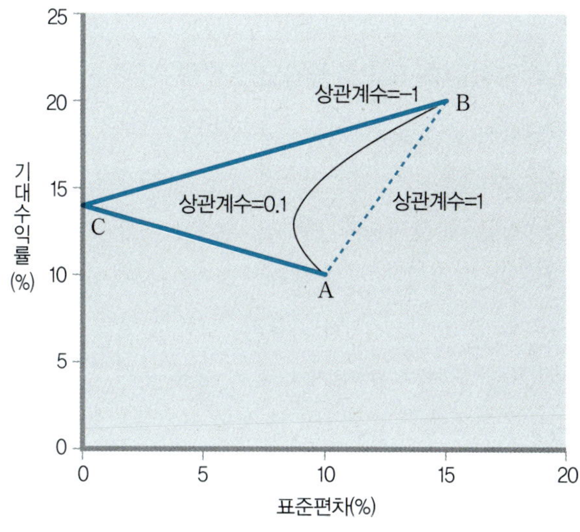

[그림 7-1] 기대수익률과 표준편차의 관계

알아두기 7.3 기댓값과 분산의 연산공식

포트폴리오의 기대수익률과 분산의 공식은 다음과 같은 기본적인 연산공식으로부터 도출되며, 매우 유용하게 활용된다. 여기에서 X, Y는 확률변수이며 a는 상수이다.

① $E(X+a)=E(X)+a$

② $E(aX)=aE(X)$

③ $E(X+Y)=E(X)+E(Y)$

④ $\sigma^2(a)=0$

⑤ $\sigma^2(X)=cov(X, X)$

⑥ $cov(aX, bY)=abcov(X, Y)$

⑦ $cov(a, X)=0$

⑧ $\sigma^2(aX)= cov(aX, aX)=a^2\sigma^2(X)$

⑨ $\sigma^2(X+Y)=\sigma^2(X)+\sigma^2(Y)+2\,cov(X, Y)$

⑩ $\sigma^2(X+a)=\sigma^2(X)+\sigma^2(a)+2cov(X, a)=\sigma^2(X)$

7.4 효율적 포트폴리오와 최적 포트폴리오의 선택

7.4.1 위험자산으로 구성된 최적 포트폴리오의 선택

효율적 포트폴리오(efficient portfolio)
효율선(efficient frontier)
효율적 집합(efficient set)

두 위험자산을 결합하여 구성할 수 있는 포트폴리오는 무수히 많다. 이 중에서 투자자들이 선택하는 포트폴리오는 무엇일까? 그 답은 투자자가 가진 위험회피 성향에 따라 달라진다. 평균-분산기준에 의하면 동일한 기대수익률을 가진 포트폴리오 중에서 표준편차가 가장 작은 것을 투자자들이 선호하며, 또한 동일한 표준편차를 가진 포트폴리오 중에서는 기대수익률이 가장 큰 것을 선호한다. [그림 7-2]에서 상관계수가 0.1인 주식 A와 주식 B로 구성된 투자기회집합에서 위험이 가장 낮은 포트폴리오 C를 중심으로 곡선 CB 상의 포트폴리오들을 **효율적 포트폴리오**(efficient portfolio)라고 부르며, 이러한 포트폴리오의 집합을 **효율선**(efficient frontier) 또는 **효율적 집합**(efficient set)이라고 한다.

즉, 효율적 포트폴리오는 평균-분산 기준에 의해 다른 포트폴리오보다 가장 우월한 포트폴리오로 동일한 기대수익률을 가진 포트폴리오 중에서 표준편차가 가장 작으며, 동시에 동일한 표준편차를 가진 포트폴리오 중에서 기대수익률이 가장 큰 포트폴리오이다. 위험회피적 투자자들은 모두 효율적 포트폴리오를 선호하며, 비효율적인 포트폴리오에는 투자하지 않는다. 즉, 효율선은 모든 포트폴리오에서 평균-분산 기준에 의해 나머지 포트폴리오를 지배하는 포트폴리오의 집합이자, 위험회피적 투자자들이 선택하는 포트폴리오의 집합이다.

곡선 CB 상의 포트폴리오 P와 Q는 모두 효율적 포트폴리오이지만, Q는 P보다 위험과 기대수익률이 크다. 위험회피도가 높은 투자자는 낮은 위험에 상응하는 기대수익률을 제공하는 P를 선택할 것이며, 상대적으로 위험회피도가 낮고 공격적인 투자자는 더 높은 위험 부담에 따라 높은 보상을 제공하는 Q를 선택할 것이다.

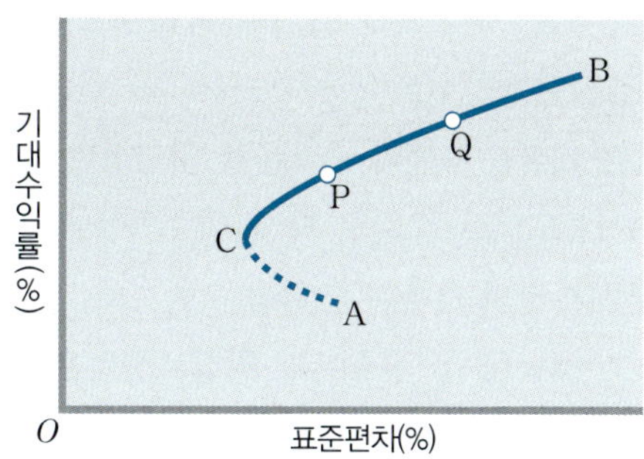

[그림 7-2] 위험자산 포트폴리오의 효율선

7.4.2 위험포트폴리오와 무위험자산으로 구성된 최적 포트폴리오의 선택

지금까지는 두 위험자산에 투자하여 구성한 포트폴리오의 기대수익률과 표준편차의 관계를 분석하였다. 이제 위험자산으로 구성된 포트폴리오와 무위험자산이 결합된 포트폴리오에 대해 기대수익률과 표준편차와의 관계가 어떻게 변하는지를 살펴보기로 한다.

(1) 자본배분선

위험자산 P와 무위험자산 F를 결합하여 새로운 포트폴리오 C를 구성한다고 하자. 위험자산 P는 한 개의 주식일 수도 있고 여러 위험자산으로 구성된 포트폴리오일 수도 있다. 위험포트폴리오의 수익률은 r_p, 표준편차는 σ_p, 무위험자산의 수익률을 r_f라 하면 위험자산과 무위험자산으로 구성된 포트폴리오의 기대수익률과 표준편차의 관계식은 식 (7-14)와 같다. 식 (7-14)는 기대수익률-표준편차 평면상에서 위험자산과 무위험자산으로 구성된 포트폴리오 C의 기대수익률은 표준편차의 선형함수임을 표현한다. 두 위험자산을 결합하여 구성한 포트폴리오는 상관계수가 −1 또는 1인 경우를 제외하면 기대수익률-표준편차 평면에서 곡선 상에 있지만, 위험자산과 무위험자산을 결합하여 구성한 포트폴리오는 어느 경우에나 직선상에 존재한다. 기대수익률-표준편차 평면의 직선식을 자본배분선(CAL: Capital Allocation Line)이라고 부른다.

자본배분선(CAL: Capital Allocation Line)

$$E(r_c) = r_f + \frac{\sigma_c}{\sigma_p}[E(r_p) - r_f] \tag{7-14}$$
$$= r_f + \left[\frac{E(r_p) - r_f}{\sigma_p}\right]\sigma_c$$

위험보상비율(reward-to-variability ratio)
신용거래(margin trading)

[그림 7-3]은 기대수익률-표준편차 평면에 자본배분선 $E(r_c) = 10 + 0.25\sigma_c$를 예시하여 그린 것이다. 자본배분선의 기울기는 포트폴리오의 표준편차가 한 단위 증가함에 따라 얻어지는 기대수익률의 증가분을 의미한다. 즉, 자본배분선의 기울기 0.25는 표준편차가 1%포인트 증가할 때 기대수익률이 0.25%포인트 증가함을 의미한다. 이처럼 자본배분선의 기울기는 위험이 한 단위 증가하는 데 따른 기대수익의 보상을 나타낸다고 해석할 수 있으므로 **위험보상비율**(reward-to-variability ratio)이라고 부른다.[6] 만일 총투자액의 일부를 무위험자산에 투자하고 나머지 금액을 위험자산에 투자한 포트폴리오 C는 직선에서 F와 P 사이에 위치한다. 또한, 무위험자산에 대한 투자비중이 높은 포트폴리오일수록 F에 가까워지며, 위험자산에 대한 투자 비중을 늘리면 자본배분선을 따라 오른쪽으로 움직인다. 포트폴리오 C와 같이 투자 원금을 무위험자산과 위험자산에 각각 배분하여 구성한 포트폴리오를 대여 포트폴리오(lending portfolio)라고 하는데, 이는 무위험자산에 투자한 것은 결국 무위험자산의 발행자에게 자금을 빌려준 것과 마찬가지이기 때문이다. 점 P보다 오른쪽에 있는 자본배분선 상의 포트폴리오들은 무엇을 나타내는가? 예컨대 자본배분선 상의 포트폴리오 D의 표준편차는 P의 표준편차보다 높다. 포트폴리오 D의 표준편차가 P보다 높기 위해서는 위험자산 P에 대한 투자비중 x가 1보다 커야 한다. 위험자산에 대한 투자비중이 1보다 크다면 무위험자산에 대한 투자비중은 0보다 작으므로 포트폴리오 D는 투자자가 가진 투자원금보다 더 많은 금액을 위험자산에 투자한 포트폴리오이다. 즉, 포트폴리오 D는 투자자 자신이 가진 투자원금에 무위험이자율로 차입한 금액까지 합산한 투자금액을 모두 포트폴리오 P에 투자한 포트폴리오이므로 차입포트폴리오(borrowing portfolio)라고 한다. 실무에서는 투자자들이 금융회사로부터 무위험이자율보다 높은 이자율로 자금을 차입하여 자신이 가진 투자원금 이상의 금액으로 주식을 매입하는 것을 **신용거래**(margin trading)라 한다.

6) 위험보상비율$\left(\frac{E(r_p) - r_f}{\sigma_p}\right)$은 샤프 비율이라고도 하며, 포트폴리오의 위험 1단위당 초과수익률을 의미하므로 성과의 측정 지표로 활용된다.

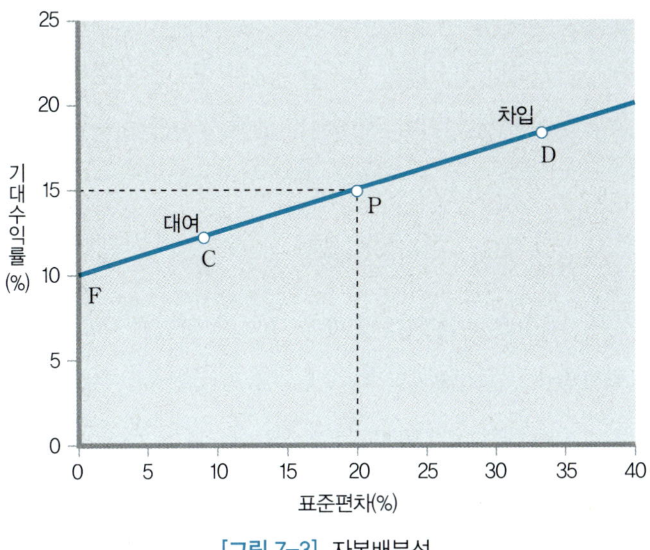

[그림 7-3] 자본배분선

알아두기 7.4 자본배분선의 도출

위험자산에 대한 투자 비중을 x, 무위험자산에 대한 투자 비중을 $1-x$ 라고 할 때 두 자산을 결합하여 만든 포트폴리오 C의 기대수익률은 다음 식과 같다.

$$E(r_c)=r_f(1-x)+E(r_p)x=r_f+x[E(r_p)-r_f]$$

무위험자산 수익률의 표준편차는 0이며, 다른 자산의 수익률과의 공분산 또한 0이므로 포트폴리오 C의 수익률의 분산은 다음과 같이 구해지며, 이로부터 $x=\frac{\sigma_c}{\sigma_p}$ 임을 알 수 있다.

$$\sigma_c^2=x^2\sigma_p^2+(1-x)^2\sigma_f^2+2x(1-x)cov(r_p, r_f)=x^2\sigma_p^2$$

상기한 포트폴리오 C의 기대수익률 식에 투자비중 $x=\frac{\sigma_c}{\sigma_p}$ 를 대입하여 나온 식이 바로 식 (7-14)이다.

(2) 최적 포트폴리오의 선택

이제 위험자산과 무위험자산으로 구성된 투자기회집합에서 효율적 포트폴리오를 생각해보자. [그림 7-4]는 위험자산의 효율적 포트폴리오와 무위험자산으로 구성된 새로운 포트폴리오를 보여준다. 위험자산과 무위험자산을 결합하여 만든 포트폴리오의 집합은 두 자산을 연결하는 직선인 자본배분선이다. 따라서 포트폴리오 P와 무위험자산 F를 결합하여 만든 포트폴리오의 집합은 자본배분선 FP이다. 이처럼 무위험자산이 존재하면 투자기회집합이 왼쪽 바깥으로 확대된다. 마찬가지로 포트폴리오 M과 무위험자산 F를 결합하여 만든 포트폴리오는 자본배분선 FM 상에 존재하며, 이렇게 위험 포트폴리오와 무위험자산으로 구성된 포트폴리오의 집합인 직선은 무수히 많이 만들어질 수 있다.

위험회피적 투자자들은 지배원리에 따라 주어진 위험에 대해 기대수익률이 높은 투자안을 선택하게 된다. 동일한 위험에 대해 자본배분선 FM 상의 포트폴리오의 기대수익률은 자본배분선 FP 상 포트폴리오의 기대수익률보다 높다. 즉, 투자자들은 FP 상의 포트폴리오들보다 FM 상의 포트폴리오들을 선호하며, 이는 자본배분선의 기울기가 클수록 투자자의 효용이 높아진다는 의미로 해석할 수 있다. 그러므로 투자자들은 자본배분선의 기울기인 위험보상비율을 극대화하는 포트폴리오를 선택한다. 투자기회집합의 포트폴리오 중에서 자본배분선의 기울기를 극대화하는 포트폴리오는 자본배분선과 효율선이 접하는 점 M이다. 직선 FM 아래 어떤 포트폴리오를 선택하더라도 항상 그보다 우월한 포트폴리오를 직선 FM 상에서 찾을 수 있으므로 무위험자산 F와 포트폴리오 M을 연결한 FM 상의 포트폴리오들이 가장 우월하다는 결론에 도달하게 된다. 따라서 자본배분선 FM은 새로운 효율선이 되며, 위험자산으로만 구성된 효율선을 지배한다. 물론 접점 포트폴리오 M도 효율선상에 있으므로 효율적 포트폴리오이다.

최적 포트폴리오(optimal portfolio)

그렇다면 투자자들은 무위험자산과 위험자산의 효율적 포트폴리오를 결합하여 어떻게 **최적 포트폴리오**(optimal portfolio)를 선택할까? 투자자의 위험회피도에 따라 F와 M에 대한 투자 비중은 투자자에 따라 다를 수 있다. 위험회피도가 높고 위험수용도가 낮은 투자자는 직선 FM 상의 포트폴리오들 중 포트폴리오 M의 왼쪽에 있는 포트폴리오를 선택할 것이다. 즉, 이 투자자는 총투자액에서 일부를 포트폴리오 M에 배분하고 나머지를 무위험자산에 배분한다. 반면에, 투자자의 위험회피도가 낮을수록 높은 위험을 감수하며, 기대수익률이 높은 포트폴리오를 선택할 것이다. 위험회피도가 매우 낮은 공격적인 투자자가 무위험이자율로 차입하여 투자원금보다 더 많은 금액을 M에 투자한 포트폴리오는 포트폴리오 M의 오른쪽에 위치하게 된다.

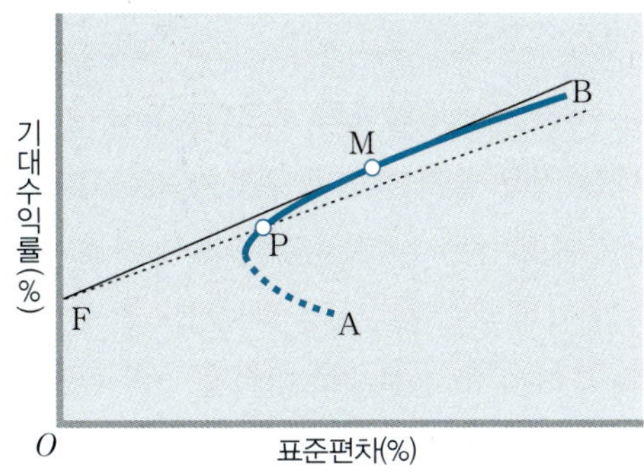

[그림 7-4] 위험자산과 무위험자산으로 구성된 효율적 포트폴리오

7.5 포트폴리오의 위험분산효과

고유위험(idiosyncratic risk 또는 unique risk)
분산가능위험(diversifiable risk)
비체계적 위험(unsystematic risk)

두 자산으로 구성된 포트폴리오의 경우, 두 수익률의 상관계수가 1이 아닌 한 포트폴리오를 구성하면 위험을 줄일 수 있음을 익혔다. 이러한 포트폴리오의 위험분산효과는 포트폴리오에 포함되어 있는 자산의 수가 증가하고 자산 간 상관계수가 −1에 가까울수록 커진다. 일반적으로, 포트폴리오를 구성하는 자산의 수가 커질수록 개별 자산 수익률의 분산이 포트폴리오 수익률의 분산에 미치는 영향력이 점차 줄어들며, 자산 수가 무한히 증가한다면 개별 자산 수익률의 분산이 포트폴리오 수익률의 분산에 미치는 영향은 전혀 없다. 이처럼 구성 자산의 수가 증가함에 따라 포트폴리오 위험에 대한 개별 자산 수익률의 영향력이 감소한다는 원리가 바로 마코위츠가 1952년에 발표한 포트폴리오 이론의 본질인 위험분산효과이다.[7] 실무에서 흔히 듣게 되는 "한 바구니에 모든 계란을 담지 말라(don't put all your eggs in one basket)"는 투자 격언은 이와 같이 위험분산효과를 얻기 위한 분산투자의 중요성을 강조한다.[8] 위험분산효과가 발생하는 직관적인 이유는 자산들의 가격이 반드시 같은 방향으로 움직이지 않으므로 여러 자산에 투자하는 포트폴리오를 구성한다면 개별 자산에 특유한 정보의 영향이 상쇄되기 때문이다. 무수히 많은 자산들에 분산투자를 하게 되면 사라지는 위험을 **고유위험**(idiosyncratic risk 또는 unique risk), **분산가능위험**(diversifiable risk) 또는 **비체계적 위험**(unsystematic risk)이라고 부

7) Markowitz, H. M.(1952), "Portfolio Selection", *Journal of Finance* 7, pp. 77~91.

8) 이 격언은 1981년 노벨경제학상 수상자인 토빈(Tobin)의 포트폴리오이론에 대한 설명으로부터 유래되었다.

른다.

하지만 아무리 많은 자산들을 결합하여 포트폴리오를 구성하더라도 포트폴리오의 위험을 완전히 없애는 것은 불가능하다. 위험이 분산되더라도 개별 자산 수익률의 공분산평균만큼은 그대로 남는다. 그 이유는 자산 가격의 움직임은 개별 자산에 특유한 정보뿐만 아니라 거시정보의 유입에 의해서도 결정되기 때문이다. 거시정보는 시장 전체에 영향을 주어 여러 자산들의 가격을 같은 방향으로 움직이게 한다.

시장위험(market risk)
분산불가능위험(undiversifiable risk)
체계적 위험(systematic risk)

그러므로 포트폴리오를 구성하더라도 거시정보의 영향은 상쇄되지 않는다. 이처럼 아무리 분산투자를 하더라도 사라지지 않는 위험을 **시장위험**(market risk), **분산불가능위험**(undiversifiable risk) 또는 **체계적 위험**(systematic risk)이라 한다. 따라서 포트폴리오의 총위험은 시장위험과 고유위험으로 구성되어 있다.

총위험 = 시장위험 + 고유위험

[그림 7-5]는 포트폴리오에 포함되는 자산의 수가 증가함에 따라 포트폴리오의 표준편차가 감소하며, 또한 아무리 많은 자산에 분산투자를 하더라도 시장위험이 남는다는 것을 보여주고 있다. 극단적으로 분산된 포트폴리오인 시장포트폴리오라 하더라도 비록 고유위험은 없지만, 시장위험은 가지고 있다. 예를 들어, 시장포트폴리오의 변동을 복제한 지수펀드에는 개별 주식의 고유위험은 제거되었기 때문에 시장위험만이 존재한다.

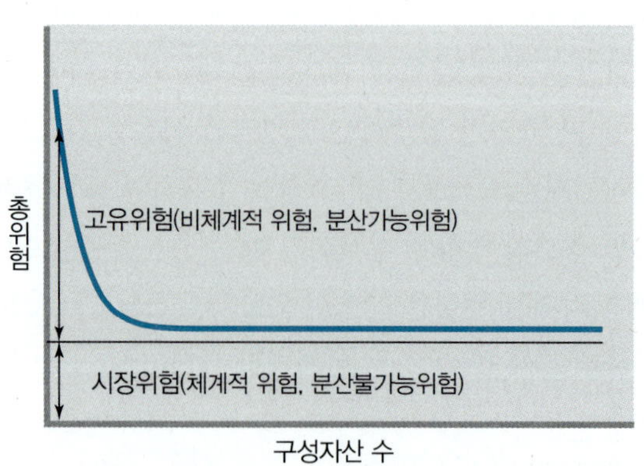

[그림 7-5] 자산의 수와 포트폴리오 위험

이 그림에서 알 수 있는 중요한 사실 중 하나는 위험분산효과를 얻기 위하여 모든 주식을 다 보유할 필요는 없다는 것이다. 보유 자산의 수가 어느 정도 증가하면 자산을 새로이 추가함에 따라 고유위험이 줄어드는 정도가 현저히 감소하게 된다. 실증 연구에 따르면, 포트폴리오에 포함된 주식의 수가 20~30종목만 되면 고유위험이 대부분 사라지는 것으로 밝혀졌다.[9] 위험을 분산시키기 위해 모든 주식에 투자하는 것은 현실적으로 어려운 경우가 많다. 특히, 투자자금이 매우 많지 않으면 전 종목에 대해 투자하는 것은 사실상 불가능할 뿐만 아니라 많은 주식에 투자하기 위해서는 많은 거래비용이 소요되므로 투자 실무에서는 매우 유용한 결과라 할 수 있다.

우리나라 가계의 자산 포트폴리오 구성

우리나라의 가계자산의 구성을 주요국의 가계자산 구성과 비교하면 부동산 등 비금융자산의 비중이 상대적으로 높고 금융자산 비중은 낮은 특성을 보인다. 호주를 제외한 미국, 일본, 영국 모두 가계 자산의 50% 이상이 금융자산인 반면, 우리나라는 35.6%이다. 이 같은 결과는 국내 가계자산은 실물자산, 특히 주택 선호 경향으로 인해 주요국에 비해 부동산 등 비금융자산에 편중되었음을 시사한다.

주요국 가계자산 구성 비교 (단위 : %)

	한국	미국	일본	영국	호주
비금융자산	64.4	28.5	37.0	46.2	61.2
금융자산	35.6	71.5	63.0	53.8	38.8

주: 기준시점은 한국('21년), 미국('21년), 일본('20년), 영국('21년), 호주('21년)임

자료: 각국 중앙은행

5개 주요국의 가계 금융자산을 비교하면 우리나라의 현금 · 예금의 구성 비율이 43.4%로 일본에 이어 안전자산을 선호하는 경향이 높았다. 우리나라의 가계 자산의 포트폴리오에서 금융투자상품이 차지하는 비중은 25.4%로 미국 다음으로 높고 주식이 차지하는 비중은 20.8%였다. 2019년에 주식의 비중은 15.3%였으나, 코로나19 팬데믹 기간 동안 주식시장의

9) Statman, M.(1987), "How Many Stocks Make a Diversified Portfolio?", *Journal of Financial and Quantitative Analysis* 22, pp.353~363.

자금 유입으로 인해 증가한 반면, 같은 기간 동안 채권 비중은 3.6%에서 2.3%로 소폭 감소했다. 보험과 연금의 비중은 미국이나 일본보다 높지만, 전체 자산 포트폴리오에서 금융투자상품의 비중이 낮은 영국과 호주에서는 상대적으로 보험과 연금에 대한 비중이 50%를 초과하는 높은 의존도를 보였다. 한편, 현금과 예금 비중이 낮은 미국의 가계 자산에서는 금융투자상품의 비중이 58%로 다른 나라보다 월등히 높았으며, 주식의 투자 비중이 40.2%로 나타났다.

주요국 가계 금융자산 구성 비교('21년 말 기준) (단위 : %)

		한 국	미 국	일 본	영 국	호 주
현금 · 예금		43.4	13.2	54.2	27.1	21.6
금융투자상품		25.4	58.0	16.3	15.6	18.2
	주 식	20.8	40.2	10.4	11.1	17.3
	채 권	2.3	2.3	1.3	0.2	0.1
	펀 드	2.3	15.5	4.5	4.3	0.8
보험 · 연금		30.4	28.6	26.7	53.1	58.2
기 타		0.8	0.2	2.8	4.2	2.0

자료: 각국 중앙은행

자료: 금융투자협회(2022), "2022 주요국 가계 금융자산 비교", 2022.8.23. 재정리

연·습·문·제

1. 다음 명제의 참과 거짓 여부를 판별하시오.

(1) 많은 주식에 분산투자를 하면 위험이 감소하는 이유는 주식들이 같은 방향으로 움직이는 경향이 있기 때문이다.

(2) 표준편차가 각각 5%와 10%인 두 주식 간에 공분산이 취할 수 있는 최댓값은 $50\%^2$이다.

(3) 환율 급등 예상에 따른 주가 변동 위험은 다수의 자산으로 포트폴리오를 구성하면 제거될 수 있다.

(4) 단순수익률을 연속복리수익률로 환산하면 단순수익률이 연속복리수익률보다 항상 크다.

(5) 위험선호형 투자자는 기대수익률의 크기와 관계없이 위험이 큰 투자안을 선택한다.

(6) 분산투자의 효과가 가장 높은 경우는 두 자산 간 상관계수가 -1일 때이다.

(7) 두 자산의 수익률의 분산 중 어느 한 자산의 수익률의 분산이 0이면 두 자산의 수익률 간의 공분산은 0이다.

2. 다음 용어를 간단히 설명하시오.

(1) 가치가중 포트폴리오

(2) 위험보상비율

(3) 위험분산효과

(4) 체계적 위험

(5) 공매도

(6) 효율적 포트폴리오

3. '투자위험이 크다'는 의미를 수익률의 확률분포의 형태와 통계학의 모수(parameter)로 설명하시오.

4. 많은 자산에 분산투자를 한다면 포트폴리오의 전체 위험이 완전히 제거될 수 있을지에 대해 논하고 이러한 특성에 따른다면 어떠한 투자전략을 실행하는 것이 위험관리와 거래비용 측면에서 효과적인지 설명하시오.

5. 어떤 회사가 추진 중인 프로젝트는 성공할 경우 투자원금 대비 약정된 수익을 투자자에게 지급하지만, 실패할 경우 투자자는 투자원금의 20%만을 회수할 수 있다. 이 프로젝트의 성공 확률과 실패 확률은 동일하며, 기대수익률 $E(r)$은 20%이다.

(1) 프로젝트가 성공할 경우 투자자가 얻는 수익은 투자원금의 몇 배인가?

(2) 수익률의 표준편차로 이 프로젝트의 리스크를 계산하시오.

6. 김재무 씨는 100만 원으로 주식 A와 주식 B로 구성된 등가중 포트폴리오에 투자하려 한다. 현재 주가와 발행주식 수, 그리고 미래 상황에 따라 1년 후 예상되는 주식 A와 주식 B의 수익률은 다음과 같다.

[주가와 발행주식 수]

주식	주가(원)	발행주식 수(주)
A	2,000	2,000
B	5,000	1,200

[기대수익률]

상황	확률	A	B
강세장	0.5	0.20	0.15
약세장	0.5	-0.06	-0.05

(1) 김재무 씨는 주식 A와 주식 B를 각각 몇 주씩 매입해야 하는가?

(2) 김재무 씨가 1년 후에 예상하는 포트폴리오의 가치를 계산하시오.

(3) 주식 A와 주식 B의 수익률 간의 공분산을 계산하시오.

(4) 김재무 씨가 보유한 포트폴리오의 표준편차를 계산하시오.

7. 주식 A와 무위험자산인 양도성예금증서(CD)에 대한 내년도의 기대수익률과 표준편차는 다음과 같다. 물음에 답하시오.

	주식 A	CD
기대수익률	12%	4%
표준편차	10%	0%

(1) 자본배분선에서 위험보상비율을 구하시오.

(2) 주식 A와 CD로 구성된 포트폴리오의 표준편차를 4%로 설정할 때 CD의 투자 비중

을 계산하시오.

(3) 갑 씨가 자신이 가진 1억 원과 은행으로부터 양도성예금금리에 해당하는 이자율로 4천만 원을 차입한 총액 1억 4천만 원을 모두 주식 A에 투자할 경우 기대수익률을 계산하시오.

8. 다음은 두 주식에 대한 기대수익률과 표준편차이다. 물음에 답하시오.

주식	기대수익률	표준편차	상관계수
A	21%	15%	0.5
B	15%	9%	

(1) 두 주식 간 공분산을 계산하시오.

(2) A 주식과 B 주식으로 포트폴리오를 구성하고, 각 주식의 투자 비중을 0~100%까지 변화시킬 때 포트폴리오의 집합을 기대수익률-표준편차 평면에 나타내시오.

(3) 1억 원을 보유한 투자자가 두 주식으로 구성한 포트폴리오의 기대가치가 1억 8,000만 원일 경우, 이 포트폴리오 수익률의 표준편차를 구하시오.

8

CHAPTER

자산가격결정모형

자산가격결정모형은 현실세계에서 자산 가격의 변동을 설명하는 요인은 과연 무엇인가를 과학적으로 규명하고자 하는 이론으로 금융투자에서 가장 중요한 분야 중의 하나이다. 자산가격결정모형의 대표적인 이론으로 1964년에 발표된 자본자산 가격결정모형(CAPM)은 이후에 등장하는 여러 자산가격결정이론의 발전에 중요한 초석을 제공했으며, 투자실무에도 오랫동안 지대한 영향을 미쳐 온 모형이다. 이 장에서는 CAPM과 더불어 차익거래가격결정이론을 설명한다. 차익거래가격결정모형(APT)은 그 형태가 CAPM과 유사하지만, 매우 유연한 모형으로 자유롭게 확장할 수 있으며, CAPM의 대안으로서 실무에서 자주 사용되고 있다. 또한, CAPM으로 설명되지 않는 자본시장의 이례 현상을 규명하기 위해 최근에 개발된 기타 자산가격결정모형의 주요 동향을 소개한다.

8.1 자본자산 가격결정모형

자본자산 가격결정모형(CAPM: Capital Asset Pricing Model)

샤프가 1964년에 발표한 논문에서 소개된 자본자산 가격결정모형(CAPM: Capital Asset Pricing Model)은 마코위츠가 개발한 포트폴리오 이론의 연장선에서 자본시장에서 균형이 달성되기 위한 자산의 위험과 기대수익률 간의 관계를 제시하는 모형이다.[1] 또한, 린트너(Lintner)와 모신(Mossin)도 각각 유사한 시기에 개발한 자산가격결정모형이 샤프의 CAPM과 동일한 결과임을 입증했다.[2]

8.1.1 자본시장선과 분리정리

투자자들은 자본시장의 전체 위험자산으로 구성된 효율적 투자기회집합에서 위험보상비율을 극대화하는 포트폴리오를 선택한다. 이 때 투자기회집합의 포트폴리오 중에서 자본배분선의 기울기를 극대화하는 포트폴리오는 자본배분선과 효율선이 접하는 점에서 결정될 것이다.

개별 투자자들의 위험회피도에 따라 포트폴리오에서 무위험자산과 접점 포트폴리오에 대한 투자비중은 다를 수 있지만, 투자자들이 선택하는 위험자산 포트폴리오는 누구에게나 객관적으로 동일하다. 따라서 시장의 모든 투자자가 보유한 포트폴리오에서 위험자산들을 결합하여 구성한 포트폴리오는 위험자산의 총수요이며, 위험자산의 총공급은 시장에 존재하는 모든 위험자산들로 구성된 시장포트폴리오이다.

따라서 위험자산의 총수요와 총공급이 일치하여 가격이 결정되는

1) Sharpe, W. F.(1964), "Capital Asset Prices: A Theory of Market Equilibrium", *Journal of Finance* 19, pp. 425~442.

2) Lintner, J.(1965), "The Valuation of Risk Assets and the Selection of Risky Investments in Stock Portfolios and Capital Assets", *Review of Economics and Statistics* 47, pp. 13~37; Mossin, J.(1966), "Equilibrium in a Capital Asset Market", *Econometrica* 34, pp. 768~783.

자본시장선(CML: Capital Market Line)

균형 상태에서는 시장에 존재하는 모든 위험자산들이 투자자들의 최적 포트폴리오에 포함되며, 그 결과 위험자산의 총수요와 총공급은 시장포트폴리오로 일치하게 된다. 이러한 시장포트폴리오와 무위험자산을 조합한 포트폴리오의 기대수익률-표준편차 간의 관계를 나타낸 식 (8-1)을 **자본시장선**(CML: Capital Market Line)이라고 한다. 자본시장선은 앞 장에서 살펴본 자본배분선의 특수한 경우로, 효율적 포트폴리오의 기대수익률 $E(r_p)$와 총위험인 표준편차 σ_p 간의 선형 관계를 표시하는 직선이다. 자본시장선의 기울기는 시장포트폴리오의 표준편차(σ_M) 1단위당 위험프리미엄($E(r_M)-r_f$)을 나타내는 위험보상비율로 이를 위험의 시장가격(market price of risk)이라 한다.

$$E(r_p)=r_f+\frac{[E(r_M)-r_f]}{\sigma_M}\sigma_p \tag{8-1}$$

분리정리(separation theorem)

자본시장이 균형 상태에 있다면 투자자들은 누구나 시장포트폴리오와 무위험자산을 결합하여 최적포트폴리오를 구성한다. 이렇게 시장의 균형 상태에서 투자자들의 최적포트폴리오를 선택하는 과정이 두 개의 독립적인 단계로 분리되는 것을 토빈의 **분리정리**(separation theorem)라고 한다.[3] 첫째 단계는 기계적인 업무로서 투자자의 위험 회피 정도에 관계없이 접점 포트폴리오인 시장포트폴리오를 찾아내는 것이다. 시장포트폴리오는 투자자의 특성과 아무런 관계가 없으므로 투자자의 위험 회피 성향을 고려하지 않고 투자기회집합에서 자본배분선의 기울기가 극대화되는 포트폴리오에서 객관적으로 결정된다. 둘째 단계는 투자자가 자신의 위험회피도에 따라 무위험자산과 시장포트폴리오 사이에 자본을 배분하는 것으로서, 이 업무는 개별투자자가 위험에 대해 어떠한 태도를 갖고 있는가에 따라 의사결정이 이루어져야 한다.

2펀드정리(two-fund theorem)

자본시장선에서 투자자들이 선택하는 최적 포트폴리오는 시장포트폴리오와 무위험자산의 두 펀드를 결합해서 창출될 수 있으므로 이를 **2펀드정리**(two-fund theorem)라고도 한다.

---

3) Tobin, J.(1958), "Liquidity Preference as Behavior towards Risk." *Review of Economic Studies* 25, pp. 124~131.

8.1.2 시장위험의 척도

자산에 관련된 총위험은 체계적 위험과 비체계적 위험으로 구분된다. 비체계적 위험은 분산투자를 통해서 제거할 수 있으나, 체계적 위험은 분산투자를 통해서 제거할 수 없다. 이는 비체계적 위험은 분산투자에 의해서 제거할 수 있기 때문에 오로지 보상받을 수 있는 위험은 체계적 위험이다. 즉, 투자자들은 자산의 고유위험에 대해서 아무런 보상도 요구하지 않으며, 자산의 기대수익률은 그 자산의 체계적 위험에 의해서만 결정된다.

시장포트폴리오는 모든 자산들을 각 자산의 시장가치에 비례하여 결합한 포트폴리오이므로 매우 잘 분산되어 있다. 그런데 잘 분산된 포트폴리오의 위험은 구성자산들의 시장위험에 의해 결정되며, 개별 자산에 특유한 고유위험은 상쇄되어 사라지게 된다. 그러므로 시장포트폴리오를 보유하는 투자자 입장에서는 개별 자산의 전체 위험의 척도인 수익률의 표준편차는 더 이상 적절한 위험의 척도가 아니며, 시장위험이 기대수익률을 결정하는 적절한 척도가 된다. 그러므로 개별 자산의 시장위험을 측정하기 위해서는 시장포트폴리오의 수익률이 변동함에 따라 해당 자산의 수익률이 어느 정도 민감하게 반응하는지를 측정하면 된다. 시장위험의 척도로는 **베타(β)**로 측정하는 것이 일반적이다.

베타 (β)

개별 자산 i의 베타 β_i는 다음 식 (8-2)와 같이 개별 자산의 수익률과 시장포트폴리오 수익률 간의 공분산을 시장포트폴리오 수익률의 분산으로 나눈 값으로 시장포트폴리오 수익률의 변동에 대한 특정 자산 수익률 변동의 민감도를 의미한다.

$$\beta_i \equiv \frac{cov(r_i, r_M)}{\sigma_M^2} \qquad (8\text{-}2)$$

베타가 큰 자산일수록 시장위험이 크기 때문에 그렇지 않은 자산에 비해 기대수익률의 변동이 크다. 개별 자산 수익률과 시장포트폴리오의 수익률 간의 공분산은 그 자산의 시장위험을 의미하므로 베타는 그 자산의 시장위험이 시장포트폴리오 위험에서 차지하는 공헌도로도 해석할 수 있다.

먼저 베타의 중요한 특성 몇 가지에 대해 살펴보자.

첫째, 무위험자산의 베타는 0이다. 무위험자산의 정의상 무위험자산의 수익률과 다른 자산 또는 포트폴리오와의 공분산은 0이기 때문이다. 즉, 무위험자산의 수익률은 변동하지 않기 때문에 시장포트폴리오의 변동과 아무런 관련이 없음을 의미한다.

둘째, 포트폴리오의 베타 β_p는 포트폴리오를 구성하는 자산들의 베타를 투자 비중에 따라 가중한 평균값이다. 예를 들어, 두 자산 A와 B로 구성된 포트폴리오 P에서 자산 A가 포트폴리오에서 차지하는 비중을 w_A, 자산 B의 비중을 w_B라 한다면 포트폴리오 P의 베타 β_p는 다음과 같이 개별 자산 베타들의 가중평균으로 계산된다.

$$\beta_p = w_A\beta_A + w_B\beta_B \tag{8-3}$$

셋째, 시장포트폴리오의 베타는 시장 내에 존재하는 모든 개별 자산들의 베타를 시가총액의 비율로 평균한 값으로 1이다. 시장포트폴리오 수익률의 변동에 대해 그 자체 변동의 민감도는 1일 수밖에 없다.

예를 들어, 어느 투자자가 베타가 0.8인 주식에 80%를 투자하고 20%는 무위험자산에 투자했다면 이 투자자가 보유한 포트폴리오의 베타는 $\beta_p = w_A\beta_A + w_B\beta_B = 0.8\times0.8+0.2\times0=0.64$이다. 이와 같이 투자자가 부담하고자 하는 시장위험을 가진 포트폴리오는 자산의 투자 비중을 달리하여 구성할 수 있다.

8.1.3 시장위험과 기대수익률 간의 관계

자본시장의 균형 상태에서 모든 투자자들이 시장포트폴리오와 무위험자산을 결합하여 선택한 포트폴리오는 자본시장선에 위치할 것이다. 시장포트폴리오는 모든 자산들을 각 자산의 시장가치에 비례하여 결합한 포트폴리오이므로 매우 잘 분산되어 있다. 그런데 잘 분산된 포트폴리오의 위험은 구성자산들의 시장위험에 의해 결정되며, 개별 자산에 특유한 고유위험은 상쇄되어 사라지게 된다. 그러므로 시장포트폴리오를 보유하는 투자자 입장에서는 개별 자산의 전체 위험의 척도인 수익률의 표준편차는 더 이상 적절한 위험의 척도가 아니며, 시장위험이 기대수익률을 결정하는 적절한 척도가 된다.

개별 자산 또는 포트폴리오의 기대수익률과 시장위험 간의 관계는 다음 식 (8-4)로 나타낼 수 있는데, 이를 자본자산가격결정모형(CAPM)이라 한다. CAPM에서 중요한 시장위험의 유일한 척도는 바로 베타(β)이며, 자산의 기대수익률과 베타 사이에는 선형관계가 있음을 말해 준다.

$$E(r_i)=r_f+[E(r_M)-r_f]\beta_i \tag{8-4}$$

CAPM에서는 베타가 높은 자산일수록 기대수익률이 높아야 한다. 그 이유는 시장위험이 클수록 투자자가 그 자산을 보유함으로써 감수해야 하는 시장위험에 대해 더 큰 보상을 요구하기 때문이다. 위험에 대한 적절한 보상이 없다면 위험회피적 투자자들은 위험자산을 보유하려고 하지 않을 것이다. 그러나 투자자들은 자산의 고유위험에 대해서는 아무런 보상도 요구하지 않는다. 그 이유는 분산투자를 통해 고유위험을 제거할 수 있으므로 투자자들이 보유하는 개별 자산이나 포트폴리오의 위험은 오직 시장위험에 의해서만 결정되며, 개별 자산에 특유한 고유위험은 자산의 가격에 반영되지 않기 때문이다.

식 (8-4)에서 시장포트폴리오 기대수익률 $E(r_M)$과 무위험자산 수익률 r_f의 차이인 $[E(r_M)-r_f]$를 **시장위험프리미엄(market risk premium)**이라 하며, 시장에 존재하는 위험자산들의 수익률이 무위험자산의 수익률보다 평균적으로 어느 정도 높은지를 의미한다. 따라서 CAPM은 자산의 베타가 증가하면 기대수익률은 시장위험프리미엄과 베타의 곱만큼 추가적으로 보상을 받아야 함을 설명한다.

시장위험프리미엄(market risk premium)

8.1.4 증권시장선

CAPM을 [그림 8-1]과 같이 기대수익률-베타 평면에 나타낸 직선을 **증권시장선(SML: Security Market Line)**이라 한다. 증권시장선은 자본시장선을 기초로 도출되었지만, 자본시장선과 몇 가지 차이가 있다. 자본시장선에서 위험의 척도는 총위험인 표준편차인 반면, 증권시장선에서 위험의 척도는 시장위험인 베타이다. 또한, 자본시장선은 효율적 포트폴리오에 대해서만 기대수익률과 표준편차 간의 관계를 제시하지만, 개별 자산이나 비효율적 포트폴리오의 위험과 수익 간의 관계는 설명하지 못한다. 하지만 증권시장선에서는 효율적 포트폴리오는 물론 개별 자산, 비효율적 포트폴리오 등 시장에 존재하는 모든 자산의 기대수익률과 베타 간의 관계를 설명한다. 식 (8-5)는 증권시장선을 변형한 것으로, 균형 상태에서 증권시장선 상의 모든 자산과 포트폴리오의 베타 1단위당 **위험프리미엄(risk premium)**은 증권시장선의 기울기인 시장포트폴리오의 위험프리미엄과 동일해야 한다는 것을 의미한다.

증권시장선(SML: Security Market Line)

위험프리미엄(risk premium)

$$\frac{E(r_i)-r_f}{\beta_i}=\frac{E(r_M)-r_f}{1} \tag{8-5}$$

증권시장선은 높은 기대수익률을 추구하려면 이에 상응하는 높은 시장위험을 감수해야 하지만, 위험을 회피하려면 높은 기대수익률을 희생해야 하는 이른바 위험과 수익의 상충관계를 보여준다. 실무에서 흔히 듣는 "세상에 공짜 점심 없다(There ain't no such thing as a free lunch)."라는 표현은 이와 같이 위험을 감수하지 않으면 수익 획득이 불가능함을 의미한다.

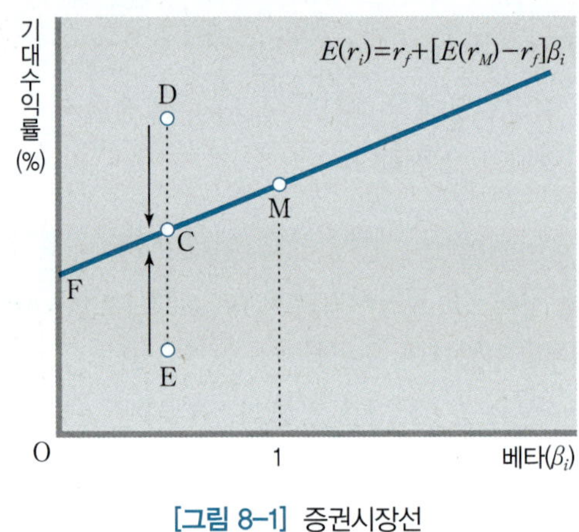

[그림 8-1] 증권시장선

CAPM에서는 모든 개별 자산이나 포트폴리오들이 증권시장선에 있어야 한다. 만일 [그림 8-1]에서 증권시장선보다 위에 있는 자산 D는 어떻게 될까?

D와 동일한 베타를 가진 증권시장선 위의 자산을 C라고 하자. D의 시장위험은 C와 동일하지만, 기대수익률은 C보다 크므로 D의 가격은 시장에서 상대적으로 저평가되었다고 말할 수 있다. 여기에서 자산의 가격과 기대수익률은 역의 관계가 있음을 유의해야 한다. D가 저평가되었다는 것은 D의 시장가격이 균형 상태에 있는 C의 시장가격보다 낮다는 것이다. 이 경우, 상대적으로 저평가되어 기대수익률이 높은 D에 대한 투자자의 수요가 증가하므로 D의 시장가격이 상승하며 기대수익률은 하락할 것이다. 결국, 자산 D의 가격은 기대수익률이 C와 같아지는 수준에서 결정된다. 따라서 D와 같이 증권시장선보다 위에 있는 자산은 존재할 수 없으며, 설혹 존재하더라도 가격이 즉각적으로 상승하여 증권시장선으로 복귀한다. 같

은 논리에 의해 E와 같이 증권시장선보다 아래에 있는 자산도 존재할 수 없다. E의 시장위험은 C와 동일하지만, 기대수익률은 C보다 낮으므로 E는 시장에서 상대적으로 고평가된 자산이다. 시장의 투자자들은 C보다 기대수익률이 낮은 E를 매도하므로 가격도 하락하게 되며, 자산 E의 기대수익률은 상승하여 C와 동일한 수준에서 결정된다. 따라서 모든 개별 자산은 동일한 시장위험에 대해 동일한 기대수익률을 가지는 증권시장선 위에 위치하게 된다.

8.1.5 CAPM의 공헌과 후속 과제

CAPM은 지난 수십 년 동안 금융실무계의 나침반 역할을 해왔다. 그 이유는 직관과 일치하는 아이디어가 단순하고 사용하기 편리한 형태로 집약되어 있기 때문이다. 위험이 큰 자산을 보유하기 위해서는 기대수익률이 커야 한다는 것은 합리적인 투자자라면 누구나 동의할 것이다. 예를 들어, 정기예금보다는 주식이 더 높은 수익률을 제공할 것을 기대하기 때문에 위험자산인 주식에 투자하게 된다. CAPM은 이러한 아이디어를 실제 측정할 수 있는 형태로 제공한다.

증권분석에서는 주식의 본질가치를 평가하여 시장가치와 비교하여 투자의사결정을 하는 기준으로 CAPM을 이용하며, 펀드매니저의 운용성과를 평가하는 모형에도 CAPM이 활용된다. 아울러 CAPM으로 측정한 기대수익률은 재무관리에서 **자본예산편성(capital budgeting)**의 투자안의 경제성 평가에서 할인율로 사용되거나 기업가치평가에서 **자기자본비용(cost of equity)**으로 활용된다.

자본예산편성(capital budgeting)
자기자본비용(cost of equity)

그러나 CAPM이 의미하는 바가 현실세계와 부합하는지 여부에 대해서는 여러 가지 의문의 여지가 있다. CAPM은 무위험자산이 존재한다고 가정하고 있다. 그러나 엄밀한 의미에서의 무위험자산은 존재하지 않는다. 미국 정부가 발행하는 단기 재정증권이라 하더라도 위험이 전혀 없는 것이 아니다. 재정증권의 명목수익률은 확정되어 있지만, 실질수익률은 미래의 인플레이션의 정도에 따라 달라지기 때문이다.

아울러 CAPM이 현실의 자본시장에서 자산가격을 적절하게 설명할 수 있는지를 실증적으로 검증한 연구들은 대체적으로 CAPM의 설명력이 낮다고 보고하고 있다. 예를 들어, CAPM에서는 증권시장선의 기울기가 시장포트폴리오의 위험프리미엄과 일치해야 하지만, 실증 연구들에서 과거 자료를 이용하여 증권시장선의 기울기를 추정한 값은 실제 시장포트폴리오의 위험프리미엄보다 낮은 것으로 나타났다.[4] 다른 경제학 모형도 마찬가지이지만, CAPM도 특정한 가정 하에 개발되어 현실 세계와 완전히 부합할 수 없다는 한계를 가진다. 또한, CAPM으로도 설명할 수 없는 여러 가지 주식수익률의 이례 현상(anomalies)들이 나타나, 베타가 과연 자산가격결정에 반영되는 유일한 위험의 측정치인지에 대한 의문을 가지고 추가적인 위험요인들을 규명하는 여러 연구들이 진행되고 있다. 이에 대해서는 4절에서 상세하게 학습하도록 한다.

CAPM이 등장한 이후에도 학계와 실무계에서는 자산의 가격을 결정하는 요인을 규명하려는 대안적인 모형들이 개발되었다. CAPM은 자산가격을 결정하는 유일한 위험을 시장위험으로 보지만, 근래에는 CAPM을 확대하여 시장위험 외에도 여러 거시적 위험과 기업 특성과 관련된 위험들을 포괄하는 모형들이 사용되고 있다.

알아두기 8.1 CAPM을 이용한 성과 측정

CAPM은 투자의 사후적 성과를 측정하는 지표에도 응용된다. CAPM을 이용한 성과지표로는 트레이너(Treynor) 척도와 젠센(Jensen) 척도가 있다.

트레이너 척도는 체계적 위험인 베타 1단위당 초과수익률 $(\overline{r_P}-\overline{r_F})$의 비율이다. 고유위험은 포트폴리오를 구성함으로써 분산할 수 있으므로 시장위험만을 보상받을 수 있는 위험으로 판단한 것이다.

$$\text{트레이너 척도} = \frac{\overline{r_P}-\overline{r_F}}{\beta_P}$$

젠센 척도는 특정 포트폴리오의 사후적 수익률이 증권시장선으로부터 도출되는 요구수익률보다 얼마나 높은가를 측정하여 포트폴리오의 성과를 평가하는 지표로 통상적으로 젠센의 알파(α)라 한다.

$$\text{젠센 척도} = \overline{r_P} - [\overline{r_F} + \beta_P(\overline{r_M}-\overline{r_F})]$$

4) Black, F., M. C. Jensen, and M. Scholes(1972), *The Capital Asset Pricing Model: Some Empirical Test*, Praeger Publishers.

8.2 요인모형과 시장모형

8.2.1 요인모형

실현수익률(realized return)

투자자는 투자 시점에 가진 정보를 바탕으로 사전적인 기대수익률을 계산하고 투자를 실행할 것이다. 그러나 사전적(ex-ante)으로 기대한 수익률이 사후적(ex-post)으로 실현될 것이라는 보장은 없다. 사후적인 실현수익률(realized return)이 사전적인 기대수익률과 다른 것이 오히려 정상이다.

이처럼 사전적인 기대수익률과 사후적으로 실현된 수익률 간에 차이가 생기는 이유가 무엇일까? 이는 주식투자의 경우, 사전에 예측하지 못했던 새로운 정보가 주식 보유 기간 동안에 주식시장으로 유입되어 주식가격이 변동했기 때문이다. 투자자들이 사전에 알고 있었던 내용은 기대수익률을 계산할 때 이미 반영되었을 것이므로 주식 보유 기간 중의 주가변동에 영향을 미칠 수 없다. 오직 사전에 예측하지 못했던 새로운 정보의 유입만이 주식가격의 변동을 가져온다. 예를 들어, 기업들이 이익을 공시한 후에 주가가 크게 하락하는 현상을 언론에서는 '실적 공시의 충격(earnings shock)'이라고 표현하는데, 이는 주식시장의 참여자들이 예상하는 이익은 이미 기대수익률에 반영되어 있지만, 기업이 실제로 발표한 이익이 예상치에 미달할 경우 실망감이 시장에 반영되어 나타난 주가 하락이라고 해석할 수 있다.

시장에 유입되는 정보는 크게 두 유형으로 나누어 생각할 수 있다. 첫째로, 시장 전체에 영향을 주는 거시적 정보이다. 2001년 9월 11일에 발생한 뉴욕의 국제무역센터에 대한 테러나 글로벌 금융위기가 시작된 2008년 리먼브라더스의 파산, 그리고 코로나19 팬데믹 등 그 발생 자체를 사전에 예측하지 못했던 사건들의 발생은 어느 특정 주식에만 영향을 주는 것이 아니라 전체 시장에 영향을 미친다. 또한, 대통령 선거 결과 발표, 주요 경제지표의 발표 등 미리 예정되어 있었으나 그 내용이 불확실했던 거시적 사건의 발생도 주식 가격에 영향을 주는 거시적 정보에 속한다. 이 같은 거시적 정보의 유입으로 인한 가격의 변동이 바로 7장에서 학습했던 시장위험이다.

둘째로, 개별 주식에만 영향을 주는 정보, 즉 특정 기업에 고유한 정보이다. 애널리스트를 비롯한 증권전문가들의 예측치를 벗어나는 기업이익의 공시, 신제품의 개발, 실적 부진에 따른 최고경영자의 해임, 신규투자 계획의 철회 등이 그 예이다. 이러한 정보는 시장 전체에 영향을 미치지 않는다. 이 같은 개별 기업에만 국한된 정보의 유입으로 인한 가격의 변동이 바로 7장에서 학습했던 고유위험이다.

요인모형(factor model)

개별 주식의 실현수익률은 다음 식 (8-6)과 같이 주식에 영향을 미치는 정보들의 영향으로 표현할 수 있는데 이를 **요인모형**(factor model)이라 한다.

$$r_i = a_i + b_i I + e_i \tag{8-6}$$

공통위험요인(common risk factor)

식 (8-6)에서 a_i는 개별 주식의 기대수익률이며, $b_i I + e_i$는 새로이 유입되는 정보가 이 개별 주식의 실현 수익률에 미치는 영향이다. 이중 $b_i I$는 거시경제지표 정보의 유입에 따른 개별 주식 수익률의 변동을 의미한다. I는 시장에 유입된 거시경제지표 변동이며, b_i는 거시경제지표 변동에 대한 개별 주식 수익률의 민감도(sensitivity)이다. I의 변동은 개별 주식의 위험의 원천 중 하나이며, 특정 주식에만 국한되지 않고 시장의 모든 주식에 공통적으로 해당되므로 I를 **공통위험요인**(common risk factor)이라고 한다. 거시경제지표에 관한 동일한 정보가 시장에 유입되어도 이에 대한 민감도는 개별 기업마다 다를 것이다. 예를 들면, 해외 시장에 진출한 글로벌 기업에는 환율 변동에 따른 수익률의 민감도가 높지만, 내수시장만을 대상으로 하는 중소기업의 민감도는 낮을 것이다.

개별 주식에 특유한 정보의 유입으로 인한 주가의 변동은 e_i이다. 만일 새로운 거시경제지표의 정보와 기업 고유 정보가 유입되지 않는다면, 사후적으로 실현된 수익률과 기대수익률은 같다.

8.2.2 시장모형

요인모형을 실제로 사용하기 위해서는 공통위험요인을 측정할 수 있어야 한다. 위험요인으로는 산업생산증가율이나 물가상승률 등의 거시경제변수를 사용하기도 하지만, 시장포트폴리오의 수익률이 실무적으로 가장 자주 활용된다. 시장포트폴리오의 대용치로 사용되는 KOSPI와 같은 시장지수는 모든 거시경제변수의 정보가 반영되는 선행지표의 역할을 하므로 공통위험요인으로서 보다 적합하기 때문이다.

이처럼 공통위험요인이 시장포트폴리오의 수익률 r_M인 다음 식 (8-7)의 요인모

형을 **시장모형**(market model)이라 한다.[5)]

시장모형(market model)

$$r_i = \alpha_i + \beta_i r_M + e_i \qquad (8-7)$$

시장모형의 주요 특성은 7장의 기대값과 분산의 연산공식을 활용하여 다음과 같이 정리할 수 있다. 첫째, 개별 기업 특유의 정보는 시장 전체에 영향을 미치는 정보와 아무런 관계없이 발생하는 것으로 보기 때문에 r_M과 e_i의 공분산은 0이다.

둘째, e_i는 기업 특유의 정보이므로 다른 기업에 특유한 정보와도 아무런 관련이 없어야 한다. 따라서 임의의 두 주식 i와 j에 대해 e_i와 e_j의 공분산은 0이다.

셋째, 시장모형에서 β_i는 시장포트폴리오 수익률 변동에 따른 개별 주식 수익률의 민감도를 나타내며, CAPM에서 기대수익률의 결정 요인인 베타와 동일하다.[6)] 따라서 시장모형은 실무에서 CAPM의 베타를 추정하는 데 활용된다.

넷째, 시장모형에서 총위험을 나타내는 주식 i의 수익률 분산은 다음 식 (8-8)과 같다.[7)]

$$\sigma_i^2 = \beta_i^2 \sigma_M^2 + \sigma^2(e_i) \qquad (8-8)$$

결정계수(coefficient of determination)

주식 수익률의 총위험은 시장 전체의 변동에 따라 발생하는 체계적 위험인 $\beta_i^2 \sigma_M^2$과 개별 주식에 특유한 비체계적 위험인 $\sigma^2(e_i)$로 구성된다. 시장모형에서 체계적 위험은 시장포트폴리오 수익률이 변동함에 따라 발생하는 위험이므로 시장위험이다. 또한, 체계적 위험이 총위험에서 차지하는 비중을 **결정계수**(coefficient of determination)라고 하며 R^2으로 표기하는데, 이는 개별 주식 수익률의 변동에 대한 시장포트폴리오 수익률 변동의 설명력을 의미한다.

다섯째, 공통위험요인인 시장포트폴리오가 존재하므로 주식 i와 j의 공분산은 다음 식 (8-9)와 같이 계산된다.[8)]

5) Sharpe, W.(1963), "A Simplified Model for Portfolio Analysis," *Management Science* 9, pp. 277~293.

6) $cov(r_i, r_M) = cov(\alpha_i + \beta_i r_M + e_i, r_M) = cov(\alpha_i, r_M) + cov(\beta_i r_M, r_M) + cov(e_i, r_M) = \beta_i \sigma_M^2$ 으로부터 베타의 정의식 (8-2)와 동일한 관계가 도출됨을 알 수 있다.

7) $\sigma_i^2 = \sigma^2(\beta_i r_M) + \sigma^2(e_i) + cov(\beta_i r_M, e_i) = \beta_i^2 \sigma^2(r_M) + \sigma^2(e_i) = \beta_i^2 \sigma_M^2 + \sigma^2(e_i)$

8) $cov(r_i, r_j) = cov(\alpha_i + \beta_i r_M + e_i, \alpha_j + \beta_j r_M + e_j)$

$$cov(r_i, r_j) = \beta_i \beta_j \sigma_M^2 \qquad (8\text{-}9)$$

시장포트폴리오 수익률의 분산은 0이 아니므로 두 주식수익률 간의 공분산도 0이 아니라는 것을 알 수 있다. 이는 공통위험요인이 변동함에 따라 여러 주식수익률이 함께 반응하게 되어 주식수익률 사이에 간접적인 관계가 발생함을 의미한다. 또한 다수의 자산으로 구성되어 기업 특유의 위험이 완전히 상쇄되고 시장위험만 존재하는 포트폴리오 P의 시장모형은 $r_P = \alpha_P + \beta_P r_M$ 이 된다.

알아두기 8.2 시장모형의 추정

시장모형에서 α 와 β, 그리고 R^2 를 추정하기 위해서는 엑셀 함수가 유용하게 활용된다. 예를 들어, 1행부터 100행까지 100개의 월별 수익률이 있다면, 설명변수인 시장포트폴리오 수익률 x의 시계열 범위와 종속변수인 개별 종목 수익률 y의 시계열 범위를 다음과 같이 입력하여 추정한다.

α : INTERCEPT(y1 : y100, x1 : x100)

β : SLOPE(y1 : y100, x1 : x100)

R^2 : RSQ(y1 : y100, x1 : x100)

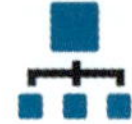

8.3 차익거래가격결정이론

차익거래가격결정이론(APT: Arbitrage Pricing Theory)

차익거래가격결정이론(APT: Arbitrage Pricing Theory)은 로스가 1976년에 발표한 논문의 내용이다.[9] 차익거래가격결정이론은 자본시장은 완전시장이며, 무수히 많은 자산이 존재하고 요인모형이 성립한다는 조건에서 도출된다.

8.3.1 차익거래의 개념

차익거래(arbitrage)

먼저 차익거래의 개념부터 이해하도록 하자. **차익거래(arbitrage)**란 "투자자가 투자자금과 위험을 전혀 부담하지 않고 확실하게 이익을 얻을 수 있는 투자전략"을

$= cov(\alpha_i, \alpha_j + \beta_j r_M + e_i) + cov(\beta_i r_M, \alpha_j + \beta_j r_M + e_j) + cov(e_i, \alpha_j + \beta_j r_M + e_j)$
$= cov(\beta_i r_M, \beta_j r_M) = \beta_i \beta_j cov(r_M, r_M) = \beta_i \beta_j \sigma_M^2$

9) Ross, S. A.(1976), "The Arbitrage Theory of Capital Asset Pricing", *Journal of Economic Theory* 13, pp. 341~360.

의미한다. 예를 들어, 특정한 종류의 중고 컴퓨터가 A 상점에서는 100만 원, B 상점에서는 80만 원에 거래된다는 정보를 알았다고 가정해 보자. 이 경우에 누군가로부터 일 10%의 이자율로 80만 원의 자금을 차입하여 B 상점으로부터 그 중고 컴퓨터를 구매한 다음, 이를 다시 A 상점에 100만 원에 팔고 원리금을 상환한다면 100만 원−88만 원 = 12만 원의 차익을 얻을 수 있다.

차익거래의 기회는 미래에 어떤 상황이 발생하더라도 이익을 얻을 수 있는 **무투자−무위험포트폴리오(zero investment−zero risk portfolio)**를 구성할 수 있을 때 존재한다. 물론, 무투자포트폴리오를 구성하기 위해서는 하나 또는 그 이상의 자산을 공매도(short−sale)하거나 자금을 차입하여 얻은 금액을 다른 자산들에 투자하여 순투자액이 0이 되도록 하여야 한다. 또한, 공매도하거나 차입한 자산과 자금을 투자하는 자산이 동일한 위험을 갖고 있어야만 두 위험이 서로 상쇄되어 무위험포트폴리오를 구성할 수 있다.

무투자-무위험포트폴리오
(zero investment−zero risk portfolio)

8.3.2 무차익조건

확실히 이익을 볼 수 있는 무투자−무위험포트폴리오가 존재한다면, 자금을 보유하지 않은 투자자라 할지라도 이 포트폴리오에 대한 포지션을 크게 하여 높은 수익을 올릴 수 있다. 예를 들어, 동일한 주식이 두 시장에서 다른 값에 거래된다면, 상대적으로 값이 싼 시장에서 주식을 빌린 다음, 이 주식을 다른 시장에서 더 높은 값에 매도하는 거래를 할 수 있다. 이러한 차익거래를 하는 투자자는 자기 돈 한 푼 들이지 않고서도 이익을 얻게 된다. 더 많은 주식을 거래하면 할수록 이익은 더 커지게 되어 마치 돈을 인쇄하는 기계를 갖고 있는 것과 마찬가지이다.

그러나 합리적인 투자자들이 서로 경쟁하는 시장에서는 이러한 차익거래의 기회가 존재할 수 없다. 설혹 차익거래의 기회가 존재한다 할지라도 그 기회는 곧 사라진다. 그 이유는 누구나 차익거래를 시도할 것이므로 값이 싼 시장에서 거래되는 주식에 대한 수요가 급격히 증가하고 값이 비싼 시장에서 거래되는 주식에 대한 공급은 급격히 늘어날 것이기 때문이다. 이에 따라 값이 싼 시장에서의 가격은 상승하고 값이 비싼 시장에서의 가격은 하락한다. 두 시장에서 가격의 상승과 하락은 두 시장에서의 가격이 같아질 때까지 지속될 것이다. 결국 두 시장에서의 가격이 같아질 때 더 이상의 초과수요나 초과공급이 발생하지 않게 되어 균형 상태에 도달한다.

무차익조건(no arbitrage condition)
일물일가의 법칙(law of one price)

합리적인 투자자들이 서로 경쟁하는 시장에서 차익거래의 기회가 존재할 수 없다는 원리를 '**무차익조건**(no arbitrage condition)'이라 부르며, 이는 경제학에서 말하는 **일물일가의 법칙**(law of one price)과 사실상 같은 의미이다. 이 무차익조건은 재무학의 여러 이론들의 바탕이 된다. 노벨경제학상을 수상한 모딜리아니(Modigliani)와 밀러(Miller)가 무차익조건을 바탕으로 최적자본구조이론을 제시하였으며, 숄즈와 머튼도 무차익조건을 이용하여 옵션가격을 계산하는 공식을 발견한 공로로 노벨경제학상을 수상하였다.[10] 또한, 무차익조건은 이 장에서 설명하려는 APT의 핵심이다.

8.3.3 단일요인 APT

APT를 유도하기 위해서는 자본시장은 완전시장이며, 무수히 많은 자산이 존재해야 한다. 일반적인 APT에서는 무수히 많은 자산이 포함된 잘 분산된 포트폴리오를 대상으로 한다. 잘 분산된 포트폴리오의 경우에는 기업고유위험은 사라지므로 공통요인위험만 남게 된다. 모든 포트폴리오의 수익률에 영향을 미치는 공통요인이 하나만 존재하는 단일요인 APT는 다음 식 (8-10)과 같이 표현할 수 있다.

$$
\begin{aligned}
E(r_p) &= r_f + [E(r_I) - r_f]b_p \\
&= r_f + \lambda_1 b_p
\end{aligned}
\qquad (8\text{-}10)
$$

이 식에서 r_f는 무위험이자율이며, $E(r_I)$는 공통요인을 완전히 모방하는 포트폴리오(factor- mimicking portfolio)의 기대수익률이다. 예를 들어, 공통요인이 원유가격의 변동이라 할 때, $E(r_I)$는 원유가격 변동을 동일하게 추종하는 포트폴리오의 기대수익률이며, λ_1은 공통요인의 위험프리미엄이 된다. 요인민감도인 b_p는 공통요인에 대한 포트폴리오의 민감도로 공통요인이 변동할 때 포트폴리오 기대수익률이 변동하는 정도를 의미한다. 식 (8-10)은 CAPM과 유사하다. 즉, 공통요인이 시장포트폴리오의 기대수익률이고 요인민감도가 베타(β_i)라면 식 (8-10)은 CAPM의 형태가 된다.

---

10) Modigliani, F. and M. H. Miller(1958). "The Cost of Capital, Corporation Finance and the Theory of Investment", *American Economic Review* 48, pp. 261~297; Black, F. and M. Scholes(1973). "The Pricing of Options and Corporate Liabilities". *Journal of Political Economy* 81, pp. 637~654; Merton, R. C.(1973). "Theory of Rational Option Pricing", *Bell Journal of Economics and Management Science* 4, pp. 141~183.

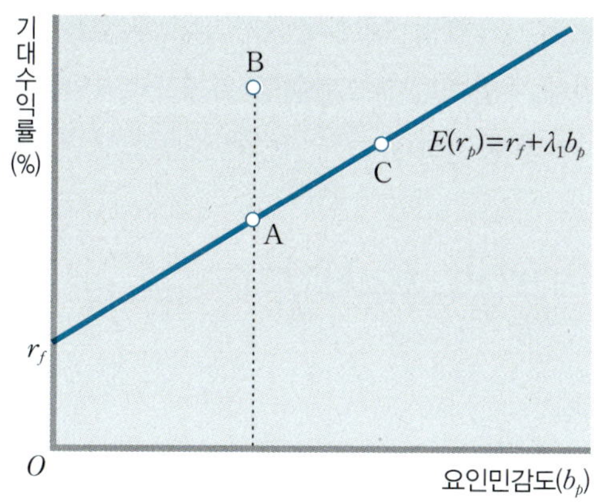

[그림 8-2] 단일요인 APT에서 기대수익률과 요인민감도의 관계

[그림 8-2]는 기대수익률-요인민감도 평면에서 잘 분산된 포트폴리오의 민감도와 기대수익률 간의 선형관계인 식 (8-10)을 나타낸다. 직선의 기울기인 λ_1은 바로 공통요인의 위험프리미엄을 의미한다. 시장이 균형이라면 [그림 8-2]에서 직선보다 위 또는 아래에 있으면서 동시에 잘 분산된 포트폴리오는 존재할 수 없다. 그 이유는 요인민감도가 동일한 잘 분산된 포트폴리오들의 기대수익률은 동일하기 때문이다. 포트폴리오 B는 포트폴리오 A와 공통요인에 대한 민감도가 동일하지만, 기대수익률이 높다. 따라서 포트폴리오 B의 시장가치는 포트폴리오 A에 비해 저평가된 상태이다. B와 같은 포트폴리오가 존재한다면, 포트폴리오 A를 공매도한 금액으로 포트폴리오 B를 매수하는 차익거래가 가능하다.

이 경우, 두 포트폴리오 모두 잘 분산된 포트폴리오이므로 비체계적 위험은 전혀 없으며, 오직 위험요인에 대한 체계적 위험만 가지고 있다. 또한, 포트폴리오 A를 공매도하고 같은 금액만큼 포트폴리오 B를 매수하기 때문에 체계적 위험이 서로 상쇄되어 전체 포트폴리오는 무투자 · 무위험 포트폴리오가 된다. 즉, 차익거래를 한다면 포트폴리오 B의 기대수익률과 포트폴리오 A의 기대수익률의 차이만큼의 수익률을 얻을 수 있다. 이 경우에 포트폴리오 B에 대한 시장의 수요가 증가하므로 포트폴리오의 시장가치는 상승하고, 그 결과 포트폴리오 B의 기대수익률이 포트폴리오 A의 기대수익률까지 하락하므로 차익거래기회는 사라지게 된다.

결국, 시장에서 차익거래조건이 존재하지 않는 균형 상태라면 모든 포트폴리오는 직선 상에 있어야 하며, 민감도 1단위에 대한 포트폴리오의 위험프리미엄이 동일해야 한다. 예를 들어, [그림 8-2]에서 균형 상태에 있는 포트폴리오 A와 포트폴리오 C의 공통요인에 대한 민감도 1단위당 위험프리미엄은 식 (8-11)과 같이 공통요인의 위험프리미엄과 동일하다.

$$\frac{E(r_A)-r_f}{b_A}=\frac{E(r_C)-r_f}{b_C}=\lambda_1 \tag{8-11}$$

8.3.4 다요인 APT

다요인(multi-factor) APT

앞에서 설명한 APT는 자산의 수익률 변동에 영향을 미치는 공통요인이 단 하나인 경우의 모형이다. 하지만 증권가격에 영향을 미치는 거시적 공통요인이 여러 개가 존재한다고 가정하면, **다요인(multi-factor) APT**로 확장할 수 있다. 거시적 위험의 원천의 예로는 이미 설명했던 금리 변동, 인플레이션, 유가 변동, 환율 변동 등이 있다. 예를 들어, 공통요인이 원유 가격의 변동과 환율 변동의 2개인 2요인 APT는 다음 식 (8-12)와 같이 나타낼 수 있다.

$$\begin{aligned} E(r_p) &= r_f+[E(r_1)-r_f]b_{p,1}+[E(r_2)-r_f]b_{p,2} \\ &= r_f+\lambda_1 b_{p,1}+\lambda_2 b_{p,2} \end{aligned} \tag{8-12}$$

모방포트폴리오(factor mimicking portfolio)

다요인 APT에서 특정한 공통요인의 **모방포트폴리오(factor mimicking portfolio)**는 해당 공통요인의 변동과 완전히 동일하며, 다른 공통요인의 변동과는 전혀 관계가 없는 잘 분산된 포트폴리오이다. 즉, 위 식에서 $E(r_1)$은 첫 번째 공통요인인 원유가격 변동을 완전히 모방하는 포트폴리오의 기대수익률로 원유가격 변동에 대한 민감도는 1이며, 환율 변동에 대한 민감도는 0이다. 마찬가지로 $E(r_2)$는 두 번째 공통요인인 환율 변동을 완전히 모방하는 포트폴리오의 기대수익률로 원유가격 변동에 대한 민감도는 0이지만, 환율 변동에 대한 민감도는 1이다.

식 (8-12)에서 λ_1과 λ_2는 각각 유가 변동의 모방 포트폴리오와 환율 변동의 모방 포트폴리오의 위험 프리미엄이며, $b_{p,1}$과 $b_{p,2}$는 각각 유가 변동과 환율 변동에 대한 잘 분산된 포트폴리오의 민감도를 의미한다. 다요인 APT는 필요에 따라 공통요인의 수를 늘릴 수 있는 유연함이 장점이지만, 단점도 갖고 있다. 가장 큰 단점은 거시적 요인에 대한 위험프리미엄이 어떻게 결정되는지에 관한 아무런 이론적 근거가 제시되지 않는다는 것이다. 그 이유는 증권 수익률에 영향을 주는 거시적 요인들을 명확하게 사전적으로 정의하고 있지 않기 때문이다. 실증 연구들은 주로 주식수익률에 영향을 미칠 수 있는 여러 거시적 공통요인들 중 일부를 선별하여 APT가 성립하는지를 검정하고 있다. 기존 실증 연구 결과들에서 주식시장에 중요한 영향을 미치는 공통요인들은 예상 밖의 제조업 생산증가율, 실제 물가상승률과 예상 물가상승률 차이, 예상 밖의 국채수익률과 회사채수익률의 차이, 예상 밖의 장기국채수익률과 단기국채수익률의 차이로 알려져 있다.

예를 들어, 유가 변동과 환율 변동의 두 가지 공통요인을 가진 APT가 다음과 같다고 하자. 유가 변동에 대한 모방포트폴리오의 민감도는 $b_{p,1}$ 이며, 환율 변동에 대한 모방포트폴리오의 민감도는 $b_{p,2}$ 이다.

$$E(r_p)=0.05+0.1b_{p,1}+0.15b_{p,2}$$

이 식에서 유가 변동을 모방하는 포트폴리오의 기대수익률은 $E(r_1)=0.1+0.05=0.15(15\%)$ 이며, 환율 변동을 모방하는 포트폴리오의 기대수익률은 $E(r_2)=0.15+0.05=0.2(20\%)$ 이다. 만일 유가 변동에 대한 민감도는 0.5이며, 환율 변동에 대한 포트폴리오의 민감도는 2인 포트폴리오가 있다면 이 포트폴리오의 기대수익률은 $E(r_A)=0.05+0.1\times0.5+0.15\times2=0.4(40\%)$ 이다.

8.3.5 APT와 CAPM의 비교

APT는 그 형태나 기능이 다음과 같은 측면에서 CAPM과 매우 유사하다. 첫째로, 위험과 기대수익률 사이에는 선형 관계가 존재한다. 식 (8–10)과 CAPM의 증권시장선을 비교하면 CAPM은 공통요인이 시장포트폴리오이며, 공통요인에 대한 민감도가 베타인 단일 요인 APT와 동일한 식으로 표현할 수 있다. 그러나 APT는 CAPM과는 매우 다른 가정으로부터 출발하여 유도한 모형이므로, APT는 CAPM을 확장한 모형이 아니라 CAPM과 직접 경쟁하는 모형으로 보아야 한다. APT는 CAPM과 마찬가지로 자본예산, 증권분석, 포트폴리오의 성과분석 등에 필요한 의사결정기준을 제공할 수 있다.

APT가 CAPM보다 우월한 점이 있다. 첫째로, 모형의 가정이 CAPM의 경우보다 단순하며, 현실적이다. APT는 투자자의 위험회피성, 수익률의 정규분포성,

무위험자산의 존재 등을 전제로 하지 않는다. 그 대신 요인모형이 성립하는 시장을 가정하고 시장이 균형 상태에 있을 때 차익거래 기회가 존재하지 않는다는 가정을 두고 있다. 둘째로, CAPM은 시장포트폴리오의 존재를 전제로 한다. 그러나 엄밀한 의미의 시장포트폴리오는 관찰 가능하지 않으므로 이를 제대로 측정할 수 없다. 따라서 CAPM 식을 실무적으로 이용하기 위해서는 시장포트폴리오의 대용치를 사용할 수밖에 없다. 하지만 APT는 시장포트폴리오와 같은 특정한 포트폴리오의 존재나 측정 가능성을 반드시 요구하지 않으며, 거시적 요인과 상관관계가 높은 잘 분산된 포트폴리오를 구성할 수 있으면 성립한다.

APT가 모든 면에서 CAPM보다 우월한 것은 아니다. 첫째로, CAPM이 성립하면 모든 자산과 포트폴리오들이 예외 없이 증권시장선 상에 있게 된다. 그러나 APT는 모든 자산에 대해 항상 성립하는 것은 아니다. APT로 설명할 수 없는 일부 자산들이 존재할 수도 있다. 둘째로, CAPM은 시장포트폴리오가 체계적 위험의 유일한 원천임을 명확히 보이고 있으나, APT는 자산의 가격을 결정하는 거시적 요인이 몇 개이며, 그 요인의 본질이 무엇인지를 말해 주고 있지 않다.

두 모형에는 모두 장점과 단점이 있으므로 CAPM과 APT 어느 모형이 더 나은지에 관한 이론적 비교는 큰 의미가 없다. 결국, 두 모형 간의 비교는 어느 모형이 현실과 더 부합되는지에 관한 실증적 분석에 의존할 수밖에 없을 것이다.

8.4 파마-프렌치의 요인모형과 기타 위험요인

8.4.1 파마-프렌치의 3요인모형

파마(Fama)와 프렌치(French)는 1992년에 발표한 논문에서 CAPM이 현실과 부합되지 않는다는 증거를 밝혔다.[11] 이들은 정교한 통계기법을 방대한 자료에 적용하여 CAPM을 검정한 결과, 베타가 기대수익률의 기업 간 변동을 설명하지 못하며, 기업규모와 장부가 대 시장가 비율이 기대수익률의 기업 간 변동을 설명하

11) Fama, E. F. and K. R. French(1992), "The Cross-section of Expected Stock Returns", *Journal of Finance* 47, pp. 427~466.

는 데 유용하다는 결론을 얻었다. 파마와 프렌치는 1993년도에 발표한 후속논문에서 다음 식 (8-13)과 같은 CAPM의 대안적 모형을 발표했는데 이를 3요인모형(three factor model)이라 한다.[12]

3요인모형(three factor model)

$$r_i - r_F = b_i(r_M - r_F) + s_i SMB + h_i HML + e_{i,t} \tag{8-13}$$

여기에서 SMB는 소규모기업으로 구성한 포트폴리오의 수익률에서 대규모기업으로 구성한 포트폴리오의 수익률을 차감한 값으로 규모요인(size factor)이며, HML은 장부가 대 시장가 비율(=장부가치/시장가치)이 높은 기업으로 구성한 포트폴리오의 수익률로부터 장부가 대 시장가 비율이 낮은 기업으로 구성한 포트폴리오의 수익률을 차감하여 계산한 값으로 가치요인(value factor)이다.[13] CAPM은 증권시장 전체를 움직이는 요인이 시장요인으로 유일하다고 보지만, 파마와 프렌치의 3요인모형은 증권시장을 움직이는 요인이 세 개, 즉 시장요인, 규모요인, 가치요인이 있다고 보는 것이다. 이 모형은 주식수익률의 변동을 매우 잘 설명하고 있어서 실무적 가치가 크며, 현재에는 CAPM보다 이 모형을 학술연구나 실무에 활용하고 있다. 시장요인이 가진 의미는 CAPM에서 설명되고 있지만, SMB_t와 HML_t 요인이 가진 경제적 의미가 분명하지 않다는 약점이 있다. 다만, 규모 요인이 자산가격에 반영되는 해석으로는 소기업 자체가 대기업에 비해 시장에 잘 알려지지 않고 정보비대칭이 높아 언론매체로부터 소외된 기업(neglected firm)들이므로 투자정보가 부족한 이러한 종목들에 대한 위험의 보상으로 높은 수익률을 요구한다는 것이다.

규모요인(size factor)
가치요인(value factor)

또한, 장부가 대 시장가 비율이 낮은 종목일수록 미래성장기회의 가치가 이미 주가에 높게 반영되어 있는 반면, 장부가 대 시장가 비율이 높은 종목일수록 상대적으로 시장에서 그 가치가 저평가되어 있으므로 잠재적으로 주가 상승 가능성이 높은 것으로 해석한다. 또한, 기업의 재무적 부실(financial distress)이 높은 기업일수록 장부가 대 시장가 비율이 높기 때문에 위험에 대한 보상으로 높은 수익률을 요구한다는 견해도 있다.

재무적 부실(financial distress)

---

12) Fama, E. F. and K. R. French(1993), "Common Risk Factors in the Returns on Stocks and Bonds", *Journal of Financial Economics* 33, pp. 3~56.

13) 3요인모형과 후술할 5요인모형에서 시장요인을 제외한 나머지 요인들은 기업특성변수를 기준으로 수익률이 낮은 포트폴리오를 공매도하고, 수익률이 높은 포트폴리오를 매입하는 무투자 포트폴리오의 구성을 전제로 한다.

파마와 프렌치는 1996년에 발표한 논문에서 CAPM 대신 1993년의 파마와 프렌치의 3요인모형을 사용하여 정상수익률을 계산하는 경우 CAPM으로 설명할 수 없는 자본시장의 이례 현상이 사라지는 결과를 얻고 있다.[14] 이에 대해서는 다음 9장에서 설명한다.

8.4.2 파마-프렌치의 5요인모형

5요인모형(five factor model)

파마와 프렌치의 3요인모형이 발표된 후에, 이 모형으로도 설명할 수 없는 수익률 패턴들이 여럿 발견되었다. 파마와 프렌치(2015)는 이러한 발견들을 종합하여 다음과 같은 **5요인모형**(five factor model)을 제안하였다.[15]

$$r_i - r_F = b_i(r_M - r_F) + s_i SMB + h_i HML + r_i RMW + c_i CMA + e_{i,t} \quad (8\text{-}14)$$

수익성요인(profitability factor)
투자요인(investment factor)

파마와 프렌치의 5요인모형은 식 (8-13)의 3요인모형에 **수익성요인**(profitability factor)과 **투자요인**(investment factor)을 추가한 모형이다. 수익성요인을 나타내는 *RMW*는 영업이익률이 높은 기업으로 구성한 포트폴리오의 수익률에서 영업이익률이 낮은 기업으로 구성한 포트폴리오의 수익률을 차감한 값이다. *RMW*가 추가된 이유는 수익성이 높은 기업이 수익성이 낮은 기업에 비해 더 높은 수익률을 얻는다는 기존의 실증분석 결과 때문이다.[16] 투자요인인 *CMA*는 총자산증가율이 낮은 포트폴리오의 수익률에서 총자산증가율이 높은 포트폴리오의 수익률을 차감한 값이다. *CMA*를 추가한 것은 자본지출이 증가한 기업들이 그렇지 않은 기업들보다 오히려 미래 수익률이 낮다는 실증분석 결과를 반영한 것이다.[17] 실증 연구에서, 파마와 프렌치의 5요인모형은 주식수익률의 횡단면 변동의 설명력이 높은 것으로 검증되었다. 그러나 5요인모형 역시 3요인모형과 마찬가지로 수익성요인과 투자요인이 주식수익률 변동의 주요 요인이 되는 경제적 이유가 분명하지 않다.

---

14) Fama, E. F. and K. R. French(1996), "Multifactor Explanations of Asset Pricing Anomalies", *Journal of Finance* 51, pp. 55~84.

15) Fama, E. F. and K. R. French(2015), "A Five-Factor Asset Pricing Model", *Journal of Financial Economics* 116, pp. 1~22.

16) Novy-Marx, R.(2013), "The Other Side of Value : The Gross Profitability Premium", *Journal of Financial Economics* 108, pp. 1~28.

17) Titman, S., K. C. Wei, and F. Xie(2004), "Capital Investments and Stock Returns", *Journal of Financial and Quantitative Analysis* 39, pp. 677~700.

8.4.3 기타 위험요인

모멘텀요인(momentum factor)
유동성(liquidity)

파마-프렌치의 3요인모형 이후에도 시장위험 이외에 자산가격에 영향을 미치는 위험요인들이 무엇인지를 규명하고자 하는 다수의 실증 연구들이 진행 중이다. 그 중 하나는 **모멘텀요인(momentum factor)**이다. 모멘텀은 과거의 주가 변동 방향성이 향후에도 지속되는 경향이다. 즉, 과거에 주가가 상승한 종목은 상승 추세가 지속하며, 하락하는 종목은 하락 추세가 지속하는 경향을 말하며, 이러한 특성은 투자전략에도 활용되고 있다.[18] 카하트(Carhart)는 이러한 모멘텀 요인을 파마와 프렌치의 3요인모형에 추가하였으며, 이 모형을 카하트의 4요인모형이라 한다.[19] 구체적으로, 4요인모형에서 모멘텀 요인인 WML은 과거 12개월간 수익률이 높은 종목 포트폴리오의 당월 수익률로부터 과거 12개월간 수익률이 낮은 종목 포트폴리오의 당월 수익률을 차감한 값으로 측정한다. 실증 연구에서 설명력이 높은 또 하나의 요인은 바로 **유동성(liquidity)**이다. 주식의 유동성이 높을수록 투자자들은 시장에서 그 주식을 적정한 가격으로 거래하기가 쉽다. 반면에 주식의 유동성이 낮은 종목일수록 거래비용이 높고 매매 체결에 대한 위험을 보상해야 하기 때문에 투자자들은 높은 수익률을 요구한다.[20]

가장 최근에 활발하게 논쟁의 대상으로 부각된 요인은 기업의 고유위험이다. CAPM에서는 투자자들은 잘 분산된 포트폴리오의 시장위험에 의해서만 보상을 받을 수 있다. 하지만 현실적으로 대부분 개인투자자들은 투자자금의 한계와 투자 선택의 제약으로 인해 고유위험이 완전히 제거된 포트폴리오를 구성하지 못하므로 보유하고 있는 포트폴리오에 대해 위험을 부담하게 된다. 최근의 실증 연구들은 이와 같은 고유위험이 주가에 영향을 미치는 요인임을 제시하고 있다.

18) Jegadeesh, N. and S. Titman(1993), "Returns to Buying Winners and Selling Losers: Implications for Stock Market Efficiency", *Journal of Finance* 48, pp. 65~91.

19) Carhart, M. M.(1997), "On Persistence in Mutual Fund Performance", *Journal of Finance* 52, pp. 57~82.

20) Amihud, Y.(2002), "Illiquidity and Stock Returns: Cross-section and Time Series Effects," *Journal of Financial Markets* 5, pp. 31~56.

고유변동성은 자산가격 결정에 반영되는가?

최근 재무분야에서 고유위험 또는 고유변동성(idiosyncratic volatility)이 주식가격의 변동을 설명하는 요인인지에 대해 많은 학술적 연구가 이루어지고 있다. 전통적인 포트폴리오 이론이 성립하는 완전자본시장에서 개별 주식의 고유위험은 분산투자에 의하여 완전히 제거될 수 있으므로 주식가격의 결정요인으로써 의미 있는 영향을 미치지 못한다. 그러나 불완전한 현실시장에서 투자자들은 다양한 이유로 충분히 분산된 포트폴리오를 구성하지 못하며, 투자자들은 고유위험을 부담하는 대가로 추가적인 양(+)의 프리미엄을 요구할 것이다.

Goetzmann and Kumar(2008)는 1991년부터 1996년까지 62,000명의 개인투자자를 대상으로 분석한 결과 투자자의 28%가 오직 1종목, 59% 이상이 3종목 이하를 보유하였고 10종목을 초과하여 보유한 투자자는 10% 미만임을 알아내었다. 한국의 경우 2007년에 개인투자자들의 1인당 평균 보유종목 수는 유가증권시장에서 2.8종목, 코스닥시장에서는 2.2종목인 것으로 나타났다. 이처럼 투자자들이 투자자금의 제한 등 다양한 이유로 인해 적절히 잘 분산된 포트폴리오를 구성할 수 없을 때에는 주식수익률의 고유변동성이 주식의 가격에 영향을 주는 중요한 요인이 될 수 있다.

최근 연구들은 주식수익률의 고유변동성이 자산의 가격결정에 중요한 요인이 될 수 있음을 실증적으로 제시하고 있다. Campbell et al.(2001)은 미국 주식시장의 1962년부터 1997년까지 자료를 이용하여 시장변동성, 산업변동성 그리고 고유변동성의 변화를 분석한 결과 시장변동성, 산업변동성의 증가는 미미하였으나 고유변동성은 같은 기간 동안 3배 증가하였음을 보여주었다. 또한 총변동성을 시장변동성과 고유변동성으로 간접분해방법을 이용하여 분석한 Goyal and Santa-Clara(2003)에 따르면 고유변동성이 총변동성 중에서 85%의 비중을 차지하는 것으로 나타났다.

실증연구에서 대표적으로 사용되는 고유위험의 대용치는 고유변동성이다. 고유변동성은 자산가격결정모형에서 공통요인에 의하여 설명되지 않는 주식수익률 부분인 잔차로부터 계산된 변동성이고 모형에서 생략된 요인들의 영향에 해당한다. 주식가격에 영향을 미치는 요인이 자산가격결정모형에서 생략되었다면 생략요인에 따른 주식수익률의 변동은 모형의 잔차에 포함되어 있을 것이며, 따라서 생략요인의 변동에 보다 민감한 주식은 보다 큰 고유변동성을 갖게 될 것이다. 따라서 현실시장에서 투자자들이 충분히 분산된 포트폴리오를 구성할 수 없는 경우 고유변동성은 주식수익률과 양(+)의 관계를 가질 것이다. 국내 · 외의 여러 선행연구는 고유변동성이 주식수익률의 변화를 설명하는데 통계적으로 유의하며, 그 가치를 갖는다는 증거를 제시한다. 그렇지만 고유변동성이 미래의 주식수익률과 양(+)의 관계를 갖는지 아니면 음(−)의 관계를 갖는지에 대해서는 합의된 결론을 이끌어내지 못하고 있다. 특히, 고유변동성이 높은 주식들이 낮은 수익률을 가지는 현상은 변동성과 기대수익률 간에 양(+)의 관계를 가진다는 기존의 이론으로 설명할 수 없는 수수께끼(puzzle)로 이에 대해서는 연구가 진행 중이다.

자료: 김태혁 · 변형태(2011), 엄철준 · 이우백 · 박래수 · 장욱 · 박종원(2014), Campbell, Lettau, Malkiel, and Xu(2001), Goetzmann and Kumar(2008), Goyal and Santa-Clara(2003)를 정리

연·습·문·제

1. 다음 명제의 참과 거짓 여부를 판별하시오.

(1) CAPM이 성립한다면 개별 자산에 특유한 고유위험은 자산의 가격에 반영되지 않는다.

(2) 어떠한 자산이 증권시장선의 아래에 있다면 이 자산은 저평가된 자산이다.

(3) 어떤 주식의 베타가 0.5라면 주식과 시장포트폴리오의 공분산은 시장포트폴리오의 표준편차의 2배이다.

(4) APT는 시장포트폴리오의 존재를 전제로 하지 않는다.

(5) 파마－프렌치의 3요인모형에서 요인들은 유동성요인, 규모요인, 장부가 대 시장가 비율요인이다.

(6) 시장모형을 따르는 두 자산의 수익률의 공분산은 $\beta_i \beta_j$ 이다.

(7) 증권시장선의 기울기는 시장 위험프리미엄과 같다.

(8) 자본배분선의 포트폴리오를 구성하는 개별 자산의 투자비중은 그 자산의 시가총액이 자본시장 전체 시가총액에서 차지하는 비중이다.

(9) 파마－프렌치의 5요인모형에서 투자요인(CMA)은 총자산증가율이 높은 포트폴리오의 수익률에서 총자산증가율이 낮은 포트폴리오의 수익률을 차감한 값이다.

2. 다음 용어를 간단히 설명하시오.

(1) 시장위험프리미엄

(2) 베타

(3) 증권시장선

(4) 시장모형

(5) 모방포트폴리오

(6) 차익거래

(7) 모멘텀

3. 2펀드정리(two－fund theorem)와 분리정리(separation theorem)의 관계를 설명하시오.

4. Fama－French가 2015년에 발표한 5요인모형에서 어떠한 종목에 투자할 때 높은 수익률을 예상할 수 있을지에 관해 각 요인과 그 의미에 근거하여 설명하시오.

5. 현실세계에서 체계적위험 외에도 고유위험이 자산가격에 반영될 수 있는 근거를 설명하시오.

6. CAPM이 성립하는 주식시장에서 무위험이자율은 1%, 시장포트폴리오의 기대수익률은 7%이다. 다음 물음에 답하시오.

주식	베타	현재 주가(원)	연말 예상 배당금(원)	연말 예상 주가(원)
A	0.5	20,000	200	21,000
B	1.5	10,000	100	10,500

(1) 위의 자료를 이용하여 증권시장선의 균형 상태에서 기대수익률과 예상 수익률의 관계로 볼 때 주식 A와 B의 현재 주가가 시장에서 적정히 평가되었는지 설명하시오.
(2) (1)의 결과로부터 취할 수 있는 주식 A와 B에 대한 투자전략과 이로 인한 주가 변동 방향은 어떠할지 설명하시오.
(3) 100만 원으로 두 주식을 이용하여 시장포트폴리오의 수익률을 추종하는 포트폴리오를 구성하려 할 때, 매입해야 할 주식 수량을 구하시오.

7. 주식 A와 주식 B의 시장모형이 다음과 같이 추정되었으며, $\sigma_M=0.2$, $\sigma(e_A)=0.3$, $\sigma(e_B)=0.1$ 이다.

$$r_A=0.4+1.1r_M+e_A,\ r_B=0.1+0.9r_M+e_B$$

(1) 각 주식 수익률의 총위험인 분산을 구하시오.
(2) 각 주식 수익률과 시장포트폴리오 수익률 간 공분산을 구하시오.
(3) 두 주식 간 수익률의 공분산과 상관계수를 구하시오.
(4) 두 주식의 결정계수(R^2)를 구하시오.

8. 어떤 주식 수익률의 표준편차는 12%이며, 시장포트폴리오 수익률의 표준편차는 15%이다. 이 주식에 대해 추정한 시장모형의 R^2 이 0.5일 때 이 주식과 시장포트폴리오 수익률 간 상관계수를 구하시오.

9. CAPM이 성립하는 주식시장에서 주식 A와 주식 B, 시장포트폴리오 수익률을 완전하게 추종하는 인덱스펀드에 대한 투자정보는 다음과 같다. 투자자 갑 씨가 자신이 가진 여유자금 1,000만 원 중 400만 원을 주식 A, 600만 원을 주식 B에 배분하여 구성한 포트폴리오의 기대수익률과 표준편차를 계산하시오.

주식	기대수익률(%)	표준편차(%)	상관계수		
			주식 A	주식 B	인덱스펀드
주식 A	12	20	1	0.7	0.6
주식 B	?	15	0.7	1	0.5
인덱스펀드	11	10	0.6	0.5	1

10. CAPM이 성립하는 시장에서 두 주식 A와 B에 대한 정보는 다음과 같다. 기대수익률이 8%인 주식 C의 베타를 구하시오.

주 식	기대수익률(%)	표준편차(%)	베타
A	10	5	0.7
B	14	10	1.5

11. 단일요인 APT가 성립하는 잘 분산된 포트폴리오 A와 B의 기대수익률과 요인민감도는 다음과 같다. 포트폴리오 C의 요인민감도가 8이고 기대수익률이 10%라면 차익거래로 인한 기대수익률을 구하시오.

포트폴리오	기대수익률(%)	요인민감도
A	10	12
B	4	4

12. 유가 변동과 환율 변동의 두 가지 공통요인을 가진 APT가 성립하는 세계에서 유가 변동 요인 민감도($b_{p,1}$), 환율 변동 요인 민감도($b_{p,2}$)에 대한 잘 분산된 포트폴리오의 기대수익률은 다음과 같다. 유가 변동에 대한 민감도는 0.5이고 환율변동에 대한 민감도가 0.5인 포트폴리오의 기대수익률을 구하시오.

포트폴리오	기대수익률(%)	무위험이자율(%)	$b_{p,1}$	$b_{p,2}$
A	12	5	0.5	0.1
B	14	5	0.1	0.5

9

CHAPTER

자본시장의 효율성

효율적 시장은 합리적인 투자자들이 서로 경쟁하는 상황에서 모든 정보가 시장에 유입되는 즉시 증권의 가격에 반영되는 시장이다. 대부분의 투자이론은 자본시장이 효율적이라는 것을 전제로 하고 있기 때문에 효율적시장가설은 자본시장을 둘러싼 학계나 실무계에서 가장 중요한 패러다임이다. 본 장에서는 효율적 시장의 의의로부터 시작하여 약형 효율적 시장과 준강형 효율적 시장 그리고 강형 효율적 시장의 개념과 성립 조건을 살펴보고 이러한 시장가설을 학문적으로 검증하는 방법과 그 결과를 어떻게 해석해야 하는지에 대해 설명한다. 또한, 모든 투자자들이 합리적으로 의사결정을 한다는 효율적 시장의 전제와 달리, 투자자들의 심리적인 동인에 의해 증권가격이 변동한다고 보는 행동재무학자들의 주장과 차이점을 비교한다.

9.1 효율적시장가설

9.1.1 효율적 시장의 개념

효율적시장가설(EMH: Efficient Market Hypothesis)

효율적 자본시장은 정보를 효율적으로 반영하는 증권시장을 의미한다. 어느 시점에서의 증권가격이 시장에 주어진 모든 정보를 즉시(instantaneously), 그리고 완전히(fully) 반영하는 시장을 효율적 시장으로 정의한다.

효율적시장가설(EMH: Efficient Market Hypothesis)은 현대 재무학의 기본 철학이다. 효율적인 시장에서의 시장 참여자들은 주어진 정보의 가치를 편의(bias) 없이 평가하고 이를 바탕으로 합리적인 투자의사결정을 한다. 어느 순간에서나 주어진 정보가 주가에 공정하게 반영되므로 증권가격은 해당 증권이 대표하고 있는 자산의 본질가치에 대한 가장 적절한 척도가 된다. 그러므로 이미 시장에 알려진 정보를 이용하여 비정상적인 수익률을 얻을 수 없다. 예를 들어, 이미 시장에 알려진 정보를 분석하여 어떤 주식이 저평가되어 있다는 것을 알았다고 하자. 경쟁적인 시장에서는 동일한 정보를 갖고 있는 다른 투자자들도 즉시 그 사실을 알게 될 것이다. 따라서 많은 투자자들이 그 주식을 매수하고자 할 것이다. 이에 따라 주가는 상승하게 되며, 주가가 공정한 수준에 이를 때 가격상승이 중단될 것이다.

효율적인 자본시장에서의 증권가격은 자원의 적절한 분배를 돕는 정확한 신호의 역할을 한다. 기업이 자본조달을 위하여 증권을 발행할 때 공정한 값을 받을 수 있으리라는 기대를 하게 하며, 투자자들이 증권을 살 때 역시 공정한 가격에 살 수 있다는 기대를 가능하게 한다. 이처럼 증권가격이 자원배분의 유용한 지표가 되기 때문에 효율적인 자본시장은 현대 자본주의 체제에 필수적인 요소이다.

그러나 위에 제시한 효율적 시장의 개념은 일반적인 정의로서 실증

분석에 필요한 구체성이 결여되어 있다. 시장에 주어진 정보의 범위를 어디까지 한정해야 하는지, 정보가 시장에 도착하여 증권가격에 반영될 때까지 얼마나 시간이 걸릴 때 즉시 반영한다고 말할 수 있는지, 정보가 주가에 완전히 반영된다는 것이 무엇을 의미하는지 분명하지 않다. 그러므로 효율적 시장가설이 실증적 의미를 갖기 위해서는 좀 더 구체적인 정의가 필요하다.

9.1.2 효율적시장가설과 자산가격결정모형의 관계

효율적시장가설과 8장에서 설명한 자산가격결정모형은 어떤 관계가 있을까? 재무학자들이 생각하는 가격형성 과정은 [그림 9-1]과 같이 나타낼 수 있다. 첫째로, 시장은 이미 시장에 알려진 정보를 토대로 각 자산으로부터 발생할 미래 현금흐름의 확률분포를 파악한다. 이때 시장에서 얻을 수 있는 모든 정보를 이용한다는 이론이 효율적시장가설이다. 미래 현금흐름의 확률분포가 주어지면 미래 현금흐름의 기대값은 쉽게 계산할 수 있다. 둘째로, 시장은 미래 현금흐름의 기대값을 특정한 기대수익률로 할인하여 현재의 가격을 결정한다. 이때 시장은 미래 현금흐름에 내재하는 위험을 반영하여 해당 자산의 기대수익률을 결정한다. 시장이 위험을 평가해 기대수익률을 결정하는 과정이 자산가격결정모형이다.

[그림 9-1]의 가격형성 과정에서 연구자가 관찰할 수 있는 값은 시장가격밖에 없다는 점에 유의해야 한다. 정보, 미래 현금흐름의 확률분포와 기대값, 기대수익률 모두 직접적인 관찰이 불가능하다. 관찰되는 시장가격은 시장의 효율성과 시장이 사용하는 '진정한' 자산가격결정모형이 모두 적용되어 결정된 값이다. 따라서 연구자들은 먼저 시장이 효율적으로 정보를 처리하여 미래 현금흐름의 확률분포와 기대값을 측정한다는 효율적시장가설을 세운 다음, 연구자가 사용하는 자산가격결정모형이 시장이 사용하는 '진정한' 자산가격결정모형과 같다는 가설을 세워 증권시장을 분석한다. 연구자가 시장이 얼마나 효율적인지, 시장이 어떤 자산가격결정모형을 사용하는지를 직접 관찰하는 것은 불가능하다. 학자들은 시장이 사용하는 '진정한' 자산가격결정모형을 이해하기 위해 나름대로 가정을 설정하고 이를 토대로 다양한 자산가격결정모형을 개발해왔다. 이미 배운 CAPM도 이러한 자산가격결정모형의 하나이다. 그러므로 시장이 얼마나 효율적인지, 학자들이 개발한 자산가격결정모형과 시장이 사용하는 '진정한' 자산가격결정모형이 얼마나 가까운지 통계학적으로 검정하는 것은 재무학의 중요한 주제이다.

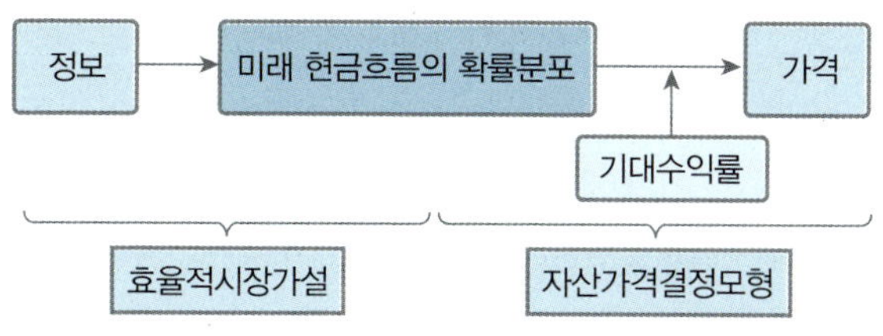

[그림 9-1] 효율적시장가설과 자산가격의 결정 과정

9.1.3 효율적 시장의 분류

파마는 1970년도에 발표한 논문에서 정보의 내용에 따라 효율적 시장을 [그림 9-2]와 같이 세 유형으로 분류하였는데, 그 후의 논문이나 교과서들은 대개 이 분류를 따르고 있다.[1)]

(1) 약형 효율성

정보의 범위를 과거 증권거래자료에 내포되어 있는 정보에 한정하여 시장의 효율성을 정의한 것이다. 약형(weak form) 효율적 시장에서는 과거의 증권수익률이나 거래량 등을 분석하여 초과이익을 얻는 것은 불가능하다. 그 이유는 과거의 증권거래자료에 내포되어 있는 정보는 이미 현재의 증권가격에 반영되어 있기 때문이다.

(2) 준강형 효율성

정보의 범위를 이미 공개된 정보(public information)에 한정하여 시장의 효율성을 정의한다. 공적정보에는 과거 증권거래정보는 물론 기업이익, 배당, 인수합병 등 기업공시 정보와 재무비율과 같은 기업특성변수, 각종 거시경제지표 정보가 포함된다. 이러한 정보가 공시된 후에는 그 정보를 이용하여 미래수익률을 예측하는 것이 불가능하다. 준강형(semi-strong form) 효율적 시장에서는 모든 공시된 정보가 신속하게 주가에 반영되기 때문에, 이미 알려진 공적 정보를 이용하여 초과이익을 얻을 수 없다. 준강형 효율적 시장이라면 약형 효율적 시장을 이미 포함한다.

(3) 강형 효율성

시장참가자들의 일부만 갖고 있는 정보까지도 시장에 주어진 정보의 범주에 포

---

1) Fama, E. F.(1970), "Efficient Capital Markets: A Review of Theory and Empirical Work", *Journal of Finance* 25, pp. 383~417.

함시켜 시장의 효율성을 정의한 것이다. 회사의 내부자만이 알고 있는 내부정보(inside information) 또는 사적정보(private information)가 이러한 정보의 예이다. 강형(strong form) 효율적 시장에서는 회사의 내부정보를 이용하여 이익을 얻고자 주문을 내면 이 주문에 대해 증권가격이 즉각 반응한다. 그러므로 비록 기업의 내부정보를 갖고 있더라도 초과이익을 얻을 수 없다. 강형 효율적 시장이라면, 준강형 효율적 시장과 약형 효율적 시장은 당연히 성립한다. 강형 효율적 시장은 시장에 공개된 정보뿐만 아니라 기업 내부정보와 같이 시장참여자들의 일부만이 가지고 있는 사적정보도 증권가격에 완전히 반영되는 시장을 말한다. 정의상, 강형 효율성은 약형이나 준강형 효율성을 포함하는 개념이다. 강형 효율적 시장에서는 비록 사적정보를 갖고 있다 할지라도 이미 그 정보가 주가에 반영되어 있으므로 이를 이용하여 이익을 취할 수 없다. 이를 검증하는 것이 강형 효율적 시장가설 검증의 요체이다.

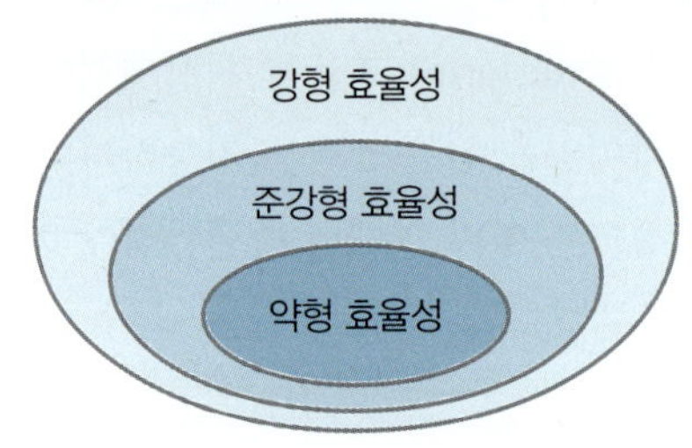

[그림 9-2] 정보 내용에 따른 시장 효율성의 체계

9.1.4 주가의 랜덤워크

효율적인 주식시장에서의 주식가격은 주어진 모든 정보를 바탕으로 하여 계산한 본질가치의 기대값이다. 그러므로 주식가격은 오직 새로운 정보의 유입에 의해서만 변동한다. 새로운 정보란 정의상 예측 불가능하다. 따라서 정보가 시장에 유입될 때마다 주가에 즉시 반영되는 시장에서는 미래의 가격변동 또는 수익률을 사전에 예측하는 것은 불가능하다. 따라서 효율적 시장에서는 현재 주가 정보를 이용하여 미래의 주가를 예측할 수 없으며, 이는 결국 과거의 주식수익률은 미래의 주식수익률과 독립적이고 아무런 상관관계가 없어야 함을 의미한다.

무작위행보모형(random walk model)

식 (9-1)과 같이 미래 $(t+1)$ 시점의 주가가 현재 t 시점의 주가에 $t+1$의 새로운 정보가 유입되어 결정되는 모형을 **무작위행보모형**(random walk model)이라고 한다. 이는 주가의 변동을 특정한 방향 없이 제멋대로 걷는 사람의 모양에 비유한 것이다. 현재 주가인 P_t는 이미 알려져 있으므로 만일 $(t+1)$ 시점에 유입된 정보인 e_{t+1}을 사전에 예측할 수 있다면 P_{t+1}을 예측할 수 있다. 하지만 e_{t+1}은 미래에 유입될 정보이며, 사전에 예측할 수 없으므로 P_{t+1}을 예측하는 것도 무의미하다. 식 (9-1)은 결국 주가변동이 새로 유입된 정보에 의해서만 결정되며, t 시점까지의 모든 정보는 이미 P_t에 반영되었음을 의미한다. 또한 향후에 유입될 정보의 기대값인 $E(e_{t+1})$은 0이므로 주가변동으로 인한 기대수익률은 0이다.

$$P_{t+1}=P_t+e_{t+1} \quad (9\text{-}1)$$

9.2 시장 효율성의 검증

9.2.1 약형 효율성의 검증

자기상관계수 (autocorrelation coefficient)

약형 효율적 시장에 관한 대부분의 연구는 이미 알려진 정보의 범위를 과거의 주식 수익률에 국한하여 미래 수익률을 예측할 수 있는지를 검증하는 데 그 초점을 두고 있다. 초기의 실증연구에서 수익률의 예측 가능성을 검증하기 위해 사용한 방법은 수익률의 **자기상관계수**(autocorrelation coefficient)이다.

자기상관계수란 어떤 시계열변수의 현재 값과 과거 값 간의 상관계수를 말한다. 예를 들어, 어떤 주식의 t일의 수익률과 (t−1)일 수익률 간의 상관계수는 다음 식 (9-2)와 같다.

$$\rho=\frac{cov(r_t, r_{t-1})}{\sigma_t\sigma_{t-1}} \quad (9\text{-}2)$$

만일 자기상관계수가 통계적으로 유의적인 수준에서 0이 아니라면 과거의 수익률이 미래에 도착할 정보를 예측하는 능력을 갖고 있다는 결론을 내릴 수 있다. 자기상관계수가 양으로 나타나는 현상을 모멘텀 효과라고 하며, 이는 과거 주가의 변동과 미래의 주가 변동의 방향이 동일한 관성적 경향이 있음을 의미한다. 예를 들어, 과거에 비해 현재 주가가 상승하면 미래에도 주가가 계속해서 상승하는 경향을 의미한다. 따라서 자기상관계수가 양의 값이라면 주가가 상승할 경우 앞으로 더 상승할 것이라고 예측할 수 있으므로 주식을 매수하는 투자전략을 사용하여 이익을 얻을 수 있다.

반전(reversal)
평균회귀(mean reverting)

반면에 자기상관계수가 음으로 나타나는 현상을 반전(reversal) 또는 평균회귀(mean reverting)라고 하며, 이는 과거 주가의 변동과 미래 주가 변동의 방향이 반대 경향이 있음을 의미한다. 예를 들어, 과거에 비해 현재 주가가 과거에 비해 하락하면 미래에는 주가가 상승하는 경향을 의미한다. 따라서 자기상관계수가 음이라면 주가가 하락할 경우 향후에는 반전하여 상승할 것이라고 예측할 수 있으므로 주가가 하락한 종목도 매수하는 투자전략을 사용하여 이익을 얻을 수 있다. 이처럼 자기상관계수가 0이 아닌 사실을 이용하여 경제적으로 유의적인 이익을 얻을 수 있다면 약형 효율적 시장가설이 기각된다.

9.2.2 준강형 효율성의 검증

사건연구(event study)

준강형 효율적 시장에 대한 검증은 대체로 사건연구(event study)를 중심으로 행해진다. 사건연구란 어떤 특정한 정보가 시장에 유입되었을 때 주가가 어떻게 반응하는가를 관찰하는 절차로서 기업재무분야를 연구할 때 자주 사용되는 방법론으로 파마 외 3인의 연구에서 최초로 활용되었다.[2] 이미 설명한 바와 같이 효율적 시장에서는 오직 새로운 정보의 유입에 의해서만 주가가 변동하게 된다. 예를 들어, 기업이익의 공시라는 사건이 발생했을 때, 그 사건이 주가에 아직 반영되어 있지 않은 정보를 제공할 때만 주가가 움직이게 된다. 시장이 충분히 효율적이라면 주가가 즉시 움직여야 할 뿐 아니라 공시 이후의 주가 움직임을 예측할 수 없어야 한다. 이를 검증하는 것이 사건연구를 이용한 효율적 시장가설 검정의 요체이다.

사건연구에서 '사건(event)'이란 주식분할(stock split)의 공시, 현금배당금의 공시, 인수합병의 공시, 기업이익의 공시, 최고경영자의 교체 등 다양한 내용의 공시 발표를 의미한다. [그림 9-3]은 공시일을 0로 정했을 때, 공시일 전 5일부터 공시일 후 30일까지 정보를 공시한 표본 기업들의 주가 반응이다. 기업마다 달력상의 실제 공시일자는 다르지만, 기업이나 공시 일자에 관계없이 공시일과 공시일을 기준으로 검증 기간 동안의 전 · 후 거래일을 나타낼 수 있다.

---

2) Fama, E.F., L. Fisher, M.C. Jensen, and R. Roll(1969) "The Adjustment of Stock Prices to New Information", *International Economic Review* 10, pp. 1~24.

비록 개별 기업과 관련된 중요한 사건이 발생하지 않더라도, 시장 전체의 변동에 따라 투자자들이 위험에 대한 보상을 요구하므로 개별 주식의 수익률은 변동할 수도 있다. 공시에 따른 주가 반응은 실제 수익률에서 정상수익률(normal return)을 차감한 수익률인 비정상수익률(AR: Abnormal Return)로 측정해야 한다. 이러한 정상수익률은 사건의 영향을 받지 않을 것으로 판단되는 기간의 자료를 이용하여 계산한다. 예를 들어, 검증기간보다 앞선 일정 기간의 자료로 8장에서 학습한 시장모형을 추정한 다음, 이 시장모형에 검증기간의 실제 시장포트폴리오 수익률을 대입하면 검증기간 동안의 개별 기업들의 정상수익률이 계산된다.[3] 비정상수익률은 다음과 같이 실제 수익률로부터 정상수익률을 차감하여 계산하며, 기업의 공시정보만이 반영된 수익률을 의미한다.

$$AR_{i,t} = r_{i,t} - (\alpha_i + \beta_i r_{M,t}) \qquad (9-3)$$

누적비정상수익률(CAR: Cumulative Abnormal Return)은 실제 일별 수익률에서 일별 정상수익률을 차감한 비정상수익률을 사건 기간의 시작일로부터 날짜의 흐름에 따라 누적한 값이다. 표본 기업들에 대해 사건일별로 비정상수익률과 누적비정상수익률의 평균치를 구한 값이 바로 평균비정상수익률(AAR: Average Abnormal Return)과 누적평균비정상수익률(CAAR: Cumulative Average Abnormal Return)이다. 이 그림에서 효율적 시장과 관련하여 살펴보아야 할 점은 공시일 후에 CAAR이 변동하는 모습이다. 효율적 시장에서는 이 그림에서 보는 바와 공시에 대해 주가가 즉시 반응하고 그 후의 CAAR에는 변동이 거의 관찰되지 않는다. 그 이유는 공시가 전달하는 정보가 완전히 그리고 신속히 주가에 반영되기 때문이다.

지연반응(delayed reaction)
과민반응(overreaction)

만일 주식시장이 비효율적이라면 CAAR은 어떤 패턴을 보일까? 주가가 공시에 대해 즉각 반응하지 않으며, [그림 9-3]과 같이 **지연반응(delayed reaction)**이나 **과민반응(overreaction)**의 모습을 보일 것이다. 지연반응이나 과민반응의 크기가 충분히 크다면, 두 경우 모두 시장이 비효율적이라는 증거가 되며, 투자자들은

3) 실증연구에서는 시장모형과 더불어 정상수익률을 산출하는 데 시장조정모형(market adjusted model)도 빈번히 활용된다. 시장조정모형은 8장의 식 (8-7)에서 $\alpha_i=0$ 이며, $\beta_i=1$ 인 특수한 시장모형으로 이 경우 비정상수익률은 $AR_{i,t}=r_{i,t}-r_{M,t}$ 와 같이 계산된다.

CAAR의 패턴을 이용하여 이익을 얻을 수 있게 된다. 지연반응이 크게 나타난다면 공시 직후 해당 주식을 매수한 다음 주가가 충분히 상승했을 때 처분하여 평균적으로 이익을 얻을 수 있다. 과민반응의 경우에는 공시 직후 주식을 공매도한 다음 주가가 충분히 하락했을 때 주식을 재매입하여 상환하는 투자전략을 사용하여 이익을 얻을 수 있다. 물론 이러한 이익은 100% 확실한 이익을 말하는 것이 아니라, 이런 전략을 반복하여 시행하면 평균적으로 이익을 얻을 수 있다는 뜻이다. 또한 이러한 투자전략이 가능하기 위해서는 지연반응이나 과민반응이 매수와 매도에 수반되는 거래비용을 차감하고도 이익을 얻을 수 있을 만큼 커야 한다.

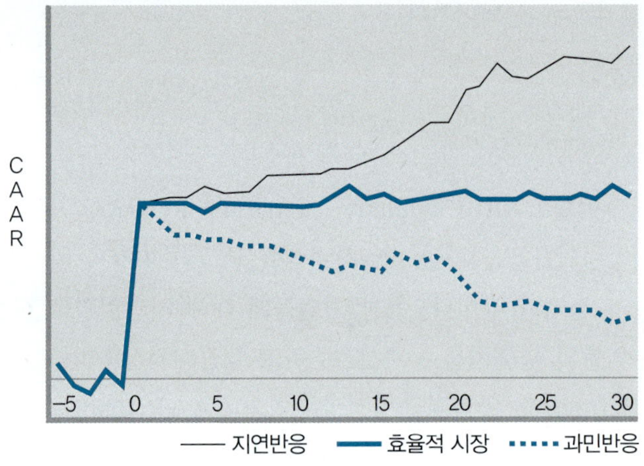

[그림 9-3] 기업 공시에 대한 주가 반응

9.2.3 강형 효율성의 검증

내부정보(inside information)

강형 효율적 시장가설은 보통 두 가지 방법으로 검증한다. 첫째로, 경영자와 같은 기업의 내부자가 **내부정보(inside information)**를 이용하여 수익을 얻을 수 있는지 여부이다. 경영자는 외부투자자에 비해 우월한 정보를 갖고 있으므로 자신이 가진 정보가 공개되기 전에 그 정보를 이용하여 이익을 얻을 가능성이 있다. 만일 내부자가 이익을 얻을 수 있다면 강형 효율적 시장에 배치되는 증거로 볼 수 있을 것이다.

최고경영자 등 기업의 내부자가 아직 주가에 반영되지 않은 사적정보를 가지고 있는 것은 명백하다. 대부분의 국가에서는 이처럼 내부자가 미공개정보를 이용하여 주식을 거래하는 행위를 불공정행위로 규정하여 법적으로 금지하고 있다. 문제가 되는 것은 내부자가 이 사적정보를 가지고 주식거래를 할 때 양의 비정상수익을 얻을 수 있는가 하는 점이다. 사건연구 방법론을 이용한 기존 연구들은 기업의 내부자들이 미공개정보를 이용하여 비정상수익을 얻을 수 있음을 밝혀냈다. 기존 연구에 의하면 내부자의 매수일 이후 주가가 상승하며, 매도일 이후에는 주가가 하락한다. 따라서 내부자들은 주가가 상승하기 전에 주식을 매수하고 주가가 하락하기 이전에 주식을 매도하는 경향이 있다. 이 같은 결과는 기업 내부자가 기업 정보를 공시하기 이전에 이 정보를 이용한 주식거래로 이익을 사후적으로 달성했다고 알려진 다수의 실무적인 사례에서도 찾아볼 수 있으며, 내부자들이 정보를 활용하여 미래의 주가 변동을 예측하고 적절한 거래 시기를 포착할 수 있는 유리한 위치에 있기 때문이다.[4] 따라서 내부자거래로부터 얻은 경험적 증거는 강형 효율적 시장에 배치된다고 할 수 있다.

둘째로, 펀드매니저(fund manager)와 같은 전문투자자가 나름대로의 분석과정을 거쳐 사적정보를 창출한다고 볼 수 있는데, 이렇게 창출된 사적정보를 이용하여 비정상적인 수익을 얻을 수 있는가를 검증하는 것이다. 이러한 정보가 펀드매니저의 운용 능력인 종목 선택 능력과 시장 예측능력에 의해 창출된 것인지를 검증하기 위해 펀드의 장기적성과를 측정하는 연구가 진행되어 왔다. 펀드의 성과를 검증하는 연구들은 실제 성과가 벤치마크 모형의 성과를 초과하여 양의 비정상수익률을 달성하는지를 측정한다. 하지만 현재까지 진행된 국내 · 외 연구들에서는 성과측정에 사용된 벤치마크 모형과 펀드의 유형에 따라 상이한 결과를 제시하고 있다. 초기의 연구들에서는 펀드들이 정상수익률을 초과하는 비정상수익률을 얻지 못할 뿐만 아니라, 펀드 가입자들에게 부과되는 비용까지 감안하면 오히려 비정상수익률이 음의 값이라고 보고했다.[5] 최근의 일부 연구들에서는 펀드 유형에 따라 양의 비정상적수익률의 성과가 발견되고 있지만, 다른 연구들은 이 같은 결과가 방법론 적용의 오류에 기인한 것이며, 펀드매니저의 운용 능력에 의한 결과가 아닌 단순한 운에 의한 결과로 분석하고 있다.[6]

결국 앞서 설명한 내부자거래의 경우와 뮤추얼펀드의 성과 등에 대한 경험적 증

4) Sehyun, H. N.(1986), "Insider's Profits, Costs of Trading, and Market Efficiency", *Journal of Financial Economics* 16, pp. 189~212.

5) Jensen, M. C.(1969), "Risk, the Pricing of Capital Assets, and the Evaluation of Investment Portfolios", *Journal of Business* 42, pp. 167~247.

6) Fama, E. F. and K. R. French(2010), "Luck versus Skill in the Cross-section of Mutual Fund Returns", *Journal of Finance* 65, pp. 1915~1947.

거를 종합해 보면, 강형 효율적 시장가설의 현실성에 대해서는 확실한 결론을 내리기 어렵다고 말할 수 있다.

9.3 이례현상과 시장 효율성

9.3.1 시장의 이례현상

이례현상(anomalies)

자본시장에서 기존의 이론으로 설명되지 않는 현상들을 통틀어 시장의 이례현상(anomalies)이라 한다. 여러 종류의 이례현상이 발견되었으나, 대부분의 현상은 그 크기가 경제적으로 중요하지 않거나 아래에 설명하는 이례현상들의 또 다른 모습에 불과하므로, 여기서는 가장 중요한 현상 세 가지만 설명하기로 한다.

(1) 소규모기업효과(small firm effect)[7]

규모효과(size effect)

대기업보다 소규모의 기업들의 비정상수익률이 높은 경향을 의미한다. 여기서 '규모'란 주가와 발행주식총수를 곱하여 계산한 주식의 총시장가치를 말한다. 이 현상을 규모효과(size effect)라고 부르기도 한다.

(2) 장부가 대 시장가 비율효과(book-to-market effect)[8]

가치주(value stock)
성장주(glamour stock)
가치프리미엄(value premium)

기업의 재무상태표에서 자기자본의 장부가치(book value)를 시장가치(market value)로 나눈 장부가 대 시장가 비율이 큰 기업들의 주식을 가치주(value stock)라 한다. 반면, 장부가 대 시장가 비율이 낮은 기업들의 주식을 성장주(glamour stock)라 한다. 장부가 대 시장가 비율이 낮다는 것은 시장가치에 미래성장기회의 가치가 높게 반영되어 있으며, 장부가 대 시장가 비율이 높다는 것은 상대적으로 시장가치가 저평가되어 있다는 것을 의미한다. 장부가 대 시장가 비율 효과는 가치주가 성장주보다 높은 양의 비정상수익률을 얻는 경향을 의미하며, 이를 가치프리미엄(value premium)이라고도 한다.

---

7) Banz, R. W.(1981), "The Relationship between Return and Market Value of Common Stocks", *Journal of Financial Economics* 9, pp. 3~18.

8) Fama, E. F. and K. R. French(1992), "The Cross-section of Expected Stock Returns", *Journal of Finance* 47, pp. 427~466.

(3) 1월효과(January effect)[9]

소규모기업들의 주가가 1월 초에 상승하여 양의 비정상수익률을 얻는 경향이 있다. 이를 연말연시효과(turn of the year effect)라고도 한다.

1월효과(January effect)
연말연시효과(turn of the year effect)

9.3.2 이례현상과 자산가격결정모형

효율적인 자본시장에서는 매 시점에서의 증권가격이 시장에 주어진 정보를 이미 반영하고 있으므로, 이미 주어진 정보를 이용하여 비정상수익률을 얻을 수 있는 체계적인 방법이 없다. 효율적 시장을 검증하는 대부분의 연구들은 이미 주어진 정보를 이용하여 비정상수익률을 얻을 수 있는 방법이 있는가 하는 문제에 초점을 맞추고 있다. 앞서 설명한 이례현상 역시 특정유형의 기업이나 특정기간에 비정상수익률을 얻을 수 있는지에 대한 것이다.

비정상수익률을 측정하기 위해서는 먼저 정상수익률을 정의하여야 한다. 정상수익률을 정의하기 위해서는 증권가격이 어떻게 결정되는가를 설명하는 가격결정모형, 즉 시장균형모형이 필요하다. 그러나 효율적 시장가설은 특정한 시장균형모형을 상정하고 있지 않다. 효율적 시장가설은 투자자들이 이미 주어진 정보를 이용하여 합리적으로 미래의 증권가격의 확률분포를 평가한다는 것만 말해 줄 뿐이며, 미래가격의 확률분포로부터 현재의 증권가격이 어떻게 결정되는지는 말해 주지 않는다. 그러므로 제1절에서 강조했듯이 효율적 시장가설을 검증하기 위해서는 미래가격의 확률분포로부터 현재의 가격을 도출하는 모형, 즉 시장균형모형이 필요하게 된다.

시장균형모형은 특정한 모형을 지칭하는 것이 아니며, 시장균형의 특성에 관한 가정을 달리함에 따라 다른 자산가격결정모형을 사용할 수 있다. 시장의 효율성을 검증하기 위해 사용되는 시장균형모형의 예로는 8장에서 설명한 시장모형, CAPM, APT, 요인모형 등을 들 수 있다.

효율적 시장가설이 특정한 시장균형모형을 가정하고 있지 않으며, 시장균형의 특성에 관한 가정을 달리함에 따라 다양한 시장균형모형을 얻을 수 있으므로, 복합가설(joint hypotheses)의 문제가 발생하게 된다. 복합가설의 문제란 모든 효율

복합가설(joint hypotheses)

9) Keim, D. B.(1983), "Size-related Anomalies and Stock Return Seasonality: Further Empirical Evidence", *Journal of Financial Economics* 12, pp. 13~32.

적 시장의 검증은 다음과 같이 시장의 효율성에 대한 검증임과 동시에 특정한 시장균형모형에 대한 검증이라는 것이다. 즉, “시장이 효율적이다”라는 가설은 “시장이 효율적이며, 이를 검증하는 시장균형모형도 진실하다”는 복합가설이다.

만일 자료를 분석한 결과 복합가설을 기각하지 못했다면, 시장의 효율성을 기각하지 못한 것일 뿐만 아니라 가설검증을 위해 사용한 특정한 시장균형모형의 유효성도 기각하지 못한 것이다. 만일 복합가설을 기각했다면, 그 기각의 이유가 시장이 비효율적이기 때문인지 또는 사용한 시장균형모형이 현실적으로 유효하지 않기 때문인지 알 수 없다. 즉, 시장이 효율적이라 하더라도 이를 검증하는 시장균형모형에 모든 위험요인이 반영되지 않았다면 시장은 비효율적이라는 결론에 도달할 수 있는 것이다.

이러한 해석상의 어려움은 증권시장에 나타나는 이례현상들을 설명할 때 중요한 문제로 등장하게 된다. 예를 들어, 소규모기업들의 주식이 대규모기업들의 주식에 비하여 양의 비정상수익률을 얻는 소규모기업효과를 생각해 보자. 어떤 학자들은 이 현상을 보고 시장이 비효율적이라는 결론을 내리고 있지만, 복합가설의 문제를 고려해 보면 이러한 결론이 잘못된 것임을 알 수 있다. 정상수익률을 계산하기 위해서 보통 CAPM을 사용하는데, CAPM이 시장위험 외에 다른 위험을 반영하지 못한 모형이라면 비록 증권시장이 효율적이라 하더라도 소규모기업효과이나 가치프리미엄과 같은 현상이 발생할 수 있기 때문이다. CAPM 대신 파마와 프렌치의 3요인모형이나 5요인모형을 사용하여 정상수익률을 계산하는 경우 CAPM에서 설명할 수 없는 이례현상이 사라지는 결과를 얻고 있다. 파마와 프렌치의 3요인모형이 현실과 부합된다는 전제 하에서 이례현상의 문제를 다시 보면, 이례현상은 시장이 비효율적이기 때문에 발생하는 것이 아니라 CAPM만으로는 설명할 수 없는 자산가격의 변동 요인들에 기인한다는 것으로 해석할 수 있다.

이처럼 복합가설의 문제가 효율적 시장가설을 기각하기 매우 어렵게 만들기 때문에, 현실적으로 시장의 효율성을 검증하여 단정적으로 판단할 수는 없다. 사실 실무나 학계에서는 현실에서 시장은 완전히 효율적인 시장과 완전히 비효율적인 시장의 연속선상에서 어느 정도에 놓인 상태로 보고 있다. 그렇다면 효율적 시장가설을 검증하려는 수많은 노력들이 무의미한가? 이러한 노력들을 통해서 자본시장의 움직임에 관한 많은 사실들을 알게 되었고 또한 실무자들의 견해나 투자방식을 변화시켜 자본시장의 효율성을 제고시킨 것으로 평가할 수 있다.

9.3.3 행동재무학의 관점

행동재무학(behavioral finance)에서는 투자자들이 항상 이성적 판단을 하여 거래를 하는 것이 아니라, 합리성에서 벗어난 비이성적인 의사결정에 근거하여 빈번하게 투자를 하는 경향이 있다고 본다. 즉, 행동재무학자들은 투자자들이 항상 합리적이라는 가정에 기초한 시장 효율성 가설의 관점보다는 비합리성(irrationality)이 투자 의사결정에 영향을 미친다고 주장하며, 주식시장의 이례 현상을 인간에 대한 인지 심리학적 접근방법(cognitive psychological approach)으로 설명한다. 투자자들에게 나타나는 비합리성은 크게 정보처리의 오류(information processing error)와 행동의 편의(behavioral biases)로 요약된다. 정보처리의 오류란 투자자들이 항상 정보를 올바르게 처리하는 것은 아니며, 미래 수익률의 확률분포를 정확하게 추정하지 못한다는 개념이다. 행동의 편의란 수익률 분포가 주어진 경우에도 투자자들은 일관성이 결여되거나 최선이 아닌 차선의 의사결정을 한다. 즉, 이는 투자자의 신념이나 선호와 관련된 비합리성을 의미한다.

행동재무학(behavioral finance)

행동재무학은 주식시장 투자자들의 여러 가지 행위와 이례현상을 인지 심리학적 접근방법으로 설명하고 있지만, 그 내용은 광범위하기 때문에 주요한 몇 가지만을 소개하기로 한다. 첫 번째로, 과거에 높았던 비정상수익률을 보였던 종목들이 다음 기간 중에 저조한 성과를 보이는 반전현상은 주식시장에서 투자자들이 과민반응에 기인한다는 것이다.[10] 즉, 투자자들은 현재 성과가 높은 종목들에 대해 지나치게 낙관적으로 평가하고 이러한 성과가 미래에까지 지속될 것으로 예상하는 경향 때문에 주가가 급등하지만, 일정 기간이 지난 후에는 이러한 과민반응을 자각하여 주식을 매도하므로 주가는 하락하게 된다.

마찬가지로, 가치주의 투자수익이 더 높은 이유는 더 높은 위험 때문이 아니라 투자자들이 현재 이익성장률이 높은 성장주는 미래의 기업 실적 전망에 대해 지나치게 양호하게 평가하는 반면, 이익성장률이 낮은 가치주에 대해서는 미래에도 현재 실적이 부진할 것이라고 기대하는 오류 때문인 것으로 주장한다.[11] 즉, 투자자들은 기업의 호재나 악재에 과민 반응하므로 시장에서 성장주를 고평가하고 가치주

10) DeBondt, W. F. M. and R. Thaler(1985), "Does the Stock Market Overreact?", *Journal of Finance* 40, pp. 793~805.

11) Lakonishok, J., A. Shleifer and R. W. Vishny(1994), "Contrarian Investment, Extrapolation, and Risk", *Journal of Finance* 49, pp. 1541~1578.

는 저평가하는 경향이 있다. 하지만 시장경쟁이 치열해지면서 성장기회는 소멸되므로 고평가되었던 성장주의 수익률은 감소하는 반면, 잠재적으로 상대적으로 저평가되었던 가치주의 수익률은 증가한다는 것이다.

하지만 효율적 시장 가설을 옹호하는 학자들은 이러한 현상들은 이례현상이 아니며, 위험-수익 간의 관계로 설명한다. 수익률의 반전현상은 투자자가 요구하는 위험프리미엄이 시간에 따라 변동하기 때문에 나타나는 현상이며, 가치주의 투자수익이 성장주보다 더 높은 이유도 가치주에 내재된 위험에 대한 합리적인 보상의 결과라는 것이다.

알아두기 9.1 **파마의 "효율적 자본 시장 : II"의 내용**

1970년에 발표한 논문에서 효율적 시장 가설 분류 체계를 소개한 파마는 약 20여 년이 경과한 1991년에 그의 후속 논문을 발표하여 시장 효율성의 검증을 다음과 같이 수정했다.[6)]

1970년	1991년
약형 효율적 시장 검증	수익률 예측력 검증(tests for return predictability)
준강형 효율적 시장 검증	사건연구(event studies)
강형 효율적 시장 검증	사적 정보의 검증(tests for private information)

1991년의 수익률 예측력에는 과거 수익률뿐만 아니라 배당수익률, 이자율 등의 변수들에 대해서도 미래 수익률의 예측력이 존재하는지를 검증하여 범위가 확대되었다. 기업 규모효과와 같은 이례현상에 대한 검증도 이 영역에 포함된다.

9.4 금융투자에 대한 효율적시장가설의 시사점

9.4.1 이익의 규모와 거래제도의 영향

시장 효율성에 대한 실증적 검증은 정보를 이용하여 투자 전략을 실행한 결과 경제적으로 유의적인 성과를 달성했는가를 증명하는 것에 초점을 두고 있다. 실증 분

12) Fama, E. F.(1991), "Efficient Capital Market: Ⅱ", *Journal of Finance* 46, pp. 1575~1617.

석의 결과로 시장 효율성 여부를 판단하기 위해서는 다음과 같은 점을 고려해야 한다.

첫째로, 거래비용을 감안하고도 경제적 이익을 얻을 수 있는지 여부이다. 양의 자기상관계수를 이용하여 수익을 올리기 위해서는 빈번히 거래하여야 하는데, 거래할 때마다 거래수수료와 증권거래세 등 거래비용이 수반된다. 이러한 거래비용을 고려하고도 유의적인 경제적 이익을 달성했는가를 검토해야 한다.

둘째로, 실증 분석의 결과에 영향을 미치는 거래 제도의 효과와 이를 고려한 투자 전략의 실행 가능성 여부이다. 각국의 주식시장에는 주가 급변동에 대해 투자자들을 보호하고 시장을 안정화하기 위한 규제 장치가 있어서 주가가 대비 일정 비율 이상으로 상승하거나 하락하면 거래가 일시적으로 중단된다. 예를 들어, 우리나라 주식시장의 경우에는 가격제한폭(price limit) 제도가 있어서 주가가 전일 종가 대비 일정 비율 이상으로 상승하거나 하락할 수 없다. 가격제한폭이 존재하면, 호재 정보가 시장에 유입되었을 때 주가가 충분히 상승할 수 없으며, 악재 정보가 유입되었을 때 주가가 충분히 하락할 수 없다. 유입된 정보가 다음 거래일에도 지속적으로 영향을 미치게 되므로 양의 자기상관계수가 발생하기 쉽다. 하지만 가격제한폭의 존재로 인해 발생하는 양의 자기상관계수를 이용하는 것은 거의 불가능하다. 예를 들어, 현재 주가가 상한가일 때 내일 주가가 오를 확률이 매우 높다 하더라도 현재의 가격으로 주식을 매수하는 것이 어렵다. 대부분의 투자자가 매수주문을 낼 것이며, 매도주문은 거의 없을 것이기 때문이다.

9.4.2 효율적 시장과 운

어떤 투자자가 증권투자를 통해 높은 수익을 얻었다는 이야기가 가끔 언론매체에 보도된다. 높은 수익을 내는 투자자가 존재하는 것이 효율적 시장과 상치되는가? 그렇게 말할 수 없다. 왜냐하면 효율적 시장은 사전적인 개념으로서 개별투자자의 운(luck)에 따라 사후적으로 이익을 얻는 것은 얼마든지 가능하다. 주식에 투자하고 있는 동안 새로운 정보가 시장에 도착하여 주가를 움직이게 된다. 주식보유기간 동안 투자자들이 미리 예상하지 못했던 좋은 정보가 도착했다면, 주가가 상승하여 이익을 얻게 되는 것은 당연한 일이다. 수백만 명의 투자자가 나름대로 증권투자를 한다면, 높은 수익을 올리는 투자자도 있고 원금을 거의 다 잃어버리는 투자자도 있다. 예를 들어, 어떤 투자자가 5년 동안 보유한 주식이 매년 시장평균보다 높은 수익률을 달성할 확률은 $\frac{1}{2}\times\frac{1}{2}\times\cdots\times\frac{1}{2}=\left(\frac{1}{2}\right)^5=0.0313(3.13\%)$이지만, 투자자 1만 명 중에서는 313명이라는 적지 않은 숫자의 투자자가 높은 성과를 달성하는 것으로 나타나기 때문이다. 이러한 현상은 확률적으로 당연히 나타나는 현상이므로 시장의 효율성과 아무런 관련이 없으며, 투자자의 능력과도 관련이 없다. 운이 좋은 투자자는 높은 수익을 올릴 것이고 운이 나쁜 투자자는 큰 손실을 볼 뿐이다. 다만 고수익을 올린 경우는 뉴스의 대상이 되지만, 큰 손실을 본 경우는 뉴스의 대상이 되지 않는 경우가 일반적이다. 그러므로 고수익을 올린 경우만 부각되기 쉽다.

운이라는 것은 확률적인 개념이다. 몇 번의 투자를 통해 고수익을 얻었다고 하여 그 투자자의 투자 능력이 탁월하다고 말할 수 없다. 효율적 시장에서는 수없이 반복하여 증권에 투자하면, 좋은 운과 나쁜 운이 장기적으로 상쇄되어 다른 투자자들에 비해 평균적으로 장기간의 높은 수익을 얻는 것은 불가능하다.

9.4.3 투자전략의 자기 파괴

시장 효율성에 관한 이례현상을 발견한 초기 연구의 대상이었던 투자 전략을 최근에 적용한 연구들은 이례 현상들이 더 이상 나타나지 않는다고 보고하기도 한다. 예를 들어, 과거에 유행했던 투자 전략의 대상이었던 소기업 종목과 가치주 종목들에 대해서는 시장 평균을 유의적으로 초과하는 성과가 발견되지 않는다는 결과가 최근의 연구들에서 제시된다.[13)] 이 같은 결과는 특정한 투자전략이 유용하다고 시장의 투자자들에게 알려지면 투자전략의 대상이 되는 종목들의 가격이 상승하므로 그 투자전략을 적용해도 높은 성과를 달성할 수 없기 때문이다. 즉, 특정한 투자전략의 패턴이 실무나 연구를 통해 투자자들에게 알려지면 그 활용 가치가 소멸되는 자기파괴적(self-destruction) 성격을 가지므로 이를 적용하여 시장의 효율성을 검증한 연구 결과들은 시대적으로 변화하게 된다.[14)]

또한 시장의 거래 제도와 정책이 개선되고 투자자들이 각종 정보에 용이하게 접근할 수 있는 정도인 시장의 투명성이 높아질수록 시장의 효율성을 촉진시킨다. 최근에 각국의 거래소들은 투자자의 거래 편의를 제고하고 투자자들 간 정보 비대칭

---

13) Hirshleifer, D.(2001), "Investor Psychology and Asset Pricing", *Journal of Finance* 56, pp. 1533~1597.

14) McLean, R. D. and J. Pontiff(2016), "Does Academic Research Destroy Stock Return Predictability?", *Journal of Finance* 71, pp. 5~32.

성을 완화시키는 방향으로 정보 공개를 확대하는 정책을 운영하고 있다. 각국의 주식시장의 시장 효율성이 상이한 이유는 이와 같이 거래소들의 거래 제도의 선진화와 투명성에서 차이가 존재하기 때문이다.

실시간 시장 효율성(real time market efficiency)

Fama, Fisher, Jensen and Roll(1969)이 사건 연구 방법론을 도입한 이래, 공시 정보의 효율성 검증을 하는 연구들은 통상적으로 단기적 정보 내용과 주가 반응의 속도를 일별 사건 연구에 입각하여 실증 분석한다. 하지만 일별 사건 연구방법론에서는 실제 공시 시점과 관계없이 모두 공시 내용이 동일한 시점에서 투자자에게 전달되는 것으로 가정하고 있다. 예를 들어, 사건일의 장중에 발표된 공시와 장 마감 시각 이후에 발표된 공시에 대해 일별 수익률 측정에 사용되는 주가는 종가로 간주된다. 그러나 실제 공시는 하루 중에서도 발표 공시 시점이 모두 상이할 뿐만 아니라, 시장이 효율적이라면 발표 시점에서 즉각적으로 주가에 반영될 것이다.

1990년대 이후에는 자본시장을 둘러싼 정보 · 통신기술의 환경이 급진전되면서 일반 투자자가 정보에 접근하는 시 · 공간적 장벽이 낮아지고 거래 비용이 저렴해짐에 따라 투자자간 정보비대칭이 완화되었다. 1980년대 미국 주식시장을 대상으로 하루 중 배당이나 이익, 유상증자 같은 정보공시에 대한 주가의 반응 속도로 시장효율성을 측정한 선행 연구들은 주가가 뉴스나 정보에 대해 신속히 반영하기보다는 평균적으로 15분 정도의 시차를 두고 반응함을 제시한다. 1990년대 후반부터는 주식시장에서 온라인 투자가 활성화되고 기업 공시정보에 대한 실시간 접근이 가능해짐에 따라, 이러한 공시 정보를 이용하여 평균적으로 거래 비용을 제외한 양의 초과수익률을 얻을 수 있는 기회는 공시 직후 초단기에 국한된 것으로 선행연구들은 보고한다. 애널리스트의 정보 유용성을 분석한 연구인 Kim, Lin and Slovin(1997)도 애널리스트의 추천 정보는 발표 시점 후 5분에서 15분 내에 주가에 반영된다고 주장하였다. 한편 Busse and Green(2002)도 2000년을 대상으로 미국의 CNBC TV의 금융 뉴스에서 제공하는 애널리스트의 종목 추천 프로그램 방영 시간 동안의 시장 효율성을 분석한 결과 긍정적인 추천 종목에 대해서는 최초 보도 시각 1분 내에 주가 반응이 완료된다는 실증적 결과를 제시함으로써, 증권시장을 둘러싼 환경 변화를 감안할 때 시장 효율성이 더욱 가속화되었음을 제시한다.

국내 자본시장에서도 시장은 실시간 차원에서 효율성이 높은 것으로 보고하고 있다. 이우백 · 최우석(2006)은 2003년 1월부터 2004년 9월까지 표본 기간 동안 한국유가증권시장의 전자공시시스템인 KIND를 통해 접속매매시간 동안 장중에 발표되는 비실적 관련 공정공시(fair disclosure) 표본 자료를 일중 사건 연구로 분석하여 실시간 정보에 대한 효율성을 검증하였다. 장중 발표되는 공정공시 정보에 대해 주가는 평균적으로 2분 이내에 유의적으로 강하게 반응하는 것으로 나타났다.

최근에는 이러한 시장의 실시간 효율성을 이용한 고빈도 거래도 전략적으로 활용되고 있다. 알고리즘을 이용하여 주가에 긍정적인 공시가 발표된 즉시 공시 종목을 매수한 후, 매우 짧은 시간에 청산하는 고빈도 거래 전략을 '사건 주도 고빈도거래(event-driven HFT)'라 한다. 즉, 시장에 새로운 정보가 발표되었을 때, 주가가 새로운 정보를 즉각적으로 반영한다는 효율적 시장가설에 근거한 전략이다. 또한, 정보의 가격 반영 속도를 고려하여 초단기에 거래가 가능한 우월한 위치에 있는 고빈도 거래자들에게 차익거래 기회를 제공할 수 있다는 점을 이용한 것이다. 시장에 공시가 발표되는 즉시 투자자들은 이러한 공시가 주가에 미치는 영향을 분석하고 자신들의 투자의사결정을 호가 제출과 체결을 통해 신속히 주식가격에 반영시킬 것이므로 실시간 효율성은 더욱 제고될 것이다.

자료: 우민철 · 이우백(2014), 이우백 · 최우석(2006), Busse and Green(2002), Fama, Fisher, Jensen and Roll(1969), Kim, Lin and Slovin(1997)을 정리

연·습·문·제

1. 다음 명제의 참과 거짓 여부를 판별하시오.

(1) 시장이 준강형 효율적이라면 수익률의 자기상관계수가 평균적으로 0이어야 한다.

(2) 효율적 시장가설에 의하면, 효율적 시장에서는 모든 투자자들은 수익을 얻을 수 없다.

(3) 기업내부자 거래의 공시를 보고 그 주식에 투자하여 유의적인 초과수익을 얻었다면, 이는 강형 효율적 시장 가설에 위배되는 증거이다.

(4) 영업이익이나 순이익이 전년도에 비해 증가했다는 호재성 뉴스가 공시된 즉시 주가가 하락하는 현상은 효율적 시장 가설에 위배된다.

(5) 장부가를 시장가로 나눈 비율이 큰 기업들이 유의적인 음의 비정상수익률을 얻는다면, 이는 준강형 효율적 시장 가설에 위배된다.

(6) 시장이 효율적이라면 투자자의 가장 좋은 전략은 시장지수를 추종하는 소극적 투자전략이다.

(7) 소규모기업효과란 재무상태표의 총자산의 규모가 작은 기업들이 양의 비정상수익률을 얻는 경향을 말한다.

2. 다음 용어를 간단히 설명하시오.

(1) 비정상수익률

(2) 사건연구

(3) 과민반응

(4) 자기상관계수

(5) 가치주

(6) 행동재무학

3. 시장 효율성에 대한 실증 검증은 어떠한 가설들이 복합된 가설(joint hypothesis)에 대한 검증인지 설명하시오.

4. 효율적 시장에서 애널리스트의 역할이 필요한 이유를 설명하시오.

5. 파마가 1970년과 1991년에 발표한 효율적 시장 가설 검증의 분류 체계를 비교하여 설명하시오.

6. 기업의 내부자가 시장에 공시하기 전 미공개정보를 이용하여 20%의 비정상수익률을 달성했다면 이는 준강형 효율적 시장 가설에 위배되는지 설명하시오.

7. A 교수는 "실증분석 결과, 한국주식시장에서 개별 종목 주가의 이동평균선을 이용한 투자전략의 성과는 통계적으로 유의적인 수준에서 시장 평균을 초과했지만, 재무제표 정보를 이용한 투자전략의 수익률이 통계적으로 유의적인 수준에서 시장 평균을 초과했다는 증거는 발견할 수 없었다"고 주장했다. 이 문장이 '효율적 시장 가설'의 관점에서 성립할 수 있는지에 대해 논리적으로 설명하시오.

8. 이전까지 주식투자에 경험이 전혀 없던 사람이 올 초에 주식에 1,000만 원을 투자해서 500만 원의 이익을 얻었다. 이러한 현상에 대해 "시장이 비효율적"이라고 말할 수 있는지를 논하시오.

9. 주식투자의 고수로 알려진 투자전문가가 자신만이 알고 있던 투자 기법을 책으로 발간한 다음에 스테디셀러가 되거나, 증권방송 프로그램을 운영하여 유료회원 수가 폭증한 현상에 대해 시장은 효율적이라고 믿고 있는 투자자의 관점에서 설명하시오.

10. 주식수익률의 자기상관관계(autocorrelation)가 통계적으로 유의적인 음수로 추정되었을 경우 이 결과를 행동재무학적 관점에서 해석하고 활용할 수 있는 투자방법에 대해 설명하시오.

11. 영업이익이나 순이익이 전년도에 비해 증가했다는 호재성 뉴스가 공시된 날에 오히려 주가가 하락하는 종목도 있다. 언론보도에서 이러한 사례를 찾아보고 이 현상에 대해 "시장이 비효율적"인지를 설명하시오.

10 CHAPTER

주식분석

주식은 채권과 함께 대표적인 금융투자상품이다. 미래에 받을 이자와 원금이 확정되어 있는 채권과 달리 주식은 배당과 매도대금이 사전에 정해지지 않기 때문에 가치 평가가 어렵다. 주식분석은 투자종목의 선정과 투자시점의 포착을 위해 정보를 수집하고 분석하는 제반 활동으로 기본적 분석과 기술적 분석으로 구분된다. 기본적 분석은 거시경제요인, 산업요인, 기업요인 등에 관한 정보를 이용하여 배당평가모형, 상대가치평가모형 등으로 주식의 내재가치를 구하는 방법으로 투자종목의 선정에 주로 활용된다. 반면에 기술적 분석은 과거 시장 정보인 주가나 거래량으로부터 반복적이고 예측 가능한 패턴을 파악하여 미래의 주가를 예측하는 방법으로 투자시점의 포착에 주로 활용된다.

10.1 기본적 분석

10.1.1 기본적 분석의 의의

주식분석(equity analysis)
기본적 분석(fundamental analysis)

주식 투자자에게는 "어떤 주식을 살 것인가?" 그리고 "언제 사서 언제 팔 것인가?" 하는 것이 가장 중요한 관심사일 것이다. 이 질문에 대한 해답을 제시하고자 하는 것이 주식분석(equity analysis)이다. 주식분석이란 투자종목의 선정과 투자시점의 포착을 위해 정보를 수집하고 분석하는 제반 활동이다. 주식분석은 기본적 분석과 기술적 분석으로 구분된다.

기본적 분석(fundamental analysis)은 기업 내 · 외부의 여러 요인들을 분석하여, 기업의 내재가치를 구하는 방법이다. 기본적 분석가는 추정된 내재가치를 시장가격과 비교하여 시장가격이 내재가치보다 낮으면 주식을 매입하고 시장가격이 내재가치보다 높으면 매도하여 비정상수익률을 얻을 수 있다고 믿는다. 결국 기본적 분석은 가격이 잘못 형성된 종목 선택을 통하여 초과수익을 얻고자 하는 적극적 투자전략의 기법 중 하나이다. 기본적 분석에서 활용하는 정보는 공적 정보에 해당하기 때문에 기본적 분석가는 주식시장이 준강형 효율적이 아니라고 판단하는 것이다.

기본적 분석의 과정은 애널리스트가 증권분석보고서를 작성하는 과정을 생각해보면 쉽게 알 수 있다. 기업의 내재가치는 미래 현금흐름을 적절한 할인율로 할인함으로써 구해진다. 따라서 애널리스트가 수행하는 가장 중요한 일은 미래 현금흐름의 예측과 적절한 할인율의 추정이다. 미래 현금흐름을 예측하기 위해 과거 재무제표를 분석하고 미래 재무제표에 영향을 미칠 경제요인, 산업요인, 기업요인의 변화를 예측하여 예상 재무제표(pro forma statement)를 구성한다. 예상 재무제표를 작성한 다음 미래 현금흐름을 계산하는 것은 기계적인 과정으로 배당, 당기순이익 또는 잉여현금흐름(free cash flow) 예측치를 산출할 수 있다. 할인율은 무위험이자율과 위험프리미엄으로 구성되어 있기 때문에 할인율 추정을 위해서는 무위험이자율에 대한 예측과 위험프리미엄의 추정이 필요하다. 결국 기본적 분석의 과정은 예상 재무제표 작성 → 미래 현금흐름 예측과 할인율 추정 → 미래 현금흐름의 현재 가치 계산으로 정리할 수 있다. 본 장에서는 기본적 분석의 핵심적인 내용을 간략히 설명한다.

10.1.2 기본적 분석의 접근방법

상향식 접근방법(bottom-up approach)

하향식 접근방법(top-down approach)

기본적 분석의 접근방법에는 '기업 → 산업 → 국내경제 → 글로벌 경제'의 순서로 분석 시각을 점차 확대시키는 **상향식 접근방법(bottom-up approach)**과 반대로 점차 분석 대상을 축소시키는 **하향식 접근방법(top-down approach)**이 있다. 일반적으로 하향식 접근방법이 많이 이용되고 있다. 예를 들어, 자산운용회사에서는 ① 전략가(strategiest)가 세계경제, 국내경제 분석과 각 자산군을 담당하고 있는 선임 애널리스트의 자문을 받아 무위험자산과 위험자산 간의 배분 또는 자산군 간을 배분하고, ② 선임 애널리스트는 각 산업 및 기업을 담당하고 있는 후임 애널리스트의 자문을 받아 산업 간을 배분한 다음 ③ 최종적으로 후임 애널리스트가 투자할 기업을 선택하는 과정을 거쳐 투자를 결정한다.

전략가는 경제요인의 분석을 통해 경기 순환의 국면을 파악하고 미래 경기를 전망하게 된다. 전략가가 주로 분석하는 국가 경제요인으로는 경기지표, 고용지표, 인플레이션, 이자율 등의 거시경제변수 등과 재정정책, 통화정책과 같은 정부정책이 있다. 또한 외국과의 교역이 증대되고 세계가 하나의 시장으로 통합되어 감에 따라 무역수지, 자본수지, 환율, 해외 주가도 전략가의 관심 대상이다.

미래 경기에 대한 전망을 얻게 되면, 경기가 특정 산업에 미치는 효과를 분석하는 것이 필요하다. 이와는 별도로 산업 분석도 필요하다. 포터(Porter)의 경쟁이론에 따르면 산업 내에 속한 기업의 수익성은 산업 구조에 의해 결정되며, 산업 구조의 중요한 5개 요소로 산업 내 경쟁, 공급자 영향력, 구매자 영향력, 잠재적 진입자, 대체재를 꼽고 있다.[1] 해당 산업이 수명주기(life cycle)의 어떤 국면에 있는가도 중요하다. 도입기, 성장기, 성숙기, 쇠퇴기 중 어떤 국면에 있느냐에 따라 산업 성장성은 현저한 차이를 보이기 때문이다.[2]

---

1) Porter, M. E.(1980), *Competitive strategy*, Free Press.

2) Vernon, R.(1966). "International Investment and International Trade in the Product Cycle".

동일한 산업에 속한 기업 간에도 기업의 제품구성, 자산구성, 자본구조 등의 차이에 따라 산업 성장성이 기업의 이익과 성장에 미치는 영향이 다르다. 그러므로 구체적인 종목 선정을 위해서는 기업분석을 통하여 기업의 이익과 성장률을 추정해야 한다. 기업요인으로는 업계에서의 경쟁력, 소비자의 인지도, 최고경영자의 경영능력, 제품 구성의 건전성 및 성장성 등이 있다. 또한, 기업요인에 더하여 재무제표분석 등을 통하여 기업의 수익성, 성장성, 안정성 등을 파악하고 이에 근거하여 예상재무제표를 구성함으로써 기업의 내재가치를 평가하기 위한 준비를 완료한다.

재무제표분석(financial statements analysis)이란 재무상태표, 손익계산서, 현금흐름표 등의 재무제표를 통해 기업의 수익성, 성장성, 안정성 등을 파악하는 작업이다. 기업의 수익성, 성장성, 안정성은 재무제표의 계정과목으로 계산된 재무비율로 한눈에 파악할 수 있다.

재무제표분석(financial statements analysis)

10.2 주식의 가치평가

기본적 분석으로 경제분석, 산업분석, 기업분석을 통해 예상재무제표를 작성하면, 이로부터 배당과 당기순이익 예측치를 추정할 수 있다. 그리고 이를 근거로 주식의 가치평가를 하게 된다. 주식에 투자함으로써 발생하는 미래 현금흐름은 궁극적으로 배당이다. 그러나 배당은 당기순이익이 발생해야 가능하고 당기순이익이 발생하더라도 배당을 하지 않거나 거의 하지 않는 기업도 존재하므로 당기순이익 또는 잉여현금흐름에 근거하여 가치평가를 하는 방법도 있다. 미래 현금흐름을 어느 것으로 보더라도 적절한 할인율을 할인하는 과정은 동일하므로 본 장에서는 **배당할인모형(DDM: Dividend Discount Model)**을 중심으로 설명한다.

배당할인모형(DDM: Dividend Discount Model)

10.2.1 주식의 내재가치와 시장가격

주식에 대한 투자의사결정을 내릴 때 일반적으로 이용할 수 있는 방법은 투자로부터 예상되는 수익률을 투자자의 요구수익률과 비교해 보는 것이다. 예를 들어, 어떤 주식의 현재가격(P_0)이 10,000원이며, 1년 후에 예상되는 배당($E(D_1)$)이 주당

Quarterly Journal of Economics 80, pp. 190~207.

1,000원이고 1년 후의 주가($E(P_1)$)는 12,000원으로 예상된다고 하자. 이 주식에 투자한다면, 1년간 1,000원의 배당수익과 2,000원의 자본이득을 얻을 수가 있다. 즉, 이미 7장에서 설명한 대로 배당수익률은 10%, 매매차익에 따른 자본이득률은 20%이어서 기대수익률 $E(R)$은 30%가 된다.

요구수익률(required rate of return)
내재가치(intrinsic value)

한편, 투자자가 이 주식에 대해 요구하는 적절한 할인율, 즉 요구수익률은 무엇인가? CAPM에 의하면 시장균형 하에서 어떤 주식에 투자해서 얻을 수 있는 기대수익률을 **요구수익률**(required rate of return) 또는 필수수익률로 사용할 수 있다. 8장의 식 (8-4)에 따르면, CAPM에 의한 요구수익률(k)을 계산하는 식은 다음과 같다.

$$k=r_f+[E(r_M)-r_f]\beta_i \tag{10-1}$$

예를 들어, 무위험이자율(r_f)이 6%, 시장포트폴리오의 기대수익률($E(r_M)$)이 11%, 그리고 주식의 베타(β_i)가 1.6으로 측정되었다면 요구수익률은 14%이다. 따라서 투자자가 이 주식에 투자한다면 주식의 위험을 반영하여 계산된 요구수익률 14%보다 높은 30%의 수익률이 기대되므로 주식을 매입하려 할 것이다.

이처럼 기대수익률과 요구수익률을 비교하여 투자결정을 할 수도 있지만, 또 다른 방법은 주식의 **내재가치**(intrinsic value)를 시장가격과 비교하는 것이다. 주식의 내재가치(V_0)는 식 (10-2)와 같이 투자로부터 얻을 수 있는 현금흐름인 매도금액과 배당수익에 대해 위험을 반영한 적정한 할인율, 즉 요구수익률로 할인한 현재가치로 계산한다.

$$V_0=\frac{E(D_1)+E(P_1)}{1+k} \tag{10-2}$$

예에서 주식의 경우 1년 후에 예상되는 배당금이 1,000원, 1년 후의 예상매도가격은 12,000원, 적정 할인율은 14%이므로 미래 현금흐름의 현재 가치는 11,404원이다. 따라서 주식의 내재가치는 11,404원인데 비해, 현재 시장가격은 10,000원이므로 이 주식은 1,404원만큼 저평가되어 있다. 따라서 합리적인 투자자라면, 주식을 매수할 것이다.

10.2.2 배당평가모형

주식을 발행한 기업이 파산하지 않는다면, 주식의 정해진 만기는 없다. 이와 같이 기업이 영구적으로 존속한다는 가정 하에 미래 배당을 요구수익률(k)로 할인하여 주식의 내재가치를 평가하는 모형을 배당평가모형이라 한다. 만약 투자자가 주식을 팔지 않고 영원히 보유한다면 매년 배당금만 무한히 얻게 되므로, 이 경우 미래 배당흐름의 현재 가치로 평가되는 주식의 내재가치 P_0는 식 (10–3)과 같이 계산할 수 있다.

$$P_0 = \frac{D_1}{1+k} + \frac{D_2}{(1+k)^2} + \frac{D_3}{(1+k)^3} + \cdots \tag{10–3}$$

식 (10–3)은 가장 기본적이며 일반적인 배당평가모형으로 미래에 기대되는 배당의 현금흐름의 형태에 관계없이 적용할 수 있다. 그러나 실무에서는 미래의 배당에 대해 일정한 가정을 한 단순한 모형이 주식 가치평가에 널리 사용된다. 미래의 배당에 대한 가정 중 대표적인 것은 배당이 매년 일정하다는 가정과 배당이 매년 일정비율로 증가한다는 가정이다.

배당이 매년 D로 일정하다면, 식 (10–3)은 다음과 같이 매년 동일한 금액을 지급하는 연금의 현재 가치로서 지급기간 n이 무한대인 경우에 해당한다고 할 수 있다.

$$P_0 = \frac{D}{1+k} + \frac{D}{(1+k)^2} + \frac{D}{(1+k)^3} + \cdots$$

n이 무한대인 경우 $\frac{1}{(1+k)^n}$은 0에 수렴하므로 무한등비급수의 공식에 따라, 위 식에서 주식의 내재가치 P_0는 다음과 같은 일정한 값이 된다.

$$P_0 = \frac{D}{k} \tag{10–4}$$

식 (10–4)는 배당의 변동 없이 매년 일정한 배당을 지급한다는 가정 하에 주식 가치평가를 하는 모형으로 **제로성장배당모형**(zero growth model) 또는 **고정배당모형**이라고도 한다.

제로성장배당모형(zero growth model)
고정배당모형

이제는 배당이 매년 일정 비율로 성장하는 경우를 생각해보자. 배당이 1년 이후부터 매년 일정한 비율(g)로 계속적으로 성장한다면 n년 후의 배당의 미래가치는 복리 계산에 따라 $D_1(1+g)^{n-1}$이 된다. 따라서 이러한 경우의 주식의 내재가치는 다음 식 (10-5)와 같이 나타낼 수 있다.

$$P_0 = \frac{D_1}{1+k} + \frac{D_1(1+g)}{(1+k)^2} + \frac{D_1(1+g)^2}{(1+k)^3} + \cdots \quad (10-5)$$

일정성장배당모형(constant growth model)
고든(Gordon)의 모형

여기서 D_1은 미래의 배당금액이므로 기댓값을 취한 후 식 (10-5)를 정리하면 다음과 같이 간단한 형태로 변형되는데, 이를 **일정성장배당모형(constant growth model)** 또는 **고든(Gordon)의 모형**이라 한다.[3)]

$$P_0 = \frac{E(D_1)}{k-g} \quad (10-6)$$

성장기회의 현재 가치(NPVGO: Net Present Value of Growth Opportunity)

일정성장배당모형은 배당성장률이 일정하고 영원히 지속된다는 가정을 하고 있지만, 단순하게 계산할 수 있기 때문에 주식 가치평가에 가장 많이 사용되고 있다. 식 (10-6)에 따라 주식의 가치를 평가하기 위해서는 요구수익률이 배당성장률보다 커야 한다. 또한, 배당성장률이 높을수록 주식의 현재 가치도 증가한다. 만일 배당성장률이 0라면 식 (10-6)은 제로성장배당모형인 식 (10-4)와 동일하다. 이 경우 일정성장배당모형으로 평가한 가치와 제로성장배당모형으로 평가한 가치의 차이를 **성장기회의 현재 가치(NPVGO: Net Present Value of Growth Opportunity)**라 하며, 배당성장률이 클수록 성장기회의 현재 가치도 높다.

일정성장배당모형은 배당성장률이 일정하고 영원히 지속된다는 매우 비현실적인 가정을 하고 있지만, 단순하게 계산할 수 있기 때문에 주식 가치평가에 가장 많이 사용되고 있다. 예를 들어, 올해 주당 1,000원씩을 배당한 기업의 배당금은 향후 매년 5%씩 영구적으로 증가할 것으로 전망되고 투자자들의 요구수익률이 10%라고 가정할 때 이 주식의 내재가치는 $P_0 = \frac{E(D_1)}{k-g} = \frac{1,000(1+0.05)}{0.1-0.05} = 21,000$(원)이다.

---

3) Gordon, M. J.(1963), "Optimal Investment and Financing Policy", *Journal of Finance* 18, pp. 264~272.

이제 일정성장배당모형인 식 (10-6)을 요구수익률 k에 대하여 정리하면 다음과 같다.

$$k = \frac{E(D_1)}{P_0} + g \qquad (10\text{-}7)$$

시장의 균형 하에서 현재의 주가는 주식의 내재가치 P_0와 같아야 하고 그 주식에 투자하여 예상되는 기대수익률 $E(R)$은 요구수익률 k와 같아야 한다. 이 경우 식 (10-7)에서 우변 첫 번째 항은 기대배당수익률이며, 따라서 배당성장률 g는 해당 주식으로부터 기대할 수 있는 자본이득률과 같아야 한다. 즉, 일정성장배당모형에서 주식의 기대수익률은 배당수익률과 자본이득률의 합으로 이루어짐을 알 수 있다.

이 식이 시사하는 투자에 대한 현실적 의미는 배당수익률이 낮은 주식이라 하더라도 주가 상승 가능성이 큰 주식, 즉 성장주에 투자하는 것이 충분히 정당화될 수 있다는 것이다. 비록 현재는 적은 배당을 준다 하더라도 풍부한 성장 기회를 갖고 있으므로 주가 상승 기대가 큰 주식은 충분히 투자할 만한 가치가 있다는 것이다.

한편, 식 (10-6)에서 배당성장률 g가 주식가치에 매우 중요한 영향을 미치고 있음을 알 수 있다. 배당성장률 g는 기업의 내부유보율과 미래투자기회의 수익성에 의존한다. 만일 기업이 이익의 많은 부분을 내부 유보해서 재투자하고 재투자된 이익이 높은 수익성을 갖는 투자기회에 투자된다면, 이익 및 배당의 성장률은 더욱 커질 것이다. 따라서 현재의 배당성향과 자기자본이익률이 앞으로도 일정하게 유지된다면, 배당성장률 g는 다음 식 (10-8)과 같다.

$$g = b \times ROE \qquad (10\text{-}8)$$

여기서 b는 **내부유보율(earnings retention ratio)**이라 불리며, 당기순이익 중에서 기업 내부에 유보된 부분의 비율을 나타낸다.[4] ROE는 **자기자본순이익률(return on equity)**로서 유보이익을 재투자해서 어느 정도의 투자이익을 달성할 것인지를 측정하는 수익성지표이다. 예를 들어, 올해 순이익 2억 원 중에서 40%가 내부 유보액이며, ROE가 20%라면 이 기업의 배당의 성장률은 8%이다.

내부유보율(earnings retention ratio)

자기자본순이익률(return on equity)

4) 배당성향(dividend payout ratio)은 당기순이익 중에서 내부 유보액을 제외하고 주주에게 배당금으로 지급된 부분의 비율이다. 따라서 내부유보율 + 배당성향 = 1이다.

알아두기 10.1 **제로성장배당모형과 일정성장배당모형의 도출**

제로성장배당모형은 첫 항이 $\frac{D}{(1+k)}$, 공비가 $\frac{1}{(1+k)}$ 인 등비수열의 n항까지의 합에서 n이 무한한 경우이므로,

$$P_0=\frac{D}{(1+k)}\left\{\frac{\frac{1}{(1+k)^n}-1}{\frac{1}{(1+k)}-1}\right\}=D\left\{\frac{1-\frac{1}{(1+k)^n}}{k}\right\},\ n\to\infty \text{ 이면 } \frac{1}{(1+k)^n}=0$$

일정성장배당모형은 첫 항이 $\frac{D_1}{(1+k)}$, 공비가 $\left(\frac{1+g}{1+k}\right)$ 인 등비수열의 n항까지의 합에서 n이 무한한 경우이므로(단, $g<k$),

$$P_0=\frac{D_1}{(1+k)}\left\{\frac{\left(\frac{1+g}{1+k}\right)^n-1}{\left(\frac{1+g}{1+k}\right)-1}\right\}=D_1\left\{\frac{\left(\frac{1+g}{1+k}\right)^n-1}{g-k}\right\},\ n\to\infty \text{ 이면 } \left(\frac{1+g}{1+k}\right)^n=0$$

10.2.3 상대가치평가모형

상대가치평가모형(relative valuation model)

주가수익비율(PER 또는 P/E: Price Earnings Ratio)

주가순자산비율(PBR 또는 P/B: Price Book-value Ratio)

배당평가모형을 적용하기 위해서는 미래의 배당흐름과 적절한 할인율을 알아야 하는데 현실적으로는 미래의 배당흐름을 정확하게 예측하기 쉽지 않으므로 경우에 따라서는 시장가격과 상당히 괴리된 내재가치가 산출되기도 한다. 이의 대안으로 실무에서 자주 사용하는 모형이 **상대가치평가모형**(relative valuation model)이다. 상대가치평가모형은 평가대상기업과 영업 및 경제적 특성이 유사하다고 판단되는 다른 기업의 주가배수(price multiple)를 평가대상기업에 적용하여 간접적으로 기업가치를 평가하는 것이다. 상대가치평가모형에 사용되는 주가배수로는 **주가수익비율**(PER 또는 P/E: Price Earnings Ratio), **주가순자산비율**(PBR 또는 P/B: Price Book-value Ratio), 주가매출액비율(PSR 또는 P/S: Price Sales Ratio) 등이다. 본 절에서는 PER과 PBR을 중심으로 설명한다.

(1) 주가수익비율

주당순이익(EPS: Earnings Per Share)

PER은 주식가격을 **주당순이익**(EPS: Earnings Per Share)으로 나눈 값으로 주식가격이 주당순이익의 몇 배가 되는가를 나타낸다.

$$PER = \frac{\text{주가}}{\text{주당순이익}} = \frac{P}{EPS} \qquad (10-9)$$

식 (10-9)로 측정되는 PER은 기업의 주당순이익 1원에 대하여 주식시장의 투자자들이 얼마나 지불하고 있는가를 의미한다. 수익성에서 높은 성장이 기대되는 기업은 이 비율이 높게 나타나므로 **성장주(glamour stock)**라 하며, 상대적으로 비율이 낮은 주식을 **가치주(value stock)**라 한다. 실무에서는 PER을 가치주 투자에 활용한다. 주당순이익이 높은데도 PER이 낮은 기업은 현재 주가가 저평가상태에 있기 때문에, 향후 시장에서 적정한 평가가 되면 잠재적으로 주가가 상승할 것으로 예상할 수 있기 때문이다. 그러나 PER은 기업의 성장성, 위험, 회계처리방법 등에 따라 차이가 나기 때문에 PER 수준에 따라 해당 주식의 가치를 평가하는 것은 주의해야 한다. PER 계산식의 분모에는 최근 재무제표의 주당순이익(EPS_0)을 사용할 수도 있고 주당순이익 예측치($E(EPS_1)$)를 사용할 수도 있다. 전자를 과거(trailing) PER, 후자를 미래(forward) PER이라고 부른다. 실무에서는 미래 PER을 계산할 때 분모를 증권회사들이 전망하는 주당순이익 예상치의 평균값으로 사용한다.[5] 주가가 기업의 미래 실적을 반영한다는 점에서는 미래 PER로 가치 평가를 하는 것이 합리적이지만, 정확한 주당순이익 예상치를 구하는 것이 어렵다는 것이 단점이다.

성장주(glamour stock)
가치주(value stock)

PER을 이용하여 주가를 분석하는 것은 배당평가모형처럼 이론적이지는 못하지만, 이익의 크기가 다른 비슷한 기업들의 주가수준을 용이하게 비교할 수 있으며, 최근에 배당을 하지 않은 기업들의 경우에도 사용될 수 있다.

이제 PER을 이용하여 주식가치를 평가해 보자. 식 (10-9)에서 주가가 주식의 내재가치와 일치하는 균형 상태라고 가정하면($P=P_0$), 주식의 내재가치 P_0는 다음과 같이 표현된다.

$$P_0 = PER^* \times EPS \qquad (10-10)$$

식 (10-10)에서 PER*는 정상 또는 적정 PER이라 하며, 주가가 주식의 내재가치와 일치하는 균형 상태에서 주가가 주당순이익의 몇 배가 되어야 하는지를 나

5) 이러한 정보를 투자 실무에서는 컨센서스(consensus)라고 한다.

타낸다. 따라서 정상 PER의 크기를 구하여 식 (10-10)에 대입하면 균형에서의 주가, 즉 주식의 내재가치를 구할 수 있다. 실무에서는 전체 시장이나 동종 산업의 평균 PER을 정상 PER로 이용하며, 개별 종목의 PER을 시장이나 동종 산업의 평균 PER과 직접적으로 비교하여 주가의 수준을 판단한다.

이제 미래의 정상 PER에 영향을 미치는 요인에 대해 알아보자. 일정성장배당모형을 나타내는 식 (10-6)에서 $E(D_1)=(1-b)EPS_1$, 즉 미래 배당은 주당이익에 배당성향을 곱한 값으로 나타낼 수 있으므로, 이를 식 (10-10)에 대입하면 균형 상태에서의 PER, 즉 정상 PER에 관해 다음과 같은 관계식이 성립한다.

$$PER^* = \frac{P_0}{EPS_1} = \frac{(1-b)EPS_1}{(k-g)EPS_1} = \frac{1-b}{k-g} \qquad (10\text{-}11)$$

따라서 미래의 정상 또는 적정 PER은 성장률, 내부유보율 그리고 요구수익률의 함수로서 식 (10-11)로 추정할 수 있다. 다른 모든 조건이 동일하다면, 배당성향이 높을수록, 성장률이 클수록 PER은 커지고 반대로 요구수익률이 커질수록 PER은 낮아진다. 결국 투자 대상으로 낮은 PER 종목이 선택되는 것은 바로 높은 위험에 대한 보상을 요구하는 행위로 해석할 수 있다.

예를 들어, 어떤 기업의 요구수익률이 15%이며, 내부유보율이 50%, 그리고 이익과 배당의 성장률이 10%로 일정하게 유지된다고 하자. 이 기업의 주가를 평가하기 위한 정상 PER은 다음과 같다.

$$PER^* = \frac{1-b}{k-g} = \frac{1-0.5}{0.15-0.1} = 10$$

이 기업의 예상되는 주당순이익이 1,000원이라면 이렇게 계산한 정상 PER과 함께 식 (10-10)에 대입하여 이 기업 주식의 내재가치를 10,000원으로 계산할 수 있으며, 이는 일정성장배당모형으로 구할 경우의 주식의 내재가치와 일치함을 알 수 있다.

(2) 주가순자산비율

PBR은 식 (10-12)와 같이 주가를 1주당 자기자본의 장부가치로 나눈 수치로 주가 대 장부가치비율이라고도 한다. PBR은 주당 시장가치가 주당 자기자본의 몇 배인가를 나타내므로 PER과 마찬가지로 주가의 상대적 수준을 나타낸다. PBR의 분모인 **주당장부가치**(BPS: Book-value Per Share)는 재무상태표의 자기자본을 보통주 발행주식수로 나눈 값이다.

주당장부가치(BPS: Book-value Per Share)

$$PBR = \frac{주가}{주당장부가치} = \frac{P}{BPS} \tag{10-12}$$

PBR도 PER과 함께 가치투자전략에 주로 활용되는 지표이다. 미래의 성장가능성이 높은 기업일수록 주가가 장부가치보다 높게 형성되므로 PBR은 높다. 한편, 성장성이 높은 기업이라 하더라도 자기자본 규모에 비해 PBR이 낮은 기업일수록 장부가치에 비해 주가가 저평가되었다고 해석할 수 있다. PER과 마찬가지로, 이러한 기업은 시장에서 적정한 평가를 받으면 주가가 상승할 것으로 예상할 수 있다. 실무에서는 PBR이 1보다 낮은 기업은 시장에서 **청산가치**(liquidating value)인 장부가치에 못 미치는 가격으로 저평가된 상태이며, 1보다 크면 고평가된 주식으로 판단한다. 실무에서는 이와 같이 PBR의 수치를 1을 기준으로 주가의 적정평가 여부를 판단하기도 하지만, 시장이나 동종 산업의 평균 PBR과 비교하기도 한다. 그렇지만 PBR이 낮은 기업 중에서는 실제로 부실이 예상되는 기업도 장부가치에 비해 주가가 낮을 수 있으므로 주의해야 한다.

청산가치(liquidating value)

한편, PBR은 다음 식 (10-13)과 같이 수익성 지표인 ROE와 미래 수익성에 대한 시장가치평가 요소인 PER의 곱으로 분해되며, 이는 PBR을 해석하는 데 유용하다. 따라서 주주의 자본을 활용한 이익창출력이 높고, PER이 높은 주식은 PBR도 높다.

$$PBR = \frac{주가}{주당순이익} \times \frac{주당순이익}{주당장부가치} = PER \times ROE \tag{10-13}$$

PBR과 유사한 개념으로 8장에서 살펴본 **장부가 대 시장가 비율**(B/M: Book to Market ratio)이 있다. B/M은 파마와 프렌치가 1993년에 제시한 자산가격결정모형인 3요인모형을 구성하는 가치요인이다. PBR이 1주당 장부가치에 대한 주가의 비율인 데 비해, B/M은 전체 시장가치에 대한 장부가치의 비율이다. 따라서 B/M은 PBR의 역수와 동일하다.

장부가 대 시장가 비율(B/M: Book to Market ratio)

알아두기 10.2 **시장 PER의 계산**

개별 종목 PER_i 의 비교 대상인 시장 PER_m 은 시장 전체 시가총액/시장 전체 당기순이익으로 계산한다. 즉, 개별 종목 PER_i 를 시장 전체 당기순이익에서 개별 종목 당기순이익이 차지하는 비율 (w_i) 로 가중평균한 값이다.

$$PER_i = \frac{P_i}{EPS_i} = \frac{P_i S_i}{E_i}$$

$$PER_m = \frac{\sum_i^n P_i S_i}{\sum_i^n E_i} = \sum_i^n \left(\frac{E_i}{\sum_i^n E_i} \right) \frac{P_i S_i}{E_i} = \sum_i^n w_i PER_i$$

(P_i : 주가, S_i : 발행 주식 수, E_i : 당기순이익)

10.3 기술적 분석

10.3.1 기술적 분석의 의미

기술적 분석(technical analysis)

기술적 분석(technical analysis)은 과거의 시장 정보인 주가, 거래량 등의 반복적이고 예측 가능한 패턴을 파악하여 미래의 주가를 예측하는 방법이다. 기술적 분석은 투자이익을 얻기 위하여 과거의 주가자료에 나타나는 반복적이고 예측 가능한 패턴을 찾아내는 것으로 기술적 분석가들을 차트분석가(chartists)라고도 부른다.

기술적 분석가들은 주가는 이성적 요인도 반영하지만, 비이성적이고 심리적인 요인도 반영한다고 믿는다. 그렇다고 기술적 분석가는 주가가 기업의 내재가치를 반영한다는 사실을 부인하지는 않는다. 다만, 기업의 내재가치에 관한 정보가 서서히 주가에 반영될 것이라고 믿는다. 기본적 분석가는 시장의 수요와 공급요인을 분석함으로써 기업의 내재가치를 파악하고 미래의 주가를 예측할 수 있다고 믿는 반면, 기술적 분석가는 주가는 심리적 요인도 반영되므로 이성적 요인만 분석하여 미래의 주가를 예측할 수는 없다고 생각한다. 나아가 과거의 정보인 수요 · 공급요인을 분석하는 것보다는 실시간으로 확보할 수 있는 주가를 분석함으로써 수요 · 공급요인을 더 잘 파악할 수 있다고 믿는다.

행동재무학을 연구하는 학자들은 투자자들이 이익이 나면 너무 빨리 이익을 실현하고 손실이 발생하면 손실 실현을 지연시키는 경향이 있음을 발견하였고, 이를 **처분효과(disposition effect)**라고 부른다.[6] 만약 투자자의 처분효과가 주가에 반영된다면 주가 상승 정보는 빠른 이익 실현으로 인하여 주가에 지연되어 반영될 것이다. 또한, 주가 하락 정보도 손실 실현의 지연으로 인하여 주가에 늦게 반영될 것이다. 따라서 추세 전환 시점을 빨리 포착하여 매매하는 기술적 분석가의 투자전략이 초과수익을 제공할 가능성이 있다. 행동재무학의 또 다른 연구 결과에 의하면, 투자자는 **자기과신(overconfidence)**으로 인해 합리적일 경우보다 거래를 빈번하게 한다고 한다.[7] 이를 받아들인다면, 거래량에 대한 기술적 분석을 통해 투자자의 심리를 파악할 수 있을 가능성이 있다. 또한, 여러 가지 심리지표를 통해 투자자의 심리를 파악하는 것도 의미 있는 작업일 가능성이 있다.

처분효과(disposition effect)
자기과신(overconfidence)

10.3.2 기술적 분석의 종류

기술적 분석의 기법으로는 주기이론, 차트분석, 기술적 지표, 심리 지표 등이 있다. 기술적 분석은 본래 **다우이론(Dow theory)**에서 시작되었는데, 월스트리트저널을 창간하기도 한 찰스 다우(Charles Dow)는 주가에 장·단기 추세와 조정이 존재하기 때문에 이를 파악하면 미래의 주가를 예측하는 것이 가능하다고 믿었다. 다우이론은 이후 여러 가지의 주기이론(cycle theory)으로 발전하였다.

다우이론(Dow theory)

차트분석은 주가 또는 거래량으로 차트를 그려 발견한 패턴에 근거하여 미래의 주가를 예측하는 방법이다. 주가 하락을 억제하는 **지지선(support line)**, 주가 상승을 억제하는 **저항선(resistance line)**, 주가 상승이나 하락이 지속되는 추세선(trend line) 등을 차트에 그리거나, 지지선, 저항선, 추세선이 결합한 패턴을 인식하여 미래의 주가를 예측한다.

지지선(support line)
저항선(resistance line)

기술적 지표(technical indicator)는 과거의 주가 또는 거래량으로 계산한 시장의 상태를 나타내는 지표이다. 대표적인 기술적 지표 중 하나인 **이동평균(MA: Moving Average)**은 과거 일정 기간 동안 주가의 평균이다. 기술적 분석가는 매일

이동평균(MA: Moving Average)

6) Shefrin, H. and M. Statman(1985), "The Disposition to Sell Winners Too Early and Ride Losers Too Long: Theory and Evidence", *Journal of Finance* 40, pp. 777~790.

7) Daniel, K. and D. Hirshleifer(2015), "Overconfident Investors, Predictable Returns, and Excessive Trading", *Journal of Economic Perspectives* 29, pp. 61~88.

상대강도지수(RSI: Relative Strength Index)

매일의 주가는 잡음(noise)을 가지고 있지만, 이를 일정 기간 동안 평균함으로써 이동평균은 잡음을 제거한 추세를 파악하는 데 도움을 준다고 믿는다. 단기 이동평균이 장기 이동평균을 뚫고 상승하면 골든크로스(golden cross)라고 부르며, 상승추세의 시작이기 때문에 매수시기로 인식한다. 반대로 단기 이동평균이 장기 이동평균을 뚫고 하락하면 데드크로스(dead cross)라고 부르며, 하락추세의 시작이기 때문에 매도시기로 인식한다. 흔히 사용되는 또 다른 기술적 지표로 **상대강도지수(RSI: Relative Strength Index)**가 있다. 이 지표는 과거 일정 기간 동안 가격변동폭에서 가격상승폭이 어느 정도인지를 측정해 준다. 일정 기간 동안 상승일이 많아 상대강도지수가 높은 값을 가지면 시장과열상태이고 이러한 상태가 지속되지는 않기 때문에 매도시기로 인식하고, 하락일이 많아 상대강도지수가 낮은 값을 가지면 시장침체상태이고 이러한 상태가 지속되지는 않기 때문에 매수시기로 인식한다.

공매도 잔고(short interest)

거래 불균형(trading imbalance)

심리지표(sentiment index)는 시장 참가자들의 심리 상태를 파악하기 위해 고안된 지표이다. **공매도 잔고(short interest)** 등이 흔히 사용되는 심리지표이다. 공매도 잔고는 주식을 빌려 매도한 주식들 중 환매되지 않고 남아 있는 수량이다. 공매도된 주식들은 미래에 환매수되어야 하기 때문에 공매도 잔고가 증가하는 것을 주가 상승의 신호로 인식할 수 있다. 다른 관점에서는 공매도를 한 다음 예상과 달리 주가가 상승할 경우에는 무한대의 손실을 입을 수 있기 때문에 공매도 투자자를 전문 투자자로 보고 공매도 잔고가 증가하는 것을 주가 하락의 신호로 인식한다.

과거의 시장 정보로부터 반복적이고 예측 가능한 패턴을 파악하여 미래의 주가를 예측하기만 한다면, 해당 정보가 주가나 거래량이 아니더라도 기술적 분석의 범주에 해당할 것이다. 해외 주식시장과는 달리 한국 주식시장에서는 투자자별 **거래 불균형(trading imbalance)** 정보를 시장 정보로 제공하고 있다. 거래 불균형은 단위 기간 동안 투자자가 매수한 거래량(거래대금)에서 매도한 거래량(거래대금)을 차감한 순매수량이다. 흔히, 외국인투자자나 기관투자자는 정보를 보유한 거래자(informed trader)이며, 개인투자자는 정보 보유 능력이 낮은 거래자로 간주된다. 이 같은 결과를 수용한다면, 외국인투자자나 기관투자자의 매매를 추종하고 개인투자자와 반대의 거래를 하는 전략도 기술적 분석의 범주에 속한다고 할 수 있다. 〈표 10-1〉에는 실무에서 활용되는 주요한 기술적 지표의 공식과 활용 전략이 요약되어 있다.

〈표 10-1〉 주요 기술적 지표

지표	공식	활용 전략
k일 이동평균	$\frac{P_{t-k+1}+P_{t-k+2}+\cdots+P_{t-2}+P_{t-1}+P_t}{k}$	단기 이동평균이 장기 이동평균을 상향 돌파 시 매수
이격도	$\frac{\text{당일의 주가}}{\text{25일 이동평균}}\times 100$	50% 이하이면 매수하고 150% 이상이면 매도
투자심리지표	$\frac{\text{최근 10일 중 상승일수}}{10}\times 100$	25% 이하이면 매수하고 75% 이상이면 매도
상대강도지수	$\frac{\text{14일간 상승폭 합계}}{\text{14일간 상승폭 합계} + \text{14일간 하락폭 합계}}\times 100$	30% 이하이면 매수하고 70% 이상이면 매도

10.4 주식분석과 시장 효율성

10.4.1 기본적 분석과 준강형 효율성

준강형 효율적 시장에서는 기술적 분석에 의한 투자전략은 물론 기본적 분석을 통한 투자전략도 성공할 수 없다. 많은 애널리스트들은 기본적 분석을 통해 계산한 내재가치와 실제의 시장가치를 비교하여 매수 또는 매도추천을 하게 된다. 그러나 준강형 효율적 시장에서는 내재가치를 계산하기 위해 필요한 기업의 재무 정보들은 모두 공개되어 주가에 반영되어 있다. 그러므로 이미 알려진 정보들을 종합하고 분석하여 투자전략을 구성한다 하더라도 비정상수익을 얻을 수 없다. 기존의 실증 연구들을 종합하면 애널리스트들의 종목 추천 의견 발표 시점에서는 유의한 시장 반응이 나타나지만, 그 이후의 장기간에 걸쳐서는 거래비용을 고려한 비정상수익을 얻을 수 없다고 보고되고 있다.[8)]

그렇다면 애널리스트들의 분석은 무의미한 것인가? 시장이 효율적이라는 것은

8) Asquith, P., M. B. Mikhail and A. S. Au(2005), "Information Content of Equity Analyst Reports", *Journal of Financial Economics* 75, pp. 245~282; Barber, B., R. Lehavy, M. McNichols and B. Trueman(2001), "Can Investors Profit from the Prophets? Security Analyst Recommendations and Stock Returns", *Journal of Finance* 56, pp. 531~563.

평균적으로 효율적이라는 것이지, 매 순간 효율적인 것은 아니다. 즉, 시장 효율성은 내재가치와 시장가치가 매 순간 동일하다는 것을 의미하지는 않으며, 내재가치와 시장가치의 괴리가 일시적이고 무작위적이라는 것을 의미한다. 따라서 내재가치와 시장가치 사이의 괴리가 발생할 경우, 애널리스트들이 이러한 괴리를 찾아내어 적절한 매수, 매도추천을 함으로써 그 괴리를 없애는 데 도움을 준다. 예를 들어, 본질가치에 비해 시장가치가 낮은 것으로 판단되면 애널리스트들은 매수추천을 하게 되며, 이에 따라 그 주식에 대한 수요가 증가하여 시장가치가 상승하게 된다. 물론 시장가치가 본질가치와 같아질 때 그 조정과정이 끝나게 된다. 결국, 애널리스트들의 존재로 말미암아 시장이 더욱 효율적이 된다고 볼 수 있다.

10.4.2 기술적 분석과 약형 효율성

약형 효율적 시장가설에서는 과거 시장 정보로 미래 주가를 예측할 수 없다고 보고 있다. 시장이 약형 효율적이라면, 기술적 분석은 무의미한 작업이다. 기술적 분석가는 주가의 추세나 패턴을 인식함으로써 초과수익을 얻을 수 있다고 믿고 있지만, 효율적 시장론자에 의한다면, 주가가 무작위 행보하더라도 우연히 일정한 패턴이 반복하는 것처럼 보일 수 있다고 한다. 기술적 분석가는 기업의 내재가치에 관한 정보가 서서히 주가에 반영될 것이라고 믿고 있지만, 효율적 시장론자에 의한다면, 기술적 분석에 근거한 매매에 의해 내재가치에 대한 정보가 주가에 반영되기 때문에 정보가 서서히 주가에 반영되는 현상이 지속될 수는 없다고 한다.

결국, 기술적 분석이 의미를 가지는가 여부는 시장이 약형 효율적인가 여부에 달려 있다. 과연, 시장은 약형 효율적일까? 주식시장에서는 경쟁적인 매매가 이루어진다. 시장의 비효율성이 발견된다면, 이를 포착하여 이익을 획득하는 경쟁적인 매매로 시장 비효율성이 상당히 빠른 시간 내에 해소될 것이다. 그렇다고 해서 시장이 완전히 효율적이지는 않을 것이다. 시장이 완전히 효율적이므로 기술적 분석이 그야말로 무의미할 경우 시장 비효율성이 발생한다면, 누가 시장 비효율성을 해소하는 경쟁적인 매매를 해줄 것인가? 따라서, 시장은 상당히 효율적이겠지만, 그럼에도 불구하고 어느 정도의 비효율성을 가지고 있을 것이다. 즉, 기술적 분석을 통해 이익을 획득하더라도 그 이익을 반복적인 매매를 통해서 장기적으로 획득하기는 상당히 힘들 것이며, 그 이익도 매우 크지는 않을 것이다.

결론적으로, 약형 효율적 시장에서는 기술적 분석을 통한 투자전략이 단순한 매수-보유전략보다 우월할 수 없으며, 대부분의 경험적 증거들은 이를 뒷받침하고 있다. 그럼에도 불구하고 아직도 많은 투자자들은 도표나 이동평균선 등 기술적 분석에 의존하는 경향이 있다. 투자자들이 이런 행태를 보이는 이유로는 과거 주가나 주가지수의 시계열 그래프를 그려보면 마치 일정한 패턴이 있는 것처럼 보이는 경우가 많기 때문이다. 그러나 사후적으로는 일정한 패턴이 있는 것처럼 보일지라도 이는 과거 자료를 이용하여 분석한 결과일 뿐이며, 사전적으로 예측 가능한 패턴이 존재하는 것은 아니다.

기본적 분석가는 시장의 수요와 공급요인을 분석함으로써 기업의 내재가치를 파악하고 미래의 주가를 예측할 수 있다고 믿는 반면, 기술적 분석가는 주가는 심리적 요인도 반영되므로 이성적 요인만 분석하여 미래의 주가를 예측할 수는 없다고 생각한다. 나아가 과거의 정보인 수요 · 공급요인을 분석하는 것보다는 실시간으로 확보할 수 있는 주가를 분석함으로써 수요 · 공급요인을 더 잘 파악할 수 있다고 믿는다.

그러나 기본적 분석과 기술적 분석은 상호 보완적인 측면도 있다. 기본적 분석은 개별 주식의 가치평가에, 기술적 분석은 시장 상태의 파악에 도움이 된다. 기본적 분석은 투자종목 선정에, 기술적 분석은 투자 시점 포착에 유용하다. 따라서 어느 한 가지 방법만을 맹신하고 기계적으로 적용하기보다는 두 분석의 결론을 종합적으로 파악해서 투자 의사를 결정하는 것이 바람직하다.

페어 트레이딩

페어 트레이딩(pairs trading)이란 명칭 그대로 두 개의 자산을 이용해 두 자산의 가격의 괴리가 커졌을 때 진입하고 괴리가 좁혀졌을 때 청산하는 것을 기본으로 하는 전략이다. 즉, 페어 트레이딩이란 가격 움직임이 유사한 두 개의 자산 가격의 동적 관계를 활용하여 수익을 추구하는 매매 전략으로 미래의 두 자산 가격 관계의 움직임이 과거의 움직임과 유사할 것이라는 가정 하에 매매하는 기법이다. 페어 트레이딩은 시장 상황과 관계없이 항상 절대적 수익을 추구하는 헤지 펀드(hedge funds)가 주로 활용하는 거래 기법으로 알려져 있다.

실무에서 빈번하게 활용되는 페어트레이딩 전략의 하나로는 기본적 매입–공매 전략(fundamental long–short strategy)이 있다. 이 전략의 기본 원리는 두 개의 자산을 짝으로 설정하여, 저평가된 자산은 사고 고평가된 자산은 파는 것이다. 즉, 기본적 분석을 통해 기업가치가 상승할 것으로 예상되는 종목을 매입하고 기업가치가 하락할 것으로 예상되는 종목을 공매도하여 종목의 상승과 하락 시 두 포지션에서 모두 이익을 추구하는 것이다. 매입 대상 종목의 주가가 상승하고 공매 대상 종목의 주가가 하락하면 이익이 발생한다. 따라서 두 개의 종목 간 가격 변동의 상관계수가 −1에 가까울수록 이 전략의 효과가 높다. 만일 이 두 종목을 모두 매입한다면 통상적인 포트폴리오의 위험분산효과가 나타나 위험이 최소화되면서 수익률도 낮지만, 이 페어트레이딩 전략은 매입과 공매도를 하므로 위험의 분산효과를 목적으로 하는 것이 아니다.

따라서 기본적 매입–공매 전략은 각 기업의 기업가치를 분석하고 그 기업 주가의 방향성도 함께 분석해야 수익을 얻을 수 있음을 알 수 있다. 즉, 현재 적정 수준 이상으로 고평가되어 향후 주가가 하락할 것으로 예상되는 종목은 공매도하며, 저평가되어 주가가 상승할 것으로 예상되는 종목을 매입하는 것이다. 두 종목의 주가가 예상하는 방향대로 변동한다면 큰 수익을 얻을 수 있는 반면, 주가의 움직임이 예상과 달라 손실이 발생하기도 한다.

페어트레이딩 중에서 두 개의 자산을 이용해 두 자산의 가격의 괴리가 커졌을 때 진입하고 괴리가 좁혀졌을 때 청산하는 전략을 통계적 페어트레이딩이라 한다. 이 전략은 앞서 살펴본 기본적 매입–공매 전략과 달리 두 자산 가격의 수렴에 기초를 두고 진입과 청산을 고려한다는 것이 특징이다. 따라서 통계적 페어트레이딩에는 주가가 유사하게 변동하는 종목들이 활용된다. 기본적으로 동일 업종으로 분류하는 기업의 주가는 유사하게 움직이는 경우가 일반적이다. 기업의 핵심이라 할 수 있는 이익에 영향을 주는 외부 환경을 공유하고 있기 때문에, 외부 환경 변화에 대해 공통적인 방향으로 주가가 움직이는 것이다. 이는 두 기업의 주가에 공통요인이 내포되어 있으며, 주가가 일시적으로 이탈했지만 균형가격으로 수렴한다는 기본적인 주식의 특성을 활용하는 것이다. 두 기업의 주가의 차이인 스프레드가 특정한 범위를 벗어나는 경우, 주가가 상승한 종목은 적정 균형 가격보다 고평가된 것으로 판단하여 공매하고 주가가 하락한 종목은 저평가된 것으로 판단하여 매입한다. 양 종목의 주가의 괴리가 축소되었다면 이는 두 종목의 주가가 본질가치에 회귀한 것에 대한 신호이므로 공매한 종목은 매입하여 상환하고 매입한 종목은 매도하여 청산한다. 이러한 페어트레이딩의 이익은 진입 시점의 주가 스프레드에서 청산 시점의 주가 스프레드를 뺀 값이 된다.

자료: Gatev et al.(2006), 심상범(2014), 윤주영 · 김강휘(2011)의 내용을 재정리

연·습·문·제

1. 다음 명제의 참과 거짓 여부를 판별하시오.

(1) 기본적 분석에 의한 투자전략이 성공할 수는 시장은 약형 효율적 시장이다.

(2) 기술적 분석은 주식의 내재가치를 중점적으로 분석하는 방법이다.

(3) 어떤 자산의 요구수익률이 그 자산으로부터 예상되는 수익률보다 낮다면 시장가치는 내재가치보다 작다.

(4) 가치투자에서는 PER이 낮은 종목일수록 높은 기대수익률을 요구한다.

(5) 장부가 대 시장가 비율이 낮고 주가수익비율이 높은 종목을 성장주라 한다.

(6) 차트분석은 기본적 분석의 내용에 포함된다.

(7) 배당성향이 높은 종목일수록 PER이 높다.

2. 다음 용어를 간단히 설명하시오.

(1) 내재가치

(2) 하향식 접근방법

(3) 이격도

(4) 주가순자산비율

(5) 공매도 잔고

3. 어떤 기업의 PER은 10이며, PBR은 2이다. 이 기업의 자기자본이익률(ROE)을 구하시오.

4. 주가순자산비율(PBR)과 파마－프렌치의 3요인모형에서 장부가 대 시장가 비율을 비교하여 설명하시오.

5. 어떤 회사의 주식이 1년 후 4,500원의 주가와 100원의 주당 배당이 예상된다고 하자. 이 주식의 현재의 주가는 3,800원이다.

(1) 이 주식의 1년 동안의 예상 보유기간 수익률은 얼마인가?

(2) 이 주식의 베타는 1.3, 무위험수익률은 12%, 시장포트폴리오의 기대수익률은 20%로 추정된다. 이 주식의 요구수익률은 얼마인가?

(3) 이 주식의 내재가치는 얼마인가? 또 이 주식의 내재가치와 시장가격을 비교할 때,

적절한 매매전략은 무엇인가?

6. 효율적시장가설의 옹호론자들의 입장에서 저PER주 투자전략이 높은 성과를 달성하는 이유를 PER을 결정하는 요인에 근거하여 설명하시오.

7. B 기업의 올해 주당순이익은 3,200원이며, 배당성향은 80%이다. 순이익과 배당금은 각각 매년 5%씩 성장할 것으로 예상되고 주식의 베타(β)는 1.2이다. 무위험자산수익률은 4%, 시장 포트폴리오의 위험프리미엄은 5%이다.

(1) B 기업의 ROE를 구하시오.

(2) Gordon모형으로 평가한 이 주식의 내재가치와 성장기회의 현재 가치를 구하시오.

8. C 기업은 이익의 40%를 배당으로 지급하며, 평균적으로 추정되는 자기자본이익률은 15%이다. C 기업 주식의 요구수익률은 12%이다.

(1) C 기업의 연간 배당성장률을 계산하시오.

(2) C 기업 주식의 적정 PER을 계산하시오.

(3) C 기업 주식의 기대 수익에서 매매 차익이 차지하는 비율을 계산하시오.

9. 기업 A의 연초의 발행주식 수는 10,000,000주이며, 연말에 예상되는 순이익은 200억 원이다. 기업 A는 연말에 총 80억 원을 주주에게 배당금으로 지급하고 나머지는 재투자를 위해 내부에 유보할 계획이다. 기업 A는 매 연도마다 평균적으로 자기자본이익률(ROE)을 20%로 유지하고 있다(단, 자기자본이익률 = 당기순이익 ÷ 연초 자기자본). 기업 A의 배당정책과 자기자본이익률은 연도 말 이후 계속적으로 유지될 것이며, 기업 A의 주주의 연간 요구수익률은 16%이다.

(1) 배당할인모형에 근거한 기업 A 주식의 내재가치를 구하시오.

(2) 기업 A의 재투자 정책에 따른 성장기회의 현재 가치(NPVGO)를 계산하고 기업 A 주식의 내재가치가 당기순이익을 전액 배당금으로 지급하는 정책에 따른 경우보다 높기 위한 조건을 설명하시오.

(3) 기업 A 주식의 내재가치가 시장가치와 동일할 때 연초의 미래(forward) PER과 PBR을 구하시오.

10. 기술적 지표 중에서 상대강도지수(RSI)가 어떻게 산출되는지 설명하시오.

11

CHAPTER

채권분석

채권은 원금과 이자의 지급시기와 금액이 확정되어 있는 고정소득증권이며, 투자 위험이 낮은 안전자산으로 알려져 있다. 그러나 시장의 금리변동은 채권투자의 체계적 위험으로 채권투자성과를 좌우하는 결정적 요인이다. 따라서 통제 불가능한 금리변동에 대처하여 투자위험을 관리하는 것이 채권투자전략의 핵심이며, 채권투자의 비중이 높은 기관투자자에게는 금리변동에 적절히 대처하는 채권투자전략이 매우 중요하다. 개인투자자 입장에서는 채권발행 기업이 채무 이행을 못 하면, 원금을 회수하지 못할 수도 있기 때문에 채권을 투자할 때 신용위험에 유의해야 한다. 채권투자전략의 종류에 대해서는 이자율위험을 제거하고 시장 평균 정도의 수익률을 추구하고자 하는 소극적 전략과 미래의 이자율 변동을 예측하여 시장 평균보다 높은 수익률을 추구하고자 하는 적극적 전략으로 구분하여 설명한다.

11.1 채권의 특성

채권(bond)은 정부, 공공기관, 기업이 일반 투자자로부터 장기의 대규모 자금을 조달할 때 발행하는 증권으로 일종의 차용증서이다. 채권을 보유하면 일정한 시점마다 그리고 만기에 확정된 이자와 원금의 고정소득을 지급받기 때문에 고정소득증권이라 불리기도 한다. 채권 발행자가 채무불이행을 하지 않는 한 채권 투자에 따른 미래 현금흐름의 불확실성은 거의 없다. 따라서 채권은 주식, 채권 등 위험자산에 비해 투자위험이 현저히 작다.

무이표채(zero-coupon bond)
순수할인채(pure discount bond)
이표채(coupon rate bond)
영구채(perpetual bond)

채권의 원금과 이자를 마지막으로 지급하기로 한 날을 만기일(maturity date)이라고 한다. 또, 만기일에 지급하기로 증서에 기재된 원금을 액면금액(face value)이라고 한다. 채권증서에는 원금뿐만 아니라 만기일까지 매 기간 지급하기로 약속한 이자율이 표시되어 있다. 이 이자율을 액면이자율(coupon rate)이라 하고 이에 근거하여 지급되는 금액을 액면이자(coupon)라고 한다. 액면이자는 '액면금액×액면이자율'로 계산된다. 액면이자는 발행조건에 따라 1년에 한 번 지급되기도 하고 반기 또는 분기별로 지급되기도 한다.

채권은 이자지급 유무와 만기에 따라 세 종류로 구분된다. 첫째는 **무이표채(zero-coupon bond)**로 만기까지 이자지급이 전혀 없고 만기에 가서 액면금액을 받는 채권이다. 만기에 받을 액면금액보다 할인된 가격에 발행되어 거래되기 때문에 **순수할인채(pure discount bond)**라고 불리기도 한다. 둘째는 **이표채(coupon rate bond)**로 만기까지 매 기간 일정액의 이자를 지급받고 만기에 가서 마지막 기의 이자와 액면금액을 받는 채권이다. 셋째는 **영구채(perpetual bond)**로 만기가 없이 영원히 이자만을 받는 채권이다.

채권과 주식은 여러 가지 면에서 차이가 있다. 주식의 소유자는 주주로서 주주총회 등에서 경영 의사결정에 참여할 수 있으나 채권의 소유자는 경영 의사결정에 참여할 수 없다. 주식의 발행은 자본의 증가를 수반하지만, 채권의 발행은 부채의 증가를 수반한다. 또한 채권은 회사의 청산 시 주식에 우선하여 원리금을 지급받을 권리가 있다. 이를 구체적으로 정리하면 〈표 11-1〉과 같다.

〈표 11-1〉 채권과 주식의 차이점

구 분	채 권	주 식
증권 형태	채무증권	지분증권
조달자금의 성격	타인자본(부채)	자기자본
증권의 존속 기간	한시적	영구적
보수의 형태 및 성격	확정 이자	불확정 배당
조달 원금	만기 시 원금 상환	상환 의무 없음
증권소유자의 지위	채권자	주주
경영참가권	없음	있음

11.2 채권의 가치평가

11.2.1 채권가치평가모형

먼저 이자지급이 없이 만기에 액면금액만 지급하는 무이표채(순수할인채)의 가치를 평가해 보자. 미래의 확정된 현금흐름에 대해 화폐의 시간가치를 적용한 무이표채의 현재 가치는 다음 식 (11-1)로 정리할 수 있다.

$$V = \frac{F}{(1+y)^T} \tag{11-1}$$

(V: 채권의 현재가격, F: 채권의 액면금액, T: 채권의 만기까지의 기간, y: 시장이자율)

채권시장에서 결정된 금리인 시장이자율(market interest rate)이 연 10%일 때, 액면금액이 10,000원이고 만기가 3년인 무이표채의 현재가격은 다음과 같다.

$$V = \frac{F}{(1+y)^T} = \frac{10,000}{(1+0.1)^3} = 7,513\text{원}$$

한편, 시장이자율이 연 12%일 경우의 채권가격은 다음과 같다.

$$V = \frac{10,000}{(1+0.12)^3} = 7,118\text{원}$$

위의 예에서 알 수 있듯이 시장이자율이 높을수록 채권가격은 하락하므로, 채권가격과 시장이자율은 역(−)의 관계를 갖는다. 이 관계를 그림으로 나타낸 것이 [그림 11−1]이다.

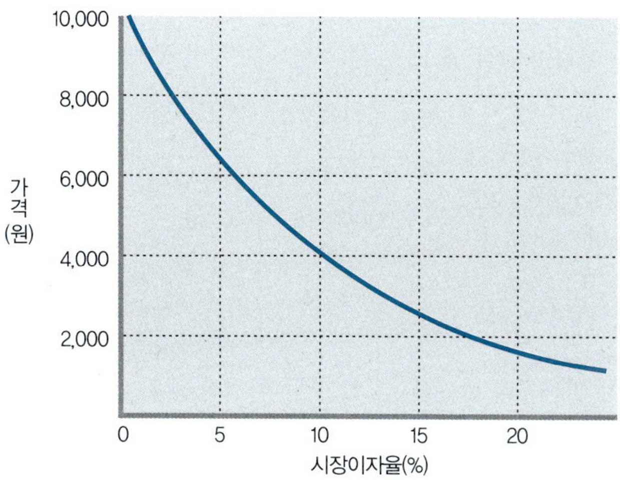

[그림 11−1] 채권가격과 시장이자율의 관계

[그림 11−1]은 액면금액이 10,000원이고 만기가 10년인 무이표채의 가격이 시장이자율에 따라 어떻게 변동하는지를 나타낸 것이다. 그림에서 그래프는 원점에 대하여 볼록한 모양을 보이는데, 이러한 볼록성(convexity)은 이자율이 하락할 때 채권가격이 상승하는 정도가 이자율이 상승할 때 채권가격이 하락하는 정도보다 크다는 것을 의미한다. 볼록성(convexity)

이제 만기에 액면금액을 받을 뿐 아니라 정해진 시점에 확정된 이자도 받는 이표채의 가치를 평가해보자. 이표채는 여러 개 무이표채의 결합으로 볼 수 있으므로 식 (11−2)와 같이 개별 무이표채의 현재 가치의 합으로 이표채의 현재 가치를 평가할 수 있다.

$$V=\sum_{t=1}^{T}\frac{C_t}{(1+y)^t}+\frac{F}{(1+y)^T} \tag{11-2}$$

여기에서 C_t는 t 시점의 액면이자로 액면금액에 액면이자율을 곱한 값이다.

시장이자율이 10%일 때, 액면금액이 10,000원이고, 액면이자율이 연 10%, 이자지급 연 1회, 그리고 만기가 3년인 이표채의 현재가격은 다음과 같이 계산된다.

$$V=\sum_{t=1}^{3}\frac{10,000\times 0.1}{(1+0.1)^t}+\frac{10,000}{(1+0.1)^3}=10,000\text{ 원}$$

만일 시장이자율이 각각 연 12%, 8%라면 이표채의 현재가격은 다음과 같다.

시장이자율이 연 12%: $V=\sum_{t=1}^{3}\frac{1,000}{(1+0.12)^t}+\frac{10,000}{(1+0.12)^3}=9,520\text{ 원}$

시장이자율이 연 8%: $V=\sum_{t=1}^{3}\frac{1,000}{(1+0.08)^t}+\frac{10,000}{(1+0.08)^3}=10,515\text{ 원}$

액면채(par bond)
할인채(discount bond)
할증채(premium bond)

위의 예에서 이표채의 액면이자율과 시장이자율이 동일할 때 채권의 현재가격과 액면금액이 같아짐을 발견할 수 있는데, 이러한 채권을 **액면채(par bond)**라고 한다. 액면이자율이 시장이자율보다 낮다면 채권의 현재가격은 액면금액보다 낮아지게 되며, 이를 **할인채(discount bond)**라고 한다. 액면이자율이 시장이자율보다 높다면, 채권의 현재가격은 액면금액보다 높아지게 되며, 이를 **할증채(premium bond)**라고 한다. 만기에 가까워질수록 채권의 시장가격은 액면금액으로 수렴하며, 만기의 채권가격은 액면금액이 된다.

영구채(perpetual bond)

일반적인 채권은 기간이 유한하지만, 특수한 경우 현금흐름의 발생이 무한할 수도 있다. 예를 들어, 만기가 없는 채권의 경우 투자 원금에 대하여 원금의 상환이 없이 기간마다 일정 금액의 액면이자를 영구히 받게 된다. 이와 같은 채권을 **영구채(perpetual bond)**라 한다. 영구채는 원금 상환이 필요하지 않기 때문에 채권의 성질을 상실하고 주식의 특징을 가진 신종증권이다. 영구채의 가치는 만기가 없이 매년 일정한 배당을 무한히 지급하는 주식의 가치를 평가하는 고정배당모형인 식

(10−4)와 유사하게 액면이자를 시장이자율 y로 나누어 계산한다.[1)]

$$V = \frac{C}{y} \tag{11-3}$$

11.2.2 만기와 채권가격

만기가 길면 길수록 이자율 변동에 따른 채권가격의 변동은 커지게 된다. 이를 확인하기 위해 만기가 2년인 채권과 10년인 채권의 가격이 시장이자율의 변동에 따라 어떻게 변하는지를 살펴보자. 이 두 채권의 액면이자율은 10%, 액면금액은 10,000원이라고 하자. 시장이자율이 10%인 경우에는 두 채권의 가격이 모두 10,000원으로 동일하다. 이는 시장이자율과 액면이자율이 같으면, 채권가격과 액면금액이 같아지기 때문이다.

이제 시장이자율이 변동할 경우 각 채권의 가격이 어떻게 달라지는지를 [그림 11−2]에서 보기로 하자. [그림 11−2]에서 보는 것과 같이 만기가 긴 채권의 가격은 시장이자율이 변함에 따라 더 크게 변동한다. 즉, 만기가 긴 채권일수록 이자율 위험이 크다. 따라서 투자자들은 이러한 위험에 대한 보상으로 만기가 긴 채권에 대하여 더 높은 이자율을 요구하는 것이 일반적이다.

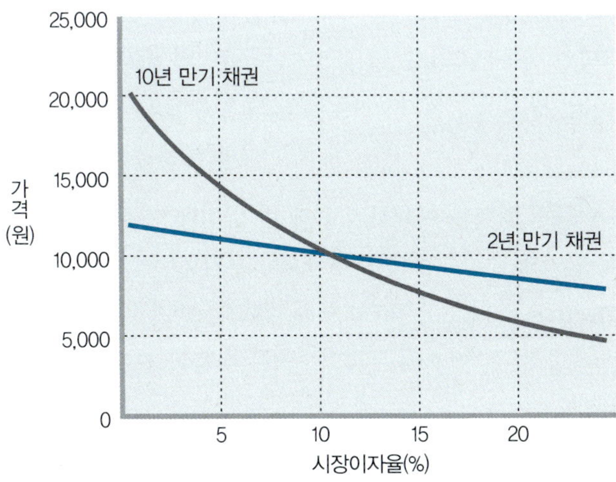

[그림 11−2] 만기와 채권가격의 관계

1) 이 관계식은 2장의 (2−6)과 동일한 식임을 확인할 수 있다.

11.2.3 만기수익률

만기수익률(YTM: Yield To Maturity)

지금까지는 채권으로부터 발생되는 현금흐름을 적절한 할인율로 할인하여 채권의 가격을 계산하였다. 이와 반대로 채권가격이 시장에서 형성되어 있을 때 이 채권의 수익률(할인율)을 계산할 수도 있는데, 이는 대표적인 시장이자율 지표가 된다. 여기서 채권의 수익률이란 식 (11−2)에서 y와 같이, 채권으로부터 얻을 수 있는 현금흐름의 현재 가치와 채권의 시장가격을 일치시켜 주는 할인율로서 채권투자에 대한 내부수익률에 해당한다. 앞의 4장에서 이미 언급한 대로 이 수익률을 **만기수익률(YTM: Yield To Maturity)**이라 부르는데, 시장에서 유통되는 채권은 만기수익률로 매매되기 때문에 이를 유통수익률이라 부르기도 한다. 일반적으로 채권의 가치평가에 적용되는 시장이자율은 바로 만기수익률이다.

예를 들어, 액면금액이 10,000원이며, 액면이자율이 10% 그리고 만기가 3년인 채권이 있고 이 채권이 현재 9,200원의 가격으로 거래된다고 하자. 이와 같이 채권의 가격을 알고 있을 때 채권의 만기수익률을 구하려면 식 (11−2)를 이용하여 계산할 수 있다.

$$9,200 = \frac{1,000}{(1+y)} + \frac{1,000}{(1+y)^2} + \frac{1,000}{(1+y)^3} + \frac{10,000}{(1+y)^3}$$

이 식을 만족시키는 y값은 13.41%이며, 이것이 바로 채권의 만기수익률이다. 채권의 만기가 2년인 경우는 2차방정식을 손으로 풀어서 y값을 구할 수 있지만, 만기가 그 이상이 되면 방정식을 풀기가 어려우므로 엑셀에 내장된 함수를 이용하여 구할 수 있다.

연실효수익률(EAR: Effective Annual Return)

이제 만기수익률의 의미를 이해하기 위해 만기 전에 지급된 이자를 13.41%로 재투자할 경우의 만기의 투자회수액을 구한 후, 투자회수액과 투자액으로 **연실효수익률(EAR: Effective Annual Return)**을 구해보자. 먼저 만기 전에 지급된 이자를 13.41%로 재투자할 경우, 만기의 투자회수액은 다음과 같이 구해진다.

$$1,000(1+0.1341)^2 + 1,000(1+0.1341)^1 + 1,000 + 10,000 = 13,420\text{ 원}$$

9,200원을 3년간 투자하여 총 13,420원을 회수하였으므로 연실효수익률은 다음 식을 만족하는 r을 구하면 된다.

$$9,200(1+r)^3 = 13,420\text{원}$$

이렇게 해서 구해진 연실효수익률은 13.41%로 만기수익률과 동일하다. 따라서 만기수익률은 채권을 만기까지 보유하고 만기 이전에 발생한 이자 수입을 만기수익률로 재투자할 경우의 연실효수익률임을 알 수 있다.

여기에서 만기수익률이 13.41%이라고 해서 만기까지 보유해서 13.41%의 연수익률이 확정되는 것은 아님에 주의하자. 만기 이전에 발생한 이자 수입을 만기수익률에 재투자할 경우, 13.41%를 획득할 수 있지만, 실제 투자에서는 재투자시점에 이자율이 13.41%는 아니기 때문이다. 이표채를 만기까지 보유한다고 해서 만기수익률을 확정할 수는 없다. 다만, 지급이자의 재투자수익률이 전체 투자수익률에 미치는 효과가 그렇게 크지 않기 때문에 이자율 변동으로 인한 투자위험이 큰 것은 아니다. 한편, 무이표채는 만기 이전에 이자 수입이 발생하지 않기 때문에 만기까지 보유하면 만기수익률이 확정된다.

알아두기 11.1 엑셀을 이용한 만기수익률 계산

채권의 만기수익률은 상기한 대로 일종의 내부수익률(IRR: Internal Rate of Return)이므로 엑셀의 IRR 함수를 이용하면 쉽게 구할 수 있다. 엑셀에서 IRR 함수에 이자와 원금의 현금유입액은 양수로, 채권가격은 음수로 입력한다. 액면금액은 10,000원이며, 액면이자율이 10%, 그리고 만기가 3년인 채권의 가격이 9,200원일 때 만기수익률은 다음과 같다.

E1 =IRR(A1:D1)

	A	B	C	D	E	F
1	-9200	1000	1000	11000	13.41%	
2						

11.2.4 채권수익률의 구조

채권시장에는 기업이나 정부와 같이 여러 발행주체가 발행한 채권이 거래되고 있으며, 이 채권들의 수익률은 각기 다르다. [그림 11-3]은 정부가 발행한 국고채권과 기업이 발행한 무보증 AAA 등급 공모 회사채에 대한 2015년 7월 31일의 시가평가수익률의 그래프이다. 그래프에서 동일한 발행자가 발행한 채권이라도 채권만기의 차이에 따라 채권의 수익률이 달라짐을 알 수 있다. 4장에서 살펴본 대로

이자율의 기간구조
기간스프레드
수익률곡선

이러한 관계를 **이자율의 기간구조**라 하며, 이때의 수익률 차이를 **기간스프레드**라 한다. 또한 이와 같이 만기와 수익률의 관계를 나타낸 그림을 **수익률곡선**이라 하는 것 역시 4장에서 살펴본 바 있다.

신용스프레드(credit spread)

[그림 11-3]에서는 동일한 만기의 채권이라 하더라도 국고채와 회사채의 수익률 간에 차이가 있다. 채권은 투자에 따른 미래 현금흐름인 원금과 이자가 확정되어 있다는 점에서 주식과 달리 현금흐름의 불확실성이 거의 없다. 그렇다고 해서 채권 투자자가 위험을 전혀 부담하지 않는 것은 아니다. 예를 들어, 채권을 발행한 기업이 부실화하여 지급불능상태에 처하면 원금과 이자를 약속대로 지급하지 못할 수도 있다. 이러한 위험을 신용위험 또는 채무불이행 위험이라 부른다. 한편 이와 같이 채권의 발행조건이나 발행주체가 가진 신용위험 수준의 차이로 인해 채권의 수익률에 체계적인 차이가 나타나는 것을 채권수익률의 신용위험구조(credit risk structure of interest rates)라 한다. 또한 신용위험을 가진 채권에 투자하는 투자자는 신용위험이 없는 채권에 비해 높은 수익률을 요구하게 되는데, 이때의 수익률 차이를 **신용스프레드(credit spread)**라 한다. 신용스프레드는 위험채권과 동일한 만기와 액면이자율을 갖는 무위험채권의 수익률 간의 차이로 계산된다. 실무에서 신용스프레드를 계산할 때는 국채(재정증권) 3개월물을 무위험채권으로 간주한다.

이자율의 기간구조와 채권수익률의 신용위험구조를 함께 정리하면, 만기가 1년

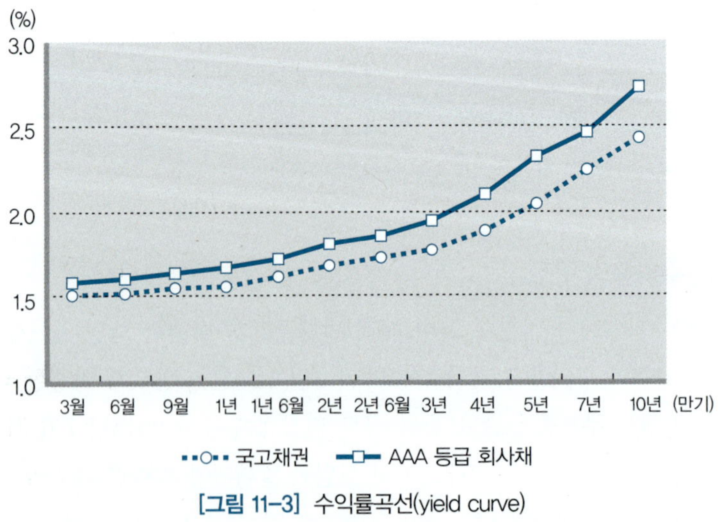

[그림 11-3] 수익률곡선(yield curve)

자료: 금융투자협회 채권정보센터(http://www.kofiabond.or.kr)

이상인 장기 위험채권의 수익률은 다음과 같이 결정된다.

장기위험채권 수익률 = 무위험채권수익률 + 기간스프레드 + 신용스프레드

예를 들어, [그림 11-3]의 수익률 곡선에서 국채(재정증권) 3월물의 수익률은 1.51%이며, AAA 등급 회사채 3월물의 수익률은 1.59%이다. 또한, AAA 등급 회사채 3년물의 수익률은 1.96%이므로 신용스프레드는 0.08%p이며, 기간스프레드는 0.37%p이다.

11.3 이자율위험과 듀레이션

이자율이 변동하면 채권가격도 변동하며, 상기한 대로 이자율과 채권가격은 역의 관계에 있다. 채무불이행위험이 거의 없고 원금과 이자의 지급이 확정되어 있는 국채조차도 이자율 변동에 따라 채권가격이 변동하고 이자의 재투자수익이 변동하는 위험을 가진다. 이와 같이 이자율의 변동에 따라 채권 투자수익이 변동하는 위험을 **이자율위험**(interest rate risk)이라고 한다.

이자율위험(interest rate risk)

이자율위험은 **가격위험**(price risk)과 **재투자위험**(reinvestment risk)으로 나눌 수 있다. 가격위험은 이자율 변동에 따라 채권가격이 변동하는 위험을 말한다. 이자율이 상승하면 채권가격은 하락하고 이자율이 하락하면 채권가격은 상승하게 된다.

가격위험(price risk)

재투자위험(reinvestment risk)

한편, 이표채에 투자하는 경우 투자자는 매기마다 이자를 지급받고 지급받은 이자를 재투자하게 되는데, 시장이자율이 변동하면 재투자의 성과가 처음에 예상했던 것과 달라진다. 이처럼 재투자위험은 각 기간 지급받는 이자를 재투자할 때 이자율이 변동함에 따라 재투자수익이 달라지는 위험을 말한다. 이자율이 상승하면 재투자수익은 상승하고 이자율이 하락하면 재투자수익은 하락하게 된다. 이자율 변동으로 인한 재투자수익의 변동과 채권가격의 변동은 반대 방향이기 때문에 그 효과가 서로 상쇄된다. 따라서 두 가지 상반되는 영향이 정확하게 상쇄되도록 함으로써 이자율위험을 제거할 수 있는데, 이를 위해 이용되는 개념이 바로 **듀레이션**

듀레이션(duration)

(duration)이다.[2)]

듀레이션은 이자율 변동에 대한 채권가격의 민감도이며, 각 기간의 현금흐름의 현재 가치가 채권가격에서 차지하는 비중에 따라 가중 평균한 만기로 계산된다. 듀레이션의 계산식은 다음 식 (11-4)와 같다.

$$D \equiv -\frac{\Delta P/P}{\Delta y/(1+y)} = \frac{\sum_{t=1}^{T} \frac{CF_t}{(1+y)^t} \times t}{\sum_{t=1}^{T} \frac{CF_t}{(1+y)^t}} \qquad (11-4)$$

(P: 채권가격, y: 만기수익률, CF_t : t기에 실현되는 현금흐름)

채권가격의 탄력성 (elasticity)

식 (11-4)에서 두 번째 식은 듀레이션의 정의를 나타내는 식이다. Δy는 만기수익률의 매우 미세한 변동이며, $\Delta y/(1+y)$는 이러한 만기수익률의 변화율이다.[3)] 또한, ΔP는 채권가격의 변동이며, $\Delta P/P$는 채권가격의 변화율이다. 따라서 두 번째 식은 듀레이션이 $(1+y)$의 변화율에 대한 채권가격 변화율의 비율이며, 이는 결국 만기수익률 변동에 대한 **채권가격의 탄력성**(elasticity)임을 의미한다. 수익률의 변동과 채권가격 변동 간에는 역의 관계가 있기 때문에 위 식에서 보듯이 식의 앞에 마이너스(−)가 붙으면 듀레이션은 양수가 된다.[4)]

세 번째 식은 듀레이션을 계산하는 방법을 보여주는 식이다. $\frac{CF_t}{(1+y)^t}$는 t 시점의 현금흐름(이자 또는 원금)의 현재 가치를 나타낸다. 분모의 $\sum_{t=1}^{T} \frac{CF_t}{(1+y)^t}$는 모든 시점의 현금흐름의 현재 가치를 합한 것이므로 채권가격이 된다. 따라서 위 식은 채권의 전체 가치에서 t 시점의 현금흐름의 현재 가치가 차지하는 비중을 가중치로 하여 현금흐름의 회수 기간을 평균한 값이다. 이는 듀레이션이 현재의 채권가격인 투자원금을 현재 가치 기준으로 회수하는 데 걸린 실질적인 평균회수기간임을 의미한다.

---

2) Macaulay, F.(1938), *Some Theoretical Problems Suggested by the Movements of Interest Rates, Bond Yields and Stock Prices in the United States since* 1865, National Bureau of Economic Research.

3) 정확히 말하면 $\Delta y = \Delta(1+y)$ 이므로 $\Delta y/(1+y)$는 결국 $(1+y)$의 변화율이다.

4) 식 (11-4)의 듀레이션을 $(1+y)$로 나눈 값을 수정 듀레이션(modified duration)이라고 한다.

예를 들어, 3년 만기이고 액면 이자율 10%, 이자는 연 1회 지급, 만기수익률 10%, 그리고 액면 금액이 10,000원인 채권의 듀레이션은 다음과 같다.

$$D=\frac{\sum_{t=1}^{T}\frac{CF_t}{(1+y)^t}\times t}{\sum_{t=1}^{T}\frac{CF_t}{(1+y)^t}}=\frac{\frac{1,000}{(1+0.1)^1}\times 1+\frac{1,000}{(1+0.1)^2}\times 2+\frac{11,000}{(1+0.1)^3}\times 3}{\frac{1,000}{(1+0.1)^1}+\frac{1,000}{(1+0.1)^2}+\frac{11,000}{(1+0.1)^3}}=2.736\text{년}$$

또는 다음과 같은 표를 구성하여 듀레이션을 계산할 수 있다. 즉, 각 시점 현금흐름의 현재 가치와 만기를 곱한 값을 모두 더한 다음, 현재 가치의 합계로 나누면 된다. 듀레이션이 2.736이라는 의미는 이 채권의 만기가 3년이라 하더라도 채권 보유자가 이자와 원금을 회수하는 실질적인 기간은 2.736년임을 의미한다. 또한, 이는 현재 $(1+y)$의 1%만큼 만기수익률이 증가할 경우 채권가격은 2.736% 하락할 것으로 예상됨을 의미한다.[5] 채권의 보유자 입장에서는 듀레이션이 짧은 채권일수록 빠른 시기에 원리금을 회수할 수 있으며, 가격변동위험을 낮출 수 있다.

만기	현금흐름	현재가치 할인요소	현재가치	현재가치×만기
1	1,000	0.909	909.09	909.09
2	1,000	0.826	826.45	1,652.89
3	11,000	0.751	8,264.46	24,793.39
계			10,000.00	27,355.37
듀레이션				2.736

듀레이션은 다음과 같은 특성을 갖고 있다.

① 무이표채의 듀레이션은 만기와 같다. 무이표채는 현금흐름이 만기에만 발생하기 때문이다.

② 만기가 길수록 듀레이션은 길어진다. 듀레이션은 가중평균 만기이기 때문이다.

③ 액면이자율이 낮을수록 이표채의 듀레이션이 길어진다. 액면이자율이 낮을수록 만기 이전의 시점에 대한 가중치가 작아지기 때문이다.

5) 현재 $1+y=1.1$ 이고 $\frac{(1.1+\Delta y)-1.1}{1.1}=0.01$ 일 때, $\Delta y=0.011$ 이므로 이는 만기수익률이 1.1%p 증가한 것과 같다.

④ 만기수익률이 낮을수록 이표채의 듀레이션은 길어진다. 만기수익률이 낮을수록 만기 시점의 현금흐름이 할인되는 효과가 낮아져 가중치가 커지기 때문이다.

⑤ 이자지급기간이 길수록 이표채의 듀레이션은 길어진다. 예를 들어, 이자지급 기간이 6개월인 경우보다 1년인 경우 만기 시점의 현금흐름이 덜 할인되어 가중치가 더 커질 것이다.

⑥ 영구채권의 듀레이션은 $\frac{1+y}{y}$로 일정하다.

상기한 대로 이표채의 듀레이션은 각 시점 현금흐름의 현재 가치를 가중치로 한 가중평균만기이다. 그런데, 이표채는 여러 개의 서로 다른 만기를 가지는 무이표채의 결합과 마찬가지이다. 즉, 이표채는 여러 개의 무이표채의 포트폴리오로 볼 수 있으며, 개별 무이표채의 듀레이션(만기와 동일)을 투자 비중에 따라 가중한 평균값이 이표채의 듀레이션이 되는 것이다. 마찬가지 원리가 채권 포트폴리오의 듀레이션에도 적용된다. 즉, 만기수익률이 동일한 채권으로 구성된 포트폴리오의 듀레이션은 개별 채권의 듀레이션을 투자 비중에 따라 가중한 평균값으로 계산할 수 있다. 예를 들어, 만기수익률이 동일하며, 듀레이션이 6년인 A 회사채와 3년인 B 회사채에 각각 200만 원과 100만 원을 투자한 채권 포트폴리오의 듀레이션은 다음과 같다.

$$\frac{2}{3}\times 6+\frac{1}{3}\times 3=5\text{년}$$

알아두기 11.2 듀레이션의 도출

$$D\equiv -\frac{\Delta P/P}{\Delta y/(1+y)}=-\frac{\Delta P}{\Delta y}\times\frac{(1+y)}{P}$$

$$=\sum_{t=1}^{T}\frac{t\times CF_t}{(1+y)^{t+1}}\times\frac{1+y}{P}=\frac{1}{1+y}\sum_{t=1}^{T}\frac{t\times CF_t}{(1+y)^t}\times\frac{1+y}{P}$$

$$=\frac{\sum_{t=1}^{T}\frac{t\times CF_t}{(1+y)^t}}{P}$$

11.4 채권투자전략

채권투자에서도 주식투자와 같이 **소극적 투자전략**(passive strategy)과 **적극적 투자전략**(active strategy)이 사용될 수 있다. 소극적 투자전략에서는 채권가격이 공정하게 결정된 균형가격이어서 우월한 정보나 예측능력을 이용하여 시장평균보다 더 좋은 투자성과를 거둘 수 없다고 본다. 따라서 소극적 투자전략에서는 가능한 한 적은 위험을 부담하도록 하는 잘 분산된 채권 포트폴리오를 구성하고, 이자율 변동위험을 최소화하는 것이 가장 중요한 과제가 된다.

소극적 투자전략(passive strategy)
적극적 투자전략(active strategy)

적극적 투자전략에서는 채권가격이 이용 가능한 모든 정보를 충분히 반영하지 못하고 있어서 우월한 정보나 예측능력을 이용하여 시장평균보다 높은 수익률을 얻을 수 있다고 본다. 따라서 적극적 투자전략에서는 미래의 이자율 변동을 예측하거나 사실상 동일한 채권이 서로 다른 가격으로 거래되는지를 알아내고자 노력한다. 적극적 투자전략은 이자율 예측능력이 있는가 여부에 따라 시점선택전략, 저평가 채권 선택 능력이 있는가의 여부에 따라 채권선택전략으로 분류되기도 한다.

11.4.1 소극적 투자전략

소극적 투자전략으로 대표적인 것으로는 채권포트폴리오의 **만기보유전략**(buy and hold strategy), **채권지수펀드투자**(bond indexing) 그리고 **면역전략**(immunization strategy)이 있다.

만기보유전략(buy and hold strategy)
채권지수펀드투자(bond indexing)
면역전략(immunization strategy)

(1) 만기보유전략

만기보유전략은 가장 단순한 형태의 소극적 전략으로 채권을 매입하여 만기까지 보유함으로써 투자시점에서 미리 투자수익을 확정하는 전략이다. 미래이자율에 대한 예측이 필요 없으며, 이자율 변동에 따른 채권가격의 등락을 고려하지 않는다. 이 전략은 채권 보유에 따른 이자수입과 이자의 재투자에 따라 수익이 결정되며, 부채의 성격이 비교적 장기인 보험회사나 연기금 등이 주로 이용한다. 또한, 수익률이 비교적 안정적이고 수익률곡선이 우상향하는 시장에서 유용한 전략으로 사용할 수 있다.

만기보유전략으로는 사다리형 만기구성전략(laddered maturity)과 바벨형 만기구성 전략(barbell maturity)이 있다. 사다리형 만기구성전략은 채권 보유량을 잔존

기간마다 동일하게 유지하여 이자율 변동의 위험을 평준화시키고 적정 수익수준을 확보하려는 전략이다. 단기채부터 장기채까지 균등하게 포트폴리오를 구성하여 일정 수준만큼 상환되기 때문에 유동성 확보 및 포트폴리오 관리가 용이하고, 이자율 예측이 별도로 필요 없으며, 유동성이 필요할 경우 높은 수익률 수준에서는 단기채, 낮은 수익률 수준에서는 장기채를 매각하여 채권포트폴리오의 수익을 제고할 수 있다.

바벨형 만기구성 전략은 단기 채권과 장기 채권으로만 포트폴리오를 구성하는 전략이다. 단기채의 유동성과 장기채의 높은 수익성이 조화를 이루어, 각각의 단점을 보완하면서 위험을 상쇄시킨다. 향후 수익률 하락이 예상될 때는 단기 채권보다 가격상승폭이 큰 장기 채권의 편입을 증가시키고, 수익률 상승이 예상될 때는 장기 채권보다 가격하락폭이 상대적으로 적은 단기 채권의 비중을 증가시킨다.

(2) 채권지수펀드투자

채권지수펀드란 특정한 채권지수가 가지고 있는 위험-수익의 관계를 복제(replicate)하여 채권지수의 성과와 같게 할 수 있도록 채권펀드를 설정하는 것이다. 개인투자자는 개별 금융회사의 고객으로서 소액채권 투자를 할 수는 있지만, 거래비용이 상당히 크므로 직접투자는 권장할만한 투자대안이 되지 못한다. 일반투자자가 안정적이면서 예금이자율보다 높은 수익을 올릴 수 있는 채권 투자를 하는 현실적인 방법은 채권 간접투자이다. 특히, 채권지수펀드는 광범위한 채권에 투자함으로써 신용위험을 최소화할 수 있다는 점에서 일반 투자자가 활용할 수 있는 유용한 투자대안이다.

(3) 면역전략

면역전략이란 이자율위험을 전부 제거하여 시장이자율의 변동으로부터 채권 포트폴리오의 가치가 영향을 받지 않도록 하려는 방법이다. 면역전략에는 순자산가치 면역전략, 목표시기 면역전략, 현금흐름 대응전략 등이 있으며, 일반 투자자보다는 전문적인 투자자가 활용할 수 있는 투자 대안이다.

① 순자산가치 면역전략

순자산가치 면역전략
(net worth immunization strategy)

순자산가치 면역전략(net worth immunization strategy)이란 이자율위험을 없애기 위해 순자산가치를 일정하게 유지시킬 목적으로 자산과 부채의 듀레이션을 일치시키는 것을 말한다.

흔히, 은행의 부채는 대개 만기가 짧고 변동금리를 지급하며, 자산은 만기가 길고 고정금리를 받게 된다. 이 경우 이자율이 상승하면 자산가치가 부채가치보다 큰 폭으로 하락하여 금융기관의 순자산가치가 하락하게 된다. 이러한 위험을 회피하기 위해 자산과 부채의 평균만기, 즉 듀레이션을 같게 하면 이자율 변화에 따른 순자산가치의 하락 위험을 피할 수 있게 된다. 흔히 금융기관의 **자산부채종합관리(ALM: Asset Liability Management)**에서 다루는 **갭 관리(gap management)**가 그것인데, 듀레이션 갭을 0이 되게 하는 포트폴리오를 구성함으로써 순자산가치의 면역을 가능하게 해 준다.

자산부채종합관리(ALM: Asset Liability Management)

갭관리(gap management)

② 목표시기 면역전략

목표시기 면역전략(target date immunization strategy)이란 목표기간, 즉 부채의 듀레이션과 같은 듀레이션을 가진 채권 포트폴리오에 투자함으로써 이자율위험을 줄이려는 전략이다. 재투자위험과 가격위험을 정확하게 상쇄시킴으로써 채권 포트폴리오의 미래가치가 이자율 변동위험에 노출되지 않도록 하는 것이다. 예컨대, 연금기금과 같은 기관투자자는 일정시기에 일정금액을 연금으로 지급하여야 하는 채무를 지고 있다. 이런 투자자는 어떤 목표시기의 연금지급액을 큰 차질이 없이 마련할 수 있도록 기금을 운용하여야 하기 때문에, 주식 포트폴리오와 같이 위험이 큰 투자기회에 투자할 수 없으며, 미래 현금흐름이 약정되어 있는 채권에 많은 투자자금을 투자하게 된다. 채권에 투자한다고 해서 그것만으로 목표시기의 채무에 대비할 수 있는 것은 아니다. 만일 이자율변동이 발생하면 목표시기에 얻어지는 현금흐름도 달라질 수 있기 때문이다. 따라서 이런 투자자들은 이자율 변동이 발생한다 하더라도 채권 포트폴리오의 미래가치가 이자율 변동의 영향을 받지 않고 예정된 금액에 도달하도록 하는 투자전략을 필요로 한다.

목표시기 면역전략(target date immunization strategy)

목표시기 면역전략은 듀레이션의 개념을 이용하는 전형적인 면역전략이다. 목표시기와 동일한 듀레이션을 갖는 채권 포트폴리오를 선택함으로써, 목표시기의 미래가치가 이자율 변동의 영향을 받지 않도록 하는 투자전략이 목표시기 면역전략이다. 이를테면, 5년 후에 목돈이 필요한 투자자는 5년의 듀레이션을 갖는 채권을 선택한다. 이 경우, 이자율이 상승하면, 5년 후 매각할 채권의 가치는 하락하지만, 지급이자의 재투자가치가 상승함으로써 5년 후 확보할 수 있는 투자회수액을 일정하게 유지하게 된다.

③ 현금흐름 대응전략

현금흐름 대응전략(cash flow matching)

현금흐름 대응전략(cash flow matching)이란 미래의 현금유출과 같은 크기의 현금유입이 동일한 시기에 얻어지도록 채권 포트폴리오를 구성하는 것을 말한다. 예를 들어, 1년 후에 1,000만 원이 필요하다면 1년 후에 만기가 되면서 원금과 이자를 포함하여 1,000만 원이 되는 채권에 투자하는 것이다.

현금흐름 대응전략은 미래의 현금지출이 여러 시점에 걸쳐 존재하는 경우에 효과적으로 활용될 수 있다. 이러한 경우 포트폴리오 관리자는 매기에 지급해야 할 채무액들과 대응되는 현금흐름이 만들어지도록 무이표채와 이표채를 결합할 수 있다.

알아두기 11.3 듀레이션 갭 관리 모형

자산을 A, 부채를 L이라 할 때 순자산가치(K)의 변화는 듀레이션의 정의식 (11-4)를 이용하여 다음과 같이 표현할 수 있다.

$$\begin{aligned}\Delta K &= \Delta A - \Delta L \\ &= -D_A A\frac{\Delta y}{1+y} + D_L L\frac{\Delta y}{1+y} = -(D_A A - D_L L)\frac{\Delta y}{1+y} \\ &= -(D_A - \frac{L}{A}D_L)A\frac{\Delta y}{1+y}\end{aligned}$$

듀레이션 갭 관리는 순자산가치의 듀레이션 갭$\left(D_A - \frac{L}{A}D_L\right)$을 0으로 조정하는 것이다.

11.4.2 적극적 투자전략

적극적 채권투자전략에서는 채권시장이 완전히 효율적이지 않다고 보고 미래에 대한 예측이나 채권분석을 통하여 시장평균 이상의 투자성과를 추구한다. 시점선택전략은 이자율 예측에 근거하여 채권 포트폴리오를 구성하며, 채권선택전략은 상대적으로 저평가되어 있는 채권에 투자하는 전략이다.

(1) 시점선택전략

시점선택전략은 이자율 예측에 근거하여 채권 포트폴리오를 구성하는 전략을 말한다. 기본 원리는 이자율 하락이 예상되면 채권을 매입하고, 이자율 상승이 예상되면 채권을 매도하는 것이다. 시점선택전략으로 대표적인 것은 수익률곡선타기, 이자율예상스왑이다.

수익률곡선타기(riding yield curve)
수익률곡선타기(riding yield curve)는 수익률곡선 형태를 이용하는 스왑이다. 수익률곡선이 우상향하고 수익률곡선의 형태가 변하지 않을 것으로 예상되는 경우, 장기채를 매입하여 일정 기간 보유한다. 예상대로 된다면, 잔존만기가 감소함에 따라 수익률곡선에 따라 수익률이 하락하고 그 결과, 채권가격 상승의 자본차익을 획득하고 다시 장기채를 매입함으로써 지속적으로 수익률곡선으로부터의 자본차익 기회를 추구하게 된다.[6]

이자율예상스왑(rate anticipation swap)
이자율예상스왑(rate anticipation swap)은 이자율 변동 예상에 근거하여 상대적으로 유리한 채권을 매입하고 불리한 채권을 매도하는 전략이다. 이를테면, 수익률곡선이 평행 하락할 것으로 예상된다면, 동일한 이자율 변동에 대해 듀레이션이 긴 채권의 가격이 더 많이 상승할 것이다. 따라서 듀레이션이 짧은 채권을 매도하고 듀레이션이 긴 채권을 매입하게 된다.

(2) 채권선택전략

채권선택전략은 상대적으로 저평가되어 있는 채권에 투자하는 것을 말한다. 기본원리는 상대적으로 저평가되어 있는 채권을 매입하고 고평가되어 있는 채권을 매도하는 것이다. 채권선택전략으로 대표적인 것은 대체스왑과 시장 간 스프레드스왑이다.

대체스왑(substitution swap)
듀레이션일치스왑(duration matched swap)
대체스왑(substitution swap)은 액면이자율, 만기, 신용등급 등에서 사실상 동일한 두 채권의 가격에 차이를 보일 경우, 상대적으로 비싼 채권을 매도하고 싼 채권을 매입하는 것을 말한다. 대체스왑의 또 다른 변형으로 **듀레이션일치스왑**(duration matched swap)이 있다. 이를테면, 3년 만기 채권이 상대적으로 고평가되어 있다고 하자. 그렇지만 동일한 듀레이션의 채권이 존재하지 않는 경우, 2년 만기 채권과 5년 만기 채권으로 포트폴리오를 구성하되, 3년 만기 채권과 동일한 듀레이션을 가지도록 만드는 것이다. 이 경우, 3년 만기 채권을 매도하고 2년 만기 채권과 5년 만기 채권 포트폴리오를 매입함으로써 수익률 차이를 획득할 수 있다.

시장 간 스프레드스왑(intermarket spread swap)
시장 간 스프레드스왑(intermarket spread swap)은 수익률 스프레드 예상에 근

6) 이러한 수익률곡선의 효과를 롤링효과(rolling effect)라 한다.

거하여 상대적으로 가격이 상승할 채권을 매입하고 하락할 채권을 매도하는 전략이다. 이를테면, 경기 국면이 호황에서 불황으로 전환될 경우 회사채와 국고채 간의 신용스프레드는 상승할 것이다. 이는 회사채의 수익률이 상대적으로 상승하므로 채권가격은 하락하고, 안전성이 높은 국고채의 수익률은 상대적으로 하락하므로 채권가격은 상승할 것임을 의미한다. 이 경우 회사채는 매도하고 국고채를 매입하는 시장 간 스프레드스왑을 통해 채권 가격 차이의 이익을 획득할 수 있다.

신용스왑(credit swap)

신용스왑(credit swap)은 보유하고 있는 채권 발행기업의 신용도가 변동하는 경우 신용도의 개선이 예상되는 채권으로 교체하는 전략이다. 예를 들어, 신용등급 상승이 예상되는 회사채는 수익률 하락에 따라 채권가격이 상승할 것이므로 매입해야 하며, 신용등급 하락이 예상되는 회사채는 수익률 상승에 따라 가격이 하락하므로 매도한다.

이론과 현실

보험사의 자산 · 부채 듀레이션 역전 현상과 위험기준 자기자본제도

삼성화재의 자산 듀레이션이 2013년 3월 처음으로 부채 듀레이션을 역전했다. 2013년 3월 말 결산에서 삼성화재는 자산과 부채 듀레이션이 각각 4.52와 4.20을 기록, 처음으로 자산 듀레이션이 부채 듀레이션을 상회했다. 부채 듀레이션이 0.7로 짧은 금리연동형 상품판매로 인해 전체 부채 듀레이션은 2012년 3월 대비 0.44 감소한데 반해, 자산 듀레이션은 2012년 3월 3.89에서 4.52로 크게 증가했기 때문이다. 자산 듀레이션이 급증한 배경은 주택저당채권 · 국공채 등 장기채권 중심의 채권 투자가 전년 대비 35.7% 증가했기 때문으로 분석된다. 현대해상과 동부화재도 자산과 부채의 듀레이션 갭이 빠르게 축소되며, 듀레이션의 역전이 멀지 않은 상태다. 2012년까지 자산 듀레이션이 부채 듀레이션을 역전한 보험사는 상대적으로 업력이 짧은 은행계 생보사와 일부 외국계 생보사로 국한됐었다. 업계에 따르면 삼성화재를 비롯해 대형 손보사를 중심으로 장기채권 투자가 급증하면서 자산 · 부채 듀레이션 역전 현상이 빠르게 확산되고 있다.

보험사 ALM의 핵심인 듀레이션은 시장금리가 1%포인트 변화할 때 자산 또는 부채의 가치가 얼마나 변화하는지를 나타내는 민감도지표지만 흔히 자산과 부채의 만기로도 통용된다. 자산 듀레이션과 부채 듀레이션의 갭이 클수록, 금리 변동에 따라 순자산의 가치가 민감하게 변동함을 의미한다. 예를 들어, 부채 듀레이션이 자산 듀레이션보다 길다면, 고객에게 지급해야 할 보험금 만기까지 고객에게 받은 보험료로 운용한 자산의 만기를 충당할 수 없게 된다. 또한, 자산 듀레이션이 부채 듀레이션보다 길다하더라도 금리가 상승하면 자산의 가치 하락이 부채의 가치 하락보다 크므로 순자산의 가치가 하락한다. 따라서 이자율 변화에 따른 순자산가치의 하락 위험을 피하려면 자산과 부채의 듀레이션을 일치시켜야 한다. 현행 보험사의 지급여력제도인 위험기준 자기자본제도(Risk Based Capital: RBC)에선 자산과 부채의 듀레이션을 보험사 핵심 위험인 금리위험액 산출 지표로 활용하고 있다.

금감원 관계자는 "과거 부채 듀레이션이 큰 금리확정형 상품 판매가 많았던 생보사와 달리 손보사는 장기보험 판매 시 금리연동형 상품 중심으로 판매해 부채 듀레이션이 급격히 줄고 있고 최근엔 장기채 투자가 많아 역전현상이 나타나고 있다."며, "아직은 삼성화재뿐이지만 몇 년만 지나면 대다수 손보사에서 듀레이션 역전현상이 나타날 것"이라고 전망했다.

자산 듀레이션이 부채 듀레이션보다 큰 역전현상이 손보업계의 하나의 트렌드로 전망되고 있지만, 사실 현행 RBC 제도에서는 역전현상은 보험사에게 불리하다. RBC 제도에선 자산과 부채의 듀레이션 갭이 적을수록 요구자본이 줄어든다. 또 듀레이션 갭이 같더라도 부채 듀레이션이 클 경우엔 금리변동계수 1.5%, 자산 듀레이션이 크면 2.0%의 금리변동계수를 차등적으로 적용한다. 자산 듀레이션이 부채 듀레이션보다 크면 더 많은 요구자본이 필요해지는 구조다. RBC 비율 관리에 상대적으로 불리함에도 불구하고 손보사에서 자산 듀레이션 역전 현상이 나타나는 이유는 저금리에 대한 위기감 때문이다.

지난 해부터 보험사는 국내의 저금리 문제를 일시적인 문제가 아닌 일본 저금리 장기화처럼 구조적 문제로 인식하고 장기 저금리 사태에 대비해 상대적으로 금리가 높은 장기채권 투자를 늘리고 있다. 현재 장기채권 금리가 높은 수준은 아니지만, 향후엔 현 수준의 금리보장 채권이 사라질 수 있다는 판단 때문이다. 금감원이 추진 중인 RBC 제도 금리위험액 신뢰수준 상향 조정 계획도 한 요인이다. 현행 RBC 제도에선 자산과 부채 듀레이션에 대해 금리변동계수를 차등화하고 있지만, 금리위험액 신뢰수준 상향 조정 시 금감원은 금리변동계수를 통일할 계획이다. 과거와 달리 제도가 변경되면 보험사 입장에선 자산 듀레이션이 부채 듀레이션보다 커도 불리하지 않게 되는 셈이다.

업계 한 관계자는 "자산 듀레이션이 커지는 것은 여러 가지 요소가 복합된 결과"라면서 "RBC 제도상의 부채 듀레이션은 금리연동형 상품의 경우 0.7이지만, 실질적인 상품 만기는 20년이 넘는 상품들이기 때문에 실질적인 ALM 매칭 전략도 한 요인"이라고 말했다.

자료: 머니투데이, "삼성화재 자산 · 부채 듀레이션 첫 역전", 안영훈 기자, 2013.05.20. 재정리. https://news.mt.co.kr/mtview.php?no=2013052009529639819&outlink=1&ref=https%3A%2F%2Fsearch.naver.com

연·습·문·제

1. 다음 명제의 참과 거짓 여부를 판별하시오.

   (1) 무이표채를 만기까지 보유하면 이자율위험에 노출되지 않는다.
   (2) 시장가격이 11,000원일 때, 액면금액 10,000원, 액면이자율 10%, 연 1회 이자 지급, 만기 3년 채권의 만기수익률은 액면이자율보다 높다.
   (3) 다른 조건이 동일하다면 액면이자율이 8%인 채권의 듀레이션은 액면이자율이 10%인 채권의 듀레이션보다 길다.
   (4) 채권스왑전략은 채권투자전략 중 채권시장이 효율적이지 않다고 보고 가격이 잘못 평가되어 있는 채권을 선별하거나 미래이자율의 동향을 예측하려는 전략이다.
   (5) 무이표채의 듀레이션은 만기수익률이 높을수록 짧다.
   (6) 채권은 투자에 따른 소득흐름이 미리 결정되어 있으므로 무위험자산이다.
   (7) 자산의 듀레이션이 부채의 듀레이션보다 길다면 이자율이 상승할 때 순자산의 가치는 하락한다.
   (8) 회사채와 국고채 간의 신용스프레드가 상승할 것으로 예상된다면 회사채를 매입하고 국고채를 매도하는 시장 간 스프레드스왑 전략을 활용할 수 있다.

2. 다음 용어를 간단히 설명하시오.

   (1) 만기수익률
   (2) 면역전략
   (3) 바벨형 만기구성전략
   (4) 듀레이션
   (5) 이자율예상스왑
   (6) 갭 관리

3. 신용스프레드와 기간스프레드의 차이점을 설명하시오.

4. 수익률곡선타기 전략에서 롤링효과(rolling effect)를 설명하시오.

5. 채권가격이 할증상태(premium)일 경우 액면이자율과 만기수익률 간의 관계를 설명하시오.

6. 액면가 10,000원, 만기가 3년이며 액면이자율이 10%인 A 채권이 있다. A 채권의 이자는 매년 말에 지급된다. B 채권의 액면가는 10,000원이며, 만기가 4년이지만 이자를 지급하지 않는 무이표채권이다. 현재부터 향후 4년간 시장이자율은 10%로 예상된다. 다음 물음에 답하시오.

(1) A 채권의 듀레이션을 구하시오.

(2) 시장이자율이 10%에서 11%로 상승한다면 A 채권의 가격은 얼마가 되겠는가? 듀레이션을 이용해서 구하시오.

(3) 갑이 A 채권 5단위와 B 채권 5단위를 매입했다면 이 채권포트폴리오의 듀레이션은?

(4) 시장이자율이 10%에서 9%로 하락한다면 (3)의 채권포트폴리오의 가치는 얼마가 되겠는가? 듀레이션을 이용해서 구하시오.

(5) 을은 3년 후에 병에게 1,000,000원을 지급해야 할 채무를 갖고 있다. 을이 향후 시장이자율의 변동 위험에 영향을 받지 않고 채무액 1,000,000원을 지급하기 위해 A 채권과 B 채권으로 포트폴리오를 구성할 경우, A 채권과 B 채권을 각각 몇 단위씩 매입해야 하는가?

7. 액면이자율 7%, 액면금액 10,000원인 5년 만기 채권 A와 10년 만기 채권 B의 가격이 시장이자율 수준에 따라 어떠한 관계를 가지는지 그래프로 나타내고 두 채권의 볼록성을 비교하시오.

8. 다음은 B 은행의 시장가치 기준 재무상태표와 듀레이션이다.

자 산	시장가치(억 원)	듀레이션(년)	부 채	시장가치(억 원)	듀레이션(년)
현 금	1	0	유동부채	7	1
상업대출	5	1	비유동부채	2	5
주택대출	4	6	자본금	1	
합 계	10		합계	10	

(1) 듀레이션 갭을 구하시오.

(2) 현재 시장이자율이 10%이다. 시장이자율이 11%로 상승한다면 순자산가치는 어떻게 변동하는가?

(3) 순자산가치의 변동을 제거하기 위한 전략을 설명하시오.

9. 채권 A, B, C에 대한 정보는 다음의 표와 같다. 다음 물음에 답하시오.

	채권 A	채권 B	채권 C
채권유형	이표채	이표채	무이표채
액면금액	10억 원	10억 원	10억 원
액면이자율	연 2%	연 8%	-
만기	3년	3년	3년
액면이자 지급 시기	매년 12월 31일	매년 12월 31일	-
만기수익률	6%	8%	7%

(1) 채권 A, B, C의 시장가격이 공정하게 결정되었다고 한다면, 현재 가격이 가장 낮은 채권과 가장 높은 채권을 채권의 특성에 근거하여 설명하시오.

(2) 시중금리가 1%포인트 하락할 것으로 전망된다. 금리변동에 따른 단기적 채권가격변동의 차익을 고려한다면 채권 A와 채권 B 중 어느 채권에 투자하는 것이 유리할지 듀레이션 특성에 근거하여 설명하시오.

12

CHAPTER

파생금융상품과 파생결합증권

파생상품이란 그 상품의 손익과 가치가 기초자산으로부터 파생되어 결정되는 금융상품을 말한다. 이러한 파생상품은 원래 역사적으로 미래의 불확실성을 회피하기 위한 수단으로 발전되었지만, 현대에는 계약 자체의 거래를 통해 이익을 추구하고자 하는 투자자들이 참여하면서 시장이 급성장했다. 해외 금융시장에 비해 파생상품시장이 늦게 도입된 우리나라에서도 파생상품시장의 규모가 확대된 배경에는 높은 레버리지 효과를 이용하여 수익을 추구하고자 하는 투기적 특성이 주요한 원인이라 할 수 있다. 본 장에서는 먼저 시장에서 투자자들이 어떠한 목적으로 파생금융상품을 활용하는지에 대한 주요한 동기와 파생금융상품이 가진 기능을 살펴본다. 그리고 대표적인 파생금융상품인 옵션, 선물, 스왑에 대한 개념을 설명하고 주요한 거래 전략에 대해 학습한다. 또한 파생상품과 유사하지만, 법적으로 증권으로 분류되는 파생결합증권인 ELS, ELW, ETN의 개념과 특성을 학습한다.

12.1 파생상품의 개요

12.1.1 파생상품의 종류

파생상품(derivatives)
조건부청구권(contingent claims)
옵션(options)
선물(futures)
스왑(swap)

일반적으로 파생상품(derivatives)은 기업들이 자본조달을 위해 발행하는 증권과 달리, 거래소나 금융회사들이 투자자들의 다양한 수요를 충족시키고자 개발된 금융상품이다. 파생상품의 가격과 투자손익은 파생상품의 기초자산의 가치에 의존하여 변동하므로 조건부청구권(contingent claims)이라고 부르기도 한다. 기초자산의 범위는 전통적인 금융상품인 주식, 채권은 물론 실물상품인 귀금속, 광물, 농축산물, 통화, 다른 파생상품, 신용위험, 날씨 등 매우 넓으며, 다양한 기능을 가진 파생상품이 개발되고 있다. 또한, 파생상품은 거래되는 장소에 따라 거래소에서 거래되는 장내파생상품과 거래소 밖에서 거래되는 장외파생상품으로 구분된다.

기본적 파생상품은 옵션· 선물· 스왑으로 대부분의 파생상품들은 3개 기본적 파생상품의 특성을 변형하고 결합하여 개발된다. 옵션(options)은 미리 정해진 만기 또는 그 이전에 사전에 정해 놓은 값으로 기초자산을 사거나 팔 수 있는 권리를 말한다. 선물(futures)은 미리 정해진 만기에 사전에 정해 놓은 값으로 기초자산을 사거나 파는 계약을 말한다. 스왑(swap)은 거래 당사자 사이에 현금의 흐름을 교환하는 계약이다. 옵션과 선물은 불특정다수가 참여하는 조직화된 시장에서 매매되는 장내파생상품인데 비해, 스왑계약은 조직화된 시장에서 거래되지 않고 금융회사 간 또는 금융회사와 기업 간에 거래되는 등 장외에서 거래되는 장외파생상품인 것이 일반적이다.

12.1.2 파생상품의 기능

(1) 다양한 거래방식으로 현금흐름 창출

투기거래(speculation)
차익거래(arbitrage)
헤지거래(hedge)

파생상품은 다양한 거래방식을 통해 현금흐름을 창출할 수 있다. 기초자산이나 파생상품을 보유하지 않아도 매도가 가능하며, 기초자산 가격이 하락하는 시기 또는 특정한 상황 하에서도 수익을 창출하는 등 투자전략을 다양하게 추구할 수 있다. 파생상품을 활용한 거래방식에는 투기거래, 차익거래, 헤지거래 등이 있다. **투기거래(speculation)**는 파생상품 가격변동에 따른 시세차익의 획득을 목적으로 위험을 감수하고 파생상품의 포지션을 취하는 거래이다. **차익거래(arbitrage)**는 파생상품의 시장가격과 이론적 가격 간의 괴리 발생 시, 가격 간 차이를 얻기 위해 합성파생상품과 실제 파생상품을 반대 포지션으로 거래하여 차익을 획득하는 전략이다.[1] **헤지거래(hedge)**는 현물의 가격변동 위험을 없애기 위해 파생상품과 현물을 반대 포지션으로 거래한다. 헤지거래는 투자 위험을 조절하기 위해 위험을 분리하거나, 거래하는 위험관리 목적으로 사용되기도 한다.

(2) 거래비용의 절감

레버리지(leverage) 효과

파생상품의 가격은 기초자산의 가치로부터 결정되므로 거래비용이 현물의 거래비용보다 훨씬 저렴하다. 또한, 선물거래의 경우 증거금만을 예치하고 거래에 참여할 수 있다. 따라서 파생상품거래에는 현물보다 높은 투자수익을 창출하는 **레버리지(leverage) 효과**가 발생한다. 이러한 저렴한 거래비용과 레버리지의 효과로 인해 투자자들의 참여가 활발하여 현물시장보다 유동성이 높고 시장의 정보효율성도 높다.

(3) 기초자산의 가격발견

가격발견(price discovery)

가격발견(price discovery)은 시장에서 거래를 통해 가격이 형성되는 과정이다. 투자자들은 현물시장보다 상대적으로 거래비용이 저렴한 파생상품시장을 선호하여 기초자산 가격에 대한 정보를 효율적으로 수집하고 거래한다. 파생상품 시장은 기초자산의 미래 가격에 대한 시장참여자들의 예측을 반영하여 기초자산의 가격발견 기능을 수행한다. 투자자들은 이러한 파생상품의 가격발견 기능을 이용하여 다양

---

1) 합성파생상품은 실제 파생상품과 동일한 현금흐름을 복제하도록 구성된 자산 포트폴리오이며, 이 포트폴리오의 시장가치가 바로 파생상품의 이론적 가격이다.

한 방식으로 거래하며, 거래 과정에서 가격발견 기능의 효율성이 다시 높아지는 상호작용 효과를 가져 온다.

12.2 옵션

12.2.1 옵션의 이해

(1) 옵션의 개념

옵션이란 특정 자산(기초자산)을 미리 정해진 기한(만기) 내에 미리 정한 값(행사가격)으로 사거나 팔 수 있는 권리를 말한다. 예를 들어, 1년 후에 어떤 주식을 5만 원에 살 수 있는 옵션이 있다고 하자. 이 옵션의 기초자산은 주식, 만기는 1년, 행사가격은 5만 원이며, 이 옵션은 콜옵션이다. 만약, 이 옵션의 보유자가 1년 후에 권리를 행사한다면, 그 시점의 해당 주식의 주가가 얼마이든 상관없이 행사가격 5만 원에 주식을 살 수 있다.

옵션을 행사함으로써 얻게 되는 자산은 옵션의 가치를 결정하는 기초가 되므로 **기초자산(underlying asset)**이라고 한다. 옵션의 행사(exercise)란 기초자산의 시장가격이 행사가격에 비하여 유리할 경우 계약의 내용을 이행하도록 요구하는 행위이다. 옵션거래에서는 기초자산을 사거나 파는 가격이 미리 정해져 있으며, 이를 **행사가격(exercise price 또는 striking price)**이라고 한다. 또한, 옵션을 행사할 수 있는 기간을 옵션의 **잔존기간(time to maturity)**라고 하며, 최종 행사일을 만기일(expiration date)이라고 한다. 옵션의 효력은 만기일까지이며, 옵션 보유자의 행사 여부와 관계없이 만기일이 경과하면 옵션은 소멸한다.

기초자산(underlying asset)
행사가격(exercise price 또는 striking price)
잔존기간(time to maturity)

옵션은 기본적으로 권리이다. 따라서 옵션을 행사하는 것이 경제적으로 불리하다고 생각되면, 굳이 행사하지 않아도 된다. 위의 예에서 1년 후 주가가 4만 원이 된다면, 시장에서 4만 원에 매입하는 것이 옵션을 행사해서 5만 원에 매입하는 것보다 유리하므로 옵션 매입자는 권리를 포기할 것이다. 반대로 1개월 후 주가가 6만 원이 된다면, 옵션을 행사해서 5만 원에 매입하는 것이 시장에서 6만 원에 매입하는 것보다 유리하므로 옵션 매입자는 권리를 행사할 것이다.

옵션프리미엄(option premium)

옵션 매입자는 매도자로부터 기초자산을 매매할 수 있는 권리를 얻게 되므로 이에 대한 대가를 지불하여야 한다. 이 대가를 **옵션프리미엄(option premium)**이라 하는데, 옵션가격으로 이해하면 된다. 옵션 매도자는 프리미엄을 받는 대신 기초자산을 매매할 수 있는 매수자의 권리행사에 대해 계약을 이행할 의무를 지닌다. 이상의 내용으로만 본다면, 옵션은 매입자에게 절대적으로 유리하며, 매도자에게는 불리한 계약이다. 옵션이 매입자에게 유리한 계약이므로, 옵션이 거래되려면 매도자에게 옵션의 대가를 지불해야 한다. 옵션 매도자는 옵션 매입자가 행사를 포기할 경우에는 옵션프리미엄을 그대로 확보할 수 있기 때문에 거래하는 것이다.

(2) 옵션의 종류

콜옵션(call option)
풋옵션(put option)
미국형옵션(American option)
유럽형옵션(European option)

옵션은 기초자산을 살 수 있는 권리와 팔 수 있는 권리로 구분할 수 있다. 살 수 있는 권리를 **콜옵션(call option)**, 팔 수 있는 권리를 **풋옵션(put option)**이라 한다. 앞의 예에서 옵션 매입자는 주식을 살 수 있는 권리를 가지고 있으므로 콜옵션을 매입한 것이 된다. 만일 주식을 행사가격으로 팔 수 있는 권리라면 이는 풋옵션이다. 옵션은 만기와 관련하여 미국형옵션과 유럽형옵션으로 분류할 수 있다. **미국형옵션(American option)**은 미리 정해진 기간 내에는 언제라도 권리를 행사할 수 있는 옵션을 말하고 **유럽형옵션(European option)**은 미리 정해진 만기일 단 하루에만 권리를 행사할 수 있는 옵션을 말한다. 앞의 예에서는 1년 후의 만기일에만 행사 여부가 결정되므로 유럽형 옵션이다.

(3) 옵션의 거래방식

매입포지션(long position)
매도포지션(short position)
전매도(long liquidation)

금융상품으로서 옵션은 시장에 상장되어 거래된다. 거래를 통해 옵션을 매입한 상태를 **매입포지션(long position)**에 있다고 하며, 옵션을 매도한 상태를 **매도포지션(short position)**에 있다고 한다. 옵션은 추상적인 권리이기 때문에 실물자산이 매도자로부터 매입자로 이전되고 매입자는 매도자에게 그 대가를 지불하는 거래방식과는 차이가 있다. 실물자산을 매도하면 매도자는 소유권을 상실하지만, 옵션의 매도 포지션은 옵션의 만기일까지도 존속한다. 그렇지만 만기일까지 옵션의 매입 포지션이나 매도 포지션을 유지할 필요가 없을 경우에는 반대매매를 통해 자신의 원래 포지션을 청산할 수 있다. 옵션 매입포지션의 경우에는 동일한 조건의 옵션을 매도하면 매입과 매도가 서로 상쇄되며, 상쇄 매도 거래를 **전매도(long liquidation)**라 부른다. 또한, 옵션 매도포지션도 동일한 조건의 옵션을 매입하면 매도와 매입이 서로 상쇄되며, 이러한 매입 거래를 **환매수(short covering)**라 부른다. 최초 포지션에서 결정된 옵션프리미엄과 반대매매 포지션의 옵션프리미엄의 차액이 바로 반대매매로 인한 손익이다.

환매수(short covering)

만기일에는 기초자산의 가격과 행사가격 간의 관계에서 옵션 매입자는 유리할 경우에 옵션을 행사하며, 옵션 매도자는 이를 이행해야 한다. 그렇지만 만기일에 기초자산의 가격이 불리한 경우에는 옵션 매입자는 옵션을 행사하지 않고 옵션 매도자도 이행하지 않는다.

12.2.2 옵션의 만기가치

옵션의 만기가치란 옵션의 만기일에 기초자산의 가격에 따라 옵션이 가지는 손익 형태로 옵션 매도자와 매입자에게 귀속되는 성과(pay-off)이다. 유럽형 옵션의 만기가치는 만기일의 행사 여부에 따라 결정된다. 주식을 기초자산으로 하는 유럽형 콜옵션과 풋옵션의 만기일의 손익은 다음과 같다.

(1) 콜옵션의 만기가치

콜옵션은 정해진 행사가격으로 주식을 살 수 있는 권리이므로 만기일에 주가가 높을수록 옵션 매입자에게 유리하다. 만기일의 주가가 행사가격보다 높다면 옵션 매입자는 시장에서 거래되는 주가보다 싼 행사가격으로 살 수 있으므로 행사를 한다. 옵션 매입자가 행사를 하면 (주가－행사가격)만큼 이익이 발생하며, 이것이 옵션의 **행사이익**이다. 반대로 주가가 행사가격보다 낮다면 옵션 매입자는 주식을 시장가격으로 사는 것이 유리하므로 행사를 할 필요가 없다. 옵션을 행사하지 않으면 그 옵션의 가치는 0이 된다.

행사이익

만기일의 주가를 S_T, 행사가격을 X, 만기일의 콜옵션의 가치를 C_T라 하자. 만기일의 콜옵션 가치는 행사 여부에 따라 결정되며, 식으로 나타내면 다음과 같이 표현할 수 있다.

$$C_T = S_T - X \quad : S_T > X \text{ 인 경우}$$
$$C_T = 0 \quad : S_T \le X \text{ 인 경우}$$

이를 Max 함수를 이용하면 다음과 같이 하나의 식 (12-1)로 나타낼 수 있다.

$$C_T = Max[S_T - X, 0] \quad (12-1)$$

Max 함수는 두 수 중에서 더 큰 수를 산출하는 함수이다. 따라서 주가가 행사가격을 초과하면($S_T > X$), 그 차이는 0보다 클 것이므로 Max 함수값은 $S_T - X$이며, 주가가 행사가격 이하라면($S_T \leq X$), 그 차이는 0 이하이므로 Max 함수값은 0이다. 예를 들어, 기초자산이 주식인 콜옵션의 프리미엄이 3,000원이며, 이 옵션의 행사가격은 50,000원이라고 하자. 만기일의 주가에 따른 콜옵션 가치는 〈표 12-1〉에 나타나 있으며, [그림 12-1]에 그래프로 제시된다. [그림 12-1]의 (a)에서 만기일의 주가(S_T)가 행사가격(X)인 5만 원보다 높다면 매입자는 옵션을 행사하므로 $S_T - X$가 행사이익이다. 순이익은 행사이익에서 옵션 매입자가 지불한 프리미엄(C_0)을 차감한 값으로 $Max[S_T - X, 0] - C_0$이다. 따라서 콜옵션 매입자는 만기일에 행사를 포기한다면 프리미엄만큼의 한정된 손실을 부담하는 반면, 행사를 한다면 주가가 높을수록 무제한의 행사이익과 순이익을 실현할 수 있다.[2)]

이제 콜옵션 매도자의 현금흐름에 대해 생각해 보자. 콜옵션을 매도한 거래자는 만기에 옵션 매입자가 행사하면 행사가격을 수취하고 주식을 양도해야 하지만, 옵션 매입자가 행사를 포기한다면 옵션 매도자도 주식을 양도할 의무가 없다. 따라서 만기의 옵션 매도자의 현금흐름은 옵션 매입자와 반대로 실현된다. 주가가 50,000원 이하이면 콜옵션 매입자는 행사하지 않으므로 콜옵션 매도자는 손실을 부담하지 않는다. 반면에 주가가 50,000원을 초과하면 콜옵션 매입자는 옵션을 행사할 것이며, 콜옵션 매도자는 매입자의 행사 이익만큼 $X - S_T$의 손실을 부담한다. 따라서 〈표 12-1〉에서 콜옵션 가치와 순이익에 (-) 부호를 붙이면 콜옵션 매도 포지션의 행사 이익과 순이익이 되며, 이는 [그림 12-1]의 (b)와 같다. 옵션프리미엄을 고려한다면 옵션 매도자는 옵션 매입자가 옵션을 행사하지 않을 경우에는 옵션을 매도한 대가로 받았던 프리미엄만큼의 이익을 확보하게 된다. 그리고 옵션 매입자가 행사를 할 경우 옵션 매도자의 순이익은 프리미엄에서 $S_T - X$를 차감한 값이다. 따라서 콜옵션 매도자의 이익은 옵션프리미엄으로 제한되는 반면 손실은 무제한이다. 즉, 옵션 매입자의 이익은 곧 매도자의 손실이므로, 매입자의 손익과 매도

2) 행사이익이 실현되는 시점은 만기이고 옵션프리미엄을 지불하는 시점은 옵션을 매입하는 시점이므로 정확한 손익을 계산하기 위해서는 화폐의 시간가치를 고려해야 한다. 따라서 콜옵션 매입 순이익선은 만기 시점의 [그림 12-1]보다 하향 이동하며, 콜옵션 매도 순이익선은 상향 이동한다.

자의 손익을 합하면 0이 되는 **제로섬게임**(zero sum game)이다. [그림 12-1] (a)의 콜옵션 매입 포지션과 (b)의 매도 포지션의 만기일 가치는 주가를 기준으로 정확히 대칭의 모습을 보인다.

제로섬게임(zero sum game)

〈표 12-1〉 만기일의 주가 변화에 따른 콜옵션의 가치

주가(S_T)	10,000	30,000	50,000	70,000	90,000	110,000
콜옵션 가치(C_T)	0	0	0	20,000	40,000	60,000
순이익($C_T - C_0$)	-3,000	-3,000	-3,000	17,000	37,000	57,000

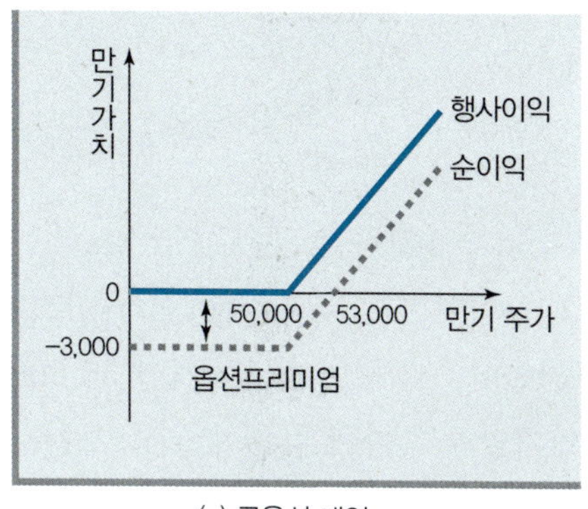

(a) 콜옵션 매입

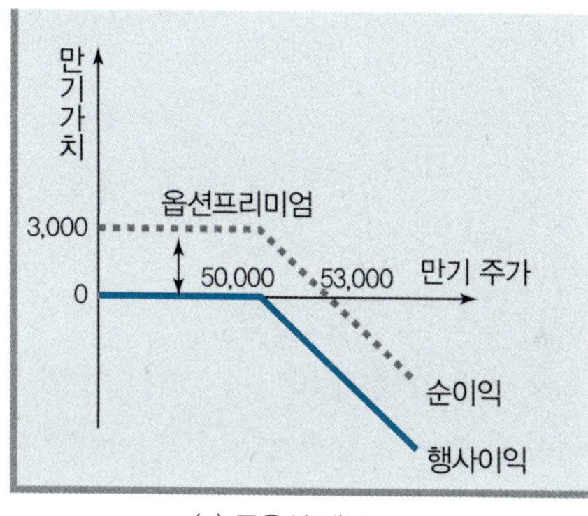

(b) 콜옵션 매도

[그림 12-1] 콜옵션의 만기일 손익구조

[그림 12-1]에서 순이익이 0이 되는 만기의 주가, 즉 옵션거래의 손익분기(break-even) 주가는 순이익선과 횡축이 교차할 때의 주가인 53,000원이다. 즉, 이는 만기일에 행사가격보다 주가가 높아서 콜옵션을 행사하더라도 순이익이 0보다 크기 위해서는 옵션프리미엄을 회수할 수 있는 수준으로 주가가 충분히 높아야 한다는 것을 의미한다.

(2) 풋옵션의 만기가치

풋옵션은 정해진 행사가격으로 주식을 팔 수 있는 권리이므로 만기일에 주가가 낮을수록 풋옵션 매입자에게 유리하다. 만기일의 주가가 행사가격보다 낮다면 풋옵션 매입자는 시장에서 거래되는 주가보다 높은 행사가격으로 팔 수 있으므로 행사를 한다. 이 경우 옵션 매입자는 (행사가격-주가)만큼 이익이 발생하며, 이것이 풋옵션의 만기가치이다. 반대로 주가가 행사가격보다 높다면 옵션 매입자는 주식

을 시장에서 거래되는 가격으로 파는 것이 유리하므로 행사를 할 필요가 없으며, 따라서 옵션 가치는 0이다.

만기일의 주가를 S_T, 행사가격을 X, 만기일의 풋옵션 가치를 P_T라 하자. 만기일의 풋옵션 가치를 식으로 나타내면 다음과 같이 표현할 수 있다.

$$P_T = X - S_T \quad : X > S_T \text{ 인 경우}$$
$$P_T = 0 \quad : X \leq S_T \text{ 인 경우}$$

이를 Max 함수를 이용하면 다음과 같이 하나의 식 (12-2)로 나타낼 수 있다.

$$P_T = Max[X - S_T, 0] \tag{12-2}$$

주가가 행사가격보다 낮으면($X > S_T$), $X - S_T$는 0보다 클 것이므로 Max 함수의 값은 $X - S_T$이며, 주가가 행사가격 이상이라면 $X - S_T$는 0 이하이므로 Max 함수의 값은 0이다. 예를 들어, 기초자산이 주식이며 행사가격이 50,000원인 풋옵션의 프리미엄이 3,000원일 때 만기일의 주가에 따른 풋옵션 가치는 〈표 12-2〉와 [그림 12-2]에 제시되었다. 만기일의 주가(S_T)가 행사가격(X)인 5만 원보다 낮다면 풋옵션을 행사하므로 $X - S_T$가 풋옵션 매입자의 행사 이익이다. 순이익은 행사 이익에서 옵션 매입자가 지불한 프리미엄(P_0)을 차감한 값으로 $Max[X - S_T, 0] - P_0$이다. [그림 12-2]의 (a)에서 풋옵션 매입자는 주가가 행사가격 미만이라면 행사를 하지만 주가가 0보다 낮을 수 없으므로 콜옵션과 달리 행사 이익과 순이익은 제한적이다. 반면 만기일에 행사를 포기하면 프리미엄만큼의 한정된 손실을 부담한다.

이제 풋옵션 매도자의 현금흐름에 대해 생각해 보자. 만기의 풋옵션 매도자의 현금흐름은 풋옵션 매입자와 반대로 실현된다. 풋옵션을 매도한 거래자는 만기에 옵션 매입자가 행사하면 행사가격을 지불하고 주식을 매입해야 하지만, 옵션 매입자가 행사를 포기한다면 옵션 매도자도 주식을 매입할 의무가 없다. 주가가 50,000원 이상이면 풋옵션 매입자는 행사하지 않으므로 풋옵션 매도자의 행사이익은 0이다. 반면에 주가가 50,000원 미만이면 풋옵션 매입자는 옵션을 행사할 것이며, 풋옵션 매도자는 $-(X - S_T)$의 손실을 부담한다.

이를 그림으로 표시하면 [그림 12-2]의 (b)와 같다. 옵션 매도자는 옵션 매입자가 옵션을 행사하지 않을 경우에는 옵션을 매도한 대가로 받았던 프리미엄만큼의 이익을 확보하게 된다. 그리고 옵션 매입자가 행사를 할 경우 옵션 매도자의 순이익은 프리미엄에서 $X-S_T$를 차감한 $P_0-(X-S_T)$가 된다. 풋옵션 매입자의 순이익은 행사이익에서 옵션프리미엄을 차감한 값만큼으로 제한되고 손실은 옵션프리미엄으로 제한된다. 따라서 풋옵션 매도자의 손실도 행사이익에서 옵션프리미엄을 차감한 값으로 제한되고 이익도 옵션프리미엄으로 제한된다.

〈표 12-2〉 만기일의 주가 변화에 따른 풋옵션의 가치

주가(S_T)	10,000	30,000	50,000	70,000	90,000	110,000
풋옵션 가치(P_T)	40,000	20,000	0	0	0	0
순이익(P_T-P_0)	37,000	17,000	-3,000	-3,000	-3,000	-3,000

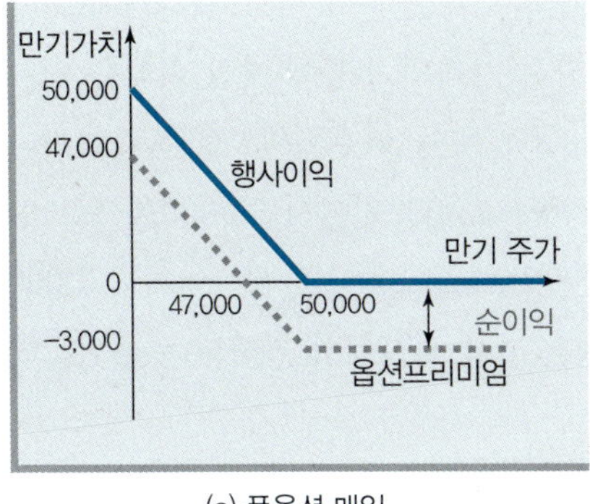

(a) 풋옵션 매입

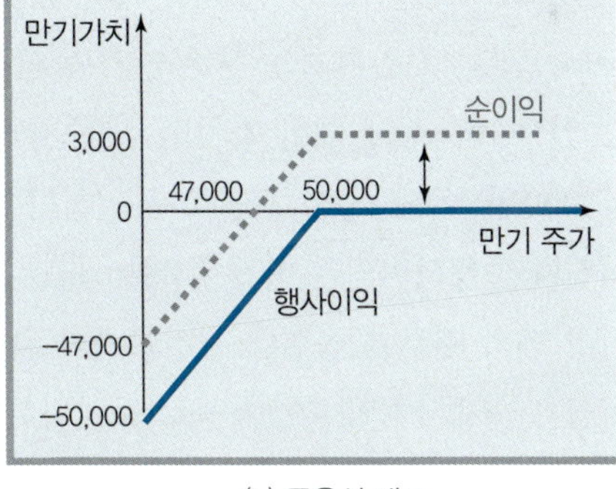

(b) 풋옵션 매도

[그림 12-2] 풋옵션의 만기일 손익구조

12.2.3 옵션가격의 결정

(1) 옵션의 내재가치와 시간가치

내재가치(intrinsic value)
가격성(moneyness)

유럽형 옵션의 거래 목적은 만기일에 옵션이 행사될 것인가에 있다. 비록 만기일 전에라도, 지금 당장 옵션을 행사한다면 얻을 수 있는 행사이익을 옵션의 **내재가치(intrinsic value)**라 한다. 내재가치는 결국 기초자산 가격과 행사가격 간의 관계에 따른 옵션의 행사 가능성에 따라 결정되며, 이를 **가격성(moneyness)**이라 한다. 콜옵션 매입자는 현재 기초자산 가격이 행사가격보다 높고 만기일까지 지속한다면

내가격(ITM: In The Money)
외가격(OTM: Out of The Money)
등가격(ATM: At The Money)
근가격(NTM: Near The Money)

옵션을 행사할 수 있을 것으로 기대한다. 반대로 현재 기초자산 가격이 콜옵션 행사가격보다 낮다면 만기일의 옵션 행사 가능성은 낮을 것으로 예상할 것이다. 전자의 경우를 옵션이 **내가격**(ITM: In The Money) 상태, 후자를 **외가격**(OTM: Out of The Money) 상태라고 한다. 끝으로 시장가격과 행사가격이 동일하거나 비슷한 경우를 옵션이 **등가격**(ATM: At The Money) 상태, 또는 **근가격**(NTM: Near The Money) 상태에 있다고 한다. 풋옵션의 경우에는 콜옵션과 반대로 현재 기초자산 가격이 행사가격보다 낮으면 내가격 상태이며, 높으면 외가격 상태이다. 위의 예에서 현재 시점의 주가가 S_0 라면 외가격옵션의 내재가치는 0이고 내가격 콜옵션의 내재가치는 S_0-X 이며, 내가격 풋옵션의 내재가치는 $X-S_0$ 이다.

시간가치(time value)

주식의 현재 가격이 45,000원이고 1개월 후 만기가 되는 콜옵션의 행사가격이 5만 원이라 한다면 이 콜옵션은 외가격 상태에 있으므로 이 옵션의 가치는 0이라고 생각할 수도 있다. 그렇지만, 이러한 외가격 옵션도 시장에서 가격이 형성되어 거래된다. 만기가 될 때까지 기초자산의 가격이 5만 원 이상으로 상승할 가능성이 있으므로 실제로는 0보다는 큰 가치를 가진다. 이 부분이 바로 **시간가치**(time value)인데, 시간가치는 잔존 만기 동안 기초자산 가격의 변동에 따라 이익을 얻을 수 있는 가능성에 대한 가치이다. 주가가 45,000원에서 35,000원으로 하락하거나 55,000원으로 상승할 확률이 동일하다 하더라도, 45,000원에서 35,000원으로 떨어진다면 행사이익은 여전히 0원이지만, 55,000원으로 오른다면 행사이익이 5,000원이 되기 때문에 옵션에 시간가치가 존재한다. 결국 시장에서 거래되는 옵션프리미엄은 내재가치와 시간가치로 구성된다.

[그림 12-3]은 만기일 전의 콜옵션의 가치를 표현한 것이다. 기초자산의 가격이 행사가격에 비해 매우 낮으면 행사 가능성이 적으므로 옵션 가치는 거의 0에 가까울 것이고 행사가격에 비해 매우 높으면 옵션 가치는 내재가치에 근접해질 것이다.[3] 등가격에 가까울수록 내재가치에 비해 시간가치가 상당히 커지는데 그 이유는 기초자산의 가격이 조금만 상승해도 행사이익이 생기지만, 조금 하락하더라도 행사이익은 0원에서 더 낮아지지 않기 때문이다. 만기일에는 시간가치가 0이므로

3) 현재 기초자산 가격이 행사가격보다 상당히 낮은 콜옵션을 심외가격(deep-out-of-the-money) 상태에 있다고 한다. 이러한 심외가격 콜옵션은 내재가치가 0이므로 프리미엄이 상당히 낮지만, 만기일에 기초자산 가격이 상승하면 프리미엄도 급등하므로 높은 수익률을 얻을 수 있다. 이렇게 심외가격의 옵션은 행사 가능성의 확률은 낮지만, 행사를 한다면 큰 수익을 얻을 수 있는 복권(lottery)의 특성을 가진다.

옵션의 가치는 내재가치만 존재하며, 이는 옵션의 행사이익과 같다.

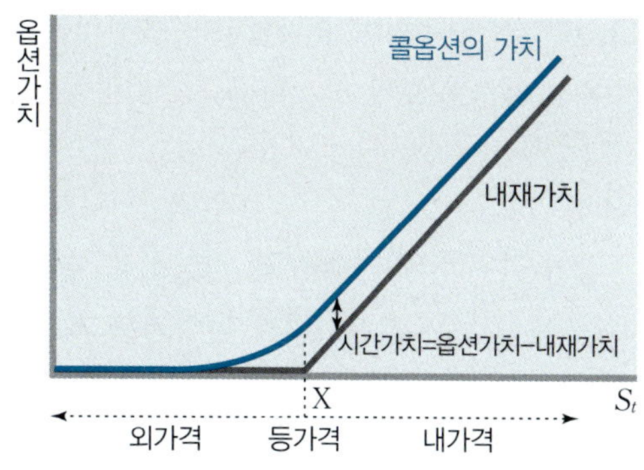

[그림 12-3] 만기 전 콜옵션의 가치

(2) 옵션가격의 결정 요인

옵션가격은 만기일까지 남은 시간 동안 행사 가능성에 영향을 미치는 여러 가지 요인들의 변동을 반영하여 결정된다. 옵션가격에 영향을 미치는 요인과 가격 간의 관계는 다음과 같다.

① 기초자산의 가격

콜옵션은 기초자산의 가격이 행사가격보다 높아야 행사이익이 생긴다. 따라서 기초자산의 가격이 높을수록 내재가치가 높아지고 콜옵션의 가격도 높아진다. 반대로 풋옵션은 기초자산의 가격이 행사가격보다 낮아야 행사이익이 생긴다. 따라서 기초자산의 가격이 높을수록 내재가치가 낮아지고 풋옵션의 가격도 낮아진다.

② 행사가격

앞서 설명한 바와 같이 콜옵션은 기초자산의 가격이 행사가격보다 높아야 행사이익이 생긴다. 따라서 행사가격이 높을수록 내재가치가 낮아지고 콜옵션의 가격도 낮아진다. 반대로 풋옵션은 행사가격이 높을수록 내재가치가 높아지고 풋옵션의 가격도 높아진다.

③ 기초자산의 가격 변동성

기초자산인 주식의 가격 변동성이 증가하면 주가가 큰 폭으로 오르거나 떨어질 가능성이 높다. 주가가 오르는 경우 콜옵션 매입자는 이익을 얻지만, 주가가 떨어지는 경우에는 그 손실은 프리미엄으로 제한된다. 마찬가지로 주가가 떨어지는 경우에 풋옵션 매입자는 이익을 얻을 수 있지만, 주가가 오르는 경우에 손실은 풋옵션의 가격으로 제한된다. 따라서 변동성이 증가할수록 옵션의 이익 실현 가능성은 높아지므로 콜옵션과 풋옵션 가격도 모두 상승한다.

④ 만기까지의 잔존기간

잠식효과(decay effect)

옵션의 만기까지의 기간이 길수록 내 가격이 될 가능성은 높아진다. 따라서 잔존기간이 길수록 콜옵션과 풋옵션 모두 시간가치가 높아지고 가격도 높아진다. 시간이 지나면 지날수록 잔존기간은 짧아지기 마련이다. 따라서 만기가 가까워올수록 옵션의 시간가치는 줄어들게 된다. 이를 시간가치의 **잠식효과(decay effect)**라 한다.

⑤ 무위험이자율

콜옵션을 만기에 행사하여 지출해야 하는 행사가격의 현재 가치는 무위험이자율이 클수록 낮아진다. 콜옵션을 행사하여 지불하는 현금은 만기에 유출되므로 그 사이에 화폐의 시간가치에 해당하는 이자를 획득할 수 있기 때문이다. 따라서 콜옵션의 가치는 무위험이자율이 높을수록 높아진다. 풋옵션의 경우, 옵션을 행사하여 수취하는 행사가격은 만기에 유입되므로 그 사이에 화폐의 시간가치에 해당하는 이자수입을 상실하게 된다. 따라서 무위험이자율이 높을수록 풋옵션의 가치는 낮아진다.

⑥ 배당수익률

주식이 기초자산인 옵션의 경우, 만기 전에 배당금을 지급하게 되면 배당락일에 주식의 가격은 배당금만큼 하락하므로 콜옵션의 내재가치는 하락하며, 풋옵션의 내재가치는 상승하는 효과를 가져온다. 따라서 배당수익률이 클수록 콜옵션가격은 낮고 풋옵션가격은 높다.

12.2.4 블랙-숄즈 옵션가격 결정모형

블랙-숄즈 옵션가격 결정모형(Black-Scholes option pricing model)

옵션의 미래현금흐름을 파악하여 적절한 할인율을 적용하여 할인한다면 옵션의 현재 시장가치를 계산할 수 있다. 그러나 옵션의 현금흐름이 비대칭적이기 때문에 단순 할인만으로 옵션의 가치를 계산할 수 없다는 문제가 있다. 이러한 문제를 해결한 사람이 블랙, 숄즈와 머튼이다. 이들은 1973년에 발표한 논문에서 옵션의 가치를 계산하기 위한 수학적 모형을 제시하였는데 이것이 바로 **블랙-숄즈 옵션가격**

결정모형(Black–Scholes option pricing model)이며, 이론과 실무에서 광범위하게 활용되어 파생상품시장의 발전에 크게 기여한 모형이다.[4)]

블랙–숄즈 옵션가격 결정모형은 옵션가격을 기초자산의 가격(S), 행사가격(X), 기초자산 가격의 변동성(σ), 잔존만기(T), 무위험이자율(r)의 함수로 표현한 것이다. 블랙과 숄즈는 기초자산의 가격이 **기하브라운운동**(geometric Brownian motion)을 따른다는 가정 하에서 다음과 같이 유럽형콜옵션의 가격결정식을 도출하였다.

기하브라운운동(geometric Brownian motion)

$$C = SN(d_1) - Xe^{-rT}N(d_2) \qquad (12\text{–}3)$$
$$d_1 = \frac{\ln(S/X) + (r + 0.5\sigma^2) \times T}{\sigma\sqrt{T}}$$
$$d_2 = d_1 - \sigma\sqrt{T}$$

(C: 콜옵션가격, S: 기초자산가격, X: 행사가격, r: 무위험이자율, σ : 기초자산 수익률의 표준편차, T: 만기까지의 기간(단위: 연), e: 자연로그의 밑수 = 2.718…, $\ln(x)$: 자연로그함수, $N(d)$: 표준정규분포의 누적밀도함수로 표준정규분포에서 d값보다 작을 확률)

예를 들어, 만기까지의 기간이 3개월($T=0.25$)이고 행사가격은 6만 원($X=60,000$)인 콜옵션이 있다고 하자. 기초자산의 가격은 5만 원($S=50,000$), 기초자산 수익률의 표준편차는 0.5($\sigma=0.5$), 그리고 무위험이자율은 연 10%($r=0.1$)라고 하자. 콜옵션의 가격을 구하기에 앞서, d_1과 d_2를 계산하면, 다음과 같다.

$$d_1 = \frac{\ln(50,000/60,000) + (0.1 + 0.5 \times 0.5^2) \times 0.25}{0.5\sqrt{0.25}} = -0.50429$$
$$d_2 = -0.50429 - 0.5\sqrt{0.25} = -0.75429$$

$N(d)$는 표준정규분포의 **누적분포함수**(CDF: Cumulative Distribution Function)값으로 통계학 교과서의 표준정규분포의 누적분포표를 이용해서 구할 수 있으며, 엑셀 함수로도 계산할 수 있다. 그 값을 구하면,

누적분포함수(CDF: Cumulative Distribution Function)

4) Black, F. and M. Scholes(1973), "The Pricing of Options and Corporate Liabilities", *Journal of Political Economy* 81, pp. 637~654; Merton, R.(1973), "The Theory of Rational Option Pricing", *Bell Journal of Economics and Management Science* 4, pp. 141~183.

$$N(d_1) = N(-0.50429) = 0.30703$$
$$N(d_2) = N(-0.75429) = 0.22534$$

따라서 콜옵션 가격은 다음과 같이 계산된다.

$$C = SN(d_1) - Xe^{-rT}N(d_2)$$
$$= 50,000 \times 0.30703 - 60,000 \times e^{-0.1 \times 0.25} \times 0.22534 = 2,165\text{원}$$

주식매수선택권(stock option)

블랙-숄즈 옵션가격 결정모형은 옵션의 가격결정 뿐만 아니라, 전환사채나 ELW와 같이 옵션의 특성을 가진 금융투자상품의 가치 평가에도 광범위하게 응용된다. 또한 기업의 파산 가능성 예측, 자본예산 편성에서 실물투자안의 가치 평가, 경영자보상제도인 **주식매수선택권(stock option)**의 가치 평가와 같이 기업재무 분야에서도 활용된다.

알아두기 12.1 $N(d_1)$ 의 의미와 엑셀을 이용한 계산

$N(d_1)$ 은 콜옵션이 만기에 내가격으로 종료될 확률, 즉 행사가능확률을 의미한다. 또한, 기초자산 가격 1단위 변동에 대한 콜옵션 가격의 변동분으로 델타(delta)라고도 한다. $N(d_1)$ 은 엑셀에서 다음과 같이 누적표준정규분포확률함수(NORMSDIST)를 이용해서 구할 수 있다. 본문에 제시된 예에서 $N(-0.50429)$ 는 다음과 같다.

A1 | fx =NORMSDIST(-0.50429)

	A	B	C	D	E	F
1	0.30703					
2						

12.2.5 풋-콜 패리티

풋-콜 패리티(put-call parity)

풋-콜 패리티(put-call parity)는 동일한 기초자산에 대해 동일한 행사가격과 동일한 만기를 갖는 풋옵션가격과 콜옵션가격 사이의 균형관계를 말한다.[5] 시장이 균형 상태에 있다면 풋옵션과 콜옵션의 가격 사이에는 어떤 관계가 성립할까? 이를 해결하기 위해 다음과 같은 투자전략을 생각해 보자.

5) Stoll, H. R.(1969). "The Relationship Between Put and Call Option Prices", *Journal of Finance* 24, pp. 801~824.

① 만기가 T이고 행사가격이 X인 콜옵션 1 계약을 C에 매도

② 만기가 T이고 행사가격이 X인 풋옵션 1 계약을 P에 매입

③ 기초자산인 주식을 가격 S에 매입

④ $\frac{X}{(1+r)^T}$ 만큼의 자금을 무위험이자율로 차입

이러한 전략의 현금흐름을 〈표 12-3〉과 같이 나타낼 수 있다. 전략 ②, ③, ④로 구성된 포트폴리오의 현금흐름은 만기에 콜옵션 매입 포지션과 동일한 현금흐름을 창출하므로 콜옵션을 복제한 합성(synthetic) 콜옵션이다. 따라서 합성 콜옵션의 가치는 실제 콜옵션 가격과 동일해야 한다. 또한, ①, ③, ④로 구성된 포트폴리오의 현금흐름도 만기에 풋옵션 매도 포지션과 동일한 현금흐름을 창출한다. 따라서 〈표 12-3〉을 보면 거래의 결과로 투자전략의 만기의 가치는 어떠한 상황에서나 0으로 확정됨을 알 수 있다.

〈표 12-3〉 풋-콜 패리티의 도출을 위한 포트폴리오의 현금흐름

거래내용	현재가치	만기가치	
		$S_T \leq X$	$S_T > X$
① 콜옵션 매도	C	0	$-(S_T - X)$
② 풋옵션 매입	$-P$	$X - S_T$	0
③ 주식 매입	$-S$	S_T	S_T
④ 자금 차입	$\frac{X}{(1+r)^T}$	$-X$	$-X$
포트폴리오 (①+②+③+④)	$C-P-S+\frac{X}{(1+r)^T}$	0	0

이러한 포트폴리오의 만기가치가 0으로 확정적이므로 포트폴리오의 현재 가치도 0이어야 한다. 따라서 균형 상태에서는 식 (12-4)가 성립한다. 이 식이 바로 동일한 기초자산에 대해 동일한 행사가격과 만기를 갖는 콜옵션가격과 풋옵션가격의 균형관계를 표현하는 풋-콜 패리티이다. 만약 콜옵션의 가격을 알고 있다면 동일한 기초자산에 대해 행사가격과 만기가 같은 풋옵션의 가격은 이 식으로부터 바로

계산하여 균형가격 여부를 평가할 수 있다.[6)]

$$C = P + S - \frac{X}{(1+r)^T} \tag{12-4}$$

알아두기 12.2 옵션의 차익거래 전략

식 (12-4)로 평가한 옵션 균형가격과 실제 옵션 시장가격 간의 괴리가 발생한다면 합성 옵션과 실제 옵션을 반대 포지션으로 거래하여 가격 간 차익을 획득할 수 있다.

예를 들어, $C > P + S - \frac{X}{(1+r)^T}$ 라면 실제 콜옵션 시장가격이 풋–콜 패리티에 따른 균형 콜옵션 가격보다 고평가된 상태이다. 따라서 고평가된 콜옵션을 매도하고 풋–콜 패리티에 따른 합성 콜옵션을 매입하면 (콜옵션 가격–합성 콜옵션 가치)만큼의 차익을 획득한다. 이렇게 고평가된 실제 옵션을 매도하고 합성 옵션을 매입하는 차익거래 전략을 실무에서는 컨버젼(conversion) 전략이라 한다. 반대로 $C < P + S - \frac{X}{(1+r)^T}$ 라면 실제 콜옵션 시장가격이 풋–콜 패리티에 따른 균형 콜옵션 가격보다 저평가된 상태이다. 따라서 저평가된 콜옵션을 매입하고 풋–콜 패리티에 따른 합성 콜옵션을 매도하면 (합성 콜옵션 가치–콜옵션 가격)만큼 차익을 획득한다. 이처럼 저평가된 실제 옵션을 매입하고 합성 옵션을 매도하는 차익거래 전략을 실무에서는 리버설(reversal) 전략이라 한다.

12.2.6 옵션거래전략

옵션이 가지고 있는 가장 큰 장점은 미래 가격 예측과 투자자가 원하는 위험–수익의 요구에 맞추어 옵션을 기초자산과 결합하거나 또는 여러 다른 옵션과 결합하여 다양한 손익구조를 창출할 수 있다는 것이다. 이 절에서는 다양한 옵션투자전략을 소개한다. 해당 옵션투자전략이 어떤 경우에 유용한지와 해당 손익구조를 만들기 위해 어떻게 기초자산과 옵션을 합성하는지에 주목하여 학습하기 바란다.

---

6) 블랙–숄즈 옵션가격결정모형에 의한 유럽형 풋옵션의 가격은 풋–콜 패리티를 이용하여 다음과 같이 계산된다. 여기에서 $PV(X)$는 행사가격 X의 현재 가치이다.

$$\begin{aligned} P &= C - S + PV(X) \\ &= S(N(d_1) - 1) - Xe^{-rT}(N(d_2) - 1) \\ &= Xe^{-rT}N(-d_2) - SN(-d_1) \end{aligned}$$

(1) 방어적 풋

방어적 풋(protective put)이란 주식을 보유하면서 풋옵션을 매입하여 전체 포트폴리오의 손실을 제한하는 방법이다. [그림 12-4]는 방어적 풋 포트폴리오의 보유가치를 보여주고 있다. 풋옵션 매입 포지션인 (b)에서는 만기일 주가(S_T)가 행사가격(X) 이하로 하락할 때 행사이익이 실현되기 때문에, (a)에서 행사가격 이하의 주식 보유가치의 하락분을 상쇄시킬 수 있다. 반면에, 주가가 행사가격을 상회할 경우에는 행사이익이 0이므로 주식 보유가치의 상승분을 그대로 유지할 수 있다. 따라서 방어적 풋전략은 포트폴리오의 가치가 옵션의 행사가격 수준 이하로 하락하는 것을 방지하는 보험 기능을 갖는다. 결국 방어적 풋전략은 풋옵션의 프리미엄만큼 보험료를 내고 잠재적 손실을 일정수준으로 제한해 주는 **포트폴리오보험(portfolio insurance)**의 한 방법이다.

포트폴리오보험(portfolio insurance)

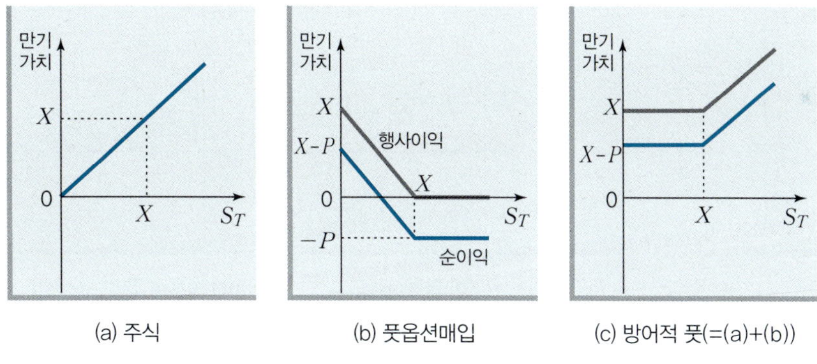

(a) 주식　(b) 풋옵션매입　(c) 방어적 풋(=(a)+(b))

[그림 12-4] 방어적 풋 포트폴리오의 보유가치

(2) 보호적 콜

기초자산을 보유하지 않고 순수히 콜옵션 매도 포지션만 취하는 전략을 **무보호 콜(uncovered call 또는 naked call)**전략이라 한다. 콜옵션의 매도자는 프리미엄의 이익을 얻을 수 있지만, 만기에 행사가격 이상으로 주가가 상승하면 그에 따른 손실을 입는 위험도 부담해야 한다. **보호적 콜(covered call)**은 주식을 보유한 상태에서 콜옵션을 매도하는 전략을 말한다. 만일 콜옵션 매입자가 만기일에 행사를 하면 콜옵션 매도자는 주식을 행사가격으로 매도해야 하는데, 이 의무를 이미 보유한 주식으로 제거할 수 있다. 즉, '보호적'이라는 의미는 콜옵션 매입자의 행사에 따라 부담할 주식 매도 의무를 보유 주식으로 보호할 수 있다는 것이다.

무보호 콜(uncovered call 또는 naked call)

보호적 콜(covered call)

[그림 12-5]는 보호적 콜 포트폴리오의 보유가치를 보여주고 있다. (a)는 주식의 보유가치이며, (b)는 콜옵션 매도의 손익구조이다. 주가(S_T)가 행사가격(X)를 상회할 경우에는 행사로 인한 손실이 발생하기 때문에 주식 보유가치의 상승분이 상쇄된다. (c)는 (a)와 (b)의 합성으로 보호적 콜의 보유가치이다. 결국, 보호적 콜은 주가 하락 시 보유가치의 감소와 주가 상승 시 보유가치의 상승을 제한시키는 전략으로 이러한 전략을 구사하는 이유는 옵션프리미엄 획득에 있다. 콜옵션을 매도하였기 때문에 옵션프리미엄을 수취할 수 있어 보호적 콜 포트폴리오의 보유가치는 상향 이동하게 된다. 주가가 크게 상승하지도, 크게 하락하지도 않을 것으로 예상되는 경우, 포트폴리오의 성과를 옵션프리미엄만큼 개선시키고자 보호적 콜전략을 구사하는 것이다.

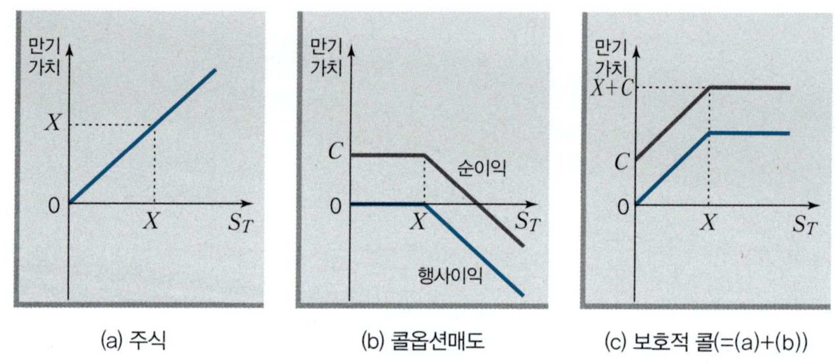

(a) 주식　　(b) 콜옵션매도　　(c) 보호적 콜(=(a)+(b))

[그림 12-5] 보호적 콜 포트폴리오의 보유가치

(3) 스트래들

콤비네이션(combination)
스프레드(spread)

풋옵션과 콜옵션으로 포트폴리오를 구성하는 전략을 **콤비네이션(combination)**이라 한다. 반면에 동일한 종류의 옵션이지만, 행사가격 또는 만기와 같은 조건이 다른 옵션 간 결합을 **스프레드(spread)** 전략이라 한다.

스트래들(straddle)

스트래들(straddle)이란 행사가격 및 만기가 동일한 콜옵션과 풋옵션을 동시에 매입하거나 매도하는 콤비네이션 전략이다. 콜옵션과 풋옵션을 동시에 매입하는 전략을 매입스트래들, 매도하는 전략을 매도스트래들이라 부른다.[7] [그림 12-6]의 (a)는 매입스트래들의 손익구조이다. 매입스트래들은 콜옵션과 풋옵션을 모두 보유하므로 기초자산의 가격이 크게 상승하거나 하락할 경우 이익을 실현할 수 있다.

---

7) 실무에서는 매입스트래들을 양매수 전략, 매도스트래들을 양매도 전략이라 한다.

다시 말해서, 기초자산 가격의 상승이나 하락의 방향을 확신할 수 없지만, 향후 기초자산의 가격 변동성은 매우 클 것이라고 예상하는 경우에만 취할 수 있는 전략으로 일방향성 거래 전략이 아닌 양방향성 거래 전략이다. 반면에 향후 변동성의 축소가 예상되면 (b)에서와 같이 매도스트래들을 사용할 수 있다. 매도스트래들은 주식의 가격이 행사가격을 중심으로 크게 변화하지 않을 경우에는 이익을 얻지만, 급등하거나 급락할 경우 큰 손실을 입을 수도 있다. 매도스트래들의 최대이익은 콜옵션 매입자와 풋옵션 매입자가 모두 옵션 행사를 포기할 때 얻을 수 있는 콜옵션 가격과 풋옵션 가격의 합이다.

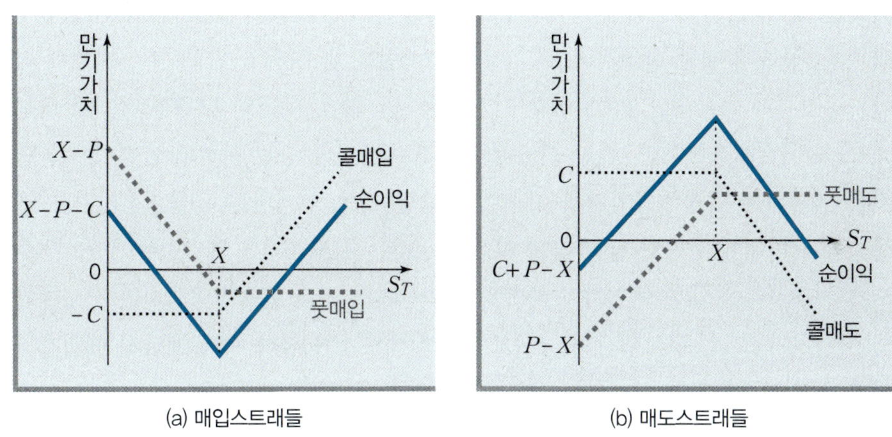

(a) 매입스트래들 (b) 매도스트래들

[그림 12–6] 스트래들의 손익구조

알아두기 12.3 **옵션 투자 전략**

실무에서 활용되는 옵션의 콤비네이션 전략은 본문에서 제시된 것 외에도 매우 다양하다. 스트래들을 변형하여 빈번하게 활용되는 대표적인 콤비네이션 전략은 다음과 같다.

전략	내용	이익 실현의 특징
스트랭글 (strangle)	행사가격이 다른 콜옵션과 풋옵션을 동시에 매입하거나 매도	미래 주가 변동성의 크기에 따라 이익이 실현
스트립 (strip)	행사가격 및 만기가 동일한 콜옵션 1 계약과 풋옵션 2 계약을 동시에 매입	기초자산 상승 시보다 하락 시에 이익 증가속도가 높음
스트랩 (strap)	행사가격 및 만기가 동일한 콜옵션 2 계약과 풋옵션 1 계약을 동시에 매입	기초자산 하락 시보다 상승 시에 이익 증가속도가 높음

12.3 선물

12.3.1 선도계약과 선물계약의 개념

선물계약(futures contracts)
선도계약(forward contracts)

선물계약(futures contracts) 또는 **선도계약**(forward contracts)이란 특정한 자산을 미래 시점에 사거나 팔되, 그 가격을 현재 시점에 약속하는 계약이다. 이에 비해서 현물거래(spot transaction)는 가격의 결정이 현재 시점에 이루어질 뿐 아니라 기초자산의 인도 및 결제 역시 현재 시점에 이루어진다.

예를 들어, 곡물가공업자가 곡물생산자에게 8만 원을 주고 곡물 한 단위를 샀다면 이는 곡물에 대한 현물거래로 그 자리에서 인도 및 결제가 완료된다. 반면에 곡물가공업자가 곡물생산자로부터 3개월 후에 8만 원에 곡물 한 단위를 사기로 하는 계약을 지금 체결했다면, 이는 선도계약이다. 즉, 곡물 수확 시점에 가격이 폭등할 것을 염려하는 곡물가공업자와 가격이 폭락할 것을 염려하는 곡물생산자가 거래상대방과 미래에 사거나 팔 가격을 미리 확정하는 선도계약을 체결하는 것이다. 선도계약도 상품에 대한 매입자와 매도자 간의 계약이므로 곡물가공업자는 선도계약의 매입자가 되며, 곡물생산자는 선도계약의 매도자가 된다. 선도계약의 매입자가 되면 매입포지션에 있다고 하며, 매도자가 되면 매도포지션에 있다고 한다.

선도계약은 이와 같이 거래당사자가 1:1로 미래의 가격을 현재에 약정하기 때문에 첫째, 원하는 거래조건에 동의하는 거래상대방을 찾기가 쉽지 않고 둘째, 찾는다고 해도 거래상대방이 계약을 이행할지 믿기 힘들다는 문제점이 있다. 만일 수확 시점에 가격이 폭락하면 곡물가공업자는 선도계약을 이행하지 않고 다른 곡물생산자에게 곡물을 약정한 가격보다 싸게 사려는 유인이 생긴다. 이와 반대로 가격이 폭등하면 곡물생산자가 선도계약을 이행하지 않고 다른 가공업자에게 곡물을 정해진 가격보다 비싸게 팔 유인이 생긴다. 그러므로 일반적으로 선도계약은 서로 믿을 수 있는 거래상대방끼리만 이루어진다.

선도계약의 문제점을 해소하여 공식화된 거래소에서 불특정 다수가 거래할 수 있도록 만든 상품이 바로 선물계약이다. 선물계약과 선도계약의 차이점은 〈표 12-4〉와 같이 정리할 수 있다. 첫째, 거래조건을 표준화함으로써 거래상대방을 찾기 쉽게 만들었다. 선물계약은 계약조건과 거래조건 등이 표준화되어 있으며, 정해진 거래소에서만 거래되므로 유동성이 높아진다.

둘째, 거래소가 법적 거래 상대방이 되므로 신용도가 낮은 계약자와도 거래가 가능하다. 선도계약은 1:1 거래이기 때문에 신용도가 낮은 상대방과는 거래를 하지 않으려 한다. 반면, 선물계약에서는 신용도가 높은 거래소가 매입자에 대해서는 법적 매도자, 매도자에 대해서는 법적 매입자가 되어 거래당사자 중 하나가 계약을 불이행하더라도 거래소가 계약의 이행을 대신하므로 거래당사자는 상대방의 신용도를 신경 쓰지 않고 거래에 임할 수 있게 된다. 또한, 거래소는 계약불이행 위험을 관리하기 위해 **증거금제도(margin)**와 **일일정산제도(marking-to-market)**를 운영한다. 증거금은 거래당사자가 계약을 이행시키기 위한 성격의 보증금으로 계약대금의 일부를 선물계약 매입자와 매도자가 모두 예치해야 한다. 그러나 계약대금의 일부분만으로는 계약 이행을 충분히 보증하지 못할 수도 있다. 거래당사자가 계약을 불이행하면 증거금만큼을 포기하게 되겠지만, 계약불이행으로 얻을 수 있는 이익이 이보다 크다면 계약을 불이행할 유인은 여전히 존재한다. 이러한 문제를 해결하기 위해 거래소는 매일 매일 발생하는 손익에 따라 증거금 잔액을 변동시키고 증거금이 충분히 않으면 추가적인 증거금을 부과하는 일일정산을 실시한다.

증거금제도(margin)
일일정산제도(marking-to-market)

셋째, 만기일 이전에도 반대매매를 통해 계약을 청산할 수 있다. 선도계약은 1:1 거래이기 때문에 거래상대방이 동의해주지 않으면 만기일 이전에 계약을 청산하기 힘들다. 반면, 선물계약은 거래소가 법적 거래 상대방이기 때문에 반대매매를 통해 만기일 이전 청산이 가능하다.

선물계약이든 선도계약이든 가장 중요한 특징은 미래에 거래할 가격을 현재 확정함으로써 가격변동 위험을 회피할 수 있게 해준다는 데 있다. 앞의 예에서 곡물가공업자 입장에서는 향후 원재료인 곡물의 가격 상승을 우려하며, 곡물생산자는 곡물의 가격 하락을 염려한다. 그러나 선도계약을 체결하여 거래 가격을 확정함으로써 곡물가공업사와 곡물생산자는 가격 변동 위험에 대한 우려에서 벗어날 수 있으며, 영업에 집중할 수 있다.

〈표 12-4〉 선물계약과 선도계약의 비교

구분	선물계약	선도계약
인도 · 결제시점	미래	미래
거래장소	거래소	장외시장
거래방법	공개경쟁매매	1:1 거래
거래조건	표준화	협상 가능
만기일 이전 청산	반대매매로 청산 가능	사실상 불가
시장 참가자	증거금만 납입하면 누구나 거래 가능	신용도가 높아야 거래 가능
계약이행 보증	거래소가 계약이행 보증, 증거금, 일일정산	신용도가 높은 거래 상대방과 거래

12.3.2 선물거래의 손익

현물가격(spot price)
선물가격(futures price)

3월 1일의 곡물 가격은 단위당 80,000원이며, 10월 1일에 곡물 100단위를 가마당 82,000원에 인도 · 결제하기로 하는 선물계약이 있다. 곡물가공업자는 선물계약을 매입하고 곡물생산자는 매도했다고 하자. 이때 선물거래의 대상이 되는 쌀을 기초자산이라 하며, 곡물의 현재가격인 80,000원을 **현물가격**(spot price)(S_0), 인도 및 결제 시점인 10월 1일을 선물거래의 만기일 그리고 정해진 거래가격인 82,000원을 **선물가격**(futures price)(F_0)이라 한다. 100단위를 거래하기로 하였으므로 선물거래금액은 100단위×82,000원=820만 원이 된다.

만기일인 10월 1일에 현물가격(S_T)이 85,000원이 되었다고 하자. 곡물가공업자가 현물시장에서 매입한다면, 85,000원에 매입해야 하는 것을 선물거래를 통해 82,000원에 싸게 매입하였으므로 단위당 3,000원(총 30만 원)의 이익을 획득한다. 곡물생산자는 현물시장에서 85,000원에 매도할 수 있는 것을 선물거래를 통해 82,000원에 싸게 매도하였으므로 단위당 3,000원의 손실이 발생한다.

선물계약은 옵션과 같이 만기일 이전에라도 반대매매를 하여 포지션을 청산할 수 있다. 선물계약의 매입포지션을 만기일 전에 매도하여 청산하는 것을 전매도라 하며, 선물계약의 매도포지션을 만기일 전에 매입하여 청산하는 것을 환매수라 한다. 예를 들어, 만기일 1개월 전인 9월 1일의 선물가격이 84,000원이며, 곡물가공업자와 곡물생산자가 이 가격에 반대매매를 하여 포지션을 청산하였다고 하자. 이와 같은 경우, 곡물가공업자는 82,000원에 매입하고 84,000원에 매도하였으므로 단위당 2,000원의 이익을 획득한다. 반대로 곡물생산자는 82,000원에 매도하고 84,000원에 매입하였으므로 단위당 2,000원의 손실이 발생한다.

이제 선물거래의 수익률을 계산해보자. 선물거래에서는 계약을 체결하는 시점에 대금이 결제되지 않으므로 엄밀한 의미에서 투자금액은 없다. 그러나 통상적으로 선물계약을 체결하는 시점에 납입하는 증거금을 투자금액으로 간주하여 수익률을 계산한다.[8] 만약, 증거금율이 선물거래금액의 20%라고 한다면, 투자금액은 820만 원×0.2=164만 원이 된다. 곡물가공업자는 만기일에 30만 원의 이익을 획득했으므로 수익률은 $\frac{30\text{만 원}}{164\text{만 원}}$=18.29%인 반면, 곡물생산자의 수익률은 −18.29%가 된다. 만약, 곡물가공업자가 현물거래를 통해 30만 원의 이익을 얻었다면 수익률은 $\frac{30\text{만 원}}{820\text{만 원}}$=3.66%일 것이므로 선물거래를 통한 수익률이 현물거래의 5배임을 알 수 있다. 이와 같은 5배의 레버리지는 투자금액 전액을 지불해야 하는 현물거래와 달리 선물거래에서는 투자금액의 20%만을 납입하면 되기 때문에 발생한다. 그러나 이익을 획득한 곡물가공업자의 수익률이 현물거래의 5배인 반면, 손실이 발생한 곡물생산자의 수익률도 현물거래의 5배이므로 손익 상황에 따라 위험이 높은 거래라는 점에 유의해야 한다.

위의 예에서 알 수 있는 바와 같이 선물 매입자는 선물가격이 상승하면 이익을 얻고 하락하면 손실을 입는 반면, 선물 매도자는 선물가격이 하락하면 이익을 얻고 상승하면 손실을 입는다. 선물계약을 매도하면 선물가격 하락으로부터 이익을 획득할 수 있다는 것은 현물거래와 다른 선물거래의 중요한 특징 중의 하나이다. 현물거래에서는 현물을 보유하지 않은 상태에서 먼저 매도할 수 없지만, 선물거래에서는 먼저 매도하는 것이 가능하다. 선물은 미래 시점에 인도 · 결제하기 때문에 현재 시점에 현물을 보유하지 않아도 되므로 먼저 매도할 수 있는 것이다.

선물계약 후 만기일까지 그 계약을 보유한다면 만기 시점에서 얻게 되는 기초자산 1단위당 손익은 다음 식과 같으며, 이를 그림으로 나타내면 [그림 12-7]과 같다.

8) 즉, 증거금을 투자에 대한 기회비용(opportunity costs)으로 간주한다.

$$선물계약매입의 손익 = S_T - F_0 \quad (12\text{-}5)$$

$$선물계약매도의 손익 = F_0 - S_T \quad (12\text{-}6)$$

(S_T : 만기일의 현물가격 , F_0 : 선물계약 시의 선물가격)

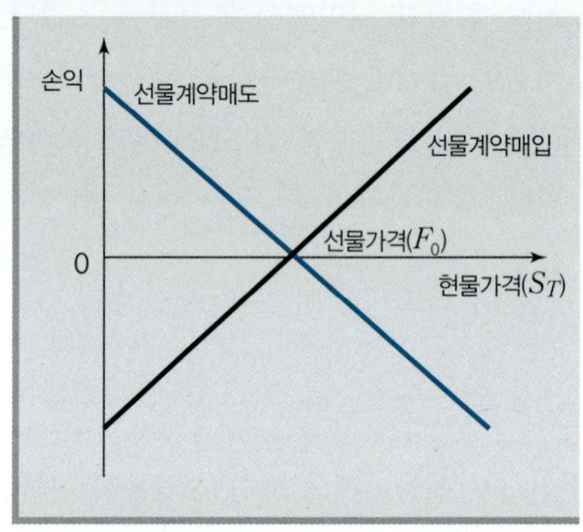

[그림 12-7] 선물거래의 손익구조

[그림 12-7]에서 알 수 있듯이 선물 매입자와 매도자의 손익을 더하면 항상 0이 된다. 따라서 선물거래는 본질적으로 옵션과 마찬가지로 제로섬게임이다. 여기서 한 가지 유의할 점이 있다. 예에서 만기일에 현물가격이 85,000원으로 상승한 결과 곡물생산자는 선물계약을 이용함으로써 단위당 3,000원의 손해를 입었으므로 선물계약을 맺은 것을 후회할지도 모른다. 그러나 만기시점의 곡물 가격을 사전적으로 알 수 있는 것이 아니기 때문에 이미 원하는 가격에 곡물 가격을 고정시켜 위험 회피 목적을 달성한 것에 만족해야 한다. 만기 시점의 곡물 가격이 폭락할 가능성도 얼마든지 있는 것이며, 이 경우 선물계약을 매도하지 않았다면 영업에 위협을 느낄 수도 있었을 것이다.

12.3.3 선물계약의 특성

(1) 선물계약의 권리와 의무

선물거래의 경우에는 선물의 매입자와 매도자 모두 만기일의 현물가격에 관계없이 거래를 반드시 이행시킬 의무를 부담한다. 선물매입자는 만기일에 기초자산을 인도받고 대금을 지급할 의무를 지게 되며, 선물매도자는 대금을 지급받고 기초자산을 인도할 의무를 지므로 매입자와 매도자는 대칭적 관계이다. 반면 옵션의 소유자는 기초자산의 가격에 따라 옵션의 행사 여부를 결정할 수 있는 권리를 갖는다. 그리고 옵션의 매도자는 옵션소유자가 옵션을 행사할 경우에만 이에 대응해서 거래를 이행해야 하는 의무를 갖는다는 점에서 선물거래와 차이가 있다.

(2) 선물계약의 가치

옵션 매입자는 권리만을 가지고 있고 옵션 매도자는 의무만을 가지고 있기 때문에 옵션 매입자가 거래 시점에 매도자로부터 권리를 매입하는 대가가 옵션프리미엄이다. 그러나 선물계약의 매입자와 매도자는 동등하게 의무를 가진다. 따라서 매입자와 매도자가 미래에 발생할 기초자산 가격 변동에 따라 평균적으로 예상할 수 있는 선물거래 손익의 기대값은 0이다. 어떤 자산의 가치는 미래에 기대되는 현금흐름을 적절한 할인율로 할인한 현재 가치이므로, 선물거래에서 만기일의 기대 손익이 0이라면 최초 거래시점에서 선물계약의 가치는 0이다. 따라서 선물거래에서는 옵션거래에서처럼 매입자가 계약의 대가를 매도자에게 지불할 필요가 없다. 최초 거래시점에 예치하는 증거금은 계약 이행의 보증금이지 계약의 대가는 아니다.

(3) 증거금과 일일정산

옵션거래에서는 매도자에게만 증거금이 부과된다. 옵션 매입자는 권리만을 가지고 있어 계약불이행의 위험이 없기 때문이다. 그러나 선물거래에서는 매입자와 매도자 모두에게 권리와 의무가 존재하기 때문에 매입자와 매도자 모두에게 계약불이행의 위험이 있다. 따라서 선물거래에서는 매입자와 매도자 모두에게 증거금이 부과된다.

개시증거금(initial margin)
유지증거금(maintenance margin)

증거금(margin)은 일종의 계약 이행 보증금이다. 또한, 매일의 가격변동에 따라 선물거래자에게 손익이 발생하는데, 이를 매일 정산하는 것을 일일정산(marking-to-market)이라 한다. 선물거래로 인한 이익과 손실을 매일 증거금 잔액에 반영하여 계약불이행의 위험을 없애려는 것이다. 증거금에는 선물거래의 시작을 위해 납부해야 하는 **개시증거금**(initial margin), 계속적인 거래를 위해서 반드시 유지해야 할 **유지증거금**(maintenance margin) 등이 있다.[9] 일일정산 과정에서 손실이 누적되어 증거금 잔고가 유지증거금 수준 이하로 하락하면 선물중개회사가 거래자에

9) 한국거래소의 파생상품시장에서는 위탁증거금이 개시증거금에 해당하며, 유지위탁증거금이 유지증거금에 해당한다.

마진콜(margin call)
변동증거금(variation margin)

게 증거금 잔고가 개시증거금 수준이 되도록 증거금을 채우라는 요청을 하게 되는데, 이를 **마진콜(margin call)**이라 하며, 이때 추가로 입금되는 금액을 **변동증거금(variation margin)**이라 한다. 증거금의 추가 요청에도 불구하고 거래자가 이에 응하지 못할 경우 선물중개회사는 반대매매를 통하여 포지션을 강제로 청산하게 된다. 이러한 과정을 통하여 결제기관은 안전한 거래를 보장할 수 있고 거래당사자들은 안심하고 거래를 할 수 있는 것이다.

12.3.4 선물가격의 결정

(1) 현물-선물 패리티

선물가격은 현물가격을 기초로 결정되며, 선물가격과 현물가격 간 균형관계를 현물-선물 패리티라 한다. 현물-선물 패리티를 도출하기 위해 다음과 같은 포트폴리오를 생각해 보자.

① 곡물 1단위의 현재 가격인 S_0를 무위험이자율(R_f)로 차입하여 T 시점에 상환한다.
② 곡물 1단위를 S_0에 매입하여 T 시점까지 보유한다.
③ 만기가 T 시점인 곡물 선물을 선물가격 F_0에 매도한다.

합성 선물(synthetic futures)

이 포트폴리오의 현금흐름은 〈표 12-5〉와 같이 정리할 수 있다. ①과 ②로 구성된 포트폴리오는 선물 매입과 동일한 현금흐름을 창출하는 **합성 선물(synthetic futures)**로서 현물을 선물의 만기까지 보유하는 것이다. 즉, 차입한 S_0로 곡물 1단위를 매입하고 보관하였기 때문에 현재 시점에는 아무런 현금흐름도 발생하지 않는다. 만기에는 차입한 곡물 매입대금의 원리금을 상환하면서 $S_0(1+R_f)^T$의 현금유출이 발생하며, 곡물 1단위를 보유하게 된다. 이와 같은 거래는 곡물에 대한 선물을 매입한 것은 아니지만, 선물을 매입한 것과 동일한 효과를 가진다. 한편 합성 선물 매입과 선물 매도로 구성한 포트폴리오의 현재 순투자금액은 0이며, T 시점의 현금흐름은 현물 가격에 상관없이 고정된 $F_0-S_0(1+R_f)^T$이 발생한다. 포트폴리오의 순투자금액이 0이므로 차익거래의 기회가 없는 시장에서는 이 포트폴리오의 T 시점의 현금흐름 역시 0이어야 한다.

〈표 12-5〉 현물-선물 패리티의 도출을 위한 포트폴리오의 현금흐름

거래내용	현재의 현금흐름	T 시점 현금흐름
① S_0를 무위험이자율로 차입	S_0	$-S_0(1+R_f)^T$
② 곡물 1단위 매입	$-S_0$	S_T
③ 선물계약 매도	0	F_0-S_T
포트폴리오(①+②+③)	0	$F_0-S_0(1+R_f)^T$

현물-선물 패리티 정리 (spot-futures parity theorem)

T 시점의 현금흐름을 0으로 놓으면 도출되는, 선물가격(F_0)과 현물가격(S_0) 사이에 성립하는 균형관계식 (12-7)을 **현물-선물 패리티 정리(spot-futures parity theorem)**라 한다. 즉, 현물-선물 패리티는 현재 선물가격이 현물가격을 무위험이자율로 투자했을 때 만기 시에 예상되는 미래가치와 같다는 것으로 선물의 이론가격을 의미한다.

$$F_0=S_0(1+R_f)^T \tag{12-7}$$

(2) 선물가격과 재고유지비용

재고유지비용(cost of carry)

일반적으로 선물가격은 계약시점으로부터 인도시점까지 해당 현물을 보관하는 데 드는 비용인 **재고유지비용(cost of carry)**만큼 현물가격과 차이가 발생한다. 이때의 재고유지비용은 창고비용과 보험료 등과 같은 보관비용과 현물거래에 대한 기회비용인 이자비용으로 구성된다. 예를 들어, 곡물생산업자 입장에서 선물계약을 할 때 만기일까지 곡물을 보관하기 위한 제반 비용과 곡물 인도에 소요되는 운송료 그리고 현재 곡물 가격을 은행에 예치하여 얻을 수 있는 이자도 모두 현물가격에 가산하여 선물가격으로 결정할 것이다. 선물은 최초 시점에는 계약만 하고 상품의 인도와 대금의 지불은 만기에 이루어지므로 상품의 재고부담과 현금지급의 기회비용만큼 유리하다. 따라서 선물가격은 같은 조건의 현물가격보다 높은 것이 보통이다.

실물자산이 기초자산인 상품선물의 경우에는 재고유지비용이 양(+)이므로 선물가격이 현물가격보다 높게 형성되지만, 금융선물의 경우에는 재고유지비용이 음(−)이 되어 선물가격이 현물가격보다 낮게 형성되는 경우도 있다. 금융선물의 경우 선물거래의 대상인 금융상품은 실물자산이 아니므로 물리적인 보관비용은 거의 발생하지 않아 0에 가깝다고 볼 수 있다. 그러나 채권에 대한 선물거래의 경우 채

권을 보유하여 만기일 전에 수취하는 이자는 현물을 보관하여 발생하는 수익이므로 채권에 대한 재고유지비용은 음(−)이 되어 선물가격이 현물가격보다 낮게 형성될 것이다. 또한, 주식을 기초자산으로 하는 선물거래의 경우도 주식을 매입하여 취득하는 데 차입비용이 발생하지만, 주식을 보유하는 동안 배당수익을 얻을 수 있다. 따라서 차입비용인 무위험이자율과 배당수익률의 크기에 따라 선물가격과 현물가격 간의 관계가 결정된다. 재고유지비용(C)과 금융수익(Y)을 고려한 현물-선물 패리티는 다음 식 (12−8)과 같다.

$$F_0 = S_0(1 + R_f + C - Y)^T \qquad (12-8)$$

(3) 베이시스와 선물가격의 수렴

베이시스(basis)
콘탱고(contango)
백워데이션(backwardation)
수렴현상(convergence property)

선물계약이란 미래 시점인 만기일에 기초자산을 인도 · 결제하기로 약속한 계약인데, 만기일에는 인도 · 결제 시점이 바로 현재가 되므로 선물계약은 현물계약이 된다. 따라서 만기가 되면 선물가격은 현물가격과 정확히 일치한다. 만기 이전에 선물가격은 현물가격과 일치하지는 않지만, 현물-선물 패리티에 의해 현물가격과 일정한 관계를 가지며 변동한다. 선물가격과 현물가격의 차이를 **베이시스(basis)**라 하며, 실무에서는 선물가격이 현물가격보다 높은 상태를 **콘탱고(contango)**, 선물가격이 현물가격보다 낮은 상태를 **백워데이션(backwardation)**이라 한다.[10] 만기일이 가까워질수록 식 (12−8)에서 T가 0에 수렴하므로 베이시스도 점점 작아지고 만기일에는 선물가격과 현물가격이 정확히 일치하여 베이시스는 0이 된다. 이를 선물가격의 **수렴현상(convergence property)**이라 한다.

12.3.5 선물거래의 종류

투기거래(speculation)
헤지거래(hedge)
차익거래(arbitrage)

선물거래는 그 동기에 따라 크게 **투기거래(speculation)**, **헤지거래(hedge)**, **차익거래(arbitrage)**로 나뉜다.

(1) 투기거래

투기거래는 이익 획득 목적으로 위험을 감수하고 선물을 거래하는 것이다. [그림

10) 실무에서는 선물시장가격과 현물가격 간 차이를 시장베이시스라 하며, 현물-선물 패리티로 도출된 선물이론가격과 현물가격 간의 차이를 이론베이시스로 구분한다.

12-7]에서 선물 매입포지션의 손익은 우상향하며, 이는 기초자산의 가격이 상승하면 이익이 발생하고 하락하면 손실을 입게 됨을 의미한다. 따라서 투기거래는 기초자산의 가격 상승이 예상될 때에는 선물을 매입하고 반대로 기초자산의 가격 하락이 예상될 때에는 선물을 매도하여 이익을 추구하는 방향성 거래이다. 현물의 경우 보유하지 않은 상태에서는 매도가 불가능하고 공매도를 하더라도 제약이 따르지만, 선물은 언제나 매도할 수 있기 때문에 가격 하락 예상 시 더욱 유용한 투자수단이 된다. 선물을 이용한 투기거래의 또 다른 장점은 레버리지효과이다. 현물에 비해 적은 금액 투자로 많은 이익을 획득할 수 있다. 대신 예상과 다를 경우 적은 금액 투자로 많은 손실을 볼 수 있다는 점에 유의해야 한다.

(2) 헤지거래

헤지거래는 현물의 투자위험을 없애기 위해 선물에서 현물과 반대포지션을 취하는 것이다. 선물거래를 이용한 헤지거래는 **매도헤지(short hedge)**과 **매입헤지(long hedge)**로 구분된다. 매도헤지란 현물시장에서 매입포지션을 가진 투자자가 현물시장의 가격 하락 위험을 제거하고자 선물시장에서 매도포지션을 취하는 것이며, 매입헤지란 현물시장의 가격 상승 위험을 제거하고자 선물시장에서 매입포지션을 취하는 것이다.

매도헤지(short hedge)
매입헤지(long hedge)

앞에서 설명한 곡물가공업자가 곡물의 가격 상승 위험을 제거하고자 선물시장에서 매입포지션을 취하는 것이 매입헤지의 예이다. 만일 가공업자의 우려대로 현물가격이 상승하여 현물시장에서는 손실이 발생해도 이와 반대 포지션을 취한 선물시장에서는 이익이 발생하므로 현물시장과 선물시장의 손익이 상쇄된다. 가공업자의 예상과 달리 현물가격이 하락한다면 현물시장에서는 이익이 발생하지만 선물시장에서는 손실이 발생하므로 양 시장의 손익이 상쇄되면서 현물시장의 가격변동위험이 제거된다.

곡물의 현재 가격(S_0)이 단위당 80,000원이고 만기일에 곡물 100단위를 단위당 80,000원에 인수하기로 하는 선물계약에 대해 곡물가공업자가 매입 포지션을 취했다고 하자. 만기일의 현물시장에서 곡물을 매입하는 곡물가공업자의 현금흐름은 곡물 단위당 $-S_T$이며, 선물시장에서는 단위당 $S_T-80,000$의 현금흐름이 발생한다. 따라서 [그림 12-8]의 (a)에서 보듯이 만기일의 현물가격 변동과 관계없이 매입금액을 단위당 80,000원으로 고정할 수 있다.

매도헤지란 현물시장의 가격 하락 위험을 제거하고자 선물시장에서 매도포지션을 취하는 것이다. 현물시장에서 매입포지션을 가진 곡물생산자가 곡물의 가격 하락 위험을 제거하고자 선물시장에서 매도포지션을 취하는 것이 매도헤지의 예이다. 만일 곡물생산자의 우려대로 현물가격이 하락하여 현물시장에서는 손실이 발생해도, 이와 반대포지션을 취한 선물시장에서는 이익이 발생하므로 현물시장과 선물시장의 손익이 상쇄된다. 곡물생산자의 예상과 달리 현물가격이 상승한다면 현물시장의 이익과 선물시장의 손실이 상쇄되어 전체 포지션의 가격변동위험이 제거된다. 앞에서 곡물가공업자가 매입한 선물에 대해 곡물생산자는 매도포지션을 취했다고 가정하자. 만기일의 현물시장에서 곡물을 매도하는 곡물생산자의 현금흐름은 S_T 이며, 선물시장에서는 단위당 $80,000 - S_T$ 의 현금흐름이 발생한다. 따라서 [그림 12-8]의 (b)에서 보듯이 만기일의 현물가격 변동과 관계없이 곡물매도금액을 단위당 80,000원으로 고정할 수 있다.

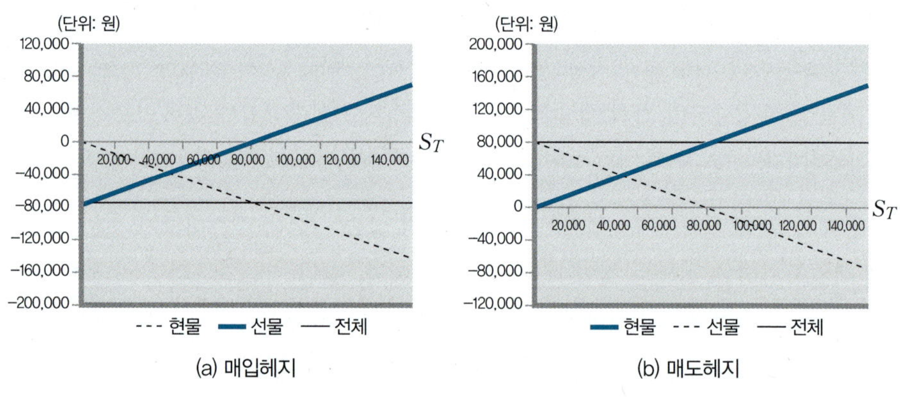

(a) 매입헤지

(b) 매도헤지

[그림 12-8] 헤지거래의 현금흐름

(3) 차익거래

차익거래는 시장에서 결정되는 선물가격과 합성선물의 가격 간에 괴리가 관찰될 경우에 실행한다. 즉, 선물과 동일한 현금흐름을 제공하는 합성선물의 가치와 실제 선물 가격 간에 괴리가 발생한다면 상대적으로 낮은 가격의 선물을 매입하고 높은 가격의 선물을 매도하여 가격 간의 차익을 획득할 수 있다.

예를 들어, 곡물 1단위의 현물 가격이 80,000원이며, 무위험이자율이 5%라 하자. 동일한 기초자산에 대한 만기일이 1년 후인 선물의 가격이 86,000원이다. 한편 식 (12-7)에 따라 현물-선물 패리티에 의한 합성선물의 균형가격은

80,000(1+0.05)=84,000원이다. 따라서 시장 선물의 가격은 합성선물의 가격보다 고평가되었으므로 다음 표와 같이 시장에서 선물을 매도하고 합성선물을 매입하면 만기일에 곡물 시세와 관계없이 시장 선물의 가격과 합성선물 가격 간 차익인 2,000원을 획득한다. 이처럼 합성선물에 비해 고평가된 선물을 매도하고 합성선물을 매입하는 거래를 **매입차익거래**(cash-and-carry arbitrage)라 한다.

매입차익거래(cash-and-carry arbitrage)

거래 내용	현재 현금흐름	만기 현금흐름
곡물 가격을 무위험이자율로 차입	80,000	-80,000(1+0.05) = -84,000
곡물 1단위 매입	-80,000	S_T
선물계약 매도	0	86,000 - S_T
포트폴리오	0	2,000

만일 동일한 기초자산에 대한 만기일이 1년 후인 선물의 가격이 82,000원이라면 이러한 선물을 매입하고 합성선물을 매도함으로써 다음 표에서와 같이 만기일에 곡물 시세와 관계없이 시장 선물의 가격과 합성선물 가격 간 차익인 2,000원을 획득할 수 있다. 이때 합성선물 매도포지션은 현물을 공매도한 금액을 무위험이자율로 대출하는 방식으로 구성한다. 이처럼 시장에서 저평가된 선물을 매입하고 합성선물을 매도하는 거래를 **매도차익거래**(reverse cash-and-carry arbitrage)라 한다.

매도차익거래(reverse cash-and-carry arbitrage)

거래 내용	현재 현금흐름	만기 현금흐름
곡물 가격을 무위험이자율로 대출	-80,000	80,000(1+0.05)=84,000
곡물 1단위 공매도	80,000	- S_T
선물계약 매입	0	S_T - 82,000
포트폴리오	0	2,000

알아두기 12.4 선물의 베이시스 거래 전략

실무에서는 선물의 이론가격과 시장가격 간 괴리를 포착하여 실행하는 무위험 차익거래보다 베이시스를 이용한 위험 차익거래를 주로 활용한다. 즉, 시장베이시스가 0보다 크다면 이는 선물의 시장가격이 현물가격을 초과하는 상태로 선물을 매도하고 현물을 매입한다. 이 전략의 만기일의 이익은 $(F_0 - S_T) + (S_T - S_0) = F_0 - S_0 (F_0 > S_0)$ 이므로 베이시스가 이익으로 실현된다. 한편, 시장베이시스가 0보다 작다면 이는 현물가격이 선물의 시장가격을 초과하는 상태로 현물을 공매도하고 선물을 매입한다. 이 전략의 만기일의 이익은 $(S_T - F_0) + (S_0 - S_T) = S_0 - F_0 (S_0 > F_0)$ 이다.

키코(KIKO: Knock In, Knock Out)의 손익구조

2008년의 글로벌 금융위기로 인해 환율이 급등하면서 국내 수출형 중소기업에게 막대한 손실을 입혔던 키코(KIKO)는 환위험 헤지수단으로 활용되는 경계 통화옵션이다. 즉, 환율이 일정범위 내에서 변동할 경우 미리 약정한 환율에 약정금액을 팔 수 있도록 한 통화옵션의 일종으로, 주로 국내 수출업체들이 환율 하락에 따른 손실을 헤지하고자 은행과 계약을 맺는 장외파생상품이다. 금융감독원에 따르면, 2010년 6월 말 기준으로 KIKO 계약으로 피해를 입은 738개 기업의 손실액은 약 3조 2,247억 원이며, 중소기업 손실액은 2조 3,260억 원으로 집계되었다.

여기에서 경계옵션(barrier options)이란 만기까지 기초자산 가격이 미리 정한 기준가격을 통과했는지 여부에 따라 옵션의 생성과 소멸이 확정되는 특이한 옵션이다. 기초자산 가격이 기준가격을 한 번이라도 통과하면 옵션의 효력이 소멸하는 옵션을 소멸옵션(knock out option)이라 하며, 반대로 옵션의 효력이 생성되는 옵션을 생성옵션(knock in option)이라 한다. 또한, 경계옵션도 생성 · 소멸할 때 기초자산 가격이 기준가격을 통과하는 방향에 따라 하향옵션(down option)과 상향옵션(up option)으로 구분된다.

KIKO는 일반적으로 하향소멸 풋옵션 매입 1계약과 상향 생성 콜옵션 매도 2계약으로 구성된다. 이는 KIKO의 손익이 기초자산 가격인 원 달러 환율이 기준환율보다 하락하면 소멸하는 풋옵션 매입 포지션 손익과 원 · 달러 환율이 기준환율보다 상승하면 생성되는 콜옵션의 매도 포지션의 2배에 해당하는 손익으로 결합되어 있다는 것을 의미한다.

이제 다음과 같은 사례를 통해 KIKO의 손익구조를 파악하기로 하자. 어떤 수출업체의 손익분기점 원 · 달러 환율은 1,000원이며, 이 환율을 KIKO의 행사가격에 해당하는 약정환율로 정하여 계약했다. KIKO의 경계의 하한환율은 900, 상한환율은 1,100이라 하자. 이 KIKO의 효력은 원 · 달러 환율 900~1,100에서 발생한다. (a)에서 환율이 약정환율인 1,000보다 하락하면 KIKO는 풋옵션을 행사하므로 이익이 발생하지만, 환율이 900 미만으로 하락하면 KIKO의 효력은 소멸된다. 환율이 1,000 이상이면 풋옵션은 행사하지 않지만, 1,100을 초과하면 콜옵션의 매도 포지션이 생성되므로 수출기업은 은행에게 약정환율로 달러 표시 계약금액의 2배를 매입해야 한다. 따라서 KIKO의 손익과 환차손익을 종합한 (b)의 손익구조에서 환율이 900~1,100 구간에서 변동하면 헤지가 가능하지만, 900 이하에서는 환차손이 발생한다. 1,100 이상에서는 KIKO의 손실이 환차익을 잠식하여 환율 상승에 따라 막대한 손실이 발생하는 것을 확인할 수 있다.

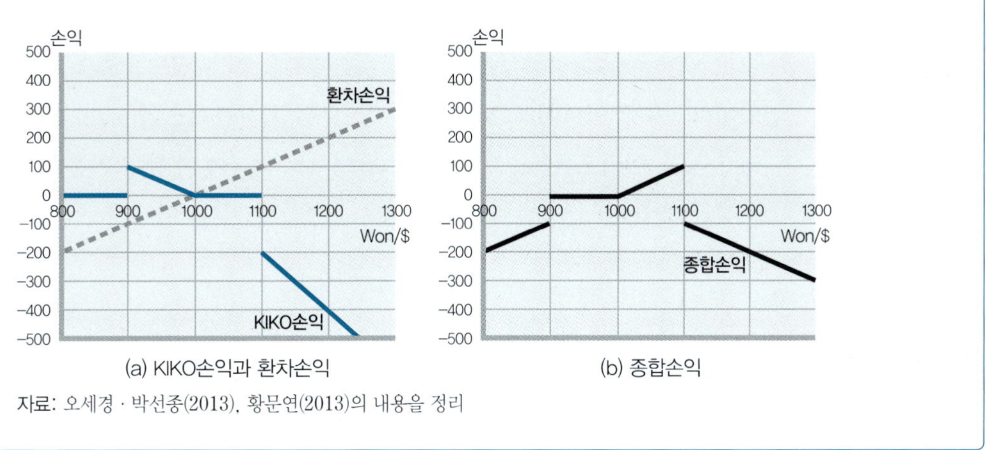

자료: 오세경 · 박선종(2013), 황문연(2013)의 내용을 정리

12.4 스왑

12.4.1 스왑의 개념

스왑(swap)은 대표적인 장외파생상품으로 서로 다른 방식으로 계산된 이자 또는 투자수익을 여러 차례에 걸쳐 맞바꾸는 파생상품 계약을 의미한다.

평행대출(parallel loan)
국제상호직접대출(back-to-back loan)

스왑은 1960년대에 영국의 외환통제를 회피하기 위해 고안된 금융회사 간 **평행대출(parallel loan)**에서 기원한다. 외환통제로 인하여 외국에 있는 영국기업의 현지법인이 모회사로부터 직접 대출을 받지 못하기 때문에 영국기업 모회사는 영국에 있는 외국기업의 현지법인에게 대출해 주고, 외국기업 모회사는 외국에 있는 영국기업의 현지법인에 대출해 주는 것이 평행대출이다. 1973년에 외환통제가 풀리면서 모회사 간에 상호 대출하고 모회사가 각자의 자회사에 대출해 주는 **국제상호직접대출(back-to-back loan)**이 개발되었으며, 국제상호직접대출의 여러 가지 문제점을 해결한 것이 1970년대 후반에 개발된 통화스왑이다. 1980년대 들어오면서 금리스왑이 개발되어 금리 위험관리의 대표적인 수단으로 발전하였으며, 이후 상품가격 위험, 주가 위험, 신용 위험을 관리하기 위한 상품스왑, 주식스왑, 신용파산스왑 등이 개발되었다.

12.4.2 금리스왑

금리스왑(interest rate swap)

금리스왑(interest rate swap)은 미래 발생하는 이자 현금흐름을 서로 교환하는 계약이다. 가장 일반적인 형태의 금리스왑을 기본금리스왑(plain vanilla interest-rate swap)이라고 한다. 기본금리스왑에서는 원금에 대한 교환은 이루어지지 않고 고정금리이자와 변동금리이자를 서로 교환하게 된다. 이때 두 이자 현금흐름은 동일한 통화로 교환된다.

LIBOR 금리(London Inter-Bank Offered Rate)

예를 들어, A 기업과 B 기업 각각의 고정금리와 변동금리에 대한 차입이자율이 〈표 12-6〉과 같다고 하자. 〈표 12-6〉에서 A 기업은 B 기업과 비교하여 고정금리 이자율과 변동금리 이자율이 모두 낮다. 그러나 상대적으로 A 기업은 고정금리 차입에 비교우위가 있고 B 기업은 변동금리 차입에 비교우위가 있다. A 기업은 고정금리 차입 시 B 기업에 비해 0.75%포인트만큼 비용절감 우위에 있는 반면, 변동금리 차입 시에는 0.25%포인트의 우위가 있기 때문이다. 따라서 양 기업은 각자 비교우위가 있는 금리로 차입하고 실질적으로 상대방의 금리로 상환하는 스왑거래를 통해 상호 차입금리를 절감할 수 있다. 변동금리로 자주 이용되는 LIBOR 금리(London Inter-Bank Offered Rate)는 런던은행 간 대출금리를 의미하며, 런던 유로달러시장의 주요 은행 간 거래 시 각 은행이 제시하는 대출금리를 말한다.

〈표 12-6〉 A 기업과 B 기업의 차입금리 조건

	A 기업	B 기업	금리 차이(B－A)	비교우위
고정금리 차입	8.25%	9.00%	0.75%p	A 기업
변동금리 차입	LIBOR+0.25%	LIBOR+0.50%	0.25%p	B 기업

금리스왑에서 원금 자체는 교환되지 않지만, 미래에 교환하게 될 이자 현금흐름을 계산하기 위해 원금 개념이 이용되는데 이를 명목원금(notional principal)이라고 한다. 만약에 A 기업이 C 은행으로부터 고정금리로 차입을 하고 B 기업이 D 은행으로부터 변동금리로 차입을 한 뒤, 미래의 이자 현금흐름을 서로 교환하기로 약정을 하였다고 하자. 즉, A 기업은 B 기업이 부담할 변동금리인 LIBOR+0.50%에서 LIBOR만큼을 상환해 주고, B 기업은 A 기업이 부담할 고정금리인 8.25%를 대신 상환해 준다. 이러한 금리스왑에서 고정금리를 지급하고 변동이자를 수취하는 B 기업이 스왑매입자이며, 고정금리를 수취하고 변동이자를 지급하는 A 기

업이 스왑매도자이다. A 기업과 B 기업의 금리스왑 과정과 결과는 [그림 12-9]와 같다.

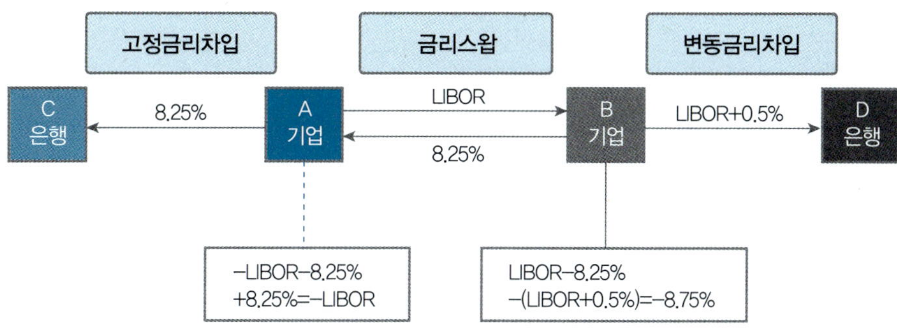

[그림 12-9] 금리스왑의 과정

[그림 12-9]의 금리스왑을 통해서 최종적으로 A 기업은 LIBOR만큼의 변동금리를 부담하고 B 기업은 8.75%만큼의 고정금리를 부담한다. 스왑거래 전의 이자 부담을 나타내는 〈표 12-6〉과 비교해 보면 A 기업은 LIBOR+0.25%에서 LIBOR로, B 기업은 9.00%에서 8.75%로 각각 0.25%포인트만큼 이자 부담이 절감되었다. 따라서 금리스왑을 통하여 A 기업과 B 기업의 이자 부담은 모두 0.25%포인트만큼 낮아지게 되어 둘 다 이득을 얻는다. 따라서 스왑 당사자의 총이익은 0.5%포인트인데, 이는 A 기업의 고정금리 우위와 변동금리 우위의 차이(0.75%−0.25%)와 동일하다. 이와 같이 스왑 당사자 간의 금리 교환은 비교우위(comparative advantage)를 고려하여 결정하게 된다.

12.4.3 통화스왑

통화스왑(currency swap)은 상이한 통화의 채권과 채무를 교환하는 거래를 말한다. 어떤 두 기업이 비교열위에 있는 통화로 자금조달을 하고 싶을 경우, 비교우위에 있는 통화로 자금을 조달하고 서로 교환하여 스왑의 이익을 취하는 것이다. 〈표 12-7〉의 사례를 보면 이를 이해할 수 있다.

통화스왑(currency swap)

A 기업은 달러화나 파운드화로 차입할 때 모두 B 기업보다 낮은 금리의 조건으로 자금을 조달할 수 있다. 즉, A 기업의 신용도는 B 기업보다 미국과 영국에서 모두 더 높다. 그러나 상대적으로 본다면 A 기업은 달러화에, B 기업은 파운드화

에 비교우위가 있다. 즉, 달러화 차입에서는 A 기업이 2%포인트의 우위에 있지만, 파운드화 차입에서는 0.4%포인트의 우위에 있으므로 상대적으로 A 기업은 달러화에, B 기업은 파운드화에 비교우위가 있다.

〈표 12-7〉 A 기업과 B 기업의 차입금리 조건

	A 기업	B 기업	금리 차이(B - A)	비교우위
달러화($) 차입	8%	10%	2%p	A 기업
파운드화(£) 차입	11.6%	12%	0.4%p	B 기업

따라서 A 기업은 달러화로, B 기업은 파운드화로 자금을 조달하는 것이 유리하다. 그러나 이때 A 기업이 파운드화 자금을 원하고 B 기업이 달러화 자금을 원한다면 통화스왑의 조건이 충족된다. 즉, A 기업의 달러 채무와 B 기업의 파운드화 채무를 교환함으로써 양 기업은 스왑의 이익을 창출할 수 있다. 스왑의 이익은 각 통화 채무의 금리 차이에서 발생한다. A 기업은 달러화에서 2%포인트의 절대적 우위에 있고 파운드화에서 0.4%포인트의 절대적 우위에 있으므로 스왑 당사자들의 총이익은 1.6%포인트(=2%−0.4%)가 된다.

이제 [그림 12−10]을 통해 통화스왑의 과정을 살펴보도록 하자. A 기업은 C 은행으로부터 8%로 달러화 자금을 조달하고, B 기업은 D 은행으로부터 12%로 파운드화 자금을 조달한다. 스왑과정의 딜러(dealer)로 금융회사가 개입하는데, A 기업은 C 은행으로부터 차입한 달러화 표시 채무를 차입과 같은 조건으로 금융회사에 대출을 하고 금융회사는 A 기업에 11%로 파운드화 표시 대출을 한다. 한편, B 기업도 D 은행으로부터 차입한 파운드화 채무를 차입과 같은 조건으로 금융회사에 대출하고 금융회사로부터 9.4%로 달러화 자금을 차입한다.

A 기업과 B 기업은 모두 외부로부터 차입한 채무를 차입과 같은 조건에 금융회사에 대출하므로 이로부터의 순현금흐름은 없다. 그러나 11%의 파운드화 표시 대출을 받은 A 기업은 스왑 이전의 파운드화 이자율인 11.6%보다 0.6%포인트만큼 절감하여 자금을 조달하였고, 9.4%의 달러화 표시 대출을 받은 B 기업도 스왑 이전의 달러화 이자율인 10%보다 0.6%포인트만큼 절감하여 자금을 조달하였다. 한편, 금융회사는 파운드화 차입과 대출로부터 1%포인트의 손실이 발생하지만, 달러화 차입과 대출로부터 1.4%포인트의 이익이 발생하므로 0.4%포인트의 순이익을

얻을 수 있다. 따라서 A 기업, B 기업, 금융회사가 통화스왑으로부터 얻은 총이익은 앞에서 계산한 1.6%포인트와 일치함을 알 수 있다.

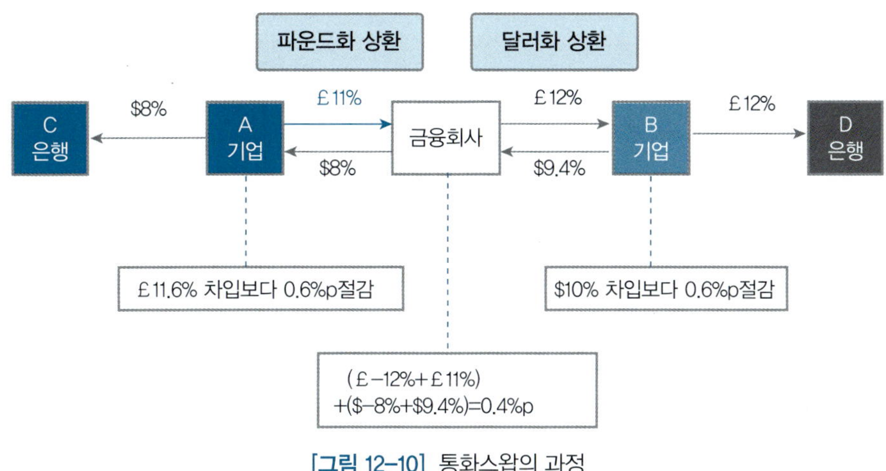

[그림 12-10] 통화스왑의 과정

이 통화스왑의 과정에서 금리스왑의 경우와 한 가지 다른 점은 금융회사가 이익 창출 과정에서 환위험에 노출된다는 것이다. 금융회사는 1%포인트의 파운드화 손실이 발생하고 1.4%포인트의 달러화 이익이 발생하여 0.4%포인트의 이익을 얻는다. 현행 환율이 고정되어 있다면 금융회사는 이러한 이익이 보장되지만, 환율 변동이 심하면 이익이 보장되지 못할 뿐 아니라 손실까지 입을 수 있다. 이러한 위험을 헤지하기 위하여 금융회사는 파운드화 또는 달러화에 대한 선물환을 매입하는 계약을 체결하여야 한다.

12.5 파생결합증권

파생결합증권은 투자손익이 기초자산의 변동에 따라 결정되지만, 투자에 따른 손실이 원금을 초과할 가능성이 없으므로 '증권'으로 분류되는 금융투자상품이다. 즉, 상품의 특성은 파생상품이지만, 법적인 분류는 증권에 해당한다. 파생결합증권은 금융상품들을 결합하여 창출된 새로운 금융상품으로 **구조화금융상품(structured products)**이라고도 한다. 파생결합상품은 비록 파생상품은 아니지만, 그 특성이 파

구조화금융상품(structured products)

생상품과 유사하므로 투자위험이 크다는 점을 감안하여 파생상품에 준하는 규제를 받는다.

12.5.1 ELS

(1) ELS의 특성

주가연계증권(ELS: Equity Linked Securities)

주가연계증권(ELS: Equity Linked Securities)은 개별주식 · 주식바스켓 · 주가지수에 연계되어 수익이 결정되는 대표적인 파생결합증권으로 2003년에 국내에 최초로 도입되었다. ELS는 자산의 대부분을 채권에 투자하고 일부를 선물이나 옵션 등 파생금융상품에 투자하여 수익을 창출하도록 설계된 '2차 파생상품'의 특성을 가진다. ELS는 만기가 도래하기 전에도 일정한 조건이 충족되면 조기에 상환 가능하며, 제한된 위험을 부담하므로 예금 이자 대비 상대적으로 높은 수익률을 제공한다.

기타 파생결합증권(DLS: Derivative Linked Securities)

기타 파생결합증권(DLS: Derivative Linked Securities)은 주식 외에 금리, 실물상품, 통화, 신용위험을 기초자산으로 한 파생결합증권으로 2005년부터 도입되었다. ELS 또는 DLS와 같이 기초자산에 연계되어 수익이 결정되지만, 원금을 보장하는 원금보장형 파생결합증권도 있다. 예컨대 ELS는 기초자산을 주식으로 하는 원금비보장형 상품인데 비해, 주식을 기초자산으로 하는 원금보장형 상품을 주가연계파생결합사채(ELB)라 한다. 한편, 기타 파생결합사채(DLB)는 주식 외에 다른 기초자산과 연계된다는 점에서는 DLS와 유사하지만, DLS와 달리 원금이 보장된다는 점에서 차이가 있다. 원금비보장 상품인 ELS나 DLS는 파생결합증권으로 분류되지만, ELB나 DLB는 원금이 보장되는 채권의 성격을 가지므로 채무증권으로 분류된다.

〈표 12-8〉 기초자산과 원금보장 여부에 따른 ELS와 DLS의 분류

기초자산		원금보장	원금비보장
주식	개별주식	ELB (Equity Linked Bond)	ELS (Equity Linked Securities)
	주식바스켓		
	주가지수		
금리, 실물상품, 통화, 신용위험		DLB (Derivative Linked Bond)	DLS (Derivative Linked Securities)

ELS는 장내 거래소에서 매매되는 상품이 아니라, 장외에서 증권회사가 직접 투자자에게 판매한다. 따라서 ELS 판매 및 운용으로 인한 투자자의 손익은 ELS를 발행한 증권사의 손익으로 부담해야 한다. ELS는 사전에 정한 손익조건에 따라 결정된 지급액을 발행회사가 책임져야 하므로 운용성과가 발행사에 귀속된다. 즉, ELS 투자에 따른 수익은 ELS 발행회사가 부담하며, 이는 ELS 발행회사 입장에서는 손실이므로 손익변동 위험을 관리하기 위해 ELS 발행회사는 헤지거래를 해야 한다.

(2) ELS의 수익구조

ELS는 만기 전에도 상환 조건이 충족되면 발행회사가 조기에 상환할 수 있으며, 기초자산을 2개 이상으로 하는 등 다양한 상품을 설계할 수 있다. 대표적인 ELS 유형인 조기상환형 Knock-out ELS와 조기상환형 Step down ELS의 사례를 들어 설명한다.

조기상환형 Knock-out ELS의 사례는 〈표 12-9〉와 [그림 12-11]에 제시된다. ELS의 수익이 결정되는 기초자산은 KOSPI200이 된다. 기준지수는 특정일의 KOSPI200이며, Knock-out은 만기 전에 상한지수를 초과하면 콜옵션을 행사하여 수익을 지급한다.

기초자산 지수가 만기까지 한 번도 상한치(barrier)인 기준가격의 125%를 초과하여 상승한 적이 없고 만기의 기초자산 지수가 기준가격의 100%보다 클 경우 최고 연 20%을 제공한다. 즉, 지수 상승률 25%×참여율 80% = 20%이다. 만일 기초자산 지수가 만기에 기준가격의 100%에 미달한다 하더라도 수익은 0%이며, 원금이 보장된다. 반면에 기초자산 지수가 만기 전에 한 번이라도 기준가격의 125%를 초과하여 상승했다면 만기지수와 상관없이 연 10% 수익을 확정하여 투자자에게 지급한다. 만일 만기일의 지수가 기준가격보다 크지만 상한가격보다는 낮은 경우에는 ELS의 수익률은 지수상승률×참여율로 계산한다.

〈표 12-9〉 조기상환형 Knock-out ELS 사례

○ 기준지수: KOSPI200	○ 유럽형 Knock-out call	○ 만기: 1년
○ 행사 지수 상승률(strike): 100%	○ 상한 지수 상승률(barrier): 125%	
○ 상환률(rebate): 10%	○ 참여율: 80%	

구 간	수 익(%)
기준가격 〉 만기지수	0(원금 지급)
기준가격 ≤ 만기지수 ≤ 상한가격	$\left(\frac{\text{만기지수}}{\text{기준가격}}-1\right)\times 80\%$
만기 전에 한 번이라도 상한가격을 초과하여 상승(장중지수 포함)한 경우	10%
상한가격: 기준가격 대비 25% 상승한 지수(옵션 소멸 기준) 최대가능수익률: 20%(=상승률 25%×참여율 80%)	

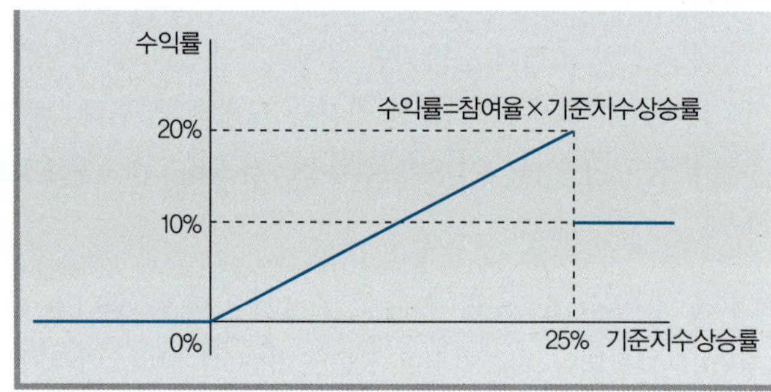

[그림 12-11] 조기상환형 Knock-out ELS 수익구조

조기상환형 Step down ELS의 사례는 〈표 12-10〉과 [그림 12-12]에 제시된다.

〈표 12-10〉 조기상환형 Step down ELS 사례

구 분		수 익
(1) 중도상환	4개월마다 기준가격의 100% 이상인 경우, 혹은 기준가격의 110% 이상으로 상승한 적(장중가 포함)이 한 번이라도 있는 경우	연 10.5%
(2) 만기상환	① (1)의 요건을 충족하지 못하고 만기평가가격이 기준가격의 100% 이상인 경우 혹은 기준가격의 110% 이상으로 상승한 적(장중가 포함)이 한 번이라도 있는 경우	연 10.5%(만기 시 21%)
	② ①의 요건을 충족하지 못하고 한 번도 기준가격의 70% 이하로 하락한 적(장중가 포함)이 없는 경우	0%(원금 지급)
	③ ①의 요건을 충족하지 못하고 한 번이라도 기준가격의 70% 이하로 하락한 적(장중가 포함)이 있는 경우	$\left(\frac{\text{만기평가가격}}{\text{기준가격}}-1\right)\times 100$

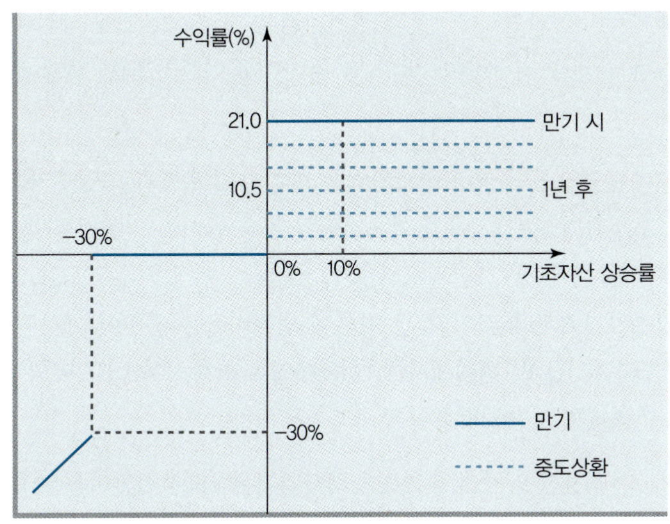

[그림 12-12] 조기상환형 Step down ELS 수익구조

12.5.2 ELW

주식워런트증권(ELW: Equity Linked Warrants)

주식워런트증권(ELW: Equity Linked Warrants)은 개별 주식 · 주식 바스켓 · 주가지수 등 주식과 관련된 기초자산을 사전에 정한 행사가격에 사거나 팔 수 있는 권리인 파생결합증권으로 기본적인 상품의 특성과 원리는 옵션과 유사하다. ELW는 증권회사가 공모방식으로 발행하여 거래소에 상장된다. 국내에서는 만기일에만 권리행사를 할 수 있는 유럽형 옵션의 형태로 발행되며, 만기 평가가격과 권리행사가격 간의 차액을 ELW를 발행한 금융회사로부터 수취한다. 또한, ELW는 시장에서 주식처럼 거래되므로, 만기일 전에라도 ELW의 가격 변동에 따른 매매차익을 추구할 수 있다. ELS와 같이 ELW에서도 발행 주체의 신용위험이 존재하며, 발행자의 신용도가 ELW의 발행 및 판매에 중대한 영향을 미친다. 옵션은 거래소가 만기 시 결제이행을 책임지지만, ELW는 만기 시 결제이행을 보증하지 않으며, 이는 ELW의 발행회사가 책임져야 할 사항이다.

ELW는 옵션과 같이 콜 ELW와 풋 ELW가 있다. 콜(call) ELW는 만기일의 평가가격이 권리행사가격보다 높으면 ELW를 발행한 증권회사가 투자자에게 평가가격에서 권리행사가격을 차감한 금액에 사전에 약정한 전환비율을 곱한 금액을 지급하며, 만일 평가가격이 권리행사가격보다 낮으면 해당 권리가 소멸되는 구조이다. 풋(put) ELW는 이와 반대로 만기일의 평가가격이 권리행사가격보다 낮으면 투자자에게 권리행사가격으로부터 평가가격을 차감한 금액에 사전에 약정한 전환비율을 곱한 금액을 지급하며, 만일 그 차이가 0 이하가 되면 해당 권리가 소멸된다.

주식이 기초자산일 경우 만기평가가격은 만기일을 포함한 직전 5거래일의 산술평균가격으로 정하며, 주가지수가 기초자산일 경우 만기일의 종가를 평가가격으로 정한다. 전환비율은 ELW 1단위로 취득할 수 있는 주식의 수로, ELW의 단위당 이익은 만기평가가격과 행사가격 간 차액에 전환비율을 곱하여 계산된다. 따라서 전환비율이 클수록 ELW 권리행사에 따른 이익이 크다. 주식 ELW의 전환비율은 기초자산의 가격대별로 1개씩이며, 주가지수는 100이다.

예를 들어, 기초자산이 주가지수이며 행사가격은 165, 전환비율은 100, 최종거래일은 6개월 후인 콜 ELW를 투자자가 10단위 매입했다고 하자. 6개월 후의 주가지수 종가가 173이라 한다면 ELW 보유자는 권리행사를 하며, ELW 단위당 수취 이익은 (173−165)×100=800원이며, 총이익은 여기에 10단위를 곱한 8,000원이다. 또한, ELW는 옵션 매입 포지션과 같으므로 앞에서 언급했던 방어적 풋이나 매입 스트래들 전략을 ELW 투자전략에도 활용할 수 있다.

12.5.3 ETN

상장지수증권(ETN: Exchange Traded Note)

상장지수증권(ETN: Exchange Traded Note)은 기초지수의 변동과 수익률이 연동되도록 증권회사가 발행하는 파생결합증권으로서 주식처럼 거래소에 상장되어 거래되는 증권이다. 만기가 도래하면 발행회사는 기초지수 수익에서 운용보수, 지수이용료, 사무관리 보수 등 사전에 정한 제비용을 차감한 금액을 투자자에게 지급한다. 예를 들어, 투자원금이 100만 원, 기초지수의 수익률이 50%, 제비용이 2만 원이라면, 만기에 발행회사는 100만 원×(1+0.5)−2만 원 = 148만 원을 투자자에게 지급하게 된다. 만기 이전에도 일정 수량 단위로 거래소에서 중도 상환이 가능하며, 이때에도 동일한 방식으로 수익이 결정된다.

〈표 12-11〉에서 보듯이 ETN은 ELS나 ELW와 법적 성격이 같은 파생결합증권으로서 원금비보장 상품이다. 또한, 증권회사가 자기 신용으로 발행하고 재량적인 자산운용이 가능하여 운용상 제약이 적다는 공통점이 있다. 반면, ETN이 ELW와 같이 장내 상품임에 비해, ELS는 장외상품이라는 차이가 있다. 또한,

ETN은 투자수익이 기초지수의 변동과 유사하게 결정되는 지수 연동 상품인 반면, ELS는 기초자산인 지수 및 주식의 가격이 발행 당시 약정한 조건에 해당하면 미리 정한 수익을 지급하고 약정 조건에 해당하지 못하면 손실이 발생할 수 있는 조건부 확정수익형 상품이라는 점에서 차이가 있다.

〈표 12-11〉 ETN · ELW · ELS의 비교

구분		ETN	ELW	ELS
공통점	법적 성격	파생결합증권		
	발행자	증권사		
	발행자 신용위험	부담		
	기초자산 운용	발행자 재량으로 운용		
차이점	거래 장소	장내	장내	장외
	상품 특성	지수 추종	옵션	조건부 확정수익상품

한편, ETN과 유사 상품인 ETF와의 차이는 〈표 12-12〉와 같다. 또한, ETN은 ETF와 유사한 세제상 이점이 있어 비용 절감 효과가 있다. 일반 상장주식의 거래에는 매도할 때 증권거래세가 부과되는 반면, 국내 주식형 ETN에는 증권거래세의 면제 혜택이 있어 유리하다. ETN 투자의 가장 큰 위험요인은 발행자의 신용위험으로서, 운용 성과와 상관없이 발행주체가 파산하면 투자금을 모두 잃을 수 있다는 점에 유의해야 한다.

〈표 12-12〉 ETN과 ETF의 비교

구분		ETN	ETF
법적 성격		파생결합증권	집합투자증권
발행 주체		증권사	자산운용사
기초지수	특성	맞춤형 지수	시장추종형 지수
	구성 종목 수	5종목 이상	10종목 이상
상품구조		약정된 기초수익 제공	운용실적 등에 따라 수익 상이
만기		1~20년	없음

연·습·문·제

1. 다음 명제의 참과 거짓 여부를 판별하시오.

(1) 현재 기초자산 가격이 행사가격보다 높다면 풋옵션은 내가격 상태에 있다.

(2) 무위험이자율이 상승하면 콜옵션 가격은 하락한다.

(3) 향후 주식의 변동성이 높아질 것으로 예상할 때 적절한 투자전략은 매입스트래들이다.

(4) 선물거래를 이용한 매입헤지는 향후 현물 가격이 하락할 것으로 예상할 때 취할 수 있는 전략이다.

(5) 선물거래의 최초 시점에서의 가치는 0보다 크다.

(6) 재고유지비용이 양이며, 금융수익이 0이라면 선물가격은 현물가격보다 낮게 형성된다.

(7) 선물의 매도차익거래는 시장에서 저평가된 선물을 매입하고 합성선물을 매도하는 거래이다.

(8) 방어적 풋 전략은 기초자산인 주식을 보유한 투자자가 주가 하락에 대비하여 풋옵션을 매도하는 전략이다.

(9) 금리스왑은 원금 및 원금에 대한 이자가 서로 교환되며, 원금과 이자금액은 동종 통화로 표시된다.

2. 다음 용어를 간단히 설명하시오.

(1) 포트폴리오 보험

(2) 베이시스

(3) 전매도

(4) 옵션의 내재가치

(5) 변동증거금

(6) ELW

(7) ETN

3. 만기일에 선물 매입포지션의 손익과 동일한 현금흐름을 창출할 수 있는 금융상품을 콜옵션과 풋옵션을 이용해서 만들어 보시오. 또한, 그러한 금융상품의 현재 가치가 0일 때 풋-콜 패리티는 현물-선물 패리티와 어떠한 관계를 가지는지 설명하시오.

4. 곡물가공업자인 이투자 씨는 1년 후 제품 생산에 곡물 100단위를 투입하려 한다. 곡물 1단위는 현재 시장에서 62,000원에 거래된다. 곡물재배업자인 박경영 씨는 이투자 씨와 1년 후 곡물 100단위를 단위당 65,000원에 이투자 씨에게 매도하기로 하는 계약을 체결했다. 현재 시장에서 무위험이자율은 연리 8%이다. 박경영 씨의 회사에서는 곡물 보관에 따른 별도의 보관비용이 발생하지 않는다고 가정할 때, 이투자 씨와 맺은 선물 계약의 가격이 박경영 씨에게 유리한지 불리한지 현물－선물 패리티에 근거하여 설명하시오.

5. 행사가격이 30,000원인 A 주식의 콜옵션의 프리미엄은 3,000원이며, 풋옵션의 프리미엄은 2,500원이다. 옵션의 만기일은 3개월 후이다. 김 씨가 매입 스트래들 전략을 취했다면, 3개월 후에 이 전략으로 이익을 실현할 수 있는 주가의 범위를 구하시오.

6. 부품 수출업체는 10월에 부품을 수출하고 12월에 미국 거래처로부터 수출결제대금 100만 달러를 지급받기로 했다고 계약했다. 수출업체는 현재 원 · 달러 환율인 1,000원/달러 이상으로 환전해야 손익분기점 이상의 수익을 달성할 수 있으므로 달러를 기초자산으로 하는 통화선물을 이용하여 향후 발생 가능한 환위험을 헤지하고자 한다. 달러 선물 계약조건은 다음과 같다.

○ 선물가격: 1,000원/달러　○ 거래단위: 1,000달러/계약　○ 만기일: 12월 21일

부품 수출업체가 헤지를 위해 체결해야 할 달러 선물 계약을 제시하고 만기일의 원 · 달러 환율이 950원/달러로 하락했을 경우와 1,050원/달러로 상승했을 경우의 성과를 보이시오.

7. 행사가격이 30,000원이고 만기가 1년인 유럽형 콜옵션과 풋옵션이 있다. 기초자산인 주식의 현재가격은 32,000원이다. 무위험이자율은 연 5%이며, 콜옵션과 풋옵션은 시장에서 각각 5,300원과 2,500원에 거래되고 있다. 콜옵션과 풋옵션 가격이 균형 상태에 있는지를 검토하고, 차익거래를 실행하시오.

8. 현재 A 주식의 주가는 30,000원이다. 김씨는 A 주식 10주를 보유하고 있으며, 보호적 콜 전략으로 A 주식 콜옵션을 10계약 매도했다. A 주식 콜옵션의 행사가격은 30,000원, 프리미엄은 2,000원이며, 만기일은 3개월 후이다.

(1) 3개월 후 A 주식의 주가가 35,000으로 상승 시 김 씨의 포트폴리오의 손익을 구하시오.

(2) 3개월 후 A 주식의 주가가 25,000으로 하락 시 김 씨의 포트폴리오의 손익을 구하시오.

9. A 주식은 현재 50,000원에 거래되고 있으며, 주식 수익률의 표준편차는 연 10%이다. A 주식에 대한 콜옵션의 만기는 1년이며, 무위험이자율은 연 2%일 때, A 주식의 등가격 콜옵션과 풋옵션의 가치를 블랙-숄즈 옵션가격결정모형을 이용하여 구하시오.

10. X 기업과 Y 기업이 은행으로부터 자금을 차입할 때 적용되는 연간 차입금리는 다음과 같다.

기업	X	Y
고정금리차입	7%	8%
변동금리차입	LIBOR+0.4%	LIBOR+0.6%

X 기업과 Y 기업이 각자의 차입금리를 균등하게 절감하기 위한 금리스왑계약의 내역을 설명하고, 스왑계약으로 인한 차입금리 절감 효과를 계산하시오.

11. A 기업과 B 기업이 국제금융시장으로부터 해당 통화로 자금을 차입할 때 적용되는 연간 차입금리는 다음과 같다.

기업	A	B
달러화($) 차입	12%	13.4%
엔화(¥) 차입	10%	13.0%

A 기업과 B 기업, 그리고 딜러인 금융회사 간 차입금리 절감을 위한 스왑계약의 예시를 들어보고, 이러한 스왑계약으로 인한 차입금리 절감 효과를 계산하시오.

12. ETN, ELS, ELW의 공통점과 차이점을 비교하여 설명하시오.

금융시장과 금융투자의 이해

PART III 우리나라의 금융기관과 금융시장

13

CHAPTER

은행 및 비은행금융기관

금융기관을 설립근거를 기준으로 구분해 보면 은행, 비은행예금취급기관, 금융투자업자, 보험회사, 기타 금융기관으로 분류할 수 있다. 본 장에서는 먼저 은행에 대해 시중은행, 지방은행, 외국은행 국내지점 및 특수은행 등으로 나누어 현황과 기능 및 특징을 상세히 설명한다. 이어서 비은행금융기관을 업무성격에 따라 비은행예금취급기관, 금융투자업자, 보험회사, 기타 금융기관의 네 가지 범주로 나누어 기관별 현황과 기능 및 특징을 살펴본다.

13.1 은행

13.1.1 한국은행

중앙은행(central bank)

(1) 중앙은행의 성립과 발전

오늘날 중앙은행(central bank)은 한 국민경제 안에서 중심적인 금융 기관으로서 모든 금융 업무를 관장하고 있지만, 20세기에 들어서기 이전까지 중앙은행의 업무는 아직 충분히 발달하지 못하였고 따라서 그 때까지는 중앙은행의 업무에 관하여 통일적이고도 명백한 규정을 찾아볼 수 없었다.

은행에 관하여 오랜 역사를 가지고 있는 나라를 보면 대개 한 은행이 은행권을 독점적으로 발행할 수 있는 권리를 획득하게 되고 또 정부의 은행으로서 활동하게 된 것을 기반으로 하여 점차로 중앙은행으로서의 지위를 차지하게 되었다. 그러나 그러한 은행도 처음에는 일반적으로 발권은행(bank of issue)이라고 불렸으며, 후에 중앙은행으로서의 다른 기능이나 업무 그리고 권리를 획득하여 드디어 중앙은행이라는 명칭으로 일반적으로 불리게 되었다.

중앙은행의 기본적인 업무에 대한 기틀을 다진 최초의 발권은행은 잉글랜드은행(英蘭銀行: Bank of England)으로 알려져 있다.[1] 그리하여 잉글랜드은행의 역사는 중앙은행 업무의 원리와 중앙은행 기능의 발전을 대표하는 것으로서 세계적으로 인정을 받고 있는 것이다. 잉글랜드은행은 정부에 대부를 한다는 특별한 목적으로 1694년에 민간출자에 의한 최초의 주식은행으로서 설립되었고 정부에 대한 대부의 대가로서 은행권 발행의 특권이 동 은행에 부여되었다. 그 후 잉글랜드은행은 특허장이 갱신될 때마다 정부와의 밀접한 관계로 말미암아 독

1) 역사적인 의미에서 가장 오래된 중앙은행은 1656년에 민간은행으로 설립되어 1668년부터 국회의 승인 하에 정부의 은행으로서의 역할을 수행해 온 스웨덴 중앙은행이다.

특한 지위를 차지하였고 1826년에 런던에서 65마일 이상 떨어진 곳에 주식은행이 설립되기 시작하였을 때, 동 은행은 이미 개인은행의 현금 준비의 보관자 그리고 영국의 금 준비의 보관자로 간주되었다. 그리고 1833년에 잉글랜드 은행권만이 유일한 법화(legal tender)로 선언됨으로써 잉글랜드은행은 특권적인 지위를 차지하게 되었고 이에 따라 동년 이후로 런던에 설립되기 시작한 많은 주식은행도 개인은행처럼 잉글랜드은행과 거래를 맺으려는 경향을 보였다. 특히, 1844년의 필 조례(Peel's Act)에 의해 법적으로 잉글랜드은행이 은행권, 즉 현금의 발행을 사실상 독점하게 됨으로써, 정부의 은행으로 발전하게 되었을 뿐만 아니라 다른 은행에 대해서도 특수한 위상을 확보하게 되었다.

이와 같이 중앙은행으로서의 성격을 띠게 된 잉글랜드은행은 최후의 대여자로서의 지위에 서서 현금통화뿐만 아니라 건전한 신용질서를 유지하는 책임도 지게 되었다. 1847, 1857, 1866년의 공황을 거치는 동안에 현금통화와 신용 사이에 밀접한 관계가 있다는 것을 깨닫게 되었고 더욱 금융공황이 발생하였을 경우에 비록 고금리를 적용하더라도 모든 정당한 요구가 잉글랜드은행에 의해서 충족된다는 확신이 사회에 일반적으로 인식되어 있으면, 금융공황은 수월하게 진정될 수 있다는 것을 파악하게 되었다. 그리하여 1873년과 1890년에 공황을 극복하는 데 성공하였고 지난 수차례 공황 때처럼 금 준비규정을 정지할 필요가 없었던 것이다. 이와 같이 비상사태가 일어났을 때 잉글랜드은행이 그의 특수한 책임을 잘 수행하였기 때문에 동 은행에게 특별한 권위를 부여하게 되었고 영국의 중앙은행으로서의 지위를 확립하였을 뿐만 아니라 세계 각국에 대하여 중앙은행의 발달을 촉진시키는 계기가 되었다.

잉글랜드은행이 중앙은행의 업무와 기술을 처음으로 발전시켜 중앙은행의 지위를 확립하게 되자 이는 곧 전 세계에 파급되기 시작하였다. 프랑스에서는 1800년대 설립된 프랑스은행(Banque de France)이 설립될 때부터 국가와 밀접한 관계를 맺어 정부의 은행이 되었으며, 파리에서 은행권 발행의 독점권을 누리고 그 후 점차로 중앙은행으로서의 기반을 닦게 되었다. 한편, 1871년에 이르러 비로소 통일된 독일에서는 1875년에 종래의 프러시아은행(Prussian Bank)을 모체로 하여 라이히스방크(Reichsbank)가 설립되었는데, 이 때 독일에는 33개나 되는 발권은행이 있었다. 한편, 아시아에서는 일본이 1882년에 중앙은행으로서 일본은행을 설립했고 중국은 1928년에야 비로소 중국중앙은행을 설립하였다.

한편, 세계의 중앙은행 중에서 가장 큰 특색을 가지고 있는 것은 미국의 연방준비은행(Federal Reserve Bank)이다. 미국에서는 1791년에 제1합중국은행(the First Bank of United States), 1816년에 제2합중국은행(the Second Bank of United States)이 설립되었으나, 미국의 뿌리 깊은 지방분권적 사상 탓으로 1836년에 제2합중국은행이 폐지된 이후로는 금융의 중앙집권화를 우려하여 중앙은행의 색채를 띤 은행은 오랫동안 설립되지 못하였다. 그러던 중에 1913년에 이르러서야 비로소 「연방준비법」이 제정되어, 동법에 의거하여 1914년에 전국을 12개의 준비지구로 나누어 12개의 연방준비은행이 설립되고 또 그들을 조정하는 연방준비국(Federal Reserve Board)이 워싱턴에 설치되는 형식으로 중앙은행제도가 미국에 도입되었다. 이리하여 12개의 연방준비은행은 각 준비지구에서 중앙은행과 같은 기능을 수행하고 연방준비국이 그들을 조정하고 있었는데, 연방준비국은 1935년에 개정된 「은행법」에 의해서 연방준비제도이사회(the Board of Governors of the Federal Reserve System)로 개칭되었다. 이처럼 연방준비은행은 조직 측면에서 다른 나라의 중앙은행과 큰 차이를 보이고 있지만, 동 은행은 기능이나 업무는 실질적으로 다른 나라의 중앙은행과 별다른 차이가 없다고 하겠다.

(2) 중앙은행의 기능

① 발권기능

중앙은행은 지폐와 주화, 즉 현금을 독점적으로 발행할 수 있는 **발권기능**을 보유하고 있다. 이러한 독점적 발행권은 중앙은행의 기원 및 발생과 밀접한 관계를 가지고 있는데, 오늘날의 중앙은행 가운데 오랜 역사를 가지고 있는 은행들은 대부분 20세기 이전까지 발권은행이라고 불리던 것들이다. 이러한 발권은행들이 현금 발행의 독점권을 획득하기까지는 상당히 오랜 세월이 필요하였는데, 예컨대 네덜란드에서는 1814년, 영국에서는 1844년, 프랑스에서는 1848년, 독일에서는 1875년, 스웨덴에서는 1897년에 이르러 비로소 획득하게 되었다. 한편, 새로 중앙은행을 설립하는 나라에 있어서는 정부가 처음부터 독점적 발행권을 중앙은행에 부여하는 것이 상례로 되었다. 따라서 이러한 현금통화의 독점적 발행권은 오늘날 모든 나라의 중앙은행이 공통적으로 가지는, 중앙은행 고유의 기능이라고 할 수 있다.

발권기능

② 은행의 은행

일반적으로 중앙은행은 원칙적으로 일반 대중과 직접적인 거래를 하지 않고 다

은행의 은행(bank of banks)

른 은행이나 금융기관만을 상대로 그 업무를 수행하고 있어 **은행의 은행**(bank of banks)으로서의 기능을 수행하게 된다.

우선 중앙은행은 은행의 은행으로서 여러 은행, 특히 일반은행의 지급준비금, 즉 지준금을 보관하고 있다. 이리하여 여러 은행 사이의 채권 · 채무의 결제는 그 예금을 대체시킴으로써 행해지게 되는데, 이로 말미암아 중앙은행은 어음교환의 차액을 결제하는 중심기관으로서의 기능도 수행하게 되었다. 따라서 중앙은행은 은행의 은행으로서 여러 은행의 지준금을 보관할 뿐만 아니라, 어음교환의 중심기관으로서의 기능도 수행한다.

최후의 대여자(lender of last resort)

또한, 중앙은행은 은행이나 다른 금융기관에 대하여 **최후의 대여자**(lender of last resort)로서의 역할을 수행하고 있다. 예컨대 비상사태가 발생하여 은행들이 자금의 압박을 받는 경우, 최후에는 결국 중앙은행에 자금공급을 의뢰하지 않을 수 없게 된다. 이렇게 되면, 중앙은행은 최후의 대여자로서 은행들에 대하여 자금을 공급하게 된다. 이러한 최후의 대여자로서의 기능은 은행권을 독점적으로 발행하고 또 한 나라의 금융을 관리 및 조정할 책임을 지고 있는 중앙은행으로서는 당연히 담당해야 할 의무인 것이다.

③ 정부의 은행

정부의 은행

모든 나라의 중앙은행은 **정부의 은행**으로서의 기능을 수행하고 있을 뿐만 아니라 이와 함께 정부의 대행기관으로서의 기능도 수행하고 있다.

우선 중앙은행은 정부의 은행으로서의 기능을 동 은행에 있는 정부예금을 통해서 수행한다. 첫째, 중앙은행은 정부의 여러 기관을 위하여 예금을 받아들이고 또 정부기관을 대신하여 추심을 맡아본다. 둘째, 정부의 여러 기관이 현금지출을 할 경우에는 현금을 공급하고 또 정부의 여러 기관이 지급을 위하여 자행 앞으로 발행한 수표나 증서도 동 은행에 있는 정부예금에서 지급한다. 셋째, 정부기관 사이의 예금대체를 행한다. 끝으로 정부의 은행으로서 중앙은행은 정부에 대하여 대출을 한다. 즉, 중앙은행은 조세나 공채에 의한 재정수입을 고려하여 정부에 대하여 일시적인 대출을 할 뿐 아니라, 불경기나 전쟁 또는 기타의 비상사태가 발생하여 재정자금이 부족할 경우에는 임시대출을 하여 재정자금을 공급하게 된다. 또한, 정부가 공채를 발행하는 경우에는 공채의 전부 또는 일부를 중앙은행이 인수함으로써 재정자금을 지원하는 경우도 있다.

④ 통화정책의 주체

전술한 바와 같은 세 가지 기본적 기능 이외에, 중앙은행의 기능 중 경제적으로 가장 중요한 기능으로는 바로 통화정책을 꼽을 수 있다. 앞의 5장에서 살펴본 대로 통화정책은 중앙은행이 물가안정, 금융안정, 완전고용 등의 정책목표를 달성하기 위해 통화량 또는 이자율을 조절함으로써 경제의 실물부문에 영향을 미치는 정책을 의미한다. 중앙은행은 다양한 통화정책수단, 즉 공개시장 운영, 재할인율 정책, 지급준비율 정책 등을 통해 통화량과 이자율에 간접적으로 영향을 미치는 방식으로 통화정책을 수행한다. 통화정책의 수단, 운용목표, 운영체제, 전달경로와 금융시장 및 금융투자와의 관계에 관한 자세한 내용은 5장을 참조하기 바란다.

(3) 한국은행의 연혁과 현황

8.15 광복 후에도 조선은행(1909년 설립된 구한국은행이 1911년 조선은행으로 개편)은 같은 이름으로 중앙은행으로서의 기능을 수행하고 있었다. 그러던 중 1950년에 「한국은행법」이 제정되어, 동년 6월에는 한국은행이 신생 대한민국의 중앙은행으로서 설립되었고 이에 따라 조선은행은 폐쇄되었다.

「한국은행법」과 「은행법」은 미국의 뉴욕 연방준비은행에 근무하고 있던 블룸필드(A.I. Bloomfield)와 젠센(J.P.Jensen)에 의해서 주로 기초되었는데, 이에 따라 미국 은행제도의 영향을 적지 않게 받게 되었다.[2)]

한국은행

창립 당시 한국은행의 특징을 들어 보면 다음과 같다. 한국은행은 우리나라의 법화인 한국은행권은 물론 주화도 독점적으로 발행하게 되었으며, 그 거래 대상은 금융기관, 정부대행기관, 외국정부 및 국제기관에 국한되고 민간과의 직접거래는 금지되었으며, 물론 국고업무를 취급하게 되었다. 그리고 조선환금은행(1947년 군정법령에 의거하여 설립)의 업무를 계승하여 외환업무를 보게 되었다. 또한, 한국은행 안에 금융통화위원회가 구성되었는데, 이는 금융의 중립성, 전문성 및 자치성을 유지하기 위하여 설치된 것이었다. 그리하여 동 위원회는 통화 · 신용 및 외환에 관한 정책을 수립하고 또 한국은행의 업무 및 운영 등에 관하여 지시와 감독을 담당하고 있었다.

1950년 5월 5일 「한국은행법」이 제정된 이후, 경제 · 금융환경과 정부의 경제운

2) 한국은행(2021) 참조

용방식 및 정책기조 등의 변화에 따라 11차례에 걸쳐 개정[3]되는 동안 한국은행의 '독립성'과 기능에 있어 진보적 개선이 이루어져 글로벌 스탠더드에 접근하는 선진 중앙은행제도의 토대를 마련했다.

〈표 13-1〉 한국은행의 주요 계정(2022년 12월 말 기준) (단위: 십억 원, %)

자산			부채 및 자본		
	금 액	구성비		금 액	구성비
국 내 자 산	94,872.1	16.3	국 내 부 채	504,151.0	86.5
현금	0.0	0.0	화폐발행잔액	174,862.3	30.0
대출금	40,975.0	7.0	예금	155,233.2	26.6
유가증권	32,067.6	5.5	중앙정부예금	8,501.4	1.5
대정부대출금	0.0	0.0	특수자금융자기금	0.0	0.0
환매조건부 채권매입	15,491.6	2.7	통안증권 발행	112,446.1	19.3
고정자산	2,704.2	0.5	환매조건부 채권매각	20,000.0	3.4
기타 국내자산	3,633.6	0.6	통안계정	7,280.0	1.2
			충당금	218.2	0.0
국 외 자 산	487,954.1	83.7	기타 국내부채	25,609.8	4.4
지금은(地金銀)	6,076.4	1.0			
외국증권	361,297.6	62.0	국 외 부 채	56,755.5	9.7
외화예치금	52,941.7	9.1	비거주자예금	4,439.6	0.8
특별인출권 보유	18,802.6	3.2	특별인출권 배분	17,929.2	3.1
금융기구출자금	20,368.7	3.5	출자증권 발행	7,802.4	1.3
기타 국외자산	28,467.1	4.9	기타 국외부채	26,584.3	4.6
			자본금	21,919.6	3.8
합 계	582,826.1	100	합 계	582,826.1	100

자료: 한국은행 경제통계시스템(http://ecos.bok.or.kr/)

---

3) 1962.5, 1963.12, 1968.7, 1977.12, 1982.12, 1997.12, 2003.9, 2011.9, 2012.3, 2016.3, 2018.3

한국은행의 기능을 보면 우리가 앞에서 살펴본 중앙은행의 주요 기능을 모두 수행하고 있음을 알 수 있다.

첫째, 발권은행으로서의 기능을 보면 화폐의 발행권은 「한국은행법」에 의해 한국은행만이 가지고 있으며, 또 한국은행권만이 우리나라에서 유일한 화폐로서의 자격을 가지고 있어 공사의 모든 거래에 무제한으로 통용되도록 되어 있다. 그러므로 우리나라에서 한국은행이 유일한 발권은행으로 되어 있고 은행권, 즉 지폐뿐만 아니라 주화의 발행도 독점하고 있다.

둘째, 한국은행은 은행의 은행으로서 지준금의 보관과 중앙결제기관 그리고 최후의 대여자로서 기능을 수행하고 있다.

셋째, 한국은행은 정부의 은행으로서의 기능도 수행하고 있다. 「한국은행법」에 한국은행은 정부에 대하여 당좌대월 또는 기타의 형식으로 신용을 제공할 수 있으며, 또 정부로부터 국채를 직접 인수할 수 있다고 명시되어 있다. 그리고 동 법에 한국은행은 대한민국 국고금의 공적인 예수기관이라고 규정되어 있어, 국고금의 수입 및 지출은 한국은행에 있는 정부예금의 수급에 의해서 정리하도록 되어 있다.

넷째, 한국은행에 설치되어 있는 금융통화위원회는 상기한 통화정책의 실질적 주체이다. 즉, 한국은행의 금융통화위원회는 5장에서 살펴본 통화정책체계에 따라 다양한 정책수단을 통해 운용목표인 기준금리를 결정함으로써 경제의 통화량과 시장이자율을 조절하는, 통화정책에 관한 최고 의사결정기구이다.

다섯째, 한국은행은 이상의 주요 기능 이외에 외국환의 관리, 대외지급준비자산의 관리, 지급결제제도(한은금융망(BOK-Wire+))의 운영 · 관리, 금융기관에 대한 검사, 국제금융기구(국제통화기금(IMF), 세계은행(IBRD), 아시아개발은행(ADB) 등)와의 거래 및 교류, 경제조사 및 통계 작성 등의 기능도 수행하고 있다.

13.1.2 일반은행

(1) 일반은행의 의의와 현황

우리나라에서 일반은행이라고 하면 1950년 5월에 제정된 「은행법」에 의거하여 설립된 은행을 가리킨다. 주요 업무는 대중으로부터 단기적인 예금을 받아들이고 이를 기초로 하여 대부나 어음할인에 의해서 주로 단기적인 상업자금을 공급하는 데

일반은행

있다. 그래서 이런 은행을 영국에서는 예금은행(depository bank), 미국에서는 상업은행(commercial bank), 독일에서는 신용은행(credit bank) 그리고 일본에서는 보통은행(普通銀行)이라고 부른다. 그런데 이런 은행의 가장 기본적인 특징은 무엇보다도 신용창조를 함으로써 예금통화를 공급하는 데 있다.

「은행법」에 의하면 금융기관이란 예금의 수입과 유가증권 또는 기타 채무증서의 발행에 의하여 일반대중으로부터 채무를 부담함으로써 획득한 자금을 대출하는 업무를 규칙적으로 또 조직적으로 영위하는 한국은행 이외의 모든 법인을 말한다. 그리고 동 법은 금융기관에 대하여 상업금융(단기금융)과 장기금융을 겸영하는 겸업은행주의를 허용하였으며, 또 지급준비금에 있어 법정주의를 채택하여 금융기관은 금융통화위원회가 정하는 최저율 이상의 지준율을 보유하도록 규정하고 있다.

이러한 「은행법」에 의거하여 설립된 은행이 일반은행인데, 시중은행(인터넷전문은행 포함), 지방은행 및 외국은행 국내 지점이 이에 속한다. 2022년 말 현재 9개의 시중은행, 그리고 지역경제 개발을 위한 6개의 지방은행이 영업 중이고 외국은행도 국내에 35개 지점을 개설하고 있다. 이들 일반은행의 총자산규모는 3,074조 원이다.

일반은행의 업무는 고유 업무, 부수 업무 및 겸영 업무로 구분하며, 각 업무별 범위는 은행법 및 동법 시행령에서 규정하고 있다. 일반은행은 고유 업무 및 부수 업무의 경우 별도의 인가 없이 영위할 수 있으나 일부 겸영 업무의 경우 해당 법령에 따라 금융위원회의 겸영인가를 필요로 한다.

고유 업무는 예 · 적금 수입, 유가증권 또는 채무증서 발행 등으로 조달한 자금을 대출하는 업무와 내 · 외국환업무로 구성된다. 일반은행은 요구불예금의 수입에 의한 만기 1년 이내의 대출, 즉 전통적인 상업금융업무에 더하여 장기금융업무도 영위할 수 있다. 여기서 장기금융업무란 1년 이상의 기한부예금 또는 사채 발행을 통해 조달한 자금을 1년을 초과하는 기한으로 대출하는 업무를 말한다.

부수 업무는 지급보증, 어음인수, 상호부금, 팩토링, 보호예수, 수납 및 지급대행 등 은행 업무를 영위하는 데 수반되는 업무이며, 현행 은행법은 은행에 부수 업무를 포괄적으로 허용하고 있다.

겸영 업무는 은행의 겸영화 진전에 따라 은행이 영위하는 은행 고유 및 부수 업무가 아닌 업무로서 타 법령에 따른 인허가 등이 필요한 업무와 필요로 하지 않는 기타 업무로 구분된다. 금융위원회 인허가 또는 등록을 필요로 하는 겸영업무로는 유가증권의 인수·매출 및 모집·매출 주선, 환매조건부채권매매, 집합투자업, 투자자문업, 투자매매업, 투자중개업, 신탁업, 방카슈랑스, 신용카드업, 자본시장법에 의한 파생상품의 매매·중개 등이 있다. 기타 업무에는 타 법령에서 은행이 운영할 수 있도록 한 업무와 기업 인수·합병의 중개·주선 또는 대리 업무, 증권의 투자 및 대차거래 업무, 상업어음 및 무역어음의 매출 업무, 무역보험의 판매대행 등이 있다.

(2) 시중은행

시중은행(nationwide bank)은 「은행법」에 설립근거를 두고 전국을 영업구역으로 하는 은행을 지칭한다. 먼저 조흥, 상업, 제일, 한일은행 등 4개 은행은 우리나라에 근대적인 은행제도가 도입되기 시작한 19세기 말부터 20세기 초에 설립된 이후 광범위한 점포망과 비교적 오랜 업무활동을 바탕으로 우리나라 상업금융의 중추적인 역할을 담당하여 왔으며, 서울은행은 1976년 서울은행과 한국신탁은행이 합병하여 발족되었다. 신한은행과 한미은행은 1980년대 들어 금융자율화의 추진과 더불어 금융업으로의 진입규제 완화를 통해 금융시장 내에서 경쟁을 촉진시키기 위한 노력의 일환으로 각각 1982년 및 1983년에 설립되었다. 신한은행은 재일동포 한국인 투자자에 의해, 한미은행은 국내 기업과 미국의 Bank of America와의 합작투자에 의해 각각 설립되었기 때문에 여타 시중은행과 주주 구성 면에서 차이가 있다.

시중은행(nationwide bank)

하나은행은 1991년 한국투자금융이 투자금융회사에서 은행으로 전환·발족한 것이며, 보람은행은 한양투자금융과 금성투자금융이 합병하여 은행으로 설립·전환된 것이다. 평화은행은 1992년 근로자의 생활 안정 및 복지 증진을 도모하기 위하여 근로자를 주 고객으로 설립되었다. 한편, 한국외환은행은 종래 특수은행으로 분류되었으나 일반은행의 외국환 업무 취급 확대로 외국환전문은행으로서의 기능이 퇴색됨에 따라 1989년 12월 「한국외환은행법」의 폐지와 함께 일반은행으로 개편되었다.

한편, 국민은행은 서민과 소규모 기업에 대한 금융편의를 제공하기 위해 1962년 「국민은행법」에 의해 설립되어 운영되어 오다가 신용협동조합, 상호신용금고 등 서민금융기관의 비중이 증대됨에 따라 그 존재 의의가 감소하여 1995년 동 법의 폐지로 일반은행으로 되었다.

또한, 한국주택은행은 서민주택금융자금의 조성을 뒷받침하고 주택자금공급과 관리의 효율화를 위해 1967년「한국주택은행법」에 의해 종래 한국산업은행이 취급하던 주택금융업무를 인수하여 설립되었다가 1997년 7월 동법의 폐지로 일반은행으로 되었다. 그러나 일반은행으로 전환함에 따른 주택금융 취급 비율의 급속한 감소를 방지하기 위해 동 은행의 정관에 주택금융 취급 비율의 하한(50%)을 규정한 바 있다. 그러나 주택은행과 국민은행은 경쟁력 제고 차원에서 2001년 10월 국민은행으로 통합 · 발족하기에 이르렀다.

IMF 구제금융체제 하의 금융구조조정 과정에서 1999년에 한빛은행은 상업은행과 한일은행이 합병하여 만들어졌고, 하나은행은 보람은행을 합병하였고, 또한 국민은행은 장기신용은행을 합병하였다. 또한, 조흥은행은 충북은행 및 강원은행과 합병하였다. 제일은행과 서울은행은 공적자금 지원 후에 제일은행은 미국의 Newbridge Capital 컨소시엄에 매각(1999. 9.)되었다가 영국의 SCB에 재매각(2005. 1.)되었다. 서울은행은 영국의 HSBC와 협상 결렬로 해외 매각이 미루어지다가 결국 2002년 12월에 하나은행에 매각되었다.

한편, 1989년 이북5도민 등의 출자로 설립된 동화은행과 전국을 영업 구역으로 하는 중소기업 금융전담은행인 동남은행 및 대동은행은 BIS 자기자본을 현저히 충족시키지 못해 1998년 6월에 퇴출되었다. 그런데 1999년 대우 사태를 계기로 금융권 부실이 다시 급증하자 2000년 10월부터 제2단계 금융구조조정이 추진되었으며, 이에 따라 2001년 4월에는 한빛은행에 평화 · 광주 · 경남은행과 4개 부실종금사를 묶어 우리금융지주회사가 출범하였다. 또한, 2001년 9월에는 신한은행이 주도하는 신한금융지주회사가 출범하여 제주은행이 자회사로 편입되기에 이르렀고 2006년 4월에는 조흥은행이 신한금융지주회사에 통합되어 통합 신한은행으로 출범하였다. 이 과정에서 외국계 시중은행도 출현하였다. 2004년 4월 외국은행 국내 지점이었던 시티은행이 한미은행을 인수 · 합병하여 한국씨티은행이 되었으며, 2005년 1월 스탠다드차타드은행은 뉴브리지캐피털로부터 제일은행을 인수하여 같은 해 9월 SC제일은행으로 개편하였다. 2015년에는 하나은행과 외환은행이 합병하여 KEB하나은행으로 출범하였다. 한편, 금융과 ICT 부문 간 융합을 통한 금융서비스 혁신의 급진전에 부응하여 지점을 운영하지 않고 온라인에서 금융서비스를 제공하는 케이뱅크와 카카오뱅크 등 2개 인터넷 전문은행이 2017년 설립되었고 뒤

이어 2021년에는 토스뱅크가 출범하기에 이르렀다.

(3) 지방은행

지방은행(local bank)

지방은행(local bank)은 금융업무의 지역적 분산과 지역경제의 균형발전을 도모하고자 1967년부터 1971년 사이에 「은행법」에 의해 설립된 일반은행으로서 1도 1행 주의에 입각하여 지역자금을 동원하여 지역경제개발과 내자동원을 원활하게 할 목적으로 설립되었다. 지방은행은 시중은행과는 달리 영업구역이 전국이 아닌 특정 지역으로 제한되어 있으며, 대구은행, 부산은행, 충청은행, 광주은행, 제주은행, 경기은행, 전북은행, 강원은행, 경남은행, 충북은행 등 모두 10개의 지방은행 중 1998년 6월에 경기은행과 충남은행은 퇴출되었고 충북은행과 강원은행은 조흥은행과 합병(1999. 9.)되었다.

사실상, 지방은행은 업무영역 면에서는 시중은행과 차이가 없으나 중소기업에 대한 대출의무비율, 타 지역에서의 대출비율제한(1998. 4. 폐지) 등 시중은행에 비해 지역금융의무가 상대적으로 강하였다. 그간 지역에서 조성된 자금을 가능한 한 그 지역으로 환원하기 위해 관할행정구역 밖의 점포 진출을 제한하여 지점 설치는 서울 및 5개 광역시에만 제한적으로 허용하고 서울 소재 지점의 대출한도를 규제하여 왔으나, 1998년 11월 완전히 폐지되었으며, 이에 따라 시중은행과 지방은행의 구분도 사실상 없어졌다.

결국 IMF 구제금융체제 하에서 제1단계 금융구조조정 과정에서 10개의 지방은행 중 2개는 퇴출되었고 2개는 피합병되었으며, 2000년 10월부터 시작된 제2단계 금융구조조정과정에서 2001년 4월에는 경남 및 광주은행이 우리금융지주회사에, 2001년 9월에는 제주은행이 신한금융지주회사의 자회사에 편입되기에 이르렀다. 이에 따라 지방은행은 6개로 축소되어 지금에 이르고 있다.

알아두기 13.1 부실은행 정리 방법

부실은행 정리 방법으로는 다음과 같은 주요 세 가지 방식이 있다. ① 청산(liquidation)은 부실은행의 영업을 정지시킨 후 예금자에 대해서는 예금보험공사가 예금을 대지급하고 채권 회수가 종료된 후 청산절차를 밟는 방식이다. ② M&A(mergers & acquisitions)는 인원 감축, 중복점포 정리, 전산시스템 통합 등에 의한 경비 절감을 주된 목적으로 실시하여 합병 과정에서 정부가 부실채권 매입, 증자참여, 유동성 지원 등의 조치를 취하기도 한다. ③ P&A(Purchases & Assumptions)는 우량은행이 부실은행의 부실채권을 제외한 우량자산과 부채를 인수하고 인수되지 않은 부실채권은 예금보험기구 또는 부실채권 전담은행(bad bank)이 인수 후 매각 · 회수하는 방식이다. 일반적으로 부실은행을 신속하게 정리하고 또한 사회적 충격을 최소화할 수 있는 방안으로 P&A 방식이 선호되고 있으며, 우리나라도 1998년 6월 부실은행 퇴출 시 이 방법을 사용하였다.

〈표 13-2〉 일반은행의 변천추이

	1960	1970		1980		1990		1997		2000		2010	2018	2022
시중 은행	조흥 상업 제일 한일	조흥 상업 제일 한일 서울 신탁		조흥 상업 제일 한일 서울신탁		조흥 상업 제일 한일 서울신탁 신한 한미 동화	동남 대동 외환	조흥 상업 제일 한일 서울신탁 신한 한미 동화	동남 대동 외환 하나 보람 평화 국민 주택	조흥 한빛 제일 서울 신한 한미 외환 하나	평화 국민 주택	우리 SC제일 신한 한국씨티 외환 하나 국민	우리 SC 신한 KEB하나 한국씨티 국민 카카오 케이	우리 SC 신한 KEB하나 한국씨티 국민 카카오 케이 토스
지방 은행	서울	대구 부산 충청 광주 제주	경기 전북 강원 경남	대구 부산 충청 광주 제주	경기 전북 강원 경남 충북	좌동		좌동		대구 부산 광주	제주 전북 경남	좌동	좌동	좌동

자료: 한국은행(2018), 『한국의 금융제도』, 금융감독원 금융통계정보시스템

(4) 외국은행 국내 지점

경제개발계획의 추진에 따른 소요외화자산의 원활한 도입과 선진금융기법의 습득을 목적으로 1967년 체이스맨해튼은행(Chase Manhattan Bank)의 국내 지점이 설치되었고 이후로 많은 외국은행의 지점이 국내에 진출하게 되었다. 1970년대 후반 이후 경제의 급속한 개방화 추세와 함께 금융국제화의 필요성이 강조되면서 더욱 활발한 진전을 보였다. 2022년 말 현재, 미국의 아메리카은행(Bank of America), 중국의 교통은행, 프랑스의 BNP파리바은행 등 35개 외국은행의 국내 지점이 설립되어 있다.

특히, WTO의 우리나라 측 양허조건 중의 하나로 외국은행과 투신사의 국내지점에 관한 경제적 필요성 심사(ENT: Economic Need Test)가 폐지되어 요건이 충족되는 외국은행의 국내 진출은 자동적으로 허용되고 있다.

외국은행 국내 지점은 과거 업무 범위가 일부 제한되고 유동성 규제를 위한 한국은행 공개시장운영대상에서도 제외되는 등 영업 환경이 국내은행과 다소 차이가 있었다. 그러나 금융자유화 추진 등으로 외국은행 국내 지점의 업무 범위에 대한 규제도 완화됨에 따라 현재는 국내은행과 거의 동일한 조건에서 영업활동을 하고 있다.

외국은행 국내 지점

이처럼 지속적인 규제 완화가 이루어지면서 90년대 말 외국은행의 국내 지점 수는 정점을 찍었으나, 2000년대에 들어서면서 대형은행 간 합병에 따른 중복 점포의 폐쇄와 외환위기 이후 지점 철수 등으로 외국은행의 국내 지점 수는 점차 감소하기 시작했다.

2010년대에 접어들면서 외국 은행의 국내 점포 수는 더 빠른 폭으로 줄어들었다. 2013년 영국계 HSBC은행이 국내 소매금융 사업에서 철수한 데 이어, 2015년엔 영국 국영은행인 로열뱅크오브스코틀랜드(RBS)가 한국에서 사업을 접었다. 또 2017년 영국계 투자은행인 바클레이즈와 미국 골드만삭스가 국내를 떠났고 2019년엔 호주 맥쿼리은행 등도 국내 시장에서 철수했다. 그리고 2020년에는 씨티은행도 철수를 결정하면서 국내에서 소비자금융 영업을 지속하는 외국계 은행은 SC제일은행만 남게 되었다. 국내 대형은행들의 경쟁력이 향상되면서 소비자금융시장에서 그들의 독점력이 더욱 강화되었고 핀테크 업체들의 시장 진입도 본격적으로 시작되면서 외국은행 국내 지점들의 수익성이 악화된 것이 원인으로 지적된다.

13.1.3 특수은행

국민경제적인 입장에서 반드시 지원하거나 또는 육성해야 하는 중요 부문이지만, 일반은행에 의한 민간금융에 의존할 수 없는 경우, 그런 부문에 대하여 주로 장기이고 저리의 자금 공급을 전적으로 담당할 특수은행이 설립되게 된다. 이들은 국민경제적으로 특수한 목적을 달성하기 위해 대개 정부의 적극적인 자금지원을 받을 뿐만 아니라, 은행을 설립하기 위한 특별법이 제정되고 그에 의거하여 설립된다.

특수은행

특수은행이 행하는 금융활동은 정책금융, 즉 특정한 목적을 실현하기 위한 수단으로서 채택되는 금융이며, 이는 주로 일반은행이 담당하는 민간금융과 대조되는 것이다. 이 정책금융이 수행하는 기능은 먼저 자원의 재분배기능을 발휘함으로써 국민경제 전체의 효율을 높이는 데 있다. 물론 가격기구에 의해서 자원이 효율적

정책금융

으로 배분되기도 하지만, 그것만으로는 한계가 있으므로 사회적인 가치판단을 고려한 자원의 재분배가 행하여질 필연성이 나타나게 되고 여기에 정책금융이 등장하게 되는 것이다. 한편, 민간금융이 충분히 그 기능을 발휘한다 하더라도 민간금융으로서는 도저히 메울 수 없는 갭이 나타날 때는 그를 메우기 위해서 정책금융이 행하여지기도 한다. 그러므로 정책금융은 때때로 보완금융이라고 불리기도 한다.

이와 같은 자금운용 면에서의 보완성과 전문성에 부응하여 재원조달 면에서도 민간으로부터의 예금수입에 주로 의존하는 일반은행과는 달리 정부로부터의 차입금과 채권발행 등에 많은 부분을 의존하도록 되어 있다.

우리나라에서는 1962년부터 경제개발계획이 실시되기 시작한 이후로 특수은행이 많이 설립되기 시작하였다. 그런데 우리나라의 특수은행은 대부분이 그들의 고유한 정책금융과 아울러 일반은행 업무를 겸해서 보고 있다는 점이 특색이다. 그리하여 이들은 당좌예금도 다루고 있으며, 따라서 예금통화도 공급하고 있는 것이다. 그 결과 특수은행과 일반은행의 분업이 명백히 이루어지지 않을 뿐만 아니라, 오히려 특수은행이 일반은행화되는 경향을 보이고 있다. 따라서 한국외환은행은 1989년에, 국민은행은 1995년에, 한국주택은행은 1997년에 각각 그 설립근거법이 폐지되어 「은행법」과 「상법」의 규율을 받는 일반은행이 되었다.

2022년 말 기준으로 우리나라의 특수은행으로는 한국산업은행, 한국수출입은행, 중소기업은행, 농협은행, 수협은행 등이 있다.

(1) 한국산업은행

1918년 설립된 장기 산업금융기관의 효시인 조선식산은행이 1950년에 한국식산은행으로 개정되었다가, 한국전쟁 이후인 1954년에 「한국산업은행법」의 제정에 따라 한국산업은행이 설립되었다.

한국산업은행은 그동안 우리나라의 산업발전단계에 따라 다른 역할을 수행하여 왔다. 1950년대까지는 원조자금과 재정자금을 기반으로 전후 복구에 필요한 자금 지원에 주력하였다. 그러다가 1961년 12월 한국산업은행법의 개정 시 취급 업무에 외자 차입, 채무 보증 등이 추가되어 그 기능이 확대 개편됨에 따라 1970년대까지는 재정자금, 해외차입금 등으로 기간산업, 수출산업 및 중화학공업을 중점 지원하였다. 1980년대 들어서는 중화학공업의 투자 조정 및 기술 집약 산업을 중심으로 한 산업구조조정이 진행됨에 따라 전략 부문에 대한 정책적 개발금융 지원을 상대적으로 줄이는 대신 구조조정, 기술개발, 첨단산업 및 소재 · 부품산업 등에 대한 지원을 늘렸다. 자금조달에 있어서는 정부 또는 해외차입금보다는 산업금융채권의 발행에 점차 크게 의존하게 되었으며, 1980년대 말부터는 신탁업무 및 유가증권의 인수 · 매출 · 모집 등 증권업무를 취급함으로써 업무영역을 크게 확대하였다. 1990년대 이후에는 첨단산업 육성을 위한 기업금융 및 투자금융과 외환위기 극복을 위한 신정책금융을 수행하였다. 1997년부터는 일반은행과 마찬가지로 양도성예금증서 및 표지어음 발행 업무를 취급하였으며, 2002년부터는 채권 회수와 관련 기존 거래법인의 인수 · 합병을 위한 주식취득자금 대출업무를 개시하고 산업금융채권 이외에 교환사채 발행 등을 통한 자금조달도 추진하였다.

한편 2009년 6월에는 개정 한국산업은행법 시행에 따라 산업은행의 민영화가 추진되어 같은 해 10월 산은금융지주회사 설립과 함께 자회사로 편입되었다. 아울러 가계대출 · 개인요구불예금 등 소매금융 및 은행 부수업무 취급 등 업무 범위도 확대되었다. 그러나 민영화 추진계획이 제대로 이행되지 못하면서 2015년 1월에는 개정 한국산업은행법 시행에 따라 한국산업은행, 산업금융지주회사, 한국정책금융공사를 통합한 한국산업은행이 설립되었다.

한국산업은행은 원칙적으로 은행법의 적용을 받지 않으며, 자금 운용과 업무 내용에 대해서는 금융위원회의 승인을 받도록 되어있다. 한국산업은행은 중점 업무로서 중소 · 중견기업 육성, 제4차 산업혁명에 대응한 혁신 성장 선도, 글로벌 금융시장 개척 등 금융산업 및 국민경제의 발전을 위한 분야에 자금을 공급하는 기능을 수행하고 있다. 이에 필요한 자금은 예금 · 적금, 산업금융채권 발행, 정부차입금, 해외차입금 등으로 조달한다.

(2) 한국수출입은행

한국수출입은행은 수출입, 해외투자 및 해외자원개발에 필요한 금융을 공급하기 위해 1969년에 제정된 「한국수출입은행법」을 근거로 그 제도적 기반이 마련되었다. 그러나 이 은행의 업무는 한국외환은행에 의해 대행되어 오다가 1976년에 와서 한국수출입은행이 정식 발족하였다.

한국수출입은행은 상품 수출을 촉진하기 위한 자금의 대출, 외국에 대한 기술 제공을 촉진하기 위한 자금의 대출, 우리나라로부터의 상품 수입 또는 기술 도입을 촉진하기 위한 자금의 외국 정부 및 외국인에 대한 대출, 국민경제에 긴요한 자원이나 상품의 원활한 수입을 위한 자금의 대출, 해외투자를 위한 대출과 외국환 업무 및 보증 업무 등을 취급하고 있다. 동 업무에 필요한 자금은 정부, 국내 금융기관 또는 해외로부터 차입금, 수출입금융채권의 발행 등으로 조달하고 있다.

한편, 한국수출입은행의 주주 구성을 보면 2022년 말 현재 정부가 68.8%, 한국은행이 9.12%, 산업은행이 22.08%의 지분을 각각 소유하고 있다.

(3) 중소기업은행

중소기업은행은 1961년 8월 중소기업자에 대해 효율적인 신용제도를 확립함으로써 중소기업자의 자주적인 경제활동을 원활케 하고 그 경제적 지위의 향상을 도모하기 위해 설립되었다. 중소기업의 경우 자금조달의 필요성과 현실 사이에는 소위 금융 갭(financial gap)이 존재하므로 이에 대한 지원이 필요하게 되었다. 이러한 설립 목적에 따라 중소기업은행의 자금 운용은 중소기업자에 대한 대출과 어음의 할인을 기본 원칙으로 하고 있다. 다만 동 업무를 저해하지 않는 범위에서 지방자치단체, 비영리법인이나 단체 그리고 가계 등에 대하여도 대출과 어음할인을 취급할 수 있으나 그 취급액은 예 · 적금 및 기타 채무증서 발행을 통해 조달한 자금과 중소기업금융채권 발행을 통해 조달한 자금을 더한 금액에서 지급준비금을 차감한 금액의 30%를 초과하지 못하도록 되어 있다.

중소기업은행은 자금조달에 있어 일반은행과 동일한 수신업무를 자유롭게 취급할 수 있다. 그리고 1982년부터 중소기업금융채권을 발행하고 있는데 발행 한도는 자본금과 적립금 합계액의 20배 이내이다. 중소기업은행의 재원조달 추이를 보면 설립 초기에는 재정자금의 차입에 크게 의존하였으나, 이 차입금이 상대적으로 축소됨에 따라 점차 예금에 주로 의존하게 되었으며, 1990년대 이후 채권발행의 비중이 커지고 있는 특징을 보이고 있다.

한편, 1991년 12월 중소기업은행법 개정 시 중소기업자로 한정되어 있는 민간출자자 자격제한을 폐지하였고 법정자본금을 1조 원으로 증액하였다. 또한, 1994년에는 일반공모에 의해 자본금을 증액한 바 있다. 이후 1997년 11월에는 정부투자기관에서 정부출자기관으로 전환되었다. 2011년에는 개인고객 수 1,000만 명을, 2012년에는 총자산 200조 원을, 2016년에는 총수신 200조 원을 돌파하는 등 최근까지도 지속적으로 성장 중이다.

2022년 말 현재 총 자산은 431.98조 원이며, 대한민국 정부가 59.5%의 지분을 가지고 있는 최대주주이다.

(4) 농협은행

농협은행의 전신인 농업협동조합은 1961년 제정된 「농업협동조합법」에 의해서 농업은행과 (구)농협협동조합을 통합하여 설립되었다. 통합 전 우리나라의 농업금융은 신용사업을 전담하는 농업은행과 경제사업을 담당하는 농업협동조합의 이원적 구조로 형성되어 있어 상호 유기적 연관이 결여된 상태에 있었다. 이에 따라 농업협동조합의 사업 성과를 높이고 농촌 경제 향상을 위한 입체적 지원 체제를 갖추기 위하여 두 기관을 통합하여 농업협동조합이 설립되고 신용사업을 겸영하게 되었다. 그 후 1980년에는 축산 지원 부문을 분리하여 축산업협동조합 및 동 중앙회로 이관하는 한편, 종래 중앙회의 회원 조합으로서 독립적 법인격을 갖고 있던 시·군조합을 중앙회의 자체 조직으로 흡수하는 등 조직을 정비하였다. 2000년 7월에는 축산업협동조합 및 인삼협동조합이 농업협동조합으로 통합되었다.

농업협동조합은 농민 및 축산업자의 자주적인 협동조직으로서 행정구역 또는 경제권을 중심으로 조직된 지역조합과 원예, 과수, 낙농 등 특수 농업 및 축산업 경영자를 조합원으로 하여 조직된 품목조합 그리고 이들 지역조합과 품목조합을 회원으로 하는 전국 연합체인 농업협동조합중앙회의 2단계로 구성되었다. 중앙회의 신용사업부문은 「은행법」에 의한 금융기관으로서 은행업무 전반과 회원을 위한 공제(보험)업무를 취급하여 회원들의 경제적·사회적 지위 향상을 도모하며, 이들 산업의 생산력 증대를 금융 면에서 뒷받침하는 것이 주요 목적이다. 지역조합의 상호금융은 「신용협동조합법」에 의한 조합금융기관으로 주로 조합원들로부터 예수금을 받아 이를 조합원들에게 대출하는 금융업무 및 각종 부대금융서비스를 제공한다.

한편, 농협의 농정 활동 및 경제사업 충실화를 위해 중앙회의 신용사업부문과 경제사업부문을 분리하는 방안이 추진되었다. 따라서 2011년 3월 개정된 「농업협동조합법」에 따라 농협경제지주회사와 농협금융지주회사가 2012년 3월 출범하게 되었고 농협은행은 농협생명보험 및 농협손해보험과 함께 농협금융지주회사의 자회사로 신설되었다.

농협은행은 농어촌자금 등 농민, 조합 및 중앙회에 대한 자금대출 이외에, 일반 여수신, 내·외국환업무는 물론 채무보증, 상호부금, 유가증권 투자, 환매조건부채권 매매, 팩토링, 신탁 및 신용카드 업무 등 일반은행과 거의 동일한 업무를 취급하고 있다. 다만 자금조달에 있어 정부차입금 등 재정자금 비중이 일반은행보다 다소 높고 자기자본의 5배 이내에서 농업금융채권을 발행할 수 있다.

(5) 수협은행

수협은행의 전신인 수산업협동조합은 1962년 4월에 어민과 수산제조업자의 협동조합을 촉진하여 그들의 경제적 지위를 향상시키고 또 수산업의 생산력을 증강시키기 위해 설립되었다.

수산업협동조합은 발족 다음 해인 1963년 신용사업을 개시하고 농업협동조합과 한국산업은행에서 취급하던 수산자금을 인수하여 수산금융을 전담하게 되었다.

그 조직계통을 보면 중앙에 수산업협동조합중앙회가 있으며, 그 회원으로서 지구별 수산업협동조합, 업종별 수산업협동조합, 수산물가공 수산업협동조합을 두고 있다. 수산업협동조합은 중앙회 및 지구별, 업종별 수산업협동조합과 수산물 가공 수산업협동조합이 각각 독립된 법인체로서 회원 조합 및 조합원을 위한 교육 · 지원사업, 경제사업, 신용사업, 공제사업, 후생 · 복지사업, 운송사업 등을 영위하다가 2016년 12월 신용사업부문을 분리하여 수협은행이 설립되었다.

수산업협동조합의 경우 과거에는 중앙회뿐만 아니라 지구별 수산업협동조합 및 일부 업종별 수산업협동조합의 신용사업 부문도 은행법 및 한국은행법의 적용을 받는 금융기관으로 간주되었으나 2000년 1월 수산업협동조합법 개정으로 지구별 조합 등이 은행법 및 한국은행법 적용 대상에서 제외되었다.

수협은행의 업무 내용은 농업금융 대신 수산금융을 전담한다는 점을 제외하고는 농협은행의 경우와 거의 동일하다. 즉, 일반은행과 같이 일반 여수신 및 내 · 외국환, 채무 보증, 상호부금, 유가증권 투자, 환매조건부채권 매매, 팩토링, 신탁, 신용카드 등의 업무와 중앙회가 위탁하는 공제업무도 취급하고 있다. 자금 조달에 있어서는 정부차입금 등 재정자금 의존도가 일반은행보다 높고 자기자본의 5배 범위 내에서 수산금융채권을 발행할 수 있다.

〈표 13-3〉 특수은행의 현황 (단위: 억 원, %)

은행명	설립일	자본금(억 원)[1), 2)]		설립 목적
한국산업은행	1954.4	231,516	(100.0)	개발금융
한국수출입은행	1976.7	150,000	(68.8)	수출입금융
중소기업은행	1961.8	42,114	(59.5)	중소기업금융
농협은행	2012.3	23,844[3)]	(-)	농업금융
수협은행	2016.12	7,238[3)]	(-)	수산업금융

주: 1) 자본금은 2022년 말 현재 납입자본금 또는 출자금
2) ( ) 안은 2022년 말 현재 정부 지분율(%)
3) 농협금융지주회사 및 수산업협동조합중앙회가 각각 농협은행 및 수협은행에 대해 100% 지분율 보유

13.2 비은행예금취급기관

취급하는 금융서비스의 성격을 기준으로 분류한 비은행금융기관 중 은행예금과 유사한 금융상품을 취급하는 **비은행예금취급기관**에 속하는 금융기관으로는 종합금융회사, 상호저축은행, 신용협동기구, 우체국 등이 있다.

비은행예금취급기관

13.2.1 종합금융회사

종합금융회사는 1975년 12월에 공포된 「종합금융회사에 관한 법률」에 의거하여 1976년 4월에 설립된 한국종합금융주식회사를 효시로 도입되었다. 종합금융회사를 설립하게 된 배경은 영국의 머천트뱅크(merchant bank)나 미국의 투자은행(investment bank)과 같은 종합적인 금융서비스를 제공하고 외자지원과 중장기설비금융을 원활히 하며, 금융의 국제화를 촉진하는 동시에 선진금융기법을 도입하기 위한 것이었다.

종합금융회사

종합금융회사는 ① 단기금융업무, ② 외자업무, ③ 유가증권업무, ④ 사채발행, ⑤ 중장기대출업무, ⑥ 증권투자신탁업무, ⑦ 시설대여업무, ⑧ 팩토링업무 등 광범위한 활동을 수행하고 있다.

일정한 요건을 충족하는 투자금융회사가 1994년과 1996년에 걸쳐 종합금융회사로 전환됨에 따라 1996년 하반기에는 종합금융업의 인가를 받은 회사가 기존의 6

개 종합금융회사를 포함하여 총 30개 사에 달하였다. 그러나 부실 여신의 과다와 누적손실로 경영정상화가 불가능하다고 평가된 19개 종합금융회사가 구조조정 되었고 제2단계 금융구조조정을 거쳐 2014년 말 영업 중인 기관의 수는 1개 사만 남게 되었다.[4] 2022년 말 기준으로도 그 회사는 유일하게 남은 종금사로서 유지되고 있다. 한편, 종합금융회사를 합병한 신한은행, 하나은행 및 메리츠종금증권의 경우 단기금융업무를 겸영하고 있다.

장기적으로 종금사가 경쟁력을 확보하기 위해서는 M&A 등을 통해 투자은행으로 확대되거나 국제금융, 단기금융, 기업금융 등의 어느 한 분야에 특화해 나가야 할 것이다.

13.2.2 상호저축은행

상호저축은행

상호저축은행은 담보력과 신용도가 취약한 서민과 영세 상인에게 금융의 편의를 제고하고 사금융자금을 제도금융으로 흡수하기 위하여 1972년에 '8.3 조치'의 후속 입법으로 제정된 「상호신용금고법」(2001년 3월 「상호저축은행법」으로 개칭)에 의거하여 설립되었다.

상호저축은행은 설립 초기에는 상당수 금고가 부실화되는 등 취약성이 해소되지 못하였으나 1980년대 이후 자본금 규모의 대형화, 경영건전성에 관한 지도 · 감독 강화 등 공신력 제고를 위한 제반 조치와 취급 업무의 다양화 등에 힘입어 지역금융기관으로서의 발전 기반을 다지게 되었다. 특히, 1994년과 1997년 두 차례에 걸친 「상호신용금고법」의 개정으로 업무 범위가 종합적인 예금 및 대출업무로 확대되었다. 또한, 1998년부터는 외국환업무의 취급도 허용되었으며, 1999년 4월부터는 내국환업무 및 국고수납업무의 취급이 허용되었다. 한편, 1984년 이래 상호저축은행은 지점 설치가 불허되어 왔으나, 1999년부터 일부 우량금고나 타 지역금고를 인수한 경우에는 지점 설치가 허용되었다. 그리고 1997년 말 금융 · 외환위기 이후 지방 중소기업의 부도 급증 등으로 경영상 어려움이 가중됨에 따라 많은 상호저축은행이 부실화되었다. 이에 금융당국은 상호저축은행 영업을 활성화하고 공신력을

4) 1차 금융구조조정과정에서 1999년 6월에 퇴출된 대한종금과 10월에 합병한 엘지종금을 포함하여 20개 종금사(17개 퇴출+3개 합병)가 구조조정 되었으며, 2차 금융구조조정과정에서 2000년에 4개 사가 정리되어 1개 사로 통합되었으며, 2001년에 3개 사가, 2003년에 1개 사가 합병되었고 2010년 메리츠종금이 메리츠증권과 합병하여 메리츠종금증권이 되었으며, 2014년 말에 우리종합금융 1개 사만이 남게 되었다.

제고하고자 2000년 6월과 2001년 3월에 상호신용금고법 시행령과 「상호신용금고법」을 개정하였다. 이에 따라 상호신용금고의 명칭이 상호저축은행으로 바뀌고 영업구역 제한 및 지점설치 기준이 완화되었으며, 업무 범위 및 동일인 여신한도 확대 등이 이루어졌다.

상호저축은행에 대하여는 공신력 제고와 경영의 건전화를 위하여 지급보증 및 개인으로부터의 차입을 금지하는 등 업무에 대한 규제가 다른 금융기관보다 상대적으로 엄격한 편이다. 또한 서민의 금융 편의를 도모한다는 설립 취지에 맞추어 총여신의 70% 이상을 개인 및 소규모 기업을 대상으로 운용토록 하고 있다.

설립 초기인 1972년 말 350개에 달하였던 상호저축은행 수는 부실 저축은행의 정비 및 통·폐합 유도, 신규 설립 억제 등으로 계속 감소하여 1980년 말에는 192개로 줄어들었다. 그 후 1982년 7월에서 1983년 11월까지 총 58개의 상호저축은행이 신설되기도 하였으나 1997년 금융·외환위기 이후 다수 상호저축은행이 퇴출 또는 합병되면서 1997년 말 231개에 달하던 상호저축은행 수가 2011년 6월 말에는 105개로 크게 감소하였다. 이러한 감소세는 2010년대에도 유지되어 2022년 말 현재 79개 저축은행이 전국에 걸쳐 총 283개의 점포에서 영업 활동을 하고 있다.

상호저축은행의 주요 업무는 신용계(契), 신용부금, 예금 및 적금의 수입, 대출, 어음할인, 내·외국환, 보호예수, 수납 및 지급대행 업무, 기업 합병 및 매수의 중개·주선 또는 대리업무, 국가·공공단체 및 금융기관의 대리업무 등으로 되어 있다. 당초 상호저축은행의 업무는 신용계, 신용부금, 할부상환방식에 의한 소액 신용대출, 계원 또는 부금자에 대한 어음할인으로 제한되어 있었으나 현재는 사실상 은행업무와 유사해지고 있다.

13.2.3 신용협동기구

신용협동기구는 상호 유대관계를 가지는 사람들이 조합을 구성하여 조합원에게 저축의 편의와 대출의 기회를 제공하는 것이다. 우리나라의 신용협동기구로는 신용협동조합, 상호금융 및 새마을금고가 있다. 이 중 신용협동조합과 상호금융은 1972년 8월에 제정된 「신용협동조합법」의 적용을 받고 있으나, 새마을금고는 1982년 12월에 제정된 「새마을금고법」의 적용을 받고 있다.

신용협동기구

첫째, **신용협동조합**은 지역, 직장, 단체 등 상호 유대를 가진 개인이나 단체 간

신용협동조합

의 협동조직을 기반으로 하여 자금의 조성과 이용을 도모하는 비영리금융기관을 말한다. 우리나라 신용협동조합은 1960년 부산의 성가신용협동조합을 효시로 주로 교회, 학교, 직장 등을 단위로 전국적으로 확산되었으며, 1972년 「신용협동조합법」이 제정되면서 발전의 전기가 마련되었다. 신용협동조합은 조합원으로부터 예탁금 · 적금 수입, 조합원에 대한 대출, 내국환업무, 국가 · 공공단체 · 중앙회 및 금융기관의 업무 대리, 보호예수, 어음할인 등을 취급하고 있다.

신용협동조합법 제정 이전인 1971년 말 582개이었던 조합 수는 1997년 말 1,666개로 증가하였다. 그러나 외환위기 이후 부실채권 증가로 부실 조합 중 상당수가 퇴출 또는 합병되어 2022년 말 현재 870개로 감소하였다. 2022년 말 기준 신용협동조합의 총자산은 143.4조 원이고 여신은 107.9조 원, 수신은 129.9조 원 규모로 약 673만 명의 조합원을 확보하고 있다.

상호금융

둘째, **상호금융**은 상호부조를 목적으로 농협, 수협 및 산림협동조합의 단위조합이 농어촌 지역에서 저축을 촉진하고 금융서비스를 제공하기 위하여 1969년부터 취급하고 있는 업무이다. 그리고 1972년 신용협동조합법이 제정됨에 따라 농업협동조합의 상호금융이 제도금융으로서 법적 기반을 갖추게 되었다. 2022년 말 현재 1,113개 농업협동조합, 91개 수산업협동조합 및 142개 산림조합에서 상호금융 업무를 영위하고 있다. 이들 조합들은 각 설립근거법에 의해 해당 정부부처의 지도감독을 받고 있으며, 신용사업에 대해서는 「신용사업협동조합법」을 준용, 금융감독위원회의 감독을 받는다.

새마을금고

셋째, **새마을금고**는 1964년 이후 새마을사업의 하나로서 마을 단위로 조직되기 시작하여 1982년 새마을금고법을 제정함으로써 법적 기반을 갖추게 되었다. 새마을금고는 회원으로부터의 예탁금 · 적금의 수입, 회원에 대한 대출, 내국환, 국가 · 공공단체 및 금융기관의 업무 대리, 보호예수 등의 업무를 취급하는데 어음할인 등 일부를 제외하고는 신용협동조합과 거의 동일하다. 전 금고를 회원으로 하여 조직된 새마을금고연합회는 금고에 대한 지도감독, 금고로부터 예탁금 등의 예수, 금고에 대한 대출 등의 업무를 수행하는 한편, 예탁금에 대한 보호 장치로서 안전기금을 설치 운영하고 있다.

새마을금고법 제정 당시 금고 수는 11,719개, 회원 수는 538만 명에 달하였으나 동 법 시행 이후 부실 금고의 정비 등으로 1983년 말에는 금고 수와 회원 수가 각각 5,360개와 384만 명으로 급감하였다. 이후 금고 수는 계속 줄어들었으나 회원 수는 꾸준히 늘어나 2022년 말 현재 1,294개 금고가 영업 중이며, 2,262만 명의 거래 회원을 확보하고 있다.

13.2.4 우체국

우체국예금 업무는 1961년 12월 「우편저금법」의 제정 이후 체신 업무의 부대 업무로 운용되어 오다가 1977년 3월부터 동 법의 폐지로 일시 중단되었다. 그러나 1982년 12월에 개정된 「우체국예금 · 보험에 관한 법률」에 의거 1983년 7월부터 다시 전국의 체신관서에서 체신예금업무를 취급하게 되었다. 1990년 6월에는 전국 우체국의 온라인이 구축됨으로써 체신예금의 업무가 크게 확충되었다. 1995년에는 우체국전산망과 은행전산망이 연결되어 체신관서의 금융서비스가 한층 개선되었다. 한편, 2000년 7월부터는 정보통신부 산하 우정사업본부를 설치하여 우체국 금융 등 우정사업을 총괄하게 되었다.

우체국예금

우체국예금은 요구불예금과 저축성예금으로 구분되어 있는데, 저축성예금이 예금총액의 90% 이상을 차지한다. 요구불예금에는 보통예금과 우표예금이 있고 저축성예금에는 정기예금, 정기적금, 저축예금, 자유저축예금 및 학생장학적금이 있다. 한편, 우체국예금은 그 원리금에 대하여 정부가 지급책임을 지고 있으므로 지급준비금 적립의무가 없으며, 「기업예산특별회계법」의 규정에 따라 정부예산의 통제를 받는다.

13.3 금융투자업자

2009년 2월 시행된 「자본시장법」에 따르면, **금융투자업자**는 투자매매중개업자, 집합투자업자, 투자자문일임업자, 신탁업자 등으로 구성된다.

금융투자업자

13.3.1 투자매매중개업자

(1) 증권회사

대표적인 **투자매매중개업자**인 **증권회사**는 직접금융시장에서 기업이 발행한 증권

투자매매중개업자
증권회사

을 매개로 하여 투자자의 자금을 기업에 이전시켜 주는 기능을 수행하는 금융기관이다.

광복 이후 우리나라에서 최초로 설립된 증권회사는 1949년 11월 영업을 개시한 대한증권주식회사였다. 이후 1962년 「증권거래법」의 제정으로 증권시장의 제도적 기반이 갖추어졌고, 1968년 12월 「증권거래법」을 개정하여 증권회사의 설립절차를 종래의 등록제에서 재무부장관 허가제로 전환하였다.

한편, 증권회사의 설립절차가 허가제로 전환된 후 1970년대 중반~1980년대까지는 증권회사의 신규 설립이 이루어지지 않았으나 1990년대에 들어 증권업의 대외 개방에 대처하기 위하여 국내증권회사의 신규설립이 허용되는 한편, 외국증권회사가 국내시장에서 직접 영업활동을 할 수 있도록 관련 제도의 정비도 아울러 추진되었다. 1995년에는 증권업과 투자신탁업 간의 자회사를 통한 상호 진출이 허용됨에 따라 증권회사는 투자신탁회사의 자회사 상품을 창구에서 판매할 수 있게 되었다. 1998년 2월 「증권거래법」 개정(제16차)에서는 공개매수제도, 자기주식취득제한 등에 관한 제한이 대폭 완화되었다. 또한, 채권시장의 활성화를 위해 2000년 1월 채권전문딜러와 이들을 대상으로 장외에서 채권매매 중개 업무를 수행하는 딜러 간 중개회사(inter-dealer broker) 및 일반고객을 대상으로 한 채권의 위탁매매 및 자기매매업무를 수행하는 중소형 채권전문회사제도가 도입되었다.

2001년부터는 전자장외증권중개회사제도가 도입되어 24시간 주식거래를 할 수 있는 환경이 조성되었다. 또한, 2003년 3월에는 「증권거래법 시행령」 개정으로 주가연계증권(ELS)을 발행하게 되었다. 2005년 10월부터는 투자자들의 다양한 투자수요를 충족하고 증권산업의 경쟁력을 높일 수 있는 제도로 주식워런트증권(ELW)을 도입하였다. 특히, 2009년 2월 「자본시장법」이 시행됨에 따라 증권회사들이 직접 펀드 운용 및 소액결제 기능까지 가지게 되어 증권회사의 기능이 크게 확대되었다.

한편, 우리나라 증권산업의 구조는 금융환경의 변화를 거치면서 크게 바뀌었다. 먼저, 증권산업 개편방안에 따라 1998~2000년 사이에 7개 투자신탁회사가 증권회사로 전환하였으며, 금융구조조정의 결과 8개의 증권회사가 퇴출되었으며, 6개 증권회사는 타 증권회사에 합병되었다. 한편 온라인 증권회사와 중개전문증권회사가 19개 신설되었으며, 2008년 「자본시장법」 시행을 앞두고 다수 증권회사가 신설 · 합병됨에 따라 증권회사가 2010년 말 62개까지 증가하였다. 그러나 증권사 폐업 · 자진 청산 및 우리투자증권과 NH농협증권 합병 등 증권회사 인수 · 합병 등으로 인해 증권회사의 수가 감소하여 2022년 말 기준으로는 59개 증권회사가 영업 중이다.

현행 자본시장법에 따른 증권회사의 업무는 증권회사 고유의 위탁매매업무를 비롯하여 기관투자가로서의 자기매매업무, 투자매매업무 및 모집매출업무인 인수 · 주선업무, 수익증권판매 등의 펀드판매업무, 투자자문 및 투자일임업무 등의 자산관리업무, 금전 융자 및 유가증권 대부 등의 신용공여업무 등이다.

(2) 선물회사

선물회사

선물회사는 선물거래 및 해외선물거래에 대해 위탁매매 등 장내파생상품에 대한 투자매매 및 투자중개업무를 영위하는 금융기관이다. 「자본시장법」에서는 파생상품을 선도, 옵션, 스왑 중 어느 하나에 해당하는 투자성 있는 것으로 정의하였고 파생상품시장에서 거래되는 것 또는 해외 파생상품시장에서 거래되는 것을 장내파생상품으로 규정하고 있다.

선물회사는 우리나라에 1996년 7월 「선물거래법」 시행으로 본격적으로 도입되었다.[5] 당초에는 국내 선물시장 개설을 염두에 두고 동법에 의거해 35개 회사가 설립 내허가를 받았다. 그러나 금융 · 외환위기 이후 선물회사의 주요 출자자인 금융기관의 구조조정이 추진되고 선물거래소의 위치 선정 지연 등으로 선물시장 개설 일정이 늦춰지면서 많은 업체가 선물회사 설립을 포기한 데다 일부 선물회사가 대주주의 경영난 등으로 해산됨에 따라 1999년 4월 선물거래소 개장 당시에는 11개 회사가 선물거래업을 영위하였으며, 이후 1999~2000년 중 3개 선물회사가 선물거래업 허가를 신규 취득하였다. 그러나 2009년 「자본시장법」 시행 이후 일부 선물회사가 증권회사와 합병되고, 증권회사로 전환 및 영업 폐지 등으로 감소함에 따라 2022년 말 기준 3개 선물회사가 영업 중이다.

선물회사는 선물거래(해외선물거래 포함)의 자기거래, 위탁거래, 위탁의 중개 · 주선 · 대리업무를 영위한다. 선물회사는 위탁자로부터 선물거래의 위탁을 받는 경우 수량 · 가격 및 매매의 시기에 한하여 그 결정을 일임 받아 선물거래를 할 수 있

5) 「선물거래법」 제정 이전에는 상품선물의 경우 「주요 물자 해외선물거래 관리규정(대통령령)」에 의해 조달청장의 지정을 받은 상품선물중개회사가, 금융선물의 경우 「외국환관리규정」에 의해 외국환은행이 해당 업무를 수행하였다.

다. 또한, 선물회사는 선물거래 등과 관련한 고객예탁금을 자기재산과 구분하여 증권금융회사에 예치하여야 하며, 채무불이행이나 임직원의 위법 · 위규 등에 의하여 위탁자가 입은 손실을 보전하기 위하여 책임준비금을 적립하여야 한다.

현재 취급하고 있는 주요 선물상품으로는 KOSPI200 선물 및 옵션을 포함한 주식상품, 금리상품(3년 국채선물 등), 통화상품(달러선물, 엔선물 등), 금 및 돈육선물과 같은 일반상품이 있다. 해외상품으로는 Dow Jones, S&P500, T-Note, T-Bond, FX Margin Trading, Euro FX 등이 있다.

13.3.2 집합투자업자

집합투자업자

집합투자업자는 「자본시장법」 시행에 따라 집합투자를 수행하는 자로서 2003년 12월 「간접투자자산운용업법」 제정을 계기로 종래의 「증권투자신탁업법」에 의한 투자신탁회사와 「증권투자회사법」에 의한 자산운용회사를 통합 · 개편함으로써 새롭게 도입된 자산운용회사가 이에 해당된다.

종래 증권투자신탁제도는 1969년 9월 제정된 「증권투자신탁업법」에 그 법적 기반을 두고 있었다. 증권투자신탁업무를 처음으로 취급한 기관은 「자본시장 육성에 관한 법률」에 의거해 1968년 12월에 설립된 한국투자공사였다. 한국투자공사는 비영리법인으로서 증권시장 육성을 위한 정책업무에 역점을 두었기 때문에 증권투자신탁업무는 부진을 면치 못하였다. 본격적으로 증권투자신탁업무가 시행된 것은 1974년 9월 최초의 전업 투자신탁회사인 한국투자신탁이 발족한 이후였다. 1977년 2월에는 한국투자공사가 증권감독원과 대한투자신탁으로 분리되면서 증권투자신탁업의 성장은 한층 가속화되었다. 이어 1982년 7월 국민투자신탁이 설립되고 1989년 11월에는 5개 지방투자신탁회사가 신설되었다. 그리고 1996~1997년에는 투자자문회사에서의 전환 등으로 23개 투자신탁운용회사가 신설되었다.

그러나 1990년대 후반 금융 · 외환위기를 계기로 자산운용업계는 큰 구조적 변화를 겪게 되었다. 먼저 그간의 경영 부실로 인해 2개의 기존 투자신탁회사가 퇴출되고 신설 투자신탁운용회사 가운데에서도 5개 투자신탁운용회사가 인가 취소되거나 정리되었다. 다른 한편으로는 증시활황 등을 배경으로 1998~2004년 중 11개 투자신탁회사가 새로이 설립되기도 하였다.

또한, 회사형 증권투자신탁인 투자회사가 1998년 9월 「증권투자회사법」 제정을 통해 도입되었다. 도입 당시 기존의 투자신탁운용회사에 대해서는 재정경제부장관의 인가를 통해 회사형 증권투자신탁업무를 겸영할 수 있도록 하였다. 2003년 12월 「간접투자자산운용업법」으로 통합되기 전까지 「증권투자회사법」에 의해 설립 · 운영되었던 자산운용회사는 13개에 이르렀다.

한편, 2015년 사모집합투자기구(사모펀드) 활성화를 위해 「자본시장법」이 개정되면서 운영 목적에 따라 전문투자형(헤지펀드)과 경영참여형(PEF)으로 단순화하고 공모펀드와 구별하여 규율하기 시작하였다. 또한, 전문투자형 사모펀드를 운용하는 집합투자업자를 '전문사모집합투자업자'로 명명하고 인가가 아닌 등록만으로 진입을 허용하였다. 이에 따라 2015년 말 93개 사였던 집합투자업자는 2016년 말 165개 사로 72개 증가하였는데, 이는 모두 전문사모집합투자업자이었다. 2022년 말 기준 총 437개 집합투자업자가 영업 중이다.

집합투자업자는 투자신탁, 투자회사 등의 방식으로 설정 · 설립되는 집합투자기구의 재산을 운용하는 것을 주된 업무로 한다. 먼저 투자신탁방식은 수익증권을 발행하고 이를 통해 다수의 투자자로부터 자금을 모아 증권 등의 자산에 투자하여 그 수익을 투자자에게 분배하는 방식이며, 국내 집합투자기구 대부분이 투자신탁방식으로 이루어지고 있다. 투자신탁의 조직은 위탁회사(투자신탁재산 운용), 수탁회사(신탁재산 보관), 판매회사(수익증권 판매)로 구성된다. 집합투자업자는 이 가운데 위탁회사의 역할을 담당한다. 수탁회사는 신탁회사이며, 판매회사는 은행, 증권회사 등이다. 한편, 집합투자업자는 투자신탁을 통해 주식을 제외한 유가증권을 인수할 수 있다. 이에 따라 집합투자업자가 투자신탁재산을 편입할 경우 주식은 유통시장 매매를 통해야 하지만, 채권은 유통시장 매매 이외에 발행시장에서의 인수로도 가능하다. 다음으로 투자회사방식은 증권 등의 자산으로 자금을 운용하고 그 수익을 주주에게 배분하는 방식이다. 투자회사는 「상법」 상의 주식회사이나 본점 이외의 영업점을 설치하거나 직원의 고용 또는 상근 임원을 둘 수 없는 서류상의 회사이다.

한편 사모투자전문회사(PEF: Private Equity Fund)는 소수의 투자자에 의해 사모방식으로 자금을 조달한 다음 인수 · 합병(M&A) 등 특정 기업의 구조조정을 통해 투자이익을 창출하고자 하는 회사이다. 사모투자전문회사는 1인 이상의 무한책임사원과 1인 이상의 유한책임사원으로 구성되며, 무한책임사원 중 1인 이상은 정관에 의하여 사모투자전문회사의 업무를 집행할 권리와 의무를 가진 업무집행사원이 된다.

적격투자자 대상 사모집합투자기구(헤지펀드)는 일정 범위의 전문투자자로부터 사모로 자금을 조달하여 보다 공격적인 방식으로 자산을 운용할 수 있도록 한 기구이다. 「자본시장법」 상 헤지펀드는 금전차입제한 규제 및 파생상품 투자한도 규제 등을 완화하여 보다 적극적인 자산운용을 가능하게 하는 한편, 헤지펀드의 신규 설정 · 금전차입 · 파생상품 매매현황 등에 대한 보고의무를 부과하고 금전차입 등에 대해 법령상 명시적인 한도(차입 당시 집합투자재산 총액의 4배) 등을 규정하고 있다.

집합투자기구를 투자대상별로 보면 증권, 부동산, 특별자산, 단기금융(MMF), 혼합자산 등 5종류로 구분하고 집합투자업자가 집합투자기구의 재산으로 운용할 수 있는 자산은 재산적 가치가 있는 모든 재산을 대상으로 하며, 그 편입비율에 대한 제한만 두고 있다. 다만, 단기금융의 경우 여전히 증권에만 투자할 수 있다.

13.3.3 투자자문일임업자

투자자문일임업자

대표적인 **투자자문일임업자**로는 투자자문회사가 있다. 투자자문업이 제도화된 금융업의 하나로 자리 잡게 된 것은 1987년 11월 증권거래법 개정으로 투자자문업에 대한 근거 조항이 신설된 이후이다. 이에 따라 1988년 25개 투자자문회사가 등록하였고 1989년에 4개 회사가 추가 설립되었다. 그 후 1995년 말 개정된 증권투자신탁업법에 의거 증권투자신탁의 위탁회사도 투자자문업을 영위할 수 있게 됨에 따라 1996년 중 29개 투자자문회사 가운데 15개 회사가 투자신탁운용회사로 전환하였다.

1997년 4월에는 증권거래법 개정을 통해 투자자문업의 등록 요건을 완화하였다. 이에 따라 1989년 12월 이후 중단되었던 신규 등록이 허용되면서 새로이 9개 회사가 등록되기도 하였다. 아울러 유사투자자문업을 신고제로 도입하고 기존의 투자자문업 영위 회사에 대해서는 재정경제부장관의 허가를 받은 경우 투자일임업도 취급할 수 있도록 하였다. 한편, 전업투자자문회사의 수는 1999년 4월 증권거래법 개정을 통해 투자일임업이 허가제에서 등록제로 완화한 이후 투자자문수요확대, 자본시장법 시행에 따른 등록요건 완화 등으로 큰 폭으로 증가해 2022년 말 기준 379개 전업 투자자문회사가 등록 · 영업 중이다.

투자자문업무는 금융투자상품의 가치 또는 금융투자상품 투자에 관하여 구술 ·

문서 기타의 방법으로 조언을 하는 업무이다. 투자일임업무는 고객으로부터 금융투자상품 가치 등의 분석에 기초한 투자 판단의 전부 또는 일부를 위임받아 고객을 위하여 투자를 행하는 업무이다.

13.3.4 신탁업자

신탁업자

신탁업자로는 은행, 금융투자업자(증권회사), 보험회사 등에 의한 신탁겸업사와 부동산신탁회사가 있다. 겸업사의 경우 부동산신탁업무의 범위 등에서 다소 차이가 있는 점을 제외하고는 대부분 동일하다. 겸업사 신탁계정에서는 금전 및 재산을 신탁 받아 이를 유가증권, 대출금 등으로 운용하여 그 수익을 분배하는 업무가 이루어진다.

신탁업의 효시는 1910년 3월 영업을 개시한 일본계 후지모토(騰本)합자회사였으며, 정부는 1961년 12월 「신탁법」과 「신탁업법」을 제정하여 신탁관계 기본법령을 제정하였으며, 1962년 11월에는 여타 4개 시중은행이, 1968년에는 지방은행인 부산은행이 각각 신탁업무에 참여하게 되었다. 이후 1970년 12월에는 5개 시중은행과 지방은행의 신탁계정을 한국신탁은행으로 이관하도록 함으로써 신탁업 전담체제가 확립되었다. 1976년 8월 한국신탁은행과 서울은행의 합병으로 서울신탁은행(1995년 서울은행으로 개명)이 설립되면서부터는 서울신탁은행이 신탁업을 독점적으로 겸영하게 되었다. 그러다가 1980년대에 들어 금융기관 간 경쟁 촉진을 위해 1983년 5월과 1984년 2월 지방은행 및 여타 시중은행에도 신탁업 겸영을 허용함으로써 신탁업무는 경쟁체제로 바뀌었다. 이어 1985년에는 당시 특수은행이었던 한국외환은행과 일부 외국은행 국내 지점에 대해서도 신탁업무 취급이 허용되었으며, 1989년에는 한국산업은행과 한국장기신용은행 등 특수은행까지 취급기관이 확대되었다. 또한, 1989년 이후 신설된 시중은행에 대해서도 차례로 신탁업의 겸업이 허용되었다.

1990년대 들어 모든 은행이 신탁업을 취급함에 따라 은행신탁은 급속도로 성장하였다. 그러나 1997년 말 종합금융회사의 업무 정지에 따른 보완책으로 은행신탁계정의 CP 할인 · 매입을 촉진하기 위해 만기 6개월의 신종적립신탁을 도입한 데 이어, 1999년 들어서는 투자신탁회사로의 자금 유입에 대응하여 투자신탁 수익증권과 비슷한 단위신탁상품이 등장하였다. 특히, 2000년 7월에는 채권시가평가제 도입 영향으로 장부가평가 실적배당상품 신규수탁이 중지되고 2004년 1월에는 「간접투자자산운용업법」 시행으로 개인연금 및 퇴직연금을 제외한 불특정금전신탁의 신규수탁이 중지되었다. 한편, 2004년 12월에는 신탁고객에 대한 편의 제공과 금융 · 외환위기 이후 금전신탁부실화 등으로 위축된 신탁업의 활성화를 위해 종합재산신탁제도가 도입되었다.

2005년 7월 「신탁업법」 개정으로 증권회사 및 보험회사도 신탁업 겸업이 가능해짐에 따라 2005년 12월 9개 증권회사가, 2007년 9월에는 미래에셋생명보험이 최초로 신탁업무에 참여하여 이후 증권회사 및 보험사의 신탁업 겸업이 확대되었다.

2022년 말 기준 신탁 겸업사는 국내은행 16개와 외국은행 국내 지점 3개, 증권회사 22개, 보험회사 7개 등이 있다. 한편, 부동산신탁회사는 2009년에 2개 사, 2019년에 3개 사가 인가되어 2022년 말 기준 총 14개가 영업 중이다.

13.4 보험회사

보험회사는 계약형 저축기관(contractual savings institutions)으로서 장기계약에 의거하여 자금을 조달하고 이를 장기적인 투자에 운용한다. 계약형 저축기관은 계약관계에 의거하여 정기적으로 자금을 조달한다는 점에서 다른 금융기관과 구별된다. 이들 기관은 자금 유입이 안정적일 뿐만 아니라 보험금의 형태로 발생하는 자금 유출도 확률적으로 예측할 수 있다. 이러한 자금 유입과 유출의 특성은 그들의 자산관리에 있어서 유동성 문제를 최소화하고 그들로 하여금 장기적인 투자를 행할 수 있게 한다. 한편, 생명보험은 손해보험과는 달리 보험사고 발생으로 인한 손해의 유무와 관계없이 일정 기간 만료 또는 경과 후 보험금을 가입자에게 지급하는 정액보험주의를 원칙으로 하고 있어 저축의 성격을 띠고 있을 뿐만 아니라 자산운용에 있어서도 장기보험계약준비금을 금융자산 형태로 보유하는 차이가 있다.

13.4.1 생명보험회사

생명보험회사

생명보험회사는 인체와 관련된 사고에 대하여 보험금을 지급하기로 약속한 계약(보험증서)을 매각하고 보험증서에 대한 보험료로부터 투자자금을 축적한다. 개인의 입장에서 보아 보험사고의 발생은 심각한 경제적 손실을 초래할 수 있으나, 보험회사는 동일한 사고위험을 가진 다수의 개인들에게 보험증서를 매각하기 때문에 회사자산에 비하여 보험금의 지급규모는 그리 크지 않을 것이다. 보험회사는 보험사고가 발생할 확률을 추정손실액으로 곱하여 기대손실액을 추정하고 여기서 보험료의 투자로부터 생기는 추정수익을 계산하여, 이 금액에 다시 영업비용 및 목표이윤을 가산함으로써 보험료의 크기를 결정한다. 따라서 기대손실이 클수록 그 보험사고에 대한 보험료는 더 높아진다. 마찬가지로 보험료의 투자로부터 생기는 수익이 커질수록 보험료는 낮아진다. 보험회사는 이처럼 분산을 통하여 위험을 감소시킬 수 있지만, 뜻밖의 재앙이 발행할 경우 손실위험을 일정 수준으로 유지하기 위하여 재보험(reinsurance)을 이용하기도 한다.

우리나라의 보험업은 1876년 강화도조약 체결 이후 도입되었으며, 우리 자본에 의해 설립된 생보사는 1921년에 설립된 조선생명이 시초이다. 그러나 광복 이후 1962년에 와서 비로소「보험업법」등 보험 관계의 법률이 제정되어 그 제도적 기반이 마련되었다. 그 후 우리나라의 생명보험은 1970년대 중반까지도 여전히 부진을 면치 못하다가 1970년대 후반부터 소득수준의 향상에 따른 보험수요의 증대, 새로운 보험 상품의 개발, 정부의 제도개편 등에 힘입어 본격적인 성장궤도에 진입하였다.

우리나라의 생명보험회사로는 해방 후 최초의 민영 생명보험인 대한생명보험을 비롯하여 1980년대 전에 인가된 6개의 생명보험회사가 있고 시장개방조치 및 자유화의 추세 속에서 1987년 이래 6개의 전국 규모 국내사, 9개의 지방사, 7개의 합작사, 5개의 외국사 등 총 33개 생명보험사가 영업했는데, 제1, 2차 금융구조조정을 거쳐 2014년 말 현재 생명보험회사의 수는 25개(외국사 9개 포함)로 줄어들었다. 2003년에는 보험업법이 전면 개정되어 2003년 9월부터 은행업과 보험업의 겸업 형태인 '방카슈랑스'가 도입되었다. 또한, 2010년 7월 개정된 보험업법에서는 보험산업의 경쟁력 강화와 소비자 보호를 위해 자산운용규제 완화, 보험상품 개발 절차 간소화, 보험상품 설명의무 부과 등이 반영되었다.

우리나라의 생명보험회사가 취급하고 있는 보험상품은 피보험자를 기준으로 개인보험과 단체보험으로 대별되며, 개인보험은 다시 보험금의 지급조건에 따라 사망보험, 생존보험 및 양로보험(생사혼합보험)으로 분류된다. 첫째로, 사망보험(term insurance)은 피보험자가 일정한 기간 내에 사망할 경우에만 지정된 수혜자에게 보험금을 지급하기로 약속한 증서이다. 피보험자가 이 기간을 지나 생존하면 보험계약이 소멸하는 대신에 비교적 낮은 보험료를 지불한다는 이점이 있다. 둘째로, 생존보험(endowment)은 자녀의 교육이나 결혼 또는 자신의 은퇴에 대비하여 일정한 계약기간을 정하고 피보험자가 계약기간의 종료 시까지 생존 시 계약액을 지급하기로 약속한 증서이다. 생존보험은 피보험자의 사망 시에도 계약액을 지급하는 특약이 부가되는 것이 일반적이기는 하지만, 일정 시점에 있어서의 자금 확보가 주목적이므로 보장기능보다는 저축성기능이 강하다. 우리나라에서 이에 속하는 보험상품으로는 자녀의 학자금을 마련하기 위한 교육보험과 노후생활자금을 마련하기 위한 연금보험이 있다. 셋째로, 양로보험(whole life insurance)은 저축기능과 보장기능을 절충한 형태로서 피보험자가 사망 시 계약액과 동일한 보험금을 보험수익자에게 지급하거나 일정한 연령까지 생존 시 피보험자에게 생존급부금을 지급할 것을 약속한 보험이다. 또한, 단체보험은 일정한 요건을 갖춘 단체의 구성원을 대상으로 하나의 증서를 발행하며, 고용주가 피고용자의 사망, 질병, 상해 등의 재해로 인한 손실위험을 보험회사에 전가하는 방법이다.

자금조달과 운용의 측면에서 생명보험회사는 계약자가 납입하는 보험료에 의해 자금을 조달하고 이를 예금, 유가증권, 대출금, 부동산, 신탁 등에 운용하는 한편, 보험금이나 환급금의 형태로 보험증서의 소유자에게 돌려준다.

생명보험회사의 자금조달은 거의 대부분 보험계약준비금으로 구성되어 있는데, 이는 보험회사가 장래의 보험금지급을 위해 증서소유자와 그 수익자에게 지고 있는 채무를 가리킨다. 증서소유자는 보험계약준비금의 일부를 담보로 약관대출(policy loan)을 받거나, 보험계약을 취소하고 보험계약준비금의 상당 부분을 해약환급금(cash surrender value)으로서 회수할 수 있다. 생명보험회사의 자금 조달원으로서는 그밖에 임대보증금, 자본금, 잉여금 등이 있으나 그 비중은 매우 낮다.

13.4.2 손해보험회사

손해보험회사

손해보험회사는 화재, 도난, 사고나 부주의로 인하여 발생하는 재산상의 손실에 대하여 보험금을 지급하기로 약속한 증서를 판매하며, 이로부터 조달된 자금을 본원적 증권에 투자하는 금융기관이다. 손해보험회사는 손실위험에 대한 보험을 제공한다는 점에서 생명보험회사와 동일하지만, 업무성격에 있어서는 상당한 차이를 보이고 있다. 첫째, 손해보험은 생명보험에 비하여 그 만기가 대체로 짧다는 점이다. 예를 들면 여행 기간, 연예인의 공연 기간, 영화 제작 기간 등과 같이 단기간의 보험이 있고 화재, 도난, 자동차, 가옥 등에 대한 보험도 대개 1년을 단위로 한다. 둘째, 손해보험의 경우 사고의 발생확률을 추정하기가 어려운 것이 보통이고 따라서 현금 유입 및 유출은 생명보험의 경우에 비하여 예측하기 어렵다. 셋째, 생명보험회사의 경우 대부분이 저축성 기능을 갖추고 있는 데 반하여 손해보험은 저축성 기능이 없다.

우리나라의 손해보험회사는 1922년 10월에 설립된 조선화재보험주식회사(1950년 동양화재해상보험(주)으로 상호변경)를 효시로 한다. 1977년 기존의 보험관계법률을 통합하여 「보험업법」을 정비함으로써 법적 기반을 마련하고 이를 근거로 보험에 관한 행정을 맡아볼 목적으로 한국보험공사가 설치되었다. 이후 1980년대의 보험산업의 성장과 시장 개방 등으로 1989년 「보험업법」이 전면 개정되고 1990년 4월에는 한국보험공사를 해체하는 대신 무자본특수법인으로 보험감독원을 설립하게 되었다. 한편, 1997년 12월 「금융감독기구의 설치 등에 관한 법률」 제정으로 보험감독원은 1999년부터 금융감독원으로 통합되기에 이르렀다.

손해보험회사들이 취급하고 있는 종목은 그 부보대상에 따라 화재, 해상, 자동차, 보증, 특종, 장기저축성보험 및 해외원보험 등으로 구분된다. 이 중에서 보증보험은 보험회사가 보험계약자인 채무자를 대신하여 채권자에게 채무불이행에 따른 손실을 보전할 것을 약속한 증서이다. 특종보험은 항공보험, 운송보험, 상해보험, 도난보증, 원자력보험 등을 포함하며, 장기저축성보험은 보험기간 중 보험사고가 없더라도 만기 시 환급금을 지급할 것을 약속한 증서이다. 해외원보험은 해외에 진출한 국내손해보험회사가 외국인과 체결한 각종 보험계약을 말한다.

우리나라에서는 2022년 말 기준 32개의 손해보험회사(16개의 외국사 국내지점 포함)가 종합적인 손해보험업무를 취급하고 있으며, 그 중에서 코리안리재보험(구 대한재보험(주))은 재보험, 서울보증보험(주)은 보증보험만을 전문적으로 취급하는 전업회사들이다.

알아두기 13.2 우체국보험

우체국보험은 1929년 10월부터 시작하여 해방 이후 국민생명보험으로 이어진 조선간이생명보험을 그 기원으로 하고 있다. 국민생명보험은 1952년 12월에 제정된 「국민생명보험법」에 의해 체신관서의 부대업무로 운영되어 왔으나, 1977년 1월 「국민생명보험법」이 폐지되면서 체신관서의 보험

우체국보험

사업이 한때 중단되었다가 1982년 12월 「체신예금 · 보험에 관한 법률」이 제정되어 체신관서의 보험업무가 1983년 7월부터 재개되었다. 우체국보험은 생명보험 업무만을 취급하고 있는데, 보험의 종류와 계약보험금 한도액은 금융위원회와 협의하여 미래창조과학부장관이 결정하며, 그 밖의 사항은 미래창조과학부장관이 정하도록 되어 있다. 또한, 「체신예금 · 보험에 관한 법률」은 1999년 11월에 「우체국예금 · 보험에 관한 법률」로 개정이 이루어지게 되었다.

우체국보험은 현재 민영 생명보험회사와 마찬가지로 교육보험, 연금보험, 보장성보험 및 생사혼합보험을 모두 취급하고 있다.

13.4.3 공제기관

공제기관

공제기관이란 개별 특별법에 근거하여 생명공제, 보험공제 등 유사보험(quasi-insurance)을 취급하는 기관이다. 공제기관은 농업협동조합공제와 같이 일반인을 대상으로 하는 공제기관과 새마을공제, 수협공제, 신협공제 등과 같이 특정업종에 종사하는 조합원만을 대상으로 하는 공제기관으로 구분된다.

우리나라 공제업무는 1915년 지방금융조합의 화재공제와 1919년 경북축산조합연합회의 가축공제로부터 시작되었다. 이후 1961년 농업협동조합법 제정으로 농업협동조합공제가 설립되면서 공제사업이 본궤도에 오르기 시작하였다. 처음에는 화재공제, 농경우공제사업 등의 손해공제업무만 취급하였으나, 1965년부터는 일반인 대상의 생명공제업무까지 그 업무범위가 확대되었다. 수산업협동조합공제도 1962년 수산업협동조합법이 제정되면서 설립되어 어민들을 위한 손해공제업무가 시작되었고 1978년에는 일반인을 대상으로 하는 생명공제업무가 도입되었다. 한편, 새마을금고공제는 조합원 대상의 손해공제 및 생명공제사업을 각각 1991년 및 1992년에 시작한 후 1998년부터는 공제사업을 일반인으로 확대 · 운영하고 있다. 신용협동조합공제도 1995년부터 생명 및 손해공제업무를 취급하고 있다.

한편, 공제기관은 신용협동조합공제를 제외하고는 개별 근거법률에 따라 금융위원회가 아닌 해당 주무부서로부터 설립인가 및 감독을 받고 있다. 개별공제기관의 근거법률은 보험업법 적용을 배제하는 경우가 많아 민영보험사에 비해 모집인 규제, 상품공시 의무 등에서 규제가 적은 편이다.

13.5 기타 금융기관

13.5.1 금융지주회사

금융지주회사

금융지주회사는 주식 또는 지분의 소유를 통하여 금융업을 영위하는 회사 또는 금융업의 영위와 밀접한 관련이 있는 회사를 지배하는 것을 주된 사업으로 하는 회사를 말한다. 우리나라에서는 금융회사의 대형화 · 겸업화 추세를 반영하여 2000년 10월 「금융지주회사법」이 제정되었으며, 이에 따라 2001년 4월 우리금융지주회사가 최초로 설립되었다. 2022년 12월 현재 인가된 금융지주회사는 은행지주회사 8개, 비은행지주회사 2개 등 총 10개이다.[6)]

이들 금융지주회사는 금융업과 관련이 없는 회사를 지배하는 것을 주된 사업으로 하는 일반지주회사와 달리 「공정거래법」 외에 「금융지주회사법」의 규율도 받는다. 미국과 일본의 경우도 금융지주회사는 일반지주회사와 별도로 규율을 받고 있다. 한편, 규제측면에서 볼 때 금융지주회사는 일반지주회사와 몇 가지 공통점을 갖고 있다.

첫째, 금융자회사와 비금융자회사를 동시에 보유할 수 없다는 점이다. 금융지주회사는 비금융회사를 자회사로 지배할 수 없고 일반지주회사는 금융회사를 자회사로 둘 수 없는 이른바 '금산분리 원칙'이 적용되고 있다. 둘째, 지주회사의 자회사는 다른 자회사 또는 지주회사의 주식을 소유할 수 없도록 되어 있다. 이는 순환출자, 상호출자 등을 통해 자회사 간 위험이 전이되는 등의 부작용을 방지하기 위한 것이다.

반면, 금융지주회사와 일반지주회사 간에는 다음과 같은 차이점도 있다. 첫째, 지주회사가 자회사 지배 이외의 사업을 영위하는지 여부에 따라 사업지주회사와 순수지주회사로 구분할 수 있는데, 금융지주회사는 자회사 지배에 관한 업무만 수행하는 순수지주회사만 허용되지만, 일반지주회사는 사업지주회사와 순수지주회사 모두 설립이 가능하다. 둘째, 설립절차 면에서도 일반지주회사는 설립 후 공정거래위원회에 대한 사후신고로 충분하지만, 금융지주회사는 설립 전에 미리 금융

6) 은행지주회사에는 우리(2019.1.11 설립), 신한(2001.9), 하나(2005.12), KB(2008.9), BNK(2011.3), DGB(2011.5), 농협(2012.3), JB(2013.7)가 있으며 비은행지주회사에는 한국투자(2003.1) 및 메리츠(2011.3)가 있다.

위원회의 사전 승인을 얻어야 하고 금융회사를 자회사 및 손자회사로 편입하는 경우에도 금융위원회의 사전 인가를 받아야 한다. 셋째, 동일 지주회사 내의 자회사 간 위험 전이를 방지하기 위해 자회사 간 신용공여 등의 거래가 제한된다. 자회사 간 신용공여는 자기자본의 10% 이내에서 허용되며, 이 경우에도 국채 등 적정담보를 확보해야 한다. 자회사의 지주회사에 대한 신용공여와 자회사 상호 간 또는 자회사와 지주회사 간 불량자산거래는 금지된다. 손자회사는 자회사의 업무와 관련성이 있는 경우에만 예외적으로 허용되며, 증손자회사는 둘 수 없다.

〈표 13-4〉 금융지주회사 수

구분	2005년	2010년	2013년	2017년	2020년	2022년
은행금융지주회사	3	7	10	8	8	8
비은행금융지주회사	1	2	3	2	2	2
합계	4	9	13	10	10	10

자료: 금융감독원 금융통계정보시스템

한편, 금융지주회사는 많은 규제를 받는 반면 혜택도 누릴 수 있다. 우선 금융지주회사 소속 금융회사 간에는 고객의 금융거래정보와 신용정보를 공유할 수 있다. 또한, 지주회사와 자회사 간, 자회사 간 임원 겸직이 폭넓게 인정된다. 개별 업권을 규율하는 법률에 따른 겸직 금지에 대한 예외를 상당폭 두고 있는 것이다. 지주회사 임직원은 자회사 임원 겸직이 가능하고 자회사 임원은 같은 업종의 다른 자회사의 임원을 겸직할 수 있다. 아울러 주식양도차익에 대한 과세이연 등의 세제혜택도 적용된다.

금융지주회사 도입 당시 업권별 특성을 고려하지 않고 일률적으로 규제함으로써 은행을 자회사로 두지 않는 비은행지주회사도 은행지주회사와 동일한 수준의 엄격한 규제를 받아 왔다. 이러한 점 등을 반영하여 2009년에 비은행지주회사 제도가 상당폭 개편되었다. 먼저 비은행지주회사는 비금융회사를 자회사로 지배할 수 있도록 허용하였다. 특히, 금융투자지주회사는 금융자회사가 비금융회사를 지배할 수 있도록 하여 손자회사를 두는 것도 가능하게 되었다. 또한, 해외 진출 시에는 예외적으로 자회사들이 공동으로 출자하는 것을 허용하고 해외 증손회사를 둘 수 있도록 하였다.

금융지주회사의 순기능은 금융기관의 대형화 · 겸업화를 추진하는 과정에서 금융기관 간 합병의 경우 조직문화, 인사문제 등으로 인한 부작용을 최소화할 수 있는 이점이 있다. 또한, 금융지주회사는 자기자본 대비 출자한도가 은행 등에 비해 높다는 점도 대형화 등에 유리하다. 반면에, 금융지주회사제도가 금융 산업 발전에 기여하려면 자회사 간 위험 전이 가능성을 차단하는 수단을 지속적으로 점검해야 한다. 또한, 무분별한 자회사 편입 제한, 금융지주회사 및 자회사를 포괄하는 연결기준에 의한 건전성감독 등이 필요하다고 하겠다.

13.5.2 여신전문금융회사

여신전문금융회사

여신전문금융회사는 수신 기능 없이 여신업무만을 취급하는 금융기관이다. 여신전문금융회사가 취급하는 여신업무는 다른 금융기관이 거의 취급하지 않는 수요자금융, 리스, 벤처금융 등이며, 재원은 채권발행, 금융기관 차입금으로 주로 조달한다. 1997년 8월 제정된(1998년 1월 시행) 「여신전문금융업법」에서는 신용카드업, 시설대여업, 할부금융업 및 신기술사업금융업을 여신전문금융업으로 규정하고 있다. 이에 한 기관의 희망에 따라 1~4개 업종을 선택적으로 취급할 수 있도록 하였다. 한편, 1998년 5월부터 외국인의 여신전문금융기관에 대한 지분 제한이 철폐되어 동 산업에 대한 대외개방이 완전히 이루어졌다.

2022년 말 기준, 여신전문금융회사로 등록 또는 허가받아 영업 중인 회사는 모두 156개이다. 여신전문금융회사의 총자산 규모는 약 397조 원이며, 이 가운데 신용카드회사가 168조 원으로 가장 크고 그 다음으로 할부금융회사(112조 원), 리스회사(94조 원) 및 신기술사업금융회사(23조 원) 순이다.

〈표 13-5〉 여신전문금융회사 현황(2022년 말 기준)

	리스회사	신용카드회사	할부금융회사	신기술사업 금융회사	계
회사 수(개)	26	8	25	97	156
총자산규모(조 원)	94	168	112	23	397

자료: 금융감독원 금융통계정보시스템

(1) 리스회사

리스(lease)

리스(lease)는 기업에 자금을 공급하는 금융이 아니라 시설을 대여하여 이를 일정

기간 동안 사용하게 하고 그 대가로서 리스료를 정기적으로 지급받는 것이다. 우리나라에서는 1972년 12월 한국산업리스(주)가 한국산업은행의 전액 출자에 의해 처음 설립되었으며, 1973년 12월에 「시설대여산업육성법」이 제정됨으로써 리스산업의 제도적 기틀이 마련되었다. 1980년대 이후부터는 리스 수요의 급증으로 리스회사의 추가 설립이 활발히 이루어져 리스전업사는 1988년까지 8개 사에 불과하였으나, 그 후 1991년까지 무려 17개 사가 신설되어 전업회사의 수가 25개 사에 달하였다.

리스의 메커니즘을 보면 리스 이용자가 필요로 하는 기계설비의 공급업자와 교섭하여 조달하고자 하는 기계설비의 종류 · 가격 등을 결정한 후, 리스회사와 리스계약을 체결한다. 리스계약이 체결되면 리스회사는 물품공급자에게 발주하고 대금을 지급하며, 물품공급자는 리스이용자에게 물품을 납품한다.

(2) 신용카드회사

신용카드(credit card)

신용카드(credit card)는 소비자가 물품이나 용역을 일정 기간 동안 외상으로 구입할 수 있도록 하는 수단이다. 우리나라에서는 1969년에 신세계백화점이 신용카드를 최초로 발행한 이래 은행으로서는 1980년 9월 국민은행이 처음 신용카드업무를 취급하였다. 우리나라의 신용카드회사는 설립주체에 따라 은행계, 전문계, 외국계, 유통계로 구분된다. 1987년 5월 「신용카드업법」이 제정됨으로써 제도적 기반이 마련되었다.[7)]

그러나 1997년에 제정된 「여신전문금융업법」에 의해 할부금융, 시설대여, 벤처금융 등에 대한 규제가 철폐되고 등록제로 전환하였으나, 신용카드 업무에 대해서는 그 공공성과 지급결제성을 고려하여 인가제를 유지하였다. 1999년 9월부터는 신용카드 가맹점 공동이용제도의 시행으로 카드회원은 당해 카드사뿐만 아니라 모든 신용카드 가맹점에서 타사 신용카드도 사용할 수 있게 되었다.

신용카드업은 신용카드 이용과 관련된 대금의 결제, 신용카드의 발행 및 관리, 신용카드 가맹점의 모집 및 관리를 기본업무로 한다. 신용카드업자는 기본업무와 함께 신용카드 회원에 대한 자금의 융통, 직불카드의 발행 · 대금결제, 선불카드의 발행 · 판매 · 대금결제와 같은 부수업무를 영위할 수 있다.

---

7) 동 법은 1997년 8월 「여신전문금융업법」의 제정에 따라 폐지되었다.

〈표 13-6〉 신용카드 · 직불카드 · 선불카드의 주요 특징

	신용카드 (credit card)	직불카드 (debit card)	선불카드 (prepaid card)
성격	여신상품	수신상품	수신상품
발급대상	자격기준 해당자	예금계좌 소지자	제한 없음
주요 시장	중고액 거래 업종	소액 다거래 업종	소액 다거래 업종
가맹점 이용	가맹점 공동 이용	가맹점 공동 이용	가맹점 공동 이용
연회비	있음	없음	없음
이용한도	회사 자체 기준에 의거 신용도에 따라 차등	예금 잔액 범위 내	최고 한도 50만 원

신용카드의 보급 및 이용 추이를 보면 현금서비스 한도제한 폐지, 가맹점 공동망 제도 시행, 신용카드 사용액에 대한 소득공제 도입(1999년) 및 한도 확대(2001년), 신용카드 영수증 복권제 도입(2000년) 등 신용카드 사용 장려시책의 영향으로 2000년대 초반에 큰 폭의 신장세를 보였다. 그러나 이 과정에서 과도한 외형 확대가 신용불량자 양산과 신용카드회사의 경영 부실을 초래하면서 2002년을 고비로 신용카드회사의 영업이 크게 위축되었다. 2000년대 중반까지 줄어들었던 신용카드 보급 및 이용 추이는 2000년대 후반 들어서 서서히 회복되기 시작하였으며, 이후 2010년대에는 꾸준히 성장하여 2022년 말 기준으로 신용카드 이용액은 884조 원에 달했다.

(3) 할부금융회사

할부금융(installment credit)이란 소비자가 고가의 내구소비재 구입 시 할부금융회사가 판매자에게 그 물품대금을 대신 지급해 주고 일정 기간 동안 소비자로부터 대금을 분할 회수하는 방식을 말한다.

할부금융(installment credit)

우리나라의 할부금융업은 「신용카드업법」에 할부금융회사의 설립근거를 두고 1995년 11월에 「할부금융회사 업무운용준칙」을 마련함으로써 도입되었다. 이에 따라 1997년 말 현재 주택매입자금을 전문적으로 빌려주는 주택할부금융회사 10개, 주택자금과 내구소비재자금을 함께 취급하는 회사 20개, 기계류 전담회사 1개 등 총 31개 사가 설립되었다. 그러나 제1, 2차 금융구조조정과정에서 11개사가 구조조정되어 2022년 말 기준 영업 중인 기관 수는 25개이며, 총자산은 112조 원에 이

른다. 할부금융회사의 업무 범위는 할부금융, 팩토링, 위 업무와 관련된 신용조사, 채권발행에 의한 자금조달 등이 있다.

(4) 신기술사업금융회사

신기술사업금융회사

신기술사업금융회사는 기술력과 장래성은 있으나 자본과 경영기반이 취약한 기업에 대해 자금지원 및 경영, 기술지도 등을 통해 수익을 추구하는 회사이다.

신기술사업금융회사로서는 1974년 한국기술진흥(KTAC)이 처음으로 설립된 이후 1981년 한국종합기술금융, 1982년 한국개발투자금융, 1984년 한국기술금융이 차례로 설립되었다. 그 후 1986년 12월「신기술사업금융지원에 관한 법률」이 제정됨에 따라 신기술사업금융회사를 인가하게 되었으며, 이때 기존 4개 사 가운데 한국종합기술금융을 제외한 3개 회사가 신기술사업금융회사로 전환하였다. 1999년 한국종합기술금융은 민영화와 함께 여신전문금융회사로 등록하였으며, 한국기술금융은 한국산업리스에 흡수 · 합병되었다. 2022년 말 기준 신기술사업금융회사는 97개가 등록되어 있고 총자산 규모는 약 23조 원이다. 투자 업체 수는 5,497개이고 투자금액은 신기술사업투자조합분을 포함하여 약 18조 원에 이른다.

신기술사업금융회사는 신기술사업자에 대한 투 · 융자 및 경영 · 기술지도, 신기술사업투자조합의 설립 및 자금의 관리 · 운용 등을 주된 업무로 한다. 신기술사업자에 대한 투자는 주식 인수나 전환사채 · 신주인수권부사채 등 회사채 인수를 통해 이루어진다.

13.5.3 벤처캐피탈회사

벤처캐피탈회사

벤처캐피탈회사는 고수익 · 고위험 사업을 시작하는 기업에 지분 인수를 대가로 투자자금을 공급하거나 기업 인수 · 합병 · 구조조정 등을 통해 수익을 추구하는 금융회사를 말한다. 이들 회사는 단순히 자금을 지원하는 데 그치는 것이 아니라 투자기업의 사업계획 수립, 마케팅, 경영관리 등에 능동적으로 개입하여 기업 가치를 제고시킴으로써 수익을 창출한다.

우리나라의 벤처캐피탈회사로는 앞서 설명한 신기술사업금융회사와 중소기업창업투자회사가 있으며, 이들은 신생 기업에 대한 자본투자를 주된 업무로 한다. 신기술사업금융회사와 중소기업창업투자회사는 업무 내용이 유사하나 설립근거법, 지원 대상, 업무 규제 등에서 다소 차이가 있다. 신기술사업금융회사는 여신전문금융업법에 근거하여 기술신용보증기금법에서 정한 신기술사업자를 지원 대상으로 하며, 리스, 할부금융 등 다른 여신금융업무를 겸업할 수 있다. 반면, 중소기업창업투자회사는 중소기업창업지원법의 규제를 받고 「벤처기업 육성에 관한 특별조치법」에 의한 벤처기업과 창업자를 주된 지원 대상으로 하며, 중소기업 창업 관련 벤처캐피탈 업무에 특화되어 있다.

중소기업창업투자회사는 중소기업 창업자 및 벤처기업에 대한 투자, 창업투자조합의 결성 및 업무 집행, 해외기술의 알선·보급을 위한 해외투자 등을 영위하는 회사이다. 중소기업창업투자회사는 중소기업창업지원법(1986년 4월 제정)에 의거 납입자본금이 50억 원 이상인 상법상의 주식회사로 설립되고 중소벤처기업부에 등록하여야 한다. 중소기업창업투자회사는 1990년대 말 벤처기업 육성 시책, 코스닥시장 활성화 등에 힘입어 2000년 말 147개에 달했으나 이후 수익성 악화 등으로 감소하면서 2017년 121개로 줄었다가 이후 점점 증가해 2022년 말 기준 231개사가 영업 중이다.

중소기업창업투자회사는 주식, 전환사채, 신주인수권부사채를 인수하거나 약정투자 등을 통해 중소기업 창업자 등에게 자금을 지원하는 투자업무를 주로 하고 있다. 중소기업창업투자회사는 등록 후 3년 이내에 납입자본금의 50%를 창업자나 벤처기업, 창업투자조합 등에 투자하여야 한다. 이 밖에 중소기업창업투자회사는 투자기업의 경영 상담, 정보 제공, 마케팅·기업공개·해외 진출 지원 등 기업가치 제고를 위한 활동을 영위한다. 한편, 중소기업창업투자회사는 당초 경영지배 목적의 투자를 제한하였으나 창업 초기 기업의 자금조달 및 부실징후 기업의 원활한 구조조정을 위해 2005년 10월 경영지배 목적 투자를 허용하였다. 이와 함께 창업투자회사의 사모투자전문회사 사원 참여도 허용되었다. 중소기업창업투자회사는 사업 수행에 필요한 자금조달을 위해 정부, 정부가 설치한 기금, 국내외 금융기관, 외국정부 또는 국제기구로부터 차입할 수 있으며, 자본금과 적립금 총액의 10배 이내에서 회사채를 발행할 수 있다.

중소기업창업투자회사 및 중소기업창업투자조합의 신규 투자기업 수 및 투자금액은 2022년 중 2,474개 사에 약 6.8조 원이 투자되어 전년 동기 대비 11.9% 감소하였다. 업종별로는 ICT 서비스가 34.8%로 가장 높은 비중을 차지하고 있으며, 그 다음으로는 유통·서비스가 19.4%를 차지했다.

13.5.4 증권금융회사

증권금융회사

일반적으로 **증권금융회사**는 일반투자가나 증권회사에 증권의 신용거래에 필요한 자금을 대출하거나 유가증권을 대여함으로써 증권거래를 촉진하는 것을 목적으로 하는 회사를 말한다. 우리나라에서는 1955년에 28개 증권사가 공동출자에 의해 한국연합증권금융주식회사로 설립된 후 1962년 「증권거래법」에 의거하여 증권금융기관으로 지정되면서 현재의 명칭인 한국증권금융주식회사로 개칭되었다. 1968년에는 자본시장 육성책의 일환으로 정부가 자본금의 50%를 현물출자하고 1975년에는 국제금융공사(IFC)로부터 직접투자와 차관을 유치하기도 하였으나, 이후 정부지분이 민간에 매각되고 국제금융공사의 지분도 1991년 12월 신설 증권사에 매각됨으로써 순수 민간 영리법인으로 변화되었다. 2022년 기준 한국증권금융의 주주 구성을 보면, 한국거래소(11.14%), 한국예탁결제원(2.52%) 등이다.

한국증권금융주식회사는 1960년대까지는 재원 조성의 한계와 증권시장의 미발달 등으로 업무실적이 미미하였으나, 1970년대에 들어 증권시장의 급속한 성장과 더불어 업무 규모가 크게 늘었고 1986년부터는 공모주청약예치금업무를 도입하고 1991년 12월부터는 채무증서발행업무를 새로이 취급하였다. 또한, 1999년 7월부터는 고객예탁금 전액 관리업무 개시 등 업무가 다양화되었으며, 2008년 1월에는 증권유통금융 대주업무가 재개되었다. 이어 2009년 7월 특정금전신탁업무가 개시되었고 2011년 4월에는 기관 간 RP 중개업무를 취급하기에 이르렀다.

한편, 증권금융이란 증권의 인수 · 취득 · 보유 및 유통과 관련하여 이에 필요한 자금을 공급하거나 증권을 대여해 주는 것을 말하며, 이에는 증권인수금융, 증권유통금융 및 증권담보금융의 세 가지 형태가 있다. 첫째, 증권인수금융은 발행시장에서 인수업자에게 증권인수에 필요한 자금을 공급하거나 일반투자자에게 신주 취득 및 자금을 대출하는 것이다. 둘째, 증권유통금융은 증권회사에 신용거래 융자에 소요되는 자금 또는 신용거래 대주에 필요한 주식을 대출해 주는 것이다. 셋째, 증권담보금융은 증권회사 또는 일반투자자가 그 소유증권을 담보로 하여 금융기관으로부터 필요한 자금을 차입하는 것을 말한다.

미국과 유럽의 주요 국가에서는 예금은행이 일반금융업무와 함께 증권금융을 취급하고 있는 데 반하여, 우리나라와 일본에서는 증권금융만을 전담하는 특수한 금융기관이 설립되어 있다. 우리나라의 경우 한국증권금융주식회사가 1962년에 제정된 「증권거래법」에 의거 유일한 증권금융기관으로 지정되어 있고 2022년 말 기준 한국증권금융의 총자산 규모는 79조 원이다.

13.5.5 신용보증기관

신용보증제도

신용보증제도는 기업의 사업상 필요한 자금조달을 원활하게 하기 위하여 또는 경제주체 간 신용거래에서 채무불이행의 위험을 경감시켜 주기 위하여 물적 담보능력이 부족한 기업에 대하여 제3자인 신용보증기관이 그 채무의 이행을 보증하여 주는 제도를 말한다. 신용보증기관으로는 신용보증기금과 기술보증기금이 신용보증을 경쟁적으로 제공하는 체제를 갖추고 있다.

신용보증기금

신용보증기금은 담보능력이 미약한 기업의 채무를 보증해 줌으로써 기업의 자금융통을 원활히 하기 위한 목적으로 1974년 12월에 제정된 「신용보증기금법」에 의거하여 설치되었다. 동 기금의 업무는 중소기업은행에 의해 대행되어 오다가 1976년 6월에 특수법인인 신용보증기금이 정식으로 발족하게 되었다. 이후 신용보증기금법은 1979, 1984, 1990, 1995, 1997, 2000년 등의 여섯 차례의 개정을 거쳐 기본재산의 확충 및 운용 방법의 다양화를 이룩하게 되었다.

신용보증기금은 담보력이 미약한 중소기업 및 수출지원금융에 대하여 우선적으로 보증하도록 되어 있으며, 그밖에 신용조사 및 신용정보의 관리, 경영지도, 구상권의 행사, 재보증, 어음보험, 산업기반신용보증 및 주택금융신용보증 등의 부수업무를 수행하고 있다.

신용보증기금은 정부, 금융기관 및 기업의 출연금으로 기본재산을 조성하도록 되어 있는데, 2022년 말 현재 출연금 총액은 정부출연금 1.1조 원, 금융기관출연금 1.0조 원, 특별출연금 0.1조 원 등을 합하여 총 2.2조 원에 달하고 있다. 한편 2022년 말 기준 신용보증잔액은 77조 원이고 기본재산은 약 10.6조 원이다.

기술보증기금

기술보증기금은 「기술신용보증기금법」에 의거하여 신기술의 개발과 동 기술의 상업화에 수반되는 채무를 보증하기 위한 목적으로 1989년에 설립되었다. 동 기금의 기본재산은 신용보증기금과 마찬가지로 정부 및 금융기관과 신기술사업금융회사의 출연금으로 조성된다. 기술보증기금이 취급하는 보증의 종류는 신용보증기금이 취급하는 일반 신용보증 이외에 신기술사업자금에 대한 보증업무를 취급하고 있는데, 특히 기업에 대한 기술평가, 기술지도, 기술중개업무 등 기술 관련 업무를 중점적으로 취급하도록 하기 위해 총 보증금의 3/4 이상이 기술신용보증이 되도록 의무화되어 있다. 기술보증기금의 2022년 말 기준 보증잔액은 27조 원이고 기본재산은 약 3.4조 원이다.

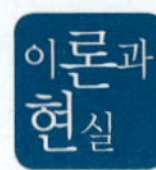

인터넷전문은행 현황

▣ 인터넷전문은행은 금융과 ICT의 융합을 통해 금융산업의 경쟁과 혁신을 촉진하고 금융소비자의 편익을 증대하기 위하여 도입

* 케이뱅크('16.12월 인가, '17.4월 영업 개시), 카카오뱅크('17.4월 인가, '17.7월 영업 개시), 토스뱅크('21.6월 인가, '21.10월 영업 개시)

○ 특히, 도입 당시 빅데이터 등 혁신적인 방식으로 중 · 저신용자 대상 대출을 적극 공급할 것으로 기대

▣ (총자산) '17.4월 케이뱅크가 최초 영업을 개시한 이후 '22말 3사 합계 기준 총자산 79.5조 원(임직원 수 2,278명) 규모로 성장

* 총자산(조 원): ('17말) 7.2 → ('18말) 14.3 → ('19말) 25.3 → ('20말) 31.0 → ('21말) 63.7 → ('22말) 79.5

○ 특히, 인터넷전문은행 특유의 사용자 친화적인 모바일 서비스 등을 바탕으로 빠르게 고객 기반 확보

* 고객 수('22말) : 케이뱅크 849만 명, 카카오뱅크 2,042만 명, 토스뱅크 543만 명

○ '22말 인터넷은행 총자산(79.5조 원)은 국내은행(3,570조 원)의 2.2% 수준

* 카카오뱅크(39.5조 원), 토스뱅크(23.4조 원), 케이뱅크(16.6조 원)

▣ (손익) '22년 당기순이익은 카카오뱅크 2,631억 원, 케이뱅크 865억 원이며, 토스뱅크는 △2,453억 원 적자 시현

인터넷전문은행 당기순이익 추이

(단위: 억 원)

구 분	'17년	'18년	'19년	'20년	'21년	'22년
케이뱅크	△838	△797	△1,008	△1,054	225	865
카카오뱅크	△1,045	△210	△137	1,136	2,041	2,631
토스뱅크	-	-	-	-	△806	△2,453
합 계	△1,883	△1,007	△1,145	82	1,460	1,043

▣ (조달) 인터넷은행은 운용자금을 대부분 원화예수금(68.0조 원)을 통해 조달하며, 예수금 대부분이 소매예금(93.8%)

인터넷전문은행 원화예수금 현황(22년 말 기준)

(단위: 조 원)

구 분	케이	카카오	토스	합 계
원화예수금	14.6	33.1	20.3	68.0

▣ (운용) 대출채권 47.3조 원(59.5%), 유가증권 26.3조 원(33.1%) 등으로 운용 중이며, 대출채권 대부분이 가계대출(95.2%)

인터넷전문은행의 주요 운용 현황(22년 말 기준)

(단위: 조 원, %)

구 분	케이	카카오	토스	합 계
현금, 예치금	0.4(2.6)	1.4(3.5)	1.1(4.7)	2.9(3.7)
원화대출금	10.8(64.8)	27.9(70.6)	8.6(36.9)	47.3(59.5)
가계대출	10.7(64.2)	27.8(70.4)	7.3(31.3)	45.8(57.6)
기업(개인사업자)대출	0.1(0.6)	0.1(0.2)	1.3(5.6)	1.5(1.9)
유가증권	4.3(25.9)	9.0(22.8)	13.0(55.6)	26.3(33.1)
기 타	1.1(6.7)	1.2(3.1)	0.7(2.8)	3.0(3.7)
합 계	16.6(100.0)	39.5(100.0)	23.4(100.0)	79.5(100.0)

▣ (자산건전성-연체율) '22년 말 인터넷은행의 원화대출금 연체율은 0.62%로 시중은행(0.21%)보다 높은 편

○ 인터넷은행의 가계신용대출 연체율(0.77%) 기준으로 볼 때 시중은행(0.38%)과 지방은행(1.12%) 사이에 위치

대출 연체율 비교(22년 말 기준)

(단위: %)

구 분	합 계	케이	카카오	토스	시중은행	지방은행
원화대출금	0.62	0.85	0.49	0.72	0.21	0.36
가계신용대출	0.77	1.06	0.57	0.79	0.38	1.12

▣ (자본적정성) '22년 말 기준 BIS 비율은 카카오뱅크 36.95%, 케이뱅크 13.94%, 토스뱅크 11.35%로 규제비율을 상회

인터넷전문은행 자본적정성 현황(22년 말 기준)

(단위: 억 원)

구 분	케이	카카오	토스
BIS비율	13.94%	36.95%	11.35%

▣ (중저신용자 대출) 인터넷은행 3사 모두 중저신용자 대출 비중 25% 이상

인터넷전문은행의 중저신용자 신용대출 비중주) 추이

(단위: %, %p)

구 분	'21말(A)	'22말(B)	증감(B-A)	비고(목표 비중)	
				'22말	'23말
케 이	16.6	25.1	8.5	25.0	32.0
카카오	20.8	25.4	4.6	25.0	30.0
토 스	23.9	40.4	16.5	42.0	44.0
합 계	**17.1**	**29.1**	12.0	-	-

주) 중저신용자 신용대출 비중 = 중저신용자 신용대출 잔액 ÷ 전체 신용대출 잔액

자료: 금융감독원(2023), "제4차 은행권 경영, 영업 관행, 제도 개선 TF 실무작업반 논의 결과", 2023.03.23. 보도자료.

연·습·문·제

1. 다음 명제의 참과 거짓 여부를 판별하시오.
   (1) 중앙은행의 기본적 업무에 대한 기틀을 다진 최초의 발권은행은 미국의 연방준비은행이다.
   (2) 외국은행 국내지점은 특수은행이다.
   (3) IBK기업은행은 시중은행이다.
   (4) 상호저축은행은 은행금융기관이다.
   (5) 우리나라의 신용협동기구로는 신용협동조합, 상호금융 및 새마을금고가 있다.
   (6) 금융투자업자는 투자매매중개업자, 집합투자업자, 투자자문일임업자, 신탁업자 등으로 구성된다.
   (7) 생명보험은 손해보험에 비하여 그 만기가 대체로 짧다.
   (8) 신기술사업금융회사는 수신기능 없이 여신업무만을 취급하는 금융기관이다.
   (9) 우리나라의 벤처캐피탈회사로는 신기술사업금융회사와 중소기업창업투자회사가 있다.
   (10) 일반투자가나 증권회사에 증권의 신용거래에 필요한 자금을 대출하거나 유가증권을 대여함으로써 증권거래를 촉진하는 것을 목적으로 하는 우리나라의 증권금융회사는 한국증권금융주식회사가 유일하다.

2. 다음 용어를 간단히 설명하시오.
   (1) 일반은행과 특수은행
   (2) 금융투자업자
   (3) 생명보험과 손해보험
   (4) 사모투자전문회사와 헤지펀드
   (5) 신용보증제도

3. 중앙은행의 4대 기능에 비추어 한국은행의 기능을 설명하시오.

4. 본 장에서 다룬 금융기관의 각 종류별로 해당하는 기관의 예를 열거하고, 이들 기관의 홈페이지를 방문하여 관련된 최신 정보들을 확인해 보시오.

14 CHAPTER

자금시장과 자본시장

자금의 수요자와 공급자를 연결시켜 주는 금융시장은 증권의 만기를 기준으로 자금시장과 자본시장으로 분류한다. 본 장에서는 먼저 단기금융상품이 발행 및 유통되는 자금시장의 특성 및 기능을 살펴보고 우리나라 자금시장의 발달과정과 개별 시장별 주요 특징을 알아본다. 또한, 기업, 정부, 지방자치단체, 공공기관 등이 장기자금을 조달하는 자본시장은 통상 증권시장을 의미하는데, 증권시장은 주식시장과 채권시장으로 분류할 수 있고 각각 발행시장과 유통시장으로 구성된다. 본 장에서는 자본시장의 발전과정을 정리하고 주식시장과 채권시장에 대해서 발행시장과 유통시장으로 구분하여 알아본다.

14.1 금융시장 개요

1장에서 살펴본 것처럼 우리나라의 금융시장은 크게 직접금융시장과 간접금융시장으로 나눌 수 있으며, 직접금융시장은 다시 거래되는 금융상품의 만기(통상 1년)를 기준으로 자금시장과 자본시장으로 구분된다. 여기에 금융상품의 특성을 고려하여 외환시장과 파생금융상품시장을 별도로 구분하기도 하는데, 두 시장에 대해서는 15장에서 상세히 다루기로 한다.

자금시장

자금시장은 통상 만기 1년 미만의 금융상품이 거래되는 시장으로 참가자들이 일시적인 자금수급의 불균형을 조정하는 시장이다. 콜시장, 환매조건부매매시장, 양도성예금증서시장, 기업어음시장, 전자단기사채시장 등이 이에 해당된다. 반면, 자본시장은 주로 금융기관, 기업 등이 만기 1년 이상의 장기자금을 조달 및 운용하는 시장으로 통상 증권시장(securities market)을 의미하며, 주식시장과 채권시장 등이 여기에 속한다.

우리나라의 금융시장 규모는 〈표 14-1〉에서 보는 바와 같이 1990년대 이후 비약적으로 확대되었다. 2022년 말 현재 자금시장과 자본시장을 합한 규모는 총 5,282조 원으로 1990년 말 158조 원의 33배에 달하고 있다. 시장별로 보면 자본시장의 경우 채권시장 규모는 2022년 말 2,593조 원으로 1990년 말의 74배, 주식시장 규모는 2,082조 원으로 같은 기간 중 26배에 달하는 등 괄목할 만한 신장세를 기록하였다. 자금시장 규모도 2022년 말 현재 607조 원으로 1990년 말의 14배 수준으로 확대되었다.

〈표 14-1〉 우리나라 금융시장 규모 (단위: 조 원, %)

	1990(A)	2000	2010	2020	2022(B)	B/A
자금시장[2)]	44.3	138.8	264.8	522.9	606.7	13.7
자본시장	114.0	638.8	2,401.1	4,576.0	4,674.8	41.0
채권[3)]	35.0	423.6	1,161.2	2,209.9	2,592.8	74.1
주식[4)]	79.0	215.2	1,239.9	2,366.1	2,082.0	26.4
전체	158.3	777.6	2,665.9	5,098.9	5,281.5	33.4

주: 1) 기말 잔액 기준

2) 콜, 환매조건부매매, 양도성예금증서, 기업어음, 단기사채, 표지어음 및 1년물 이하 통화안정증권, 재정증권 합계

3) 예탁채권 기준(단, 1년물 이하 통화안정증권 및 재정증권은 제외)

4) 한국거래소의 유가증권시장 상장주식 및 코스닥시장 등록 주식의 시가총액

자료: 한국은행, 한국예탁결제원, 한국신용정보원, 금융투자협회, 연합인포맥스, 금융감독원, 코스콤, 기획재정부

이와 같이 우리나라 금융시장이 빠른 속도로 성장한 것은 경제규모의 확대, 정부의 자본시장 육성 및 대외개방 정책, 외환위기 이후의 금융하부구조 정비 및 시장 참가자들의 금융거래 기법 개선 등에 힘입은 바가 크다.

14.2 자금시장

14.2.1 자금시장의 특성과 기능

금융시장은 증권의 만기를 기준으로 자금시장과 자본시장으로 구분된다. 이때 만기는 일반적으로 1년을 기준으로 하나, 최근에는 금융시장의 발전으로 유동성이 높고 가격 변동의 위험이 상대적으로 낮은 증권을 통틀어 단기증권으로 분류하는 경향이 있다. 자금시장에서 유통되는 단기증권의 특성은 다음과 같다.

첫째, 단기증권의 만기는 1년 미만이고 그 종류도 다양하다. 자금시장에서는 만기가 1년 미만인 단기증권이 발행되고 유통된다. 단기금융시장이 잘 발달된 미국의 경우에 재정증권(Treasury bill), 정부기관증권(agency securities), 연방자금(federal funds), 기업어음(CP: Commercial Paper), 양도성예금증서(CD:

Certificate of Deposit), 은행인수어음(BA: Banker's Acceptance), 환매조건부채권(RP), 유로달러 등 그 종류가 다양하다. 이 중에서도 그 발행 잔액이나 거래 규모로 보아 재정증권이 가장 큰 비중을 차지하며, 그 밖의 단기증권들도 단기금융시장 참여자에게 다양한 투자수단을 제공한다. 이러한 단기증권들의 일반적인 특징은 만기가 짧고 채무불이행 위험이 낮으며, 유동성이 높다는 점을 들 수 있다.

둘째, 자금시장은 추상적 시장이다. 자금시장에는 주식시장에서의 뉴욕증권거래소와 같은 구체적 조직이 존재하지는 않지만, 딜러(dealer)와 브로커(broker)가 단기증권의 매매 거래에 있어서 중심적 역할을 수행한다. 주요한 딜러와 브로커는 상호 간에 그리고 그들의 고객(은행 등 금융기관, 일부 대기업, 기타 시장참여자)과 전화 및 전산망 등 각종 통신수단으로 연결되어 있다.

셋째, 자금시장은 공개시장 거래방식을 취한다. 자금시장의 또 하나의 특징은 그 거래량이 매우 크기 때문에 도매시장의 성격을 띤다는 점이다. 미국의 단기금융시장에서는 대체로 100만 달러 이상의 거액거래가 일반적이며, 거래방식은 공개시장 거래(open market transactions) 형식을 취한다. 예컨대, 미국의 은행 간 단기자금시장인 연방자금시장(federal funds market)의 경우에 거래은행은 다수의 브로커로부터 매입 의뢰를 받아 가장 높은 가격으로 매각하고 가장 낮은 가격에 매입한다. 또한, 그 가격은 공개적이고도 경쟁적으로 결정되기 때문에 매입자나 매도자가 누구인지 반드시 확인할 필요가 없다.

넷째, 자금시장은 거래 및 결제방식이 간편하다. 자금시장에서는 수십만 달러의 거래가 전화로 성립하지만, 그 거래증권에 대한 지급 역시 비교적 간단히 결제된다. 즉, 미국의 경우 대부분의 거래는 연방자금시장에서 결제되며, 이때 매입고객의 은행계좌로부터 매도고객의 은행계좌로의 자금이체는 중앙은행인 연방준비은행을 통하여 이루어진다.

자금시장이 국민경제 내에서 수행하는 경제적 역할은 다음과 같이 세 가지로 크게 나눌 수 있다.

첫째, 경제주체(기업, 금융기관, 정부 등)에게 효율적인 유동성 관리수단을 제공한다. 모든 경제주체는 일상의 경제활동을 수행하는 과정에서 자금의 수입과 지출 간의 시간적 간격이 완전히 일치하지 않기 때문에 유동성관리의 문제에 항상 직면한다. 그들은 일시적 유휴자금이 발생하면 단기증권에 투자함으로써 이자수익을 올리며, 또한 일시적 자금부족이 발생하면 자금시장으로부터 필요자금을 조달할 수 있다. 따라서 자금시장에서는 상황에 따른 시장의 자금수급상황을 반영하여 실세금리를 형성한다. 반면, 자본시장에서는 소비, 저축 및 투자 등의 실물적 경제요인을 반영하여 자금수급이 이루어지므로 금리의 변동은 상대적으로 작다.

둘째, 중앙은행의 공개시장운영에 효율적인 경로를 제공한다. 5장에서 살펴본 대로 중앙은행의 전통적 통화정책수단으로는 공개시장운영 이외에도 재할인율정책과 지급준비율정책 등이 있으나, 이중에서도 공개시장운영이 가장 신축적이며 효과적인 수단으로 인식되고 있다. 중앙은행은 화폐를 발행할 수 있는 발권기능을 보유하고 있으므로 유동성 문제에서 자유로우며, 자금시장에서 증권을 매각 또는 매입함으로써 은행의 지급준비금 잔액을 변화시키게 된다. 이에 따라 공개시장운영은 은행제도의 유동성을 변화시키고 이는 다시 경제 내에 있는 모든 경제주체의 유동성에 간접적으로 영향을 미침으로써 경제 전반에 파급효과를 나타낸다. 이와 같이 중앙은행이 공개시장운영에 의하여 통화정책의 목표를 달성하려면 거래량이 풍부하고 정보망이 발달되어 있는 자금시장의 존재가 전제되어야 한다.

셋째, 자금시장은 자금수급 사정을 반영하여 단기실세금리를 형성하고 금융기관의 예 · 대금리 및 자본시장의 장기금리와 균형관계를 유지함으로써 자금을 효율적으로 배분한다. 고객의 대출 수요가 증가하면 은행은 초과지급준비금이 없는 한 일시적으로 콜머니를 차입하거나, 보다 장기적 방법으로서는 단기증권의 보유량 일부를 매각하거나 아니면 양도성예금증서를 발행할 수 있다. 반면에 경제의 어느 부문에서 유휴자금이 존재하면 대출 상환이나 은행예금의 증가로 나타나며, 은행은 유휴자금을 콜론 및 단기금융상품의 매입으로 운용하거나 혹은 양도성예금증서 상환에 사용할 것이다. 이와 같은 조정은 모두 자금시장을 통해 이루어지며, 단기시장금리에 반영될 것이다. 또한, 자금시장과 자본시장 간에도 상대적 이자율의 차이로 말미암아 재정거래를 위한 자금이전이 이루어진다. 이와 같은 단기이자율 및 장기이자율의 변화는 주식가격에 영향을 미치는 한편, 실물경제의 소비, 저축, 투자 등 총체적 경제활동에 영향을 미친다.

14.2.2 우리나라의 자금시장

우리나라의 자금시장의 발전과정을 살펴보면 1970년대 초만 하더라도 은행 간 콜시장이 유일한 단기금융시장이었으나, 1972년 8.3 조치의 보완책으로 사금융(私金

融)을 제도금융권으로 흡수하고 기업에 대한 단기자금공급을 원활히 하기 위하여 투자금융회사가 설립됨으로써 기업어음을 중심으로 한 시장기반이 마련되었다. 그 후 1974년 양도성예금증서가 처음으로 도입되고 1975년에 콜시장이 제도화되었으며, 1977년에는 한국증권금융(주)에 조건부채권거래가 허용되었다. 이어 1981년 6월 신종기업어음(CP)제도가 도입되고 1982년 하반기 이후 투자금융회사가 대거 신설됨으로써 기업어음시장이 급속도로 확충되었다. 환매조건부채권매매(RP)시장도 1980년 이후 동 업무의 취급기관이 증권회사 · 은행금융기관 및 체신관서에까지 단계적으로 확대되었고 1988년 12월에는 증권회사 및 은행에 거액 환매조건부채권업무가 허용되었다. 1989년에는 종래 장내 및 장외시장으로 이원화되어 있던 콜시장을 통합하고 1992년에는 콜 거래 관련 정보의 공개, 완전 경쟁 등을 내용으로 하는 완전경쟁거래방식(blind brokerage system)을 도입하기에 이르렀다.

또한, 1991년 11월부터 시작된 단계별 금리자유화 조치가 1997년 7월 사실상 완료됨으로써 단기금융상품의 발행금리, 한도, 만기 등에 대한 거의 모든 규제가 폐지되었다. 이와 같은 각종 규제를 폐지하고 금리를 자유화함으로써 단기금융시장의 기능향상을 도모하였다.

그리고 1996년 7월에는 금융기관 간 단기금융시장 정비 방안에 따라 「종합금융회사에 관한 법률」에 의거하여 한국자금중개(주)가 설립되어 콜거래중개업무(1996.11)를 개시하고 이어 양도성예금증서업무(1996.12), 환매조건부채권업무(1997.5) 등을 취급하기에 이르렀고, 그 동안 외화콜 중개업무를 수행해오던 서울외국환중개(주)가 2001년 2월부터는 원화콜 중개업무도 수행하게 되었다.

또한, 시장친화적인 공개시장운영을 위한 제도적인 정비도 추진되었다. 한국은행은 금리자유화 추진에 맞추어 1999년 5월부터 금리 중심 통화정책 운영방식으로 이행하고 콜금리를 목표 정책금리로 하여 공개시장운영을 실시하여 왔으며, 2008년 3월부터는 자금시장의 발전을 도모하고 통화정책의 효과를 높이기 위해 정책금리를 콜금리에서 한국은행 기준금리로 변경하였다.

한편, 우리나라 자금시장은 경제발전 및 소득 증대로 금융자산이 증가하는 가운데 경제주체들의 금리민감도 상승, 단기자금 운용기법의 발달, 자금의 단기운용 경향 증대 등에 따라 빠르고 지속적인 성장세를 보였다. 이에 따라 2022년 말 현재 자금시장의 규모는 607조 원으로 2000년 말의 약 6배 수준에 이른다.

〈표 14-2〉 우리나라의 자금시장 규모 추이 (기말잔액 기준, 단위: 조 원, %)

	2000		2010		2020		2022	
	금액	구성비	금액	구성비	금액	구성비	금액	구성비
콜[1)]	16.1	15.9	22.5	10.1	6.9	1.4	27.3	4.5
환매조건부매매[2)]	26.1	25.8	78.8	35.5	219.0	44.9	246.0	40.5
양도성예금증서	14.2	14.1	44.5	20.0	19.3	4.0	47.7	7.9
기업어음[3)]	44.7	44.2	76.4	34.4	193.2	39.6	212.8	35.1
단기사채[4)]	-	-	-	-	49.2	10.1	72.9	12.0
계	101.1	100.0	222.1	100.0	487.6	100.0	606.7	100.0

주: 1) 중개거래 기준
2) 대고객 RP 및 장외기관 간 RP 합계 기준
3) 2000년은 자금순환표, 2010년은 한국신용정보원, 2020년 이후는 연합인포맥스 기준
4) 2013년 1월부터 도입

자료: 한국은행, 한국예탁결제원, 한국신용정보원, 금융투자협회, 연합인포맥스

(1) 콜시장

콜(call)시장
콜머니(call money)
콜론(call loan)

콜시장은 금융기관 간에 하루 내지 수일간의 초단기 자금이 유통되는 시장으로, 거래가 주로 전화 등 통신망으로 이뤄지기 때문에 **콜(call)시장**이라 불린다. 콜시장에서 차입 측 콜자금을 **콜머니(call money)**, 대여 측 콜자금을 **콜론(call loan)**이라고 한다. 콜시장의 주된 기능은 금융기관의 지준금 부족과 단기유동성자금의 부족을 조정하는 것이다.

일반적으로 금융기관의 활동은 금융기관의 자산 및 부채보유량의 변화를 초래한다. 따라서 어느 일정한 날에 일부의 금융기관들은 원하는 수준 이상의 지준금을 보유하고 다른 금융기관들은 원하는 수준 이하의 지준금 보유로 지준금 부족 현상을 나타낼 수 있다. 이때 초과 지준금을 보유하는 금융기관은 지급준비금이 부족한 다른 금융기관들에게 자금을 대여함으로써 그 자금에 대한 이자(콜금리) 수익을 얻을 수 있다. 이와 같이 콜시장을 통한 자금거래는 금융기관들의 유동성수준을 조절하는 중요한 수단이 된다.

콜시장이 금융제도 내에서 중요한 이유는 콜금리가 중앙은행의 통화정책과 밀접한 관련을 맺고 있기 때문이다. 예를 들어, 중앙은행이 지급준비율을 올리거나 낮추면, 이는 은행제도 내 초과준비금의 이용 가능성에 직접적으로 영향을 미치며,

그 결과 은행의 대출가능금액 및 콜금리에도 영향을 미치게 된다.

종래 우리나라의 콜시장은 장내콜시장과 장외콜시장으로 이원화되어 있었다. 즉, 장내콜시장은 금융결제원 콜거래실에서 은행을 중심으로 집중거래방식으로 거래가 이뤄지는 장내시장이며, 장외콜시장은 투자금융회사를 중개기관으로 하거나 아니면 비통화금융기관의 직접 거래에 의해 거래가 이뤄지는 장외시장이다. 이러한 시장구조에서는 자금거래가 활발하게 이뤄지지 않았으므로 지난 1989년부터 투자금융회사를 콜거래 전문중개기관으로 지정하고 장내콜시장과 장외콜시장을 통합하여 일원화하였다. 특히, 1994년 12월에 도입된 한은금융망은 콜시장의 실질적인 통합을 위한 결제제도 면에서 중요한 기반을 조성한 것이라고 하겠다. 이로 인해 콜자금의 당일 자금화가 가능하게 되었다. 한편, 1996년 들어 환매조건부채권의 경쟁입찰방식의 확립, 콜시장에 대한 한국은행의 창구지도 폐지, 콜 중개 전문회사인 한국자금중개(주)의 설립(1996.7), 금융기관 간 환매조건부채권의 모든 금융기관 확대 취급 등 콜시장에 대한 일련의 구조개선 조치들이 시행되었다.

콜시장의 참가자는 1979년 이래 비통화금융기관의 참여가 허용되어 2014년 말까지는 일반은행, 특수은행, 자금중개회사, 증권금융회사, 증권회사, 보험회사, 여신전문금융회사, 예금보험공사, 새마을금고중앙회, 신용협동조합중앙회, 신탁계정, 벤처캐피탈사, 외국환평형기금 등이었으나, 2015년부터는 증권사 · 자산운용사 등 제2금융권의 콜시장 참여를 제한하고 은행권 중심으로 개편되었다. 다만, 증권사 중 국고채전문딜러와 한국은행 공개시장 운영 대상 증권사는 예외적으로 참여를 허용하되, 콜차입 한도기준을 상향 조정하였다. 콜거래의 최장 만기는 90일 이내로 제한되어 있는데, 1일물이 대종을 이루고 있다. 거래단위는 1억 원이며, 최저거래금액에 대한 명시적 제한은 없고 거래이율은 금융기관 간 신용 차이를 반영하여 자율적으로 결정된다.

한편, 콜거래는 한국은행 전산망을 통해 은행 간에 거래되는 직거래방식과 자금중개회사를 통한 중개거래방식으로 구분되며, 콜거래 중개방식으로는 중개기관이 수수료를 받고 참가기관 간의 콜거래를 체결시켜 주는 단순중개(broker) 방식과 중개기관이 자기계산으로 콜거래를 하는 매매중개(dealer) 방식이 있다.

콜거래 중개업무는 1996년 10월까지 서울 소재 8개 종금사가 담당해 왔으나, 1996년 11월부터는 한국자금중개주식회사가 설립되어 콜거래 중개업무를 일원화하기에 이르렀고 2001년 2월에는 그 동안 외화콜 중개업무를 수행하던 서울외국환중개(주)도 원화콜거래 중개업무를 허용함으로써 중개회사의 복수 경쟁체제가 도입되었다. 또한, 2006년 4월에는 KIDB자금중개(주)가 추가로 신설되면서 경쟁이 본격화되었고 2022년 기준 이 3개 자금중개회사가 콜거래 중개업무를 영위하고 있다.

(2) 환매조건부채권매매시장

환매조건부채권매매(RP 또는 Repo: repurchase agreement)

환매조건부채권매매(RP 또는 Repo: repurchase agreement)란 일정한 기간 후에 일정한 가격으로 동일채권을 다시 매수하거나 매도하는 조건으로 채권을 매매하는 것을 말한다. 즉, RP는 채권의 매도와 환매라는 두 거래가 하나의 계약으로 구성되어 형식은 채권매매이나 경제적으로는 단기자금 대차거래로서 단기자금의 운용과 조달수단으로 이용되는 동시에 채권의 유동성을 높여 채권의 소화를 촉진시키는 기능을 수행한다고 볼 수 있다.

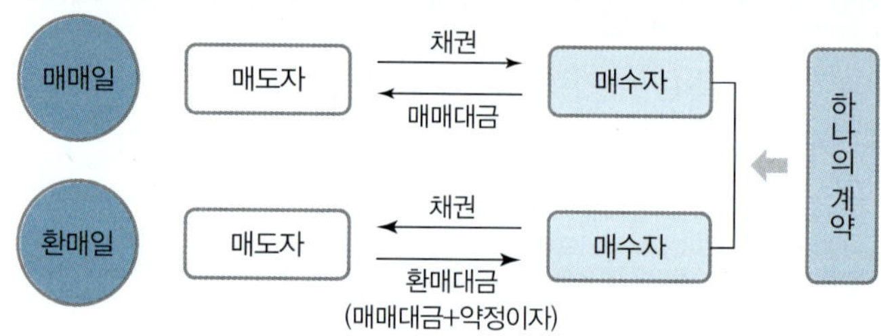

[그림 14-1] RP 거래구조

자료: 기획재정부(2013),『국채 2013』, 기획재정부.

[그림 14-1]에서 보는 바와 같이 RP 매도자는 매매일에 RP 매수자에게 보유한 채권을 교부하고 그 반대급부로 매매대금을 수취한다. 그리고 환매일이 도래하면 RP 계약에 따라 매도자는 매수자에게 채권을 돌려받고 매매대금과 그 기간에 해당하는 환매이자(RP rate)를 지급하게 된다. 이처럼 채권을 매도함으로써 자금을 조달하는 RP 매도자의 입장에서는 'RP 거래', 유가증권을 매입함으로써 자금을 투자하는 RP 매수자의 입장에서는 '역RP(reverse RP) 거래'라고 한다.

RP 거래는 만기가 짧기 때문에 화폐자산에 속하지만, 거래대상이 장기금융자산인 채권이라는 점에서 기업어음, 양도성예금증서 등 다른 단기금융자산과는 성격이 다르다. 그러나 환매조건부채권거래를 이용할 경우 자금의 수요자는 채권매각에 따른 자본손실 없이 단기간 필요한 자금을 보다 쉽게 조달할 수 있으며, 반면에 일시적으로 여유자금을 보유하고 있는 투자자도 자본손실위험 없이 자금을 운용할 수 있는 이점을 누릴 수 있다. 이와 같이 자금의 수요자 및 공급자 모두에게 주는 이점으로 인하여 환매조건부채권거래는 자금의 원활한 수급조절은 물론 금융자산 간의 금리차익거래(interest rate arbitrage)를 촉진함으로써 자금시장의 발전에 크게 기여하였을 뿐만 아니라 채권의 유동성을 제고시킴으로써 채권의 발행을 용이하게 하여 자본시장의 발전에도 기여하였다.

우리나라 RP 거래는 1969년 2월 한국은행이 금융기관을 상대로 RP 매입거래를 하면서 처음 도입되었다. 이후 1977년 2월 한국증권금융이 증권회사의 채권보유자금을 지원하기 위해 RP 매입업무를 취급하였으며, 1980년 2월 증권회사가 RP 매매 업무를 취급하면서 본격화되었다. 그 후 RP 매도업무는 은행(1982년 9월), 체신관서(1983년 3월) 및 종합금융회사(1997년 7월) 등으로 취급기관이 확대되었다. 1994년 11월에는 기관 간 RP 거래기관이 콜시장 참가 금융기관으로 확대되면서 매도·매수거래가 모두 허용되었다. 또한, 기관 간 RP 거래 촉진을 위해 1997년 3월 자금중개기관에 대해 RP 거래 중개업무가 허용되었으며, 2002년 2월에는 한국증권거래소(현 한국거래소) 내에 RP 거래 장내시장이 개설되었다. 2007년 12월부터는 예금보험공사, 정리금융공사, 한국자산관리공사, 신용보증기금, 기술신용보증기금, 한국투자공사, 한국주택금융공사, 한국수출보험공사 등 8개 금융공기업이 기관 간 RP 거래 대상기관에 추가되었다. 2011년 4월부터는 한국증권금융의 기관 간 RP 중개업무가 시작되었으며, 여타 중개기관과 달리 단순중개 뿐 아니라 딜러형 중개도 할 수 있게 되었다.

(3) 양도성예금증서시장

양도성예금증서(CD: Certificates of Deposit)

양도성예금증서(CD: Certificates of Deposit)는 정기예금증서의 양도를 가능케 함으로써 정기예금에 유동성을 부여한 것이다. 1961년 First National City Bank of New York이 기업어음, 재정증권 등 단기금융상품으로 은행예금이 이탈하는 데 대응하여 처음 도입하였다.

CD의 법적 성격은 예금증서를 교부하고 예금을 받는다는 점에서 일반예금과 같이 금전의 소비임치로 분류되나 권리의 이전과 행사에는 동 증권의 소지가 필요하다는 점에서는 유가증권에 해당된다.

한편, 은행이 일반고객을 상대로 발행하는 CD는 비슷한 성격의 자금시장 상품인 RP나 표지어음과는 달리 「한국은행법」 상 예금채무에 해당되어 지급준비금 적립의무가 부과되고 있다. 아울러 CD는 2000년 말까지는 예금보호대상이었으나 2001년부터는 관련 법규의 개정으로 그 대상에서 제외되었다.

CD시장은 CD가 발행 및 유통되는 자금시장으로서 발행 기관인 은행, 중개기관, 매수기관으로 구성된다. 발행 기관인 은행의 입장에서는 대출 등 자금수요에 따라 발행규모를 조절함으로써 탄력적인 자금조달이 가능하다는 이점이 있다. 중개기관은 발행기관과 매수기관을 연결하면서 수수료를 받을 뿐 아니라 자기계산으로 매매에 참여하여 시세차익을 얻을 수도 있으며, 매수기관은 만기 1년 이하 단기자금 운용수단으로서 CD를 매입하고 있다.

한편, 금융투자협회가 고시하는 CD 최종호가수익률(91일물 기준)은 콜금리와 함께 대표적인 단기시장금리로써 은행대출금리 결정 등에 이용되고 있다.

1984년 6월 은행의 수신경쟁력을 제고하고 금리자유화의 기반을 조성하는 동시에 시중의 유휴자금을 흡수할 목적으로 시중은행, 한국외환은행 및 지방은행에 대하여 CD의 발행을 허용하였고 이어 1985년과 1986년에는 특수은행과 외국은행국내지점으로 CD 업무의 취급기관을 확대하였다.

한편, 무기명 양도성증서인 CD는 익명성이 보장되어 회계분식 등에 악용되기도 하고, 실물(증서)로 발행, 유통됨에 따라 위조, 변조 사고가 빈번하게 발생하기도 하였다. 이에 따라 CD를 공사채와 동일하게 한국 예탁결제원 및 은행 등의 등록기관에 등록할 수 있도록 하는 공사채등록법이 2005년 12월에 개정되었으며, 2006년 6월 말부터는 금융기관 간 발행 CD의 경우 발행 시 대부분 실물로 교부하지 않고 대부분 등록발행을 하고 있다.

도입 이후 꾸준한 증가세를 지속하여 왔던 CD 발행은 1997~1998년 중 큰 폭으로 감소하였다. 이는 CD와 비슷한 단기금융상품인 표지어음이나 RP와 달리 CD에 지급준비의무가 부과된 데다 금융외환위기 이후 기업의 신용위험 증가에 따른 은행들의 자금운용상 문제로 CD 발행을 통해 자금을 조달할 필요성이 줄어들었기 때문이다. 아울러 금융기관 구조조정과정에서 5개 은행(대동, 동남, 동화, 경기, 충청은행)이 퇴출된 것도 CD 발행의 감소 요인으로 작용하였다. 이렇게 감소한 CD 발행량은 10년 후인 2009년 한 번 더 큰 폭으로 감소하게 된다. 2009년 말 예대율 규제 도입방안이 발표되면서 CD가 예수금에서 제외됨에 따라 은행의 CD 발행 유인이 크게 줄어들었고 그 결과 CD 발행 잔액은 2009년 말 113.3조 원에서 2010년 말 44.5조 원이 되었다. CD 발행 잔액은 이후 LCR 규제도입, 예대율 산정방식 개정 등으로 35조 원 수준까지 회복되었으며, 2022년 말 현재 48조 원을 기록 중이다.

(4) 기업어음시장

기업어음(CP: Commercial Paper)은 신용상태가 양호한 기업이 상거래와 관계없이 단기자금을 조달하기 위하여 자기신용을 바탕으로 발행하는 만기 1년 이내의 융통어음으로서 상거래에 수반되어 발행되는 상업어음(commercial bill)과 구별된다. 기업어음은 법률적으로는 상업어음과 같은 약속어음으로 분류된다. 기업어음 발행기업은 상업어음과 같이 거래은행으로부터 지급지를 명시한 어음용지를 교부받아 발행하고 은행의 당좌계좌를 통해 결제한다.

기업어음(CP: Commercial Paper)

기업어음시장은 발행기업, 할인매출기관 및 매수기관으로 구성된다. 기업어음은 발행절차가 간편한데다 통상 담보 없이 신용으로 발행되기 때문에 신속한 자금조달수단으로 이용되며, 금리 면에서도 은행대출보다 일반적으로 유리하다. 할인매출기관은 발행기업과 매수기관을 연결해 주고 그 대가로 수수료를 받으며, 매수기관은 만기 1년 이하의 단기자금운용수단으로 기업어음을 활용하고 있다.

우리나라의 기업어음시장은 사금융거래를 제도금융권으로 흡수하고 기업에 대한 단기자금 공급을 원활히 하기 위하여 1972년 8월에 '8.3조치'의 후속 입법으로 단기금융업법이 제정됨으로써 그 제도적 기반을 갖추게 되었다.

우리나라의 기업어음은 소정의 신용등급(B급) 이상의 적격업체가 발행한 어음으로 담보 없이 신용으로 발행되는 것이 대부분이며, 일부는 금융기관의 지급보증을 첨부한 보증어음도 있다. 기업어음의 할인 및 중개시장에는 종합금융회사, 기업 및 개인 등이 참여하고 있다. 은행은 기업어음할인업무가 허용되지 않았으나, 1997년 외환위기 시 종합금융회사의 영업정지 등으로 기업어음 할인이 위축되자 정부는 은행신탁(1997.12), 여신전문금융기관(1998.1), 은행 및 투신사(1998.2), 보험사(1998.6) 등에 대해서도 잇따라 기업어음 할인업무 취급을 허용하였으며, 2005년 12월에 증권회사에 대하여 신탁업 경영이 인가됨으로써 증권회사 신탁계정에서도 CP 할인업무를 취급하게 되었다.

기업어음은 발행 단위가 거액인데다 기업어음이 예금자보호 대상에 포함되지 않기 때문에 개인은 기업어음매수를 기피하며, 주로 투자신탁회사와 은행신탁이 신탁자산 편입용으로 기업어음을 매수한다. IMF 프로그램 시행 직후 기업의 신용리스크가 크게 증가하면서 1998년에는 우량대기업을 중심으로 기업어음발행이 증가하였으나 투신사와 은행신탁에 대한 동일인 기업어음보유한도제가 1998년 7월 25일 도입(2000.5.27 폐지)되면서 그 증가세가 다소 둔화되었다. 이후에는 2003년 12월 CP 발행정보 집중시스템 구축(전국은행연합회), 2009년 2월 당좌예금 개설요건 강화(은행 거래기간 및 수신평잔금액 상향 조정), 1천만 원 이상 CP 발행 시 등록제 도입 등으로 기업어음의 공신력과 투명성이 한층 제고되었다.

또한, 2009년 2월 「자본시장법」 시행으로 최장만기(1년 이내) 제한 등이 폐지되고 포괄적인 규정으로 전환되면서 장기물 CP 시장 확대 기반이 조성되었다. 2012년 9월에는 CP 시장 투명성 제고와 투자자 보호를 위해 CP 발행정보 공시 및 관리 · 감독 강화를 주요 내용으로 하는 CP 시장 규제 강화 방안이 마련되었다. 2013년 1월에는 단기사채제도가 도입되었으며, 같은 해 5월에는 만기가 1년 이상이거나 특정금전신탁에 편입(50인 이상 판매)되는 경우에는 투자자 보호 등을 위해 증권신고서 제출 의무가 부과되었다. 한편 2021년 1월 한국예탁결제원이 유동화증권 통합정보시스템을 구축하고 ABCP, AB단기사채 등 비등록유동화증권을 포함한 전체 유동화증권의 발행 · 공시 · 유통 · 신용평가 정보 등을 통합하여 제공하기 시작하였다.

기업어음시장은 외환위기 발생이후 기업의 신용리스크가 증가하고 대다수 종금사가 퇴출됨에 따라 1998년 중 발행 잔액이 10조 원 이상 급감한 이후 감소세가 이어지다가 2000년대에 금융기관의 CP 매입수요 증가 및 ABCP 발행 증가 등으로 발행이 급증하였다. 그러나 2008년 글로벌 금융 불안이 급속히 심화됨에 따라 금융회사들이 디레버리징에 나서면서 CP 시장의 부진이 시작되었다. 이후 2013년 단기사채 도입 및 만기 1년 이상 CP 발행에 대한 증권신고서 제출 의무 부과 등으로 일반기업 및 금융회사 CP 발행은 크게 회복되지 못하였다. 반면, 일반 ABCP 발행은 저금리 기조 지속, 대내외 불확실성 증대 등으로 투자자의 중위험 · 중수익 상품에 대한 선호가 증대된 가운데 증권사가 새로운 수익창출 수단으로 ABCP를 적극 취급한 데 따라 호조를 지속하였다. 2022년 말 현재 전체 CP 발행 잔액은 213조 원을 기록하고 있다.

(5) 단기사채시장

전자단기사채(이하 단기사채)는 「주식 · 사채 등의 전자등록에 관한 법률」 상의 요건을 갖춘 사채권으로서 전자적으로 발행 · 유통되는 단기금융상품이다. 글로벌 금융위기 이후 금융규제 개혁을 통한 선진금융산업 육성 과제의 하나로 추진되어 2013년 1월 15일 도입되었다.

전자단기사채

단기사채의 법적 성격은 어음이 아닌 사채권이지만 경제적 실질은 기존의 기업어음(CP)과 동일하다. 다만 기업어음은 실물로 발행 · 유통되지만, 단기사채는 실물 없이 전자등록기관의 전자장부에 등록되는 방식으로 발행 · 유통되는 점이 다르다. 이러한 기본적인 거래 시스템의 차이로 인해 단기사채는 기업어음에 비해 여러 장점을 지닌다. 우선 인수 또는 인도 시 위 · 변조, 분실 등 실물 발행에 수반되는 위험을 원천적으로 방지할 수 있으며, 발행비용도 절약된다. 또한 누구나 확인할 수 있는 전자등록기관의 전자장부에 등록하는 방식으로 발행 · 유통됨에 따라 거래의 투명성도 크게 제고되었다. 아울러 발행과 유통 및 상환이 모두 전자적으로 이루어지면서 증권과 대금의 실시간 동시결제가 가능해졌다.

단기사채의 도입 배경은 크게 두 가지 측면에서 살펴볼 수 있다. 첫째, 단기사채는 기업어음을 대체해 나가기 위해 도입되었다. 기업어음이 일반 기업과 금융기관의 단기자금 조달수단으로서 역할을 담당해 왔으나 공시의무가 없어 시장 투명성과 투자자 보호를 위한 장치가 부족하다는 지적이 있어왔다. 또한 동시 결제가 이루어지지 않아 발행회사가 신속하게 발행대금을 사용하기 어려우며, 유통의 편의성도 떨어졌다. 단기사채는 기업어음의 이런 부분들을 보완하는 성격을 갖는다. 둘째, 증권사 등 비은행금융기관들의 단기자금 조달수요가 주로 콜시장에 집중되어 있던 현상을 완화할 필요가 있었던 점도 단기사채의 도입 배경이 되었다. 은행보다 신용도가 상대적으로 떨어지는 비은행금융기관들의 콜시장 참가 확대가 금융시장 전반의 시스템적 리스크를 증대시키는 요인으로 작용할 수 있었기 때문이다.

단기사채시장은 2013년 도입 직후 빠르게 성장한 후 2016년 이후에는 연간 총 발행액이 1,000~1,100조 원 범위에서 움직이고 있다. 2022년 말 기준 유형별 총 발행액을 보면 일반단기사채가 72%로 절대적으로 큰 비중을 차지하고 있으며, 그 중에서도 증권사와 카드사 발행 일반단기사채 비중이 각각 30%대 중반, 10%대 중후반으로 높은 편이다.

14.3 자본시장

14.3.1 자본시장과 증권시장

자본시장
증권시장(securities market)

자본시장은 기업, 정부, 지방자치단체, 공공기관 등이 만기 1년 이상의 장기자금을 조달하는 시장으로 넓은 의미에서는 은행의 시설자금대출 등 장기대출시장을 포함하기도 하나, 통상적으로는 국채, 회사채, 주식 등 중장기 증권이 발행 · 유통되는 증권시장(securities market)을 의미한다. 따라서 증권시장은 좁은 의미에서의 자본시장이라고 불리며, 유가증권(주로 주식과 채권)이 매매 거래되는 시장을 총칭하는 것으로서 일반적으로 다음의 두 가지 의미로 쓰이고 있다.

첫째, 넓은 의미로는 기업을 비롯한 자금의 수요자가 유가증권을 발행하거나 매출하여 필요한 자금을 조달하고, 투자자가 유가증권의 매입이나 매각을 통하여 자신의 금융자산을 운용하는 일련의 과정, 즉 유가증권을 매개로 하여 발행주체와 증권회사 및 투자자 사이에서 유가증권과 자금의 수급관계가 이루어지는 곳을 말하며, 이는 발행시장과 유통시장을 포괄한 개념의 시장을 의미한다. 둘째, 좁은 의미로는 다수의 매매 쌍방이 일정한 시간과 일정한 장소에 집결하여 일정한 조직과 거래질서 하에서 증권을 매매 거래하는 조직적이고 구체적인 시장으로서 증권거래소 시장을 말한다.

기업이 주식이나 채권 등을 통하여 조달한 자금은 기업의 설비투자 등에 투입되므로 회수하는 데 많은 기간이 걸리는 반면, 일반투자자가 기업에 제공한 자금은 그 투자자가 필요로 할 때에는 언제든지 회수될 수 있어야 한다는 서로 상반된 조건을 가지고 있다. 이러한 상호 상반된 조건에 따라 증권시장은 일반적으로 기업이 유가증권을 발행하여 자금을 조달하고 일반인이 자금을 제공하여 유가증권을 취득하는 발행시장과 필요할 경우 취득된 유가증권을 현금화할 수 있는 유통시장으로 구성되어 있다. 발행시장에서 발행된 유가증권이 유통시장에서 상장을 통하여 거래를 할 수 있어야 유가증권을 취득한 최초의 투자자는 투자한 자금의 회수가 가능하고 발행주체도 계속 유가증권을 원활히 발행할 수 있다.

우리나라의 자본시장은 양적 · 질적으로 비약적인 발전을 이루어 왔다. 먼저 채권시장은 1997년 외환위기 이후 정부가 기업구조조정 등을 위한 재정자금 조달을 원활하게 하기 위해 관련 제도를 도입하고 하부구조를 개선하면서 국채시장을 중심으로 발전하게 되었다.

국채발행 원활화와 시장 조성을 위해 국채전문딜러제도(1999년 7월), 국채통합발행제도(2000년 5월), 국고채 원금이자분리채권(STRIPS)(2006년 3월), 국고채 선매출제도(2014년 12월), 국고채 발행일 전 거래제도(2015년 12월)가 도입되었으며, 양곡관리기금채권의 국고채권으로의 통합(2000년 1월), 외국환평형기금채권의 국고채권으로의 통합(2003년 11월), 국고채 ETF 허용(2009년 4월), 국채교환제도 시행(2009년 5월) 등 국채시장의 유동성을 높이기 위한 제도도 함께 도입되었다. 또한, 재정자금의 안정적 조달과 장기투자수요의 충족을 위해 국고채 최장 발행만기를 10년(2000년 10월), 20년(2006년 1월), 30년(2012년 9월) 및 50년(2016년 10월)으로 순차적으로 늘리는 등 국채만기 장기화를 꾸준히 추진하였다. 아울러 물가연동국고채(KTBi)(2007년 3월)를 도입하는 등 국채 종류의 다양화에도 노력을 기울였으며, 국고채 발행 증가에 따른 수급부담을 완화하기 위해 국고채 2년물을 신규 발행(2021년 2월)하였다. 이와 함께 「자산유동화에 관한 법률」(1998년 9월) 제정, 채권시가평가제도 전면 시행(2000년 7월), 담보부 자금대차방식으로 이루어지던 대금융기관 RP 거래의 채권매매방식으로의 변경(2006년 4월), 채권장외거래 호가집중제도 도입(2007년 11월), 회사채 발행 시 수요예측 제도 실시(2012년 4월), 전자증권제도 시행(2019년 9월) 등 채권시장 전반의 활성화를 도모하고 효율성을 높이기 위한 각종 제도개선 노력이 지속되어 왔다.

한편, 주식시장은 1956년 3월 은행, 증권회사 및 보험회사의 공동출자로 대한증권거래소가 설립되면서 조직화된 시장의 모습을 갖추게 되었다. 이후 1962년 1월 「증권거래법」, 1968년 11월 「자본시장 육성에 관한 법률」, 1972년 12월 「기업공개촉진법」이 제정되면서 법률적 토대가 마련되었다. 1987년 4월에는 증권업협회 내에 중소기업과 벤처기업을 대상으로 한 장외시장이 개설되었고 이는 1996년 7월 코스닥시장으로 변모하여 새롭게 개설되었으며, 1997년 1월 「증권거래법」 개정으로 법적지위를 갖게 되었다. 2000년 3월에는 거래소와 코스닥시장에서 거래되지 않는 주식을 대상으로 하는 장외주식호가중개시장(제3시장)도 개설되었다. 그러나 당초 기대와는 달리 거래가 부진하자 2005년 7월 일부 제도 개선과 함께 프리보드로 명칭이 변경되었으며, 2013년 7월 중소기업 전용의 코넥스시장 개설 이후에는 그 역할이 모호해짐에 따라 2014년 8월 기업 규모와 관계없이 모든 비상장법인의 주식이 거래될 수 있도록 시장운영방식이 개선되고 명칭도 K-OTC 시장으로 재차 변경되었다. 2005년 1월에는 정부의 증권선물시장 선진화 계획 등에 따라 종래의 증권거래소, 코스닥증권시장, 선물거래소 등을 통합한 한국증권선물거래소가 출범하였다. 동 거래소는 2009년 2월 「자본시장과 금융투자업에 관한 법률」이 시행됨에 따라 한국거래소로 명칭이 변경되었다.

우리나라의 증권시장 규모는 〈표 14-3〉에서 보는 바와 같이 2022년 말 현재 5,402.3조 원으로 1990년 말(114.0조 원)에 비해 약 47배 확대되었으며, 채권시장이 3,320.3조 원으로 61.5%, 주식시장이 2,082조 원으로 38.5%를 각각 차지하고 있다. 채권시장의 경우 경기 진작 및 위기극복을 위한 재정지출 확대, 특수은행들의 대출재원 조달 및 신종자본증권 발행 등으로 국채 및 금융채 비중이 증가한 반면, 특수채 및 회사채 비중은 줄어들었다. 한편 주식시장의 경우 유가증권시장 비중이 2022년 말 기준 84.9%로 대부분을 차지한다.

〈표 14-3〉 우리나라의 증권시장 규모(기말 잔액 기준) (단위: 조 원, %)

	1990		2000		2010		2020		2022	
	금액	구성비	금액	구성비	금액	구성비	금액	구성비	금액	구성비
채권[1]	35.0	100.0	423.6	100.0	1,161.2	100.0	2,209.9	100.0	3,320.3	100.0
국채	3.1	8.9	73.3	17.3	362.6	31.2	841.1	38.1	1,022.2	30.8
지방채	1.1	3.0	9.8	2.3	15.8	1.4	24.7	1.1	29.5	0.9
특수채	2.1	6.1	97.2	22.9	204.2	17.6	218.5	9.9	740.7	22.3
통화안정증권	-	-	66.4	15.7	122.4	10.5	128.1	5.8	112.7	3.4
금융채	6.6	18.9	49.1	11.6	217.3	18.7	494.9	22.4	649.9	19.6
회사채	22.1	63.0	127.9	30.2	190.6	16.4	310.6	14.1	560.4	16.9
자산유동화채	-	-	-	-	48.3	4.2	192.0	8.7	204.9	6.2
주식[2]	79.0	100.0	215.2	100.0	1,239.9	100.0	2,366.1	100.0	2,082.0	100.0
유가증권	79.0	100.0	186.2	86.5	1,141.9	92.1	1,980.5	83.7	1,767.0	84.9
코스닥	-	-	29.0	13.5	98.0	7.9	385.6	16.3	315.0	15.1
전체	114.0	-	638.8	-	2,401.1	-	4,576.0	-	5,402.3	-

주: 1) 예탁채권 기준(단, 1년물 이하 통화안정증권 및 재정증권은 제외)

2) 유가증권시장 및 코스닥시장 상장주식의 시가총액

자료: 한국은행, 금융감독원, 한국예탁결제원, 코스콤

14.3.2 주식시장

주식시장은 주주권을 표시하는 유가증권인 주식이 거래되는 시장으로서 기업에 대해서는 장기자금조달시장의 역할을 수행하고 투자자에 대해서는 자금운용시장으로서의 기능을 수행한다. 주식시장은 기업공개 및 유상증자 등을 통해 주식이 새로이 공급되는 발행시장과 이미 발행된 주식이 투자자 상호 간에 거래되는 유통시장으로 나누어진다.

주식시장

(1) 주식발행시장

주식의 발행은 주식회사가 설립자본금을 조달하거나 자본금을 증액할 때 이루어진다. 주식의 발행시장은 새로운 주식이 최초로 출시되는 시장이라는 점에서 1차 시장(primary market)이라고도 한다. 발행시장은 [그림 14-2]에서와 같이 자금수요자인 발행인, 자금공급자인 투자자, 주식발행사무를 대행하고 발행위험을 부담하는 인수인(발행 기관)으로 구성된다. 발행인에는 기업, 금융회사 등이 포함되며, 투자자는 개인투자자, 외국인투자자, 기관투자자로 구분된다. 기관투자자에는 은행, 증권회사, 투자신탁회사 등 금융기관과 연기금이 포함된다. 인수인의 역할은 투자매매 · 중개업자가 담당한다.

주식의 발행시장
1차 시장(primary market)

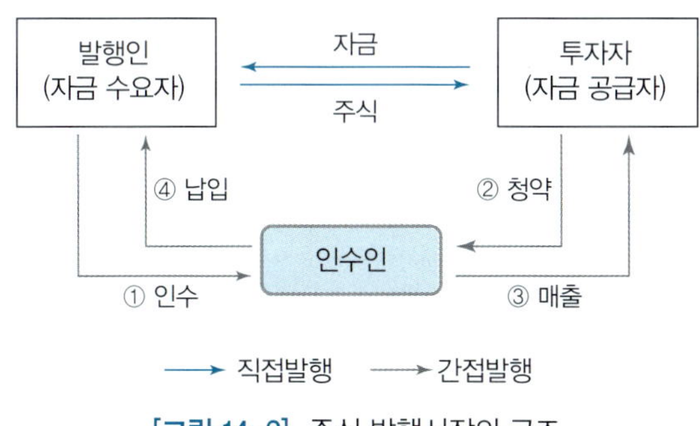

[그림 14-2] 주식 발행시장의 구조

① 주식의 발행방식

주식의 발행방식은 주식의 수요자를 선정하는 방법에 따라 공모발행과 사모발행으로, 그리고 발행에 따르는 위험부담과 사무절차를 담당하는 방법에 따라 직접발행과 간접발행으로 구분된다. 일반적으로 공모발행은 간접발행 방식을 취하며, 사모발행은 직접발행 방식을 취한다.

공모발행(public offering)
사모발행(private placement)

공모발행(public offering)이란 발행회사가 투자자에 제한을 두지 않고 동일한 가격과 조건으로 주식을 다수의 투자자(50인 이상)에게 발행하는 방식이고 **사모발행(private placement)**은 발행회사가 특정한 개인 및 법인을 대상으로 주식을 발행하는 방법이다.

직접발행
간접발행

직접발행은 발행회사가 자기 명의로 인수위험 등을 부담하고 발행사무도 직접 담당하는 방식으로 직접모집 또는 자기모집이라고도 한다. 이 방식은 미 청약분이 발생하면 발행규모를 축소하거나 재모집해야 하므로 발행규모가 작고 소화에 무리가 없는 경우에 주로 이용된다. **간접발행**은 발행회사가 전문적인 지식, 조직 및 경험을 축적하고 있는 금융투자회사를 통해 주식을 발행하는 방식이다. 이 경우 발행회사는 주식발행과 관련한 위험을 금융투자회사에 부담시키고 그 대가로 수수료를 지급하게 된다.

한편, 간접발행은 금융투자회사의 발행위험 부담 정도에 따라 다시 모집주선, 잔액인수 및 총액인수로 구분한다. 모집주선(best-effort basis)이란 발행회사가 발행위험을 부담하고 발행사무만 금융투자회사에 위탁하는 방법이다. 잔액인수(stand-by agreement)란 일반투자자의 응모총액이 모집총액에 미달할 경우 금융투자회사가 미소화분의 인수 의무를 부담하는 방법이다. 총액인수(firm-commitment)는 발행금액 전액을 금융투자회사가 인수하는 방식이다. 총액인수의 경우 인수에 따른 자금소요 및 위험부담이 큰 만큼 이를 분산시키고 발행주식의 매출을 원활히 하기 위해 통상 여러 금융투자회사가 공동으로 참여한다.

② 주식발행의 형태

주식시장에서 주식을 발행하는 형태에는 기업공개와 증자에 의한 주식발행으로 나누어 볼 수 있다.

기업공개(IPO: Initial Public Offering)

기업공개(IPO: Initial Public Offering)란 「자본시장과 금융투자업에 관한 법률」과 기타 법규에 의거하여 주식회사가 발행한 주식을 일반투자자에게 균일한 조건으로 공모하거나, 이미 발행되어 대주주가 소유하고 있는 주식의 일부를 매출하여 다수의 주주에게 주식을 분산시키는 것을 말한다. 즉, 대주주가 소유한 주식을 다수의 일반대중에게 분산시켜 당해 기업의 주식이 증권시장을 통하여 자유롭게 거래되도록 함으로써 직접금융방식에 의한 기업자금의 원활한 조달을 가능케 하고 소유와 경영의 분리에 의한 경영합리화를 도모함으로써 기업의 건전한 발전을 도모함은 물론 국민적 기업으로 성장할 수 있는 기초를 마련하는 데 의의가 있다.

기업공개를 하여 주식을 널리 분산시키는 방법에는 일반적으로 다음 세 가지 방식이 있다. 첫째, 신주공모에 의한 방법은 기업이 새로이 신주를 발행하여 이를 기존주주에게 배정하는 것이 아니라, 신주 모두를 일반 투자대중에게 청약을 권유하여 인수하게 함으로써 대주주를 비롯한 기존주주들의 지분율을 감소시키는 한편, 신주를 널리 분산시키는 것이다. 원칙적으로 신주를 인수할 권리는 우선적으로 기존주주에게 있으나, 기업공개 시에는 주식분산을 위하여 예외로 하고 있다.

둘째, 구주매출에 의한 방법은 기업의 신규자금수요가 없거나 현재 자본금이 과다할 경우 기존주주들이 보유하고 있는 이미 발행된 주식을 일반투자자에게 널리 매출하여 주식을 분산시키는 것이다. 이때에는 신주공모와는 달리 기업으로의 자금유입이 없으며, 주식매각대금은 주식을 매각한 기존주주들에게 귀속된다.

셋째, 신주공모와 구주매출을 병행하는 방법은 기존주주 소유의 기 발행주식을 매출하면서 신주를 발행하여 널리 공모함으로써 필요한 자금을 조달하는 한편, 기존주주의 지분율을 떨어뜨리고 주식을 일반 투자대중에게 광범위하게 분산시켜 공개요건을 갖추는 것이다.

기업공개에 있어 가장 어렵고도 중요한 문제는 모집 또는 매출할 주식의 가격을 얼마로 결정하느냐 하는 것이다. 왜냐하면 기업, 기존주주, 새로운 투자자의 이해관계가 바로 이것과 직결되어 있기 때문이다. 즉, 신주공모에 의할 경우 발행가격이 높게 결정되면, 일차적으로는 발행 기업이 일정한 수량의 주식발행을 통해 훨씬 많은 자금을 조달할 수 있게 되며, 나아가서는 기존주주들도 소유한 주식의 가치를 높게 평가받으므로 유리하다. 하지만 신규투자자들은 가능한 한 낮은 가격으로 주식을 구입하고자 한다. 한편, 구주매출에 의할 경우 매출가격이 높게 결정되면, 주식대금은 신규투자자로부터 기존주주에게로 흘러가므로 신규투자자는 상대적으로 불리한 반면, 기존주주는 그만큼 자신의 현금이 많이 증가하므로 유리하다. 발행기업의 입장에서는 당장은 큰 이해관계가 없으나 기업가치가 높게 평가되어 주가가 높게 형성되기 때문에 향후의 주식발행을 통한 자금조달에 있어 상대적으로 유리하다. 우리나라에서 공모가는 기관투자자들로부터 예비청약을 받아 수요예측의 결과를 감안하여 발행사와 대표주관회사인 증권사가 협의해 결정한다.

한편, 증자란 회사가 주식자본을 증가시키는 것을 말하며 주식자본을 증가시키는 데에는 신주의 발행이 따르므로 증자를 신주의 발행이라고도 한다. 수권자본제도를 채택하고 있는 현행 「상법」은 회사가 발행할 주식의 총수를 정관에 기재하도록 되어 있으며, 신주의 발행은 정관에 기재된 수권자본금의 범위 내에서만 할 수 있도록 되어 있다.

증자를 하는 데는 회사의 주식자본의 증가와 함께 실질적인 재산의 증가를 가져오는 유상증자와 주식자본은 증가하지만 실질 재산은 증가하지 아니하는 무상증자의 두 가지 형태가 있다.

유상증자(seasoned equity offering)

유상증자(seasoned equity offering)란 기업재무구조 개선 등의 목적으로 회사가 신주를 발행하여 자본금을 증가시키는 것을 말한다. 유상증자 시 신주인수권의 배정 방법에는 주주배정증자방식, 주주우선공모증자방식, 제3자배정증자방식, 일반공모증자방식 등이 있다. 주주배정증자방식은 주주와 우리사주조합에 신주를 배정하고 실권주가 발생하면 이사회의 결의에 따라 그 처리방법을 결정하는 것이다. 주주우선공모증자방식은 주주배정방식과 거의 동일하나 실권주 발생 시 불특정다수인을 대상으로 청약을 받은 다음 청약이 미달되면 이사회의 결의에 따라 그 처리방침을 정한다는 점에서 차이가 있다. 제3자배정증자방식은 주주 대신 관계회사나 채권은행 등 제 3자가 신주를 인수하도록 하는 방식이며, 일반공모증자방식은 주주에게 신주인수 권리를 주지 않고 불특정 다수인을 대상으로 청약을 받는 방식이다.

한편, 무상증자는 자금조달을 목적으로 하지 않고 자본구성을 시정하거나 사내유보의 적정화 또는 기타의 목적을 위해 실시되는 것으로, 회사의 총자산에는 변화를 가져오지 않고 재무제표 상 항목 간의 변동을 통하여 신주식을 발행하는 형식적 증자라고 할 수 있다. 무상증자는 자본계정에서 주식발행초과금이나 재평가적립금 등의 준비금을 자본금으로 전입하면 자기자본이나 자산의 변화 없이 주식 수만 증가한다. 또한 전환사채의 소유자가 전환권을 행사하여 사채를 주식으로 전환시켜 신주를 발행하거나, 회사의 이익을 주주에게 배당함에 있어서 현금배당 대신 신주식을 발행하여 교부하는 주식배당도 무상증자의 예이다.

③ 주식발행시장 현황

주식 발행시장을 통한 기업의 자금조달 규모(유상증자 및 기업공개)는 2000년대 들어 주가가 큰 폭 등락하면서 발행여건이 악화된 데다 기업의 현금흐름 개선으로 발행수요도 줄어들어 감소세를 보였다. 그러나 2006년부터 주식시장이 활황을 보이면서 2007년에는 17조 원으로 사상 최대 규모를 기록하였다. 또한, 글로벌 금융위기가 발발한 2008년을 제외한 2009~2011년에도 경기회복 및 기업인수목적회사(SPAC: Special Purpose Acquisition Company) 도입 등에 힘입어 상당 규모에 이르렀다. 이후에는 유럽재정문제, 미국의 양적완화 축소 및 신흥국 금융 · 경제 불안 등 국제금융시장의 불확실성이 지속되면서 2012~2013년 중 저조한 모습을 보이다가 2014~2017년에는 국내 증시의 안정 등으로 회복세를 보였다. 이후 발행규모가 다소 축소되었다가 2020~2021년 중에는 코로나19 이후 주가 급등에 따른 투자심리 개선, 기업의 자금조달 수요 증대 등으로 큰 폭으로 증가하였다. 특히, 2021년 중 국내 IPO 규모는 19.7조 원으로 역대 최고 수준을 기록하였다. 이는 주식시장의 호조 속에 신성장산업 기업들의 자금조달 수요와 개인의 수익추구 투자가 맞물려 나타난 데 주로 기인한다. 2020년 이후 기업공개 기업들은 주로 IT, 제약 · 바이오, 메타버스 등 산업구조 변화를 선도하는 업종이 상당수를 차지하며, 개인투자자는 동 기업들의 성장성 및 상장 직후 주가 급등 기대를 바탕으로 공모주 청약에 활발히 참여하였다.

알아두기 14.1 SPAC

SPAC은 공모(IPO)를 통해 상장한 후 공모자금을 바탕으로 다른 기업과 합병하는 것을 주된 목적으로 하는 명목회사(paper company)로 2009년 12월 국내에 처음 도입되었다.

유망한 비상장기업들은 SPAC과의 합병을 통해 주식시장의 상황에 구애받지 않고 적기에 대규모 투자자금을 조달하면서 상장할 수 있게 되며, 일반투자자들은 SPAC에 투자함으로써 소액으로도 기업 인수합병시장에 참가할 기회를 가질 수 있다.

우리나라의 SPAC은 도입 초기 많은 관심을 불러일으켜 2010년의 경우 21개의 SPAC(총 공모금액: 5,667억 원)이 상장되며 활발한 모습을 나타내었으나, 이후 M&A 시장 침체 등으로 수년간 신규 설립이 중단되며 투자자와 증권사들의 관심에서 멀어졌다. 반면 코로나19 기간 중 미국에서의 폭발적인 인기를 배경으로 국제적인 주목을 받았고 국내에서도 2022년 45개의 SPAC이 신규 상장되는 등 최근 스팩의 성장세가 지속되고 있다.

(2) 주식유통시장

주식의 유통시장
2차적 시장(secondary market)

주식의 유통시장은 이미 발행된 주식이 투자자들 상호간에 매매 거래되는 **2차적 시장(secondary market)**을 말한다. 즉, 유통시장은 투자자가 소유하고 있는 주식을 매각하여 투자자금을 회수하거나 이미 발행된 주식을 취득하여 금융자산을 운영하는 시장이다. 유통시장은 발행된 주식의 시장성과 유통성을 높여 일반투자자의 투자를 촉진시킴으로써 발행시장에서의 장기자본조달을 원활하게 해줄 뿐만 아니라 유통시장에 의한 주식의 시장성과 유동성은 주식의 담보력을 높여 준다. 또한, 유통시장은 다수의 투자자가 참여하는 자유경쟁시장이므로 주식의 공정한 가격을 형성할 뿐만 아니라 유통시장에서 형성되는 가격은 앞으로 발행할 새로운 주식의 가격을 결정하는 역할을 한다.

한국거래소(KRX)

우리나라의 주식유통시장은 **한국거래소(KRX)**에서 개설 · 운영하는 정규시장(장내시장)과 한국금융투자협회가 개설 · 운영하는 제도화 · 조직화된 장외시장(K-OTC시장)이 있다. 한국거래소는 장내시장을 코스피(KOSPI)시장(유가증권시장) 및 코스닥(KOSDAQ)시장으로 구분하고 코스피시장은 중대형 우량기업 중심으로, 코스닥시장은 중소형 벤처기업 중심으로 시장을 특화하여 운영하고 있다. 또한, 코스닥시장 상장요건을 충족하지 못하는 중소벤처기업의 자금조달을 위해 코넥스(KONEX)시장을 개설하여 자본시장을 이용한 기업의 단계적 성장을 뒷받침하고 있다.

① 코스피시장(유가증권시장)

코스피(KOSPI)시장

코스피(KOSPI)시장은 토요일, 공휴일, 근로자의 날, 연 말일, 기타 거래소가 필요하다고 인정하는 날을 제외하고 매일 개장되며, 매매거래시간 기준으로 09:00~15:30의 정규시장과 장 개시 전(08:00~09:00) 및 장 종료 후(15:40~18:00) 시간외시장으로 구분된다.

정규시장은 거래체결방식에 따라 단일가격방식이 적용되는 15:20~15:30과 복수가격방식(접속매매방식)이 적용되는 09:00~15:20으로 나누어진다. 대부분의 정규시장에 적용되는 복수가격방식은 여러 가격이 경합을 벌여 거래를 체결하는 방식이다. 가장 비싼 매수호가와 가장 싼 매도호가를 먼저 체결하는 '가격 우선 원칙'과 호가를 먼저 낸 순서대로 거래를 체결하는 '시간 우선 원칙'을 적용한다. 15:20부터 정규시장이 끝나는 15:30까지는 '종가 단일가 매매' 방식으로만 거래가 이루어지는데, 종가를 만들기 위해 10분 간 매수호가, 매도호가만 받고 15:30에 단일가로 거래를 체결하는 것이다.

시간외시장은 매매가격에 따라 시간외종가매매, 시간외단일가매매, 시가단일가매매, 시간외대량매매 및 시간외바스켓매매로 구분된다. 시간외종가매매는 정규시장 종가(이하 종가)로 주문을 받아 접수순에 따라 거래를 체결하는 것을 의미한다. 개장 이전인 08:30~08:40 사이에는 전일 종가로, 폐장 이후인 15:40~16:00에는 당일 종가로 주식을 거래할 수 있다. 시간외단일가매매는 장 종료 후 일정 시간 동안(16:00-18:00) 10분 단위 단일가매매를 통하여 당일종가 ±10% 이내(다만, 당일 상하한가 이내)의 가격으로 매매거래를 성립시키는 제도이다. 시가단일가매매는 08:40~09:00까지 적용되는 거래 방법으로, 이 30분 동안 매수, 매도호가만을 받은 뒤 9시 개장과 동시에 시가로 한 번에 거래를 체결하는 방식이다. 거래 체결이 가능한 매수, 매도호가를 연결하고 그 중 가장 많이 거래될 수 있는 가격이 시가가 된다. 시간외대량매매는 투자자 쌍방의 합의에 의해 당일 상 · 하한가 이내에서 5만 주 또는 10억 원 이상의 거래가 이루어지는 것을 말한다. 시간외바스켓매매는 시간외대량매매와 대체로 동일하나 거래 대상이 5종목 이상이라는 점에서 차이가 있다.

호가는 그 내용에 따라 지정가호가, 시장가호가, 조건부 지정가호가로 구분된다. 지정가호가는 주문할 때 특정 가격을 지정하는 것을 말하며, 시장가호가는 특정 가격을 지정하지 않고 접수시점에서 매매 가능한 가격을 그대로 적용하는 것을 의미한다. 조건부 지정가호가는 오후 3시 20분까지 거래가 체결되지 않아 단일가격 방식으로 넘어갈 경우 자동적으로 시장가호가방식으로 전환되는 지정가호가를 말한다.

매매거래 단위는 호가의 경우 주식가격에 따라 1원(2,000원 미만 종목)~1,000원(50만 원 이상 종목)이고 수량단위는 1주가 원칙이다. 매매계약의 체결은 원칙적으로 한국거래소가 투자자별 호가를 접수하여 일정한 매매체결원칙에 따라 합치되는 호가끼리 거래를 체결하는 개별경쟁매매방식에 의해 이루어진다. 한편, 증권거래소는 실시간으로 체결가능성이 높은 10개의 매수, 매도호가 및 주문량과 함께 10단계 호가의 합산수량을 공개하고 있으며, 전체 유통시장의 움직임을 대표하는 종합주가지수를 작성하여 발표하고 있다.

이 밖에도 증권회사는 거래를 활성화하기 위해 투자자에게 융자(融資) 또는 대주(貸株)의 형태로 신용을 공급하고 있으며, 신용공여기간 및 비율 등은 증권사가 자율적으로 결정하고 있다.

투자자의 매매주문은 위탁회사인 증권회사를 거쳐 증권거래소 등에서 체결되며, 이에 따른 결제는 매매일로부터 3일째 되는 날(T+2) 증권예탁원을 통해 이루어진다.

증권사는 투자자의 주문을 이행하기 위한 담보로 위탁증거금을 받고 있는데 증권거래소의 경우 증권사가 자율적으로 결정하고 있지만, 개인투자자에 대해서는 일반적으로 매매약정대금의 40%를 징수하고 있다.

우리나라 증권거래소에서의 매매거래 결제는 거래소의 결제기구를 통하여 하도록 되어 있다. 그러므로 증권의 매매와 거래를 함에 있어서 계좌이용자(투자자, 증권회사, 금융기관)들은 그들이 소유하고 있는 유가증권을 미리 계좌관리기관(증권예탁원)에 집중적으로 예탁하여 매매거래에 수반되는 유가증권의 수수(授受)를 실물에 의하지 않고 이용자의 계좌 간에 대체함으로써 결제를 종료하게 된다.

가격제한폭제도

서킷브레이커(circuit breakers)

변동성 완화장치(VI: Volatility Interruption)

거래소시장은 주가의 급등락에 따른 투자심리의 불안 가능성을 최소화하기 위해 **가격제한폭제도**[1]와 매매거래중단제도, 변동성 완화장치 등을 운용하고 있다. 먼저 개별 종목의 경우 일중 주가변동률은 전일 종가의 ±30%로 제한된다. 매매거래중단제도는 주가지수가 전일 대비 일정 비율(8%/15%/20%) 이상 하락하여 1분간 지속되는 경우 단계적으로 매매를 중단시키는 것을 말한다. 이 매매거래중단제도는 개별 종목의 경우와 구분하여 **서킷브레이커(circuit breakers)**로 불린다. **변동성 완화장치(VI: Volatility Interruption)**[2]는 개별 종목에 대한 가격 안정화 장치로서 주문 실수, 수급 불균형 등에 의한 주가 급변 시 단기간의 냉각기간(2분간 단일가 매매)을 부여하는 제도로서 동적장치와 정적장치로 구분된다. 이 밖에 주가지수선물시장의 가격 급등락에 연계하여 거래소시장에서 프로그램 매매를 일시 정지시키는 사이드카(side car) 제도가 운용되고 있다.

---

1) 1995년 4월 1일 기존 정액제에서 6% 정률제로 바뀐 이후 8%(1996.11.24.), 12%(1998.3.2.), 15%(1998.12.7.)를 거쳐 2015년 6월 15일부터 30%로 확대되었다.

2) VI는 '정적 VI'와 '동적 VI'로 나뉜다. 직전가 대비 일정 수준 이상 주가가 변하지 못하게 하는 것을 동적 VI라고 하고 전일가 대비 일정 수준 이상 주가가 못 변하게 하는 것이 정적 VI다.

> **알아두기 14.2 프로그램매매의 의미**
>
> 프로그램매매는 일반적으로 시장분석 · 투자시점 판단 · 주문제출 등의 과정을 컴퓨터로 처리하는 거래기법을 통칭하는데, 시장상황별로 실행할 투자전략을 사전에 미리 수립하여 그 내용을 컴퓨터에 프로그래밍하고, 시장상황의 분석과 분석내용에 따른 주문 등을 프로그램에 따라 컴퓨터로 처리하는 매매방법을 말한다. 한국증권시장에서의 프로그램매매는 모든 지수차익거래와 동일인이 일시에 KOSPI 200 구성종목 중 15종목 이상을 거래하는 비차익거래를 의미한다. 지수차익거래란 KOSPI 200 구성종목의 주식집단과 KOSPI 200 선물 또는 옵션의 가격 차이를 이용하여 이익을 얻을 목적으로 주식집단과 선물 또는 옵션을 연계하여 거래하는 것이다. 주식집단과 선물 또는 옵션의 매매 시기는 동시임을 전제하지 않으므로 선물 또는 옵션을 매수한 후 주식집단을 순차적으로 매매하거나, 또는 그 반대의 경우도 포함된다.

코스피지수는 2006년 후반부터 적립식펀드 등 중장기 투자자금이 크게 유입되면서 2007년 7월 25일 처음으로 2,000을 돌파하였다. 이후 글로벌 금융위기로 2008년 10월 24일 938.8까지 급락하였으나 빠른 경기회복과 외국인 투자자금의 유입 등으로 다시 상승하여 2011년 5월에는 2,200선을 상회하였다. 그 이후로는 상당기간 1,800~2,100의 범위 내에서 등락을 보이다가 국내 · 외 경기호조, 기업실적 개선 등으로 상승하여 2018년 초에는 2,600에 근접한 수준을 나타내었다. 이후 미 · 중 무역 분쟁 등의 영향으로 약세를 이어가다가 2020년 초 코로나19의 확

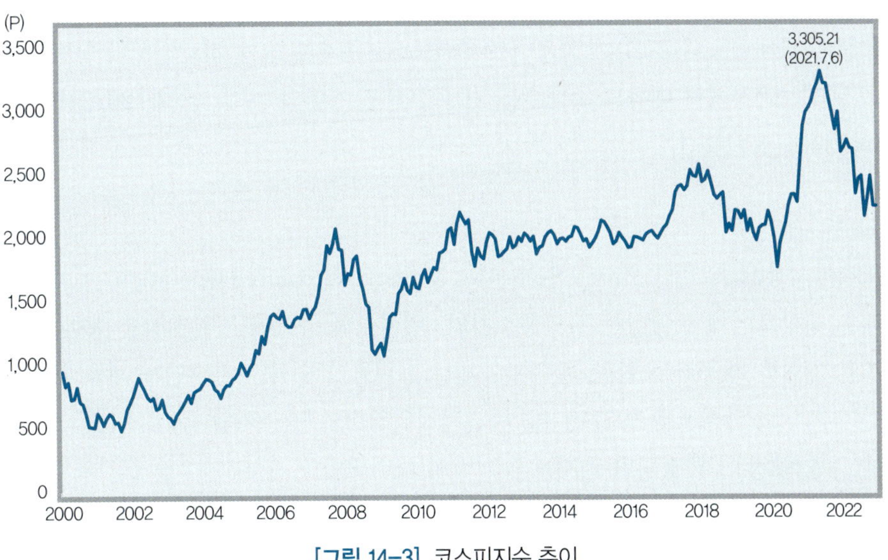

[그림 14-3] 코스피지수 추이

산 및 이에 따른 경기침체 우려 등으로 3월 19일 1,457.6까지 급락하였다. 그러나 각국의 적극적 완화정책 실시, 경기회복 및 기업 실적 호조 등이 이어지면서 빠르게 반등하여 2021년 7월 6일에는 역대 최고치(3,305.2)를 기록하였다. 그러나 2021년 하반기부터는 글로벌 인플레이션과 금리 인상에 대한 우려 등으로 지속적으로 하락하여 2022년 말 기준 2,280.45까지 하락한 상태이다.

상장주식의 시가총액도 2008년 말 글로벌 금융위기의 영향으로 일시 감소하였으나, 이후 빠르게 회복한 후 2010~2019년 중 완만한 증가세를 나타내었다. 2020년 이후에는 주가가 빠르게 상승하면서 시가총액이 크게 늘어나 2022년 말 기준 1,767조 원까지 기록하게 된다. 명목 GDP 대비 상장 주식 시가총액 비중(2022년 말 기준)은 82% 수준으로 미국, 대만보다는 낮으나 중국, 독일보다는 높은 수준이다. 한편, 상장기업 수는 2000년대 들어 대체로 증가세를 보이다가 2012년 이후 증시 활력이 저하되면서 감소하였으나, 2018년 이후 다시 증가세로 전환되어 2022년 말 기준 826개 사에 달하고 있다.

투자자별 보유 비중(시가총액 기준)을 살펴보면 외국인은 국내주식시장 개방 추세와 함께 꾸준히 증가하여 2004년 말에는 42.0%에 달하였으나 이후 하락하여 글로벌 금융위기가 있었던 2008년 말에는 28.7%까지 낮아졌다. 이후에는 30% 중반에서 등락하고 있으며, 2022년 말 기준 외국인 상장주식 보유 비중은 30.7%이다. 한편, 개인투자자의 국내주식 직접투자가 2020년부터 크게 늘어나는 모습을 보이고 있다. 2000~2019년 중 개인은 연간 약 20조 원 범위 내에서 순매수 또는 순매도를 나타내었으나 2020년 코로나19 영향으로 주가가 크게 하락하였다가 빠르게 회복되는 과정에서 대규모 순매수를 기록하였다. 개인의 거래 비중은 2022년 기준 약 53%를 상회한다.

② 코스닥시장

코스닥시장(KOSDAQ: Korea Securities Dealers Automated Quotation)

코스닥시장(KOSDAQ: Korea Securities Dealers Automated Quotation)은 증권거래소 상장요건에 미달하는 유망중소기업, 벤처기업 등에게 자본시장을 통한 자금조달 기회를 제공하는 한편, 투자자에게는 고위험 고수익 투자수단을 제공하는 시장이다. 코스닥시장은 1987년 3월 증권관리위원회의 '중소기업 등의 주식장외거래에 관한 규정'이 제정되면서 제도적 기반이 마련되었다. 1996년 7월 1일부터 장외주식 중개전담회사인 코스닥 증권이 중개업무를 개시함에 따라 시작된 코스닥 시장은 정부의 중소벤처기업 육성의지와 정보통신 인터넷 등 첨단산업에 대한 투자자의 관심 고조로 크게 성장하였다. 이 시장은 한국증권업협회에 의해 운영되다가 2005년 1월 증권선물거래소가 설립됨에 따라 동 거래소 내로 편입되었다.

코스닥시장에서 신규로 주식이 거래되기 위한 등록요건은 대체로 거래소시장의 상장요건과 비슷하나 코스닥시장이 중소기업 및 벤처기업을 대상으로 한다는 점에서 유가증권시장에 비해 완화된 상장요건을 적용하고 있다.

코스닥시장은 거래소시장의 종합주가지수에 상응하는 코스닥종합지수(1996.7.1=1,000)를 작성하여 발표하고 있으며, 2005년 6월 1일부터 유가증권시장과 코스닥시장의 대표종목을 포함하여 작성한 KRX100지수를 발표하였다.

코스닥지수는 글로벌 금융위기 기간 중 사상 최저치(2008년 10월 27일 261.2)를 기록하였다가 회복한 후 2009~2015년 중 500 내외 수준에서 등락을 나타내었다. 이후 2016년부터 코스피시장과 함께 완만한 오름세를 이어갔으나 2018년 이후 미 · 중 무역 분쟁 심화 등으로 약세 전환한 데 이어 2020년 초에는 코로나 19 확산 영향으로 큰 폭 하락하였다. 그러나 국내 · 외 적극적인 확장적 통화정책 실시 등으로 투자심리가 회복되면서 빠르게 상승하여 2021년 9월 말 1,003.3을 기록하였다.

코스닥시장 시가총액은 2005년 이후 증가세를 보이면서 2007년 말 100조 원에 이르렀으나 2008년 말에는 46조 원까지 감소하였다. 2009년 빠르게 회복된 뒤에는 완만한 증가세를 지속하였으며, 2020년 이후 주가가 큰 폭 상승하면서 시가

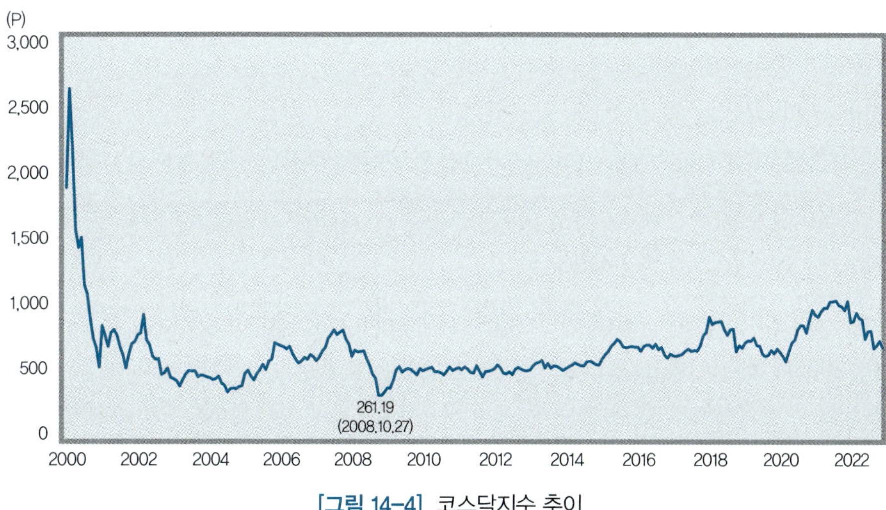

[그림 14-4] 코스닥지수 추이

총액도 크게 늘어나 2022년 말에는 315조 원을 기록하였다. 한편, 상장기업 수는 2007년에 1,000개를 넘어섰으며, 2022년 말 기준 1,611개 사에 이르고 있다.

③ 코넥스시장

코넥스(KONEX)시장

코넥스(KONEX)시장은 설립 초기 중소 · 벤처기업에 특화된 시장으로 「중소기업기본법」 상 중소기업만 상장이 가능하다. 상장요건은 코스닥시장에 비해 크게 완화되어 있으나 지정자문인 선임 등이 필요하다. 한편, 한국거래소는 일정한 기준을 충족하는 코넥스시장 상장기업이 지정자문인의 추천을 받아 코스닥시장으로의 이전을 희망할 경우 기업계속성 심사 면제, 심사기간 단축 등의 혜택을 부여하여 신속히 이전 상장할 수 있도록 코스닥 상장특례로서 '신속이전상장(Fast Track) 제도'를 도입하고 있다. 코넥스시장의 상장폐지요건은 코스닥시장과 유사하지만, 재무상태 및 경영성과와 관련된 요건은 코넥스시장에 적용하지 않는다.

코넥스시장은 위험투자능력을 갖춘 투자자로 시장참여자를 제한하기 위해 기본예탁금제도를 도입하였으며 거래가 활발하지 않은 점을 감안하여 유동성공급자 지정을 의무화하고 있다.

코넥스시장은 개설 이후 꾸준한 성장세를 지속하고 있다. 코넥스시장 시가총액은 2013년 7월 말 0.5조 원에 불과하였으나 2018년 들어 정부의 벤처기업 활성화 정책에 대한 기대감 등으로 크게 증가하여 8월 중 7.0조 원을 상회하였다. 이후 주식시장 전반의 움직임에 따라 4~7조 원 내외에서 변동하는 가운데 2021년 6월 말 기준 6.8조 원을 나타내고 있다. 상장기업 수는 개설 당시 21개 사에서 2022년 말 기준 132개 사로 늘어났으며, 일평균 거래대금은 22억 원 수준이다.

④ K-OTC시장

K-OTC(Korea Over-The-Counter)시장

K-OTC(Korea Over-The-Counter)시장은 비상장주식의 매매거래를 위하여 한국금융투자협회가 「자본시장과 금융투자업에 관한 법률」에 따라 개설 · 운영하는 제도화 · 조직화된 장외시장이다.

K-OTC의 전신인 제3시장(장외주식호가중개시장)은 2000년 3월에 개설되었으며, 2005년에는 이름을 프리보드로 변경하여 운영해왔으나, 주식거래 대상기업이 소수의 중소기업 위주로 한정되어 시장의 역할이 크게 저하되었고, 2013년 7월 중소기업 전용 주식시장인 코넥스시장이 개설되면서 그 역할이 모호해졌다. 이에 중

소 · 벤처기업의 직접금융 활성화에 중점을 두던 시장운영방식을 개선하여 중소기업을 포함한 모든 비상장법인의 주식을 투명하고 원활하게 거래할 수 있는 실질적인 장을 제공하는데 중점을 두고 시장개편을 추진하여 2014년 8월 K-OTC시장이 출범하게 되었다.

K-OTC에서 거래할 수 있는 주식은 자본잠식률 100% 미만, 매출액 5억 원 이상, 감사의견 적정 등의 일정요건을 갖춘 기업으로 한국금융투자협회에 지정을 신청하면, 한국금융투자협회가 심사한 후 승인을 하게 된다. 그리고 승인을 받은 거래대상 기업은 정기공시나 수시공시 등을 통해 기업현황을 투자자에게 알려야 한다.

K-OTC의 매매거래시간은 09:00~15:30이며, 상대매매방식에 의해 거래가 체결된다. 매매단위는 1주이고 시간외시장이 개설되지 않으며, 가격제한폭은 매매기준가격 대비 ±30%이다.

K-OTC시장 등록 지정 기업 수는 2014년 8월 출범 이후 100개를 계속 상회하고 있다. 일평균 거래대금은 출범 이후 2017년 상반기까지 다소 부진하였으나 이후 활발한 모습을 나타내고 있다. 2022년 말 기준 등록 및 지정 기업 수는 150개이며, 일평균 거래대금은 50억 원 수준이다.

(3) 해외 주요국의 주식시장

① 미국

미국 증권거래위원회(SEC: Securities and Exchange Commission)에 등록된 증권거래소(national securities exchange)는 2021년 6월 말 현재 총 24개에 이른다.

이중 미국의 대표적인 주식시장인 뉴욕증권거래소(NYSE)의 매매제도를 살펴보면 경쟁매매 원칙에 따라 100주 단위로 거래가 이루어지고 있다. 결제일은 일반적인 보통거래의 경우 매매계약 체결일 다음 2영업일(T+2일), 정규매매 거래시간은 09:30~16:00이다.

개별 종목에 대한 일중 가격제한폭제도를 두지 않고 있으나 주가 폭락의 예방조치로 S&P500지수가 일정 기준 이상 하락하는 경우 시장 전체의 매매거래를 일정 시간 동안 중단하는 매매거래중단제도(circuit breakers)를 운영하고 있다. 또한, 개별종목의 과도한 변동성을 제한하기 위해 동적 변동성 완화 장치를 도입하여 발동

직전 5분간 거래된 평균가격의 일정 범위로 가격변동폭을 제한하고 있다.

미국 주식시장의 움직임을 종합적으로 나타내는 주가지수로는 다우존스산업평균지수(DJIA), S&P500지수 및 나스닥(NASDAQ)지수가 있다.

다우존스산업평균지수는 뉴욕증권거래소와 나스닥시장에 상장된 30개 대형종목을 대상으로 하여 주가평균방식(1896.5.26=$40.94)으로 산출된다. S&P500지수는 뉴욕증권거래소와 나스닥시장에서 거래되는 500개 대기업을 대상으로 하여 시가총액방식(1941~1943년의 평균=100)으로 작성된다. 나스닥지수는 나스닥시장에 등록된 모든 종목을 대상으로 하며, 시가총액방식(1971.2.5=100)으로 산출된다.

한편, 2022년 말 현재 뉴욕증권거래소에 상장된 기업은 2,535개 사, 나스닥시장 등록 기업은 3,688개 사이며, 시가총액은 뉴욕증권거래소가 22.7조 달러, 나스닥시장이 18.0조 달러에 이른다.

② 일본

일본의 대표적인 증권거래소인 도쿄증권거래소는 주로 대기업이 상장되는 1부, 중견기업 중심의 2부, Mothers(Market Of The High-growing and Emerging Stocks), JASDAQ 등으로 구성되어 있다.

정규매매 거래시간은 오전장(09:00~11:30)과 오후장(12:30~15:00)으로 구분되며, 결제는 일반적으로 매매계약 체결일 다음 2영업일(T+2일)에 이루어진다. 개별 종목의 일중가격변동폭은 주가수준별로 34단계로 구분하여 정액제로 정하고 있으며, 매매거래중지제도는 공시와 관련하여 개별 종목에만 적용된다.

대표적인 주가지수로는 TOPIX(Tokyo Stock Price Index), NIKKEI225지수, JASDAQ지수가 있다. TOPIX는 제1부에 상장된 자국 주식을 대상으로 시가총액방식(1968.1.4=100)으로 작성되고 NIKKEI225지수는 제1부에 상장된 225개 종목을 대상으로 주가평균방식(1949.5.16=￥76.21)으로 산출된다. JASDAQ지수는 JASDAQ시장에 등록된 모든 종목을 대상으로 시가총액방식(1991.10.28=100)으로 산출되는 지수이다.

한편, 2022년 말 현재 도쿄증권거래소에 상장된 일본 국내 기업은 3,869개 사이며, 시가총액은 815.5조 엔이다.

③ 중국

중국의 주식시장은 1984년 주식 발행이 시작된 이후 1990년 상해증권거래소와 1991년 심천증권거래소가 개설되고 1992년 중국증권감독위원회(CSRC)가 설립되면서 본격적으로 발전하였다. 이후 1998년에는 증권법이 제정되고 2004년 5월에는 심천증권거래소에 중소기업 전용시장(SME Board)이 설립되었으며, 2006년 1월에는 비상장기업의 주식을 거래하는 장외시장이 개설되었다. 미국의 나스닥과 유사한 첨단기술 중심의 시장으로는 2009년 10월 심천증권거래소에서 출범한 차스닥시장(ChiNext)과 2019년 7월 상해증권거래소에서 시작된 스타마켓(STAR market)이 있다.

중국주식시장은 투자자 및 거래통화, 기업의 설립 · 상장지역 등에 따라 A주시장, B주시장, H주시장, Red Chip시장 등으로 구분된다. A주시장은 내국인이 위안화로 거래하는 시장이고 B주시장은 외국인이 외국통화(상해는 미달러화, 심천은 홍콩달러화)로 거래하는 시장이다. 다만 2001년 2월부터는 내국인의 B주시장 투자가 허용되었으며, 2003년 5월부터 외국 기관투자자의 A주시장 진출이 허용되었다. 2014년 11월에는 상해증시와 홍콩증시 간 상호 주식거래를 허용하는 '후강통' 제도가 실시되어 외국의 기관투자자 뿐만 아니라 개인투자자도 상해증권거래소에 상장된 A주를 거래할 수 있게 되었다. H주시장은 중국증권감독위원회(CSRC)의 승인을 받은 중국기업의 주식이 홍콩달러 표시로 거래되는 시장이고 Red Chip시장은 중국자본 소유의 홍콩기업 주식이 거래되는 시장으로, 둘 다 홍콩증권거래소에 개설되어 있다.

상해 및 심천 증권거래소의 정규매매 거래시간은 09:30~11:30 및 13:00~15:00이다. 개별종목의 일중 가격변동폭은 10%(차스닥시장 및 스타마켓은 20%)이며, CSI300지수 기준으로 매매거래중단제도를 운영하고 있다. 2022년 말 현재 상해 및 심천 증권거래소의 상장기업 수는 각각 2,174개, 2,743개이고 시가총액은 각각 52.7조 위안, 37.7조 위안이다.

④ 유럽 지역

1990년대 이후 유럽통합이 가속화되면서 각 국가별로 산재해 있던 지역거래소 통폐합이 활발해졌다. 2000년에 프랑스, 벨기에, 네덜란드 3개국의 거래소가 통합하여 Euronext가 설립되었고 2003~2007년 중에는 스웨덴의 OMX가 북유럽 9개국의 거래소를 통합하였으며, 2007년에는 London Stock Exchange(LSE, 영국)가 Borsa Italiana(이탈리아)를 인수하였다. 또한, 미국의 NYSE가 Euronext를 인수(2007년)하고 NASDAQ이 OMX를 인수(2008년)하는 등 대륙 간 M&A도 성사되었다. 2013년에는 Intercontinental Exchange(ICE)가 NYSE를 인수하였으며, 이후 Euronext가 유럽 주식시장에 IPO를 실시(2014년)하면서 ICE와 분리되었다. 2020년에는 LSE가 Borsa Italiana를 Euronext에 매각하기로 합의하였고 EU의 승인을 거쳐 2021년 4월 28일 매각이 완료되었다.

유럽 지역 거래소의 시가총액을 살펴보면 Euronext가 약 7조 달러(2021년 6월)로 가장 크며, 다음으로 LSE, Deutsche Borse, NASDAQ OMX Nordic Exchanges, SIX Swiss Exchange(스위스) 등의 순이다.

14.3.3 채권시장

채권시장

채권시장도 주식시장과 마찬가지로 발행시장과 유통시장으로 나누어진다. 발행시장은 채권이 발행자로부터 투자자에게 공급되는 시장을 말하며, 유통시장은 이미 발행된 채권이 투자자 간에 매매되는 시장을 말한다.

(1) 채권발행시장

채권의 발행시장
1차 시장(primary market)

채권의 발행시장은 발행주체가 금융 중개기관을 통하여 채권을 발행하여 투자자에게 채권증서를 제공하고 자금을 조달하는 간헐적이고 추상적인 **1차 시장(primary market)**을 말한다.

채권의 매각은 발행자로부터 투자자에게 직접 이루어지는 경우도 있지만, 주로 증권회사를 통하여 이루어진다. 이 의미로 발행시장은 발행자, 투자자, 증권회사의 3자에 의하여 구성되는 시장이라고 할 수 있다. 채권의 발행시장은 유통시장과 마찬가지로 경제상황 및 정치적 · 사회적 상황을 종합적으로 반영한다. 즉, 실물경제의 변화와 궤를 같이하여 채권의 발행시장은 자금의 흐름에 큰 영향을 미치며, 이러한 것은 결국 발행 주체, 발행 방법, 발행 규모에 큰 영향을 미치게 된다. 이러한 측면에서 최근 우리나라 자본시장에서의 채권발행시장은 유통시장의 활성화와 연계되어 발행 종류의 다양화와 그 규모의 확대로 큰 변화를 보여 왔다.

지난 1950년대와 1960년대에도 채권이 발행되었으나 주로 재정적자의 보전이나 경제개발계획과 사회간접자본 확충을 위한 정책적 투자재원 조달을 위한 것이었다. 그러나 국내경기의 회복과 기업의 설비투자를 위한 자금수요가 증대되면서 회사채발행에 대한 관심이 고조되고, 종전의 국공채발행 위주의 채권시장이 기업자금조달시장으로서의 기능을 발휘하게 된 것은 1970년대 이후부터라 할 수 있겠다. 1970년대는 금리 인하, 세제개편, 보증사채발행제도의 도입으로 인하여 채권발행에 대한 여건이 개선되면서 회사채시장이 본격적으로 발전하게 되었다. 1980년대 이후 채권시장은 직접금융시장에서의 비중이 점차 커져 가면서 채권의 발행한도 확대, 조건부채권매매의 제도화, 신종사채의 개발, 자율적인 채권발행 실시 등으로 채권시장은 명실공히 중장기 투자자금조달시장으로 정착되었다. 또한, 1980년말 이후 금리자유화 추세 및 자본시장 개방에 대비한 일련의 제도정비정책과 관련하여 채권발행의 종류 및 발행조건이 다양화되어 왔으며, 그 결과 회사채를 필두로 한 자본시장에서의 직접금융이 크게 증가하게 되었다.

1997년 외환위기와 2008년 글로벌 금융위기를 겪으면서 재정적자 보전을 위한 국고채발행이 증가하게 되었고 2000년 이후에도 추경예산 편성 및 외환시장 안정용 국고채발행이 꾸준히 늘어나 2022년 기준 국채발행은 210.9조 원에 이르렀다.

〈표 14-4〉 채권발행 규모 (단위: 조 원)

	2005	2010	2015	2017	2019	2020	2022
국채[1]	87.0	86.7	164.0	123.1	165.8	238.4	210.9
(국고채)[2]	62.6	77.7	109.3	100.8	101.7	174.5	168.5
지방채[3]	2.2	4.2	6.0	3.5	4.5	7.8	9.3
특수채[4]	22.1	66.2	35.7	33.1	37.1	45.4	53.5
통화안정증권	165.1	248.2	191.5	163.7	118.2	144.1	104.7
금융채[5]	84.4	109.7	142.5	171.1	191.5	235.3	155.7
회사채	39.0	56.9	53.6	47.3	60.3	62.9	46.7
(ABS)	16.8	11.1	19.5	15.0	15.0	20.9	16.1
합계	399.8	571.9	593.3	541.8	577.4	733.9	580.8

주: 1) 국고채, 재정증권, 국민주택채권(1종, 2종, 3종) 등
2) 양곡기금채권(2000년 1월 이후) 및 외국환 평형기금채권(2003년 11월 이후) 포함
3) 도시철도채권, 지역개발채권 등
4) 공사채, 예금보험기금채권, 한국전력채권 등
5) 산업금융채권, 중소기업금융채권, 은행채, 여신전문금융기관 회사채 등

자료: 한국은행, 금융감독원, 한국예탁결제원

① 국채의 발행

국채

현재 발행되고 있는 국채는 국고채권, 재정증권, 국민주택채권, 보상채권 등 자금 용도에 따라 4가지가 있으며, 종목에 따라 발행방식 및 이자지급방식 등이 서로 다르다.

우선 발행방식에서는 국고채권과 재정증권은 경쟁입찰을 통해 발행되며, 국민주택채권은 인허가와 관련하여 의무적으로 매입토록 하는 첨가소화방식으로, 보상채권은 당사자 앞 교부방식으로 각각 발행된다. 이자지급방식에서는 국고채권은 6개월마다 이자가 지급되는 이표채, 재정증권은 순수할인채, 국민주택채권과 보상채권은 원리금이 만기에 일시 상환되는 복리채이다. 또한, 발행만기별로는 국고채권은 1년, 2년, 3년, 5년, 10년, 20년, 30년 및 50년으로 나뉜다. 재정증권은 만기가 1년 미만인데, 통상 3개월 이내로 발행되고 있다. 국민주택채권은 5년 만기로 발행된다. 아울러 2007년 3월부터는 물가연동국고채가 10년물로 발행되고 있다.

국채 중 국고채 및 재정증권은 경쟁입찰 방식으로 발행되는데 2009년 9월 이후 금리결정방식이 단일금리결정방식(dutch auction)에서 복수금리결정방식(conventional auction) 요소를 가미한 방식으로 변경하여 최고낙찰금리 이하 응찰금리를 0.03% 간격으로 그룹화한 뒤 그룹별로 각 그룹의 최고 낙찰금리를 적용하고 있다.

한편, 종전에는 국고채를 발행할 때 만기일이 다르고 표면금리가 낙찰수익률에 따라 달리 결정되어 새로운 종목으로 발행됨으로써 국채종목이 지나치게 많아지고 종목당 발행금액이 작아지는 문제점이 있었다. 이와 같은 문제점을 해결하기 위해 2000년 5월 국채 통합발행제도(fungible issue)를 도입하여 3년 이상 만기 국고채 및 외국환평형기금채권의 경우 3개월 범위 내 추가 발행 시에는 만기일과 표면금리를 이전 발행 국채와 똑같이 적용하여 발행토록 하였다. 이에 따라 같은 조건의 국채 발행물량이 확대됨으로써 국채의 유동성이 높아지고 지표금리가 보다 안정적으로 형성되었다. 또한, 국채통합 발행 시 세금 때문에 발생하는 국채 간의 차이 문제를 해소하기 위하여 국채의 표면금리만을 이자소득으로 과세토록 관련세법을 개정하였다.

이에 앞서, 1999년 7월 국채의 원활한 소화와 국채시장의 활성화를 위해 국고채 전문딜러(PD: Primary Dealer) 제도를 도입하여 국채자기매매업무 취급금융기관

(은행, 증권회사, 종합금융회사) 중 국채 인수 및 유통실적이 우수한 금융기관을 국고채전문딜러로 선정하였다. 이렇게 선정된 국고채전문딜러는 시장 조성을 위하여 지표채권별로 발행물량의 10% 이상 인수 의무, 국고채 지표종목에 대한 매수·매도 호가 제시(10개 이상) 의무 외에 유통 및 보유 등에 관한 의무를 지게 되며 이의 급부로 국채경쟁입찰 참가, 비경쟁 인수권한, 금융지원 등의 혜택을 부여받게 된다.

국채는 「국채법」에 따라 기획재정부장관이 중앙정부의 각 부처로부터 발행 요청을 받아 발행계획안을 작성한 후 국회의 심의 및 의결을 거쳐 발행된다. 또한, 국채 발행 규모는 국회의 동의를 받은 한도 이내에서 정부가 결정하며, 공개시장에서의 발행을 원칙으로 하고 있다.

② 지방채의 발행

지방채는 지방자치단체가 새로운 대규모 공사나 재해복구사업 등의 수행에 필요한 재원의 부족분을 조달하기 위해 부담하는 채무이다. 대부분의 국가에서 지방채발행은 장래 상환해야 할 재정 부담을 야기할 수 있다는 이유로 발행이 제한되고 있다. 우리나라에서도 지방채는 부정적 시각이 지배적이어서 행정자치부장관의 기채허가를 통해 엄격히 운영되어 왔으나, 지방자치단체의 자주적 사업운영이 활발해짐에 따라 지방채의 적정한 활용의 필요성이 높아져 정부는 2006년도부터 지방채 발행 총액한도제를 도입하였다. 중앙정부로부터 지방채 발행 사업에 대해 승인을 얻어야 기채가 가능했던 것을 지방채 발행 한도액 내에서 지방의회의 의결을 거쳐 자율적으로 지방채를 발행할 수 있도록 자율성을 부여한 것이다. 하지만 지방채 발행 총액한도제는 지방채 발행 시 여전히 중앙정부의 승인을 받아야하기 때문에 기채 자율권 신장에 기여하지 못했다는 평가가 제기되어 왔다. 지방채

중앙정부가 지방채발행을 통제함으로써 지방자치단체 재정의 건전성을 유지하거나 지역 간의 균형발전을 기한다는 목적은 쉽게 달성할 수 있을 것이다. 그러나 이로 인하여 지방자치단체 독자적인 공공사업수행의 효율성이 낮아지고 조세저항이 적으며 수익자부담원칙에 의한 지방채발행을 포기해야 하는 경제적 비용이 발생한다. 이러한 비용은 지방자치제도 자체의 효율성 저하로 나타날 것이므로, 지방자치단체의 재정의 건전성이나 지역 간 균형발전을 위한 자금조달을 원활히 할 수 있는 별도의 방법이 모색되어야 할 것이다.

③ 특수채 및 금융채의 발행

특수채

특수채는 한국전력, 토지개발공사 등과 같이 특별한 법률에 의해 설립된 기관이 특별법에 의하여 발행한다. 토지개발채권은 「한국토지공사법」, 한국전력공사채권은 「한국전력공사법」, 한국전기통신공사채권은 「한국전기통신공사법」, 기술개발금융채권은 「한국기술개발주식회사법」에 의거하여 발행된다. 발행조건은 토지개발채권의 경우 기업의 업무용 및 개인의 토지를 한국토지공사가 매입하고 그 매입대금 대신 채권으로 지급하는 교부발행방법을 취하며, 여타의 다른 특수채의 경우는 회사채 발행방법과 동일하거나 또는 비슷하다. 이는 공채와 회사채의 성격을 모두 갖추고 있으며, 안정성과 수익성이 비교적 높다.

한편, 현재 한국의 금융채는 한국은행에서 유동성 조절 및 통화관리 목적으로 발행하는 통화안정증권 외에는 은행이 발행하고 있다. 주로 발행되는 채권의 만기기간은 1~5년까지이며, 이자지급방법은 할인 · 복리 · 이표채로 구분되어 있다. 단, 외국환금융채, 중소기업금융채 및 주택금융채의 이표채의 경우 10년 만기 채권도 존재한다.

④ 회사채의 발행

회사채

회사채란 주식회사가 직접 또는 간접으로 일반대중인 투자자로부터 비교적 장기자금을 조달하기 위하여 채권발행의 형식에 의해서 부담하는 채무로서 기업의 설비투자 및 거액의 운영자금 조달 또는 기발행사채의 상환 시 가장 효과적인 자금조달수단으로 이용하고 있다.

회사채는 공모발행(public offering)과 사모발행(private placement)으로 구분된다. 공모발행의 경우 인수기관인 증권회사, 한국산업은행 등이 총액을 인수하여 발행하며, 사모발행의 경우에는 발행 기업이 최종매수자와 발행조건을 직접 협의하여 발행하게 된다.

회사채의 발행금액은 과거 상법 제470조에 의해 회사가 현재 보유하고 있는 순자산액의 4배 이내로 제한되어 있었으나, 2012년 4월 해당 조문이 개정되면서 발행한도가 폐지되었다. 또한, 정관에서 정하는 바에 따라 이사회 결의가 없어도 회사채 발행이 가능하게 되었다. 만기는 일반적으로 1, 2, 3, 5, 10년으로 발행되는데 대체로 만기 1년 초과~5년 이하가 주종을 이루고 있다. 2022년 말 기준 무보증 일반회사채 발행액 중 만기 1년 초과 5년 이하의 비중이 90.8%를 차지한다.

표면금리는 발행기업과 인수기관이 협의하여 자율적으로 결정되는데 2003년 이후 시장 금리 수준이 낮아지면서 표면금리와 유통수익률 간의 괴리가 0.5%p 이내로 좁혀졌으며, 표면금리를 유통수익률에 맞춰 발행하는 경우도 많아졌다. 이 경우 발행가격과 액면가격이 거의 동일하게 된다.

신용평가기관이 부여한 회사채 신용등급은 투자자에게 원리금 회수 가능성 정도에 대한 정보를 제공함으로써 회사채 발행금리 결정에 결정적인 영향을 미친다. 회사채 발행 기업의 입장에서는 신용평가수수료의 부담에도 불구하고 객관적인 신용등급을 획득함으로써 잠재 투자자를 확보할 수 있기 때문에 총 자금조달비용이 낮아지는 효과가 있다. 현재 무보증회사채 발행 기업들은 2개 이상의 신용평가회사로부터 기업의 사업성, 수익성, 현금흐름, 재무 안정성 등을 기초로 회사채 상환능력을 평가받고 있다.

회사채 평가등급은 AAA~D까지 10개 등급으로 분류되는데 AAA~BBB는 원리금 상환능력이 양호하다고 인정되는 투자등급, BB~C는 상환능력이 상대적으로 의문시되는 투기등급, D는 상환불능 상태를 나타낸다. 2022년에 발행된 무보증 일반회사채를 신용등급별로 보면 AA등급 이상(22.8조 원)이 75.5%, A등급(4.8조 원)이 16%, BBB등급 이하(2.6조 원)가 8.5%이다.

외환위기 이후 회사채 발행은 보증부에서 무보증부로 전환되었는데 이는 회사채 발행회사의 채무불이행 위험이 높아지면서 회사채 보증기관들이 지급보증을 기피한 데다 종합금융회사 등 일부 보증기관의 신인도 저하로 투자자도 회사채의 보증 여부보다는 발행기업의 신용도를 더욱 중시하였기 때문이다. 무보증사채의 일반화로 보증사채 발행 시 보증기관이 일부 수행하였던 투자자 보호 기능이 약화되었다. 이에 따라 무보증사채 투자자에 대한 보호 장치를 강화할 필요성이 대두되었으며, 무보증사채 발행 시 기존 사채모집 위탁계약서 대신 사채권자 보호를 강화한 표준 무보증사채 사채관리계약서 사용이 의무화되었다.

⑤ 통화안정증권의 발행

통화안정증권(monetary stabilization bond)은 기조적인 통화량 조절을 목적으로 한국은행이 금융기관 또는 일반을 대상으로 발행하는 증권이다. 한국은행은 「한국은행법」 및 「통화안정증권법」에 의거하여 통화량을 조절하기 위해 국채, 정부보증채권 등과 함께 통화안정증권을 공개시장에서 매매할 수 있다.

통화안정증권(monetary stabilization bond)

예컨대 한국은행은 경상수지 흑자(적자) 또는 외국인투자자금 유입(유출) 등으로 시중의 유동성이 계속 증가(감소)하여 이를 구조적으로 조절할 필요가 있을 경우에 통화안정증권을 순발행(순상환)하여 남는(모자라는) 유동성을 흡수(공급)하게 된다. 은행, 투자신탁회사 등은 여유자금 운용이나 BIS자기자본비율 관리수단으로 통화안정증권을 매입하며, 증권회사는 주로 유통시장에서 매매 상대방을 연결하여 수수료 수입을 얻는 한편 종종 자기계산으로 매매하여 시세차익을 얻기도 한다. 과거 우리나라에서는 공개시장운영의 대상이 될 만한 국공채의 발행이 저조하였고 그 유통시장도 발달하지 못하였기 때문에, 한국은행은 스스로 통화안정증권을 발행하여 제한적으로 공개시장운영을 실시할 수밖에 없었다.

통화안정증권의 발행 방법에는 일반을 대상으로 하는 공모발행과 특정금융기관을 상대로 발행하는 상대매출이 있다. 공모발행은 다시 모집, 매출(인수, 위탁, 직접), 경쟁입찰의 3가지 방식이 있는데, 인수매출에 의한 소화가 일반적이었으나, 1997년 8월에는 한국은행 금융결제망(BOK-wire)을 통한 전자입찰제를 도입하였다.

통화안정증권의 만기는 공모발행의 경우 2년 이내에서 순수할인채 10종류, 이표채 3종류 등 13종목으로 되어 있다. 현재 정례발행의 경우 순수할인채인 91일물 및 182일물과 이표채인 1년물 및 2년물 위주로 실시되고 있다. 발행금액은 경쟁입찰 및 모집의 경우 최소 100억 원 이상 100억 원 단위이며, 액면금액은 100만 원, 500만 원, 1천만 원, 5천만 원 및 1억 원의 5종류로 정형화되어 있다.

통화안정증권의 발행 추이를 보면 연도별로 변동성을 보이는 가운데 감소하는 추세를 보이고 있다. 통화안정증권 발행은 2010년 248.2조 원에서 2015년 188조 원, 2020년 144.1조 원, 2022년에는 104.7조 원으로 줄어들었다. 이와 같이 통화안정증권 발행이 감소한 것은 과거에 비해 유동성 조절 필요 규모가 줄어들었기 때문이다. 이와 더불어 통화안정증권 만기구조의 변화도 발행 규모 감소에 영향을 미쳤다. 과거에 비해 통화안정증권 중 단기증권의 비중이 감소한 반면, 2년물 통화안정증권의 비중이 증가하였다. 단기채는 만기가 짧기 때문에 연중 차환을 하게 되고 이로 인해 발행규모가 늘어나는 효과가 있다.

⑥ 자산유동화증권의 발행

자산유동화증권(ABS: Asset Backed Securities)

자산유동화증권(ABS: Asset Backed Securities)이란 주택담보대출(mortgage), 매

출채권, 부동산 등과 같이 유동성이 낮은 자산을 집합화(pooling)하고 이를 기초자산으로 하여 발행되는 증권을 의미한다. ABS는 금융기관 및 기업 등 자산보유자(originator)가 특수목적법인(SPC: Special Purpose Company)에 법률적인 소유권을 양도하는 절차를 거쳐 발행되며, 이 증권의 원리금은 일차적으로 기초자산으로부터 발생하는 현금흐름으로 상환된다는 특징이 있다.

ABS는 증권의 법적 성격 및 기초자산에 따라 별도의 명칭을 가진다. 법적 성격이 사채인 경우 ABS사채, CP인 경우 ABCP(Asset Backed Commercial Paper), 출자증권인 경우 ABS출자증권, 수익증권인 경우 ABS수익증권이라고 한다. 기초자산이 주택담보대출인 경우 MBS(Mortgage Backed Securities), 회사채인 경우 CBO(Collateralized Bond Obligations), 금융기관의 대출채권인 경우 CLO(Collateralized Loan Obligations)라고 한다. 또한, 신용카드매출채권인 경우 CARD(Certificates of Amortizing Revolving Debts), 자동차할부대출인 경우 Auto-loan ABS로 불린다. 기초자산이 회사채, 대출채권, 신용카드매출채권 등 다양한 금융자산으로 이루어진 경우에는 CDO(Collateralized Debt Obligations)라 한다.

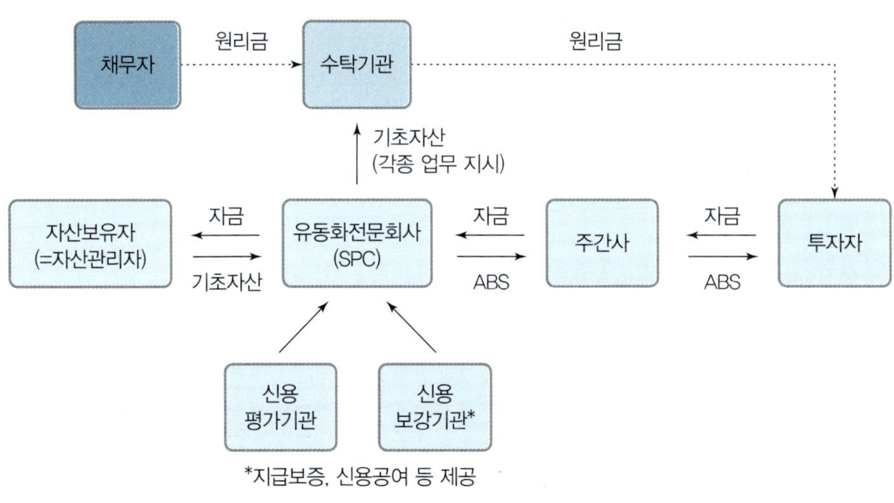

[그림 14-5] 자산유동화의 기본구조

주: 실선은 ABS 발행 시 자금흐름을, 점선은 유동화증권 발행 이후 원리금이 회수되는 흐름을 나타냄

ABS 발행과정은 [그림 14-5]와 같다. 우선 자산보유자가 기초자산을 모아서

이를 유동화전문회사(SPC)에 양도한다. 이후 유동화전문회사는 양도받은 자산을 담보로 ABS를 발행하여 투자자에게 매각하고, 매각대금을 자산보유자에게 자산 양도의 대가로 지급한다. ABS의 발행에는 자산보유자, 유동화전문회사, 자산관리자 및 신용보강기관 등이 참가하게 된다.

1998년 9월 「ABS법」이 제정된 이후 초기인 1999~2000년에는 금융기관 및 공공법인이 BIS 자기자본비율 및 유동성 제고, 재무구조 개선, 부실채권 처분 등을 목적으로 ABS를 적극 발행하였다. 2001년에 들어서는 신용카드 이용실적의 급증으로 여신전문금융회사의 ABS 발행이 늘었으며, 2004년 이후에는 주택저당증권(MBS), 부동산 개발 프로젝트파이낸싱 ABS의 발행은 증가하였고 금융 · 기업구조조정이 일단락되면서 금융회사의 부실채권 정리를 위한 ABS 발행은 감소하였다. 2008년 글로벌 금융위기 직후 중소 · 중견기업 지원을 위한 정부 주도의 P-CBO가 큰 폭 늘어나면서 ABS 발행규모가 확대되었다. 2012년 이후에는 한국주택금융공사가 유동화조건부 적격대출을 출시하면서 MBS 발행규모가 크게 늘어났는데, 특히 2015년에는 한국주택금융공사가 보금자리론 및 적격대출 취급 증가, 대규모 안심전환대출(31.7조 원) 시행 등으로 수익증권 발행을 확대하면서 ABS 발행금액이 급증하였다. 2020년 이후 한국주택금융공사의 서민형 안심전환대출 신규 공급, 기존 보금자리론 이용 증대 등으로 수익증권 규모가 급증하고 코로나19 위기 극복을 위한 대기업 및 중견기업을 대상으로 하는 '코로나극복 P-CBO'가 신규 발행되면서 ABS 발행규모가 큰 폭으로 늘어났다.

(2) 채권유통시장

채권의 유통시장
2차적 시장(secondary market)

채권의 유통시장은 이미 발행된 채권이 투자자들 사이에서 매매되는 **2차적 시장(secondary market)**을 말한다. 채권시장에서 발행시장은 개개인의 유휴자금을 재정정책자금이나 산업자금으로 전환시키는 기능을 가지는 반면, 유통시장은 투자자 상호 간의 매매거래를 통하여 채권의 공정한 시장가격을 형성함으로써 채권에 유동성과 환금성을 원활하게 부여하는 기능을 한다. 또한, 채권발행의 촉진을 통한 자본조달의 간접적 지원역할을 하고 채권의 적정가격 형성을 통한 채권발행금리를 조정하는 역할을 수행한다.

채권의 유통시장은 채권에 시장성과 유동성을 부여하여 투자자의 사정에 따라 매매를 할 수 있게 함으로써 발행시장에서의 채권발행을 촉진시키게 된다. 또한,

유통시장은 자유로운 거래를 통하여 채권의 적정가격을 형성함으로써 발행시장의 금리결정에도 영향을 미치는 등 발행시장과 유기적 관계를 유지하면서 발행시장을 보완하는 기능을 갖고 있다.

1960년대 말까지만 해도 증권거래소(현 한국거래소)에 상장되어 유통된 채권은 건국국채, 도로국채, 산업금융채권 등의 일부 국채와 금융채뿐이었다. 따라서 채권거래는 많지 않았으며, 매매당사자들도 정부공사를 계약할 때 보증금으로 국채를 이용한 일부 건설회사나 이들 채권을 강제로 인수 또는 교부받은 금융기관에 한정되었다.

1972년에는 회사채시장이 제도화되고 회사채가 증권거래소에 상장된 이후 채권거래 규모는 계속 증가하였으며, 채권의 종류도 다양화되었다. 또한, 제도정비도 지속적으로 이루어져 1982년에는 당일결제제도를 도입함으로써 채권의 환금성을 높였으며, 1984년에는 장외시장의 제도화를 추진하여 장외거래의 방법, 장소, 결제방법, 수수료 등을 어느 정도 제도화하였다.

이와 같이 장외시장이 비대해짐에 따라 체계적인 장외거래 공시제도를 도입하기 위해 1993년 5월부터는 증권전산 단말기를 통해 장외거래수익률을 실시간으로 조회할 수 있는 시스템이 개발된 바 있다.

이와 같은 제도정비와 함께 투자자의 채권에 대한 인식이 제고되어 채권거래가 점차 활발해졌는데, 우리나라의 채권거래실적은 증권회사의 위탁거래와 자기거래를 합쳐 1972년의 173억 원에서 2003년 215조 원, 2021년 1,475조 원으로 비약적으로 증가해 왔다.

우리나라의 채권거래는 1970년대 중반까지만 해도 거래소시장을 중심으로 이루어졌으나 1970년대 후반부터는 증권회사와 고객 또는 증권회사 상호 간에 형성되는 장외시장이 발달하여, 1980년 이후에는 장외거래가 장내거래를 크게 상회하고 있다.

〈표 14-5〉 채권종류별 거래량 현황[1] (단위: 조 원)

	2002	2010	2014	2016	2018	2020	2022
장외거래[2]	87.1	231.3	215.0	193.8	195.4	220.4	311.0
국채[3]	31.6	131.3	121.0	105.0	96.1	104.3	176.3
지방채[4]	0.3	0.6	0.6	0.5	0.4	0.7	0.9
특수채[5]	5.6	9.4	12.6	11.0	9.1	12.2	20.4
통화안정증권	32.4	58.1	50.3	47.1	49.6	42.8	38.2
금융채[6]	13.3	26.3	24.0	25.4	34.4	52.8	60.1
회사채	4.1	5.7	6.5	4.8	5.8	7.5	15.1
장내거래	4.1	46.8	110.1	259.8	198.4	176.1	81.3
합계	91.2	278.1	325.2	453.6	393.8	396.4	392.3

주: 1) 기간 중 월평균
2) 장외거래는 매수 및 매도 양방향 신고를 가정하여 통계치의 50%만을 반영
3) 국고채, 재정증권, 국민주택채권(1종, 2종, 3종) 등
4) 도시철도채권, 지역개발채권 등
5) 공사채, 예금보험기금채권, 한국전력채권 등
6) 산업금융채권, 중소기업금융채권, 은행채, 여신전문금융기관 발행 채권 등
자료: 금융투자협회

유통시장에서의 채권 거래 규모(월평균)는 2002년 91조 원에 불과하였으나 2022년 말에는 392.3조 원으로 대폭 증가하였다. 이는 외환위기 이후 채권 발행규모가 커진 가운데 채권시가평가제 도입 및 시장금리 하향 안정화에 따른 기관투자자들의 차익 실현을 위한 거래 증가, 국고채전문딜러 제도 개편 등 채권거래 활성화를 위한 노력, 외국인의 국내채권 투자 확대 등이 더해진 데 주로 기인한다. 2022년 말 현재 채권거래는 장외거래 비중이 높으나 장내거래 비중도 20%에 이르고 있다.

한편, [그림 14-6]은 지난 10여 년간의 국고채와 회사채의 유통수익률과 기준금리 추이를 보여주고 있다. 국고채(3년) 금리는 2021년 3월 이후 국내 · 외 경기회복 기대, 미 국채금리 상승, 외국인 국채선물 순매도 등 그간의 누적된 금리상승 압력이 반영되면서 상승세가 빨라졌고 그 추세는 2022년 말까지 이어졌다. 미국을 비롯한 국내 · 외 중앙은행의 정책금리 인상 속도가 빨라지고 추가 인상기대가 이어지면서 국고채 금리는 상승세를 지속하여 2022년 말 3.72%를 기록하였다. 동시에 회사채(AA-, 3년)금리는 2022년 말 5.23%의 높은 수치를 기록하였다.

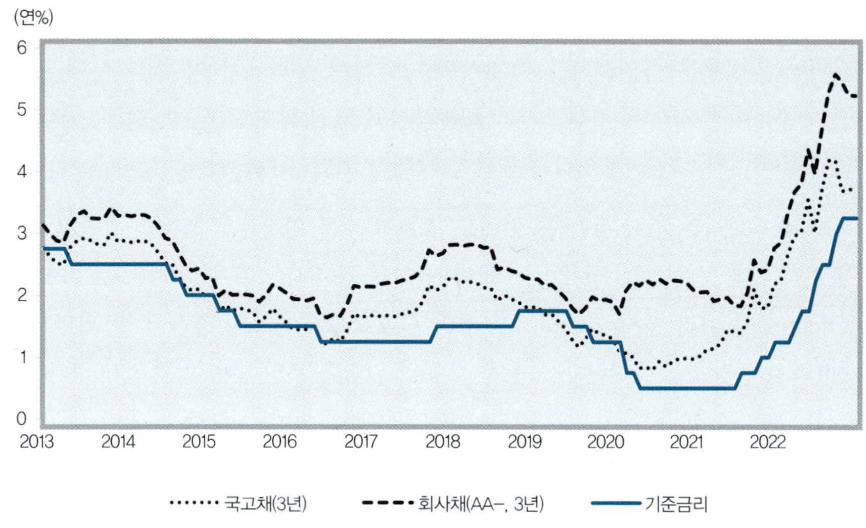

[그림 14-6] 채권유통수익률 및 기준금리

거래소시장(exchange market) 혹은 장내시장

장외시장(over-the-counter market)

채권유통시장은 크게 다수의 매도 · 매수주문이 한 곳에 집중되어 상장종목 채권이 경쟁매매를 통해 이루어지는 조직적인 **거래소시장**(exchange market) **혹은 장내시장**과 주로 증권회사 창구에서 증권회사 상호 간, 증권회사와 고객 간 또는 고객 상호 간에 비상장채권을 포함한 전 종목이 개별적인 상대매매를 통해 이루어지는 비조직적인 **장외시장**(over-the-counter market)으로 구분되는데, 주식의 유통시장과는 달리 우리나라의 경우 장외시장의 비중이 높은 것이 특징이다.

현재 대부분의 채권거래가 이루어지고 있는 장외시장은 주로 증권회사의 단순중개를 통하여 이루어지고 있으며 2000년 6월부터 영업을 개시한 딜러 간 채권중개회사(IDB: Inter-Dealer Broker)를 통한 채권딜러 간 거래는 매우 부진한 실정이다. 한편, 장내시장으로서 증권거래소 내에 일반채권시장과 국채전문유통시장이 설치되어 있는데, 전환사채와 소액국공채의 거래가 의무화되어 있는 일반채권시장은 다소 활성화되어 있다. 국채전문유통시장에서의 거래는 개설 초기 저조하였으나 국고채전문딜러의 국고채 지표채권의 장내거래 의무화 등에 힘입어 2003년 크게 증가한 후 국고채 유통시장 조성의무 강화 등 지속적인 제도개선에 힘입어 2011년 이후 대폭 늘어났다. 2022년 말 기준 국채전문유통시장 거래량은 900조 원으로 2010년(414조 원) 대비 2.2배 수준으로 확대되었다. 이에 따라 장내시장에서 거래되는 채권의 비중이 크게 높아졌다.

① **장외시장**

채권거래는 대부분 증권회사를 중개기관으로 하여 장외에서 이루어지는데, 이는 채권의 종목이 다양하고 거래조건이 표준화되어 있지 않아 조직적인 한국거래소시장의 자동매매시스템을 통해서는 원활한 거래가 어렵기 때문이다.

현재 증권회사는 전화 등을 통해 매도 또는 매수를 원하는 투자자의 호가를 받은 후에 반대거래를 원하는 상대방을 찾아 거래를 중개하므로 매수 - 매도호가(bid - ask quotes)를 미리 제시하지 않고 고객의 거래요청에 반드시 응해야 할 의무도 없다. 따라서 시장조성에 따른 재고상품 보유의 위험을 부담해야 할 필요가 없다.

한편, 장외시장은 거래의 특성상 매매시간의 제한은 없으나 보통 08:30~16:30에서 거래가 일어나며, 거래단위는 관행적으로 100억 원이다. 일단 거래가 체결되면 매수기관은 자기 거래은행에 매도기관 앞으로 대금지급을 지시하고 매도기관은 증권회사를 통해 한국예탁결제원에 계좌이체를 요청한다. 자금 및 채권결제는 통상적으로 거래 익일(T+1)에 이루어진다.

② **거래소시장(장내시장)**

장내시장은 한국거래소에 상장된 채권을 대상으로 표준화된 거래방식에 따라 거래가 이루어지는 조직적인 시장으로서 한국거래소 내에 개설되어 있는데, 크게 일반채권시장과 국채전문유통시장으로 구분된다.

일반채권시장

일반채권시장은 불특정 다수의 일반투자자가 참여할 수 있는 시장으로서 국채전문유통시장에서 따로 거래가 이루어지는 국고채를 제외한 모든 거래소 상장채권이 거래 대상이나 현재 소액국공채와 상장전환사채 위주로 거래가 이루어지고 있다. 소액국공채는 국민주택채권 1종, 서울도시철도채권, 지역개발공채, 지방도시철도채권 등 첨가 매출되는 소액 국공채(5,000만 원 이하)의 환금성을 제고하여 이들 채권매입자의 자금 부담을 경감시키기 위하여 거래되고 있으며, 전환사채는 공정한 가격형성을 통해 전환사채의 수요 기반을 확충하기 위하여 장내거래가 의무화되어 있다. 이 시장의 직접참가자는 거래소의 회원증권회사로 제한되나 개인, 일반법인, 한국거래소 회원이 아닌 기관투자가, 외국인 등은 회원증권회사에 위탁계좌를 개설하여 시장에 참여할 수 있다.

국채전문유통시장(IDM: Inter-Dealer Market)

국채전문유통시장(IDM: Inter - Dealer Market)은 일반적으로 국고채전문딜러 등 시장조성 활동을 담당하는 일부 금융기관들만 참가하는 시장으로서 대량거래를 통해 국채가격이 결정되기 때문에 지표금리 형성에 중심이 되며, 국채의 유동성을 높이는 데도 매우 중요하다. 따라서 주요 선진국에서는 이 시장에서의 거래가 전체 국채거래의 절반 이상을 차지하고 있다.

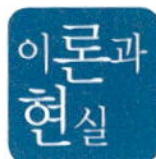

주식시장의 공매도 제도와 현황

▣ 공매도(short-selling)는 주식 등 유가증권을 차입하여 매도하는 투자전략을 의미

- 유가증권의 차입 시점을 매도 시점과 비교하여 차입공매도(covered short-selling)와 무차입공매도(naked short-selling)로 구분
- 자본시장법 상 우리나라에서 무차입공매도는 원칙적으로 금지

▣ 공매도 제도는 개인투자자, 기관투자자 그리고 마지막으로 외국인투자자에게 허용되는 순서로 변화

- 1969년 2월 신용거래융자제도와 함께 개인투자자의 공매도가 제도적으로 도입
- 1996년 9월 상장종목에 대한 유가증권 대차제도가 도입되면서 기관투자자의 공매도가 허용
- 외국인 대차거래는 1998년 7월에 이르러서야 허용되고 이때부터 외국인투자자도 공매도 거래의 주요 거래자로 나타남.

▣ 투기적 공매도를 억제하고 시장 안정성을 확보하기 위해 1996년 업틱룰(uptick rule), 2000년 무차입공매도 금지, 2016년 공매도 잔고 공시제도, 2017년 공매도 과열종목 지정제도 등을 도입

▣ 2014년 이후 공매도가 전체 거래량에서 차지하는 비중은 유가증권시장 기준 6~7%, 코스닥시장 2~3%로 미미한 수준

- 2020년 2월 기준 공매도 거래 비중은 유가증권시장 6.7%, 코스닥시장 2.4%로 과거 5년 평균 수준보다 상승했지만 주요국에 비해 낮음

▣ 공매도 시장은 주로 외국인투자자와 기관투자자 위주로 구성

- 2020년 유가증권시장 공매도 거래에서 외국인투자자의 비중은 44.5%, 기관투자자는 54.8%, 개인투자자는 0.7%를 차지
- 같은 기간 중 코스닥시장 공매도 거래에서 외국인투자자, 기관투자자, 개인투자자의 참여 비중은 각각 67.0%, 30.8%, 2.2% 수준

▣ 2019년 연 평잔 기준 주식대차시장의 규모는 약 67조 원이며, 이 중 공매도로 이어지는 규모는 약 15조 원(주식대차거래의 23%) 수준

- 개인 공매도는 대주거래가 활용되며, 같은 기간 중 평잔 230억 원 수준

▣ 전반적으로 공매도 거래가 많이 나타나는 종목들은 PER 또는 PBR이 높고 외국인 투자 비중이 높은 대형주들 위주로 파악됨

▣ 공매도의 순기능으로 시장 유동성 공급, 가격발견 기능 강화, 투자자의 위험관리 편의성 제고 등 지적

- (유동성 공급) 공매도는 주식시장에 유동성을 공급하고 시장의 거래비용 절감에 기여
- (가격발견기능 강화) 공매도는 주가에 대한 긍정적 정보뿐만 아니라 부정적 정보도 신속히 반영되도록 하여 주가가 기업 가치를 효율적으로 나타낼 수 있도록 함
- (위험관리기능) 공매도는 다양한 위험관리상품에 활용

▣ 공매도의 역기능으로 시장 교란 요인으로 작용할 가능성, 증권 결제불이행 위험의 증가, 개인투자자의 소외 가능성 등 언급

- (시장 교란) 주식시황이 급변할 때 공매도 증가로 주가 하락 가속화 및 변동성 확대의 우려가 있으며, 불공정 거래에 공매도가 사용되어 공정한 가격 형성을 저해한다는 주장
- (결제불이행 위험) 보유하지 않은 증권을 매도함에 따라 결제불이행 위험 증가
- (개인투자자 소외) 공매도를 수행하는 투자자는 주로 외국인 및 기관 투자자이고 개인투자자는 공매도를 수행하기 어려운 여건

자료: 송민규(2021), "공매도 논쟁과 향후 정책 방향", KIF 연구보고서 2021-5호, 한국금융연구원, 일부 발췌

연·습·문·제

1. 다음 명제의 참과 거짓 여부를 판별하시오.

(1) 자금시장은 소매시장의 성격을 갖는다.

(2) 콜시장에서 차입 측 콜자금을 콜론(call loan), 대여 측 콜자금을 콜머니(call money)라고 한다.

(3) 채권을 매도함으로써 자금을 조달하는 RP 매도자의 입장에서는 'RP 거래', 유가증권을 매입함으로써 자금을 투자하는 RP 매수자의 입장에서는 '역RP(reverse RP) 거래'라고 부른다.

(4) 개인이 투자하는 기업어음은 예금자보호 대상에 포함된다.

(5) 단기사채의 법적 성격은 어음이 아닌 사채권이지만, 경제적 실질은 기존의 기업어음(CP)과 동일하다.

(6) 무상증자는 자기자본이나 자산의 변화 없이 주식 수만 증가한다.

(7) 코스피시장의 가격제한폭은 전일종가 대비 ±15%이다.

(8) 우리나라의 주식유통시장은 한국거래소(KRX)에서 개설·운영하는 정규시장(코스피시장)과 한국금융투자협회가 개설·운영하는 제도화·조직화된 장외시장(코스닥시장)이 있다.

(9) 우리나라의 채권발행시장에서는 회사채의 발행 규모가 압도적으로 크다.

(10) ABS의 기초자산이 회사채, 대출채권, 신용카드매출채권 등 다양한 금융자산으로 이루어진 경우의 명칭을 CBO라 한다.

(11) 채권의 장외시장은 일반채권시장과 국채전문유통시장으로 구분된다.

(12) 우리나라의 채권거래는 장내거래시장 비중이 압도적으로 높다.

2. 다음 용어를 간단히 설명하시오.

(1) RP와 CD

(2) CP와 단기사채

(3) 발행시장과 유통시장

(4) 가격제한폭제도

(5) 변동성완화장치

(6) 코넥스시장과 K-OTC시장

(7) 국채와 회사채

(8) 총액인수와 잔액인수
(9) 자산유동화증권

3. 자금시장의 특성과 경제적 기능을 설명하시오.

4. 코스피시장의 매매제도를 정리해보시오.

5. 한국은행 경제통계시스템(http://ecos.bok.or.kr)에 방문하여 본 장에서 다룬 자금시장의 최신 데이터를 확인해 보시오.

6. 한국거래소 홈페이지(http://www.krx.co.kr)에 방문하여 본 장에서 다룬 주식시장과 채권시장의 최신 데이터를 확인해 보시오.

15

CHAPTER

파생금융상품시장과 외환시장

파생금융상품시장은 그 기초자산이 되는 주식이나 채권 등의 자산들이 거래되는 시장에 비해 아주 빠르게 성장하고 있다. 한편, 외환은 자국통화와는 구별된 독립된 경제객체로서 외환시장에서 수급의 원리에 따라 거래된다. 본 장에서는 주식, 금리, 통화, 신용 등 기초자산별로 파생금융상품시장을 분류하여 세부 시장의 기본구조와 현황 등을 자세히 살펴본다. 더불어 우리나라 외환시장의 구조와 종류, 현황 등을 살펴본다.

15.1 파생금융상품시장 개요

15.1.1 파생금융상품의 의의와 종류

파생금융상품(financial derivatives)
선도계약(forward contracts)
선물(futures)
옵션(options)
스왑(swap)

파생금융상품(financial derivatives)은 그 가치가 통화, 채권, 주식 등 기초자산(underlying asset)의 가치 변동에 의해 결정되는 금융계약으로서 계약형태에 따라 크게 선도계약, 선물, 옵션, 스왑 등으로 구분되며, 동 계약형태들은 〈표 15-1〉에서 보는 바와 같이 기초자산의 유형에 따라 통화, 금리, 주식 관련 상품 등으로 거래방법에 따라 장내 및 장외거래로 구분할 수 있다.

각 계약형태의 주요 특징을 살펴보면, 먼저 **선도계약(forward contracts)**과 **선물(futures)**은 기초금융자산을 미래 특정 시점에 특정 가격으로 사고팔기로 약정하는 계약으로서 이 두 가지 계약형태의 기본성격은 동일하다. 그러나 일반적으로 선도계약은 장외시장에서 거래당사자 간에 직접 거래되거나 딜러나 브로커를 통해 거래가 이루어지는 데 비해, 선물은 정형화된 거래소를 통해 거래가 이루어진다는 점에서 차이가 있다.

옵션(options)은 기초자산을 미래의 특정 시점 또는 특정 기간 동안 특정 행사가격으로 매입(call)하거나 매각(put)할 수 있는 권리를 사고 파는 계약으로서 기초자산 가격의 변화에 대해 비대칭적 손익구조(asymmetric payoffs)를 가지며, 거래시점에 프리미엄을 지불한다는 점에서 선도계약이나 선물과 다르다.

스왑(swap)은 일반적으로 두 개의 금융자산 또는 부채에서 파생되는 미래의 현금흐름을 교환하기로 하는 계약으로서 서로 다른 통화표시 채무의 원리금상환을 교환하기로 약정하는 통화스왑(currency swap)과 변동금리채무와 고정금리채무 간의 이자지급을 교환하기로 약정하는 금리스왑(interest rate swap) 등으로 구분된다.

〈표 15-1〉 주요 파생금융상품의 종류

	장내거래	장외거래
통화관련	통화선물(currency futures) 통화선물옵션(currency futures options)	선물환(forward exchange) 통화스왑(currency swaps) 통화옵션(currency options)
금리관련	금리선물(interest rate futures) 금리선물옵션(interest rate futures options)	선도금리계약(forward rate agreements) 금리스왑(interest rate swaps) 금리옵션(interest rate options) 스왑션(swaptions)
주식관련	주식옵션(equity options) 주가지수선물(index futures) 주가지수옵션(index options) 주가지수선물옵션(index futures options)	주식옵션(equity options) 주식스왑(equity swaps)
신용관련	-	신용파산스왑(credit default swaps) 총수익스왑(total return swaps) 신용연계증권(credit linked notes) 합성부채담보부증권(synthetic collateralized debt obligation)

15.1.2 파생금융상품시장의 성립과 발전

파생금융상품시장의 변천과정을 간략하게 살펴보면, 대공황 직전 미국 뉴욕 증권시장에 등장하였던 옵션의 일종인 신주인수권 거래를 시초로 볼 수 있으나, 파생금융상품 거래가 본격화된 것은 제2차 세계대전 이후라고 할 수 있다. 전쟁 종료 이후 그동안 제한되었던 국제자본 이동이 늘어나면서 런던을 중심으로 은행 간 선물환거래가 활발해졌는데, 특히 1970년대 이후 변동환율제로의 이행으로 금융자산가격의 변동성이 확대됨에 따라 거래 규모가 크게 증가하였으며, 1972년에는 시카고상업거래소(CME: Chicago Mercantile Exchange)에 통화선물이 상장되었다. 주식 관련 파생상품은 1973년 시카고옵션거래소(CBOE: Chicago Board Options Exchange)가 설립되면서 그동안 장외에서 당사자 간에 직접 거래되던 주식옵션거래가 제도화되었으며, 이후 1982년 캔자스시티상품거래소(Kansas City Board of Trade)에 주가지수선물이, 1983년 시카고옵션거래소에 주가지수옵션이 등장하였다. 1980년대에 들어서 금리 관련 파생상품 거래가 급격히 늘어났는데, 장외거래에서는 1980년대 초 금리스왑을 필두로 선도금리계약(forward rate agreements)과 금리상한계약(caps), 금리하한계약(floors), 금리상하한계약(collars)과 같은 금리옵션이 등장하였으며, 장내거래로는 주요국 장기국채, 유로달러채권 등의 금리를 대상으로 한 선물상품이 등장하였다. 1980년대 후반 이후에는 신종옵션(exotic options), 구조화채권(structured notes), 신용파생상품(credit derivatives) 등 새로운 상품들이 등장하였다.

이처럼 파생금융상품시장이 빠르게 발전하게 된 것은 수요측면에서 국제자본 이동 확대로 금융거래가 크게 증가하는 가운데 금융상품의 가격변동폭이 확대됨에 따라 그 위험을 헤지(hedge)할 필요가 생겼을 뿐만 아니라 공급측면에서도 정보통신기술의 급속한 발전 등에 힘입어 기초자산에 수반되는 위험의 평가, 분리, 이전이 용이해짐으로써 다양한 상품을 개발할 수 있게 되었기 때문이다.

파생금융상품에 대한 투자는 기초자산에 투자하는 것보다 간편하고 여러 가지 이점을 지니고 있다. 즉, 파생금융상품 거래는 소액의 증거금 또는 프리미엄만으로 훨씬 규모가 큰 기초자산 거래 전체에 영향을 미칠 수 있을 뿐만 아니라 투자원금을 주고받지 않으므로 자금관리의 탄력성을 높일 수 있다. 이와 더불어 옵션을 비롯한 파생금융상품의 여러 계약형태를 적절히 이용하면 기초자산만으로는 불가능한 다양한 포트폴리오를 구성할 수 있는 장점이 있다.

이와 같은 특성으로 파생금융상품시장은 보다 높은 투자수익을 원하는 투자자에게는 고수익 투자수단을 제공하고 있으며, 안정적인 재무관리를 필요로 하는 기업이나 금융기관에는 효과적인 위험관리수단을 제공함으로써 장기적인 투자 및 재무계획을 원활히 수립할 수 있게 한다.

한편, 파생금융상품 거래는 거래상대방의 채무불이행 위험(counter-party risk)이 높을 뿐만 아니라 레버리지 효과가 크고 거래구조가 복잡하여 투기적 거래에 대한 효과적인 내부통제가 이루어지지 않을 경우 대형 금융기관이라 하더라도 쉽게 재정적 어려움에 처할 가능성이 높다. 특히, 최근에는 거래 규모가 대형화되고 금융시장 간 연계성이 심화되어 개별 금융기관이 위험관리에 실패하는 경우 그 영향이 전체 금융시스템으로 파급될 가능성도 커지고 있다. 이 같은 파생금융상품의 위험이 가장 극명하게 표출된 경우가 2008년 Bear Sterns, Lehman Brothers, AIG 등 대형 금융기관의 부실과 이와 관련한 전 세계 금융시스템의 붕괴 위기이다. 글로벌 금융위기 이후에는 개별 국가는 물론 국제적인 차원에서 파생금융상품시장에 대한 모니터링 강화, 청산 · 결제시스템 확충, 시장의 투명성과 감독의 효율성 제고 등에 대한 광범위한 논의가 진행되었다. 이러한 논의를 바탕으로 각국은 시장의 안정성을 높이기 위한 각종 노력을 강화하고 있다.

글로벌 파생금융상품시장의 장외거래 규모(명목원금 기준)는 금리 관련 상품을 중심으로 2000년 말 95.2조 달러에서 2013년 말 710.1조 달러로 약 7.5배 늘어났다.

〈표 15-2〉 전 세계 장외파생금융상품 거래 규모(조사연도별 6월 말 잔액 기준)[1)]

(십억 달러, %)

	2013	2016	2019(A)	2022(B)	증감(B-A)	
외환파생상품	**80,901 (11.6)**	**85,867 (15.5)**	**98,562 (15.4)**	**109,587 (17.3)**	**11,025**	**[11.2]**
선물환 및 외환스왑	39,495 (5.7)	47,738 (8.6)	59,359 (9.3)	66,333 (10.5)	6,975	[11.7]
통화스왑	26,292 (3.8)	25,160 (4.6)	26,443 (4.1)	30,280 (4.8)	3,838	[14.5]
통화옵션 등[2)]	15,114 (2.2)	12,969 (2.3)	12,760 (2.0)	12,973 (2.1)	213	[1.7]
금리파생상품	**580,374 (83.4)**	**446,462 (80.7)**	**523,960 (81.8)**	**502,586 (79.5)**	**-21,374**	**[-4.1]**
선도금리계약	89,992 (12.9)	76,763 (13.9)	88,984 (13.9)	49,358 (7.8)	-39,626	[-44.5]
금리스왑	439,838 (63.2)	334,144 (60.4)	389,337 (60.8)	414,223 (65.5)	24,885	[6.4]
금리옵션 등[2)]	50,545 (7.3)	35,555 (6.4)	45,638 (7.1)	39,005 (6.2)	-6,633	[-14.5]
주식파생상품	**6,963 (1.0)**	**6,761 (1.2)**	**7,046 (1.1)**	**6,988 (1.1)**	**-58**	**[-0.8]**
상품파생상품[3)]	**2,717 (0.4)**	**1,770 (0.3)**	**2,114 (0.3)**	**2,962 (0.5)**	**847**	**[40.1]**
신용파생상품	**24,845 (3.6)**	**11,994 (2.2)**	**8,418 (1.3)**	**9,542 (1.5)**	**1,124**	**[13.3]**
기타파생상품	**78 (0.0)**	**89 (0.0)**	**253 (0.0)**	**574 (0.1)**	**321**	**[127.2]**
합 계	695,879	552,943	640,352	632,238	-8,114	[-1.3]

주: 1) ( )와 [ ] 내는 각각 총합계 대비 구성비 및 직전 조사 대비 증감률

2) 선물환, 스왑, 옵션 등 정형상품으로 분류가 불가능한 여타 외환 · 금리 파생상품 포함

3) 귀금속, 원자재 등을 기초자산으로 하는 파생상품

자료: 한국거래소

그러나 2014년 이후 장외파생금융상품시장에 대한 규제 강화 등의 영향으로 2016년 482.4조 달러까지 장외거래 규모가 감소하였다가 2017년부터는 글로벌 경제성장 및 통화정책 전망 변화에 따른 헤지 및 포지션 거래 증가 등의 영향으로 거래 규모가 재차 증가하는 추세이다.

15.1.3 우리나라의 파생금융상품시장

우리나라의 파생금융상품시장은 최근 들어 주가지수 및 금리 관련 거래를 중심으로 크게 발전하고 있으나, 1990년대 중반 이전에는 선물환거래 이외에는 별다른 시장이 형성되지 못하였다. 이는 1990년대 중반에 이르기까지 국내금융시장에 대한 정부의 광범위한 규제로 금융자산 가격이 경직성을 보여 왔기 때문에 가격변동위험 헤지를 위한 파생금융상품의 필요성이 크지 않았던 데 주로 기인한다.

그러나 대외거래와 관련해서는 환율변동위험을 헤지할 필요성이 상대적으로 일찍 대두되면서 1968년 외국환은행에 대해 선물환거래가 일부 허용된 이래 그 허용범위가 확대되었고 금리스왑이나 선물, 옵션 등의 거래도 허용되었다. 특히, 1999년 4월 「외국환거래법」의 실수요원칙 폐지를 계기로 외환파생상품 거래가 대폭 자유화되어 현재 외국환은행 및 종합금융회사는 일부 허가 대상을 제외한 거의 모든 외환파생상품을 자유롭게 거래할 수 있게 되었다. 다만, 일반기업의 경우에는 일부 거래를 제외하고는 원칙적으로 외국환은행 및 종합금융회사를 거래 상대방으로 하여 외환파생상품 거래를 하도록 하고 있다.

한편, 주가지수 및 금리 관련 거래도 1990년대 중반 이후 빠른 속도로 증가하고 있다. 이는 금융자율화 및 개방화의 진전으로 금융시장 가격변수의 변동성이 확대됨에 따라 파생금융상품에 대한 수요가 점차 확대되고 있으며, 다른 한편으로 이에 대응한 파생금융상품 관련 법규 및 제도의 정비가 이루어지는 등 주변 여건이 크게 개선되었기 때문이다.

우리나라의 파생금융상품시장을 장내거래와 장외거래로 나누어 살펴보면 먼저 장내시장의 경우 한국증권거래소에서 1996년 5월과 1997년 7월에 주가지수(KOSPI200)를 대상으로 선물과 옵션시장을 개설함에 따라 우리나라도 장내시장을 갖게 되었다. 또한, 1999년 4월 한국선물거래소가 개설되면서 CD금리선물, 달러선물, 달러옵션, 금선물이 도입된 데 이어 같은 해 9월에는 국채선물이, 2001년에는 코스닥50선물이, 코스닥50옵션이 추가 도입되었다. 이어 2002년에는 개별주식

〈표 15-3〉 우리나라의 주요 장내파생금융상품 거래 규모

종 목	도입일자	일평균거래(2022년)	
		계약 수	계약금액(억 원)[1)]
코스피200선물	1996년 5월	302,211	249,129
미니코스피200선물	2015년 7월	108,262	17,884
코스닥150선물	2015년 11월	90,847	10,330
개별주식선물	2008년 5월	3,663,553	25,815
3년 국채선물	1999년 9월	155,065	162,694
10년 국채선물	2008년 2월	64,765	73,728
미국달러선물	1999년 4월	513,381	66,857
엔선물	2006년 5월	1,337	130
유로선물	2006년 5월	3,235	439
코스피200옵션	1997년 7월	2,126,122	5,876
미니코스피200옵션	2015년 7월	153,427	272
개별주식옵션	2002년 1월	147,982	14

주: 선물은 명목원금(계약 수×거래가격×거래승수를 곱한 금액)이고 옵션은 거래계약에 수반하여 지불된 대금(프리미엄)으로 선물과 옵션의 계약금액을 단순 비교할 수 없음

자료: 한국거래소

옵션, 국채선물옵션, 그리고 통안증권금리선물이 차례로 도입되었다. 이후 5년 국채선물(2003. 8.), 스타지수선물(2005. 11.), 스타지수선물스프레드(2005. 11.), 엔선물(2006. 5.), 유로선물(2006. 5.), 10년 국채선물(2008. 2.) 등이 추가로 상장되었다.

한편, 2004년 1월부터 한국증권거래소에서 거래되었던 주가지수선물 · 옵션, 주가지수선물스프레드, 개별주식옵션 등이 한국선물거래소로 이관되었다. 2005년 1월부터 한국증권거래소, 한국선물거래소, 협회중개시장(코스닥시장)을 통합한 (주)한국증권선물거래소가 출범하였고 이후 2009년 2월 「자본시장법」 시행으로 한국거래소로 명칭이 변경되었다.

〈표 15 - 3〉에 나타난 바와 같이 장내파생금융상품의 거래 규모를 살펴보면, 2022년 코스피200선물 및 개별주식선물의 일평균 거래량이 각각 약 30만 계약 및 366만 계약을 기록하였으며 3년 및 10년 국채선물, 미국달러선물도 활발하게 거래되고 있다. 옵션거래는 코스피200옵션 거래량이 212만 계약으로 가장 많으며, 미

〈표 15-4〉 우리나라 금융기관의 장외파생금융상품 거래 규모 (단위: 조 원)

구분		'20년	'21년	'22년
통화 관련		13,250	13,776	17,030
	선물환	12,530	12,921	15,754
	통화스왑	643	783	1,216
	통화옵션	76	72	59
금리 관련		3,527	4,117	7,206
	선도금리계약	10	29	65
	금리스왑	3,496	4,071	7,133
	금리옵션	21	17	9
주식 관련		193	194	213
	주식선도	2	3	9
	주식스왑	138	166	167
	주식옵션	53	25	37
신용 관련		22.0	18.0	48.2
	신용파산스왑(CDS)	10.1	7.9	26.6
	총수익스왑(TRS)	4.9	4.6	19.0
	기타	7.1	5.5	2.0

자료: 금융감독원

니코스피200옵션 및 개별주식옵션의 일평균 거래량도 각각 15만 계약, 14만 계약에 달하고 있다. 반면, 기타 장내파생금융상품 중에서는 3년 및 10년 국채선물, 미국달러선물이 비교적 활발하게 거래되고 있을 뿐 나머지 상품거래는 저조한 모습을 보이고 있다.

장외파생금융상품시장의 경우에는 통화 관련 파생상품과 금리관련 파생상품이 활성화되어 있다. 2022년 기준 통화관련 장외파생상품 거래 규모는 1경 7,030조 원이고 그 중 선물환거래가 대부분(92.5%)을 차지하는 가운데 통화스왑도 중요한 상품으로 자리 잡고 있다. 선물환 거래는 기업 및 금융회사의 환리스크 헤지 수요 및 차액결제선물환(NDF: Non-Deliverable Forward) 거래[1] 등에서 주로 기인

1) 만기 시 계약금액 전체를 교환하는 일반적인 선물환거래와는 달리 계약당사자 간에 약정환율과 만기 시 환율 간

한다. 2022년 금리 관련 장외파생상품 거래 규모는 7,206조 원으로 금리스왑 거래가 대부분을 차지하고 있다. 금리스왑은 국내 대형은행과 외국은행 국내지점을 중심으로 2000년경부터 본격적으로 거래되기 시작했으며, 자산운용회사, 보험회사 등이 포트폴리오 듀레이션(duration) 조절을 위해, 은행이 금리변동 위험 헤지 등을 위해 적극 참가함에 따라 시장규모가 크게 확대되었다. 2022년 중 주식 관련 장외파생상품 거래 규모는 213조 원으로 거래가 크게 활성화되지 않고 있다. 한편, 신용 관련 장외파생상품 거래 규모는 48.2조 원이며, 그중 신용파산스왑(CDS)의 거래 규모가 가장 높은 비중(55.2%)을 차지하고 있다.

15.2 주식관련 파생상품시장

15.2.1 주가지수선물시장

(1) 의의와 특징

주가지수선물시장

주가지수선물시장은 주식시장에 상장 · 등록된 일부 또는 전체 종목의 가격수준을 나타내는 주가지수를 대상으로 선물거래가 이루어지는 시장을 말한다. 주가지수선물시장은 주가변동에 대한 헤지(hedge)수단 등을 제공하기 위하여 1982년 2월 미국 캔자스시티상품거래소(Kansas City Board of Trade)에 최초로 개설되었다.

우리나라의 경우 1996년 5월 3일 KOSPI200선물시장이, 2001년 1월 30일 코스닥50선물시장이 개설되었다. 이후 KOSPI200선물시장은 우리나라의 대표적 선물시장으로 발전하였으나 코스닥50선물시장은 거래 부진 등으로 스타지수선물시장(2005년 11월~2015년 10월)을 거쳐 2015년 11월에 코스닥150지수를 기초자산으로 하는 코스닥150선물시장으로 대체되었다. 2015년 7월에는 미니KOSPI200선물시장이, 2018년 3월에는 KRX300선물시장이 개설되었다.

의 차액만큼을 수수하는 거래이다.

〈표 15-5〉 주요국 주가지수선물시장 개요

국가	대상지수	개설시기	거래소
미국	S&P 500	1982년 4월	시카고상업거래소(CME)
영국	FTSE 100	1984년 5월	Euronext-LIFFE
일본	Nikkei 225	1988년 9월	오사카증권거래소(OSE)
프랑스	CAC 40	1988년 11월	Euronext-Paris
독일	DAX	1990년 11월	Eurex

주가지수선물시장은 기초상품이 실물 형태가 아닌 주가지수라는 점에서 결제수단과 결제방식이 일반 선물시장과 다르다. 결제수단은 실물의 양수도가 불가능하므로 거래 시 약정한 주가지수와 만기일의 실제 주가지수 간의 차이를 현금으로 결제하게 된다. 그러므로 만기 시 실제 주가지수가 거래 시 약정한 주가지수를 상회할 경우에는 선물매수자가 이익을 수취하게 되는 반면, 반대의 경우에는 선물매도자가 이익을 수취하게 된다.

거래계약은 약정금액의 일부분을 증거금으로 납부함으로써 성립하며, 적은 투자자금으로 큰 규모의 거래가 가능한 선물거래의 특성상 결제불이행 위험을 방지하기 위해 일일정산방식으로 결제가 이루어진다.

주가지수선물시장에서는 가격결정이 합리적으로 이루어질 수 있도록 이론가격이 작성 · 발표된다. 이론가격은 주가지수선물 대신 현물시장에서 실제로 주식을 매입하는 경우를 가정하여 현물가격에 주가지수선물 결제일까지의 자금조달비용과 배당수익을 가감하여 산정된다. 이와 같은 이론가격에 근거하여 투자자들은 선물가격의 고평가 또는 저평가 여부를 판단한다.

(2) KOSPI200 주가지수선물

① 매매제도

KOSPI200 주가지수선물

KOSPI200 주가지수선물은 1990년 1월 3일을 기준시점(기준지수 100)으로 하여 시가총액방식으로 산출되는 한국주가지수200(KOSPI200)을 그 대상지수로 한다. 관리종목을 제외한 전체 상장종목 중에서 산업별 분류를 기준으로 평균 시가총액, 연간 거래량 순을 기준으로 지수조작 가능성, 시장대표성 등을 고려하여 거래소가 선정하는데, 구성종목 시가총액이 전체 시가총액의 70% 이상이 되게 한다. 거래

대상이 유형의 실물이 아니라 기술적으로 수도(受渡)가 불가능한 무형의 지수이므로 반대매매를 통하여 만기일 전에 포지션(position)을 청산(clearing)하든지, 아니면 만기일에 가서 그 차액을 현금으로 결제한다. 거래시스템은 전산거래방식을 채택하고 있다. 기술의 발전에 따라 상업통신망 및 인터넷 등을 통한 홈트레이딩, 모바일트레이딩도 가능하게 되었다.

선물의 결제월은 3월, 6월, 9월, 12월이고 3년 이내 7개 결제월물이 거래된다(3, 9월물은 1개, 6월물은 2개, 12월물은 3개). 거래최종일은 각 결제 월의 두 번째 목요일로서 이 날이 되면 해당 결제 월 종목은 당일 거래시간 종료 후 상장 폐지되고 다음 날부터는 새로운 결제 월 종목이 자동적으로 상장되어 거래된다.

거래의 편의상 일정 규모의 크기를 1계약으로 정하고 있는데, KOSPI200선물의 경우 주가지수에 거래단위승수 25만 원을 곱한 값을 1계약단위(KOSPI200×25만 원)로 한다. 호가의 수량단위는 1계약이며, 호가의 가격단위는 1tick, 즉 0.05포인트이므로 금액으로는 1계약당 1만 2,500원(0.05×25만 원)이 된다. 예컨대, 만약 KOSPI200선물지수가 110포인트이고 어떤 투자자가 2계약을 매수하였다면 계약금액은 5,500만 원(110×25만 원×2계약)이 된다. 그리고 현재 KOSPI200이 75.30이라면 위로는 75.35, 75.40 등으로 호가가 가능하고 아래로는 75.25, 75.20 등으로 주문이 가능하다. 주문 방식은 현물시장과 마찬가지로 지정가주문, 시장가주문 및 조건부지정가주문, 최유리지정가주문이 있다.

선물매매는 정규 주식시장보다 15분 일찍 개시되지만, 주식시장 종료 15분 후에 거래를 종료한다. 그 이유는 확정된 현물포지션에 대해 자신의 투자목표 내지 전략에 맞게 선물포지션을 조정할 수 있는 기회를 부여하기 위해서이다. 거래최종일에는 주식시장이 종료되면 최종결제가격이 확정되므로 더 이상 선물을 거래할 이유가 없고, 주식시장이 매매 종료 전 10분 동안 동시호가에 의한 단일가로 거래되어 시장정보가 단절되기 때문에 주식시장보다 10분 일찍 선물거래가 종료되도록 하고 있다. 거래의 체결은 주식시장과 마찬가지로 개별 경쟁매매방식으로 가격, 시간, 수량의 우선원칙에 따라 이루어진다.

한편, 2015년 7월에는 보다 정밀한 차익 · 헤지거래를 지원하고 소액투자자도 접근이 용이하도록 하기 위하여 1계약당 거래금액이 KOSPI200선물의 1/5로 축소된 미니KOSPI200선물이 상장되었다. 미니KOSPI200선물은 총 6개 결제월물을 대상으로 거래되며, 거래단위승수는 5만 원, 호가가격단위는 0.02포인트, 최소 가격변동금액은 1천 원이다.

KOSPI200선물시장에서는 결제월물과 함께 결제월물 간 가격 차이를 거래 대상으로 하는 선물스프레드가 상장되어 있다. 선물스프레드의 종목은 최근 월물과 나머지 원월물 간의 3개로 구성되며, 원월물을 기준으로 매도 · 매수로 구분된다. 즉, '매도'는 원월물 매도 및 최근월물 매수를 그리고 '매수'는 원월물 매수 및 최근월물 매도를 말한다.

주가지수선물거래의 결제는 계약불이행위험을 해소하기 위해 일일정산방식으로 이루어진다. 일일정산을 할 때 투자자별 손익은 어제의 포지션(미결제약정)이 오늘 마감 시까지 유지된 부분에 대해서는 KOSPI200 지수의 어제 종가와 오늘 종가를 비교하여 산출되며, 오늘 발생하는 새로운 매매에 대해서는 약정가격과 오늘 종가를 비교하여 구해진다. 이러한 방식으로 산출된 손익은 다음 날(T+1) 한국거래소를 통해 결제된다.

② 결제이행담보장치

KOSPI200선물시장의 결제이행 담보장치로는 기본예탁금과 위탁증거금 등이 있다. 기본예탁금은 미결제약정을 보유하고 있지 않은 위탁자(선물 투자자)가 선물거래를 하고자 할 때 요구되는 최소한도의 예탁금을 말하며 위탁자의 신용, 거래상품 등을 감안하여 단계별로 차등 적용하고 있다. 위탁증거금은 투자자가 선물거래 시 납부하는 것으로 주문제출 전에 납부하는 사전위탁증거금과 거래종료 후에 납부하는 사후위탁증거금으로 구분된다. 현재 적격기관투자자는 사후위탁증거금이, 그 외 일반 투자자는 사전위탁증거금이 적용되고 있다. 위탁증거금은 신규거래 시 납부하는 주문증거금과 미결제약정을 유지하는 데 필요한 유지증거금으로도 나눌 수 있다. 만약 실제증거금이 유지증거금 수준에 미치지 못할 경우 선물투자자는 다음 날 12:00까지 주문증거금 수준으로 추가 납부할 것을 요구받는데(마진콜: margin call), 이를 이행하지 않으면 한국거래소가 미결제약정의 반대매매 또는 대용증권의 처분에 나서게 된다.

③ 투자자보호장치

KOSPI200선물시장에서도 현물시장과 같이 투자자보호를 위한 가격제한폭제도가 운용되고 있다. 일중 가격제한폭은 1998년 12월 이후 일률적으로 전일 종가대비 상하 10%로 제한되었다가 2015년 6월 기초자산인 KOSPI의 가격변동 제한폭이 확대된 점을 감안하여 단계별 가격변동폭 제한방식으로 변경되었다. 이는 일차적으로 가격변동폭을 전일 종가의 ±8%(1단계 상 · 하한가)로 제한하다가 전일 최대거래종목의 가격이 상 · 하한가에 도달하여 5분 이상 경과하면 가격변동폭 제한 수준을 ±15%(2단계)로 확대하고 이후 동 종목의 가격이 다시 상 · 하한가에 도달하여 5분이 경과하면 추가로 ±20%(3단계)까지 확대하는 방식이다. 이와 함께 2014년 9월부터 장중 순간적인 가격 급변동을 방지하기 위해 최근 월물의 호가를 직전 체결가격의 상하 1% 범위 내로 제한하는 실시간(동적) 가격제한제도도 운영되고 있다.

프로그램매매호가 일시효력정지제도(사이드카: side car)

한편, 투자자 보호제도의 하나로서 운영되어 왔던 매매거래중단제도(circuit breaker)는 단계적인 가격제한폭제도와 그 기능이 중복되어 2015년 6월 폐지되었다. 다만 현물시장에서 매매거래중단제도가 발동되면 선물시장 거래도 동시에 중단된다. 이 밖에도 선물시장의 가격 급변동이 현물시장에 의해 증폭되지 않도록 **프로그램매매호가 일시효력정지제도**(사이드카: side car)가 운영되고 있다. 즉, 선물시장에서 전날 최대거래량을 기록한 종목의 가격이 전일 종가대비 5% 이상 변동하여 1분 이상 지속되면 현물시장에서 프로그램매매호가의 효력이 5분간 정지된다.

알아두기 15.1 프로그램매매의 종류와 현황

프로그램매매란 일반적으로 시장분석, 투자시점 판단, 매입 · 매도 지시 등의 과정을 컴퓨터로 일괄 처리하는 거래기법을 의미한다. 주가지수 차익거래 시 현물거래는 KOSPI200 구성 종목 중 시가총액 상위 30~50개 종목을 컴퓨터 프로그램을 통해 일괄적으로 매매함에 따라 이를 프로그램매매 차익거래라고 한다. 한편 한국거래소가 발표하는 프로그램매매 통계에는 선물과 무관하게 현물 15개 이상 종목의 주문이 컴퓨터 프로그램에 의해 일괄 처리되는 비차익거래도 포함되는데 이는 주로 인덱스펀드의 자산 매입 등에 이용된다.

프로그램매매 차익거래가 발생하는 이유는 현물 가격과 현물 가격을 기초로 한 파생상품(주가지수선물, 주가지수옵션) 간의 가격 차이가 적정 수준을 이탈하여 차익거래 유인이 발생하기 때문이다. 이 경우 현물과 파생상품 중 상대적으로 고평가된 것을 매도하고 저평가된 것을 매수함으로써 차익을 실현하는 현 · 선물 간 연계거래가 발생하며, 현물 포지션에 따라 매수차익거래와 매도차익거래로 구분할 수 있다.

2022년 프로그램매매는 거래대금을 기준으로 차익거래 24조 원, 비차익거래는 715조 원으로 비차익거래가 97%로 압도적이다. 시장참가자별 거래 비중을 보면 차익거래의 경우 기관이 23.9%, 외국인이 76.1%를 차지하고 비차익거래는 기관 24.2%, 외국인이 75.2%를 차지하였다.

④ **현황**

KOSPI200선물가격(최근월물 기준)은 현물시장의 주가지수(KOSPI)와 움직임을 같이하고 있다. 2000년대 중반 이후 꾸준히 상승하기 시작한 후 글로벌 금융위기를 거치면서 큰 폭으로 변동하였다가 2011~2017년 중에는 250 내외에서 등락하였다. 이후 코로나19 확산 영향으로 2020년 3월 19일 197.5까지 큰 폭 하락한 후 주가지수 상승과 함께 반등하여 최고점은 438.85였고 2022년 12월 말 현재 가격은 292.85이다.

일평균 계약 수량은 2010년 34.2만 계약에서 2016년 12.6만 계약까지 줄었다가 이후 다시 늘어났으며, 2020년에는 KOSPI가 급등하면서 35.0만 계약으로 증가하였다. 2022년에도 27.9만 계약으로 증가세를 이어가는 모습이다. 일평균 거래대금은 2011년 43.5조 원을 기록한 이후 2016년 15.6조 원까지 큰 폭 감소하였으나 코로나19 이후 2022년 23.0조 원까지 증가하였다.

시장참가자별 거래비중(거래량 기준)을 보면 외국인이 2010년 29.7%에서 2016년 63.0%, 2022년 69.0%로 크게 증가한 반면, 기관투자자 중 금융투자회사는 2010년 40.7%에서 2022년 6.4%로 큰 폭으로 감소하였다. 개인의 경우에도 26.4%에서 19.8%로 감소하였다.

(3) 코스닥150선물시장

코스닥150선물시장은 거래가 부진한 스타지수선물시장을 대체함으로써 코스닥시장에 효율적인 위험관리수단을 제공하고 시장의 질적 수준을 높이기 위해 2015년 11월 개설되었다. 거래단위승수는 1만 원이고 호가가격단위는 0.1포인트, 이에 따른 최소가격변동금액은 1,000원이라는 점을 제외하고 여타 매매제도는 KOSPI200선물시장과 대동소이하다.

(4) 섹터지수선물시장 및 KRX300선물시장

섹터지수선물시장은 특정 산업이나 시장 테마를 기준으로 작성되는 섹터별 지수를 기초자산으로 하는 선물시장으로 2014년 11월에 개설되었다. 기초자산은 2022년 말 현재 13개의 KOSPI200 섹터지수와 2개의 KOSPI배당지수이다. 거래단위승수는 KOSPI200섹터지수 선물은 1만 원, KOSPI배당지수 선물은 2,000원이며, 호가가격단위는 각각 0.2포인트, 0.5포인트이다. 증거금률은 종목별로 차등 적용하고 있다. 가격제한폭제도 등 기타 대부분의 거래제도는 KOSPI200선물과 동일하다.

KRX300선물시장은 KOSPI · 코스닥 우량기업 300종목으로 구성된 KRX300 지수를 기초 자산으로하여 2018년 3월에 개설되었다. 기준 시점은 2010년 1월 4일이며, 기준지수는 1,000이다. 총 4개 분기별 결제월물을 대상으로 거래되며, 1계약당 거래승수는 5만 원, 호가가격단위는 0.2로 최소 가격변동금액은 1만 원이다. 가격제한폭제도는 KOSPI200선물과 동일하게 단계별로 적용하고 있다.

15.2.2 주식선물시장

주식선물시장

주식선물시장은 개별주식 위험을 관리하고 ELS, ELW 등 주가연계 파생증권의 발행과 관련된 헤지수단을 제공하기 위해 2008년 5월 개설되었다.

기초자산으로는 시가총액 비중이 크고 유동성, 안정성, 재무상태 등이 우량한 상장기업 주식이 선정되는데, 2022년 말 현재 총 177개의 주식선물이 상장되어 있다. 상장종목은 총 9개 결제월물이며, 거래승수는 10, 호가가격단위는 기초자산이 유가증권시장 상장주식인 경우 주가에 따라 10~1,000원, 코스닥주식인 경우는 1~100원이다. 증거금률은 변동성이 높은 개별주식의 특성을 감안하여 KOSPI200선물보다 높은 수준에서 종목별로 차등 적용하고 있다. 가격제한폭제도는 KOSPI200선물과 같이 단계별로 운영되는데, 단계별 가격변동폭 제한 비율이 각각 ±10%, ±20%, ±30%로 KOSPI200선물에 비해 높게 설정되어 있다. 기타 대부분의 거래제도는 KOSPI200선물과 동일하다.

15.2.3 주가지수옵션시장

(1) 의의

주가지수옵션시장

주가지수옵션시장은 주가지수선물시장과 마찬가지로 현물시장에서 거래되는 일부 또는 전체 종목의 가격수준을 나타내는 주가지수를 대상으로 하여 미래의 일정 시점에 약정가격으로 매입, 매도할 수 있는 권리가 거래되는 시장을 말한다.

주가지수옵션은 주가지수선물과 마찬가지로 실물이 존재하지 않는 주가지수를 거래대상으로 하고 있으나 거래의 목적물이 권리라는 점에서 주가지수선물과 다르다. 또한, 주가지수옵션은 주가지수선물과 달리 기초자산의 가격변동에 따른 투자자의 손익구조가 비대칭적이다. 옵션매수자의 경우 손실이 프리미엄으로 한정되는 반면 이익은 기초자산 가격에 비례하며, 역으로 옵션매도자에 있어서는 이익이 프리미엄에 국한되는 반면 손실에는 제한이 없다. 주가지수옵션 매수자는 최대 손실 가능 규모가 제한되므로 추가 의무가 없는데다 프리미엄을 지불하므로 일일정산 방식이 적용되지 않는다. 그러나 매도자의 경우 상황 변화에 따라 증거금의 수준이 변하게 되고 증거금이 인상될 경우 추가증거금 납입 의무가 생긴다.

주가지수옵션시장은 주가변동 헤지 등 다양한 투자동기를 충족시키기 위해 1983년 3월 미국의 시카고옵션거래소에 S&P100지수를 대상으로 최초로 개설되었다.

우리나라에서는 1997년 1월 '주가지수옵션시장 개설일정'을 발표하고 동년 3월 「증권거래법 시행령」을 개정하여 주식 관련 옵션을 유가증권으로 지정하였다. 영국 및 프랑스는 주가지수옵션을 주가지수선물과 동시에 도입하였고, 홍콩은 주가지수선물을 도입한 후 무려 7년이나 지나 주가지수옵션을 도입하였다. 그러나 미국, 일본, 독일 등 주요국이 1년 정도의 시차를 두고 주가지수옵션을 도입한 사례를 참조하여, 1997년 7월 7일 KOSPI200 주가지수선물을 거래하고 있던 증권거래소에서 KOSPI200을 대상 지수로 하는 주가지수옵션시장을 개설하게 되었다. KOSDAQ50옵션시장은 거래 부진 등으로 2005년 11월 폐지되었으나 코스닥시장 활성화를 위해 2018년 3월 KOSDAQ150옵션시장이 새롭게 개설되었다.

〈표 15-6〉 주요국 주가지수옵션시장 개요

국가	대상지수	개설시기	거래소
미국	S&P100 S&P500	1983년 3월 1983년 7월	시카고옵션거래소(CBOE)
영국	FTSE100	1984년 5월	Euronext-LIFFE
일본	Nikkei 225	1989년 6월	오사카증권거래소(OSE)
프랑스	CAC40	1988년 11월	Euronext-Paris
독일	DAX	1991년 8월	EUREX

(2) KOSPI200 주가지수옵션

KOSPI200 주가지수옵션

KOSPI200 주가지수옵션도 거래 대상이 실체가 없는 추상물인 주가지수이므로 사전에 정한 가격과 결제시점의 주가지수와의 차이를 기준으로 현금 결제하는 특징을 갖는다.

KOSPI200옵션시장은 총 11개 결제월물[2)]을 대상으로 거래가 이루어진다. 각 결제월물의 최종거래일은 만기월의 두 번째 목요일이고 최종거래일의 다음 날 새로운 결제월물이 상장된다. 거래개시일의 최초 행사가격은 최근 6개월물의 경우 전일 KOSPI200 종가에 가까운 2.5포인트의 정수배 수치인 등가격과 이를 기준으로 2.5포인트 단위로 구해지는 내 가격 16개, 외 가격 16개 등 총 33개로 구성된다. 다만 제7 및 8근월물은 5포인트 단위로 총 25개, 가장 나중에 도래하는 3개월물은 10포인트 단위로 총 13개의 행사가격이 설정된다. 거래개시일 다음 날부터는 전일 KOSPI200 종가의 변동으로 등가격이 변동되면 최종거래일이 먼저 도래하는 6개 결제월물(6개 근월물)의 경우 행사가격이 33개가 될 때까지 2.5포인트 단위로 추가 설정한다.

KOSPI200옵션의 거래단위는 1계약이며, 1계약의 거래금액은 포인트로 표시되는 옵션가격에 거래승수인 25만 원을 곱하여 구해진다. 호가단위는 프리미엄이 10포인트 미만일 경우에는 0.01포인트이며, 그 외에는 0.05포인트이다. 그 밖의 매매거래시간, 거래체결방식 등은 KOSPI200선물시장과 동일하다.

한편, 2015년 7월에는 1계약당 거래금액이 KOSPI200옵션의 1/5로 축소된 미니KOSPI200옵션이 상장되었다. 미니KOSPI200옵션은 KOSPI200옵션의 6개 근월물과 동일한 6개 결제월물이 거래되며, 거래 개시일에 설정하는 행사가격 수는 33개이다. 거래승수는 5만 원, 호가단위는 프리미엄 수준에 따라 0.01~0.05포인트로 설정된다. 또한, 2019년 9월에는 매주 목요일 만기가 도래하는 Weekly KOSPI200옵션이 상장되었다. 거래개시일에 설정하는 행사가격 수는 17개이며, 지수 변동에 따라 행사가격이 17개가 될 때까지 2.5포인트 단위로 추가 설정한다. 거래승수, 호가단위, 최소거래단위는 KOSPI200옵션과 동일하다.

KOSPI200옵션의 일평균 거래량은 2011년 1,476만 계약으로 전 세계 거래소별 주가지수옵션 상품 중 최대 규모였으나 2012년 3월 옵션거래승수 인상(10만 원→50만 원) 이후에는 크게 감소하여 2016년 137만 계약을 기록하였다. 이후 점진적으로 증가하여 2022년 213만 계약, 일평균거래대금은 5,875억 원을 기록하였다. 시장참가자별 거래 비중(거래대금 기준)은 외국인이 2016년 61.7%에서 2022년 70.6%

2) 현 시점에서 근접한 연말월(12월) 3개, 반기월(6월) 2개, 분기월(3월, 9월) 2개, 기타월(1월, 2월, 4월, 5월, 7월, 8월, 10월, 11월) 중 4개로 구성된다. 예를 들어, 2022년 10월 1일의 경우 2022년 10월물, 11월물, 12월물, 2023년 1월물, 2월물, 3월물, 6월물, 9월물, 12월물, 2024년 6월물, 12월물이 거래된다.

로 증가한 반면, 개인과 금융투자회사는 각각 28.3%, 8.3%에서 24.4%, 3.4%로 감소하였다.

(3) 코스닥150옵션시장

코스닥150옵션시장은 코스닥시장에서도 선물 · 옵션시장을 완비함으로써 기관과 외국인의 시장참여를 촉진하여 코스닥시장과 파생상품시장을 활성화하기 위해 2018년 3월 개설되었다.

코스닥150옵션시장은 총 6개 거래월물을 대상으로 거래가 이루어진다. 거래개시일의 최초 행사가격은 코스닥150 종가에 가까운 2.5포인트의 정수배 수치인 등가격과 이를 기준으로 25포인트 단위로 구해지는 내 가격 8개, 외 가격 8개 등 총 17개로 구성된다. 거래개시일 다음 날부터는 행사가격이 17개가 유지되도록 25포인트 단위로 추가 설정한다. 코스닥150옵션의 호가단위는 프리미엄이 50포인트 미만인 경우에는 0.1포인트이며, 그 외에는 0.5포인트이다. 그 밖의 매매거래시간, 거래체결방식 등은 KOSPI200옵션시장과 동일하다.

코스닥150옵션시장은 2018년 개설 이후 계속해서 거래가 활성화되고 있다. 일평균 거래량은 2018년 376계약에서 2022년 2,801계약으로 늘어났으며, 일평균 거래대금도 2018년 0.7억 원에서 2022년 5.9억 원으로 증가하였다.

15.2.4 주식옵션시장

주식옵션시장

주식옵션시장은 기초자산인 개별 주식의 가격변동에 대한 헤지 및 차익 거래 수단을 제공하기 위해 2002년 1월에 개설되었다. 주식옵션은 KOSPI200옵션과 옵션의 종류, 권리행사유형 결제방식, 최종거래일, 호가의 종류 등은 같으나 결제월물수에서 차이가 있으며, 기초자산이 개별 주식이라는 점 등으로 인해 행사가격, 호가단위, 거래승수 등도 다소 달리 설정되어 있다. 행사가격은 등가격, 내 가격 4개, 외 가격 4개 등 총 9개로 설정되고 행사가격 간 격차는 3개 최근 월물은 가격 수준에 따라 100원~5만 원이고 나머지 3개월물은 그 2배로 설정된다. 호가단위는 프리미엄 수준에 따라 10~200원으로 설정되어 있으며, 거래승수는 10이다. 가격변동제한폭은 KOSPI200옵션과 같이 단계별로 설정되어 있으나 그 제한 비율은 KOSPI200옵션에 비해 높게 설정되어 있다.

주식옵션시장은 2002년 개설 이후 거래가 계속 부진하다가 2014년 말 제도 개선의 영향으로 점차 활성화되고 있다. 평균 거래량은 2015년 3천 계약에 불과하였으나 2022년 14만 계약으로 늘어났으며, 일평균 거래대금은 2015년 중 1.1억 원에서 2022년 14.3억 원으로 증가하였다.

15.3 금리관련 파생상품시장

15.3.1 금리선물시장

금리선물(interest rate futures)

금리선물(interest rate futures)은 채권이나 은행 간 예금(interbank deposit) 또는 양도성예금증서(CD) 등 이자소득이 발생하는 금융상품을 대상물로 하는 선물거래로서 이들 금융상품의 가치가 금리에 의해 결정되기 때문에 붙여진 이름이다. 금리선물시장은 1975년 10월 미국의 시카고상품거래소(CBOT: Chicago Board of Trade)가 정부출자기관인 GNMA(Government National Mortgage Association)가 발행한 부동산저당채권증서(mortgage certificate)의 선물시장을 개설한 것이 그 효시이다. 현재는 각국에서 주로 국채가 대상물로 이용되고 있으며, 전 세계적으로 거래(계약 수 기준)가 매우 활발한 선물시장이다.

금리선물거래가 활발한 대표적인 선물거래소로는 미국의 시카고상품거래소와 시카고상업거래소, 그리고 독일 EUREX 등을 꼽을 수 있다. 2020년 중 미국 시카고상품거래소와 독일 EUREX는 해당 거래소에 상장된 모든 선물거래 가운데 금리선물거래가 차지하는 비중이 각각 75%와 41%를 차지하고 있으며, 미국 시카고상업거래소는 3개월 유로달러금리선물의 거래 비중이 27%를 차지하고 있다.

일반적으로 선물시장의 가장 중요한 기능은 가격변동위험을 헤지(hedge)할 수 있는 수단을 제공해 주는 것이다. 금리선물거래의 경우 일정 시점(결제일)에 인수·인도해야 할 채권의 가격이나 예금의 금리를 미리 확정함으로써 금리선물시장 참가자들은 앞으로 금리동향에 관계없이 일정한 조건으로 자금을 운용·조달할 수 있게 된다. 예를 들어, 현재 채권을 많이 보유한 기관이 선물시장에서 매도계약(short)을 체결하거나 가까운 장래에 자금조달계획이 있는 기관이 선물시장에서 매수계약(long)을 취하면 금리변동에 의해 현물시장(spot market 또는 cash market)에서 발생하는 손익이 선물시장에서의 손익으로 상쇄되므로 금리변동에 따른 가격의 불확실성을 제거할 수 있게 된다.

금리예측결과에 따라 현물시장과 선물시장에서 같은 방향으로 매수 또는 매도하는 경우에는 현물거래만 하는 경우보다 더 많은 이익(또는 손실)을 실현할 수도 있다. 특히 선물거래는 소액의 증거금(margin)으로 거액의 계약을 체결할 수 있기 때문에 적은 자금을 이용하여 거액의 이익을 발생시킬 수 있는 투기(speculation) 수단이 되기도 하다.

국채선물시장

국채선물시장은 가장 대표적인 금리선물시장이다. 채권은 발행종목이 매우 많고 대부분 장외시장에서 거래되기 때문에 주식에 비해 유동성이 낮은 점을 감안할 때 국채선물시장의 유동성이 크다는 점은 금리선물시장 발전의 매우 중요한 요소가 된다. 일본 및 호주 등 국채시장이 상대적으로 발달하지 않은 나라에서는 계약금액 면에서 국채선물거래가 현물거래를 앞서고 있으며, 다른 선진국에서도 국채선물시장의 짧은 역사에도 불구하고 국채선물거래량이 선물시장의 대표적인 위치를 차지하고 있다.

2022년 말 현재 한국거래소에 상장되어 있는 금리선물은 기초자산의 종류 및 만기에 따라 3년 국채선물, 5년 국채선물, 10년 국채선물, 3개월 무위험 금리선물로 구분되어 있고, 그 중 3년 및 10년 국채선물이 활발하게 거래되고 있다. 1999년 9월 도입된 3년 국채선물의 기초자산은 최종결제일 현재 만기 3년, 액면금액 1억원, 표면금리 5%로 반기별로(semi-annually) 이자를 지급하는 가상의 국고채권이다. 3년 국채선물의 거래는 기초자산인 국고채 3년물 거래가 늘어나면서 크게 성장하였다. 특히, 2000년 7월에 채권시가평가제도가 전면 실시되면서 지표채권으로서 국고채권 3년물에 대한 수요가 커진데다 동 채권의 발행규모가 지속적으로 증가하여 유동성이 높아지면서 3년 국채선물거래도 함께 증가하였다. 이에 따라 2000년 일평균 6천여 계약에 머물렀던 3년 국채선물의 거래량은 꾸준히 증가하여 2010년에는 10만 계약을 돌파한 데 이어 2022년에는 약 15만 5천 계약이 거래되는 등 우리나라 금리선물시장의 대표적인 상품으로 자리 잡고 있다.

한편, 10년 국채선물은 장기투자 기관의 장기채 만기보유성향이 강해 헤지수요가 크지 않아 상장초기 거래가 거의 이루어지지 않았다. 2010년 10월 장기국채선물시장을 활성화시키기 위한 제도 시행 이후 거래가 늘어나기 시작하여 2022년에는 일평균 거래 규모가 6만 4천여 계약에 달하고 있다.

〈표 15-7〉 금리선물 거래 규모 (단위: 계약)

	2010	2014	2018	2020	2021	2022
3년 국채선물	27,863,654 [111,011]	21,519,203 [87,833]	22,989,204 [94,218]	30,142,798 [151,685]	36,672,542 [147,873]	38,145,948 [155,055]
5년 국채선물	0 [0]	0 [0]	0 [0]	0 [0]	0 [0]	0 [0]
10년 국채선물	33,054 [132]	9,970,609 [40,696]	15,136,390 [62,034]	17,662,517 [71,219]	16,889,531 [68,103]	15,932,256 [64,765]

주: 1) 스프레드 거래 포함, 2) [ ] 내는 일평균 거래규모

자료: 코스콤

15.3.2 금리스왑시장

금리스왑(IRS: Interest Rate Swap)

금리스왑(IRS: Interest Rate Swap)은 차입금에 대한 금리변동 위험의 헤지나 차입비용의 절감을 위하여 두 차입자가 각자의 채무에 대한 이자지급의무를 상호 간에 교환하는 계약으로서 일반적으로 변동(고정)금리를 고정(변동)금리로 전환하는 형식을 취한다.

금리스왑거래는 통화, 원금 및 만기가 같은 부채구조를 가지고 있는 두 당사자 간의 거래가 대부분으로 통화스왑거래와는 달리 계약당사자 간에 이자지급 의무만 있고 원금상환 의무가 없다. 자금의 흐름도 원금의 교환 없이 이자차액만 주고받는 것으로 당초의 자금조달과는 관계가 없는 별도의 계약에 의해 거래가 성립된다. 금리스왑은 원금을 교환하지 않기 때문에 채권투자 등에 비해 자금 부담과 신용위험이 낮다.

일반적으로 금리스왑시장의 가장 중요한 기능은 금리변동 위험을 헤지할 수 있는 수단을 제공해 주는 것이다. 즉 고정금리부 자산과 부채의 듀레이션 불일치로 인하여 발생하는 금리변동 위험을 헤지하기 위해 금리스왑거래가 이용된다. 예를 들어, 고정금리부 자산이 부채보다 많은(적은) 경우 금리스왑거래에서는 채권매도(매수)와 같은 효과를 갖는 고정금리 지급부(수취부) 거래를 실시하면 금리변동 위험이 감소된다.

금리스왑의 거래만기는 3개월부터 20년물까지 다양하나 1~5년물이 주로 거래된다. 일반적으로 최소거래단위금액은 100억 원이며, 100억 원 단위로 추가된다. 고정금리와 변동금리는 3개월마다 교환되며, 동 변동금리는 금융투자협회가 발표하는 최종호가수익률 기준 CD(91일물)금리를 주로 이용한다.

금리스왑시장은 크게 대고객시장 및 은행 간 시장으로 구분된다. 대고객시장은 자산운용회사, 보험회사, 연기금 및 신용도가 높은 기업 등 고객들이 스왑시장조성은행(신용도가 높은 국내은행이나 외국은행 국내 지점)과의 사전계약을 통해 스왑거래 한도를 설정한다. 그리고 고객이 금리변동 위험을 헤지하기 위해 스왑시장조성은행 앞으로 금리스왑거래계약을 요청하고 동 은행이 이를 수용하면서 거래가 성사된다.

한편 스왑시장조성은행은 대고객거래에서 발생한 금리스왑 포지션 변동 상쇄 또는 자기보유자산의 헤지 및 투기 등을 위해 포지션을 조정할 필요가 생긴다. 이에 따라 동 은행은 새로운 고객 또는 은행 간 시장에서 반대방향 거래(offset transaction)를 하게 된다.

국내 금리스왑시장에서는 1999~2000년부터 본격적으로 거래가 이루어지기 시작했으며, 2005년 이후 그 규모가 크게 확대되었다. 금리스왑이 장외시장을 통해 거래되므로 정확한 규모를 파악하기 어려우나 2004년 중에는 월평균 거래 규모가 16.2조 원에 불과하였다가 2010년 중에는 253.1조 원으로 약 15배 가까이 증가하였다. 이후 감소하는 모습을 보이다 2018년부터 다시 증가하여 2020년 중에는 291.3조 원을 기록하였다.

15.4 통화관련 파생상품시장

15.4.1 통화선물시장

통화선물은 외국환을 대상으로 하는 선물거래로 달러/원, 엔/원, 유로/원 등의 환율 변동에 따른 환리스크의 헤지나 환차익을 얻기 위하여 외국통화를 미래의 일정 시점에서 미리 정해 놓은 가격으로 매수 또는 매도하기로 하는 거래를 말한다. 계약 시에 약정된 가격으로 미래의 일정 시점에 특정 통화를 매입·매도한다는 점에서 선물환거래와 유사하나, 거래단위나 결제일 등 계약조건이 표준화되어 있고 거래소의 청산소가 거래계약의 이행을 보증한다는 점 등이 다르다. 통화선물

1999년 4월 한국선물거래소(현 한국거래소)에 미달러 선물이 처음 상장되었다.

이후 2006년 5월 엔선물과 유로선물이 상장되었으며, 2015년 10월에는 위안선물도 상장되어 미달러화 이외 통화에 대한 환율변동위험도 직접 관리할 수 있게 되었다. 아울러 2014년 12월에는 미달러선물 야간시장이 개설되어 국내시장이 열리지 않는 야간 시간대에도 환위험을 관리할 수 있게 되었다.

15.4.2 통화옵션시장

통화옵션

통화옵션이란 미래의 특정 시점에 특정 통화를 미리 약정한 가격으로 사거나(call option) 팔 수 있는 권리(put option)를 매매하는 거래를 말한다.

통화옵션 매입자는 대상 통화를 매매할 수 있는 권리를 사는 대가로 통화옵션매도자에게 프리미엄(옵션가격)을 지급하고 이후 환율변동에 따라 자유롭게 옵션을 행사하거나 또는 권리를 포기하고 행사하지 않을 수 있다. 반면 옵션 매도자는 옵션 매입자가 권리를 행사할 경우 반드시 계약을 이행해야 하는 의무를 부담한다. 한국거래소에 상장되어 있는 유일한 통화옵션이었던 미국달러옵션은 2021년 거래중지되었다.

15.4.3 통화스왑시장

통화스왑(CRS: currency swap)

통화스왑(CRS: currency swap)은 둘 또는 그 이상의 거래기관이 사전에 정해진 만기와 환율에 의거하여 상이한 통화로 차입한 자금의 원리금 상환을 상호 교환하는 거래이다. 통화스왑은 환리스크 헤지 및 필요 통화의 자금을 조달하는 수단으로 주로 이용되고 있다. 금리변동에 대한 헤지 및 특정시장에서의 외환규제나 조세차별 등을 피하기 위한 수단으로 활용되기도 한다.

일반적인 통화스왑거래의 메커니즘은 다음과 같다. 예를 들어, A는 달러화 자금을 B는 원화 자금을 각각 유리한 조건으로 차입할 수 있지만, 현재 A는 원화 자금이, B는 달러화 자금이 필요하다고 가정하자. 이 경우 A는 달러화 자금을, B는 원화 자금을 각각 유리한 조건으로 차입한 다음, 차입자금을 상호 교환한다. 그리고 차입자금에 대한 이자는 최초 차입자가 지급하는 것이 아니라 자금이용자(A는 원화 자금, B는 달러화 자금)가 대신 지급하고 만기가 되면 최초 차입자가 차입원금을 상환할 수 있도록 달러화 자금과 원화 자금을 재교환함으로써 통화스왑이 종료된다.

우리나라 통화스왑시장의 거래 만기는 3개월부터 20년물까지 다양하지만, 1~5년물이 주로 거래된다. 최소 거래 단위는 1천만 달러이며, 1천만 달러 단위로 증액할 수 있다. 시장에서는 주로 고정금리부 원화와 변동금리부 외화를 교환하게 되는데 변동금리로는 만기 6개월 LIBOR가 이용된다.

통화스왑시장도 금리스왑시장과 마찬가지로 대고객시장과 은행 간 시장으로 구분된다. 신용카드회사 및 보험회사 등 고객들과 통화스왑시장조성은행 등은 사전 계약을 통해 스왑거래 한도를 설정하고 고객의 스왑 요구를 스왑시장조성은행이 받아들이면서 거래가 성사된다. 스왑시장조성은행은 중개기관을 통해 대고객거래에서 발생한 통화스왑 포지션 변동을 반대방향 거래를 통해 조정하거나 투기목적으로 포지션을 설정하기 위해 통화스왑거래를 하고 있다.

1999년 9월 국내중개회사에서 통화스왑거래를 처음으로 중개하기 시작한 후 통화스왑시장은 꾸준히 성장하여 2008년에는 월평균 거래 규모가 44.8조 원까지 증가하였다. 글로벌 금융위기 이후에는 국제금융시장 위축의 영향으로 월평균 거래 규모가 24.1조 원(2010년)까지 감소하였다가 2012년부터 다시 증가세를 보이며 2022년에는 월평균 거래 규모가 101조 원을 기록하였다. 기관별로 보면 금리 스왑시장과 비슷하게 은행이 전체 거래의 대부분을 차지하고 있다. 특히 외국은행 국내지점이 해외 본지점으로부터 외화자금을 장기적으로 조달할 수 있기 때문에 상대적으로 큰 비중을 차지한다.

15.5 신용파생상품시장

15.5.1 신용파생상품의 의의와 현황

신용파생상품(credit derivatives)

신용파생상품(credit derivatives)이란 차입자 또는 발행자의 신용에 따라 가치가 변동하는 기초자산의 신용위험(credit risk)을 분리하여 이를 다른 거래 상대방에게 이전하고 그 대가로 프리미엄(수수료)을 지급하는 금융상품을 말한다.

일반적으로 금융자산은 금리, 환율 등 가격변수의 변동에 따라 그 가치가 변화하는 시장위험과 차입자의 부도, 신용등급 하락 등에 따라 자산가치가 변화하는 신용위험을 가지고 있는데 시장위험은 선물, 스왑, 옵션 등을 통하여 대처할 수 있으며, 신용위험은 신용파생상품을 통해 헤지할 수 있다.

일반적으로 신용파생상품은 기초자산의 이전 없이 신용위험만을 분리하여 거래하므로 신용위험에 대한 가격산정의 적정성을 높여 신용위험을 다수의 투자자에 분산시키는 기능을 제공한다. 선진 금융기관들이 이러한 신용파생상품을 신용위험 관리수단과 새로운 수수료 수입원으로 적극 활용하여 세계 신용파생상품시장이 급속히 성장되었으나 글로벌 금융위기로 인해 거래 규모가 크게 위축되었다.

한편, 국내 신용파생상품 거래는 꾸준히 성장하여 2022년 현재 거래 잔액이 48.2조 원에 이르고 있다. 과거 국내 신용파생상품은 외국 금융기관이 주로 설계·발행하고 국내 금융회사는 보장매도자로서 참여하는 일방향 거래에 편중되었으나 국내 금융회사의 신용위험 이전을 위한 보장매입이 점차 증가하면서 최근에는 보장매도와 보장매입 거래가 대체로 균형을 이루고 있다.

기관별로 보면 2006년 이전에는 보험사가 가장 큰 거래자였으나 2006년 3월 금융감독원이 은행의 신용위험 이전을 인정하는 기준을 제정함에 따라 2007~2008년 중에는 은행의 거래 규모가 크게 증가하였다. 그러나 글로벌 금융위기를 계기로 신용파생상품의 부정적 영향이 부각되면서 은행과 보험사의 거래 비중은 크게 축소되었다. 이와는 대조적으로 증권사의 거래 규모는 2008년 하반기 이후 급격한 성장세를 지속하였으며, 2014년 이후 국내 신용파생상품 거래 잔액의 80% 이상을 점하고 있다.

「외국환거래법」에 따라 한국은행 허가 등을 받은 신용파생상품 거래 규모는 1999년 중 1.2억 달러에 불과하였으나 2008년에는 총수익스왑을 중심으로 거래 규모가 65.6억 달러로 크게 확대되었다. 이후 글로벌 금융위기에 따른 신용불안 확산으로 신용파생상품 거래가 위축되면서 2010년에는 44.0억 달러까지 축소되었다가 신용파산스왑을 중심으로 거래 규모가 다시 증가하여 2022년에는 372.6억 달러까지 확대되었다. 신용파산스왑의 거래 규모는 2022년 말 기준 205.9억 달러로 전체 신용파생상품 거래의 55.2%를 차지하고 있다.

15.5.2 주요 신용파생상품

(1) 신용파산스왑

신용파산스왑(CDS: Credit Default Swaps)은 모든 신용파생상품의 근간을 이루는 상품으로 그 성격은 지급보증과 유사하다.

신용파산스왑(CDS: Credit Default Swaps)

신용파산스왑 거래에서 보장매입자는 보장매도자에게 정기적으로 일정한 프리미엄을 지급하고 그 대신 계약기간 동안 기초자산에 신용사건이 발생할 경우 보장매도자로부터 손실액 또는 사전에 합의한 일정금액을 보상받거나 문제가 된 채권을 넘기고 채권원금을 받기도 한다. 만약 기초자산에 신용사건이 발생하지 않으면 보장매입자는 프리미엄만 지급하게 된다.

신용파산스왑 거래에서 프리미엄은 거래의 만기가 길어질수록, 기초자산의 신용등급이 낮을수록 높아지게 된다. 또한 보장매도자의 신용등급이 높을수록 프리미엄이 높아지게 된다.

신용파산스왑거래를 통해 보장매입자는 기존 고객과의 관계를 그대로 유지하면서 신용위험을 헤지할 수 있게 된다. 보장매도자는 투자자로서 자금부담 없이 신용위험을 이전받는 대가로 수수료 수입을 얻을 수 있다.

(2) 총수익스왑

총수익스왑(TRS: Total Return Swaps)은 기초자산에서 발생하는 총수익과 일정한 약정이자(통상 LIBOR+α)를 일정 시점마다 교환하는 계약이다. 이때 총수익에는 채권에서 발행하는 이자뿐 아니라 스왑 종료 시점의 자본이득 또는 자본손실 등이 포함된다.

총수익스왑(TRS: Total Return Swaps)

스왑 기간 동안 현금흐름은 다음과 같다. 우선 채권의 이자 지급일에 보장매입자(TRS 지급자)는 채권 표면이자(coupon)를 지급하고 보장매도자(TRS 수취자)는 LIBOR+α의 이자를 지급한다. 이후 스왑계약이 종료되는 시점에서는 이자교환뿐 아니라 채권가치의 변동에 따른 자본이득(또는 손실)을 스왑계약 당사자 간 정산하여 교환하게 된다. 예를 들어, 액면가가 100억 원인 채권을 기초자산으로 한 스왑의 경우 계약기간 동안 채권가격이 10% 상승하였다면 총수익스왑 지급자는 10억 원을 지급하여야 한다. 반대로 채권가격이 10% 하락하였다면 총수익스왑 수취자가 10억 원을 지급하게 된다. 스왑 기간 중 기초자산에서 채무불이행이 발생하면 일반적으로 계약의 명목원금에서 기초자산의 시장가격을 차감한 만큼을 보장매도자가 보장매입자에게 지급해야 한다.

총수익스왑거래를 통해 보장매입자는 기초자산으로부터 발생하는 모든 현금흐름을 상대방에게 이전하기 때문에 기초자산의 가격 변동에 따른 위험이 없으며, 해당 자산을 매각하여 단기로 자금을 운용하는 것과 동일한 효과를 가지며, 보장매도자는 자기자금의 부담 없이 수익을 획득하는 효과를 가진다. 총수익스왑이 신용파산스왑(CDS)과 다른 점은 기초자산의 신용위험 뿐만 아니라 금리 및 환율 변동에 따른 시장위험도 거래상대방에 이전할 수 있다는 것이다.

(3) 신용연계증권

신용연계증권(CLN: Credit Linked Notes)

신용연계증권(CLN: Credit Linked Notes)은 신용파산스왑(CDS)을 증권화한 형태이다. 신용연계증권의 보장매입자는 기초자산의 신용상태와 연계된 증권을 발행하고 약정된 방식으로 이자를 지급하며, 보장매도자는 약정이자를 받는 대신 신용사건이 발생하는 경우 기초자산의 손실을 부담하게 된다.

신용연계증권 거래의 특징은 보장매도자(CLN 매수자)가 지급하는 신용연계증권 매수대금이 신용사건 발생 시 보장매도자가 부담하게 되는 손실의 담보 역할을 한다는 점이다. 즉, 보장매입자(CLN 매도자)는 신용연계증권 매도대금을 받아 저위험자산(국채 등)을 매입하고 이후 기초자산에 신용사건이 발생하는 경우에는 신용연계증권 매수대금에서 기초자산의 손실분을 차감하여 보장매도자에게 돌려주거나 기초자산을 보장매도자에게 인도한다. 이와 같이 신용연계증권은 신용파산스왑(CDS)과는 달리 신용연계증권 대금이 담보 역할을 하고 있어 보장매도자의 신용도는 문제가 되지 않는다.

(4) 합성부채담보부증권

합성부채담보부증권(합성CDO: Synthetic Collateralized Debt Obligations)

합성부채담보부증권(합성CDO: Synthetic Collateralized Debt Obligations)은 보장매입자의 기초자산에 내재된 신용위험을 특수목적회사(SPV)가 이전받아 이를 기초로 발행한 선 · 후순위 채권이다.

특수목적회사(SPV)는 합성CDO 발행에 따라 이자를 지급하여야 하는데 이때 신용위험을 이전받는 대가로 수입한 프리미엄과 합성CDO 발행대금으로 매입한 국채 등 저위험자산의 이자를 그 재원으로 한다. 한편, 국채 등 저위험자산은 합성

CDO의 원리금 지급을 위한 담보 역할도 하게 된다.

합성CDO는 대출 및 채권 등 기초자산의 신용위험을 관리하는 신용파생상품의 특성과 다수의 대출 및 채권을 유동화하는 전통적 CDO를 결합한 특성을 가지고 있다.

합성CDO와 신용연계증권(CLN)은 신용위험을 헤지하기 위해 증권형태로 발행된다는 점에서는 유사하나 신용연계증권은 단일 증권으로 발행되는 반면, 합성CDO는 신용등급에 따라 다수의 증권이 발행된다는 점에서 차이가 있다.

15.6 파생결합증권시장

15.6.1 파생결합증권의 의의

파생결합증권

파생결합증권은 기초자산의 가치변동에 연계하여 미리 정해진 방법에 따라 지급금액 또는 회수금액이 결정되는 권리가 표시된 증권으로 투자자들의 다양한 수요를 충족시키는 동시에 증권회사들의 업무영역을 확대하고 신규 수익원을 창출하도록 하기 위해 도입되었다.

파생결합증권은 투자자의 투자손익이 기초자산의 가격변화 등에 연계되어 결정된다는 점에서 파생상품의 성격을, 최대 손실 가능 규모가 투자원금으로 한정된다는 점에서 증권의 성격을 보유하고 있다. 투자자 입장에서 파생결합증권은 예금에 비해 기대수익률은 높으면서도 주식 등 개별 기초자산에 비해서는 위험성이 낮은 이른바 '중위험 · 중수익' 상품으로 기초자산과 손익구조도 다양해 투자선호에 맞는 투자가 가능하다는 장점이 있다. 그러나 경우에 따라서는 투자원금 전체가 손실될 수 있고 별도의 담보나 보증이 없기 때문에 발행 기관의 신용위험에 노출된다는 단점도 있다. 발행 기관 입장에서 파생결합증권은 다른 금융상품에 비해 상대적으로 높은 판매 수수료와 헤지 운용수익 등을 통해 수익성 개선을 도모할 수 있다는 이점이 있으나, 시장여건 및 자금 운용능력에 따라 상환손실이 발생할 수 있고 대량 환매 발생 시 유동성 위험에 처하게 되는 점 등은 리스크 관리 측면에서 부담으로 작용한다.

우리나라에서는 2002년 2월 舊증권거래법 시행령 개정 시 ELW가 유가증권으로 지정되면서 파생결합증권과 관련된 제도적 기반이 처음으로 마련되었으며, 2009년 「자본시장법」에서 파생결합증권의 기초자산 범위가 금융투자상품, 통화, 일반상품(commodities), 신용위험, 그밖에 자연적 · 환경적 · 경제적 현상 등에 속하는 위험으로서 평가가 가능한 것 등으로 대폭 확대됨에 따라 다양한 형태의 파생결합증권 출현이 가능하게 되었다.

현재 우리나라의 대표적인 파생결합증권으로는 주식워런트증권(ELW: Equity Linked Warrants), 주가연계증권(ELS: Equity Linked Securities)과 기타 파생결합증권(DLS: Derivatives Linked Securities), 상장지수증권(ETN: Exchange Traded Note)이 주로 발행되어 거래되고 있다.

15.6.2 ELW 시장

ELW

ELW는 미래 일정 시점에 특정 주식 또는 주가지수를 사전에 정해진 조건으로 매수(콜ELW 매입)하거나 매도(풋ELW 매입)할 수 있는 권리가 부여된 금융투자상품이다. 만기일 ELW 투자자의 수익은 보유 ELW의 행사가격과 기초자산의 만기 평가가격(주가 또는 주가지수)에 따라 결정된다. 즉, 투자자 입장에서 ELW의 만기일 손익구조는 주가지수(또는 주식) 옵션의 매수 포지션과 본질적으로 동일하다. 다만 ELW는 옵션의 매수포지션만을 증권화한 것이므로 최대 손실이 투자원금으로 한정되며, 거래소에 상장되는 경우 장내 옵션거래에 비해 증거금예탁 등의 복잡

〈표 15-8〉 ELW와 주가지수(주식)옵션 비교

	ELW	주가지수(주식)옵션
법적 형태	증권(파생결합증권)	(장내)파생상품
발행 주체	금융투자업자	옵션매도자(일반투자자 가능)
유통시장	유가증권시장	옵션시장
신용위험	발행자의 신용위험에 노출	거래소가 결제이행 보증
계약 기간	3개월~3년	6개월 이하
표준화 정도	발행 주체에 따라 다양	표준화
유동성 보완장치	유동성공급자(LP) 선정 의무화	없음
투자 가능 형태	2가지(콜ELW 매입, 풋ELW 매입)	4가지(콜매도 · 매입, 풋매도 · 매입)
결제일	T+2일	T+1일

한 절차에 구애받지 않고 소액투자가 가능하다는 점, 종목별로 유동성공급자(LP: Liquidity Provider)가 선정되어 있어 옵션에 비해 유동성이 높다는 점 등에서 차이가 있다. ELW와 주가지수(주식)옵션을 비교하면 〈표 15-8〉과 같다.

우리나라의 ELW는 2005년 12월 유가증권시장에 처음 상장되었으며, 일평균 거래대금이 2005년 12월 중 210억 원에서 2010년 중에는 약 1조 6천억 원으로 급증하면서 홍콩에 이어 세계 2위의 ELW 시장으로 성장하였다. 이처럼 우리나라의 ELW 시장이 단기간에 급성장한 것은 도입 초기에 발행조건과 매매제도를 표준화하여 발행대상을 코스피200 구성 종목 중 거래대금 상위 100위 종목, 코스피200지수 등으로만 한정하고 증거금도 미부과한 데 주로 기인한다.

그러나 ELW시장의 높은 초단타거래 비중, 과도한 투기성, 거래 불공정성 등에 대한 우려가 지속적으로 제기되면서 감독당국은 기본예탁금 도입, 상장심사기준 강화, 불공정거래 감시 강화 등의 시장건전화 방안을 2010년 말부터 지속적으로 마련 · 시행해 왔다. 2012년 3월부터 가격조작 등을 방지하기 위해 LP의 임의적인 호가제출제한 규제까지 시행되면서 2012년 이후 거래 규모는 크게 위축되었다.

〈표 15-9〉 ELW 시장 규모 추이 (단위: 억 원, 개)

	2010	2013	2016	2018	2020	2021	2022
발행금액	1,460	705	733	982	1,326	1,394	1,463
발행 종목 수	21,284	12,923	5,937	6,847	8,201	10,042	10,598
연중 거래 금액[1)]	4,109,883	288,708	206,621	291,120	380,010	403,947	316,196
상장종목 수(기말)[1)]	4,367	4,115	2,573	2,534	3,350	3,793	3,108

주: 한국거래소의 주식워런트증권시장 거래 기준

자료: 한국예탁결제원, 한국거래소

15.6.3 ELS 시장

ELS는 개별 주식의 가격이나 주가지수의 변동에 연계되어 특정조건 충족 시 약정된 투자손익이 결정되는 금융투자상품이다. ELS 발행 증권사는 발행대금의 상당부분을 채권, 예금 등 안정자산에 투자하는 한편 나머지를 주식, 주식관련 파생상품 등에 투자하여 약정수익 재원 확보를 위한 초과수익을 추구한다. ELS는 만기, 수익구조 등을 다양하게 설계할 수 있는 장점이 있으나 유가증권시장에 상장되지 ELS

않음에 따라 유동성이 낮고 발행증권사의 신용리스크에 노출되는 단점이 있다. 대신 기초자산 가격이 일정 수준 이상인 경우 자동 조기 상환되는 조건이 통상 부여되어 있으며, 5~10%의 환매수수료를 부담하는 조건으로 발행증권사에 환매를 요구할 수도 있다.

ELS는 주식, 파생상품 투자비중이 낮은 원금보장형 상품과 동 투자비중이 높아 기대수익률은 높으나 원금손실 가능성이 있는 원금비보장형 상품으로 구분할 수 있으며, 원금비보장형 상품이 주종을 이루고 있다. 또한, 투자수익률이 연동되는 기초자산에 따라 지수형 상품, 개별 주식형 상품, 혼합형(지수+주식) 상품으로 나눌 수 있는데 지수형 상품이 대부분을 차지하고 있다.

국내에 도입된 ELS 중 가장 많이 발행되는 형태는 미리 정한 하락폭(약 40~60%) 이하로 주가가 하락하는 이른바 녹인(knock-in)이 발생하지만 않으면 사전에 약정한 수익률을 지급하며, 동 수준 이하로 하락하면 원금에 손실이 발생하는 구조인 Step down ELS이다.

한편, 증권회사가 발행하는 주가연계증권과 유사한 상품으로는 자산운용사가 운용하는 주가연계펀드(ELF: Equity Linked Fund)와 은행이 취급하는 주가연계예금(ELD: Equity Linked Deposit) 등이 있고 그 차이는 〈표 15-10〉과 같다.

〈표 15-10〉 주가연계상품 비교

	주가연계증권 (ELS)	주가연계펀드 (ELF)	주가연계신탁 (ELT)	주가연계예금 (ELD)
발행기관	투자매매업자 (증권사)	집합투자업자 (자산운용사)	신탁업자 (증권사, 은행)	은행
근거법률	「자본시장법」	「자본시장법」	「자본시장법」	「은행법」
법적형태	파생결합증권	증권집합 투자기구	특정금전신탁	예금
예금보호	없음	없음	없음	있음
손익구조	사전에 약정한 수익률	운용성과에 따른 실적배당	운용성과에 따른 실적배당	사전에 약정한 수익률 (원금보장)

ELS는 1980년대 후반 미국, 홍콩 등에서 판매되기 시작하였으며, 우리나라에서는 2003년 2월 舊증권거래법 시행령이 개정되면서 판매가 허용되었다. ELS는 2003년 3월에 처음 발행되어 투자자에게는 중위험 · 중수익 금융투자상품으로, 발행 기관에게는 신규 수익원으로서 인식되면서 발행 및 거래 규모가 빠르게 성장하였으며, 2014년 이후 저금리 기조가 지속되면서 시장의 성장 속도는 더욱 가팔라졌다. 2016년에는 HSCEI지수 급락으로 관련 ELS의 손실 발생 우려가 커짐에 따라 발행 및 조기상환이 감소하며 일시적으로 위축되는 모습을 보였으나, 이후 주요 기초자산 지수가 상승하면서 시장은 빠르게 회복되었다. 그러나 2020년 들어 코로나19 확산에 따른 주요국 주가지수 급락 등으로 손실 우려가 부각된 데다 증권사의 헤지운용 손실 증가 등으로 발행이 크게 감소하였으며, 이후 주가 상승 국면에서 중위험 · 중수익의 파생결합증권에 비해 상대적으로 투자메리트가 높은 고수익 · 고위험 금융상품 주식 등에 대한 개인 투자자들의 선호가 증대되면서 발행 규모가 감소하는 모습이다. 2022년 말 현재 국내 ELS 시장 규모(발행잔액 기준)는 43조 원으로 위축되었다.

〈표 15-11〉 ELS 발행 현황 (단위: 조 원)

	2014	2015	2016	2017	2018	2019	2020	2021	2022
발행실적	51.6	61.3	34.5	65.1	68.1	76.7	42.1	49.2	28.1
발행잔액[1]	37.9	48.6	52.4	38.8	54.5	48.3	37.1	34.1	43.0

주: 기말 기준

자료: 한국예탁결제원

15.6.4 DLS 시장

DLS는 주가 이외에 금리, 신용, 일반상품, 환율 등에 연계된 파생결합증권을 통칭하며, 다양한 상품 설계 가능성, 발행증권사에 대한 신용리스크 노출 등의 특성은 ELS와 동일하다. DLS

DLS는 기초자산이 다양하여 분산투자효과는 크지만 상품구조가 다소 복잡하다. 이러한 이유 때문에 기관투자자를 대상으로 한 사모발행 형태가 주를 이루고 있으며, 시장규모도 2022년 말 현재 6.2조 원(발행잔액 기준)으로 ELS에 비해 현저히 작다.

〈표 15-12〉 DLS 발행 현황 (단위: 조 원)

	2014	2015	2016	2017	2018	2019	2020	2021	2022
발행실적	10.6	11.9	15.7	18.4	16.6	17.6	7.9	5.6	3.3
발행잔액[1]	15.7	17.1	17.2	16.5	16.3	16.1	9.8	7.4	6.2

주: 기말 기준

자료: 한국예탁결제원

15.6.5 ETN 시장

ETN

ETN은 기초지수 변동과 수익률이 연동되도록 증권회사가 발행하는 파생결합증권으로서 주식처럼 거래소에 상장되어 거래되는 증권이다. ELW가 옵션 상품이고 ELS와 DLS가 기초자산의 가치 변화에 따른 손익구조가 사전에 약정된 조건부 확정수익 상품이라면, ETN은 발행 당시 목표(target)로 정해진 기초지수의 누적 수익률이 곧바로 투자수익률이 되는 지수 연동(인덱스) 상품이라는 점 등에서 다른 파생결합증권과 구별된다.

한편, ETN은 거래소에 상장되어 별도의 중도 상환 절차 없이 실시간 매매를 통해 수익 확정이 가능하다는 점에서 집합투자업자(자산운용사)가 발행하는 상장지수펀드(ETF: Exchange Traded Fund)와 매우 유사하다. 그러나 ETF가 보유자산을 신탁재산으로 별도 보관함에 따라 신용위험에 노출되지 않고 별도의 만기도 없는 것과는 달리 ETN은 발행 기관의 신용위험에 노출되고 만기도 1~20년 사이에서 정해져 있다는 차이가 있다. 또한, ETF는 보유 자산의 운용을 통해 기초지수를 추적하는 과정에서 부분 복제 등으로 인한 추적오차가 발생할 수 있지만, ETN은 발행 기관이 기초지수와 연계한 약정수익의 지급을 보장하기 때문에 추적오차에서 자유롭다는 점 등의 차이도 있다.

국내 ETN 시장은 2013년 11월 정부가 자본시장의 중위험 · 중수익 투자상품의 확충을 통한 금융업 경쟁력 강화방안의 일환으로 도입을 결정한 이후 준비과정을 거쳐 2014년 11월에 개설되었다. 개장 당시 총 10개 종목, 시가총액 4,668억 원에 불과하였으나, 이후 손실 제한 ETN, 레버리지 ETN 등이 상장되며 상품 구성이 다양해지고 투자자들의 인지도가 높아짐에 따라 2018년 206개 종목, 시가총액 7조 원을 상회하는 규모의 시장으로 성장하였다. 한편, 2020년 들어 코로나19로 변동성이 확대됨에 따라 레버리지 · 인버스 ETN에 대한 관심이 높아지면서 연중 거래

금액이 930억 원으로 대폭 증가하였다. 특히, 2020년 4월에는 원유선물 가격 급락으로 원유선물 연계 레버리지 ETN에 투기적 수요가 급격한 쏠림 현상을 보이며 과열양상을 나타내었다.

〈표 15-13〉 ETN 시장 규모 (단위: 억 원, 개)

	2014	2015	2016	2017	2018	2019	2020	2021	2022
발행금액	4,700	20,200	79,300	100,260	31,040	85,110	28,100	28,780	48,610
일평균 거래 금액	0	175	323	449	422	232	930	443	1,516
시가총액(기말)	4,668	19,330	34,464	51,994	72,181	75,956	76,426	88,117	97,182
상장종목 수(기말)	10	78	132	184	206	194	190	270	366

자료: 한국예탁결제원, 한국거래소

15.7 외환시장

15.7.1 외환시장의 의의와 기능

외환시장(foreign exchange market)은 한 국가의 통화와 다른 국가의 통화가 서로 교환되는 시장이다. 외환시장은 특정 장소에서 외환거래가 이루어지는 것이 아니라, 세계 각국의 은행이나 외환 브로커들이 전화나 컴퓨터 통신망을 이용하여 세계 곳곳에서 거래가 형성되는 장외시장(over-the-counter market)이다. 외환거래는 대개 세계 각국의 주요 상업은행과 중앙은행들 사이에 일어나며, 기업은 이들 은행을 통하여 외환을 사거나 팔게 된다. 은행의 각 점포들은 고도의 통신망에 의하여 은행 간 시장으로 연결됨으로써 전 세계의 외환시장이 효율적인 하나의 시장으로 통합되어 있다.

외환시장(foreign exchange market)

이러한 외환시장은 통상 외환의 수요량과 외환의 공급량을 각각 환율과 대응시킨 [그림 15-1]을 이용하여 분석할 수 있다. 즉, 외환시장은 외환이 아닌 다른 모든 상품과 서비스의 수급이 일정하게 주어져 있다고 보는 가정을 전제로 한, 소위 부분균형분석의 방법에 의해 검토된다. 이 그림에서 외환의 수요는 환율과 음의 관계를 가지고 외환의 공급은 환율과 양의 관계를 가지는 것으로 나타나 있다.

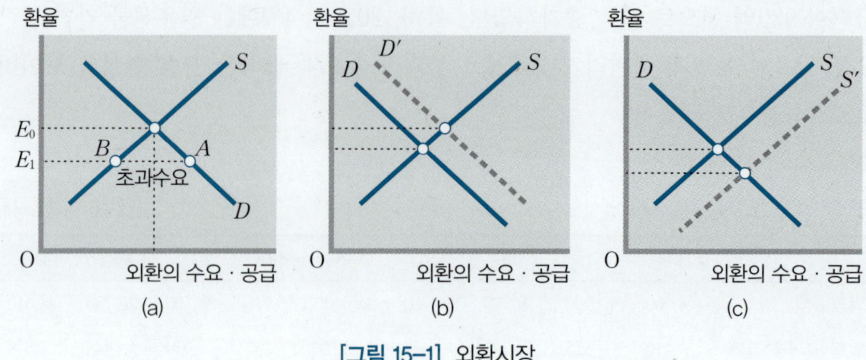

[그림 15-1] 외환시장

외환의 수요와 공급을 야기하는 요인에는 여러 가지가 있다. 그러나 이 요인 모두가 환율의 증감에 따라 즉각 변동하는 것은 아니다. 어떤 것은 환율의 변동에 민감하게 반응하나 어떤 것은 환율에 대해 독립적이다. 외환시장에서의 공급곡선은 이러한 모든 요인으로부터 유래하는 외환의 공급을 표시하고 있다. 그것은 환율에 민감하게 반응하는 외환의 공급뿐만 아니라 환율과 독립적인 외환의 공급도 포괄하고 있다. 마찬가지로 외환시장에서의 수요곡선도 모든 요인을 포괄하고 있다.

외환시장은 한 나라 경제에서 다음과 같은 역할을 수행한다.

첫째, 외환시장은 한 나라의 통화로부터 다른 나라 통화로의 구매력 이전을 가능케 한다. 예컨대 한국의 수출업자가 수출대금으로 벌어들인 외화를 외환시장을 통하여 원화로 환전하면 외화로 가지고 있던 구매력이 원화로 바뀌게 된다.

둘째, 외환시장은 무역 등 대외거래에서 발생하는 외환의 수요와 공급을 청산하는 역할을 한다. 예컨대 외환의 수요자인 수입업자나 외환의 공급자인 수출업자는 환율을 매개로 한 외환시장을 통하여 그들이 필요로 하는 대외거래의 결제를 수행하게 되고 국가 간 무역 및 자본거래 등 대외거래를 원활하게 해 준다.

셋째, 변동환율제도에서는 환율이 외환시장의 수급사정에 따라 변동함으로써 국제수지의 조절 기능을 수행하게 된다. 한 나라의 국제수지가 적자를 보이면 외환의 초과수요가 발생하므로 자국통화의 가치가 하락하여 환율이 상승하는데, 이 경우 수출상품의 가격경쟁력이 개선되어 국제수지 불균형이 해소될 수 있다.

넷째, 외환시장은 기업이나 금융기관 등 경제주체들에게 환율변동에 따른 위험을 회피할 수 있는 수단을 제공한다. 외환시장에서 거래되는 선물환, 통화선물, 통화옵션 등 다양한 파생금융상품 거래를 통하여 경제주체들은 환위험을 헤지할 수 있다. 반면에 외환시장에서는 투기적 거래를 통해 환차익을 획득하거나 또는 환차손이 발생할 수 있다.

15.7.2 외환시장의 구조

외환시장에는 기업이나 개인 등 고객, 외국환은행, 브로커 및 중앙은행 등이 다양한 목적을 위하여 참가하고 있다.

첫째, 외환시장의 고객은 수출입거래 또는 금융거래를 하는 기업이나 해외여행을 하는 개인 등 재화 및 서비스 거래를 위하여 외환시장에 참가하는 자를 말한다. 예를 들면, 수출기업은 외환시장에서 외환의 공급자 역할을 하는 반면, 수입업체는 외환의 수요자에 해당된다. 또한, 해외여행객이 자국통화를 여행국 통화로 환전하게 되면 외환시장에서 외환을 필요로 하는 수요자가 된다. 수출기업이나 여행객 등은 환율변동에 따른 단기적인 환차익을 획득하기 위해 외환거래를 하기 보다는 무역거래나, 해외송금, 여행 등 경제활동의 필요에 의해 외환의 수요자와 공급자 역할을 하므로 이들은 외환의 실수요자라고 할 수 있다. 또한 정부도 외환정책을 담당하는 외환당국을 제외하고는 대외거래를 위하여 고객으로서 외환시장에 참가한다.

외국환은행

둘째, **외국환은행**이란 정부의 인가를 받고 외국환의 업무를 영위하는 은행을 말하는데, 외국환은행은 외환시장에서 중추적인 역할을 한다. 이들은 고객에 대해 외환거래 상대방으로서의 역할을 할 뿐만 아니라 대고객거래 결과 발생하는 은행 자신의 외환포지션(외화자산-외화부채) 변동을 은행 간 시장을 통하여 조정하는 과정에서 적극적으로 외환거래를 하게 된다. 또한, 환율전망을 토대로 환차익 획득을 위한 외환거래도 활발하게 수행한다. 이들 은행 중에서 규모가 큰 대형은행들은 외환시장에서 시장조성자로서의 역할을 한다. 이들은 전 세계 주요 외환시장에서 특정 통화에 대한 자신의 매입가격과 매도가격을 동시에 제시하면서 24시간 외환 매매를 하고 있다. 이들이 제시하는 매도가격과 매입가격의 차이인 스프레드는 은행들의 수입원이 되는 동시에 외환시장 내 가격 결정을 선도해 나가는 기능을 갖고 있다.

외환중개인(foreign exchange broker)

셋째, **외환중개인(foreign exchange broker)**은 중개수수료를 받고 외국환은행 간 거래를 중개해 주는 자를 말한다. 외환매매거래를 하는 은행들은 외환을 싸게 매입하여 비싸게 매도함으로써 외환매매이익을 높일 수 있는데 전 세계 외환시장에 시시각각으로 형성되고 있는 최적의 매도 및 매수가격을 파악하는 데에는 시간과 비용이 많이 들게 된다. 뿐만 아니라 한 은행이 특정 거래 상대방과 직접거래를 할 경우 자기 은행의 포지션이 거래 상대방에게 노출된다. 따라서 은행들은 일정 금액의 중개수수료를 지불하고 중개회사에서 제공하는 정보를 이용하여 외환매매 거래를 하게 된다.

외환중개인은 은행들이 제시하는 매입환율과 매도환율을 다른 은행에 실시간으로 제공하는 중개업무만을 하고 중개인 스스로는 외환거래를 행하지 않기 때문에 은행처럼 환위험에 직면하지는 않는다. 또한, 외환중개인은 중개에 따른 수수료 수입만을 받는다는 점에서 은행과 다르다.

넷째, 중앙은행은 정부와 함께 외환당국으로서 외환시장의 안정을 위해 노력한다. 경우에 따라서는 외환시장 참가자의 일원으로 외환시장에서 외환을 매매하기도 한다. 가령 외환시장에서 환율이 지나치게 빠른 속도로 하락(상승)할 경우에는 환율 및 외환시장 안정을 위하여 자국통화를 대가로 외환을 매입(매도)한다.

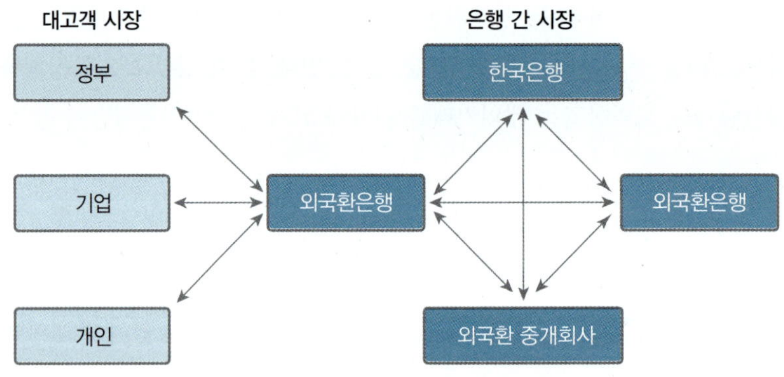

[그림 15-2] 외환시장의 구조

외환시장은 거래 당사자에 따라 은행 간 시장과 대고객시장으로 구분할 수 있다. 은행 간 시장은 좁은 의미에서의 외환시장을 의미하는 것으로 도매시장의 성격을 갖는다. 일반적으로 은행 간 시장에서의 거래는 브로커를 경유하는 경우와 은행 간 직접거래로 나누어 볼 수 있다.

대고객시장은 일종의 소매시장의 성격을 갖는 시장으로 은행과 개인 및 기업 등 고객 간에 외환거래가 이루어지는 시장을 의미한다. 대고객 거래의 결과 은행들은 외환포지션에 변동이 발생하는데 은행 간 시장을 통해 이를 조정하는 과정에서 대고객시장과 은행 간 시장의 연계가 이루어진다.

예를 들어, 기업이 수출대금으로 천만 달러를 해외로부터 벌어들였다고 가정해 보자. 이 기업은 수출대금을 국내에서 사용하기 위해 대고객시장에서 은행에 외화를 매각하고 원화를 수취하게 된다. 이 경우 은행은 외화자산이 천만 달러 늘어나게 되므로 외환포지션이 양(+)의 방향으로 증가하여 매입초과포지션(overbought position) 상태가 된다. 만약 원화 가치가 상승(환율 하락)하면 은행이 환차손을 입게 되므로 외환포지션이 일정 한도 이상으로 증가하지 않도록 외환포지션을 조정한다. 이를 위해 보유하고 있는 외화자산을 주로 은행 간 시장에서 매각함으로써 외환포지션 변동에 따른 환위험을 최소화한다.

15.7.3 외환시장의 종류

(1) 현물환 및 선물환 시장

현물환(spot)거래
선물환(forward)거래

현물환(spot)거래란 통상 외환거래 계약일로부터 2영업일 이내에 외환의 인수 · 도와 결제가 이루어지는 거래를 말한다. **선물환(forward)거래**는 계약일로부터 일정 기간(통상 2영업일) 경과 후 미래의 특정일에 외환의 인수 · 도와 결제가 이루어지는 거래를 말한다. 선물환거래는 현재 시점에서 약정한 가격으로 미래 시점에 결제하게 되므로 선물환계약을 체결하면 약정된 결제일까지 매매 쌍방의 결제가 이연된다는 점에서 현물환거래와 구별된다.

알아두기 15.2 **차액결제선물환(NDF)**

차액결제선물환(NDF: Non-Deliverable Forward) 거래는 만기에 계약 원금의 교환 없이 약정환율과 만기 시 현물환율인 지정환율(fixing rate) 간의 차액만큼만 거래당사자 간에 지정통화로 결제하는 거래를 말한다. NDF 거래는 차액만 결제하기 때문에 일반선물환 거래에 비해 결제위험이 작고 적은 금액으로 거래가 가능하므로 레버리지(leverage) 효과가 높다는 특징이 있다. 아울러 NDF의 결제가 주로 미달러화로 이루어지고 있어 원화와 같이 국제화되지 않은 통화일지라도 비거주자가 해당 통화를 보유하거나 환전할 필요 없이 자유롭게 선물환거래를 할 수 있다는 장점이 있다.

원화와 미달러화 간 NDF는 1996년대 중반 홍콩, 싱가포르 등 역외시장에서 Prebon Yamane 사를 비롯한 일부 중개회사를 중심으로 비거주자 간에 거래가 시작되었다. 당시 거래 규모는 일평균 약 2억 달러 내외로 추정되며, 1999년 4월 외환자유화 조치로 국내 외국환은행과 비거주자 간 NDF 거래가 허용된 이후 역외NDF 거래량은 크게 늘어나고 있다.

선물환거래는 일방적인 선물환 매입 또는 매도거래인 단순선물환거래와 선물환거래가 스왑거래의 일부분으로서 일어나는 외환스왑거래로 구분된다. 단순선물환거래는 다시 만기시점에 실물의 인수 · 도가 일어나는 일반선물환거래와 만기시점에 실물의 인수 · 도 없이 차액만을 정산하는 차액결제선물환거래로 나누어진다.

(2) 외화자금시장

외화자금시장

외화자금시장은 금리를 매개변수로 하여 대출과 차입 등 외환의 대차거래가 이루어지는 시장을 말한다. 대표적인 외화자금시장으로는 외환스왑시장과 통화스왑시장이 있다.

외환스왑(foreign exchange swap)
통화스왑(currency swap)

외환스왑(foreign exchange swap)은 거래 양 당사자가 현재의 계약환율에 따라 서로 다른 통화를 교환하고, 일정 기간 후 최초 계약시점에서 정한 선물환율에 따라 원금을 재교환하는 거래를 말한다. **통화스왑(currency swap)**은 외환스왑과 마찬가지로 양 당사자 간 서로 다른 통화를 교환하고 일정기간 후 원금을 재교환하기로 약정하는 거래이나 이자지급 방법 및 스왑기간 면에서 차이가 있다. 이자지급 방법은 외환스왑의 경우 스왑 기간 중 해당통화에 대한 이자를 교환하지 않고 만기시점에 양 통화 간 금리 차이를 반영한 환율(계약 시점의 선물환율)로 원금을 재교환하는 반면, 통화스왑은 계약 기간 중 정기적(매 6개월 또는 3개월)으로 이자를 교환하고 만기시점에는 처음 약정했던 환율로 원금을 다시 교환한다. 스왑 기간은 외환스왑이 주로 1년 이하의 단기자금 조달 및 환리스크헤지 수단으로 이용되는 반면, 통화스왑은 주로 1년 이상의 중장기 환리스크 및 금리리스크 헤지 수단으로 이용된다.

이외에도 은행 간에 초단기로 외화를 차입 · 대여하는 외화콜시장과 1년물 이내의 기간물 대차거래가 이루어지는 단기 기간물 대차시장 등이 외화자금시장에 속한다.

(3) 외환파생상품시장

외환파생상품시장
통화선물

외환파생상품시장에는 통화선물시장, 통화옵션시장, 신용파생상품시장 등이 있다. **통화선물**은 거래소에 상장되어 있는 특정통화에 대하여 시장참가자 간의 호가 방식에 의해 결정되는 선물환율로 일정 기간 후에 인수 · 도할 것을 약정하는 거래를 말한다. 통화선물거래는 계약 시에 약정된 가격으로 미래의 일정 시점에 특정통화를 매입 · 매도한다는 점에서 선물환거래와 유사하다. 그러나 거래 단위, 결제 월,

최소가격 변동 폭 등 거래조건이 표준화되어 있고 거래소의 청산소(clearing house)가 거래계약의 이행을 보증하며, 매일 거래대상 통화의 가격변동에 따라 손익을 정산하는 일일정산제도, 계약불이행 위험에 대비하기 위한 이행보증금 성격의 증거금 예치제도 등이 있다는 점이 선물환거래와 다르다. 또한, 선물환거래는 만기일에 실물인수 · 도가 이루어지지만, 통화선물거래는 최종결제일 이전에 대부분 반대거래를 통하여 차액을 정산하는 점에서 차이가 있다. 통화선물거래는 환리스크 관리 목적, 투기적 목적 및 차익거래 목적 등으로 이용된다.

통화옵션

통화옵션은 미래의 특정시점(만기일 또는 만기 이전)에 특정통화(기초자산)를 미리 약정한 가격(행사가격)으로 사거나(call option) 팔(put option) 수 있는 권리를 매매하는 거래를 말한다. 통화옵션 거래 시 통화옵션 매입자는 대상통화를 매매할 수 있는 권리를 사는 대가로 통화옵션 매도자에게 프리미엄(옵션가격)을 지급하고 이후 환율변동에 따라 자유롭게 옵션을 행사하거나 또는 행사하지 않을(권리를 포기할) 수 있다. 반면 옵션 매도자는 옵션 매입자가 권리를 행사할 경우 반드시 계약을 이행해야 하는 의무를 부담한다. 통화옵션거래는 선물환이나 통화선물과 달리 시장환율이 옵션 매입자에게 유리한 경우에만 옵션을 선택적으로 행사할 수 있기 때문에 옵션 매입자의 손실은 프리미엄에 국한되는 반면, 이익은 환율변동에 따라 무제한이라는 비대칭적인 손익구조를 가진다.

15.7.4 우리나라의 외환시장

우리나라 외환시장에는 기업과 개인 및 정부 등의 고객, 외국환은행, 중개회사, 외환당국 등이 참가하고 있다. 2020년 말 현재 외국환중개회사에 등록하여 은행 간 현물환시장에 참여하고 있는 외국환은행은 국내은행(외국계 포함) 19개(시중은행 8개, 특수은행 5개, 지방은행 6개) 및 외국은행 국내 지점 36개가 있다. 은행 간 시장은 외국환은행 딜러 간에 직접 거래하는 시장과 중개회사를 통한 거래시장으로 구분된다. 우리나라의 외국환중개회사로는 2020년 말 기준 국내중개회사 4개, 외국계 중개회사 6개 등 총 10개가 있다.

중개회사를 통한 은행 간 시장의 거래 방법 및 절차를 살펴보면, 우선 거래시간은 매일 오전 9시부터 오후 3시까지이다. 거래되는 통화는 주로 미달러화이고 거래금액은 최소 1백만 달러, 거래단위는 50만 달러의 배수이며, 거래주문가격의 단위금액은 10전 단위, 결제일은 익익일물결제(value spot)로 되어 있다. 중개회사는

2002년 10월부터 기존 방식인 전화주문과 함께 전자중개시스템(EBS: Electronic Brokering System)을 통해서 거래주문을 접수하고 있다.

한편, 중개회사를 경유하지 않는 은행 간 직거래는 주로 로이터(Reuters) 단말기의 딜링머신 등을 통해 딜러 간 가격 및 거래조건이 결정된다. 우리나라의 경우에는 대형은행 등의 시장조성자 기능이 취약하여 은행 간 직거래의 비중이 상대적으로 낮은 수준이다.

우리나라의 대고객 및 은행 간 시장에서의 일평균 외환거래 총거래량은 2005년 207.8억 달러에서 2008년 중 486.7억 달러로 크게 증가하였다. 2009년 중에는 글로벌 금융위기 여파 등으로 감소하였으나 이후 증가세로 전환되어 2020년에는 520억 달러, 2022년 620억 달러를 기록하였다. 이러한 거래량 증가는 외환스왑거래가 크게 증가한 데 주로 기인한다.

〈표 15-14〉 우리나라의 거래 형태별 외환거래 규모(일평균 총거래량) (단위: 억 달러)

	2005	2008	2009	2010	2015	2020	2022
현물환	96.8 [0.47]	197.1 [0.41]	139 [0.37]	165.8 [0.4]	199.7 [0.41]	203.2 [0.38]	231.3 [0.37]
선물환	36.2 [0.17]	94.9 [0.2]	56.7 [0.15]	65.2 [0.16]	82.7 [0.17]	99.2 [0.19]	120 [0.19]
외환스왑	64.6 [0.31]	166.9 [0.34]	176.3 [0.46]	179.2 [0.43]	191.9 [0.4]	213.4 [0.4]	258.3 [0.41]
통화스왑	5 [0.02]	11.2 [0.02]	6.5 [0.02]	6.3 [0.02]	7.7 [0.02]	10.4 [0.02]	12.5 [0.02]
통화옵션	5.4 [0.03]	16.5 [0.03]	2.3 [0.01]	2.4 [0.01]	2.4 [0.01]	2.2 [0.004]	1.8 [0.003]
합계	207.8	486.7	380.8	418.9	484.3	528.4	623.8

주: 1) 대 고객 및 은행 간 거래 포함, 2) [ ] 내는 비중

자료: 한국은행

상장지수상품(ETP) 시장의 성장

상장지수상품(이하 ETP: Exchange Traded Product)은 기초지수의 가격 변화에 수익률이 연동되도록 설계되고 한국거래소에 상장됨으로써 투자자들이 자유롭게 거래할 수 있는 금융상품이다. 상장지수상품에는 파생결합증권 형태로 발행되는 ETN(Exchange Traded Note)과 펀드 형태로 발행되는 ETF(Exchange Traded Fund)가 있다.

ETP는 개인 주식거래계좌를 통해 손쉽게 거래할 수 있는 데다 증권거래세(0.3%) 면제 등으로 거래비용이 낮고 소액으로도 분산투자가 가능하다는 장점을 가지고 있다. 또한, 수익률이 지수의 일정 배율에 연동되는 레버리지형 상품, 지수 변동의 반대 방향으로 수익률이 정해지는 인버스형 상품, 추종 대상이 해외 주식 채권상품 등으로 확대된 상품 등 새로운 구조의 상품들이 가세하면서 투자자들의 다양한 투자욕구를 충족시키고 있다.

최근 국내 ETP 시장은 큰 폭의 성장세를 시현하고 있다 순자산규모가 2021년 6월 말 기준 약 67.6조 원(ETN 7.4조 원, ETF 60.3조 원)으로 2011~2020년 중 KOSPI 시가총액 연평균 성장률(5.1%)을 크게 상회하는 연평균 23.2%의 성장세를 보였다. 상장종목 수는 2011~2020년 중 연평균 20.0% 늘어나 2021년 6월 말 기준 662개(ETN 177개, ETF 485개)이고 일평균 거래금액은 2021년 상반기 중 3.4조 원으로 KOSPI 전체 거래금액의 18.6%를 차지하고 있다.

이와 같이 ETP 시장이 빠르게 성장한 데에는 다음과 같은 요인들이 주로 작용하였다. 첫째, 코로나19의 영향으로 국내·외 금융시장 변동성이 확대되면서 파생형(레버리지, 인버스) 상품 수요가 증가하였고 최근 글로벌 증시 등 기초지수의 상승세가 지속되어 자금 유입이 촉진되었다. 둘째, 해외주식 투자 수요의 증가에 힘입어 국내 상장 ETP를 해외주식에 대한 간접투자로 활용하는 대안적 수요가 증가하였다. 셋째, 일반공모펀드가 그동안 상당 기간에 걸쳐 부진한 모습을 보이면서 일반공모펀드 시장의 자금이 액티브 ETF를 중심으로 ETP 시장으로 이동하였다. 넷째, 연금자산을 개인이 직접 운용하려는 움직임(DC형, IRP 및 연금저축펀드로 이전)이 늘어나면서 ETP 시장으로 연금자산이 유입되었다. 다섯째, ESG, 메타버스 등 향후 유망산업에 대한 관심이 증대되면서 다양한 테마형 상장지수상품이 연달아 출시되어 투자 상품의 다양성이 확대되었다. 앞으로도 국내 ETP 시장은 일반공모펀드, 연금 시장에서의 자금 유입이 지속되는 가운데 다양한 전략 테마형 상품 등으로 투자자의 수요에 부응하면서 성장세가 지속될 것으로 기대된다.

자료: 한국은행(2021) 일부 발췌

연·습·문·제

1. 다음 명제의 참과 거짓 여부를 판별하시오.

(1) 전 세계 장외파생상품 중 가장 거래 규모가 큰 상품은 주식관련파생상품이다.

(2) KOSPI200선물지수가 200포인트이고 어떤 투자자가 2계약을 매수하였다면 계약금액은 2억 원이 된다.

(3) KOSPI200선물시장의 가격제한폭은 ±30%이다.

(4) KOSPI200옵션시장에서 거래되는 결제월물의 개수는 KOSPI200선물시장보다 많다.

(5) 국채선물시장에서 가장 활발하게 거래되는 종목은 5년 국채선물이다.

(6) 외환스왑은 거래 양 당사자가 현재의 계약환율에 따라 서로 다른 통화를 교환하고 일정기간 후 최초 계약시점에서 정한 선물환율에 따라 원금을 재교환하는 거래를 말한다.

(7) 최근 우리나라 외환시장의 거래형태별 거래 비중을 보면 외환스왑거래의 비중이 가장 크다.

2. 다음 용어를 간단히 설명하시오.

(1) 주가지수선물과 주가지수옵션

(2) 금리스왑과 통화스왑

(3) CDS와 합성CDO

(4) ELS와 ELW

(5) 은행 간 시장과 대고객시장

3. 주요 파생금융상품을 기초자산별로 분류하시오.

4. 한국거래소(http://www.krx.co.kr)와 금융투자협회(http://www.kofia.or.kr)의 홈페이지에 방문하여 이 장에서 다룬 파생금융상품시장의 최신 데이터를 확인해 보시오.

5. 한국은행 홈페이지(http://www.bok.or.kr) 또는 한국은행 경제통계시스템(http://ecos.bok.or.kr)에 방문하여 이 장에서 다룬 외환시장의 최신 데이터를 확인해 보시오.

6. 현재가 2024년 3월 둘째 주 금요일이라고 하자. KOSPI200주가지수선물시장에 상장되어 거래되는 모든 결제월 종목을 구하시오.

참·고·문·헌

강병호 · 김대식 · 박경서(2011), 『금융기관론』, 제17개정판, 박영사.

권재중 외(2013), 『금융기관론』, 제2개정판, 율곡출판사.

금융투자협회(2015), 『2015 금융투자 Fact Book』, 금융투자협회.

기획재정부(2013), 『국채 2013』, 기획재정부.

기획재정부(2021), 『국채백서 2020』, 기획재정부.

김영규 · 이의택 · 감형규 · 신용재(2017), 『증권투자론』, 제4개정판, 율곡출판사.

김인규 · 조용범 · 조성민(2011), "거시건전성 논의 추이와 과제", 「조사통계월보」, 2011년 4월호, 한국은행.

김종선 · 김종오(2014), 『금융시장의 이해』, 학현사.

김종선 · 김종오(2020), 『현대금융시장론』, 학현사.

김종선 · 김종오(2022), 『금융제도의 이해』, 한국방송통신대학교 출판문화원.

김태혁 · 변형태(2011), "한국 주식시장에서 3요인모형을 이용한 주식수익률의 고유변동성과 기대수익률 간의 관계", 「한국증권학회지」, 제40권 제3호, pp. 525~550.

김필규 · 김현숙(2019), 『주요국 자산유동화 규제체계 변화와 시사점』, 자본시장연구원.

박강우(2020), 『기초거시경제론』, 한국방송통신대학교 출판문화원.

박강우(2021), 『금융시장론』, 한국방송통신대학교 출판문화원.

박강우(2022), 『거시경제학』, 한국방송통신대학교 출판문화원.

박병걸 · 임상은 · 진형태 · 이재운(2021), "디지털 혁신에 따른 금융부문 패러다임 전환 가능성", 「국제경제리뷰」, 제2021-16호, 한국은행.

박정식 · 박종원(2016), 『현대투자론』, 제4개정판, 다산출판사.

송민규(2021), 『공매도 논쟁과 향후 정책방향』, 한국금융연구원.

심상범(2014), "주식 선물을 이용한 통계적 차익거래", 「KRX Market」, 제114호, pp. 8~29.

양철원(2022), 『사례와 함께 배우는 파생상품』, 제2개정판, 정독.

엄철준 · 이우백 · 박래수 · 장욱 · 박종원(2014), "한국주식시장의 고유변동성 퍼즐에 대한 연구", 「한국증권학회지」, 제43권 제4호, pp. 753~784.

오세경 · 박선종(2013), 『키코 KIKO 사태의 진실을 찾다』, 북마크.

우민철 · 이우백(2014), “개인투자자의 고빈도매매 행태와 성과 분석”, 「한국증권학회지」, 제43권 제5호, pp. 847~878.

윤주영 · 김강휘(2011), “고빈도 데이터(HFD: High Frequency Data)를 활용한 페어 트레이딩(Pairs Trading) 전략의 성과 특성에 관한 연구”, 「재무연구」, 제24권 제4호, pp. 1153~1172.

이우백 · 최우석(2009), “한국유가증권시장의 실시간 정보 효율성 검증”, 「재무관리연구」, 제26권 제3호, pp. 103~138.

정운찬 · 김영식(2018), 『거시경제론』, 제12개정판, 율곡출판사.

정운찬 · 김홍범(2018), 『화폐와 금융시장』, 제5개정판, 율곡출판사.

정운찬 · 김홍범(2022), 『화폐와 금융시장』, 제6개정판, 율곡출판사.

최혁(2009), 『2008 글로벌 금융위기』, K-books.

최혁 · 김종오 · 이우백 · 정재만(2018), 『금융투자의 이해』, 한국방송통신대학교 출판문화원.

한국거래소(2019), 『주식시장 매매제도의 이해』, 한국거래소.

한국거래소(2019), 『한국의 채권시장』, 지식과감성.

한국금융연구원(2014), 『한국금융산업발전사』, 한국금융연구원.

한국은행(2015), 『한국의 거시건전성정책』, 한국은행.

한국은행(2016), 『한국의 외환제도와 외환시장』, 한국은행.

한국은행(2017), 『한국의 통화정책』, 한국은행.

한국은행(2018), 『한국의 금융제도』, 한국은행.

한국은행(2019), 『알기쉬운 경제지표 해설』, 한국은행.

한국은행(2020), 『경제금융용어 700선』, 한국은행.

한국은행(2020), 『한국은행 70년사』, 한국은행.

한국은행(2021), 『한국의 금융시장』, 한국은행.

황문연(2013), 『파생상품 거래손실 사례분석』, 한국금융연수원.

Acemoglu, D., D. Laibson and J. List(2014), *Economics*, 1st Edition, Pearson.

Busse, J. and T. C. Green(2002), “Market Efficiency in Real Time”, *Journal of Financial Economics* 65, pp. 415~437.

Campbell, J. Y., M. Lettau, B. G. Malkiel and Y. Xu(2001), “Have

Individual Stocks Become More Volatile? An Empirical Exploration of Idiosyncratic Risk", *Journal of Finance* 56, pp. 1~43.

Francis, J. C. and D. Kim(2013), *Modern Portfolio Theory: Foundations, Analysis, and New Developments*, John Wiley and Sons.

Gatev, E., W. N. Goetzmann and K. G. Rouwenhorst(2006), "Pairs Trading: Performance of a Relative-Value Arbitrage Rule", *Review of Financial Studies* 19, pp. 797~827.

Goetzmann, W. N. and A. Kumar(2008), "Equity Portfolio Diversification", *Review of Finance* 12, pp. 433~463.

Goyal, A. and P. Santa-Clara(2003), "Idiosyncratic Risk Matters!", *Journal of Finance* 58, pp. 975~1007.

Hull, J.(1997), *Introduction to Futures and Options Markets*, 3rd Edition, Prentice-Hall.

Kim, S., J. Lin and M. Slovin(1997), "Market Structure, Informed Trading, and Analysts' Recommendations", *Journal of Financial and Quantitative Analysis* 32, pp. 507~524.

Kindleberger, C. P.(1984), *A Financial History of Western Europe*, George Allen and Unwin.

Knight, F. H.(1921), *Risk, Uncertainty, and Profit*, Houghton Mifflin Company.

McConnell, C. R., S. L. Brue and S. M. Flynn(2018), *Economics*, 21st Edition, McGraw Hill.

McConnell, C. R., S. L. Brue and S. M. Flynn(2019), 『경제학 이해』, 제21개정판, 생능출판사.

Mishkin, F. S.(2013), *The Economics of Money, Banking, and Financial Markets*, 10th Edition, Pearson.

Rubinstein, M.(2011). *A History of the Theory of Investments: My Annotated Bibliography*, John Wiley and Sons.

찾·아·보·기

ㄴ

ㄷ

ㄹ

ㅁ

ㅂ

ㅅ

ㅇ

ㅊ

ㅋ

ㅌ

ㅍ

ㅎ

기타

저자 소개

박강우(朴康雨)

서울대학교 경제학부 졸업
서울대학교 경제학부 대학원 경제학 박사
한국은행 조사국, 경제연구원, 통계국 근무
現 한국방송통신대학교 경제학과 교수

〈저서〉

『거시경제학』(2022, 한국방송통신대학교출판문화원), 『금융시장론』(2021, 한국방송통신대학교출판문화원), 『기초거시경제론』(2020, 한국방송통신대학교출판문화원), 『경제학 이해』(옥우석, 정기화 공역, 2019, 생능출판사) 등 다수

김종오(金鍾五)

서울대학교 경영학과 졸업
서울대학교 경영학과 대학원 경영학 석사
서울대학교 경영학과 대학원 경영학 박사
서울대학교 증권금융연구소 특별연구원 근무
한국증권학회, 한국재무학회, 금융공학회 이사
공인회계사(CPA) 출제위원 역임
現 한국방송통신대학교 경영학과 교수

〈저서〉

『활용중심의 경영분석』(김종선, 이우백 공저, 2023, 한국방송통신대학교출판문화원)
『현대금융시장론』(김종선 공저, 2020, 학현사)
『재무분석: 이론과 사례』(이우백, 선우혜정 공저, 2020, 생능출판사) 등 다수

이우백(李佑百)

서강대학교 경영학과 졸업
서울대학교 경영학과 대학원 경영학 석사
서울대학교 경영학과 대학원 경영학 박사
삼성금융연구소 근무
한국증권학회, 한국재무학회, 한국재무관리학회, 한국파생상품학회 이사 역임
現 한국방송통신대학교 경영학과 교수

〈저서〉

『활용중심의 경영분석』(김종선, 김종오 공저, 2023, 한국방송통신대학교출판문화원)
『재무관리』(최혁, 안희준, 김종오, 정재만, 엄윤성, 양철원, 김지현, 우민철, 윤선흠, 반주일, 이효정, 왕수봉 공저, 2022, 홍문사)
『재무분석 : 이론과 사례』(김종오, 선우혜정 공저, 2020, 생능출판사)
『금융투자의 이해』(최혁, 김종오, 정재만 공저, 2018, 한국방송통신대학교출판문화원) 등 다수